U0949000

司馬溫公

資治通鑑

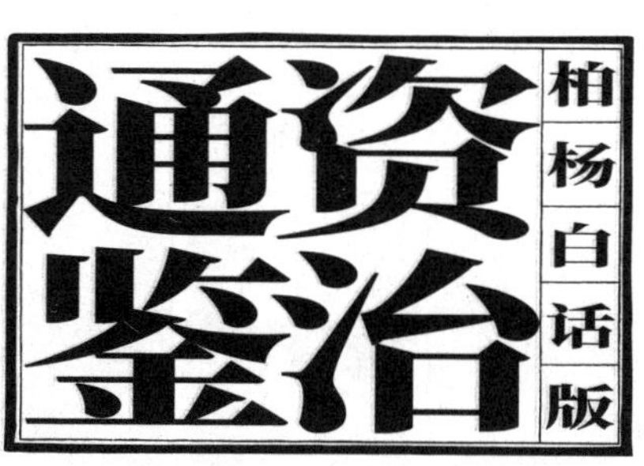

第四部

燕然勒石

跋扈将军

黄巾民变

东汉瓦解

柏杨 著

人民东方出版传媒
東方出版社

燕然勒石

导读

西汉王朝时，中国跟匈奴汗国间的战事，是出于不得已，中国方面累积了太多的愤怒、屈辱，而且面对着如果不反击，就会更糟的局面，当时匈奴汗国，日正中天，中国是用铁拳打击铁拳，硬碰硬的硬把局势扭转，而东汉王朝的“燕然勒石”战役，北匈奴汗国已残破不堪，东汉中央政府虽开始腐烂，但武装部队的战斗力，仍然保持——政治腐败都是先从中央政府开始，军队最后才受到影响，一旦病毒侵入军队，腐败就到了谷底。

但是，“燕然勒石”，仍是中国战争史上最重要的一页，它的影响，三百年后在欧洲发作，引起罗马帝国瓦解，罗马帝国从不知道燕然山，更从不知道窦宪，但这两个名字却给他们带来改变历史的灾难。

窦宪的功勋和悲惨结局，使人遗憾，中国历史上完美的英雄太少了。所以，我们寄语：英雄！你要珍惜自己。

柏杨　一九八四·九·一五

目录

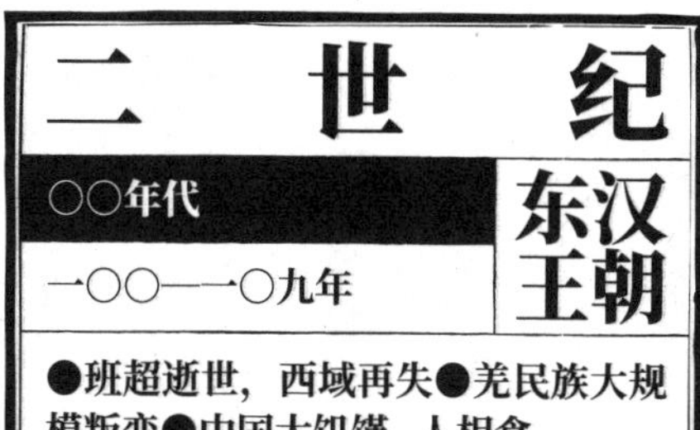

二 世 纪

〇〇年代

一〇〇—一〇九年

东汉王朝

●班超逝世，西域再失●羌民族大规模叛变●中国大饥馑，人相食

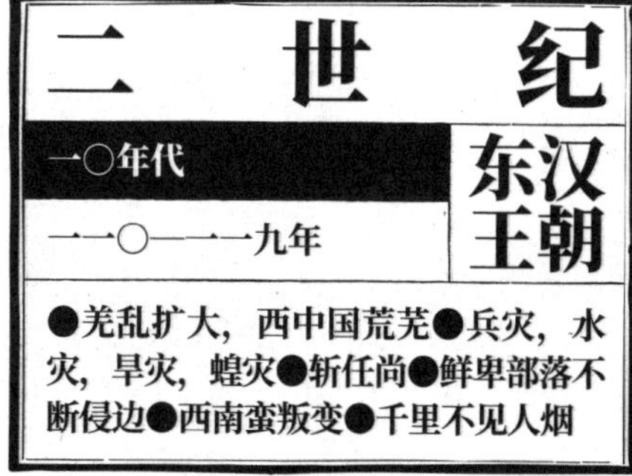

二 世 纪

一〇年代

一一〇—一一九年

东汉王朝

●羌乱扩大，西中国荒芜●兵灾，水灾，旱灾，蝗灾●斩任尚●鲜卑部落不断侵边●西南蛮叛变●千里不见人烟

东汉王朝

- 东汉政府收复西域。
- 梁竦冤狱。
- 鲜卑斩北匈奴单于。
- 羌部落起兵。
- 窦宪大破北匈奴。

- 罗马皇帝泰塔斯逝世，弟杜密善继位。
- 罗马大将阿古利克拉，绕航不列颠一周，成为确定不列颠是个岛屿的第一人。

东汉　建初　五年

1 春季，二月一日，日蚀。东汉王朝（首都洛阳〔河南省洛阳市东白马寺东〕）皇帝（三任章帝）刘炟（本年二十三岁，炟，音dá〔达〕）下诏，命政府官员保荐"直言""极谏"人士。

2 荆州（湖北省及湖南省）、豫州（河南省）所属各郡民兵，讨伐溇中蛮夷（在溇水一带活动的蛮夷。溇水，发源于湖北省鹤峰县西，东南流至湖南省慈利县注入澧水），大破蛮军。

3 夏季，五月三日，刘炟下诏："我渴望能见到正直的人士，一直侧着身子，等候指教。先来到的，都已倾吐他们的苦闷、积郁，我略微了解各位贤才的志趣。也盼望他们留在左右，做我的顾问。但我祖父（一任帝刘秀）曾在诏书中说过：'伊祁放勋（尧）考察官员时，要看他们充当公职的能力，不仅看他们说什么和写什么。'所以现在，地方政府中，很多官员出缺，可以全部由他们补充接任。"

4 五月二十日，皇家师傅（太傅）赵熹逝世。

5 班超雄心壮志，企图把脱幅已久的西域（新疆及中亚东部），重新纳入中国版图。上书中央政府，要求出动武装部队，说：

"我曾经看到，先帝（二任帝刘阳）为了再通西域，向北攻击北匈奴汗国（王庭设蒙古国哈拉和林市），向西派出亲善使节。鄯善国（新疆若羌县），跟于阗国（新疆和田市），立即归附。而今，拘弥国（新疆于田县）、莎车国（新疆莎车县）、疏勒王国（新疆喀什市）、月氏王国（首都蓝市城〔阿富汗北部瓦齐拉巴德市〕）、乌孙王国（首都赤谷城〔中亚伊赛克湖东南〕）、康居王国（首都卑阗城〔中亚巴尔喀什湖西南锡尔河北岸突厥斯坦〕），也愿意归附。并且愿意集合全力，消灭龟兹国（新疆库车市），恢复跟我国的交通。只要能消灭龟兹，则西域境内，仍跟我国对抗的，顶多不过百分之一。从前，参加决策的人，都认为：'征服三十六国，等于砍断匈奴的右臂。'现在，西域各国，从太阳落山的地方算起，没有一国不接受中国文化，无论国大国小，全都充满欢欣，进项奉献，从不停止。只有焉耆国（新疆焉耆县），跟龟兹王国（新疆库车市），对中国始终抵制。

“我从前曾率领官员三十六人（参考七三年），出使绝远的异域，受到各种艰险苦难；孤独无助，困守疏勒国（新疆喀什市），到今天已经五年。各地蛮夷情形，也获得相当了解。不论大国小国，他们官员人民的意见，一致肯定：依靠中国，犹如依靠上帝。由此判断，葱岭（帕米尔高原）可以超越，龟兹国（新疆库车市）可以征服。我建议：封龟兹国派到中国当人质的王子白霸，当龟兹国王，派步骑兵数百人，送他返回西域，跟其他国家结盟，组织联军，少则数月，多则一年，龟兹就会到手。用蛮族对付蛮族，用夷狄克制夷狄，应是所有谋略中最高明的谋略。

“我看到莎车国、疏勒国，土地广袤肥沃，牧草茂盛，不亚于敦煌郡（甘肃省敦煌市）跟鄯善王国（新疆若羌县）。用不着中国出动庞大兵力，也用不着中国供应粮秣。其中姑墨国王（新疆阿克苏市西北）、温宿国王（新疆乌什县），又是龟兹派去的，既不是该国的人，而又凶恶残暴，不得民心，形势所逼，一定有人向联军投降。如果两国归附，龟兹孤立，自然瓦解。

“请求陛下把我这份奏章，交付高阶层官员讨论，参考决定。万一可以实行，死也无恨。臣，班超，地位卑微，幸而神灵保佑，还没有使我病倒，但愿看到西域重新回归中国，陛下举起祝福万年和平的酒杯，向皇家祭庙祭祀献功。使普天之下，同庆欢乐。”

奏章呈上之后，刘炟深信可以成功，下令研究派遣武装部队的可行性。平陵（陕西省咸阳市秦都区西）人徐干，上书皇帝刘炟，请求从军塞外，当班超的助手。刘炟任命徐干当副军政官（假司马），率领减刑的囚犯，和志愿从军的壮士，共一千余人，前往西域（新疆及中亚东部），听候班超差遣。

在此之前，莎车国（新疆莎车县）认为东汉不可能再派出军队保护自己，就投降龟兹国（新疆库车市），而疏勒国（新疆喀什市）保安司令官（都尉）番辰，也起兵叛变。正好徐干赶到，班超跟徐干攻击番辰，大破番辰叛军，杀一千余人。准备乘胜进攻龟兹国（新疆库车市），认为乌孙王国（首都赤古城）兵力强大，希望得到协助，于是，上书建议："乌孙是个大国，拥有战士十万人，所以武帝（西汉七任帝刘彻）把公主嫁给他（参考前一〇五年）。到孝宣皇帝（西汉十任帝刘病已）时，终于收到成果（参考前七一年）。现在应该派人出使乌孙，安抚慰问，使他跟我们同心合力。"

刘炟采纳。

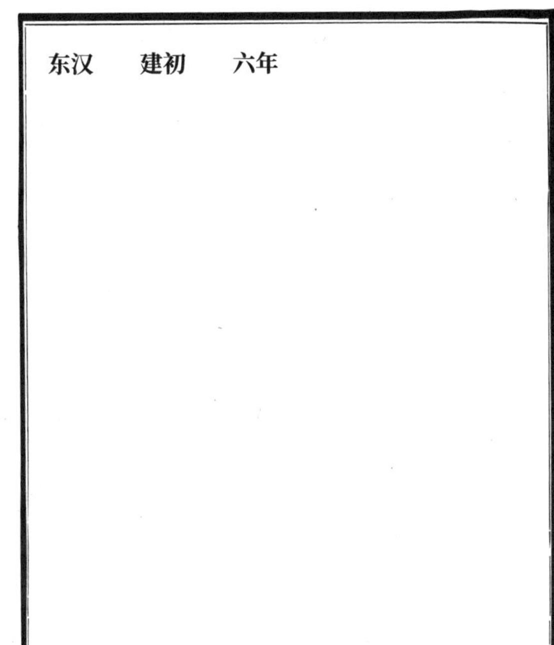

1 春季，二月十七日，东汉王朝（首都洛阳〔河南省洛阳市东白马寺东〕）琅邪（孝）王（首府开阳〔山东省临沂市〕）刘京（一任帝刘秀子）逝世。

2 夏季，六月十五日，全国武装部队总司令（太尉）鲍昱逝世。

3 六月三十日，日蚀。

4 秋季，七月二十二日，擢升农林部长（大司农）邓彪，当全国武装部队总司令（太尉）。

5 武都郡（甘肃省成县）郡长（太守）廉范，调任蜀郡（四川省成都市）郡长。

成都（蜀郡郡政府所在县）繁华，人口众多，物产丰富，房舍街巷，都紧聚在一起。过去，郡政府一直禁止夜间工作，以防火灾。事实上人民不可能夜间不工作，只好互相隐瞒，反而不断发生火灾。廉范到任后，撤销禁令，只严格规定储水备用。人民无限方便，为此传播一首歌谣："廉郡长为什么来得这么迟暮／不禁止使用火烛／人民得以安心去做／从前连个短衣裳都没有／而今却有五条裤。"

6 东汉帝（三任章帝）刘炟（本年二十四岁。炟，音dá〔达〕）准备招待即将到首都洛阳朝见的沛王（首府相县〔安徽省淮北市〕）刘辅（刘炟叔父）等，派皇家礼宾官（谒者）赏赐貂皮袍，以及御厨房（太官）的奇物珍果。又派藩属事务部长（大鸿胪）窦固，"持节"到郊外迎接。刘炟更亲自先到设于洛阳的沛国宾馆（邸第）视察，事先准备好床帐，以及其他所需要的金钱器物，应有尽有，无所不备。

八二年 壬午

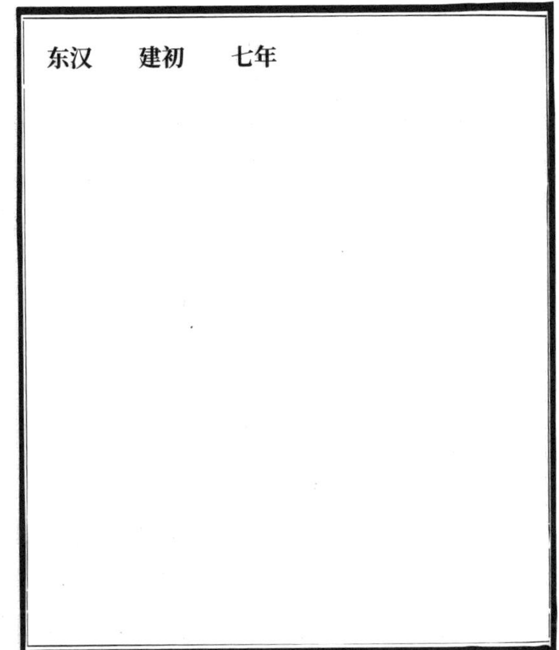

1 春季，正月，东汉王朝（首都洛阳〔河南省洛阳市东白马寺东〕）沛王（首府相县〔安徽省淮北市〕）刘辅、济南王（首府东平陵〔山东省济南市章丘区〕）刘康、东平王（首府无盐〔山东省东平县东南〕）刘苍、中山王（首府卢奴〔河北省定州市〕）刘焉、东海王（首府鲁县〔山东省曲阜市〕）刘政（一任王刘彊子）、琅邪王（首府开阳〔山东省临沂市〕）刘宇（一任王刘京子），到首都洛阳朝见。刘炟下诏：刘辅、刘康、刘苍、刘焉，在朝见时，司仪人员只介绍爵

位，不介绍名字，(这就是"赞拜不名"，表示尊敬，因四位亲王，全是刘炟叔父。)直到上得宝殿，再行君臣之礼，而由刘炟亲自答礼。显示君王的尊敬和臣属的荣耀，更超过古代。亲王们每次进宫，皇帝都先派辇车迎接，到禁宫宫门才下车步行。刘炟为他们站起来，容貌恳切。皇后以侄媳身份，在帐幕后面参拜，亲王们都鞠躬辞谢，心不自安。 012

三月，藩属事务部长(大鸿胪)奏请遣送各亲王返回封国。刘炟特别命东平王刘苍，留在京师(首都洛阳)。

2 最初，马太后遴选右扶风(陕西省兴平市)人宋杨的两位女儿，给刘炟当小老婆(贵人)，姐姐宋大贵人生儿子刘庆，封作太子(参考七九年四月)。

陵乡侯梁松的弟弟梁竦，有两个女儿，(梁松就是陷害马援的凶手。参考四九年)，也当刘炟的小老婆(贵人)，妹妹梁小贵人，生儿子刘肇。窦皇后没有生儿子，就抚养刘肇，当作自己儿子。马太后在世时，宋家姐妹很受马太后的宠爱，后来，马太后逝世(参考七九年六月)，宋家姐妹霎时失去靠山，而窦皇后因为受到刘炟宠爱的缘故，权力迅速膨胀，跟娘亲沘阳公主(东海国一任王刘彊的女儿)，阴谋打击宋家姐妹。窦皇后教她的娘家兄弟，在外负责收集宋家鸡毛蒜皮的过失。又教服侍宋家姐妹的车夫、宦官，在内负责侦察她们的行动。

这是一个严密的鲨鱼阵，再小心谨慎的人，都无法逃生。不久，事情爆发。宋大贵人患病，想吃生的菟丝子(菟丝子，植物，中国医药上常用的一种营养药剂)，嘱咐娘家人送来。窦家班立即抓住机会，指控宋家姐妹用它作法诅咒。刘炟大为震怒，把宋大贵人的儿子，已封为皇太子的刘庆，逐出后宫，寄住承禄观。

夏季，六月十八日，刘炟下诏：“刘庆精神恍惚，喜怒无常，没有资格侍奉皇家祭庙。大义之下，可以毁灭亲情，何况，仅不过贬降？现在，撤销刘庆的皇太子封号，改封清河王（首府清阳〔河北省清河县〕）。皇子刘肇，受皇后（窦女士）亲自抚育，在怀抱中便有良好的教养，现在改封刘肇当皇太子。”把宋家姐妹囚禁宫中停尸间（丙舍），命禁宫贴身侍从宦官（小黄门）蔡伦，负责审问。宋家姐妹知道已无生路，双双服毒自杀。担任参议官（议郎）的老爹宋杨，免职，逐回故乡平陵（陕西省咸阳市秦都区西）。

刘庆年纪还小（本年，刘庆五岁），可是却已知道大祸临头，恐惧而又小心，口中从不敢提到娘亲。做父亲的刘炟，又怜又爱，下令给窦皇后：要刘庆的衣服，跟当太子的刘肇一样。刘肇对这位小哥哥十分亲爱，进宫则同住同玩，出宫则同车同轿。

3 六月二十三日，改封广平王（首府广平〔河北省曲周县东北〕）刘羡当西平王（首府西平〔河南省舞阳县东南〕）。

4 秋季，八月，在一次宴会之后，有关单位再奏请：遣送东平王（首府无盐）刘苍，返回封国。刘炟批准，并亲手写给刘苍一信，说：“骨肉本是天性，并不因为血缘远近，而定亲疏。不过每见面一次，感情都比从前一次更重。想到大王久在京师（首府洛阳），十分劳苦，应该回国休息，打算在藩属事务部（大鸿胪）的奏章上签字，却不忍下笔，兹派禁宫贴身侍从宦官（小黄门）送上此信，内心依恋，悲哀不能尽言。”

刘苍离京之日，刘炟亲自送行，流泪分别。再赏赐车轿、衣服、珍宝、马匹、钱、布，价值在亿万钱左右。

5 九月十日，刘炟前往偃师（河南省洛阳市偃师区），再向东走，在卷津（河南省原阳县西娄庄村北）渡过黄河，抵达河内郡（河南省武陟县）。下诏说：

“我因为巡视秋季庄稼，考察收割情形，顺便进入河内郡界。装备轻简，没有其他辎重车辆。地方政府不可以征调民夫修路筑桥，官员更不可远离城郭，或派人迎接奉承，打听侍候，在眼前跑来跑去，增加麻烦。一切要俭省节约，我只恨自己不能吃粗糙米饭，不能用瓢喝饮凉水！”

九月己酉日（九月乙丑朔，没有己酉），刘炟前往邺城（魏郡郡政府所在县，河北省临漳县西南邺城镇）。

九月二十七日，刘炟返回首都洛阳。

6 冬季，十月十九日，刘炟前往长安（陕西省西安市），封萧何（西汉王朝首任相国）的后裔萧熊当酂侯（萧何原封酂侯，参考前二〇一年十二月）。再往槐里（右扶风郡郡政府所在县，陕西省兴平市）、岐山（陕西省岐山县东北）。又往长平坂（长平坂，陕西省泾阳县东南），夜宿池阳宫（宫在池阳〔陕西省泾阳县〕），东到高陵（左冯翊郡郡政府所在县，陕西省西安市高陵区）。

十二月丁亥日（十二月甲午朔，没有丁亥），刘炟返回首都洛阳。

7 东平王刘苍患病，刘炟派禁宫贴身侍从宦官（小黄门）陪同名医，兼程前往诊治，问病的使节，在道路上前后相接。又特别指定专用的驿马车，千里奔驰，向皇帝报告刘苍每日起居的情形。

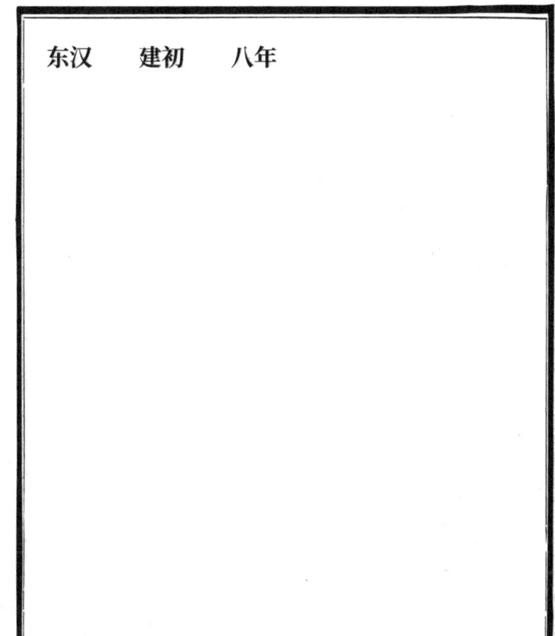

1 春季，正月二十九日，东汉王朝（首都洛阳〔河南省洛阳市东白马寺东〕）东平王（首府无盐〔山东省东平县东南〕）刘苍逝世，东汉帝（三任章帝）刘炟（本年二十六岁。炟，音dá〔达〕）下诏给亲王辅佐宦官（中傅），命“把亲王（刘苍）五〇年代以来所写的文章和奏章，收集呈报，以便阅览”。派藩属事务部长（大鸿胪），“持节”，前往东平国治丧。命四姓小侯（四姓：樊〔一任帝刘秀母族〕、阴〔一任帝刘秀妻族〕、郭〔一任帝刘秀妻族〕、马〔二任帝刘阳妻族〕。参考六六年）、各封国亲王、各公主，都去东平国奔丧。

2 夏季，六月，北匈奴汗国（王庭设蒙古国哈拉和林市）三木楼訾酋长（大人）稽留斯等（驻地在三木楼山〔今地不详〕），率三万余人，直抵五原郡（内蒙古包头市）边塞，归降。

3 冬季，十二月七日，刘炟前往陈留郡（河南省开封市东南陈留镇）、梁国（首府睢阳〔河南省商丘市〕）、淮阳国（首府陈县〔河南省周口市淮阳区〕）、颍阳县（河南省襄城县东北颍桥镇北）。

十二月二十一日，刘炟返回首都洛阳。

4 皇子刘肇被封太子，梁姓家族不敢明目张胆庆祝，但仍在暗中悄悄欢喜。窦姓家族得到消息，既厌恶又恐惧。而窦皇后为了独占养子刘肇的感情，使窦姓家族成为刘肇唯一的舅家，遂决定斩草除根，毒手伸向刘肇娘亲梁贵人姐妹。不断在刘炟面前打她们的小报告，梁贵人姐妹的宠爱开始衰退。

本年（八三），窦姓家族确知刘炟对梁贵人姐妹已不再有余情时，发出匿名函件，把梁贵人姐妹老爹梁竦，陷入谋反叛乱大狱。梁竦遂被捕，死在牢狱之中，家属贬谪到九真郡（越南清化市）。梁贵人姐妹忧愁而死。梁竦供词中牵连到老哥梁松的妻子舞阴公主刘义王（一任帝刘秀女），于是刘义王被贬逐到新城（河南省伊川县西南古城村）。

西汉王朝赵合德式的夺床斗争，重现于东汉王朝，主要的原因，在于皇后没有儿子。赵合德也好，窦皇后也好，如果有子，血腥程度，或可减低。赵合德不过一条美丽的低等动物，没有儿子就更丧失理智。窦皇后比较聪明，从以后发生的若干行事上，证明她本质并不是一个恶妇，她从婆母马太后那里得到启示，从小抚养刘肇，这比赵合德要高明百倍。可是，她的那些兄弟们却愚不可及，逼她走上梁山，一击宋姓姐妹、二击梁姓姐妹。马太后虽然严厉，却不杀刘炟亲娘贾贵人。因为仅只压制，怨恨不过就是怨恨，如果发展到流血，怨恨就升级成为怨毒；而怨毒，只有流血才可解除。窦家班在马太后成功的模式里，犯下最大错误：杀了刘肇的娘亲，这是一颗足以使窦姓家族毁灭的定时炸弹。聪明和智慧，在此一线上，看出分际。

5 顺阳侯马廖，谨慎小心，但性格宽厚，反应缓慢，对子弟们不能严格管教。以致马家子弟，骄傲奢侈，为非作歹，不可一世。皇家图书馆研究（校书郎）杨终，写信警告马廖，说：

"阁下地位，十分尊贵，四海之内，都仰望你的风采。可是，你的弟弟们（马防、马光）年纪轻轻，血气正刚，既没有窦长君退让的胸襟（西汉五任帝刘恒的妻子窦皇后，兄长窦长君，谦虚恭敬，从不敢用他的富贵，在别人面前炫耀。参考前一七九年），反而喜爱结交一些轻浮狡狯，没有品格的朋友。假使一直这样放纵他们，不加教诲，使他们认为理所当然。回顾过去史迹往事，我为你们马姓家族寒心！"

马廖不能接受。

马防、马光兄弟，财产之多，以亿作为单位计算，在首都洛阳大兴土木，建筑豪华宅第，连绵相接，布满街道，食客多达数百人。马防更在边疆地带，大量放牧牛马，向羌人或其他蛮夷，勒索捐税。刘炟大不高兴，不断谴责，凡是可以禁止的方法，都用出来。马家班得不到皇帝支持，权势自然走向下坡，食客们也逐渐离散。

马廖的儿子马豫，当步兵指挥官（步兵校尉），对所受的限制，表示不满，在信件中提出抱怨。有关单位得到这些信件后，立即弹劾马豫，更一并弹劾马防、马光：“豪华奢侈，衣食住行，超过他们的身份，污染圣明的礼教！应一律免除官职，遣回他们的封国。”

刘炟批准。然而，在马家动身上路的前夕，刘炟下诏：“舅父一家，全都遣返封国。每年四季祭祀先后（马太后），舅家就没有人助祭，使我感伤。现在，特准许侯马光，留在首都洛阳，闭门思过，有关单位不必再提异议，以成全我们甥舅之情。”

马光比马防稍微收敛，所以刘炟把他留下。稍后又擢升马光“特进”（朝会时位置在三公之下，侯爵之上）。马豫随老爹马廖回到封国（马廖封顺阳侯，封国在今河南省淅川县东南），不知道什么原因，再被逮捕，死在监狱苦刑拷打之下。

后来，刘炟又下诏，命马廖返回京师（首都洛阳）。

6 马家班倾覆，窦家班填补留下的真空，权势直线上升。窦皇后的老哥窦宪，当宫廷随从官（侍中），兼虎贲警卫指挥官（虎贲中郎将）。老弟窦笃，当禁宫侍从长（黄门侍郎）。兄弟都在宫廷服役，不断接受赏赐，喜爱结交宾朋食客。最高监察长（司空）第五伦上书皇帝刘炟，忠告说：

“我私下观察：虎贲警卫指挥官（虎贲中郎将）窦宪，是皇后的至亲，统御皇家禁军，出入宫廷，年纪正壮，而志向高洁，谦虚谨慎，又乐于为善，这诚然是他喜爱知识分子的结果。然而，凡是奔走于皇亲国戚权贵之门的人士，大多数都本身有麻烦，或受到政治禁制，尤其很少能有安贫守分的节操。官场中一些堕落的人，更互相吹捧推荐，大量涌向他的家门，这正是骄傲放荡的温床。三辅（关中地区，陕西省中部）人士曾经有一项结论：‘受皇亲国戚连累而剥夺政治权利，仍

要靠皇亲国戚恢复。犹如喝醉了酒，要他清醒，还得再喝酒。'

"阴毒险恶、趋炎附势之流，实在不可以亲近。我愚昧的建议陛下和皇后：严格训令窦宪等闭门自守，不准许他们胡乱交结知识分子出身的官员人物（士大夫）。灾害还没有萌芽成形，就应设法防止。这样，窦宪才能永远保持荣华富贵。君臣同欢，没有丝毫间隙，这是我最大的愿望。"

窦宪仗恃妹妹是皇后，权威日重，从亲王、公主以下，以及阴姓家族、马姓家族，都对他十分畏惧，不敢冒犯。窦宪曾用象征性的价钱，强行购买沁水公主刘致（二任帝刘阳的女儿）的庄园，刘致不敢拒绝。后来，有一天，刘炟经过那里，询问窦宪，窦宪暗中喝阻左右的人不要照实回答。过了些时，刘炟忽然发觉真相，大发雷霆，把窦宪叫来，咆哮说："你想一想你的罪恶，强夺公主（刘致）庄园时，那种气势，跟赵高指鹿为马（参考前二〇七年），有什么差别？越想越使人惊骇害怕。往年，先帝（二任帝刘阳）在任时，常教阴党、阴博、邓叠三人，互相监视检举，所以皇族贵戚没有一家敢于犯法；而今，连尊贵的公主都被掠夺，小民还能活下去？国家抛弃你窦宪，就像抛弃一只小鸟、一只腐烂了的臭老鼠。"

窦宪大为恐惧，妹妹窦皇后改穿小老婆的衣服，向刘炟求情讨饶，经过很久时间，刘炟的怒气才算平息；命把庄园还给刘致。对窦宪虽然不用法律制裁，但也不教他担任重要官职。

臣属最大的罪恶，莫过于欺骗君王。所以圣明的君王，对臣属的欺骗行为，无不深恶痛绝。刘炟斥责窦宪指鹿为马，十分恰当。可是他却对窦宪不予处罚，奸臣还有什么顾忌？君王之对臣属，最大的困难是不知道谁是邪恶之辈，既然已经发觉，而又不肯制裁，反而不如不发觉更好。为什么？他为非作歹，害怕在上位的人知道，心里还有一点畏惧。上位的人已经知道，而竟平安无事，他就连这一点畏惧都没有了，大胆放纵，将更毫不在乎。所以，知道哪个人有才能，却不任用，知道哪个人没有才能，却不摒除，是当领袖的最大戒条。

7 下邳国（首府下邳〔江苏省睢宁县北古邳镇〕）人周纡，当洛阳（首都所在县）县长（令），就任之后，首先询问地方恶霸姓名：县政府官员把土豪劣绅的名单呈报给他，周纡厉声说："我指的是皇亲国戚——马、窦家的子弟，谁管这些贩夫走卒？"部下了解他的决心之后，互相竞争着用激烈的手段打击不法行为，皇亲国戚们吃了几次闷棍之后，不敢放肆。首都洛阳的治安，恢复良好。然而，不久就发生窦笃事件。窦笃夜间出游，停留在止奸亭，亭长霍延拔出宝剑，直指窦笃，破口大骂。窦笃报告刘炟，刘炟命京畿卫戍总司令（司隶校尉）、首都洛阳市长（河南尹），到宫廷秘书处（尚书）接受审问。再派武装卫士逮捕周纡，囚禁司法部（廷尉）诏狱。数日之后，才赦免释放。

柏杨曰

酱缸文化培养出绝对相反的两种极端性格：一端是自卑，自卑到自愿毁弃自己的人格；一端是自傲，自傲到乐于毁弃别人的人格。

周纡的故事，又为我们提供例证。窦马两家凶暴，令人切齿，但周纡不是一个暴徒，而是一个法官。窦笃如果犯法，可以处罚，不可以侮辱。霍延破口大骂，是一种绝对的自傲。一般人看见他对权贵都敢如此毫无忌惮，往往感觉到大快人心。然而，对小民固不可侮辱，对权贵同样不可侮辱。霍延只是狗仗人势而已，主人教他咬权贵，他就咬权贵，一旦换了主人，反过来教他咬小民，小民可能立刻死于剑下。

公平正直的气质，建立在自尊之上，不因为你是权贵就特别优待，也不因为你是权贵就特别严苛。周纡向权贵挑战，我们敬佩，但用这种方式挑战，后遗症是可怖的。我们固不同意窦笃的犯法夜游，但也不同意霍延的破口大骂——向权贵破口大骂，或向小民破口大骂，都不是健康的心灵。

我们追求的不是逞一时之快，而是万世太平。

8 刘炟擢升班超当全权参谋长（将兵长史，统帅〔大将军〕之下，有参谋长〔长史〕，军政官〔司马〕不设统帅〔大将军〕而仅设参谋长〔长史〕，则称全权参谋长〔将兵长史〕，具有统帅〔大将军〕同等权力）。擢升徐干当作战军政官（军司马），另派皇城治安官（卫候）李邑，护送乌孙王国（首都赤谷城〔中亚伊塞克湖东南〕）使节回国。

李邑到了于阗国（新疆和田市），恰好龟兹国（新疆库车市）正在向疏勒王国（新疆喀什市）发动攻击，吓得手足失措，不敢前进。遂上书指出：西域（新疆及中亚东部）绝对不可能归附中国。又大肆攻击班超："拥娇妻，抱爱子，贪图外国欢乐，不再思念汉朝。"班超听到这种攻击，沮丧说："我虽然不是曾参，却遇到曾参所遇到的三次谗言（参考前三〇八年），恐怕中央对我起疑。"遂跟妻子离婚。

刘炟深知班超忠心，下诏责备李邑说："即令班超拥娇妻，抱爱子，然而，中国派遣军千余人之多，每人都在思念家乡，岂能跟班超同心？”命李邑进见班超，留下当差，再下诏给班超：“如果李邑适合在西域工作，就教他当你的部下。”

班超却命李邑护送乌孙王国派当人质的王子，返首都洛阳。徐干对班超说：“李邑前些时陷害你，打算铲除我们经营西域（新疆及中亚东部）的成果，为什么不抓住诏书的指示，把他留下来，再另外派别人送人质回京？”班超说：“你的见识太不广了，正因为他陷害我，我才派他回去。只要我自己觉得所作所为，无愧于心，何必在乎别人评论？为图一时称心快意，把他留下，不是忠臣。”

9 刘炟任命宫廷随从（侍中）会稽（江苏省苏州市）人郑弘，当农林部长（大司农）。

从前，交趾州所属的七个郡（日南郡〔越南东河市〕、九真郡〔越南清化市〕、交趾郡〔越南河内市东北北宁省〕、合浦郡〔广西合浦县东北〕、郁林郡〔广西桂平市〕、苍梧郡〔广西梧州市〕、南海郡〔广东省广州市〕），向首都洛阳运输粮食等物产，都要先运到东冶（福建省福州市），再用船舶从海路北上，风暴雨急，波高涛险，不断发生船沉人亡惨剧。

郑弘接管农林部（大司农）后，奏请中央，开凿零陵郡（湖南省永州市）、桂阳郡（湖南省郴州市）间山道。从此，交趾州跟中国腹地，道路畅通无阻（前一一二年，中国攻击南越王国时，伏波将军路博德从桂阳郡出发，戈船将军严〔姓不详〕从零陵出发。当时已有山道，百余年来，可能断阻，郑弘特予修复）。在职二年，为国家节省亿万经费。正逢天下大旱，边疆又有警报，人民粮食不足，可是国库充实。

郑弘又奏请免除若干地方政府进贡的物产，减少人民差役，纾解民间饥馑。刘炟批准。

八四年 甲申

东汉　建初　九年
　　　元和　元年

1 春季，闰正月十五日，东汉王朝（首都洛阳〔河南省洛阳市东白马寺东〕）济阴（悼）王（首府定陶〔山东省菏泽市定陶区〕）刘长（二任帝刘阳子）逝世。

2 夏季，四月二十四日，分割东平国（首府无盐〔山东省东平县东南〕）部分采邑，封前东平（献）王刘苍（刘秀子）的儿子刘尚，当任城王（首府任城〔山东省济宁市东南〕）。

3 六月七日，沛（献）王（首府相县〔安徽省淮北市〕）刘辅（一任帝刘秀子）逝世。

4 很多文武官员指控：“各郡、各封国所保荐的人才，都不能称职，越来越不负责任，工作效率，日趋低落，责任在地方政府。”东汉帝（三任章帝）刘炟（本年二十七岁。炟，音dá〔达〕）命高阶层官员会议讨论。藩属事务部长（大鸿胪）韦彪上书说：

“政府应该以选拔贤能人才，为主要任务。而贤能人才，应该以孝顺父母。为第一要件。所以，求忠臣必于孝子之门（《孝经》语）。普通一个人，品德和行为，很少能同时都臻上乘，所以，‘孟公绰到晋国担任赵、魏两家的家臣，胜任愉快。但他没有能力担任滕国、薛国的国务官（大夫）’（语见《论语·宪问篇》。孟公绰是鲁国的国务官〔大夫〕，清心寡欲，与世无争，如果去晋国当赵、魏两大豪族的门客，每日可以无为而治。可是，如果教他当滕国、薛国那些芝麻小国的政府官员，主持政务，事情繁琐，责任又重，他就干不下去）。忠孝的人，心地厚重。舞文弄墨，总是想把人套住的官吏，则比较凉薄。选拔贤能人才，第一应考虑到的，是他的品德和才能，不应看他的出身背景和有没有煊赫门第。主要关键在于郡长跟封国宰相。郡长跟封国宰相贤能，他所推荐的人才，才可能是人才。”

接着，韦彪第二次上书：

“政府神经中枢，是宫廷秘书处（尚书）。秘书（尚书）人选，岂可不特别慎重！而最近却很多是从中下级官员中超级擢升的，虽然熟悉法令条文，作简报时，口舌伶俐，应对如流，却不过是一点小聪明，这种人大都没有担负重大责任的能力。请三思虎圈管理员（啬夫）对话的敏捷，跟周勃反应迟钝所建的功勋（参考前一七七年）。”

刘炟都接受。韦彪，是韦贤的玄孙（韦贤，西汉十任帝刘病已的宰相，参考前七一年六月)。

5 秋季，七月二十三日，刘炟下诏:“法律明文规定，审问官只能使用下列三种方式取得口供:一、鞭打。二、棍击。三、命被告站立。《令丙》(刑法篇名)对刑杖的长短大小，都有规定(前一四四年，西汉六任帝刘启规定:刑杖长五尺，握手处直径一寸，末端薄半寸，削去竹节)。可是，自从大狱兴起(指楚王刘英案件，参考七一年)之后，审问用刑，多数残忍。诸多钳锁脖子，锥刺肌肤，惨号震天，悲苦之极。念及痛楚，使我惊骇。现在规定，应在秋冬两季审理诉讼，明白列出禁止事项。”

6 八月十一日，全国武装部队总司令(太尉)邓彪免职。擢升农林部长(大司农)郑弘当全国武装部队总司令(太尉)。

7 八月二十日，刘炟下诏改变年号(之前是建初九年，之后是元和元年)。

八月丁酉日(八月甲寅朔，没有丁酉)。刘炟南下视察。下诏:沿途郡县，不可以预先准备食物侍候。最高监察长(司空)所属单位，将自带器材，修理桥梁。如果派人接送欢迎，或打听行程的，地方政府首长应负连带责任。

8 九月十八日，刘炟抵达章陵(湖北省枣阳市南)。

十月七日，再去江陵(江陵国首府，湖北省江陵县)。在归途中，前往宛城(南阳郡郡政府所在县，河南省南阳市)。召见前临淮郡(江苏省泗洪县南)郡长、宛城人朱晖，任命他当宫廷秘书署执行官(尚书仆射)。朱晖在临淮郡(江苏省泗洪县南)郡长任内，对人民有德政，人民歌颂他说:“不惧不畏/南阳朱晖/官员害怕他的正直/人民思念他的恩惠。”当时,因犯法免职,在家闲住,(朱晖把郡政府高级职员〔长史〕用苦刑拷死在监狱之中,被州政府指控,朱晖免职)。所以刘炟召见他任官。

柏杨曰

朱晖本是一个苦刑拷打,致人于死的酷吏。只因人事关系,鹞子翻身,忽然跃进政府最高中枢,连当初免他职的州政府官员,都在他权势笼罩之下。而就在本年(八四),刘炟刚颁布过禁止苦刑拷打诏令。这是一项讽刺,使人民对政府丧失信心。因下令禁止苦刑拷打的人,正是实施苦刑拷打的人。

十一月七日,刘炟返回首都洛阳。

宫廷秘书(尚书)张林,建议:“地方政府经费不足,最好由政府制造煮盐工具专卖,恢复武帝(西汉七任帝刘彻)时代的‘物质调节法’。”朱晖坚决反对,说:“‘物质调节法’,使政府官员跟商人没有分别。盐具如果政府专卖,盐民将怨恨政府,不是圣明君王所做的事。”刘炟大发脾气,严厉责备所有宫廷秘书(尚书),朱晖等惊恐,自投监狱囚禁。三天后,刘炟下诏释放说:“我乐于听到反对的声音,老先生没有罪,我责备的话有点过分,为什么自投监狱?”朱晖遂宣称有病,不肯再在议案上署名。宫廷秘书长(尚书令)以下,张皇失措,对他说:“我们正面对斥责,怎敢装病?恐怕祸不可测。”朱晖说:“我年将八十,蒙受恩宠,参与最高机密,应该以死回报。如果认为不可以,却顺着上级旨意,昧着良心,那就违背了当臣僚的大义,现在我耳朵听不见、眼睛看不见,只等诛杀。”闭口不再说话,各位宫廷秘书不知道如何因应,只好共同弹劾朱晖。刘炟这时怒气已息，命对朱晖不必追究。过了数日，刘炟派值班的禁卫官（直事郎）问候朱晖，另派御医看病，御厨房（太官）送饭，朱晖这才恢复办公，向刘炟谢恩。刘炟再赏赐他钱十万、布一百匹、衣服十套。

9 鲁国（即东海国，首府鲁县〔山东省曲阜市〕）人孔僖、涿郡（河北省涿州市）人崔骃（音yīn〔因〕），一同在首都洛阳国立大学（太学）读书，互相切磋，谈论西汉七任帝（武帝）刘彻，认为刘彻最初登极时，崇信儒家学派，五六年间，被称为有老爹刘启（六任景帝）、祖父刘恒（五任文帝）的政绩，可是后来放纵自己，遂抛弃了从前的善行。

邻房另一位大学生梁郁，听到这些议论，上书皇帝，检举孔僖、崔骃诽谤先帝，借古讽今，讥刺当前政治。案件交付有关单位调查，崔骃先被官员传讯审问；孔僖发现事态严重，上书答辩，说：

“诽谤的意义，原是指并没有这件事，而作虚伪的诬陷。至于孝武皇帝（西汉七任帝刘彻），他的美恶得失，统统显示在史书之上，写得比日月在天还要明白，我们不过把史书上的记载，用口头再说一遍而已，并没有任何虚构。皇帝这个角色，无论做好事或做坏事，天下也没有人不知道，人们根据这些来评论，无法用诛杀遏止。

“而且，陛下即位以来，无论政治、礼教，都没有过错，而恩德反而增加。这种情形，天下也没有人不知道。我们讥刺些什么？假如我们抨击的是事实，政府固然应该改正；即令我们抨击的不是事实，政府也应包容。我们又有什么罪？陛下不在基本上着眼，考虑到百年大计，而一味忌讳，只求快一时之意。我们被诛杀，不过一死。一死就一死，只怕天下人将因这件事提高警觉，改变思考方式，揣摩陛下的心理状态，从今之后，再遇到政府有错误，终不肯多说一句。

“齐国国君姜小白（十六任桓公），亲自宣扬前任君王的罪恶，以争取管仲，然后文武百官才能献出全副忠心。（《国语》上说，鲁国把管仲绳捆索绑，送回齐国。姜小白亲自到边界上迎接，盛宴招待。姜小白说：“我老哥姜诸儿〔十四任襄公〕在位时，兴筑高台，每天打猎，不问国家大事，瞧不起知识分子，而只喜爱美女。宫廷之中，九妃六嫔，小老婆有数百人，吃必吃精细的肉，穿必穿华美的衣，可是战士们却挨饿受冻。请问：我应该怎么办？”）而今，陛下却打算替十世以上的祖先，掩盖事实（十世，不是以辈分计，而是以顺序计；从刘炟上推，二世刘阳、三世刘秀、四世西汉刘箕子、五世刘欣、六世刘骜、七世刘奭、八世刘病已、九世刘弗陵、十世刘彻。显然的，当中还少了两世，一是刘婴、一是刘贺）。岂不是跟姜小白大不相同！我恐怕主管单位突然定案，衔恨蒙冤，再不能陈述，将使后世评论，擅自把陛下比作昏君，难道再使子孙也追溯掩饰？我现在就匍匐宫门之外，等候诛杀。”

刘炟看到后，下诏：“不要受理这件控案。”并任命孔僖当图书管理员（兰台令史）。

柏杨曰

孔僖的勇气，使人崇敬。他跟崔骃，应是中国冤狱史最幸运的两个知识分子，因为他们终于遇到用理性可以说服的君王。不过，孔僖的观点：“假如我们抨击的是事实，政府固然应该改正，即令我们抨击的不是事实，政府也应包容。”恐怕是知识分子一厢情愿的想法——一种理想主义的想法。对暴君暴官而言，他所以怒火冲天，兴起大狱，往往不是因为你抨击的不是事实，恰恰相反，而正因为你抨击的硬是不折不扣的事实。你抨击的离谱太远，他还有原谅你的可能性，而你嚷嚷他患有梅毒，偏偏他真的患有梅毒，反应才强烈而残忍，他不会“改正”，他只会愤恨你使他露出原形。

梁郁的作为，使人兴起唾他的脸的冲动。但直到今天为止，这种一脸忠贞鲨鱼之辈，仍遍地皆是。不是中国人特别喜爱打小报告，而是制度如此。有什么制度，就有什么样的行动反应，当社会风气以告密为荣，认为告密就是效忠时，我们又如何唾得完？又如何特别要唾某一人二人！

10 十二月一日，刘炟下诏："以前因违犯'妖言'罪，而三族被剥夺政治权利的（三族：父族、母族、妻族），一律恢复，但仍不可以担任警卫值宿禁宫。"

11 庐江郡（安徽省庐江县）人毛义、东平国（首府无盐〔山东省东平县东南〕）人郑均，都以正义的行为，闻名乡里。

南阳郡（河南省南阳市）人张奉，敬慕毛义的名望，前往拜访。刚刚坐定，政府公文恰好到达，任命毛义代理安阳（河南省正阳县南）县长（当时，毛义是安阳县警察官〔安阳尉〕）。毛义捧着公文到后堂报告娘亲，兴奋之情，溢于言表。张奉看到毛义这种伧俗表现，大感失望，告辞而去。后来，毛义的娘亲去世，政府再征召他当官，毛义一一拒绝。张奉叹息说："对贤能的人，不可以随便评估。当年的兴奋，原来只是为了讨娘亲的欢心。"

郑均的老哥，在县政府当官（《东观汉记》：郑均老哥郑仲，在县政府当乡村警察〔游徼〕），常贪污受贿。郑均规劝他，老哥全不接受。郑均就到外县给别人做工，一年有余，把工资送给老哥，说：

"钱用光了，可以再赚。官员贪污受贿，一旦被控，终身废弃。"老哥被他感动，遂成为清官。

郑均做官做到宫廷秘书（尚书），免职回乡。刘炟下诏褒奖毛义、郑均，每人赏赐稻谷千斛。每年八月，由地方政府官员问候起居平安，另外再赏赐羊、酒。

12 武威郡（甘肃省武威市）郡长孟云，上书说：北匈奴汗国（王庭设蒙古国哈拉和林市）愿恢复对东汉的贸易；刘炟批准。北匈奴军区总监（大且渠）伊莫訾王等，驱赶牛马一万余头南下，准备跟东汉交换物资。南匈奴（王庭设美稷〔内蒙古准格尔旗〕）湖邪尸逐侯鞮单于（二十八任）挛鞮长，得到消息，派出轻装备部队，从上郡（陕西省榆林市东南鱼河镇）出发，在中途拦腰突击，夺取大部分牲畜而回。

13 刘炟再一次派副军政官（假司马）和恭，率军八百人，增援西域（新疆及中亚东部）全权参谋长（将兵长史）班超。

班超得到生力军后，征召疏勒国（新疆喀什市）、于阗国（新疆和田市）两国部队，攻击莎车国（新疆莎车县）。莎车王用金银财宝贿赂疏勒王忠（姓不详），忠于是背叛东汉，下令他的部队退出战场，向西撤退到乌即城（今地不详）。班超遂改封忠的主任秘书（府丞）成大当疏勒王，动员所有仍效忠东汉的部队，攻击乌即城。同时派人说服来协助忠的康居王国（首都卑阗城〔中亚巴尔喀什湖西南锡尔河北岸突厥斯坦〕）远征军，把忠带回康居；乌即城终于投降（班超于七四年封忠当疏勒王，忠之背叛，使班超遇到进入西域后最大的困难，围攻乌即城半年之久，无法攻破。而康居王国的救兵却越过葱岭〔帕米尔高原〕抵达，班超就更无法取胜，形势窘迫。当时，月氏王国〔首都蓝市城，阿富汗北部瓦齐拉巴德市〕正好跟康居王国缔结婚姻之好，邦交亲密。班超派出特使，用丰厚的绸缎、布匹、财宝，赠送月氏王国国王，由月氏王国国王说服康居王国国王，康居态度遂作一百八十度转变，裹挟忠等而去）。

八五年 乙酉

1 春季，正月五日，东汉王朝（首都洛阳〔河南省洛阳市东白马寺东〕）皇帝（三任章帝）刘炟（本年二十八岁。炟，音dá〔达〕）下诏："法令规定：'妇女生儿子的，免除她丈夫的人头税三年。'（前二〇〇年，西汉一任帝刘邦为鼓励人口，有此规定）现在再规定：怀孕的妇女，赏赐她养胎稻谷，每人三斛，免除她丈夫的人头税一年。本诏书即是法律。"

刘炟再下诏给三公："一般伧俗的官员，只注意外表工作，似是而非，我讨厌透了他们。真正苦干的官员，无不诚诚恳恳，朴朴实实。每天考察他的功劳，好像达不到标准；可是每月考察他的功劳，却家足民安，成果超卓。像襄城（河南省襄城县）县长刘方，官员人民异口同声，称他提纲挈领，一点也不琐碎。虽然没有其他特别奇异的表现，但已接近我的要求。有些人认为：苛暴就是洞察；尖刻就是聪明；主张对罪犯从轻发落，就是厚道；主张对过失从重惩处，就是威信。一旦有了这四种观念，人民一定怨恨。我屡屡颁布诏书，使节在道路上前后相接，可是政风并不更好，人民却仍然有身陷法网的事。毛病出在哪里？责任由谁负担？盼望各位官员，勉励深思，遵守过去的法令，使我安心。”

2 北匈奴汗国（王庭设蒙古国哈拉和林市）酋长（大人）车利涿兵等，投奔东汉，共有七十三批人。当时，北匈奴越发衰弱，文武官员以及广大的部众，纷纷背叛逃亡。南匈奴（王庭设美稷〔内蒙古准格尔旗〕）在南方攻击它，丁零部落（西伯利亚贝加尔湖畔）在北方攻击它，鲜卑部落（内蒙古西辽河上游）在东方攻击它，已归附汉朝的西域（新疆及中亚东部）各国，在西方攻击它。四面都是敌人，再不能自立，遂向更远的地方迁移（王庭西迁至西海〔蒙古国科布多城东哈腊湖〕附近）。

3 南匈奴汗国湖邪尸逐侯鞮单于（二十八任）挛鞮长逝世。伊伐于虑鞮单于（二十五任）挛鞮汗的儿子挛鞮宣继位，是为伊屠于闾鞮单于（二十九任）。

4《太初历》实施迄今，已百有余年（前一〇四年，西汉政府颁布历法。因该年是西汉王朝太初元年，故称《太初历》，特征是以正月作为每年的第一个月），初一日、十五日，跟月亮的圆缺，逐渐不能配合，稍晚数日（十五日本应月圆，现在十七日、十八日，月才能圆），刘炟命天文学家编䜣、李梵等，重新校正，作《四分历》（新王朝建立时，废除《太初历》，改用《三统历》，《三统历》以十二月作为每年的第一个月。东汉王朝建立，再废除《三统历》，恢复《太初历》）。

二月四日，启用《四分历》。

5 刘炟当太子时，向东郡（河南省濮阳市西南）郡长、汝南郡（河南省平舆县西北射桥镇）人张酺（音pú〔蒲〕），学习《尚书》。

二月六日，刘炟往东方视察，抵达东郡。引导张酺，以及张酺的学生，跟郡政府各级官员，一齐到大厅落座。刘炟先以学生的身份行礼，由张酺讲解《书经》中的一篇，然后恢复君臣身份，由张酺向刘炟叩头。刘炟特别颁发赏赐，每人都十分满意。

刘炟经过任城（任城国首府，山东省济宁市东南）时，前往郑均家，赐给他宫廷秘书（尚书）的俸禄（宫廷秘书秩俸年六百石，每月七十石），支领终身。时人称之为“白衣秘书”（官员衣服都有刺绣，平民衣服没有刺绣，称“白衣”，也称“素衣”）。

6 二月十五日，刘炟到定陶（济阴郡郡政府所在县，山东省菏泽市定陶区），举行亲自耕田仪式。

二月二十一日，前往泰山（山东省泰安市北），焚烧木柴，祭祀上天，并到奉高（泰山郡郡政府所在县，山东省泰安市东）。

二月二十二日，在汶上（汶水之畔。汶水，流经泰安市南）皇家大会堂（明堂，西汉七任帝刘彻所建，参考前一〇九年）祭祀五色帝（参考前一六五年四月）。

二月二十六日，赦天下。

二月二十八日，前往济南国（首府东平陵〔山东省济南市章丘区〕）。

三月十日，前往鲁国（即东海国，首府鲁县〔山东省曲阜市〕）。

三月十一日，在鲁国阙里（山东省曲阜市城内，孔丘的故居）祭祀孔丘，以及孔丘的七十二位学生，制作六代音乐（六代：姬轩辕、伊祁放勋、姚重华、姒文命、子天乙、姬发），并接见孔姓家族二十岁以上的男子六十二人。刘炟问孔僖，说："今天的集会，对你们孔家，是不是一项荣耀？"孔僖回答："我听说，圣明的君王，没有人不尊师敬道。现在陛下以最尊贵的身份，亲自驾临我们卑微的街巷，完全为了尊敬先师（孔丘），更发扬陛下神圣的品德。至于荣耀，实不敢当。"刘炟大笑说："不是圣人的子孙，怎能说出这样的话？"任命孔僖当王宫禁卫官（郎中）。

7 三月十三日，刘炟抵达东平国（首府无盐〔山东省东平县东南〕），追念前王（献王）刘苍，告诉刘苍的儿子们说："想念他这个人，来到他的家乡，房舍还存，人已死亡！"流下眼泪，沾湿衣襟。又到刘苍坟墓，用太牢（牛猪羊各一）祭祀。亲自到祠堂祭拜牌位，哭泣尽哀。

当初（六一年），刘苍从京师（首都洛阳）回国，骠骑将军府官员丁牧、周栩，受到刘苍礼贤下士的感动，不忍离去。遂转任亲王府家臣，已达十年（迄今二十五年），侍奉刘苍祖孙三代（一任献王刘苍、二任怀王刘忠、三任孝王刘敞）。刘炟知道之后，召见他们，既悲悯他们久居下位，又准备宣扬叔父刘苍的美德，遂擢升二人当中央政府参议官（议郎）。

三月十六日，刘炟前往东阿（山东省阳谷县东北阿城镇），北行，登太行山，到天井关（山西省晋城市南）。

夏季，四月六日，返回首都洛阳。

四月十一日，祭祀皇家祭庙，向父祖在天之灵，报告视察四方

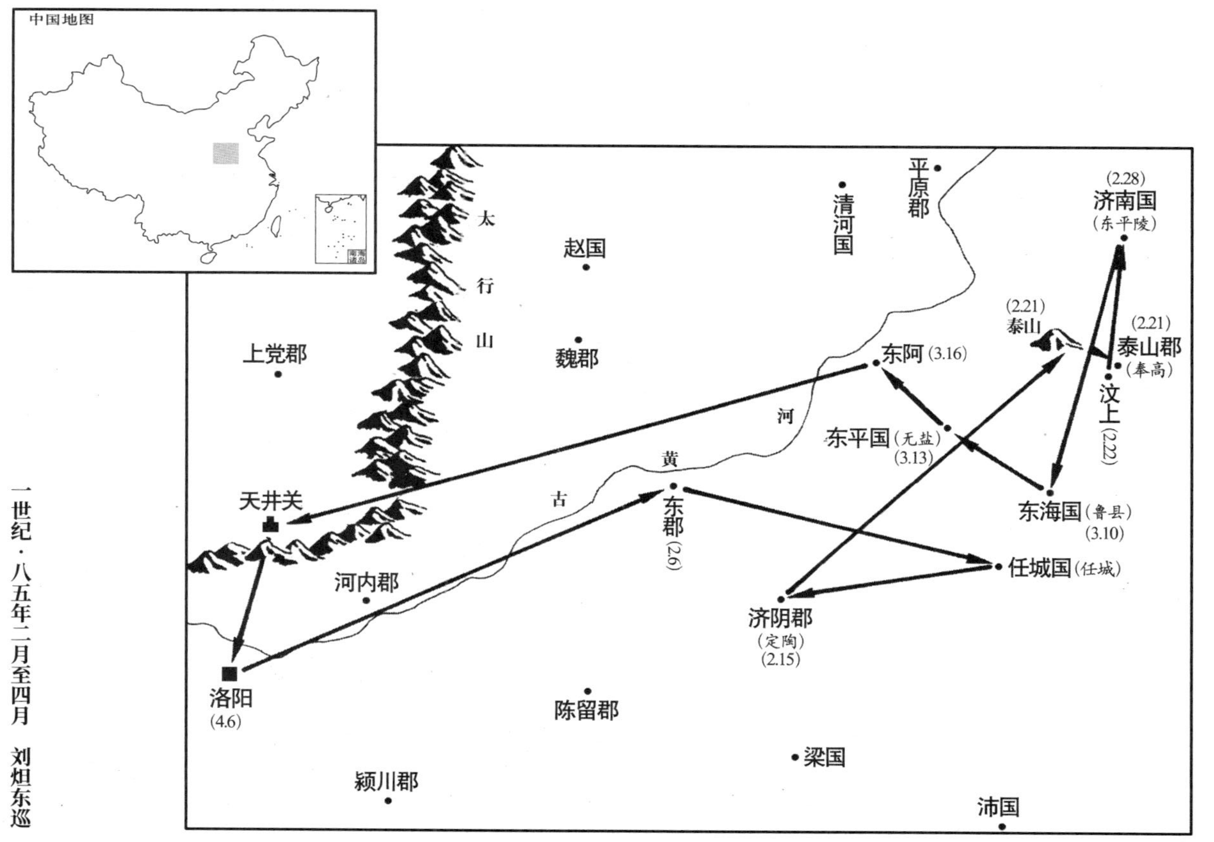

一世纪·八五年二月至四月　刘炟东巡

的经过。

8 五月，改封江陵王（首府江陵〔湖北省江陵县〕）刘恭当六安王（首府舒县〔安徽省庐江县〕）。

9 秋季，七月二十三日，刘炟下诏："《春秋》尊敬'三正'，重视'三微'（周王朝以十一月，商王朝以十二月，夏王朝以正月，为一年的第一个月，称"三正"。这时万物蛰伏冰冻的大地下，行动微弱，人们无法察觉，所以，也称"三微"）。现在规定：每年十一月、十二月，不准处决囚犯，只准十月处决囚犯。"

10 冬季，南匈奴（王庭设美稷）单于（二十九任）挛鞮宣，派军向北推进，跟北匈奴（王庭设西海附近）温禺犊王，在涿邪山（蒙古国巴彦温都尔山）发生遭遇战。南匈奴军大胜，斩杀及俘虏北匈奴人民、家畜后，撤退。

武威郡（甘肃省武威市）郡长（太守）孟云，上书说："北匈奴早已经跟中国和解，南匈奴再去抢夺，北匈奴单于（名不详）会认为中国在玩弄他们，可能侵犯边塞。最好使南匈奴单于，把抢夺北匈奴的人民和家畜，全部归还，用来化解北匈奴的敌意。"

刘炟命文武百官在金銮宝殿上，举行会议，共同讨论。全国武装部队总司令（太尉）郑弘、最高监察长（司空）第五伦，认为不应该归还。宰相（司徒）桓虞及交通部长（太仆）袁安，认为应该归还。郑弘疾颜厉色的向桓虞呐喊：“凡是主张应该归还的，全是叛徒！”桓虞喝止他不得无礼；第五伦跟藩属事务部长（大鸿胪）韦彪，都拉下脸来。

京畿卫戍总司令（司隶校尉）遂弹劾郑弘等，郑弘等都缴还印信（表示辞职），请求处分。刘炟下诏说：“一件事情，反复讨论，久久不能决定，不过是因为每个人的意见，都不相同。然而，重大问题，需要集思广益。经过深入的探讨之后，所决定的政策，才能完善。诚实、正直、和睦，是会议的基本精神。如果都不说话，绝不是国家之福。你们有什么罪，要辞职以谢？请各人戴上官帽，穿上官服。”

最后，刘炟决定归还，下诏说：

“天下河流，有千万条，长江大海所以比其他的都大，因为地势低下之故。中国便是受点委屈，又有什么关系？何况，跟北匈奴之间，君臣的名分，早已确定。北匈奴的言辞恭顺、誓约明显，进贡从来没有中断，中国岂可违背信义，自己理亏？兹命北疆边防司令官（度辽将军）兼匈奴协防司令（护匈奴中郎将）庞奋，用加倍的价钱，向南匈奴赎回所俘虏的人民、家畜，归还北匈奴。而南匈奴官兵杀敌擒敌，仍依照惯例，论功行赏。”

八六年 丙戌

东汉　元和　三年

1 春季，正月二十二日，东汉王朝（首都洛阳〔河南省洛阳市东白马寺东〕）皇帝（三任章帝）刘炟（本年二十九岁。炟，音dá〔达〕）到北方视察。正月二十七日，在怀县（河内郡郡政府所在县，河南省武陟县）举行亲自耕田仪式。

二月二十一日，刘炟训令执法监察官（侍御史）、最高监察长（司空）："正值春暖花开，我所经过的地方，不应造成损害。车辆可以绕道的，绕道；边马（骈马）可以解除时，解除（御车出动，由四匹马并驾齐驱。当中的两马称“服马”，外侧的两马称“骈马”）。”

二月二十四日，抵达中山国（首府卢奴〔河北省定州市〕），越过战国时代赵王国所筑的长城。

二月二十九日，返抵元氏（常山郡郡政府所在县，河北省元氏县）。

三月六日，刘炟前往赵国（首府邯郸〔河北省邯郸市〕）。

三月十八日，刘炟返回首都洛阳。

2 全国武装部队总司令（太尉）郑弘，不断向刘炟指出宫廷随从（侍中）窦宪，权势太盛。情意悲苦恳切，窦宪恨透了郑弘。

正巧，郑弘弹劾属于窦家班的宫廷秘书（尚书）张林、洛阳（首都所在县）县长杨光，贪赃枉法，行为残暴。缮写奏章的文书员，跟杨光原有交情，遂秘密通知杨光。杨光报告窦宪，窦宪立即反击，弹劾郑弘身为国家最重要的高级官员，却泄漏机密。刘炟追查责任，责备郑弘。

夏季，四月二十三日，收缴郑弘印信（免职）。郑弘恐惧，亲自到司法部（廷尉）报到，听候审判。刘炟下诏命他出狱。郑弘请求返回故乡，刘炟不准，而郑弘病情转重。临死之前，上书谢恩，但仍抨击窦宪说：

“窦宪的奸恶，上达于天，下通于地。四海之内，人人困惑，无论贤明的或愚昧的人，都憎恶他，说：窦宪有什么奇妙方法，能迷住主上？王姓家族（指西汉王朝王家班）的灾祸，明显可见，人人皆知。陛下居于天子的尊位，保护国家万世的太平，却信任奸恶，而不管这件事关系国家存亡！我虽命在顷刻，但不忘效忠，但愿陛下诛杀‘四凶’，消除人神共有的愤怒（“四凶”：黄帝王朝六任帝伊祁放勋时，四位重要官员：驩兜〔浑敦〕、共工〔穷奇〕、姒鲧〔祷杌〕、三苗〔饕餮〕。在一场政治斗争中，被另一位重要官员姚重华击败，或被杀，或被逐。后来姚重华继任七任帝，而以孔丘为首的儒家学派，托古改制，把姚重华圣人化了之后，四位失败的官员，遂被咬定是“四凶”，完全失去史迹的真实性。但儒家学派既然得势，在以后的四千年间，每逢诛杀重要大臣时，无论是罪有应得，或是诬陷冤狱，都会引用姚重华当年对付“四凶”的往事，作为依据）。”

刘炟看到奏章，派御医前去诊治，刚到郑家，郑弘已死。

3 擢升农林部长（大司农）宋由，当全国武装部队总司令（太尉）。

4 最高监察长（司空）第五伦，因为年老而又患病，请求退休。

五月三日，刘炟批准，并赏赐二千石的终身俸禄。

第五伦奉公尽责，发言绝不模棱两可，性情朴实诚恳，没有任何花样，在位期间，以忠贞清白闻名。有人曾问过他：“你有没有私心？”第五伦说：“从前，有人曾送我一匹千里马，我虽然不接受，但每逢要三公举荐人才的时候，总是想起他。只是，我并没有真的举荐他。像这样，怎么能说没有私心？”

5 擢升交通部长（太仆）袁安当最高监察长（司空）。

6 秋季，八月二十四日，刘炟前往安邑（河东郡郡政府所在县，山西省夏县），参观盐池（盐池，位于山西省运城市南，面积一百二十平方公里。西汉王朝十任帝刘病已皇后许平君之死，就是由于一位女护士〔淳于衍〕的丈夫，谋取当这个盐池的总管，而引起霍光夫人的杀机。参考前七一年）。九月，刘炟返回首都洛阳。

7 西羌（青海省东部）烧当部落（青海省湟中一带）酋长迷吾，再跟老弟号吾，以及其他部落，联合叛离东汉。号吾剽悍轻敌，先行攻击东汉陇西郡（甘肃省临洮县）边界，郡政府烽火管理官（督烽掾）李章，率军追击，生擒号吾，准备押解到郡政府。号吾说："杀掉我一个人，西羌毫无损失。如果放我回去，我当想办法使叛变平息，战士复员，不再攻击边塞。"

陇西郡长（太守）张纡下令释放号吾，各部落果然解散，各自回到根据地。迷吾率烧当部落撤退到逢留大河以北（黄河流经青海省贵德县至尖扎县那一段，称逢留大河），回到归义城（东汉政府兴筑，用以招待归附的羌人或羌部落。今青海省贵德县东北）。

8 疏勒王（新疆喀什市）忠（姓不详），向康居王国（首都卑阗城〔中亚巴尔喀什湖西南锡尔河北岸突厥斯坦〕）借兵，返回西域（新疆及中亚东部），据守损中（今地不详），派人向班超诈降。班超看穿他的诡计，慨然允许。忠只带少数轻骑兵卫士，进见班超；班超把忠诛杀，击破他的部众。西域南道（新疆塔里木盆地南边缘），遂畅通无阻（班超设下盛大筵席，音乐伴奏、美女跳舞，当酒过三巡，菜过五味时，武士突起，抓住忠，立即斩首）。

9 楚国（首府彭城〔江苏省徐州市〕）许太后（楚王刘英亲娘）逝世（刘英贬逐后，许太后仍留楚王宫。参考七〇年）。刘炟下诏，改葬前楚王刘英，追封楚厉侯。

10 刘炟任命颍川郡（河南省禹州市）人郭躬，当司法部长（廷尉）。郭躬审问案情和判决罪刑，多所哀矜宽恕。在法令中找出四十一条处罚最重的条文，奏请减轻，都被批准实施。

11 研究官（博士）鲁国（即东海国，首府鲁县）人曹褒，上书皇帝刘炟，要求早日核定文物制度，建立东汉王朝特有的礼仪。祭祀部长（太常）巢堪，认为这是一项划时代的重要大典，不是像曹褒这种地位卑微的人，能够制定，不可以允许。刘炟深知儒家学派知识分子的毛病：被古书拘束，没有开创新局面的能力。而政府的礼仪规章，却急需要确立。于是，擢升曹褒当宫廷随从官（侍中。博士年俸六百石，侍中年俸二千石，是部长、郡长级高级官员）。

皇宫玄武门护卫官（玄武司马）班固，反对交由曹褒一人负责，认为应集合儒家学派的学者专家，共同讨论。刘炟说："俗话说：'在路边盖房子，三年盖不成。'一旦把大家集合在一起，就好像打官司一样，你一言、我一语，议论纷纷，反而生出很多奇异的枝节，连笔都无法下，更不要说得到定论了。从前，姚重华作《大章》（音乐篇名），只教夔（姓不详）一个人负责就足够。"

八七年 丁亥

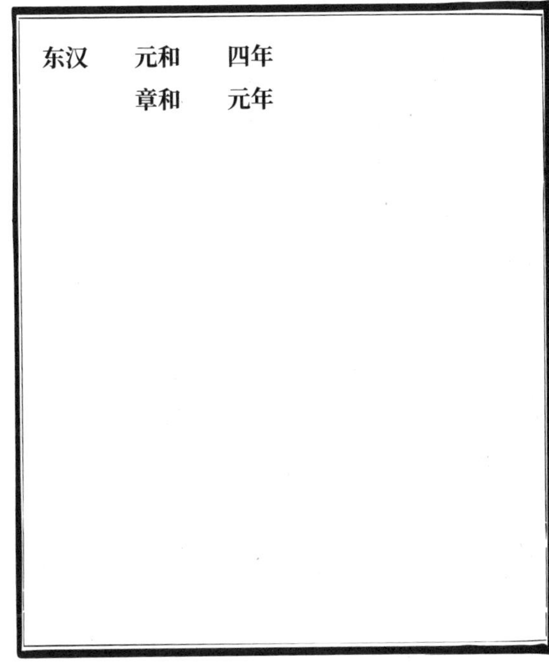
东汉　元和　四年
　　　章和　元年

1 春季，正月，东汉王朝（首都洛阳〔河南省洛阳市东白马寺东〕）皇帝（三任章帝）刘炟（本年三十岁。炟，音dá〔达〕）召见宫廷随从（侍中）曹褒，把叔孙通所制订的《汉王朝礼仪》十二篇交给他（参考前二〇一年、前二〇〇年），说："这项礼仪，松散疏略，很多地方不合儒家经典。现今，应该依照《礼记》一一校正，使它可以施行。"

2 西羌保安司令（护羌校尉）傅育，打算攻击烧当部落（青海省湟中一带）。只因为烧当部落刚刚归降（参考去年〔八六〕），不便于公开出动大军，于是，派人挑拨羌人跟匈奴人（应指南匈奴〔王庭设美稷，内蒙古准格尔旗〕）的感情，企图使他们互相斗争。羌人跟匈奴人看出东汉官员的诡计，愤怒之余，纷纷叛变，逃出边塞，再投烧当部落酋长迷吾。

然而，这也正中傅育下怀，他请求征调沿边各郡民兵数万人，准备作大规模阻截。各郡民兵还没有到齐。

三月，傅育不想别人分摊他的功劳，遂单独发动攻击。迷吾得到消息，坚壁清野，把所有村落帐幕，全部拔除，向西撤退。傅育率精锐骑兵三千人，向西穷追，入夜，抵达三兜谷（在今青海省尖扎县西北），没有戒备。迷吾回军袭击，大获全胜，斩傅育跟官兵八百八十人。等到各郡民兵抵达，迷吾早已远去。

刘炟任命陇西郡（甘肃省临洮县）郡长张纡，当西羌保安司令（护羌校尉），率万余人，在临羌（青海省湟源县）开荒垦田。

3 夏季，六月二日，宰相（司徒）桓虞免职。

六月癸卯日（六月丁卯朔，没有癸卯），擢升最高监察长（司空）袁安，继任宰相（司徒）；宫廷禁卫官司令（光禄勋）任隗，继任最高监察长（司空）。任隗，是任光的儿子（任光，参考二四年二月）。

4 齐王（首府临淄〔山东省淄博市东临淄区〕）刘晃（一任帝刘秀老哥刘縯的曾孙）跟他的老弟利侯刘刚，和老母太姬，互相诬告（依常情推断，称“太姬”而不称“太后”，可能不是亲娘。刘晃老爹是刘石，太姬当是刘石的小老婆之一）。

秋季，七月八日，刘炟下诏：贬刘晃当芜湖侯，刘刚采邑削去三千户人家，收缴太姬的印信。

5 七月十七日，淮阳（顷）王（首府陈县〔河南省周口市淮阳区〕）刘昞（二任帝刘阳子）逝世。

6 鲜卑部落（内蒙古西辽河上游）深入北匈奴汗国（王庭设西海〔蒙古国科布多城东哈腊湖〕附近）东方疆界，奋力攻击，大破北匈奴，斩优留单于，安全返防。

7 西羌烧当部落（青海省湟中一带）酋长迷吾，联合其他诸羌部落，攻击金城（甘肃省永靖县西北）要塞。西羌保安司令（护羌校尉）张纡，派参谋官（从事）河内（河南省武陟县）人司马防，在木乘谷（青海省湟源县西）迎战。迷吾败退，派翻译官晋见张纡，请求投降；张纡接受。迷吾率领部众前往临羌（青海省湟源县，西羌保安司令部所在），张纡展示军容，大开筵席，隆重招待，却在酒中掺入毒药，在毒性发作后，伏兵突起屠杀，斩重要首领八百余人，砍下迷吾人头，用以祭祀傅育坟墓。再纵兵攻击迷吾的残余部众，又斩杀及俘虏数千人。

迷吾的儿子迷唐，跟其他部落，解除昔日怨仇（西羌解仇，参考前六二年），互相嫁娶，建立婚姻关系，交换人质，据守大小榆谷（青海省尖扎县西），跟东汉对抗。愤怒使他们团结，兵力迅速扩张，张纡无法控制。

8 七月二十七日，刘炟下诏，认为祥瑞不断出现，改年号章和（之前是元和四年，之后是章和元年）。

这时，首都洛阳四周，祥瑞层出不穷，前后数百数千件，谈论

一世纪·八○年代及九○年代
河湟一带形势

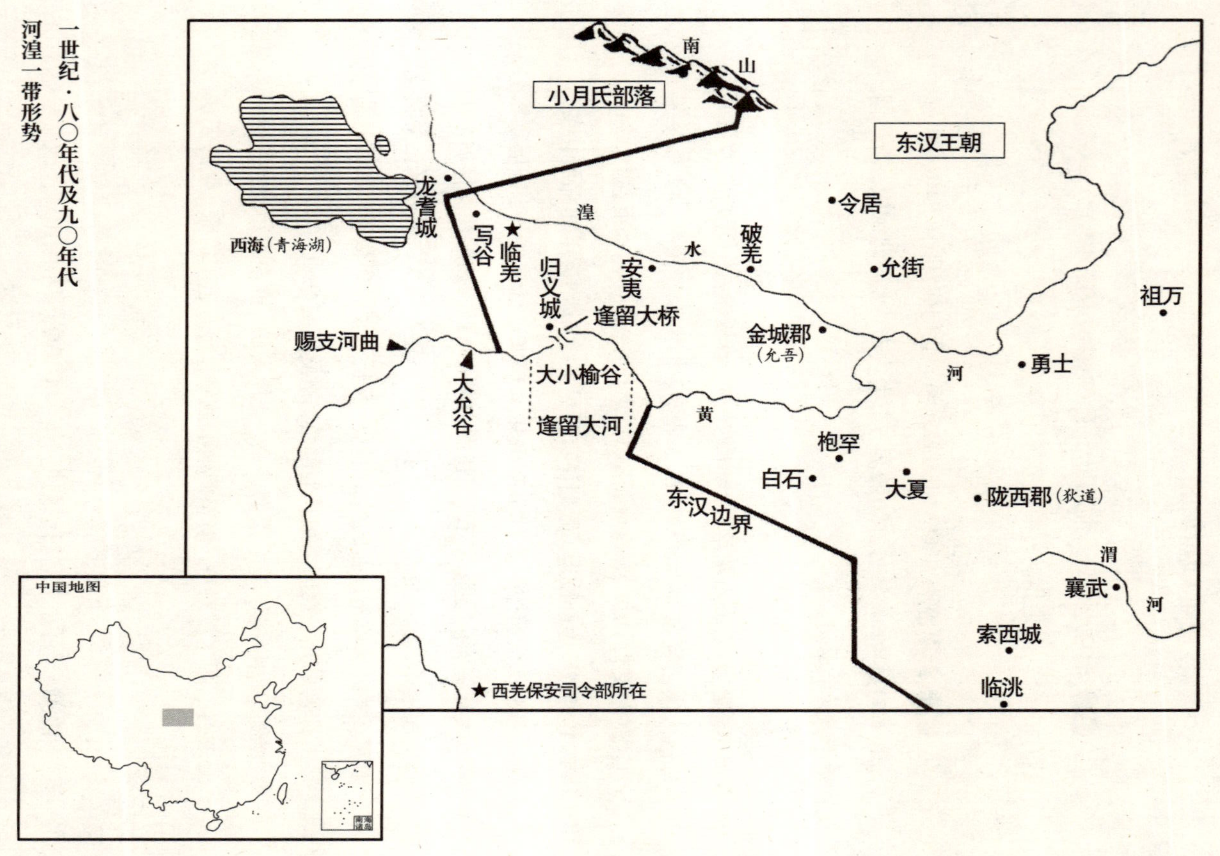

的人，都认为是一件美事。只有全国武装部队总司令部秘书（太尉掾）平陵（陕西省咸阳市秦都区西）人何敞，对这套把戏，十分厌恶。告诉总司令（太尉）宋由跟宰相（司徒）袁安说：“祥瑞伴随恩德而来，灾异由于暴政而生。而今，奇异的鸟飞到金銮宝殿，古怪的草生在宫廷庭院，不可以不重视。”

宋由、袁安面面相觑，不敢回答。

9 八月八日，刘炟南下视察。

八月二十三日，到达梁国（首府睢阳〔河南省商丘市〕）。

八月三十日，前往沛国（首府相县〔安徽省淮北市〕）。

10 日蚀。

11 九月五日，刘炟前往彭城（楚郡郡政府所在县，江苏省徐州市）。

九月十六日，前往寿春（安徽省寿县），恢复阜陵侯刘延原来爵位，再当阜陵王（首府侨设寿春。刘延本是阜陵王，贬作阜陵侯，参考七六年）。

九月二十四日，前往汝阴（安徽省阜阳市）。

冬季，十月十二日，返回首都洛阳。

12 北匈奴汗国（王庭设西海附近）内部大乱，屈兰储等五十八个部落，人口二十八万，分别投奔云中郡（内蒙古托克托县）、五原郡（内蒙古包头市）、朔方郡（内蒙古磴口县）、北地郡（宁夏吴忠市西南金积镇），归降东汉。

13 宫廷随从（侍中）曹褒根据旧有的法令典章，加入儒家学派五经（《诗》《书》《礼》《易》《春秋》），以及神秘预言书（谶记之文）上的记载，制定上自皇帝，下到平民，婚礼、成年加冠礼、吉礼、凶礼（丧葬）等仪程，共一百五十篇，奏报皇帝刘炟。刘炟深知如果交付讨论，势不可能获得一致同意的结论，所以，对曹褒的建议，全部接受，不再命有关单位，参加讨论。

14 本年（八七），班超征调于阗国（新疆和田市）等国作战部队共二万五千人，向一直拒抗东汉的莎车王国（新疆莎车县），发动最强大的一次总攻击。龟兹国（新疆库车市）也征调温宿国（新疆乌什县）、姑墨国（新疆阿克苏市西北）、尉头国（新疆阿合奇县西南哈拉奇乡）等国作战部队，共五万人，增援莎军。

班超召集将领、指挥官，跟于阗王，商议对策。班超面色沮丧的宣布说："我们的兵力太少，无法抵抗，不如先撤退。于阗部队向东返回本国；我则向西返回疏勒国（新疆喀什市），暂时躲避。等到夜半鼓声起时，一齐出发。"然后故意疏于防备，纵使若干俘虏逃走，传出消息。

龟兹王大喜过望，亲率一万余骑兵在西方道路上，拦截班超；温宿王则亲率八千余骑兵在东方道路上拦截于阗王。班超侦察到两位国王（龟兹王、于阗王）大军已动，立即秘密集结部队，紧急备战。等到鸡声初啼，向莎车军营发动拂晓攻击，莎车军崩溃，四散逃走，班超追杀五千余人，莎车王恐惧，投降。龟兹各国只好纷纷撤退。

从此，班超威名，震撼西域（新疆及中亚东部）。

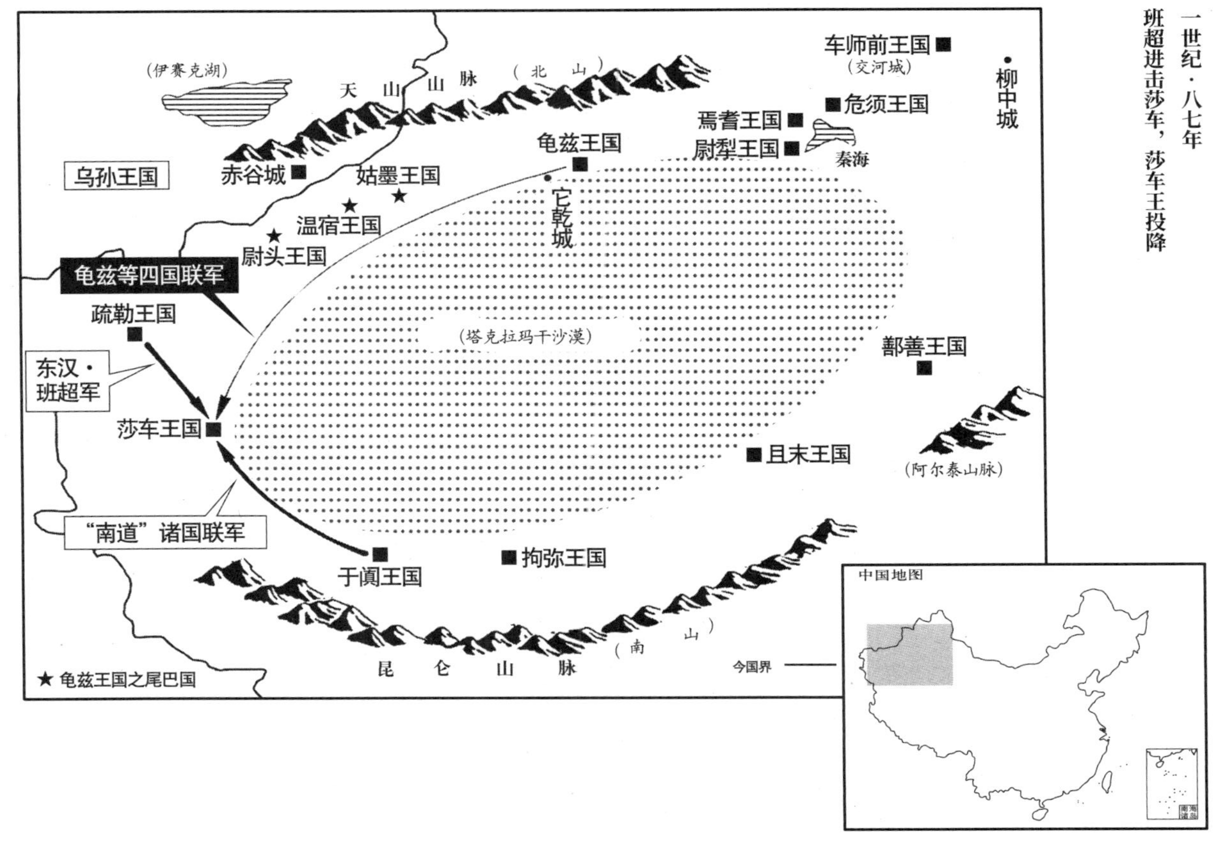

一世纪·八七年
班超进击莎车，莎车王投降

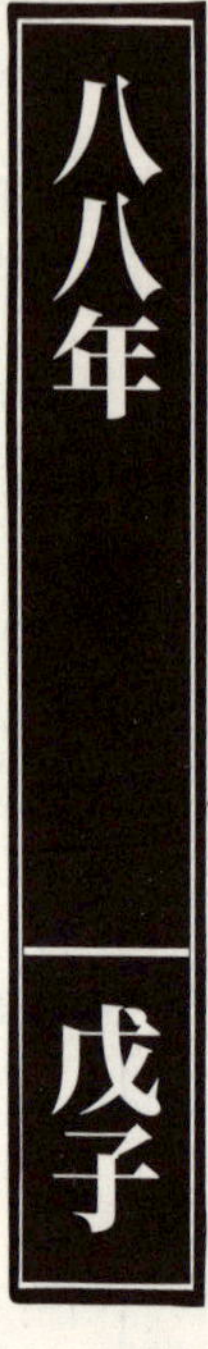

1 春季，正月，东汉王朝（首都洛阳〔河南省洛阳市东白马寺东〕）济南王（首府东平陵〔山东省济南市章丘区〕）刘康、阜陵王（首府寿春〔安徽省寿县〕）刘延、中山王（首府卢奴〔河北省定州市〕）刘焉（三王均是皇帝刘炟叔父），前来首都洛阳朝见。

东汉帝（三任章帝）刘炟（本年三十一岁。炟，音dá〔达〕）性情宽厚仁爱，怀念手足骨肉之情。刘康、刘焉，都是堂叔父，每次入朝，一定特别优容，连同一些堂兄堂弟，都留在京师（首都洛阳），不马上遣送他们回到封国（两汉王朝制度，亲王朝见后，都要回国，不能留居京师）。又经常赏赐文武官员，超过规定数目，国库为之空虚。

全国武装部队总司令部秘书（太尉掾）何敞，签呈总司令（太尉）宋由，说：

“连年以来，水灾旱灾相继，人民没有收获。凉州（甘肃省）沿边一带，蛮夷屡次侵犯，家家受到祸害（西羌〔青海省东部〕诸部落不断攻击）。内地中原地区各郡，为支援边防，公私都已枯竭，这正是减少饮食、削减费用之时。国家恩典，隆重得如同天覆地载，可是现在的赏赐，却超过常规。听说，仅只腊日（参考二五年）赏赐中级官员以上，公卿、王侯以下，就使国库全空，严重的消耗政府储备。这些供应政府的财物，都是人民的血汗劳力。圣明的君王，赏赐应有等级限制。优待功臣，也有一定法则（李贤注《后汉书·礼仪志》引汉官名秩：腊日赏赐：大将军、三公，钱各二十万，牛肉二百斤，粳米二百斛。特进侯，钱各十五万。卿，钱各十万。校尉，钱各五万。尚书，钱各三万。侍中、将、大夫，钱各二万。尚书丞、郎，钱各一万五千。千石、六百石，钱各七千。侍御史、谒者、议郎、尚书令，钱各五千。郎官、兰台令史，钱各三千。羽林、虎贲士，二人共钱三千）。所以，姒文命（夏禹）赏赐黑玉，姬旦（周公）接受绸缎布匹（姒文命与姬旦二事，相距一千一百年；写在一起，好像一事。古人好引典故，易生混淆）。而今，阁下位置尊贵，责任重大，对上应当建立制度，对下应当安抚人民，岂能仅只温柔敦厚就行了？建议阁下首先端正自己，身体力行，给部下作为榜样，把皇上的赏赐退回，顺便分析得失。然后奏请遣送亲王们回他们的封国。解除皇家田园农庄禁止耕种的法令，节省一切不必要的开支，赈济贫穷，抚恤孤儿寡妇，则恩德遍布天下，人民自然欢乐。”

宋由不敢接受这项建议。

宫廷秘书（尚书）南阳（河南省南阳市）人宋意，上书说：

“陛下怀有天下至孝的心，恩爱深厚。宠爱各位亲王，如同民间家人，使他们乘车进入殿门（两汉王朝制度，太子亲王入宫，到了司马门，都要下车步行），入座的时候，也不行礼（臣属对君王，要先行礼参拜，才能入席），把御厨房的饮食，供应他们，赏赐十分优裕。刘康（济南王）、刘焉（中山王），有幸以庶子旁支（二人是刘炟亲叔父），封爵大国。陛下待他们的恩德宠爱，都超过标准，礼仪尊敬，也超过皇家规定。《春秋》大义是：纵是伯父、叔父、老哥、老弟，对一个君王而言，没有一个不是臣属。所以尊敬应该尊敬的，卑贱的应该严守卑贱的分际，目的在于使主干强大，枝梢微弱。

“陛下的盛大勋业，当为万世效法的对象。所以不应该因为私人感情，破坏上下秩序，失去君臣之间的正常状态。西平王（首府西平〔河南省舞阳县东南〕）刘羡等六位亲王（此指二任帝刘阳的六个儿子，六人受封后，仍留在首都洛阳，没有到封国就任），都已结婚生子，封国跟亲王的僚属，完全具备，应该早一天回到他们的封国，为子孙的幸福，奠定基础。可是，现在，他们的家宅，互相接连，长久的留在京师（首都洛阳），骄傲奢侈，违背法令，所受到的宠爱和俸禄，也都过分。陛下应该决心割爱，用大义断恩，使刘康、刘焉（刘炟叔父），各回封国，命刘羡等（刘炟兄弟），择日上道，用以满足人民的盼望。”

然而，还来不及遣送。

2 二月三十日（原文误置正月，据《后汉书·和帝纪》改），刘炟在章德前殿逝世，年三十一岁。遗诏：禁止在墓园建立寝殿，一切效法老爹（二任明帝）刘阳。

曹丕（曹魏帝国一任文帝）批评刘阳，认为刘阳喜爱明察秋毫，而刘炟则是一位忠厚长者。刘炟很能了解他的部下，认为老爹刘阳的苛刻急切，是一种错误。所以，凡事都从宽处理，尽量包容，侍奉嫡母马太后，尽心孝顺。减少差役、赋税，人民都受到他的恩惠。刘炟行为忠恕，建立礼仪教化。称之为忠厚长者，岂不适合！

3 太子刘肇即位（四任和帝），年十岁。尊窦皇后为皇太后。

4 三月五日，新皇帝刘肇发布老爹刘炟遗诏：改封西平王（首府西平）刘羡（二任帝刘阳子）当陈王（首府陈县〔河南省周口市淮阳区〕），六安王（首府舒县〔安徽省庐江县〕）刘恭（刘阳子）当彭城王（首府彭城〔江苏省徐州市〕）。

5 三月十一日，把刘炟埋葬敬陵（河南省洛阳市孟津区东南三十里铺村南）。

6 南匈奴汗国（王庭设美稷〔内蒙古准格尔旗〕）伊屠于闾鞮单于（二十九任）挛鞮宣逝世，前任单于（二十八任）挛鞮长的老弟挛鞮屯屠何继位，是为休兰尸逐侯鞮单于（三十任）。

7 窦太后临朝执政，老哥窦宪以宫廷随从官（侍中）身份，入宫主持机要，出宫传达皇太后命令。老弟窦笃，当虎贲警卫指挥官（虎贲中郎将）。窦笃老弟窦景、窦瓌，同时当寝殿侍奉官（中常侍）。兄弟全居势力枢纽，窦姓家族身价，一夜间暴涨。

窦宪的门客崔骃，向窦宪提出一份备忘录：

“古人说：‘生下来就富有的，骄傲。生下来就尊贵的，蛮横。’生下来就富有尊贵，而能不骄傲不蛮横的，从来没有见过。而今，阁下的宠爱和官位，正如日上升，文武百官，无不注视你所作所为，岂可以不日夜小心，以求荣耀终身！从前，冯野王（参考前二四年）也是皇亲国戚，身居高位（冯野王妹妹冯媛，是西汉十一任帝刘奭的小老婆，参考前三八年），人们称赞他贤能。近来，皇城保安司令（卫尉）阴兴（一任帝刘秀皇后阴丽华老弟），克制自己，坚守礼义（克己复礼），终于受到太多的福分。皇后家族所以弄得被当世人讥嘲，被后世人谴责，主要原因在于权势太大，而不知道收敛；官位太高，品德能力，都不能相配。自从西汉王朝兴起，直到覆亡，皇后家族二十家，能够保全身家性命的，不过四家而已（皇后家族受到死亡或放逐灾难的，至少有十七家：一、吕家，一任帝刘邦妻吕雉，灭族。二、张家，二任帝刘盈妻张嫣，罢黜，家族败亡。三、薄家，五任帝刘恒娘亲薄太后，老弟薄昭被杀，侄孙女薄皇后〔六任帝刘启妻〕被废。四、窦家，刘恒妻窦皇后，侄儿窦婴被杀。五、陈家，七任帝刘彻妻陈娇，被罢黜。六、卫家，刘彻妻卫子夫，母子祖孙自杀。七、赵家，八任帝刘弗陵娘亲赵钩弋，被杀。八、上官家，刘弗陵妻上官皇后，灭族。九、史家，十任帝刘病已祖母史良娣，自杀。十、王家，刘病已娘亲王翁须，侄孙王安，被杀。十一、许家，十任帝刘病已妻许平君，被杀，侄女许皇后〔刘骜妻〕自杀。十二、霍家，刘病已妻霍成君，灭族。十三、王家，十一任帝刘奭妻王政君，灭族，侄孙女王皇后〔刘箕子妻〕自杀。十四、赵家，刘骜妻赵飞燕，姐妹自杀。十五、傅家，十三任帝刘欣祖母傅太后，堂弟傅晏放逐蛮荒，堂侄女傅皇后〔刘欣妻〕自杀。十六、冯家，十四任帝刘箕子祖母冯媛，自杀。十七、卫家，刘箕子娘亲卫姬，灭族。而只有下列四家，幸告平安：十八、六任帝刘启妻王娡。十九、九任帝刘贺祖母李夫人。二十、十任帝刘病已妻王皇后〔邛城太后〕。二一、十三任帝刘欣娘亲丁姬）。《书经》说：‘不可以不把夏王朝的覆亡，作为鉴戒。也不可以不把商王朝的覆亡，作为鉴戒。’岂可以不谨慎！”

两汉王朝的政治结构，当然不是二十世纪现代民主政治的“内阁制”。可是，如果用“内阁制”作为比喻，说明皇后家族在两汉王朝政府中的权力位置，却可一目了然。现代民主国家，一个新元首当选，就在他所隶属的政党中，遴选内阁。而两汉王朝，一个新元首登极，就由他娘亲或妻子的娘家人——舅父或内兄、内弟，掌握权力，出任高官。

皇后家族当权的主要原因，在于皇太子不准许过问政治，不准许关心民间疾苦，不准许跟现任官员来往，不准许跟知识分子结交。如果不相信这一连串的“不准许”，违反了一条，即令吉星高照，不被罢黜，也会引起大狱。而且，当皇帝的人，往往都死得太早。死得太早的意义是：寡妇太年轻，孤儿太年幼。面对着丢下来乱糟一团的摊子，和人头攒动的文武百官，跟一个普通文化人面对核子反应炉一样，陌生、恐惧，不知道如何运作。于是，寡妇只有信赖她最熟悉的娘家人：父亲、哥哥、弟弟、侄儿。孤儿也只有信赖他最熟悉的舅舅家人：舅父、表兄、表弟、表侄。皇后家族就非处于第一线不可，想逃都逃不掉。何况，根本就没有人想逃。事实上，绝大多数的皇后娘家人，还在心如火焚的争取。

东汉王朝二任帝刘阳正妻马皇后的故事，可帮助我们了解皇后家族的基本心理状态。当马援家属因“薏苡案”受到重创后（参考四九年），权贵分子知道马家再没有翻身的可能，对马家就更欺负。马家女儿跟窦家订婚，窦家声势，正节节窜高，对这项破落户婚姻，颇有后悔之意，史书上虽没有写出如何受到轻视，但我们可以察觉出来那种轻视。马女士的堂兄马严，既忧愁家族危如累卵，又愤恨日益难堪的羞辱，就跟马援夫人决定，跟窦家解除婚约，而把女儿呈献给当时还是皇太子的刘阳。目的很明显，女儿运气不好，或受不到宠爱，或遇到意外，马家不过损失一个女儿。可是，如果时来运转，当了皇后，尤其是，如果当了皇太后，那可是典型的“一人得道，鸡犬升天”。马家还是东汉王朝最好的一家皇后娘家，原始动机，就是要夺取权力。

皇后家族主持政府，已成为一种习惯，上自君王，下到小民，都接受这种制度。所以，当西汉王朝十三任帝刘欣即位之后，皇太后王政君立刻下令王家班退出政府（参考前七年五月）。十四任帝刘箕子即位之后，连王莽的儿子，也一致坚持把政府交给卫姓家族。在两汉王朝，皇帝和皇后两大家族，共同统治中国。皇帝家族是宪法，皇后家族是内阁。

然而，正因为皇后家族不是二十世纪现代内阁，他们不是靠人民选举，而只靠他们家的漂亮女儿，在宫廷夺床斗争中，获得胜利。所以，他们一旦擢升，并不是一个有政治理想、有政治抱负的集团，而只是一群鱼鳖虾蚧、牛鬼蛇神。一定引起官怒民怨，一旦宫廷里那个美女失去宠爱，或失去控制，或伸腿瞪眼死亡，新的头目登极，新的美女上床，形势就等于现代民主国家一次大选。不同的是，皇后家族要想在失败后回家睡大觉，却不可能，他们上台时的台阶，是他们家女儿温柔细腻的胴体；而他们下台时的台阶，却是血腥的尸首，血腥的程度，跟他们所掌握权柄的大小，成正比例。掌握最大的权力，像霍姓家族、王姓家族（王莽），简直可以摆布皇帝，那么连个下台的台阶都没有，而又不能不下台，就只好像是从着了火的三百层高楼上，往下一跳。

皇后家族一旦当权，大多数注定要演出悲剧。旁观者已在为他们血肉模糊的远景，吓得浑身发抖，皇后家族们却陶醉沉迷；任何警告的声音，小的声音他们不理，大的声音他们则认为你如果不是酸葡萄，一定是心怀不轨——怎么，想剥夺俺的大权呀？正因为如此，皇后家族的悲剧才不绝迹，不断供后人凭吊。

8 三月十八日，窦太后下诏："任命前任全国武装部队总司令（太尉）邓彪当皇家师傅（太傅），封关内侯（准侯爵），主管宫廷机要（录尚书事），统御文武官员，裁决公文。"窦宪了解，邓彪谦虚礼让，二任帝刘阳最尊重他（邓彪老爹邓邯，封邻乡侯。老爹逝世，邓彪把侯爵及封国让给老弟邓凤，刘阳钦佩他的高风亮节）。邓彪心地忠厚，性情随和，窦宪看准了这一点，把他推崇到高位。窦宪每有行动，并不自己出面，都教邓彪奏报，再由窦宪入宫向窦太后解释（这是王莽——孔光模式。参考前一年）。于是，没有一件事不被批准。邓彪在位，修身养性而已，对国家大政，不能有所补益。

窦宪性格果断急躁，连曾经瞪他一眼的细小怨恨，都要报复。六二年，皇家礼宾官（谒者）韩纡主审窦宪老爹窦勋的案件；本年（八八），窦宪命他的门客，格杀韩纡的儿子，用人头祭祀窦勋坟墓。

9 四月二日，陈王（首府陈县）刘羡、彭城王（首府彭城）刘恭、乐成王（首府信都〔河北省衡水市冀州区〕）刘党、下邳王（首府下邳〔江苏省睢宁县北古邳镇〕）刘衍、梁王（首府睢阳〔河南省商丘市〕）刘畅（五人均是二任帝刘阳儿子、现任帝刘肇叔父），分别前往他们的封国。

10 夏季，四月十七日，刘肇声称老爹刘炟遗诏：撤销各郡、各封国盐铁专卖，交由民间生产经营。

11 五月，京师（首都洛阳）大旱。

12 北匈奴汗国（王庭设西海〔蒙古国科布多城东哈腊湖〕附近）发生饥馑，社会秩序崩溃，向南匈奴汗国（王庭设美稷〔内蒙古准格尔旗〕）投降的，每年有数千人。

秋季，七月，南匈奴休兰尸逐侯鞮单于（三十任）挛鞮屯屠何，上书东汉政府：

“乘着北匈奴内部斗争，正在剧烈，请求出动军队，北上讨伐，消灭北匈奴，使南匈奴得以统一全境，使中国永远不再有北方的顾虑。我们长期的生活在中国境内，仰仗中国，才能张口吃饭。每年又蒙中国政府赏赐，动不动都有亿万之数，虽然安乐，但也惭愧无力报答。现在，我们愿意动员散处在中国各郡的匈奴骑兵，跟新近归降的精锐，分军数道，同时进发。约定十二月，在北匈奴王庭会师。

“只因我的武装部队，势力单薄，一旦投入战场，内部治安难以维持。所以请陛下命首都洛阳警备区总司令（执金吾）耿秉、北疆边防司令（度辽将军）邓鸿，跟西河郡（内蒙古准格尔旗西南）、云中郡（内蒙古托克托县）、五原郡（内蒙古包头市）、朔方郡（内蒙古磴口县）、上郡（陕西省榆林市东南鱼河镇）等郡长，全力北征，希望借着圣上的神威，一举平定。匈奴汗国的成败（指南北匈奴分裂的局面），在今年就可决定。我已下令我的部队进入高度备战状态，请求节哀考虑！”

窦太后把奏章交给耿秉，耿秉赞成，上书说：“从前，武帝（西汉七任帝刘彻）倾全国之力，企图使匈奴向中国称臣，只因时机没有成熟，不能成功。而今，上天把千载难逢的时机赐下，北匈奴内乱，用蛮夷对付蛮夷，正是中国莫大的利益，应该批准。”耿秉表示，他身受国家厚恩，愿意到疆场效命。

窦太后打算采纳耿秉的意见，可是宫廷秘书（尚书）宋意反对，上书说：

"蛮夷之辈，生活简陋、轻视礼义，没有君臣上下之分。强梁的居于高位，弱小的只好屈服。自从汉王朝（西汉王朝及东汉王朝）建立以来，征伐的次数太多了，所得到的收获，不能抵偿所受到的损失。光武皇帝（一任帝刘秀）亲身在战阵之中，发扬天地光辉，正逢匈奴（南匈奴）归降，姑且把他们羁留豢养。使沿边人民，获得生机，差役民夫，得以减除。至今，四十余年（自四八年接受南匈奴投降，至本年〔八八〕，四十一年）。

"现在，鲜卑部落（内蒙古西辽河上游）对中国顺服，攻击北匈奴，斩杀及俘虏数万人。中国坐在旁边，承受利益，人民毫不辛劳。汉王朝（两汉王朝）兴起以来的功勋，以此最为隆盛。所以如此，在于蛮夷互相攻击，中国军队却没有一人伤亡。我的观察，鲜卑部落攻击北匈奴，不过是掠夺抢劫。可是，却把战果呈献中国，目的只在贪图厚重赏赐。而南匈奴一旦统一全境，返回故都王庭（蒙古国哈拉和林市）。中国就不得不禁止鲜卑部落的行动。鲜卑对外不能掳掠，对内无法领取中国赏赐。以蛮夷的贪婪性格，必给中国边疆，带来灾祸。

"现在，北匈奴向西方迁徙，请求跟中国和平共存。我国正应该抓住这个契机，接受他们的请求，作为外藩。伟大的功业，莫过于此。如果出动大军，浪费国家财富，只为了帮助南匈奴，则将失去优势，抛弃安全，奔向危亡。我的意思是，不可以答应南匈奴的要求。"

13 正在这个时候，东汉政府发生重大凶杀案件。齐（殇）王（首府临淄〔山东省淄博市东临淄区〕）刘石的儿子、都乡侯刘畅（刘秀老哥刘縯的曾孙），前来京师（首都洛阳），参加三任帝（章帝）刘炟葬礼。窦太后对他十分欣赏，一连召见他。引起窦宪恐惧，恐怕刘畅分割自己的权力，于是采取凶暴手段，派刺客深入宫门禁卫部队中，把刘畅暗杀。凶案发生后，窦宪透过特务系统，宣称主凶是刘畅的弟弟利侯刘刚。命执法监察官（侍御史），跟青州（山东省北部）州政府（跟齐国首府同在临淄），逮捕刘刚等（刘刚封利侯，利国在今山东省博兴县东），就在临淄组联合法庭审讯（刘畅死于京师，而法庭设在航空距离六百公里外的临淄，在于排除现场线索，迅速定案，杀人灭口）。

宫廷秘书（尚书）颍川郡（河南省禹州市）人韩棱，抗议说："凶手就在京师（首都洛阳），不应舍近求远，去千里之外另找凶手，恐怕徒惹奸臣冷笑。"窦太后大怒，对韩棱严厉责备，而韩棱坚持他的意见。全国武装部队总司令部（太尉府）保安官（贼曹）何敞，对宫廷秘书（尚书）宋由说："刘畅是皇家血统，封国藩臣，前来首都奔丧，上书等候差遣，在皇宫禁卫军保护之下，竟遭受惨杀。负责治安的单位，盲目追捕，既找不到踪影，又弄不清凶手是谁。我屡次担任重要职位，现在又主管安全事宜。我打算亲自到联合法庭，参与审理，观察变化。可是，二府（宰相府〔司徒府〕、最高监察署〔司空府〕）的负责人，认为依照惯例，三公不管地方上盗贼，公然放纵奸恶，没有人能够责备（前一世纪四〇年代，西汉十任帝刘病已时，丙吉当宰相，一天，在路上遇到有人打群架，死伤狼藉，丙吉不予理会。可是，看到有人赶牛，牛累得伸出舌头喘气，丙吉询问他："你赶牛赶了几里？"左右官员奇怪这位宰相轻人重牛。丙吉说："人民打架伤亡，首都长安市长应该负责。而今刚入春季，天气并不太热，牛却发喘，恐怕中暑。三公主要的职责是调和阴阳，使天下风调雨顺，所以才特别关心。"从此，三公不干预地方政府权力）。所以，我准备单独具名，奏请参与，须你转呈。"宋由承诺。

宰相府（司徒府）、最高监察署（司空府），听到何敞已被批准前往临淄（山东省淄博市东临淄区）参与审判消息，也分别派出主管官员，一同前往。

在严厉公正的审理下，真相大白，事实俱在，全案奏报窦太后。窦太后怒不可遏，把窦宪禁闭到皇宫内院。窦宪恐怕被杀，要求出击北匈奴（王庭设西海附近），赎回死罪。

刘刚等得以不死于冤狱，应感谢何敞的道德勇气。否则，刘刚不但身死，还要背上杀兄的恶名。凶线竟然搭到刘刚身上，平常当然有蛛丝马迹，可资利用。诸如：刘刚跟老哥刘畅素来不睦，甚至有过冲突，甚至有过“干掉你”的言论，都会被一一用来佐证，再加上天衣无缝的判决书，谁都不能推翻。

冤狱平反，更在于何敞不但倡议，而且行动，他所承受的压力比泰山都重，如果窦太后再支持窦宪，何敞可能丧命。而其他两府派人参与，也是一项壮举。他们都应受到千古敬仰。

14 冬季，十月十七日，任命窦宪当车骑将军，讨伐北匈奴汗国。任命首都洛阳警备区总司令（执金吾）耿秉当副统帅，征调北军（警备军）五营兵团（骑兵〔屯骑〕兵团、南越〔越骑〕兵团、步兵〔步兵〕兵团、长水外籍〔长水〕兵团、射击〔射声〕兵团），以及黎阳（河南省浚县）大营（刘秀依靠黄河以北三州〔幽州、冀州、并州〕的骑兵，击败群雄，建立东汉政府，遂在黎阳设置大营，容纳三州部队）、雍县（陕西省宝鸡市凤翔区）大营（右扶风郡民兵司令部设雍县，负责保护三辅〔关中地区，陕西省中部〕及历代皇帝坟墓），边远十二个郡的民兵（十二郡：上郡〔陕西省榆林市东南鱼河镇〕、西河郡〔内蒙古准格尔旗西南〕、五原郡〔内蒙古包头市〕、云中郡〔内蒙古托克托县〕、定襄郡〔山西省右玉县〕、雁门郡〔山西省朔州市东南〕、朔方郡〔内蒙古磴口县〕、代郡〔山西省阳高县〕、上谷郡〔河北省怀来县〕、渔阳郡〔北京市密云区〕、安定郡〔宁夏固原市〕、北地郡〔宁夏吴忠市西南金积镇〕），以及羌人、匈奴人组成的部队，出北方边塞。

15 部长以上高级官员，推荐前张掖郡（甘肃省张掖市）郡长邓训，代替张纡当西羌保安司令官（护羌校尉）。

西羌烧当部落（大小榆谷）新任酋长迷唐，率一万余骑兵，迫近边塞，但不敢对邓训发动攻击，只打算威胁祁连山下小月氏诸部落。而邓训先发制人，对小月氏诸部落严密保护，使迷唐不能得逞。官员们议论纷纷，一致认为：羌人跟胡人（指小月氏）互相攻击，对中国有利，不应过问。邓训说："张纡失去大信，迫使西羌诸部落反叛（参考去年〔八七〕七月）。凉州（甘肃省）官民，命运像悬挂在一缕发丝上。蛮族所以对中国愤恨，都因为中国的恩德不厚，信誉不高。而今，正好在他们紧张危险之际，用恩德相待，或许可以收到回报。"

于是，下令大开城门，并开放西羌保安司令部官衙后园，把小月氏部落的老弱妇孺，全部接纳居住，戒严守卫。烧当部落抢夺不到物质，而又不敢向小月氏部落丁壮逼迫，只好撤退。从此，湟中（青海省东北部）各部落，一致认为："中国官员都希望我们互斗，而今邓训却如此厚待我们，开城收容我们的妻子儿女，我们受到的是一种父母的恩德。"于是向邓训叩头，欢呼说："一切听你的命令。"

邓训抚养教化，大小蛮夷，无不心悦诚服。于是，悬赏招降羌人，再使已降的羌人招致未降的羌人。烧当部落酋长迷唐的叔父号吾（参考八六年八月），率领他的部落八百人投降。邓训征召湟中（青海省东北部）汉人、羌人、胡人（包括匈奴人及小月氏诸部落），共集结四千人出塞，奇袭据守写谷（青海省湟源县西）的迷唐，迷唐大败，全立身撤出大小榆谷（青海省尖扎县西）逃向更西的颇岩谷（今地不详），部众全部离散。

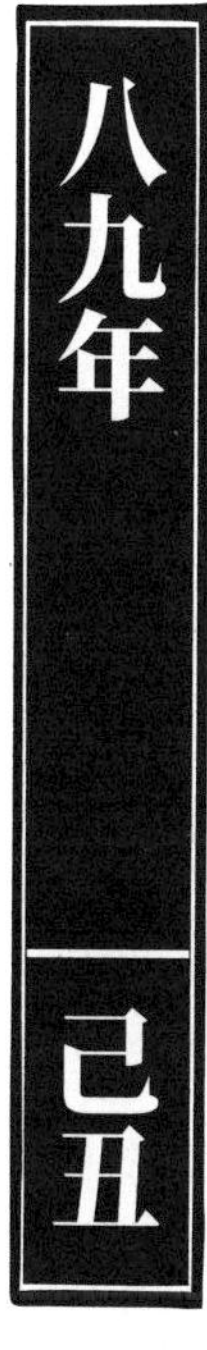

1 春季，西羌烧当部落（颇岩谷）酋长迷唐，打算再回大小榆谷（青海省尖扎县西）。东汉王朝（首都洛阳〔河南省洛阳市东白马寺东〕）西羌保安司令（护羌校尉）邓训，征调湟中（青海省东北部）民兵六千人，命秘书长（长史）任尚率领，缝制羊皮筏，绑到木架之上，渡过黄河，突击迷唐；大破迷唐军，前后杀一千八百人，俘虏二千人、马牛羊三万只；烧当部落几乎全部灭绝。迷唐收集残余的部众，向西逃走千余华里。原来归属他的一些小部落，纷纷叛变。烧当贵族东号，叩头投降，其他的都到边塞送出人质。

邓训安置归附的部众，威严及信誉，广为传播。遂命军队复员，返回各郡。只留下减刑的囚犯二千余人，开荒垦田，修理碉堡亭障。

2 车骑将军窦宪，准备攻击北匈奴（王庭设西海〔蒙古国科布多城东哈腊湖〕附近）。三公及九部部长（九卿），齐到宫廷上书劝阻，认为北匈奴早已没有侵犯边塞，无缘无故，劳师远征，损耗国库，只不过企图在万里之外，建立功勋，不是为国家设想的政策。

奏章不断呈阅，却无反应。宫廷秘书（尚书）宋由，感到恐惧，不敢再在奏章上署名；其他官员也逐渐停止。而宰相（司徒）袁安、最高监察长（司空）任隗，一直坚持原则，不肯屈服，甚至在金銮宝殿上，脱去官帽争取，同时继续上书，有十次之多，大家都替他们担心，而袁安、任隗，神色一如平常。执法监察官（侍御史）鲁恭上书说：

“我们国家，新有大忧（三任帝刘炟逝世），陛下正在守丧期间，人民心怀不安，夏、秋、冬三个季节，已没有听到御驾出巡时警卫喝道的声音，莫不由衷想念，盼望得到的得不到。却在春天三月，大举兴兵，去对付蛮夷，使天下扰动。这不是恩待自己国家，改变年号正朔（本年改称“永元元年”），先安内部，再及化外的原意。

“天下万民，是天所生。上天爱他所生，犹如父母爱他的子女。只要有一件事物，不能放在适当的位置上，天象就会为之错乱，何况对人？所以，爱民的，上天必然回报他。而戎狄异族，不过四方的奇异动物，跟飞禽走兽，没有分别。使他们杂居在中国内地，就会使天象错乱，对善良的中国人而言，是一种侮辱。因此，圣明君王的办法，只求不断约束他们，使他们不致灭绝而已。

“而今，北匈奴被鲜卑部落（内蒙古西辽河上游）击破，逃遁到遥远的史侯河（今地不详）之西，距离中国边塞千里。而竟打算乘他们虚弱，利用他们疲惫，不是仁义行为。现在不过刚刚动员，农林部（大司农）的调度，已经不足，上下互相逼迫，人民穷苦告急，已到极点。臣僚和人民，都认为不可以讨伐。陛下为什么为了赎一个人的死罪，而毁弃千万人的生命，不考虑别人说的话？

“上观天心，下察民心，足以判断事情的得失成败。我恐怕中国将不再是中国，岂止匈奴不再把中国当作中国而已。”

宫廷秘书长（尚书令）韩棱、骑兵总监（骑都尉）朱晖、参事官（议郎）京兆（陕西省西安市）人乐恢，也都上书劝阻，窦太后拒绝接受。

窦太后不但拒绝停止军事行动，更下令给窦宪的弟弟窦笃、窦景，同时兴建住宅，征调差役民夫。执法监察官（侍御史）何敞上书说：

“我曾经听说，匈奴凶暴叛逆，为时已久。平城的围困（参考前二〇〇年）、侮辱性的书信（参考前一九二年），这两项羞耻，当臣僚的，愿为它捐躯丧生，雪耻复仇。可是高祖（西汉一任帝刘邦）、吕后（吕雉），忍怒含忿，仍舍弃他们，不加诛杀。而今，北匈奴并没有背叛之罪，东汉政府也没有难以忍受的耻辱，而时值盛春，农民正在田中耕作，忽然发动大规模军事行动，人民离乡背井，怨恨在心。

“而且，更计划为皇城保安军司令（卫尉）窦笃、御车总监（奉车都尉）窦景，修建家宅，连街连巷。二人是陛下的近亲贵臣，应当作文武官员的榜样。现在，远征大军正在道路上推进，政府官员说破了嘴唇。人民愁苦，地方虚耗。在这个时候兴建雄伟宏大的建筑，内部装饰豪华，摆设天下奇异珍宝，不是发扬恩德，以示长久的办法。应该迅速中止这项工程，专心全力投入北边战事，体恤人民悲苦。”

奏章上去后，如石沉大海。

3 窦宪曾经派他的门生，送信给宫廷秘书署执行官（尚书仆射）郅寿，作私人请托。郅寿把该门生逮捕，收押诏狱。屡次上书，指控窦宪骄傲放荡，引用当年王莽故事，向政府提出警告。又趁朝会时候，在金銮宝殿上，讥刺窦宪等讨伐北匈奴（王庭设西海附近），跟大肆兴建住宅等事，声色俱厉，辞意急切。窦宪大怒，诬控郅寿私买公田，跟诽谤中央等罪。郅寿被捕下狱，当处斩刑。何敞上书营救，说：

“郅寿是掌管国家机密的重要官员，纠正大臣的错误，是主要职责，如果他竟闭口不言，才应诛杀。而今，郅寿对抗众人的主张，目的只在安定国家，岂是为了自己的私情？我所以冒死上言，不是为的郅寿。盖忠臣尽节，视死如归，我虽然不了解郅寿，相信他会心甘情愿如此。只是，我不盼望贤明的政府，因听到批评而遂行诛杀。那将伤害宽厚的教化，堵塞忠良的道路，留下永远被人讥笑的耻辱。我因参与国家机要的缘故，说出不应该由我说出的话，罪状明显，应当入狱，在郅寿之前，卧尸在地，死有余辜。”

奏章呈上后，窦太后命郅寿减死一等，放逐合浦郡（广西合浦县东北）。动身之前，郅寿自杀。郅寿，是郅恽的儿子（郅恽，参考二〇年）。

4 夏季，六月，东汉政府，兵分三路，向北匈奴汗国发动总攻。窦宪、耿秉，率大军出鸡鹿塞（内蒙古磴口县西北七十公里）；南匈奴（王庭设美稷〔内蒙古准格尔旗〕）单于（三十任）挛鞮屯屠何，率大军出满夷谷（内蒙古包头市北）；北疆边防司令官（度辽将军）邓鸿，出稒阳塞（内蒙古包头市东南古城湾村东。稒，音gù〔固〕）。三路大军预期在涿邪山（蒙古国巴彦温都尔山）会师。

窦宪所属副指挥官（副校尉）阎盘、军政官（司马）耿夔、耿谭，率南匈奴精锐骑兵一万余人，在稽落山（蒙古国伊赫巴颜山）跟北匈奴单于会战。大破北匈奴兵团，北匈奴单于逃走。东汉三路大军追击，抵达私渠北鞮海（蒙古国巴彦洪戈尔城西南本查干湖），共杀各王以下一万三千人，俘虏无法计数，家畜一百余万只；小酋长或小王率领部众投降的，前后八十一个部落，二十余万人。

窦宪、耿秉，出塞三千里，登燕然山（蒙古国杭爱山），命军事保护官（中护军）班固，在山上刻立石碑，记载这次大捷，宣扬东汉国威荣耀，然后班师。

窦宪派作战军政官（军司马）吴汜、梁讽，携带金银财宝，晋见北匈奴单于。当时，北匈奴正陷于混乱。王庭远在西海（蒙古国科布多城东哈腊湖）之上，吴汜、梁讽向北匈奴单于，陈述东汉强大，以东汉皇帝名义，颁发赏赐，北匈奴单于叩首接受。梁讽因而游说他效法呼韩邪单于（十四任）挛鞮稽侯栅前例（参考前五三年）。北匈奴单于欣然同意，率领部众，随同梁讽南返，抵达私渠北鞮海，听说东汉大军已退入边塞，遂派他的老弟右温禺鞮王，携带财物到中国当人质，跟随梁讽到首都洛阳。

窦宪认为北匈奴单于没有亲自入朝，大不满意。报告窦太后，遣回他派的人质。

班固《燕然山铭》

纪元八九年，秋季，七月。中国东汉政府皇帝的舅父、车骑将军窦宪，堂堂正正，襄助圣君，辅佐皇家。总理国家万机，政清人和。跟首都洛阳警备区司令官（执金吾）耿秉，执行任务，巡察边防。在朔方地区（泛指黄河河套一带），集结大军。将士神采焕发，如同鹰扬，武士勇猛，气赛狼虎，率领国防部队，以及南匈奴单于、东胡（指鲜卑部落）、乌桓、西戎、氐、羌等各国、各族、各部落元首、王侯、酋长，精锐骑兵三万。最高统帅从容指挥，战车四路并进，辎车补给，遮蔽

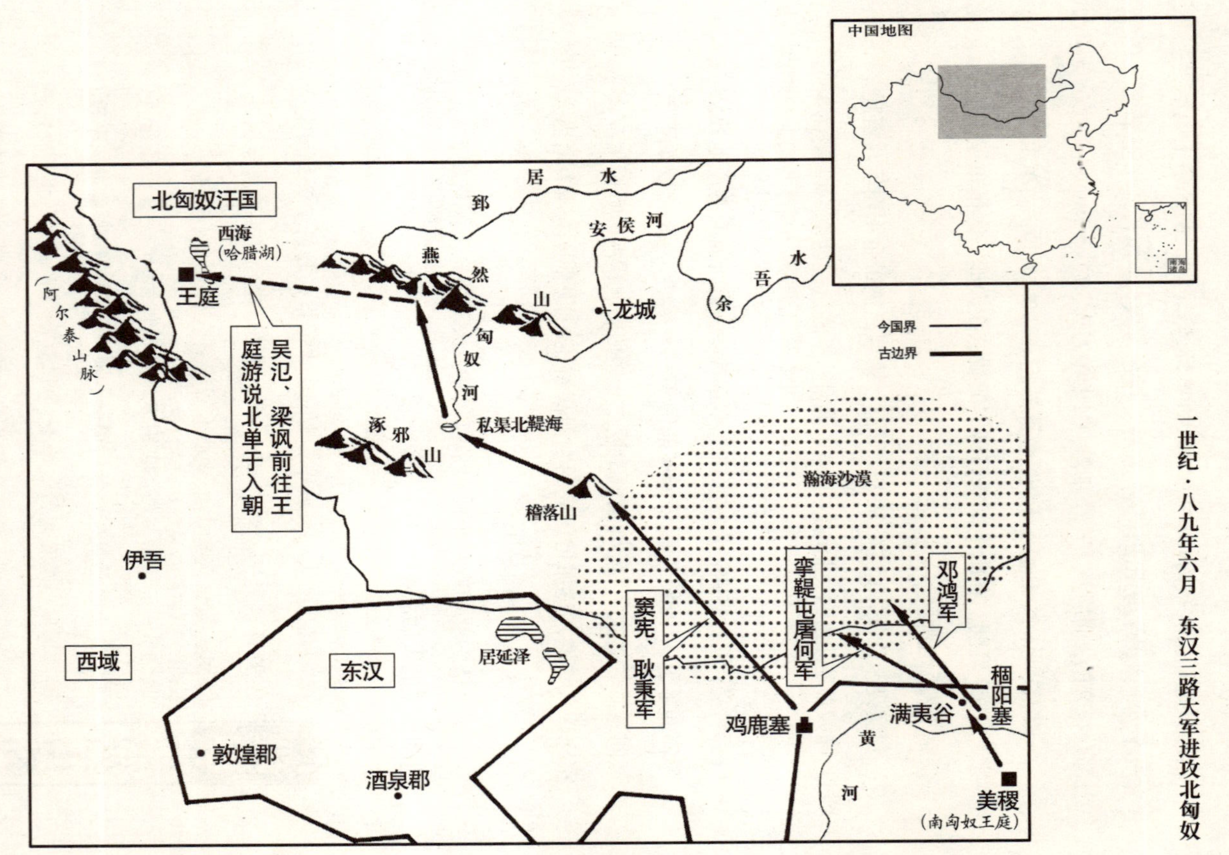

一世纪·八九年六月　东汉三路大军进攻北匈奴

道路，多达一万三千余辆。因时制宜，分别采用八种阵势（八阵：方阵、圆阵、雄阵、雌阵、冲阵、轮阵、浮沮阵、雁行阵），向前推进。神威震撼，铁甲耀日，红旗（西汉王朝用赤帜）蔽天。攀登高阙关（内蒙古乌拉特后旗东南古长城口），穿越鸡鹿塞（内蒙古磴口县西北七十公里），踏入盐碱地带，渡过荒凉瀚海沙漠。斩温禺王，用他的人头祭祀战鼓。诛尸逐王，用他的鲜血洗涤刀锋。然后，四位指挥官，如入无人之境，以雷霆万钧之力，势如流星，扫荡万里，每一角落，都无残敌。于是，全部征服，大旗南指，凯旋班师。考查书籍地图，细察山川形势，中国远征部队，已远越过涿邪山（蒙古国巴彦温都尔山），跨过安侯水（蒙古国鄂尔浑河），抵达燕然山（蒙古国杭爱山），足踏挛鞮冒顿（二任单于）宫院，焚烧挛鞮稽粥（三任老上单于）祭祀天地的龙庭。对上，我们雪去高祖（西汉一任帝刘邦）、文帝（西汉五任帝刘恒）所受的屈辱，使祖宗的灵魂，获得安慰。对下，我们为后世创造太平世界，开拓广阔疆土，振起大汉天声。这才是一次真正暂时劳动而永远和平的圣战。现在，在山上立碑刻字，展示丰功伟绩。我们的颂歌是：

美好的武装部队　远征万里之外
抵抗凶暴的侵略　把它投入大海
苍茫的大地尽头　跟我们永远分开
用土把仙山堆高　再堆满石块
祈求万方神灵　　赐给我们万世康泰

窦宪攻击北匈奴汗国这次战役，是中国对外战史上最伟大的战役之一，胜利果实，可称空前。班固的“燕然勒石”，从此成为典故，流传两千年而景象仍新。窦宪固然是皇亲国戚，又固然是个坏胚，但在这件事上，他对国家确有重要的贡献。是非功过，理应分明，窦宪做出应受歌颂的事时，我们由衷歌颂。

然而，这么一场轰轰烈烈的战役，史书上只寥寥数行，反而不如一个儒家学派知识分子的一件酸溜溜的屁事，占的篇幅要多（诸如毛义、郑均、张奉之类）。多少可歌可泣的民族英雄事迹，被迂腐的跟没有原则的反战思想埋没。这是中国文化遗产中，最严重的缺失，不但不公平，也不道德，严重的影响整个民族的气质。中国史书之不能射出光芒，中国人之孱弱，原因在此。

5 秋季，七月十一日，会稽山（浙江省绍兴市南）崩塌。

6 九月七日，窦太后擢升窦宪当全国最高统帅（大将军），宫廷警卫指挥官（中郎将）刘尚当车骑将军。封窦宪当武阳侯，采邑二万户人家。窦宪坚决不肯接受封爵，窦太后允许。依照旧例，全国最高统帅位在三公之下，现在，窦太后下诏，规定位在皇家师傅（太傅）之下，三公之上。最高统帅部（大将军）参谋长（长史）、军政官（司马），都支部长级最高俸禄（中二千石）。

封耿秉当美阳侯。

7 窦姓家族兄弟，骄傲放纵。而首都洛阳警备区司令官（执金吾）窦景，尤其横暴，他的门客、家奴，以及所属的侦缉队差官（缇骑，首都洛阳警备区司令部，编制上有侦缉队差官二百人，用以保护善良，维持社会治安），就跟强盗差不多，抢劫掠夺，包庇罪犯，奸淫贩卖人民妻女，使商旅把首都洛阳当成强盗巢穴，不敢前来，人民躲避政府军警，好像躲避盗匪仇敌。窦景又擅自征调北方边疆诸郡突击部队中有才干，或有勇力的壮士，集结京师。有关单位不敢过问。

最高监察长（司空）袁安弹劾窦景：“擅自调发边民，使北疆惊扰，郡长（二千石）根本没有看到政府调兵的虎符，只凭窦景一纸文书，就奉行唯谨，应该公开处刑。”又奏：“京畿总卫戍总司令（司隶校尉）兼首都洛阳市长（河南尹），攀附巴结皇亲国戚，不及时提出检举，请免职治罪。”奏章呈上，都没有下文。窦家兄弟中，只有御马总监（驸马都尉）窦瓌，喜爱儒家学派经书，节俭自修。

宫廷秘书（尚书）何敞，呈递“亲启密奏”（封事），说：

“从前，郑国太后武姜，宠爱幼子姬段（前八世纪，春秋时代郑国三任国君姬寤生〔庄公〕，受娘亲之命，封老弟姬段于京邑〔河南省荥阳市〕。后来，娘亲密召姬段袭击首府新郑〔河南省新郑市〕，姬寤生先发制人，姬段逃走），卫国国君（十二任庄公）卫杨，宠爱庶子卫州吁（前八世纪，卫杨逝世后，嫡长子卫完〔桓公〕继位〔十三任〕，卫州吁把卫完杀掉自立），只是宠爱他们，而不管教他们，终于使他们爆发暴行。从这两个例证来看，宠爱弟子到如此地步，好像在他们饥饿的时候，喂他们毒药，恰恰是害了他们。

“我曾经见到最高统帅（大将军）窦宪，在国家大丧（三任帝刘炟逝世）开始之时，部长级以上高级官员，一再要求，请他主持政府。而窦宪谦恭退让，坚决辞去高位，诚恳痛切，理由至为正大，天下人民听到，无不欢欣敬佩。可是，只不过一年有余，三年之丧还没有过去，却突然改变态度，兄弟专制朝纲。窦宪掌握全国军权，窦笃、窦景则包办宫廷警卫。对人民暴虐苛待，对自己奢侈淫逸，诛杀无罪人民，随心所欲，只求称心快意。而今，民间议论纷纷，都认为姬段、卫州吁的弑逆往事，将在汉王朝（东汉王朝）再行演出。

“我观察部长级以上高官，都心怀两端，不肯直言。原因在于，他们有他们的打算，认为窦宪等如果忠贞不贰，则尹吉甫自会褒扬申国国君的美德大功（周王朝十一任王〔宣王〕姬靖的舅父申国国君，有美德令誉，所以尹吉甫作诗赞扬）；如果窦宪等大逆不道，他们正是扮演当年顺着吕雉意见的陈平、周勃角色（参考前二世纪一〇年代），并不担心窦宪等人的吉凶。

“臣，何敞，一点诚心，企图贡献使国家跟窦姓家族两全的谋略，堵塞灾难小洞，断绝祸害细丝。不使伤害到皇太后‘文母’（周王朝一任王姬发娘亲）的称号，也不使陛下（刘肇）留下‘黄泉相见’誓言的话柄（春秋时代郑国国君姬寤生，在发现娘亲武姜竟招引老弟姬段袭击自己时，把娘亲囚禁，发誓说：“不到黄泉，永不相见。”），而且还可以使窦宪等永远保持他的荣华富贵。御马总监（驸马都尉）窦瓌，谦虚恬淡，深能克制，请陛下跟他商磋，试听听他的意见。如果能够采纳，才真正是国家之福，窦姓家族之福。”

窦宪对何敞不能忍受。当时，济南王（首府东平陵〔山东省济南市章丘区〕）刘康（一任帝刘秀幼子），尊贵骄傲，不可一世。窦宪就奏准把何敞派到济南国，担任亲王师傅（太傅）。刘康每有过失，何敞一定规劝，刘康虽然不能够完全听从，然而，因为一向尊敬何敞，双方也没有发生冲突。

8 冬季，十月十八日，阜陵（质）王（首府寿春〔安徽省寿县〕）刘延（一任帝刘秀子）逝世。

9 本年（八九），九个郡和封国，发生水灾。

东汉王朝

- 窦宪再大破北匈奴。
- 班超任西域总督。
- 第一个宦官时代开始。
- 西域叛变迭起。

- 罗马皇帝杜密善被刺死，六十五岁的元老尼尔瓦继位。
- 尼尔瓦逝世，养子图拉真继位。

九〇年 庚寅

东汉 永元 二年

1 春季，正月二十六日，东汉王朝（首都洛阳〔河南省洛阳市东白马寺东〕）赦天下。

2 二月二日，日蚀。

3 夏季，五月七日，东汉帝（四任和帝）刘肇（本年十二岁）封皇弟刘寿当济北王（首府卢县〔山东省济南市长清区〕），刘开当河间王（首府乐成〔河北省献县〕），刘淑当城阳王（首府成阳〔山东省鄄城县东南〕）。封故淮阳（顷）王（首府陈县〔河南省周口市淮阳区〕）刘昞（参考八七年七月）的儿子刘侧当常山王（首府元氏〔河北省元氏县〕）。

4 窦宪派副指挥官（副校尉）阎砻（音lóng〔龙〕。疑即前〔八九年六月〕战于稽落山之阎盘）率两千余骑兵，突击驻防伊吾（新疆哈密市）的北匈奴（王庭设西海〔蒙古国科布多城东哈腊湖〕附近）屯垦兵团，北匈奴败走，东汉再占领伊吾。（七六年，东汉放弃伊吾，已十五年）。车师国（指前、后二国）震恐，车师前王（新疆吐鲁番市）、车师后王（新疆吉木萨尔县南），都派王子到东汉，充当人质。

5 月氏王国（首都蓝市城〔阿富汗北部瓦齐拉巴德市〕）国王，要求娶中国公主，班超拒绝，并扣留月氏王国的使节。月氏国王大为震怒，派副王谢（姓不详）率领大军七万人，攻击班超。班超部队太少，群情恐慌。班超昭告战士，说："月氏虽然兵多将广，可是跋涉千余华里，越过葱岭（帕米尔高原），而没有后勤补给，有什么值得担心的？只要坚壁清野，把田地农作物全部收割，据守城堡，他们陷于饥饿，自会瓦解，不过数十天时间，便可看出分晓。"

月氏副王谢率月氏兵团向班超发动攻击，班超固守，月氏兵团不能取胜，而又无处取得粮秣，开始紧张。班超计算敌人粮秣快要告罄，一定会向龟兹国（新疆库车市）购买，于是在东方要道上布下数百人的埋伏。谢果然派出骑兵，携带金银财宝珠玉等，前往龟兹。伏兵突起，把采购部队全体格杀，将使节的人头拿给谢看。谢大吃一惊，派人道歉请罪，请放他们一条生路。班超允许。

月氏王国从此对中国另眼看待，每年进贡。

6 最初，北海（哀）王（首府剧县〔山东省昌乐县西〕）刘基（一任帝刘秀老哥刘縯的曾孙）逝世，没有后嗣。三任帝刘炟认为，伯祖父刘縯，当初首先开创王朝基业，而封爵竟然中断，内心怜悯。临死时，遗诏恢复齐国（首府临淄〔山东省淄博市东临淄区〕）、北海国两个封国。

五月十八日，刘肇封芜湖侯刘无忌当齐王（首府临淄〔山东省淄博市东临淄区〕），北海（敬）王（首府剧县）刘睦（刘基老爹）的庶子刘威（刘基老弟），继位北海王。

7 六月十二日，中山（简）王（首府卢奴〔河北省定州市〕）刘焉逝世。

刘焉，是东海（恭）王（首府鲁县〔山东省曲阜市〕）刘彊（原皇太子）同母老弟（二人同是郭圣通所生），而窦太后，却是刘彊的外孙女，（窦太后娘亲，是刘彊的女儿沘阳公主），所以赏赐特别丰厚，奠仪钱一亿，为了修建庞大的坟墓，把附近其他官员或人民的坟墓千余座，全都铲除，工匠有万余人之多，征调差遣，牵动六州十八郡。

8 下诏封窦宪当冠军侯，窦笃当郾侯，窦瓌当夏阳侯。只窦宪不肯接受封爵。

9 秋季，七月七日，窦宪进驻凉州（甘肃省），准备再向北匈奴攻击。任命宫廷随从官（侍中）邓叠，代理征西兵团司令（行征西将军），作为副统帅。

10 北匈奴汗国单于（姓名不详），因东汉政府遣返王弟人质，九月再派出使节，到北方边塞，表示归降，要求准许入朝觐见中国皇帝。

冬季，十月，窦宪派班固、梁讽，出塞迎接北单于。然而，南匈奴汗国（王庭设美稷〔内蒙古准格尔旗〕）单于（三十任）挛鞮屯屠何不允许东汉这样做，再上书请求出动大军，消灭北匈奴。一面派左谷蠡王挛鞮师子等，率左右两部骑兵八千余人，出鸡鹿塞（内蒙古磴口县西北七十公里）；匈奴协防司令（中郎将）耿谭，派参谋官（从事）担任军事顾问，向北匈奴奇袭。深夜，抵达北匈奴单于御帐所在（今地不详），团团包围。北匈奴单于惊起苦战，身受重伤，仅只逃出一命。南匈奴俘虏北匈奴皇后（阏氏）以下男女五人，杀八千余人，生擒数千人。

班固等到私渠北鞮海（蒙古国巴彦洪戈尔城西南本查干湖），空手而还。

这时，南匈奴汗国势力日盛，拥有三万四千户人家，现役战斗部队五万人。

九一年 辛卯

东汉　永元　三年

1 春季，正月十九日，东汉王朝（首都洛阳〔河南省洛阳市东白马寺东〕）皇帝（四任和帝）刘肇（本年十三岁）依照曹褒制定的《汉王朝礼仪》（参考八七年），行加冠礼，擢升曹褒当羽林左翼总监（羽林左监，年俸六百石）。

2 全国最高统帅窦宪决心乘北匈奴（王庭设西海〔蒙古国科布多城东哈腊湖〕附近）微弱，一举把它消灭。

二月，派左翼指挥官（左校尉）耿夔、军政官（司马）任尚，率大军出居延塞（内蒙古额济纳旗），进击金微山（阿尔泰山），把北单于（姓名不详）团团包围，大破北单于主力，俘虏北单于娘亲皇太后（母阏氏），斩各王以下五千余人。北单于仓猝逃走，不知去向。东汉远征军出塞五千余里，才行班师。中国自从两汉王朝出兵以来，从没有这一次攻击得这么远，抵达从没有抵达过的地方。

东汉政府封耿夔当粟邑侯。

柏杨曰

中国人与外国人所发生的战争，往往局限边疆，很少能影响世界局势。然而，金微山之战，不但对中国重要，使中国解除了历时三百年之久的匈奴汗国的威胁，大大的喘一口气。看起来中国比罗马幸运，罗马到了最后，仍栽在北方蛮族之手，而中国虽然吃了不少北方蛮夷的苦头，最后仍能把他们摆脱。对西方世界而言，金微山之战，更为重要。北匈奴汗国残余部众，在漠北不能立足，于是向西方漂泊。漂泊的时间是那么久，以致脱离中国历史范围，没有留下文字记载。可是，三百年后，复苏而又重新强大的北匈奴汗国，终于漂泊航空距离四千公里之遥，抵达黑海北岸，引起骨牌效应的民族大迁移。原住黑海北岸的西哥德部落，受不了北匈奴的压力，向西侵入多瑙河上游。原住多瑙河上游的汪达尔部落，受不了西哥德的压力，向西侵入罗马帝国。罗马终于亡在这些排山倒海而来的野蛮民族手中。

北匈奴从此在中国历史上消失，除了偶尔有点断续信息外，只剩下了南匈奴，永远成为中国的附庸。这个一度使中国受辱屈膝的强大国度，在形式上仍继续存在一百余年，不过已不再居于重要地位。三世纪一〇年代，它的最后一任（四十二任）单于，到邺城（河北省临漳县西南邺城镇）拜见当时中国宰相曹操，曹操把他留下。匈奴汗国终于名实俱亡。

3 窦宪既建立大功，威名更加震动内外。用耿夔、任尚，当他的助手，邓叠、郭璜，当他的心腹，班固、傅毅，负责撰写文章。各州州长（刺史）、各郡郡长（守）、各县县长（令），多数出于窦姓家族推荐。强征暴敛，一同从事贿赂勾当。

宰相（司徒）袁安、最高监察长（司空）任隗，曾经弹劾部长、郡长级（二千石）官员，连同牵连在内的其他官吏，遭降级或免职的，多达四十余人；引起窦家班的愤怒和怨恨。可是，袁安、任隗的声望太高，对他们也无可奈何。

宫廷秘书署执行官（尚书仆射）乐恢，监察检举，不避权贵，窦宪讨厌他透顶。乐恢上书说："陛下（刘肇）年纪正轻，继承皇家大业，当舅父的不应该掌握中枢，向天下显露私心。目前唯一的办法是，或由在上位的用大义割爱，或由在下位的谦让辞职。则四位舅父（窦宪、窦笃、窦景、窦瓌），才可以长久的保持爵位和封国的荣耀，皇太后（窦太后）才可以永远不担心辜负祖先祭庙，这是最妥善的上等措施。"

奏章呈上去后，不见批示。乐恢称病，请准退休，返回故乡长陵（陕西省咸阳市东北）。窦宪向州郡官员暗示，州郡官员压迫乐恢，乐恢服毒自杀。这件事使政府官员胆寒，一齐望着风向办事，没有人敢再违背。

袁安因为皇帝刘肇年龄还小，而皇后家族（窦家班）专权。每次朝会晋见时，跟部长级高官谈到国家大事，禁不住感伤落泪。上自天子，下到大臣，都依靠袁安。

4 冬季，十月十二日，刘肇前往长安（陕西省西安市），下诏寻访萧何、曹参嫡亲后裔（萧何、曹参，均是西汉王朝相国，参考前一九八年、前一九三年），可以继承爵位的，赏赐采邑。

5 刘肇下诏，命窦宪到长安会面，窦宪抵达长安，宫廷秘书（尚书）以下官员，打算叩拜窦宪，并伏身称他“万岁”。宫廷秘书（尚书）韩棱，正色说：“跟尊贵的人交往，不可谄媚。跟贫贱的人交往，不可侮慢。（《易经》：“上交不谄，下交不渎。”）在礼仪上，当人臣的，没有称万岁的道理。”倡议的人感到羞惭，才算罢论。宫廷秘书署奏章记录官（尚书左丞）王龙，私自向窦宪呈递备忘录，又呈献山珍海味。韩棱提出弹劾，判处王龙苦工。

6 龟兹（新疆库车市）、姑墨（新疆阿克苏市西北）、温宿（新疆乌什县）等国，全都归降东汉政府。

十二月，东汉政府再设立西域总督（都护）、骑兵总监（骑都尉）、戊己指挥官（戊己校尉）。任命班超当西域总督（都护）、徐干当秘书长（长史）。封龟兹派来充当人质的王子白霸，当龟兹王，派军政官（司马）姚光，护送回国。

班超跟姚光共同胁迫龟兹政府，罢黜国王尤利多，迎立白霸。而由姚光护送废王尤利多，同往首都洛阳。

班超驻屯龟兹国它乾城（新疆新和县西南），徐干驻屯疏勒（新疆喀什市）。只有焉耆（新疆焉耆县）、危须（新疆和硕县）、尉犁（新疆博湖县），因以前斩杀过汉朝总督的缘故（参考七五年），对东汉仍怀观望。而西域（新疆及中亚东部）其他各国，全部归附。

7 十二月十日，刘肇从长安返回首都洛阳。

8 最初，北匈奴单于既然向西北逃走，他的老弟右谷蠡王挛鞮于除鞬，自称单于，率领部众数千人，在蒲类海（新疆巴里坤县西北巴里坤湖）畔放牧，派使节到东汉边塞，要求归附。窦宪主张派出使节，封他单于，另设立北匈奴协防司令（中郎将）协防保护，跟对待南匈奴（王庭设美稷〔内蒙古准格尔旗〕）一样。

刘肇下令三公及部长级官员，讨论窦宪的建议；宋由等赞成，而袁安、任隗反对，认为：刘秀（一任帝）时代之所以招抚南匈奴，并不是允许他们永远居留，而只是一种暂时性的短程措施，用以防御北匈奴的南侵。而今，北方沙漠（瀚海沙漠）既已平定，应该命南匈奴单于，返回他原来的北方王庭（设蒙古国哈拉和林市），统御他的部众，没有理由再另封一个挛鞮于除鞬当单于，徒消耗国家资源。

二人意见奏报后，在等候裁决期间，袁安恐怕窦宪的建议被批准，于是单独行动，呈递"亲启密奏"，说：

"南匈奴单于（三十任）挛鞮屯屠何的老爹，率领部众，归降汉朝，受汉朝收留的大恩，已四十余年（四八年，呼韩邪单于〔二十三任〕挛鞮比，投奔中国，迄今四十四年），经过三任皇帝（一任刘秀，二任刘阳，三任刘炟），而交到陛下（四任刘肇）之手。陛下应追思祖先们的用意，完成他们未了的大业。主要的是，南单于挛鞮屯屠何首先提议，向北匈奴发动灭绝性攻击（参考八八年七月），而且确实使北匈奴荡然无存。就在这个时候，我们中止行动，反而更树立一个新的单于。只为了一时的方便，竟然推翻三位皇帝的规划，失信于依靠我们的南单于，培养出一个对我们毫无帮助的傀儡。《论语》说：'说话忠诚信守，行为谨慎小心，即令到了蛮荒，照样通行无阻。'如果失信一

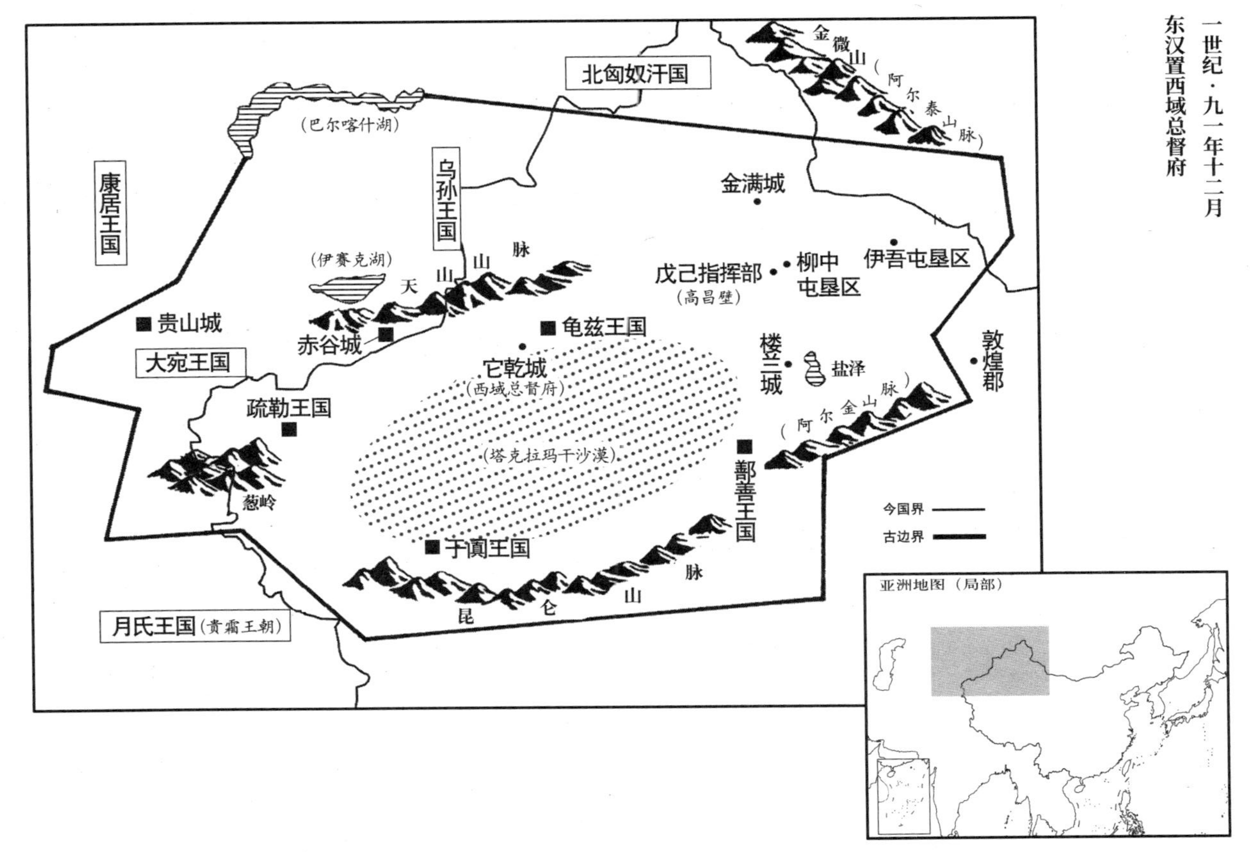

一世纪·九一年十二月
东汉置西域总督府

个孪鞮屯屠何，则其他一百个蛮夷，都不敢再相信中国的承诺。同时，乌桓（河北省北部）、鲜卑（内蒙古西辽河上游），刚刚击斩北匈奴单于（参考八七年），人之常情，害怕仇敌，一旦对亡敌单于的弟弟加封，乌桓、鲜卑，一定心怀怨恨。而且，东汉政府供给南匈奴单于，每年要开支一亿零九十余万，西域（新疆及中亚东部）方面，每年要开支七千四百八十万。北匈奴单于的王庭更远，费用势必倍增。定会榨尽汉朝人民财富，不是正确的决策。”

袁安的奏章再交由高级官员会议讨论。袁安跟窦宪，互相辩论诘难。窦宪仗着权贵，声势凌人，言辞傲慢，向袁安作人身攻击。最后，威胁的提出刘秀诛杀韩歆、戴涉故事（参考三九年、四四年），但袁安毫不动摇，仍然坚持。

最后，刘肇仍然批准窦宪的建议。

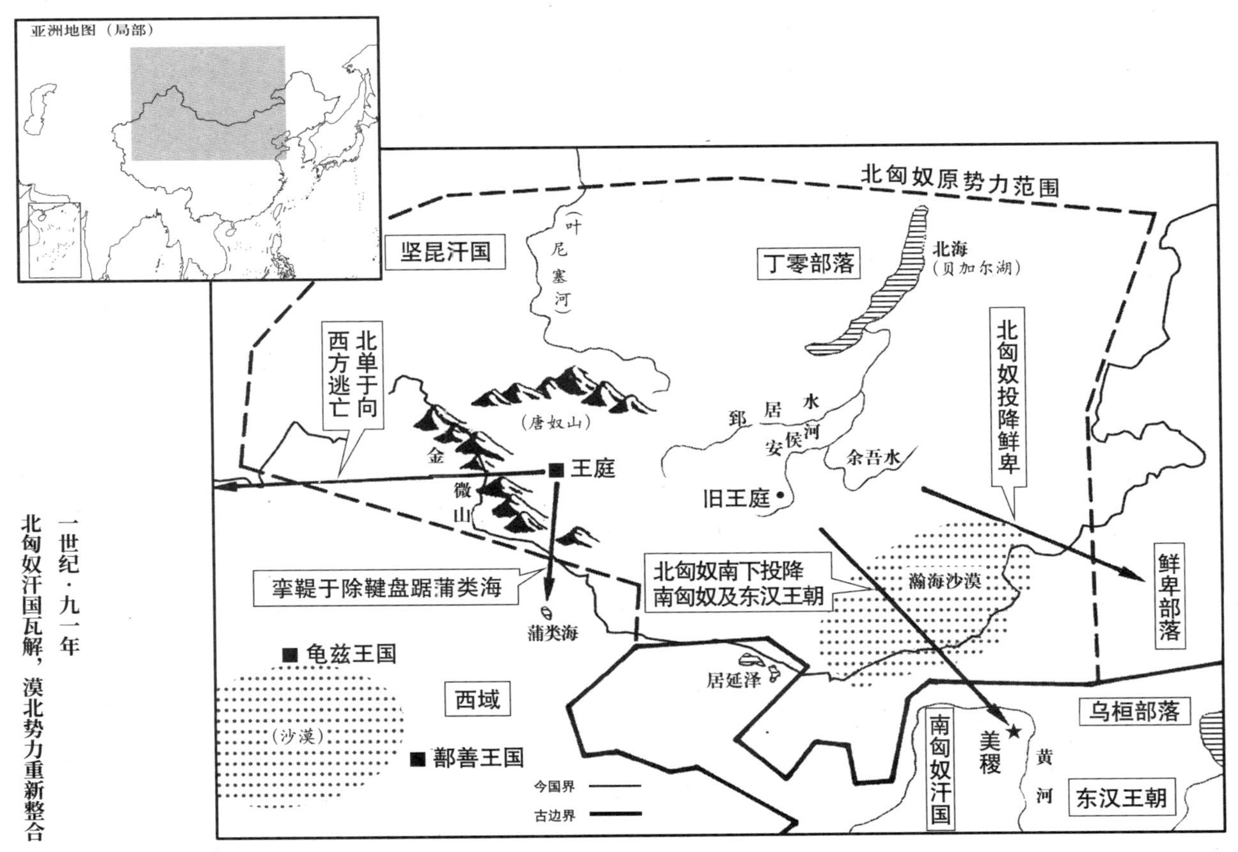

一世纪·九一年

北匈奴汗国瓦解，漠北势力重新整合

九二年 壬辰

东汉　永元　四年

1 春季，正月，东汉政府（首都洛阳〔河南省洛阳市东白马寺东〕）派最高统帅部左翼指挥官（左校尉）耿夔，颁发单于（北匈奴）印信给挛鞮于除鞬，派匈奴协防司令（中郎将）任尚，"持节"，驻屯伊吾（新疆哈密市），待遇跟南匈奴（王庭设美稷〔内蒙古准格尔旗〕）完全相同。

最初，庐江郡（安徽省庐江县）人周荣，在宰相府供职。宰相袁安弹劾窦景（参考八九年），跟反对封立北匈奴单于，所上奏章，都由周荣执笔。窦家班全国武装部队总司令部秘书（太尉掾）徐齮（音yǐ〔以〕），深为痛恨，威胁周荣说："你是袁家的心腹谋士，专门打击排斥窦家，窦家刺客壮士，布满京师（首都洛阳），请你好好防备！"周荣说："我不过一个生长在长江、淮河一带的一介孤单书生，竟能够到宰相府服务，纵然被窦家谋害，也心甘情愿。"告诉妻子，如果突然发生灾祸，不要收殓安葬，希望借着区区尸体，使执政者省悟。

2 三月十四日，宰相（司徒）袁安逝世。

3 闰三月九日，擢升祭祀部长（太常）丁鸿当宰相（司徒）。

4 夏季，四月十八日，窦宪返回首都洛阳。

5 六月一日，日蚀。

丁鸿上书说："从前，吕家专权（参考前二世纪一〇年代），刘家皇族正统，几乎转移。哀帝（西汉十三任帝刘欣）、平帝（西汉十四任帝刘箕子）末年，皇家祭庙，香火断绝（指被皇后家族颠覆）。所以，即令有姬旦（周公）那种近亲，而没有那种品德，也不应该使他得势。而今，最高统帅（大将军）窦宪，虽然洁身自好，不敢有一点差错。然而，普天之下，无论远近，都惊惶恐惧，百般逢迎，州长（刺史）、郡长阶层官员（二千石），任命之后，都要先往晋谒，再去赴任。只要递上名帖，就得等候随时召见，即令皇帝诏书，宫廷秘书处（尚书）传唤，都不敢应命。时间久的，要等候数十天，才能一见。背对政府，面向私门，这是一种上级权小，下级权大的现象。

"正常的规范，如果在下界混乱，天象一定有适当反应。虽然隐秘，神灵洞察细微。日蚀之事，正是对君王的一种警告。克制细微的动作容易，挽救大的灾祸则难。人们差不多都对细微忽视，以致终于培养出大的灾祸。恩情太重则不忍教诲，仁义太深则不忍割爱，等到大事发生，才想到原已昭如明镜。上天不可以不刚直，不刚直则三光（日月星）不发亮。君王不可以不强大，不强大则大小官员就横行暴虐。应该乘着天象示警，改正过失，回报天意。”

6 六月十九日，十三个郡及封国，地震。

7 旱灾、蝗灾。

8 政变突然爆发，窦家班崩溃。

窦姓家族父子兄弟，同时担任文武高官，布满政府。穰侯邓叠、邓叠老弟步兵指挥官（步兵校尉）邓磊，及娘亲邓元、窦宪女婿射击兵团指挥官（射声校尉）郭举、郭举的老爹长乐宫供应处处长（长乐少府）郭璜，互相结成一个集团。邓元、郭举，都随时可以出入宫廷。郭举受窦太后的宠爱，遂决定谋杀皇帝（四任和帝）刘肇（本年十四岁）。

刘肇发现这项阴谋，可是无可奈何。在窦宪兄弟专权之下，皇帝跟臣僚隔绝，无法接近。刘肇所接近的，全是宦官，刘肇看出政府官员，都站在窦宪一边，只有寝殿侍奉宦官（中常侍）、宫廷花圃器具管理官（钩盾令）郑众，敏捷、谨慎，心机很深，不接受窦家班的控制。刘肇遂跟郑众密谋铲除窦家班。只因窦宪驻防凉州（甘肃省），考虑到可能引起反击，所以一直忍耐，不敢发动。而就在这时候，窦宪跟邓叠，一同回到京师（首都洛阳）。

当时，清河王（首府清阳〔河北省清河县〕）刘庆（参考八二年），正受刘肇崇敬，时常进宫，跟刘肇同住。刘肇采取行动前，想看《汉书·外戚传》，寻求理论根据，援引前例；不敢教别人去找，便命刘庆向千乘王（首府千乘〔山东省高青县东北〕）刘伉秘密借阅（刘庆、刘伉，都是刘肇的老哥），书于半夜送到，特别打开宫门接入。又教刘庆告诉郑众，收集过去皇帝杀舅父的故事（西汉五任帝刘恒杀薄昭〔参考前一七〇年〕，七任帝刘彻杀窦婴〔参考前一三二年〕）。

六月二十三日，刘肇前往北宫。下诏，命首都洛阳警备区司令（执金吾）、北军（野战军）五营指挥官（校尉），全体备战，保护南宫、北宫。关闭城门，逮捕郭璜、郭举、邓叠、邓磊，送到监狱后，立即诛杀。派皇家礼仪执行官（谒者仆射）前往收缴窦宪全国最高统帅（大将军）印信，改封窦宪冠军侯（封地在今河南省邓州市西北冠军村），跟窦笃、窦景、窦瓌，同时遣送回到他们的侯爵封国（窦笃封郾侯，封地在今河南省漯河市郾城区；窦景封汝阳侯，封地在今河南省商水县；窦瓌封夏阳侯，封地在今陕西省韩城市）。刘肇因为窦太后的缘故，不愿意公开处决窦宪，而只遴选严格而干练的人才，担任封国宰相，负责监督。

窦宪、窦笃、窦景回到封国后，刘肇命他们全都自杀。

最初，首都洛阳市长（河南尹）张酺，好几次制裁窦景（张酺当魏郡〔河北省临漳县西南邺城镇〕郡长时，郡人郑据向皇帝控告窦景，窦景派秘书夏猛请托张酺，陷害郑据的儿子。张酺逮捕夏猛下狱。张酺后调任首都洛阳市长〔河南尹〕，窦景家人打伤街头巡逻警察，洛阳市政府逮捕窦景家人。窦景大怒，派侦缉队差官〔缇骑〕侯海，殴打市场主任〔市丞〕。张酺部属杨章，锲而不舍的穷追猛查，终于把侯海贬逐到朔方郡〔内蒙古磴口县〕。），等到窦姓家族败亡，张酺上书，要求宽大处理：

“当窦宪等权势正盛之时，文武官员，攀附趋走，唯恐怕赶不上班车。众口一词，认为窦宪受先帝（三任刘炟）临终顾命的嘱托，怀有伊尹、姜子牙的忠心。甚至，有人把邓元比作‘文母’（周王朝一任

一世纪及二世纪　窦家班世系表

太中大夫 窦士	显亲侯 窦友	安丰侯 窦融																护羌校尉 窦林
	显亲侯 窦固	窦穆																
	射声校尉 窦彪	安丰侯 窦嘉								将作大匠 窦褒	城门校尉 窦霸	窦宣	窦勋					
		定襄太守 窦奉					安丰侯 窦万全						夏阳侯 窦瓌	汝阳侯 窦景	郾侯 窦笃	章德皇后 窦？	冠军侯 窦宪	
				闻喜侯 窦武		窦？		大鸿胪 窦章	安丰侯 窦会宗									
			渭阳侯 窦机	桓思皇后 窦妙	西乡侯 窦靖	鄂侯 窦绍	虎贲中郎将 窦唐	顺帝贵人 窦？										
			窦辅															

王姬发的娘亲，王莽也曾把姑妈王政君比作“文母”，参考八年)。而今，政府严厉的命令颁下，大家又见风转舵，众口一词，认为他们全都该死；忘了从前说过的马屁话，反而掉转舌头，猛烈抨击。我曾经看到夏阳侯窦瓌，忠心善良，跟我言谈之间，表露出他愿为国家尽忠的决心，管教他的宾客，从没有违犯过国法。我曾经听说，圣明君王对于骨肉之间的刑罚，大义上有赦免三次的前例（参考《礼记》)，宁可失之宽厚，不可失之刻薄。而今参与决策的人，要替窦瓌选择严格干练的封国宰相，恐怕会对他报复打击，使窦瓌不能保全性命。最好是宽大处理，加厚已有的恩德。”

刘肇大为感动，窦瓌遂得免除一死（刘肇亲娘梁贵人被窦太后陷害致死〔参考八二年〕，梁家放逐九真〔越南清化市〕。窦宪既死，六年后的九八年，梁姓家族从九真召还，路过长沙，仍逼窦瓌自杀)。

窦姓家族，跟窦姓家族的宾客，凡是因窦家班关系而当官的，全都免职，遣返故里。

卫青、霍去病，率精锐的中国劲旅，连年攻击匈奴，几乎耗费了半个中国的财富，并没有获得决定性胜利。但后世仍称赞二人是一代名将，大概是他们终身保持名誉的缘故。窦宪率领羌人、胡人等边疆杂牌队伍，一举而荡平匈奴的王庭（设西海附近)，甚至追逐到稽落山（蒙古国伊赫巴颜山）之麓，饮马北鞮河（即私渠比鞮海〔蒙古国巴彦洪戈尔城西南本查干湖〕）之畔，在山上刻石记功，祭祀宗庙，告慰皇家祖宗在天之灵，功勋的盛大，超过前代多多，而后世对窦宪，却没有人称道，可能是因为没有好的结局，使实质受到贬抑。所以，下流之处，正人君子最讨厌居住（《论语》：子受辛之恶，不像书上说的那么严重，所以正人君子都不愿居于下流，天下的邪恶就都流到他头上)。

这些人才（卫青、霍去病、窦宪等），都是靠着裙带关系，节节高升，并不是自己的才干受到赏识，被保举或被推荐。当卫青正苦于当家奴之时（卫青本是平阳公主家奴，相面先生告诉他将来可能封侯时，卫青失笑说：家奴的儿子，不挨打已满足了，还封什么侯），当窦宪被囚禁宫廷之日，有力无处使，想像公鸡一样啼叫，而早晨已经过去。怎么会想到有一天拥有封国采邑，跟荣耀声誉？东方朔有言："用他，他就是老虎，不用他，他就是老鼠。"诚为真理。由此观察，一个人身怀美玉，却辗转去寻求残火余烬中的东西，又有什么可以责备！

王夫之曰

"朋党"之兴，可能从诛杀窦宪开始。霍姓家族败亡时（参考前六六年），牵连的只不过同恶，不涉及别人。王莽败亡时，王闳是他的堂侄，也免掉灾难，更不要说其他的人。然而，窦宪败亡时，窦笃、窦景、郭璜、邓叠，因属同恶，固可以杀掉。宋繇（由）以大臣之尊而勾结为奸，固可以罢黜。班固仗势欺人，也可以流窜蛮荒。但把窦姓家族的族人、宾客，一网打尽，称之为"朋党"，逮捕、下狱、审判、苦刑拷打。于是，"朋党"名词确立，"朋党"灾祸，遂延及后世。正人君子用这个法宝打击小人，小人也用这种法宝打击正人君子。一群人兴起，一群人废弃，刑罚奖赏，成了报复工具，君王也无法控制。东汉王朝、唐王朝之后，使政府陷于危亡而无法拯救，都由于这个缘故，岂不可悲。

柏杨曰

窦宪有自取败亡之道，但他的罪状不应是谋反。史书上对这桩公案，记述得过于简略，简略到使人惊疑丛生。

史书显示，企图谋杀皇帝刘肇的，是邓家父子跟郭家母子，只因为他们常常进宫的缘故，遂兴起恶念。这真是天下最奇异的犯罪动机，杀一个皇帝比杀一条狗要严重得多，纵令那家的狗常吠来客，来客也不可能对狗下手，何况狗又乖得要命。刘肇并没有干涉窦家班的企图，更没有阻挡窦家班的财路权路。杀了刘肇，再换一个刘什么，也不过不干涉不挡路而已，他们何必多此一杀？如果要像霍家当年（参考前七四年），打算改立霍禹代替，打算拥戴窦宪接班继位，当时的政治文件，以及史料史书，却没有一字一语记载，难道只敢对霍禹指名道姓？

邓郭两家没有谋杀皇帝的理由，窦宪也没有谋杀皇帝的必要，纵然是疯子兼白痴，都不会冒出这种奇怪念头。而且，刘肇今年才十四岁，十四岁不过初中生小娃，闹恋爱也不过刚够资格。但看他从容布置，指挥若定，把首都警备区司令，以及北军的五营，完全置于控制之下；又派人收回窦宪等人的印信，竟不怕武装拒抗；然后诏书频发，计出不穷；这不是一个十四岁从没有出过家门的小娃，跟一个只负责管理花园器具的宦官，可以办到的事。

显然的这是一场流血政变，幕后有一个或几个老谋深算的阴谋家在筹划设计，再交给刘肇小娃发号施令。成功了，他有一份，失败了，依这种隐密程度，大祸也不见得会抓住他们。他们把刘肇，当作一根棍子，用来挥向政敌。

我们不知道幕后巨头是谁？史料也没有显示，仅就寥寥记载，姑且推测，罢黜了的皇太子、改封清河王的刘庆，应是主要的角色。他的目的可能为了争权，但也可能极为单纯，只为了复仇，复自己被罢黜之仇，复娘亲被杀害之仇。如果这个判断正确，我们对他充满了同情。可是，他太缺少包容，诚如王夫之指出，“朋党”之祸，从此生根。政治应有一种让步性，凡是在敌人身上称心快意，必然招来另一种称心快意的反应。恶性循环，无有已时。

9 最初，班固的家奴，曾经因喝醉了酒，诟骂洛阳（首都所在县）县长种兢。种兢奉命逮捕窦姓家族宾客时，一并逮捕班固，死在监狱。班固所著《汉书》，还没有完成，刘肇命班固的妹妹、曹寿的妻子班昭（曹大家），继续完成。

华峤曰

班固撰写《汉书》，叙述史实，不偏激，不诋毁，不虚誉，丰富而不杂乱，详尽而把握主题，使读者乐于接受，毫不厌倦。他之所以成名，正在于此。班固讥刺司马迁论断是非时，往往违背儒家学派的圣人（指崇敬“黄”“老”而漠视儒家六经，轻仁义而贱守节）。然而，班固的议论，却也排斥死节（如惋惜龚胜不能终其天年），轻视公平正直（如讥刺王陵、汲黯呆瓜），对杀身成仁的烈士，却一笔抹杀（指不立《忠义传》），则班固才是更轻仁义，更贱守节。

顾炎武曰

班固撰写《前汉书》，跳不出僵固的格局，没有一点变化。例如：《史记·淮阴侯传》末尾，记载蒯通事件，拜读之后，感慨万端，余味无穷。《淮南王传》中，伍被跟刘安一问一答，情态跳跃纸上，文字倍显功力。而班固把它们全都删除，却把蒯彻、伍被，跟江充、息夫躬，合成一篇。蒯彻最冤枉，伍被第二冤枉。遂使不堪阅读。

柏杨曰

班固先生之死于非命，我们惋惜。可是，他手下的一个奴仆，竟敢侮辱洛阳县长，洛阳县长只有忍气吞声，可看出班固跟他笔下歌颂的“君子”形象，恐怕不符。

最有趣的是，班固竟然讥刺司马迁不知道明哲保身（参考前九九年）。我们决不因班固不能明哲保身瞧不起他，反而更增加我们同情。可是，判断一个人而用明哲保身作为标准，说明他不但伧俗，而且缺乏良知。

10 最初，窦宪结婚，天下所有郡，跟所有封国，都送贺礼。汉中郡（陕西省汉中市）郡长（姓名不详）也要派人往送，民政官（户曹）李郃（音hé〔合〕）劝阻说："窦宪是皇亲国戚，不注意自己的品德礼义，一味专权横行，危亡的灾祸，马上就要来临。盼望阁下一心效忠皇家，不要跟他来往。"郡长坚持要送，李郃不能阻止，就自己请求前往，郡长同意。

李郃沿途停留，观察变化，走到右扶风郡（陕西省兴平市），政变爆发，窦宪被遣送回封国，凡跟窦宪有交往的官员，全被免职。汉中郡郡长独不在内。

11 刘肇赏赐清河王刘庆奴婢、车马、轿舆、钱币、绸缎、珍宝，塞满了他的亲王府。刘庆有时身体患病，刘肇早晚派人探问，送饮食、送医药，照顾非常周到。刘庆也小心谨慎，谦恭孝友，了解自己曾经受到罢黜，所以特别怕事，一切遵守法令。因此，才能保持他的宠爱跟俸禄。

12 刘肇任命袁安的儿子袁赏，当宫廷禁卫官（郎）；任隗的儿子任屯，当步兵指挥官（步兵校尉）；擢升郑众当后宫总管（大长秋）。

刘肇论功行赏，郑众接受的少，而推辞的多。刘肇因此认为他贤能，经常跟他讨论政府大事。宦官弄权，从此开始。

13 秋季，七月二十三日，全国武装部队总司令（太尉）宋由，被指控是窦家党羽，免职。宋由自杀。

14 八月十五日，最高监察长（司空）任隗逝世。

15 八月十七日，任命农林部长（大司农）尹睦，当全国武装部队总司令（太尉）。

皇家师傅（太傅）邓彪，因年老多病，请辞主管宫廷机要（录尚书事）兼职。刘肇批准，命尹睦代替邓彪主管宫廷机要（录尚书事）。

16 冬季，十月四日，任命皇族事务部长（宗正）刘方，当最高监察长（司空）。

17 武陵郡（湖南省常德市）、零陵郡（湖南省永州市）澧中蛮族（活动于澧水一带的蛮族。澧水，发源于湖南省桑植县西北，东流至沅江市北，注入洞庭湖）叛变。

18 西羌保安司令（护羌校尉）邓训逝世，官员、汉人、羌人、胡人，早晚前往哀悼的，每天多达数千人。羌人、胡人甚至用刀自刺，或宰杀犬马牛羊，说："邓先生已死，我们也跟着一齐死！"邓训担任乌桓保安司令（护乌桓校尉）时的部属，都来奔丧（当时乌桓保安司令部设宁县〔河北省张家口市万全区〕，距西羌保安司令部所在临羌〔青海省湟源县〕，航空距离一千二百公里），使有些城市，为之一空。治安官员大肆逮捕，却无法禁止，急向现任乌桓保安司令（护乌桓校尉）徐傿报告，徐傿叹息说："这就是仁义！"下令释放。

于是，家家户户，给邓训建立庙宇，民间遇有疾病，就到庙中祭拜祈福。

蜀郡（四川省成都市）郡长聂尚，接替邓训当西羌保安司令（护羌校尉），准备用恩德怀柔诸羌部落。乃派出翻译官，前往招抚烧当部落（颇岩谷）酋长迷唐（参考八八年），让他们再回到大小榆谷（青海省尖扎县西）。

迷唐既回到大小榆谷，请他的祖母卑缺，晋见聂尚。聂尚亲自把卑缺送到塞外，设宴送行，派翻译官田汜等五人，护送卑缺到她所住的庐帐。

迷唐遂起兵叛变，联合其他部落，把田汜等五人活生生剖腹屠杀，用鲜血盟誓，攻击金城郡（甘肃省永靖县西北）边塞。聂尚受免职处分。

迷唐之叛，不可思议。以聂尚对他的恩重如山，既允许他返回流奶与蜜之地的大小榆谷，而又亲自送还他的祖母，绝不可能产生这种结局。迷唐如果有了流奶与蜜之地，便立刻抖了起来，迫不及待的要大干一场，则又何必劳动祖母去向聂尚道谢，如果道谢是为了拖延时间，则何至祖母一归，立即翻脸？难道只为了多争取几天？依照人之常情，迷唐只有感谢之心；即令没有感谢之心，也会等到在新地盘上生根之后，再行发动。

然而，迷唐竟然在受到大恩大德和隆重礼遇之后，做出惨无人道的反应。我们不晓得原因何在，但晓得必有原因。最直觉的解释是，迷唐祖母在这次亲善之旅中，受到羌人无法忍受的羞侮，这羞侮可能来自聂尚，更可能来自田汜等五位护送的差役。所以迷唐在暴怒之下，用最残酷的手段，剖腹挖心。而其他部落，也都慷慨追随。他只是为了雪耻泄愤，不是为了叛变。只不过雪耻泄愤之后，只好叛变。

九三年 癸巳

东汉　永元　五年

1 春季，正月十一日，东汉王朝（首都洛阳〔河南省洛阳市东白马寺东〕）皇帝刘肇（本年十五岁）在皇家大会堂（明堂）举行总祭，登上御用天文台（灵台），赦天下。

2 正月二十四日，千乘（贞）王（首府千乘〔山东省高青县东北〕）刘伉（二任帝刘阳子）逝世。

3 正月二十七日，刘肇封皇弟刘万岁当广宗王（首府广宗〔河北省威县东〕）。

4 二月二十一日（原文误置于正月，据《后汉书》改），皇家师傅（太傅）邓彪逝世。

5 二月二十五日，陇西郡（甘肃省临洮县）地震。

6 夏季，四月二十日，封故阜陵（殇）王（首府阜陵〔安徽省全椒县东南〕）刘冲（一任王刘延子）的老哥刘鲂，继任阜陵王。

7 九月一日，广宗（殇）王（首府广宗）刘万岁逝世，没有儿子，封国撤除。

8 最初，东汉政府采纳窦宪建议（参考九一年十二月），封挛鞮于除鞬当北匈奴单于（时驻蒲类海〔新疆巴里坤县西北巴里坤湖〕畔），准备护送他回到北方王庭（不知是指匈奴分裂之前的王庭〔设蒙古国哈拉和林市〕，还是分裂之后的王庭〔蒙古国科布多城东哈腊湖附近〕）。正好东汉政变，窦宪被杀，计划遂告中止，挛鞮于除鞬遂拔营北返。刘肇派全权参谋长（将兵长史）王辅，率一千余骑兵，会合北匈奴协防司令（中郎将）任尚，共同追击，斩挛鞮于除鞬，消灭他的部众。

9 最初，左翼指挥官（左校尉）耿夔，在金微山（蒙古国阿尔泰山）大破北匈奴汗国（参考九一年二月），鲜卑部落（内蒙古西辽河上游）开始从东方向西方，辗转迁移，填补北匈奴留下的广大地区（今蒙古国。但核心组成部分，仍留在今内蒙古东南部）。匈奴聚落残余的还有十余万，为了生存，也自称鲜卑。鲜卑自此日益强大。

中国因为地理形势特殊，五千年来，严重的外患，始终来自北方。匈奴之后有鲜卑，鲜卑之后有柔然，柔然之后有突厥，突厥之后有回纥，回纥之后有契丹，契丹之后有女真，女真之后有蒙古。每一个时代，中国都要倾全国之力，艰苦缠斗，保卫国土。可怜的是，中国的战斗力跟儒家学派的声势，成反比例发展，圣人越多，英雄越少，酱缸越深，活力越弱。中国遂越来越抵抗不住，不断惨败，以致皇帝被人生擒活捉，国家屡次灭亡，几乎不能翻身。

保持北疆和平——当然不是屈辱的和平，而是光荣的和平，一直是中国最高的追求目标。追求得到，中国强；追求不到，中国弱。

10 冬季，十月辛未日（十月庚寅朔，没有辛未），全国武装部队总司令（太尉）尹睦逝世。

11 十一月六日，擢升交通部长（太仆）张酺当全国武装部队总司令（太尉）。

张酺跟宫廷秘书（尚书）张敏等，弹劾射击兵团指挥官（射声校尉）曹褒：“非分的擅自制定国家礼仪，破坏圣人法则，应逮捕诛杀。”一连上了五次奏章，刘肇知道张酺食古不化，僵固不通，不作理会。但《汉王朝礼仪》（参考八七年十月），却被搁置一旁，没有实行。

12 本年（九三），武陵郡（湖南省常德市）郡政府部队，击破澧中蛮族（活动于澧水一带的蛮族），接受他们归降。

13 梁王（首府睢阳〔河南省商丘市〕）刘畅（刘肇叔父）跟他的随从官卞忌，一块祭祀求福。卞忌等拍马屁说：“神灵说了，大王要当皇帝！”刘畅便就着这个题目，和他谈论。有关单位提出检举，要求征召刘畅到首都洛阳，囚入监狱。刘肇不许，只下诏剥夺梁国的两县：成武（山东省成武县）、单父（山东省单县）。刘畅既惭愧又恐惧，上书深刻自责，说：

“我天性狂妄愚昧，不知道检点，自己陷自己于死罪，应当被绑到街头斩首。陛下深恩厚德，不惜抑制法条，宽大处罚，勉强赦免大罪，为我而受委屈。我深知道，深厚的赦免不可能再度赐下，所以我发誓约束自己，约束妻子，再不敢超越规矩，更不敢稍有浪费。计算所收租税，还有盈余。梁国现有九县，请准许我将睢阳（梁国首府）、谷熟（河南省虞城县西南谷熟镇）、虞县（河南省虞城县北）、蒙县（河南省商丘市东北）、宁陵（河南省宁陵县）五县，缴还中央。剩下的四县（下邑〔安徽省砀山县〕、砀县〔河南省永城市东北〕、薄县〔山东省曹县南〕、鄢县〔河南省柘城县北〕），足够我的开支。臣，刘畅，有小老婆三十七人，没有生儿子的，都听从她们的志愿，送回娘家，只留下谨慎小心的家奴婢女二百人，其余的诸如虎贲警卫武士、骑兵仪仗，以及各种技艺工匠、乐队、奴仆、婢女、兵器、马匹，都送还原来所属的机关（虎贲警卫武士，属虎贲警卫指挥官〔虎贲中郎将〕。骑兵仪仗、马匹、属交通部〔太仆〕。技艺工匠，属御库房〔尚方〕。乐队，属禁宫侍从署〔黄门〕。奴仆、婢女，分别属宫廷监狱事务署〔永巷〕、御衣管理室〔御府〕、宫女管训局〔奚官〕。兵器弓箭，属兵工厂〔考工〕。原都由他们派遣或发给）。臣，刘畅，以骨肉近亲，竟扰乱圣明的教化，污染清洁的风气。幸而得以保留性命，却实在无颜以罪恶之身，拥有广大宫殿，和庞大封国，设立官员僚属、享受丰富饮食。请求陛下准许我的请求。”

刘肇下诏不许，语气温和。

14 西羌保安司令（护羌校尉）贯友，派翻译官到诸羌部落中，挑拨离间，再用金银财宝作为引诱。诸羌部落的盟约瓦解，互相间仇恨再生。

中国地图
山阳郡
定陶
（济阴国）
济
水
济阳
成武
梁国旧界
单父
泗
水
沛县
汳
水
薄县
蒙县
虞县
宁陵
下邑
杼秋
襄邑
睢
■睢阳（梁国首府）
水
鄢县
谷熟
砀县
相县
（沛国）
谯县
蒗
荡
渠
陈县（陈国）

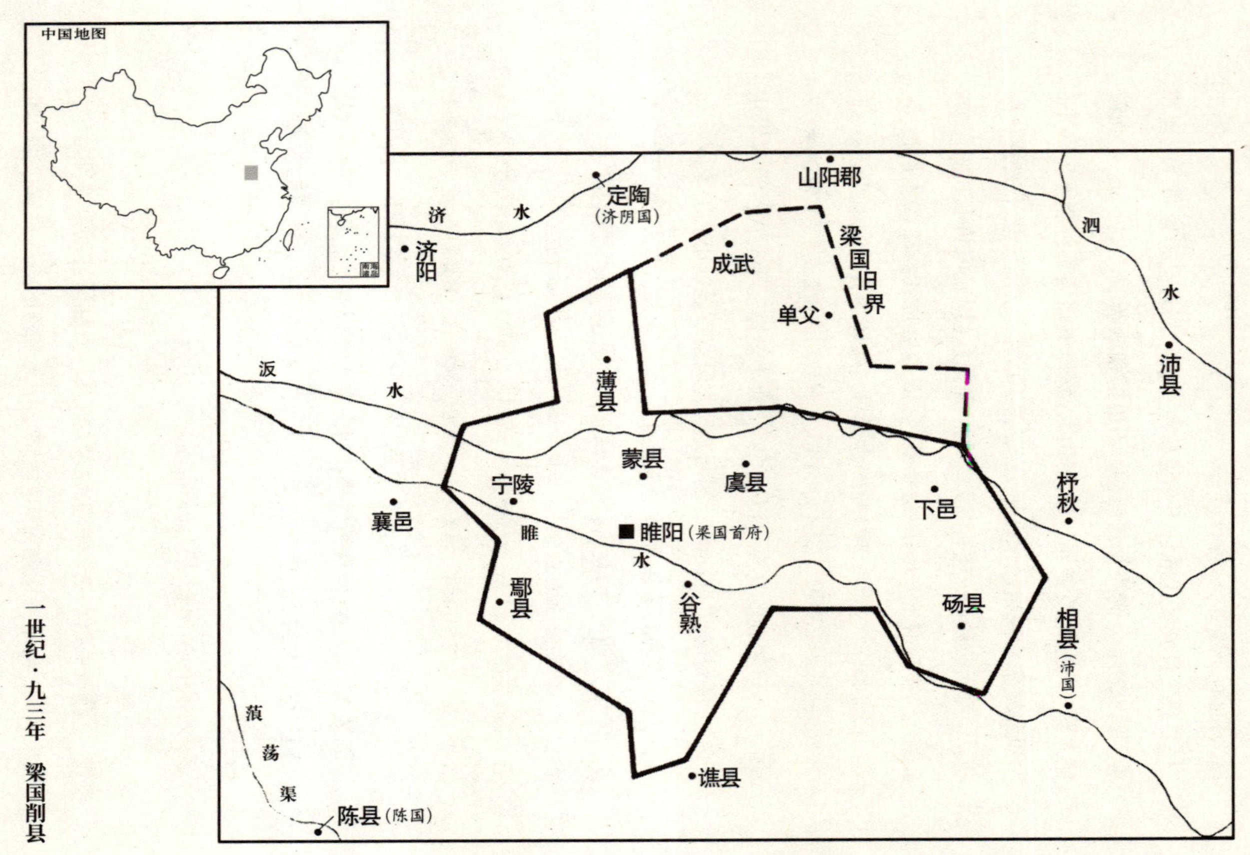

一世纪·九三年 梁国削县

贯友遂各个击破，派大军出塞，攻击据守大小榆谷（青海省尖扎县西）的烧当部落酋长迷唐，斩杀及俘虏八百余人，抢夺小麦数万斛。遂在逢留大河（流经青海省贵德县至尖扎县的那段黄河）南北两岸，修筑城堡、建立码头、兴造跨河大桥，准备渡河追击迷唐。迷唐率领部众向西远徙，驻屯赐支河曲（青海省共和县东南的一段黄河弯曲地带）。

15 匈奴（王庭设美稷〔内蒙古准格尔旗〕）休兰尸逐侯鞮单于（三十任）挛鞮屯屠何逝世。二十九任单于挛鞮宣的老弟挛鞮安国继位（三十一任）。

挛鞮安国最初当左贤王，没有好的声誉，等到当了单于，二十六任单于挛鞮适的儿子、右谷蠡王挛鞮师子，依习惯顺序，转升左贤王（储君）。挛鞮师子勇敢善战，智慧过人，富于谋略，两任单于——挛鞮宣（二十九任）、挛鞮屯屠何（三十任），都喜爱他的英雄气魄，数次派他率领大军出塞袭击北匈奴。班师后每次都受到赏赐，连东汉皇帝对他也都特别看重。

因为这个缘故，匈奴汗国（南匈奴）内部，都敬重左贤王挛鞮师子，而不敬重单于（三十一任）挛鞮安国。挛鞮安国愤怒恐惧，阴谋除掉挛鞮师子。而新归附的北匈奴人，原来远在北方，不断受到挛鞮师子的袭击，最后又被强迫裹挟南来，对挛鞮师子，都很痛恨。挛鞮安国遂跟这些新归附的人，秘密定计。

挛鞮师子得到消息后，提高警觉，就迁驻到五原郡界（五原郡郡政府设九原县〔内蒙古包头市〕，在美稷〔王庭所在〕西北航空距离一百三十公里）。每逢王庭朝会，挛鞮师子都宣称患病，不去参加。北疆边防司令（度辽将军）皇甫棱，在得知杀机四伏的内情后，支持挛鞮师子，不勉强他去参加。挛鞮安国大为愤懑。

九四年 甲午

东汉 永元 六年

1 春季，正月，东汉王朝（首都洛阳〔河南省洛阳市东白马寺东〕）北疆边防司令（度辽将军）皇甫棱免职。东汉政府任命首都洛阳警备区司令（执金吾）朱徽，代理北疆边防司令（行度辽将军）。

当时，南匈奴汗国（王庭设美稷〔内蒙古准格尔旗〕）单于（三十一任）挛鞮安国，跟中国派驻的匈奴协防司令（使匈奴中郎将）杜崇，不能和睦相处。挛鞮安国遂向东汉政府控告杜崇。杜崇指使西河郡（内蒙古准格尔旗西南。美稷县〔王庭所在〕属西河郡管辖）郡长，在中途把奏章扣留。挛鞮安国失去上诉渠道，无法表白自己。杜崇乘机反击，跟朱徽联合上书，说：

“挛鞮安国疏远他的忠诚旧部，反而跟新归附的降人（指北匈奴降人）亲近，打算诛杀左贤王挛鞮师子，以及东部军区司令（左大且渠）刘利等。而西部军区的降人，共同阴谋胁迫挛鞮安国，起兵背叛中国。情势紧张，请下令西河郡（内蒙古准格尔旗西南）、上郡（陕西省榆林市东南鱼河镇）、安定郡（宁夏固原市）三郡，动员戒备。”

奏章交由高阶层官员讨论，一致认为：“匈奴反反复复，虽不能预料将来有什么发展，然而，仅面对东汉现有大军，匈奴也未必就敢采取什么行动。现在，应该派出深有谋略的使节，前往单于王庭，跟杜崇、朱徽，以及西河郡郡长，共同观察动静。如果没有其他变化，不妨命杜崇协助挛鞮安国，会同匈奴高级官员，调查部众中哪些人平常行为凶暴，常常侵害边塞；由汉匈两国官员共同审判，有罪应诛杀的，再行诛杀。如果挛鞮安国不接受这种安排，则授权使臣及地方官员，随机应变，等事情过去之后，再论功行赏，也足以向所有蛮夷展示威信。”刘肇采纳。

于是，杜崇、朱徽理直气壮的率军直趋单于王庭（设美稷）。挛鞮安国深夜中接到被东汉军队包围的消息，大吃一惊，放弃所有营帐，集结兵力，打算先行诛杀挛鞮师子。

挛鞮师子先得到消息，紧急集合，驱策所有部众，进入东汉北疆边防司令所在的曼柏城（内蒙古达拉特旗东南六十公里马场壕村）。挛鞮安国追到城下，城门已经关闭，不能进入。朱徽派人前往调解，挛鞮安国拒不接受，一定要得到挛鞮师子才甘心。城既不能攻下，于是率领部众驻屯五原（内蒙古包头市）。

杜崇、朱徽遂征调各郡骑兵，攻击五原，匈奴内部震恐。挛鞮安国舅父、队长（骨都侯）喜为等，担心全族有被屠灭的危险，于是，格杀挛鞮安国，共同拥立挛鞮师子，是为亭独尸逐侯鞮单于（三十二任）。

匈奴已沦落破碎到这种地步，仍不能团结，窝里斗层出不穷，徒提供别人宰割机会外，有什么裨益？我们对这个不争气的敌人，既轻视，又感叹。

2 正月二十一日，宰相（司徒）丁鸿逝世。

3 二月二十日，擢升最高监察长（司空）刘方当宰相（司徒）；祭祀部长（太常）张奋当最高监察长（司空）。

4 夏季，五月，城阳（怀）王（首府成阳〔山东省鄄城县东南〕）刘淑（皇帝刘肇的幼弟）逝世，没有儿子，封国撤除。

5 秋季，七月，首都洛阳大旱。

6 西域（新疆及中亚东部）总督（都护）班超，征调龟兹国（新疆库车市）、鄯善国（新疆若羌县）等八国的武装部队，共约七万余人，攻击焉耆国（新疆焉耆县）。抵达焉耆城下，引诱焉耆王广、尉犁王（新疆博湖县）汎（姓均不详）等，到陈睦故城（今地不详），予以诛杀，把人头送到洛阳。班超命联军公开抢劫，又杀五千余人，俘虏一万五千人，更封焉耆左侯元孟当焉耆王。班超留驻焉耆半年，用以镇压安抚。

至此，西域五十余国，全数归附中国，再度派遣人质。西方直到海滨（可能指里海之滨，可能指黑海之滨，也可能指地中海之滨），四万华里之外的国家，都经过几次翻译，前来中国进贡。

7 南匈奴（王庭设美稷）单于（三十二任）挛鞮师子即位，新归附的五六百降人，乘夜袭击挛鞮师子的御帐。匈奴协防司令部安抚官（安集掾）王恬，率领卫士迎战，五六百人败走。其他新归附的北匈奴降人，惊骇震动，霎时间所属的十五个部落，约二十余万人，全部叛变，强迫挛鞮屯屠何（三十任单于）的儿子、薁鞮日逐王挛鞮逢侯，当他们的单于。接着大肆屠杀抢掠，焚烧邮亭帐幕，向朔方（此应指朔方县城，今内蒙古杭锦旗北黄河南岸），撤退，打算出塞，往沙漠（瀚海沙漠）以北逃走。

九月癸丑日（九月乙卯朔，没有癸丑），东汉政府任命宫廷禁卫官司令（光禄勋）邓鸿，代理车骑将军，会同南越兵团指挥官（越骑校尉）冯柱、代理北疆边防司令（行度辽将军）朱徽，动员左右羽林警卫军、北军（野战军）五个兵团，跟各郡、各封国射击手、边境民兵；乌桓保安司令（乌桓校尉。司令部设宁县〔河北省张家口市万全区〕）任尚，则率乌桓（河北省北部）、鲜卑（内蒙古东部中部及以北地区）部队，共四万人，讨伐叛徒。当时，南匈奴单于（三十二任）挛鞮师子，跟匈奴协防司令官（使匈奴中郎将）杜崇，据守牧师城（地望在今内蒙古鄂尔多斯市东胜区东），挛鞮逢侯率一万余骑兵，正在围攻。

冬季，十一月，邓鸿等抵达美稷（王庭所在），挛鞮逢侯解牧师城之围，向满夷谷（内蒙古包头市北）撤退。南单于挛鞮师子派他的儿子，率一万余骑兵，跟杜崇所率领的四千骑兵，会合邓鸿所部，向西追击，直到大城塞（内蒙古杭锦旗东南三十公里），杀四千余人。任尚率鲜卑、乌桓部众，在满夷谷截击，再大破叛军，前后共杀一万七千

一世纪·九四年正月至十一月 南匈奴内乱

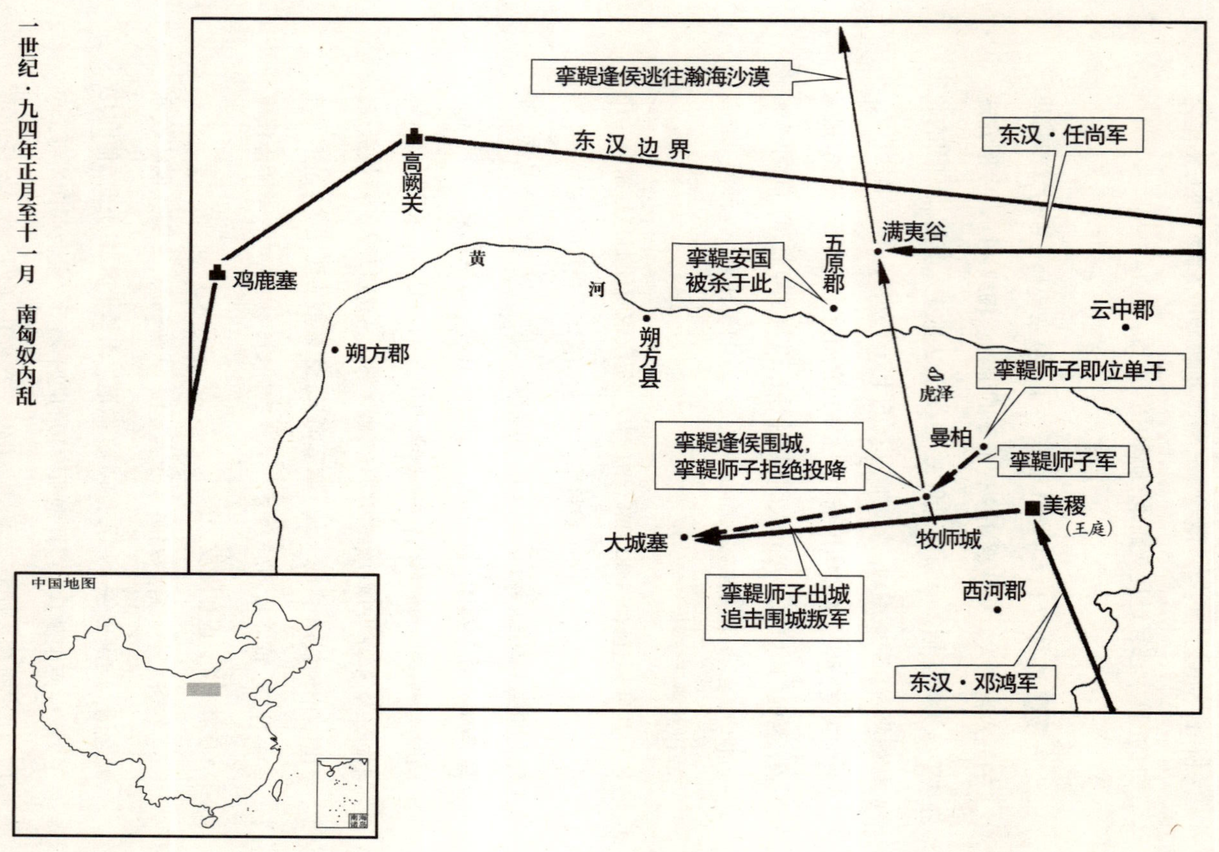

余人。

挛鞮逢侯终于突出边塞，向西北逃入沙漠（瀚海沙漠），东汉军队不能追击，班师。

8 任命农林部长（大司农）陈宠当司法部长（廷尉）。陈宠性情仁厚，很多次审理疑难官司，引用儒家学派经典，总是尽力宽恕。司法界刻薄的风气，稍稍改变。

9 东汉帝（四任和帝）刘肇（本年十六岁）任命宫廷秘书长（尚书令）江夏郡（湖北省武汉市新洲区）人黄香，当东郡（河北省濮阳市西南）郡长。黄香坚决推辞说："从事实际地方行政工作，我没有这种才干。请准许我仍留在原位上，在陛下英明的领导之下，从事宫廷繁杂琐碎工作。"刘肇就留下他继续担任宫廷秘书长（尚书令），特别增加俸禄二千石（宫廷秘书长属中级官员，年俸一千石。今增加为两倍，因黄香任职太久，而又辞郡长职，特赏赐郡长级待遇）。十分受到皇帝亲近尊重。黄香也尽忠职守，忧虑国事，犹如忧虑家事。

九五年 乙未

东汉　永元　七年

1 春季，正月，东汉王朝（首都洛阳〔河南省洛阳市东白马寺东〕）宫廷警卫官司今（光禄勋）邓鸿等大军复员。南越兵团指挥官（越骑校尉）冯柱，率虎牙营战斗部队，留驻五原（内蒙古包头市）。

邓鸿被控逗留不进，贻误军机，致使大军失利，下狱，处死。

稍后，东汉帝（四任和帝）刘肇（本年十七岁）发现朱徽、杜崇跟匈奴单于（三十一任挛鞮安国）冲突内情，而又断绝控告渠道（参考去年〔九四〕正月），把挛鞮安国逼反。征召二人回首都洛阳，下狱，处死。

2 夏季，四月一日，日蚀。

3 秋季，七月二十六日，易阳（河北省邯郸市永年区东南）大地崩裂。

4 九月二十日，首都洛阳地震。

5 乐成王（首府信都〔河北省衡水市冀州区〕）刘党（刘肇的叔父），被控杀人，剥夺封国的东光（河北省东光县）、鄡县（河北省辛集市东，鄡，音qiāo〔敲〕）两县。

刘党并不比其他王子好，也不比其他王子坏。两汉王朝有明文规定，皇宫宫女出嫁，只可嫁到民间，不准封国的王府、侯府收留。而皇宫歌星哀置女士，嫁给民间男子章初。刘党把哀置接到王宫，跟她上床。章初准备上书控告，刘党用重金买通哀置的姐姐哀昭，把章初害死；为了防止消息走漏，又一连绞死三个内侍灭口。

四条人命，只值两县采邑的赋税。叫得震天响的口号"爱民如子"以及"王子犯法，与小民同罪"，不过是一个化解小民悲愤的骗局。

九六年 丙申

东汉　永元　八年

1 春季，二月，东汉王朝（首都洛阳〔河南省洛阳市东白马寺东〕）皇帝（四任和帝）刘肇（本年十八岁）封阴贵人当皇后。阴皇后，是阴识的曾孙女（阴识，一任帝刘秀正妻阴丽华的老弟，参考四三年六月）。

2 夏季，四月十八日，乐成（靖）王（首府信都〔河北省衡水市冀州区〕）刘党逝世。子刘崇（哀王）继位，不久也逝世。没有儿子，封国撤除。

3 五月，河内（河南省武陟县）、陈留（河南省开封市东南陈留镇）两郡，蝗虫成灾。

4 南匈奴（王庭设美稷〔内蒙古准格尔旗〕）右温禺犊王乌居战，率众叛变出塞。

秋季，七月，北疆边防司令官（度辽将军）庞奋、南越兵团指挥官（越骑校尉）冯柱追击，大破乌居战，把他的部众，跟其他新近归降的匈奴部落，约二万余人，强迫迁移到安定（宁夏固原市）、北地（宁夏吴忠市西南金积镇）二郡。

5 车师后王（新疆吉木萨尔县南）涿鞮叛变，攻击前王（新疆吐鲁番市）尉毕大，俘虏尉毕大的妻子儿子。（戊己指挥官〔戊己校尉〕索颙，打算罢黜涿鞮，涿鞮认为被前王尉毕大出卖，起兵报复）。

6 九月，首都洛阳蝗虫成灾。

7 冬季，十月二十三日，北海王（首府剧县〔山东省昌乐县西〕）刘威（一任帝刘秀大哥刘縯曾孙），被控不是老爹（敬王）刘睦的儿子（《后汉书·北海王传》载：刘威是刘睦的庶子，原封斟乡侯。九〇年，继承王爵。于今忽然被指控不是刘睦的儿子，其中内幕不详），又被指控诽谤。刘威自杀。

8 十二月十日，陈（敬）王（首府陈县〔河南省周口市淮阳区〕）刘羡（刘肇叔父）逝世。

9 十二月十六日，皇城南宫宣室殿失火。

10 西羌保安司令（护羌校尉）贯友逝世，汉阳郡（甘肃省甘谷县）郡长史充代替。

史充到任后，征发湟中（青海省东北部）羌人、胡人，出塞攻击烧当部落（大小榆谷）酋长迷唐，迷唐迎战，史充大败，被杀数百人。东汉政府下令召史充回京师（首都洛阳），命代郡（山西省阳高县）郡长吴祉代替。

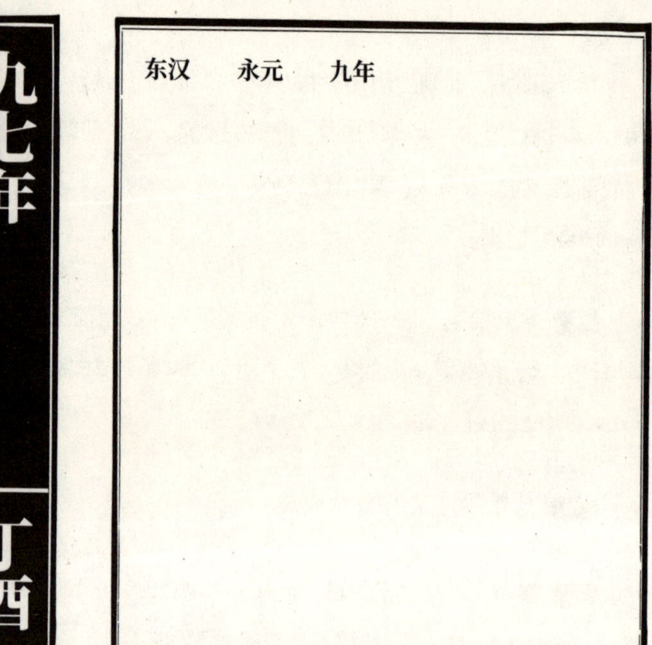

1 春季，三月十日，东汉王朝（首都洛阳〔河南省洛阳市东白马寺东〕）陇西郡（甘肃省临洮县）地震。

2 三月二十三日，济南（安）王（首府东平陵〔山东省济南市章丘区〕）刘康（刘肇叔祖父）逝世。

3 西域（新疆及中亚东部）总督府秘书长（长史）王林，击斩车师后王（新疆吉木萨尔县南）涿鞮。

4 夏季，四月二十八日，封乐成王（首府信都〔河北省衡水市冀州区〕）刘党的儿子刘巡，继任乐成王。

5 五月，封阴皇后老爹、骑兵指挥官（屯骑校尉）阴纲当吴房侯，解除官职，以“特进”身份（朝会时位在三公之下，侯爵之上）返回家宅。

6 六月，旱灾、蝗灾。

7 秋季，八月，鲜卑部落（内蒙古东部中部及以北地区）攻击肥如（河北省迁安市东北）。辽东郡（辽宁省辽阳市）郡长祭参，被指控懦弱，坐失军机，逮捕下狱，处死。

8 闰八月十四日，皇太后窦女士逝世。

最初，梁贵人（刘肇娘亲）忧死（参考八三年），宫廷严密，没有人知道当时皇太子刘肇，是梁贵人所生。本年（九七），窦太后逝世，禁忌解除，真相开始呈现。舞阴公主（刘秀女）的儿子梁扈，派他的堂兄梁禪（舞阴公主嫁梁松，梁贵人是梁松弟弟梁竦的女儿），分别向三府提出备忘录（三府：宰相府〔司徒府〕、最高监察署〔司空府〕、全国武装部队总司令部〔太尉府〕）。指出：“汉王朝惯例，皇帝对娘亲家人，一向尊崇。梁贵人亲生的儿子，现在正君临天下，而她却没有什么称号，请求讨论。”全国武装部队总司令（太尉）张酺，向东汉帝（四任和帝）刘肇（本年十九岁）报告。刘肇震惊哀恸，久久不已，问说：“你看应该怎么办？”张酺请求追加娘亲梁贵人尊号，并尊崇仍在人世的每位舅父，刘肇全部采纳。

正在这时，梁贵人的姐姐，嫁给南阳郡（河南省南阳市）人樊调做妻子的梁嫕（音yì〔意〕），上书说："我的父亲梁竦，冤死在监狱之中，尸首到今天仍不能下葬。娘亲年老，已过七十，跟弟弟梁棠等，被贬逐到远方绝域，不知道是死是生（参考八三年）。请求准许掩埋我父亲的朽骨，赦免我娘亲及弱弟，返回故乡（安定郡乌氏县〔宁夏隆德县东北〕）。"

刘肇召见这位姨妈，才知道娘亲是谁，跟枉死惨状。三公联合上奏，请求依照一任帝刘秀罢黜吕雉太后前例（参考五六年），罢黜窦太后尊号，不许她跟丈夫三任帝刘炟合葬。文武百官，也都纷纷上言。刘肇亲笔写诏，回答说："窦姓家族虽违法乱纪，可是窦太后却常常自己克制。我把她当作母亲，侍奉十年，深思母子大义，依照礼教，做臣僚儿子的，不可以贬斥君王父母。于恩不忍使父母坟穴分离，于义不忍做出这种伤害他们的事。而且前世的上官太后，也没有被降被黜（参考前八〇年），对这件事，不再讨论。"

闰八月二十九日，安葬窦太后，绰号章德。

9 西羌烧当部落（大小榆谷）酋长迷唐，率领八千人，攻击陇西郡（甘肃省临洮县），裹挟定居在塞内的其他羌族部落，共有步骑兵三万人，击破陇西郡政府部队，斩大夏（甘肃省广河县）县长。

东汉政府任命刘尚代理征西兵团司令（行征西将军），南越兵团指挥官（越骑校尉）赵世当副司令，率领汉羌胡混合部队三万人讨伐。刘尚进屯狄道（陇西郡郡政府所在县），赵世进屯枹罕（甘肃省临夏市；枹罕，音fú hǎn〔浮喊〕）。刘尚命军政官（司马）寇盱，统筹调派各郡部队，征召集结。迷唐害怕，放弃老弱妇女儿童，急行退入临洮（甘肃省岷县）以南。刘尚等追入高山（临洮以南群山），大破迷唐，斩杀及俘虏一千余人，迷唐逃出塞外。东汉军队死伤也多，不能再追，因而班师。

10 九月二十四日，宰相（司徒）刘方免职，自杀。

11 九月二十八日，刘肇追尊娘亲梁贵人“皇太后”，绰号恭怀，补穿丧服。

冬季，十月十九日，把梁太后跟她姐姐梁大贵人，改葬在三任帝刘炟坟墓（敬陵，河南省洛阳市孟津区东南三十里铺村南）之西。擢升樊调当羽林军左翼总监（羽林左监），追封梁太后老爹梁竦当褒亲侯（愍侯），派人迎接他的棺柩，安葬在女儿梁太后墓旁。召回梁竦妻子，封梁竦儿子梁棠当乐平侯，梁棠老弟梁雍当乘氏侯，梁雍老弟梁翟当单父侯，都位居“特进”（朝会时位在三公之下，诸侯之上），赏赐以百万计算，受到当世最盛大宠爱和荣耀。梁姓家族，从此强大。

12 清河王（首府清阳〔河北省清河县〕）刘庆，这时候才敢上书，请求寻找娘亲宋贵人的坟墓（墓在洛阳城北樊濯聚），刘肇允许，并令御厨房（太官），一年四季供应祭祀。刘庆流泪说：“虽不能在娘亲生前供养，但能够在死后祭祀，心愿已经满足。”本打算建立一个祠堂，又恐怕被认为仿效梁太后，始终不敢提出，时常在侍从面前悲哭，认为终身遗憾。后来，上书说：“外祖母王女士（宋贵人娘亲），年老有病，请求准许她前往洛阳治疗。”

刘肇下诏：解除对宋姓家族的禁令（八二年，宋家姐妹冤狱发生后，全家逐回故乡扶风〔陕西省兴平市〕，迄今已软禁十六年），准许返回洛阳，并任命刘庆的四位舅父宋衍、宋俊、宋盖、宋暹，都当宫廷禁卫官（郎）。

13 十一月八日，擢升宫廷禁卫官司令（光禄勋）河南（河南省洛阳市东白马寺东）人吕盖当宰相（司徒）。

14 十二月一日，最高监察长（司空）张奋免职。

十二月七日，擢升交通部长（太仆）韩棱当最高监察长（司空）。

15 西域总督（都护）定远侯班超，派他的秘书（掾）甘英，出使大秦帝国（罗马帝国本部）、条支王国（叙利亚王国〔亚历山大部将塞琉卡斯建立〕）。

甘英深入西方（西海），经过之处，都是前人从没有到过的地方。甘英一一考察他们的风土人情，取得他们的奇异产品。最后，进入安息王国（伊朗）的西界，抵达大海（可能是地中海），准备船只，打算再向西进发。水手们告诉甘英，说："大海广阔，遇到顺风，要走三个月；如果遇到逆风，可能走上两年。所以，渡海的人，都带三年粮食。海上寂寞，容易使人害思乡病，常有人死亡。"甘英才停止。

甘英恐怕是个色厉内荏型人物，表面上雄壮如狮，豪气如虹，班超才派他担任这项重要的向西方探险任务，结果他到了一个不知道地名的水滨，就抱头折回。

有人认为甘英所到的“大海”是波斯湾，但波斯湾即令有最强大的顺风，三个月也到不了罗马（那时还没有苏伊士运河，船只必须绕非洲好望角，而好望角当时还没有发现）。所以，“大海”是地中海，较合常理。“大海”之滨，应该是今日的巴勒斯坦。如果这项判断正确，那就更证明甘英的报告并不可靠。他抵达巴勒斯坦之时，正是基督教使徒保罗，向罗马城出发之际。巴勒斯坦和罗马之间，交通频繁。甘英绝不会躲在旅馆里，只听船夫们片面之词（甚至可能是向他兜售粮食的贩夫走卒的片面之词），连码头都不去一下。否则码头上繁荣忙碌，会证明去大秦（罗马帝国）并不困难，也没有危险。

班超似乎是选错了人，如果是班超自己，或另一位部下田虑，说不定当时世界上东西两大帝国，从此直接接触。因为国势相等，所以那将是平等的接触。东西文化的交流，用不着再等漫长的一千七百年，直到中国最昏弱的十八世纪。

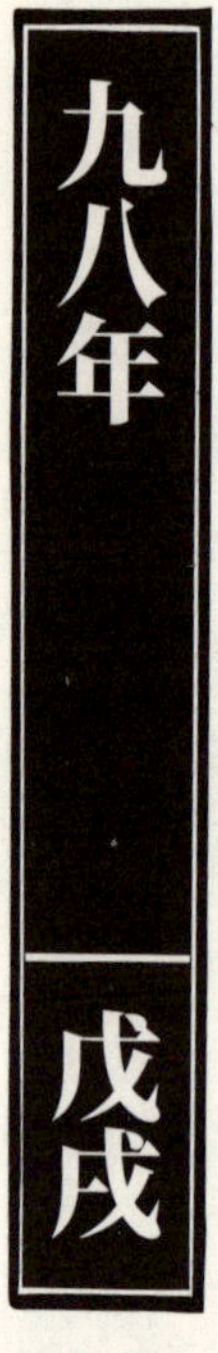

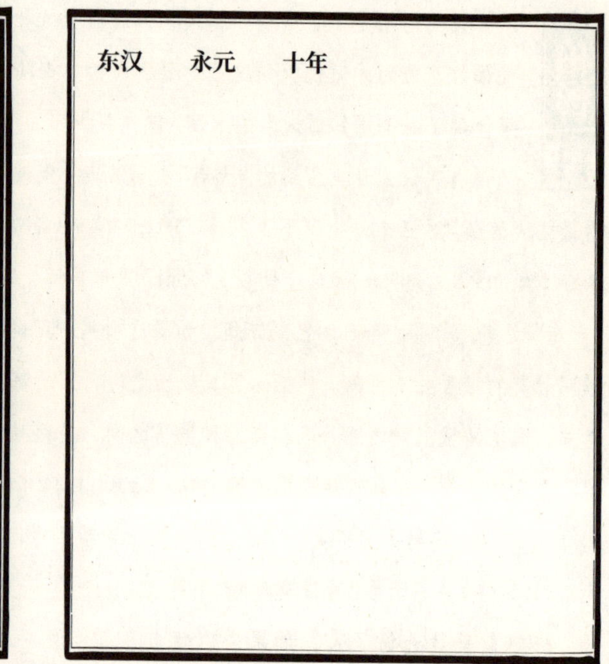

1 夏季，五月，东汉王朝（首都洛阳〔河南省洛阳市东白马寺东〕）京师（首都洛阳）水灾。

2 秋季，七月己巳日（七月癸巳朔，没有己巳），最高监察长（司空）韩棱逝世。

八月十五日，擢升祭祀部长（太常）泰山郡（山东省泰安市东）人巢堪当最高监察长（司空）。

3 冬季，十月，五个州雨水不止。

4 代理征西兵团司令（行征西将军）刘尚、南越兵团指挥官（越骑校尉）赵世，被控畏惧敌人，懦弱无能，召回首都洛阳，下狱，免职。

皇家礼宾官（谒者）王信统御征西兵团，驻枹罕（fú hǎn〔浮喊〕。甘肃省临夏市）。另一皇家礼宾官（谒者）耿谭，统御南越兵团，驻白石（临夏市西南）。耿谭悬出赏格，挑起羌人内部猜忌。诸部落开始不断向东汉归附。烧当部落（大小榆谷）酋长迷唐陷于孤立，请求投降。王信、耿谭接受，于是班师复员。

十二月，迷唐等各部落酋长，到首都洛阳朝见进贡。

5 十二月十九日，梁（节）王（首府睢阳〔河南省商丘市〕）刘畅逝世。

6 最初，居巢侯刘般逝世（参考七八年），儿子刘恺应当继承爵位。刘恺宣称，由于老爹的意思，他决心把爵位转让给老弟刘宪。为了达到目的，刘恺拒绝接受封号，远逃他方。拖了很长一段时间后，有关单位奏请撤销封国。三任帝（章帝）刘炟赞美这种谦让义行，特别批准延缓，但刘恺仍不出面。这样又拖了十余年，本年（九八），有关单位再次奏报，宫廷随从官（侍中）贾逵上书说："孔丘有言：'能够用礼让治国，治国就没有困难。'（《论语·里仁》："能以礼让为国乎？何有？"）主管单位不能探讨勇于为善的本心，而用平常的法条，处理这件事，恐怕不能鼓励礼让的风气，也不能完成恢宏宽厚的教化。"

东汉帝（四任和帝）刘肇（本年二十岁）认为有理，下诏说："国家法令尊崇善行，助人完成美德。特准刘宪继承爵位，事属特殊，以后不准援例。"复征召刘恺，任命他当宫廷禁卫官（郎）。

7 南匈奴汗国（王庭设美稷〔内蒙古准格尔旗〕）亭独尸逐侯鞮单于（三十二任）挛鞮师子逝世，二十八任单于挛鞮长的儿子挛鞮檀继位，是为万氏尸逐鞮单于（三十三任）。

九九年 己亥

东汉　永元　十一年

1 夏季，四月九日，东汉王朝（首都洛阳〔河南省洛阳市东白马寺东〕）赦天下。

2 东汉帝（四任和帝）刘肇（本年二十一岁）利用朝会时间，召见儒家学派高级知识分子，命高级国务官（中大夫）鲁丕，跟宫廷随从官（侍中）贾逵、宫廷秘书长（尚书令）黄香等，就儒家学派经典中若干疑问，互相商讨，提出辩论。刘肇认为鲁丕的学说正确。在散会之后，特别赏赐鲁丕帽冠衣服。鲁丕因此上书，说：

“据我的了解，凡是讨论儒家学派经典，都不过是传述教师的意见，而不是发表自己的意见，所以决不可以用自己的意见，攻击对方。否则，道理就很难明白，这就跟方矩、圆规、秤锤、尺寸标准，不可以随意增减一样。提出疑问的必须先说明根据，答复疑问的也要先说明他的立场。一切浮华言词，不必出口。所以不费一点力气，而思考精密、道理明白。意见不能一致时，只要说出他师傅的看法，加以深入探讨就够了；不要让浅薄的人因言论误而获罪，使深刻的大道理有所遗漏。”

政府是一个有机体，东汉王朝在本世纪一百年中，由鼎盛而颓坏。颓坏的模式，毫无例外的是：先从中枢——中央政府烂起。皇亲国戚争权，宦官乘势夺权，中国第一个宦官时代来临，激起广大民变。宦官再跟文官系统火拼，军阀之一的董卓展开空前大屠杀，全国再陷混乱，人民再遭厄运。本世纪末叶，群雄之一的曹操，拯救了东汉政府，但不能使东汉政府恢复原状。

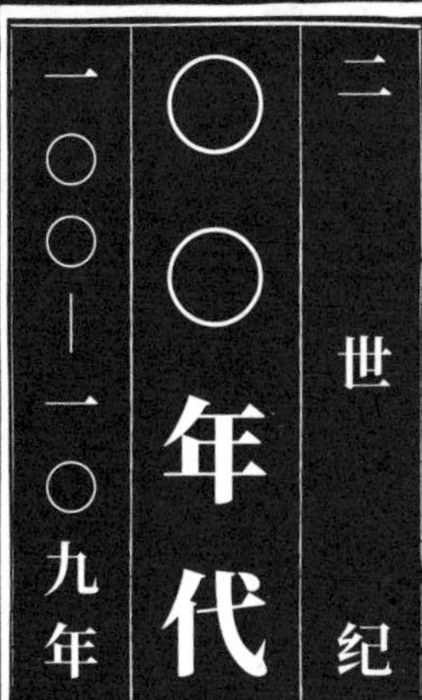

东汉王朝

- 班超逝世，西域再失。
- 羌民族大规模叛变。
- 中国大饥馑，人相食。

- 日本倭奴国王师升，遣使到中国，呈献生口一六〇人。
- 罗马帝国击溃得喜亚人，收复多瑙河流域。

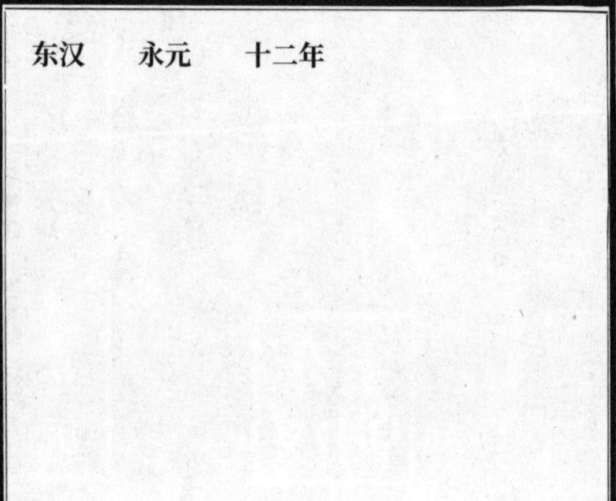

1 夏季，四月十六日，秭归（湖北省秭归县）山崩。

2 秋季，七月一日，日蚀。

3 九月九日，东汉王朝（首都洛阳〔河南省洛阳市东白马寺东〕）全国武装部队总司令（太尉）张酺免职。

4 九月十七日，擢升农林部长（大司农）张禹当全国武装部队总司令（太尉）。

5 西羌烧当部落（大小榆谷）酋长迷唐，既到首都洛阳朝见，他残余的部众人数还不满二千，饥饿穷困，无法生存，全体移居金城郡（甘肃省永靖县西北）。东汉帝（四任和帝）刘肇（本年二十二岁）下诏，命迷唐率领他的部落，返回他们从前所盼望据有的大小榆谷（青海省尖扎县西）。可是，形势已变，迷唐认为，东汉政府已在小大榆谷北界，修筑逢留大桥（参考九三年），东汉军队可以随时进入大小榆谷，安全没有保障，不能再住。于是推辞说，他的部众饥饿，无法长途跋涉（金城跟大小榆谷航空距离一百七十公里，中隔万山）。

西羌保安司令官（护羌校尉）吴祉等，赏赐给迷唐大量钱财布匹，命他购买粮秣家畜，催促他早日出塞；但这样做反而更引起猜疑惊恐。

本年（一〇〇），迷唐再叛，裹挟湟中（青海省东北部）胡人部落，大肆抢掠，出塞而去。王信、耿谭、吴祉，全被调回首都洛阳。

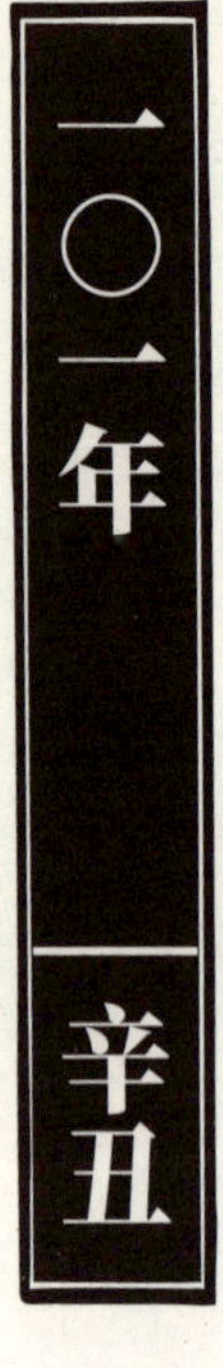

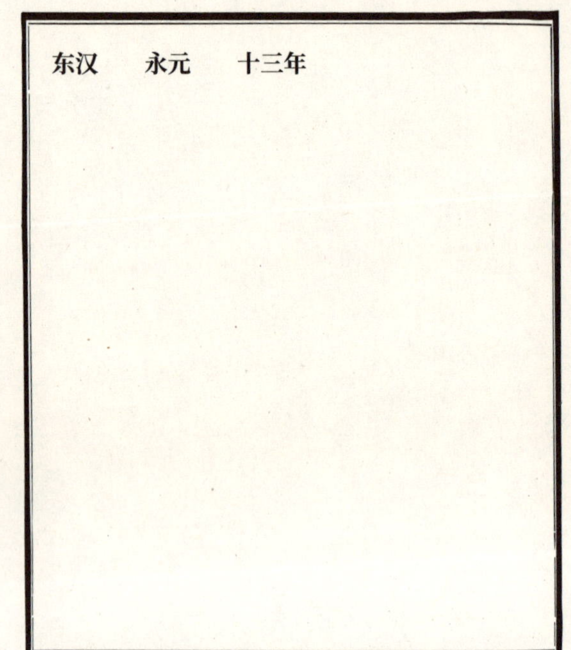

1 秋季，八月二十五日，东汉王朝（首都洛阳〔河南省洛阳市东白马寺东〕）洛阳北宫御厨房阁门（盛馔门）失火。

2 西羌烧当部落酋长迷唐，再回到赐支河曲（青海省共和县东南黄河弯曲地带），阻截边塞对外的交通。西羌保安司令（护羌校尉）周鲔，跟金城郡（甘肃省永靖县西北）郡长侯霸，率领各郡民兵、移民区（属国）羌人、胡人等三万人（包括居住在湟中的小月氏部落，及徙居于陇西郡的牢羌部落），组成混合兵团，出塞攻击，抵达允川（青海省贵德县西）。

侯霸发动总攻，大破烧当部落，烧当部落瓦解，六千余人投降，东汉政府分别把他们安置在汉阳郡（甘肃省甘谷县）、安定郡（宁夏固原市)、陇西郡(甘肃省临洮县)。仍未投降的烧当部落衰弱不堪，只好放弃赐支河曲，再向西躲避，投靠发羌部落(青海省中西部。胡三省注:“有人认为，唐王朝的吐蕃，就是发羌的后裔。”则二十世纪的藏人，又是吐蕃的后裔了)。很久之后，迷唐病死，儿子率部众再降东汉，只剩下数十户。

3 荆州(湖北省及湖南省)大雨不停。

4 冬季，十一月十四日，东汉帝(四任和帝)刘肇(本年二十三岁)下诏:

“幽州(河北省北部及辽宁省)、并州(山西省及黄河河套地区)、凉州(甘肃省)，户口稀少(当时，幽州最大的郡，有十万户，但玄菟郡〔辽宁省沈阳市东〕只有一千五百二十四户。并州大郡只三万余户，小郡不满二千户。凉州大郡还不满三万户，敦煌郡〔甘肃省敦煌市〕比玄菟郡更少，只七百四十八户)。可是差役多而赋税重，奉公守法的公务官员，前途狭窄。接待蛮族，跟安抚外国，需要人才。现在规定:边疆十万人以上的郡，每年推举‘孝廉’一人。不满十万人的郡，两年推举‘孝廉’一人。五万人以下的郡，三年推举‘孝廉’一人。”

5 鲜卑部落(内蒙古东部中部及以北地区)攻击右北平郡(河北省唐山市丰润区)，进入渔阳郡(北京市密云区)。渔阳郡长迎战，击破鲜卑部落。

6 十一月二十六日，宰相(司徒)吕盖，因年老多病，退休。

7 巫山(重庆市巫山县)蛮夷酋长许圣，因为郡政府税收不公平，忿恨，起兵叛变。十一月辛卯日(十一月癸卯朔，没有辛卯)，攻击南郡(湖北省江陵县)。

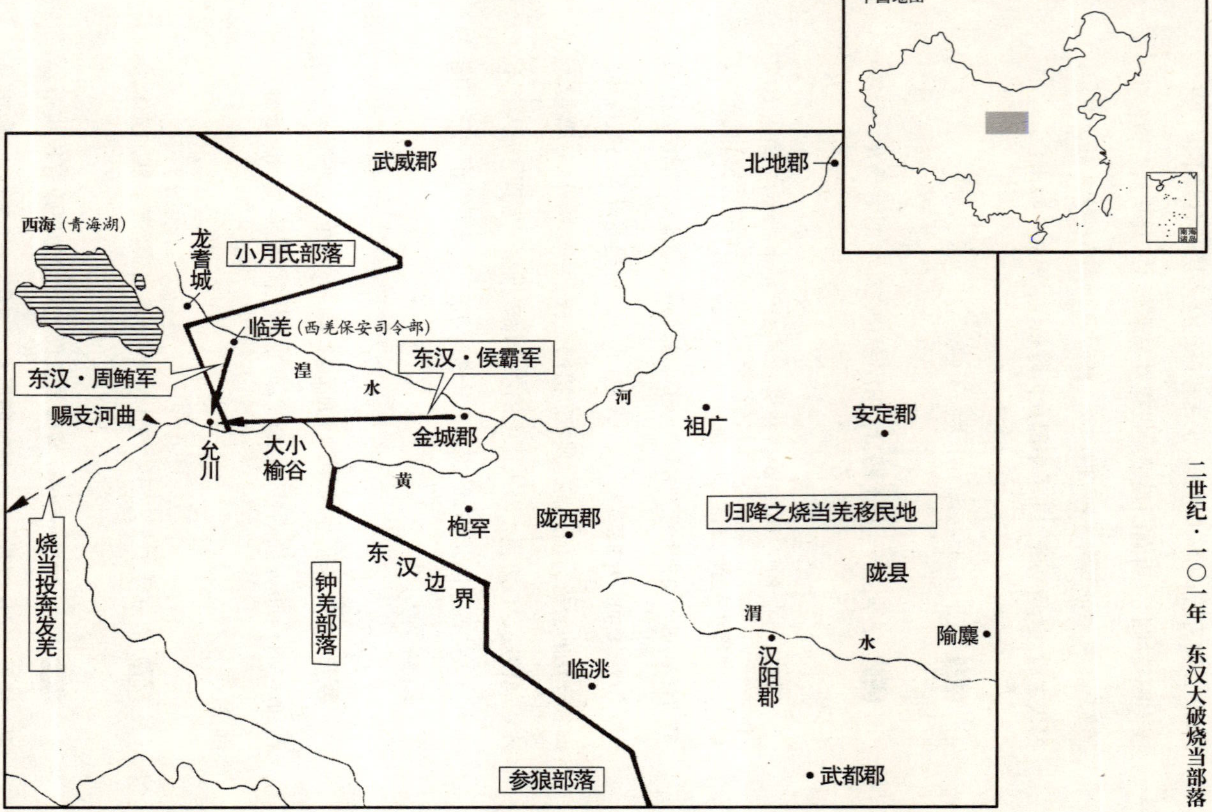

二世纪·一〇一年　东汉大破烧当部落

1 春季，安定郡（宁夏固原市）早已归附东汉王朝（首都洛阳〔河南省洛阳市东白马寺东〕）的羌人烧何部落叛变，被郡政府民兵击灭。

这时，西海（青海湖）地区跟大小榆谷（青海省尖扎县西）地区，一片和平。隃麋国（陕西省千阳县）宰相曹凤（隃麋，是一个侯爵采邑。王爵采邑称"王国"，侯爵采邑称"侯国"。凡是封国，中央政府都设立宰相，代替王爵或侯爵，治理人民），上书说：

"自上世纪（一）三〇年代以来，西羌人民犯法作乱的，烧当部落（青海省湟中一带）都常居于领导地位。所以如此，由于烧当部落定居大小榆谷（青海省尖扎县西），土地肥沃，拥有西海（青海湖）渔获跟制盐的利益。北方横亘黄河，作为屏障。同时，地理位置使它很容易跟中国境内的其他胡人、羌人，勾结交通，为非作歹；以致中国政府，很难对付。他们逐渐强大，实力远超过其他部落，就利用这份实力，招揽羌人、胡人，使自己更为茁壮。

"而今，烧当部落衰败穷困，外援断绝（《后汉书·西羌传》称，此时烧当部落残余，现役战士，只剩数百人），向西方逃亡，依靠发羌部落（西藏）。我愚昧的认为，应在这个时候，恢复西海（青海湖）郡县（西汉王朝大司马王莽，设西海郡〔青海省海晏县〕，参考四年），控制大小榆谷（青海省尖扎县西），扩大开荒垦田，切断中国境内羌胡，跟塞外羌胡交通管道，杜绝疯狂野心家觊觎之心。再在沿边发展农业，使边塞富庶，节省从内地运输到边疆的费用，这样，政府对西方就再没有忧患。"

东汉帝（四任和帝）刘肇（本年二十四岁）批准。于是开始整修故西海郡（青海省海晏县）城堡亭障，把金城郡（甘肃省永靖县西北）西部移民区（属国）驻军司令（都尉），从金城移驻西海郡城。任命曹凤当金城郡西部民兵司令（金城西部都尉），驻防龙耆（即西海郡故城，青海省海晏县）。扩大屯田面积，夹着黄河，建立一连串城堡，有三十四区之多，大功即将完成，想不到一〇年代时，西羌大规模叛变，遂中途而废。

2 三月二十七日，刘肇亲自到国立大学（辟雍）主持宴会，及举行射礼。赦天下。

3 夏季，四月，东汉政府派使臣督促荆州（湖北省及湖南省）部队一万余人，分军数路，讨伐巫山（重庆市巫山县）蛮族酋长许圣等，大破叛军，许圣投降。把蛮夷全部移置到江夏郡（湖北省武汉市新洲区）。

4 刘肇正妻阴皇后，忌妒心特别强烈，刘肇对她的宠爱，遂渐衰退，而阴皇后更加忌妒，愤怒恚恨，不能自制。阴皇后外祖母邓朱女士，经常出入宫廷，于是，有人指控：邓朱女士跟阴皇后，共同施用巫蛊（西汉七任帝刘彻时的“巫蛊”血案，今日再现）。刘肇命寝殿侍奉宦官（中常侍）张慎，跟宫廷秘书（尚书）陈褒，负责调查审问，二人提出“大逆不道”弹劾。邓朱女士的两个儿子邓奉、邓毅，以及皇后老弟阴辅，在监狱中被苦刑拷死。

六月二十二日，罢黜阴皇后，软禁桐宫，忧死。老爹“特进”（朝会时位在三公之下）阴纲，自杀。阴皇后另外两位老弟阴轶、阴敞，跟邓朱女士的家属，全被放逐到日南郡（越南东河市）比景县（越南筝河口）。

5 秋季，七月十三日，常山（殇）王（首府元氏〔河北省元氏县〕）刘侧逝世，没有儿子。由他老哥防子侯刘章，继任常山王。

6 三个州发生水灾。

7 西域总督（都护）班超，身处绝域，为时很久，年纪已老，思念故乡（班超于七三年，率三十六人出使西域〔新疆及中亚东部〕，至本年〔一〇二〕整整三十年），上书请求回国：“我不敢盼望走得到酒泉郡（甘肃省酒泉市），只敢盼望死前进入玉门关（甘肃省敦煌市西北。玉门关是汉王朝跟西域边界要塞，进入玉门关，便是汉王朝本土。酒泉郡在玉门关东南航空距离四百公里）。现在派遣我的儿子班勇，随着安息王国（伊朗）进贡的使节团，一同入塞。在我仍在人世时，教孩子亲眼看到祖国风土。”

东汉政府搁置拖延，一直没有回答，班超的妹妹班昭（曹大家），为老哥请命，上书说：

“蛮夷的性格，轻侮年老。班超随时都会死亡，而政府一直不派人接替，恐怕开启蛮夷奸邪的泉源，生出叛乱念头。政府高级官员，把班超的位置，视同普通位置，要统筹办理，却不为国家作长远的考虑。万一发生变化，班超衰老，力不从心。对上，国家累世的功业，全部抛弃；对下，功臣尽心竭力创造的成果，也会摧毁。实在令人痛惜！

“班超在万里之外，向中央表示诚心，陈述艰苦。伸长颈子仰望，已经三年，没有得到指示。我曾经听说，在古代，十五岁当兵，六十岁退伍，仍有休息之日，不使他死在岗位之上。所以，我胆敢冒着死刑的重罚，代班超哀哀求告，请趁着班超的余年，使他能活着回国，再见皇家宫廷。也使国家没有远方的忧虑，西域没有迫切的危机。班超也能承受姬昌（周文王）埋葬骨骸的厚恩（姬昌兴建天文台〔灵台〕，掘出死人骨骸，姬昌命另外掩埋，官员们说：“它们是无主之物。”姬昌说：“我就是他的主，何必再去别求？”），田子方哀怜老马的仁爱（魏国第一任国君〔文侯〕魏斯的师傅田子方，发现魏斯遗弃他的老马，田子方说：“年轻时榨尽精力，等到老时遗弃它，不是仁心的人做的事。”遂把老马收养）。”

刘肇感动，下令召回班超。

八月，班超返抵首都洛阳，任命当射击兵团指挥官（射声校尉）。

九月，班超逝世。

班超被召，东汉政府擢升戊己指挥官（戊己校尉）任尚，接任总督。任尚向班超请教，说：“你身在国外三十余年，而我接续你交下来的工作，任务沉重，能力浅薄，请你赐给指教。”班超说：“我年纪已老，智慧已不够用。而你屡次独当一面，担任高官，我岂能相比？一定要我提出建议的话，我就贡献我愚昧的见解。那就是：这里的中国官员，本来就不是孝子贤孙、奉公守法之辈，差不多都是犯了法，有了过失，才贬谪到塞外。西域（新疆及中亚东部）各国，人心不一，跟一群飞禽走兽一样，很难把他们团结在一起，可是却容易一哄而散。你的性情严正急切，要知道，水清则无大鱼，明察秋毫的管理方法，一定失去人心。最好是放宽尺度，力求简单，不过问小节，也不使用小动作。宽恕他们的过失，只总揽大纲就够了。”

班超去世后，任尚告诉他的亲信说：“我以为班超有什么奇计，所说的那一套，平凡之极。”任尚后来终于把西域带入混乱，一如班超的预言。

天下和平，则文官当权；武官能力，无所施展。所以两汉王朝有些人发愤挺身，用血肉之躯，跟蛮夷周旋，用以博取功名，这种事情太多了。祭彤、耿秉，给匈奴重大打击。班超、梁慬，在西域大展谋略；终于功业成就，声名确立，享受封爵，呈献给祖先祭庙。丰功伟绩，流传后世。诚是一时的志士。

8 最初，皇家师傅（太傅）邓禹，曾经告诉别人说：“我统率过百万大军，从没有杀过一个无罪的人，后裔中必有子孙兴起。”他的儿子西羌保安司令（护羌校尉）邓训，有个女儿邓绥，性情孝顺友爱，喜爱古书，常常在白天学习纺织刺绣，晚上则读诵儒家学派经典，家人称她：“女学生”。叔父邓陔说：“我听说，救活一千人的，子孙必有封爵。老哥邓训当皇家礼宾官（谒者），整修石臼河（参考七八年），每年都救活数千人，天道可以信赖，家门必然受到祝福。”

邓绥后来被选进皇宫，当刘肇的小老婆（贵人），谦恭小心，一举一动，都循规蹈矩。上面侍奉刘肇正妻阴皇后，下面接待其他小老婆，常常自己吃亏，以讨对方欢心。即令是卑贱的宫女和奴仆，都和颜悦色，加倍厚待他们。刘肇十分高兴，对她时常赞扬。有一次，邓绥患病，刘肇特别下令，教她的娘亲跟兄弟，进宫照料医药，而且可以久住，不限定日数。邓绥拒不接受，说："宫廷是重要禁地，使宫外之人久住，上会为陛下招来私心的讥讽，下会为我招来不知足的攻击，上下都受到伤害，我不愿如此。"刘肇说："别的人都把家属不断入宫，当作恩宠荣耀，想不到，反而引起你的忧心。"

每逢宴会，小老婆群一个个互相比赛化妆，争妍斗艳，只邓绥质朴无华，衣服有跟阴皇后同一颜色的，即刻改换。如果跟阴皇后同时晋见，邓绥则不敢跟皇后并肩而坐，或并肩而立，走路时微屈上身，表示自己身份卑微。刘肇如果询问什么事情，邓绥都故意延迟，不敢抢在阴皇后前面回答。

阴皇后身材短小，行动举止，偶尔有不合礼仪之处，左右侍从每每忍不住掩口失笑。只邓绥深为同情，替阴皇后隐瞒掩饰，好像自己犯了过失一样。刘肇了解邓绥的苦心和委屈，叹息说："增进德性，难道真的要这么辛苦？"

后来，阴皇后宠爱衰退，邓绥每逢被召上床，都借口有病，推辞不去。当时，刘肇的儿子一连死了几个，邓绥忧虑后嗣单薄，总是不断遴选美女陪宿，使刘肇欢心。阴皇后面对邓绥声誉日盛的压力，妒火中烧。有一次，刘肇患病，情况严重，阴皇后秘密告诉亲信，说："我如果当了皇太后，不教邓家留一个活口！"邓绥听见，流泪说："我诚心诚意侍奉皇后，竟不能得到谅解。只有跟随皇上之后，上报皇上大恩，中解家族灾难，下不使阴皇后受到再造'人彘'（参考前一九四年）的讥刺。"就打算服毒。宫女赵玉坚决阻止她，向她报告假消息，说：“刚才差人才来，说皇上病已痊愈。”邓绥才停止。次日，刘肇病势，果然好转。

等到阴皇后罢黜，邓绥反而为阴皇后求情，请刘肇再加考虑，刘肇不听，并准备擢升邓绥当皇后，邓绥宣称她病重，闭门不出。

冬季，十月二十四日，刘肇下诏立邓绥当皇后，邓绥辞让。最后，不得已才接受。各郡、各封国进贡物品（两汉王朝体例，郡国进贡，除一份呈送皇帝外，另一份直接呈送皇后），一律禁止。每年仅只教他们进贡纸墨而已。

刘肇每次要封邓姓家族官爵，邓绥都哀求推辞。所以刘肇在位期间，邓绥老哥邓骘（音zhì〔至〕），官职不过虎贲警卫指挥官（虎贲中郎将）。

9 十月三十日，最高监察长（司空）巢堪免职。

10 十一月六日，擢升农林部长（大司农）沛国（首府相县〔安徽省淮北市〕）人徐防，当最高监察长（司空）。徐防上书，认为：

“东汉王朝设立十四家研究官（博士。一任帝刘秀在位时，核定儒家学派五经标准本，计：《易经》：施雠、孟喜、梁丘贺、京房。《书经》：欧阳高、夏侯胜、夏侯建。《诗经》：申培、辕固、韩婴。《春秋》：严彭祖、颜安乐。《礼经》：戴德、戴圣）。设有甲乙等级，作为对学者的一种鼓励（各家研究官所教授的学生，每年考试一次，甲等录取四十人，当宫廷禁卫官〔郎中〕；乙等录取二十人，当太子宫禁卫官〔太子舍人〕；丙等录取四人，当各郡、各封国教育官〔文学〕）。

“可是，我考察国立大学（太学）每次考试学生，都是用自己的意见，并不尊重各家的标准解释，互相私下包容，开辟奸邪之路。每逢遇到向他们征求意见时，大家就议论纷纷，你指控，我批驳，是是非非，一团糟乱。孔丘自称：‘继承先圣先贤的旨意，自己并没有创见。’又说：‘我年轻时还曾经看到史书上有很多缺文。’(孔丘年轻时还看到过史书上有缺文，年老时却看不到，因为都被人擅自补上去了。)而今，学生们不遵照标准本的原文章句，却自己妄行发挥，认为师傅的道理，不一定需要遵守，自己的创见才合理，轻视侮辱传统经典，一时成为风气，这不是陛下当初遴选人才的本意。

“改变浇薄的习俗，莫如提倡‘忠心’，这是三代(夏商周)的正常法则(李贤注：司马迁说，夏王朝崇尚忠心，忠心的极致使小人物变得粗野。商王朝矫正它，崇尚敬肃，敬肃的极致使小人物对鬼魂都膜拜。周王朝矫正它，崇尚礼仪，礼仪的极致使小人物一个个虚情假意。而矫正虚情假意，莫如提倡忠心。三个王朝的价值标准，循环变换，周而复始)。专心而精密的研究师傅的学说，是儒家学者最优先的工作。我认为，研究官(博士)跟厘定等级的考试，应该完全根据标准本，挑出五十个难题，命他们回答。解释最多的是第一等，引文出处明白的是最高级。如果不依照师傅的学说，而以自己的见解，互相攻击，都要纠正，肯定他犯了错误。”刘肇批准。

柏杨曰

纪元前一四〇年，西汉政府采纳董仲舒的建议，罢黜百家，独尊儒术，使中国灿烂辉煌、百花怒放的学术自由，告一结束。学术界成了儒家学派一家的天下，经过两百年的漫长培养，前有鲁丕(参考九九年)，后有徐防，蓦然出现，花样翻新，更要求知识分子——当然是儒家学派的知识分子，不但不可以跳出儒家学派大圈圈，还不可以跳出“师承”小圈圈。

儒家学派自从献身政治，跟统治阶级合作以来，帮派即行林立。只因对儒家经典，必须有点特殊的见解，才能在政治上插上一脚。师傅跟学生之间，不仅是教育关系，而且成了利益集团；两汉王朝时代儒家学派五经研究，最重家法，师傅传授学问，成为一种标帜，只要他张口，立刻可以发现他属于某个门派。最后，东汉政府核定十四个标准学说，作为法定的知识规范，十四家之外的学说，全属左道旁门。

然而，在那个狭小的天地里，学者们仍可以小有出入，使奄奄一息的儒家学派，仍有微弱呼吸。想不到，鲁丕、徐防，出手一击，连这微弱的呼吸，也被窒息。从此，儒家学派的学者，不准有想象力，不准有创意。在二十世纪被视为瑰宝的想象力，儒家学派却认为是一种邪恶，价值连城的创意，却被认为是轻视侮辱道统。儒家学者们唯一可以做的事是:效法孔丘的“述而不作”。用圣人的经典，解释圣人的经典，用古人的话，证明古人的话。以“圣言量”取胜，什么人的意见都有，独没有自己的意见。如果有自己的意见，即令正确，也是错误。

董仲舒是扼杀中国学术自由的罪魁，鲁丕、徐防则是扼杀中国知识分子复苏的凶手。从此，中国知识分子用不着思考，因为圣人古人已经思考得很精密了，年复一年，中国人的思考能力，遂完全僵化，直到十八世纪清王朝末叶，所谓“八股文”，一脉相传，字字都是死尸。

这种精神在中国人社会流行最广的武侠小说上，充分表达，江湖好汉醉心的是，从古人“秘笈”中寻求武功，很少自己发明武功。而且，门徒的武功再高强，也高强不过师父。这件事情如果倒转过来一想，事态就十分严重。那就是中国人已被命中注定：一代不如一代，精华在“古”，越现代越功力不济。这种发展违反进化原则，祖师爷如果可以一跳三丈的话，最后一个徒孙，大概一寸也跳不起来，只因门徒不能胜过师傅。于是“尊师”和“重道”同等，“师”与“父”合一，有创见或突破，就是“背叛师门”，将受到唾弃和诛杀。

儒家就是这种结构，不同的是，侠客用剑，儒生用笔，侠客用血遏阻，儒生则借用政治力量。柏拉图那种“吾爱吾师，吾更爱真理”的高贵挑战精神，直到二十世纪，中国人学术界里，不但找不到，反而豢养出来成群结队的“护师动物”，眼目里只有师承，没有真理。所以儒家的高级知识分子，最勤奋经营的一件事，就是广收学生，招揽门徒。这些门徒不但成了传播他学问的宣传员，也成了保护他荣耀的锦衣卫。

国家民族的叛徒是可厌的，但学术界的叛徒却是促使学术发出万丈光芒的火炬。一直在“师承”中旋转折腾，不过是终于要沉淀在酱缸缸底的虫蛆而已。

11 本年（一〇二），破例封皇后宫总管（大长秋）郑众当鄛乡侯（宦官封侯爵，这是一个开始，酬庸他诛杀窦宪的功勋）。

1 夏季，四月三十日，日蚀。

当时，东汉王朝（首都洛阳〔河南省洛阳市东白马寺东〕）皇帝（四任和帝）刘肇（本年二十五岁）遵循老爹三任帝（章帝）刘炟前例，把弟兄们都留在京师（首都洛阳）。有关单位认为日蚀象征阴气（臣僚）太盛，要求遣送他们前往各人的封国。刘肇下诏，说："四月三十日的天象变异，责任在我一人身上。各位亲王，年龄还小，如果太早离开，失去照顾，不能抚育他们到成年，常会兴起《蓼莪》《凯风》的哀伤。(《诗经·蓼莪》〔蓼，音lù路〕，是一首追念父母的诗篇：“长大了的嫩草／已经不是嫩草／而成了野草／可怜的爹娘／生我养我／那么辛劳。”《凯风》是一篇思母诗篇：“温和的南风／吹暖了幼弱的小小心灵／幼弱的小小心灵是那么美好／只是使娘亲辛苦一生。”) 我硬不下心肠遣送他们，明知道违背国家法令，仍暂时留下他们。”

2 秋季，九月二十日，刘肇前往南方视察，清河王(首府清阳〔河北省清河县〕)刘庆、济北王(首府卢县〔山东省济南市长清区〕)刘寿、河间王(首府乐成〔河北省献县〕)刘开随从左右。

3 四个州大雨不停。

4 冬季，十月十七日，刘肇回到皇族故乡章陵(湖北省枣阳市南)。

十月二十七日，前往云梦(湖北省安陆市南)。

当时，全国武装部队总司令(太尉)张禹，留守京师(首都洛阳)，听说刘肇还要前往江陵(南郡郡政府所在县，湖北省江陵县)，认为不适宜冒险远游，遂由政府驿马车呈递奏章劝阻。刘肇诏书回答：“祭祀祖庙(章陵，一任帝刘秀的父祖坟墓)已毕，本想南下，观瞻长江；接到阁下报告，只到汉水，便行北返。”

十一月二十三日，回首都洛阳。

5 岭南（南岭以南）一带，一向进贡龙眼、荔枝（二者均热带水果，中国北方从不知道是何物），为了运送，从岭南到首都洛阳（航空距离一千五百公里），每十华里设一个驿站（置），每五华里设一个换马亭（候），日夜不停传送。临武（湖南省临武县）县长、汝南（河南省平舆县西北射桥镇）人唐羌，上书申诉说：

“我曾经听说，在上位的人不认为享受鲜美的滋味是一种美德，在下位的人也不会认为呈献鲜美的滋味是一项功劳。我看到交趾州（广东、广西及越南北部）所属的七个郡（南海郡〔广东省广州市〕、苍梧郡〔广西梧州市〕、郁林郡〔广西桂平市〕、合浦郡〔广西合浦县东北〕、交趾郡〔越南河内市东北北宁省〕、九真郡〔越南清化市〕、日南郡〔越南东河市〕），进贡龙眼等水果，每次都急如星火，驿马奔驰，迅速如同风暴，使飞鸟都为之震惊。中国南方土地炎热，恶虫猛兽，沿路都是，碰上无不死亡，而人死不能复生，趁他们活着的时候，仍可以拯救。而且，这两种水果呈献在宝殿之上，也不见得就会延年益寿。”

刘肇下诏：“边远地区进贡的山珍海味，本用作皇家祖庙祭祀时供奉，如果因之对人民造成伤害，岂是爱护人民的本意？即日起，御厨房不再接受。”

6 本年（一〇三），第一次颁布诏令，命各郡、各封国，在夏至日（阳历六月二十一日或二十二日），开始审理轻微罪犯。

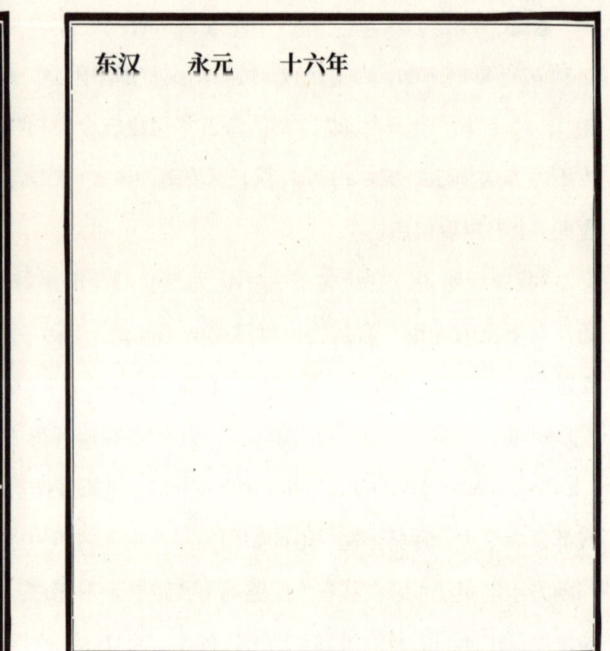

1 秋季，七月，旱灾。

2 七月四日，东汉王朝（首都洛阳〔河南省洛阳市东白马寺东〕）宰相（司徒）鲁恭免职。

3 七月十三日，擢升宫廷禁卫官司令（光禄勋）张酺当宰相（司徒）。八月二十二日，张酺逝世。

4 冬季，十月五日，擢升最高监察长（司空）徐防当宰相（司徒），藩属事务部长（大鸿胪）陈宠当最高监察长（司空）。

5 十一月十日（原文"己丑"，据《册府元龟·卷一一二》改），东汉帝（四任和帝）刘肇（本年二十六岁）前往缑氏（河南省洛阳市偃师区东南。缑，音gōu〔勾〕），登百岯山（偃师区南。岯，音pēi〔胚〕）。

6 北匈奴汗国（此时王庭不明）派使节向东汉政府进贡，称臣，请求准许和亲，愿恢复呼韩邪单于（十四任）挛鞮稽侯栅时代（参考前五一年）两国间的友好盟约。刘肇认为北匈奴平时并没有遵照过去的礼数，遂拒绝这项请求，但仍厚厚赏赐，只是不接见北匈奴的使节。

东汉 永元 十七年

元兴 元年

1 春季，高句骊王国（首都国内城〔吉林省集安市〕）国王高宫（六任太祖），侵入东汉王朝（首都洛阳〔河南省洛阳市东白马寺东〕）辽东郡（辽宁省辽阳市）边塞，抢劫六个县。

2 夏季，四月庚午日（四月甲申朔，没有庚午），赦天下。改年号（之前是永元十七年，之后是元兴元年）。

3 秋季，九月，辽东郡（辽宁省辽阳市）郡长耿夔，攻击高句骊王国（首都国内城），大破高句骊军。

4 冬季，十二月二十二日，刘肇（四任和帝）在章德前殿逝世（年二十七岁）。

最初，刘肇的儿子不断夭亡，前后有十数个之多。为了拯救婴儿性命，后来生下来的小娃，全部送到民间养育（直到二十世纪，民间还有一种风俗，认为把孩子取一个卑贱的名字，就可躲过死神捉拿，皇子而当作民子，也是为了躲过这一项危险），事情极端隐秘，没有一个官员知道。刘肇逝世后，皇后邓绥才把寄养在民间的两个皇子抱回来。长子刘胜，长久卧病床榻；幼子刘隆，生下才一百余日（不知道谁生下他）；遂迎接刘隆回宫，先封皇太子。

当夜，刘隆即位（五任帝），是为殇帝。尊皇后邓绥为皇太后。邓绥临朝，主持政府。这时，因皇帝死亡，宫廷一时混乱，宫中忽然遗失一小箱珠宝。邓绥想到，如果交付有关单位调查审问，一定有很多清白的人，被诬陷入罪。于是，亲自调查涉嫌的宫女，察言观色，一个宫女当场承认。另外，刘肇最喜爱的一位名叫吉成的宫女，吉成的侍婢联合起来，一口咬定吉成从事巫蛊诅咒。邓绥命宫廷事务总管（掖庭令）审问，证据俱在，吉成也全部承认。邓绥感到怀疑，认为吉成是刘肇的侍女，邓绥对她不但宽厚，而且有恩，平常从没有发过怨言，何至在刘肇死了之后，施用巫蛊诅咒手段，不合人之常情。于是，把吉成叫到跟前，亲自询问考查，果然查出是吉成的侍婢们干的勾当。众人无不叹服，认为皇太后圣明。

吉成的罪行，铁案如山，已无可救。有人证：吉成的侍婢志（姓不详）等，众口一辞，指控吉成犯下滔天大罪。有物证：就在地下掘出刻着皇太后邓绥姓名及生辰八字的木偶（心窝可能还插着铁针或铁钉）。而凶嫌吉成，既自动招认，又坦承不讳。

任何人都不能怀疑吉成的罪行，而邓绥怀疑。邓绥根据人性推测，当吉成得宠时，对皇后尚且没有怨言，却在靠山倒下之后，冒犯皇太后，她追求的是什么？刘肇在时，把皇后咒死，她还有当皇后的可能。刘肇死后，把皇太后咒死，她岂能坐上皇太后宝座？

吉成面对人证物证，她只有承认，不承认只会换来苦刑拷打——她是天下最幸运的被告之一，得遇邓绥；如果不是邓绥，吉成跟她的家族，将有多少人伏尸法场！

5 北匈奴汗国（王庭不明）再一次派使节到敦煌（甘肃省敦煌市）进贡，致歉说：汗国穷困，不能呈献更贵重的礼物，请求东汉派使节前往北匈奴，北匈奴愿派王子到东汉当人质。皇太后邓绥遵照刘肇的决策，不作回答，仅只颁发赏赐。

6 洛阳（首都所在县）县长、广汉（四川省梓潼县）人王涣，立身正直，办事公平，明察秋毫，洞悉邪恶。外表看起来用法苛刻，其实骨子里充满仁慈。所作的司法判决，人人悦服，京师（首都洛阳）都认为像是神灵附体。

本年（一〇五），王涣在县长任内逝世，连街市上的小民，都叹息流泪。王涣灵柩运回故乡，中途经过弘农（河南省灵宝市东北），人民跪在路旁，设立桌案，向灵柩致祭。官员们不明白外郡外县为什么竟会如此，人们都回答说：“过去，我们运米到洛阳，常被洛阳县那些小官小吏讹诈抢夺，总要损失一半。自从王涣当县长，从没有这种事发生，我们前来报恩。”洛阳人民给王涣建立祭庙，作诗歌颂，每次祭祀，都歌唱这些诗篇。

皇太后邓绥下诏：“有忠良的官员，国家才能治理。寻找这种官员，虽十分迫切，可是却很难找到。为了鼓励，现在任命王涣的儿子王石当初级禁卫官（郎中）。”

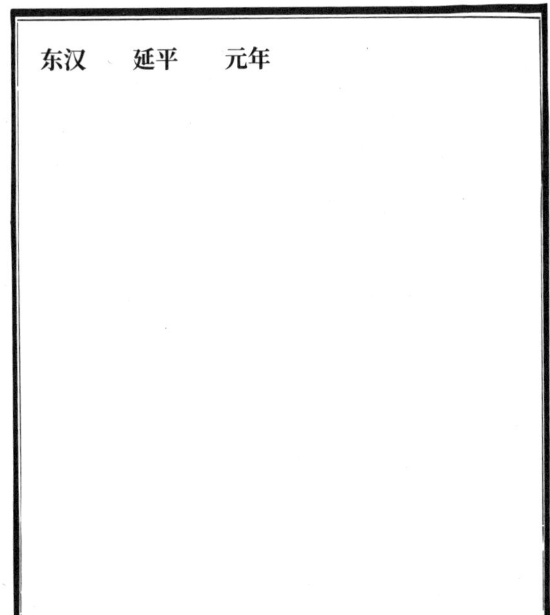

1 春季，正月十三日，东汉王朝（首都洛阳〔河南省洛阳市东白马寺东〕）擢升全国武装部队总司令（太尉）张禹当皇家师傅（太傅），宰相（司徒）徐防当全国武装部队总司令（太尉），主管宫廷机要（参录尚书事）。

皇太后邓绥，因为皇帝（五任殇帝）刘隆（本年二岁），还在怀抱之中，打算教重要的高级官员，住在皇宫之中。于是下令张禹以皇家师傅身份，留居皇宫，每隔五天，回家一次。每次朝会，司仪官首先报出张禹姓名，单独坐在上座，不跟三公同席（三公：宰相〔司徒〕，最高监察长〔司空〕，全国武装部队总司令〔太尉〕）。

2 封皇兄刘胜当平原王（首府平原〔山东省平原县〕）。

3 正月二十五日，擢升宫廷禁卫官司令（光禄勋）梁鲔当宰相（司徒）。

4 三月七日，把前任帝（四任和帝）刘肇，安葬慎陵（河南省洛阳市孟津区东南平乐镇北），祭庙称穆宗。

5 三月九日，清河王（首府清阳〔河北省清河县〕）刘庆、济北王（首府卢县〔山东省济南市长清区〕）刘寿、河间王（首府乐成〔河北省献县〕）刘开、常山王（首府元氏〔河北首元氏县〕）刘章，开始前往各人的封国。皇太后邓绥，对刘庆特别优待，赏赐跟荣耀，都超过其他亲王。

刘庆的儿子刘祜，年才十三岁。皇太后邓绥因为小皇帝幼弱，深感忧虑，为了防备意外，留下刘祜跟他的嫡母耿姬，暂住清河国设在首都洛阳的招待所。耿姬，是耿况的曾孙女（耿况，参考二三年）。刘祜的亲娘，是犍为郡（四川省宜宾市）人，名左小娥。

6 夏季，四月，鲜卑部落（内蒙古东部中部及以北地区）攻击渔阳郡（北京市密云区），渔阳郡长张显率领数百人出塞追击，军事助理（兵马掾）严授阻止说：“塞外道路，危机四伏，鲜卑部落殿后部队的实力，难以预料。我们应安营扎寨，先派出骑兵侦察。”张显锐气正盛，对严授的持重意见，十分愤怒，几乎要用军法诛杀严授。

张显挺进，遇到鲜卑埋伏，部队瓦解，四散逃命。只剩下严授，奋力迎战，身受数十伤，亲自杀死数人，最后阵亡。郡政府主任秘书（主簿）卫福、行政官（功曹）徐咸，奔向张显营救，同时被杀。

7 四月十九日，任命虎贲警卫指挥官（虎贲中郎将）邓骘，当车骑将军，“仪同三司”（“仪同三司”官称，从邓骘开始，以后一直沿用。“三司”，就是“三公”——宰相、最高监察长、全国武装部队总司令。我们不知道为什么不称“三公”而称“三司”〔犹如我们不知道为什么不称“九赐”而称“九锡”〕。“仪同三司”，指邓骘虽然不是“三公”，但他的权力、部属、派头，等等一切，跟三公完全一样。这是一个非常重要的官称）。擢升邓骘的老弟禁宫侍从长（黄门侍郎）邓悝，当虎贲警卫指挥官（虎贲中郎将）；邓弘、邓阊，都当宫廷随从（侍中）。

8 最高监察长（司空）陈宠逝世。

9 五月十五日，赦天下。

10 五月十六日，河东郡（山西省夏县）垣县（在山西省垣曲县）山崩。

11 六月一日，擢升祭祀部长（太常）尹勤当最高监察长（司空）。

12 三十七个郡和封国，大雨、水灾。

13 六月十二日，皇太后邓绥下诏：御厨房（太官）、御米供应室（导官）、御库房（尚方）、御衣库（内署），减少服装、用具、膳食，以及精密编织、豪华富丽的各种物件。规定除非用来祭祀供奉皇家祖庙或皇帝坟墓，稻谷粱米，不准精碾，早晚只准吃一次肉。过去御厨房（太官）仅酒类开支，每年费用达二万万钱，经此次裁减，每年少数千万。各郡、各封国进贡，都减少一半以上。把御花园（上林苑）的猎鹰猎狗，全部卖掉。散布在各地的皇家离宫、别馆，所需要的粮秣薪炭，一律减少贮存的数量。

14 六月二十一日，皇太后邓绥再下诏，遣散若干宫女，免除刘姓皇族因犯罪而被囚入宫廷当奴婢的处罚，都遣送回家当普通庶民（一次释放六百余人）。

15 秋季，七月十五日，下诏京畿卫戍总司令（司隶校尉）、各州州长（刺史）：

“最近，各郡、各封国，有时发生水旱，妨碍秋天庄稼收割，中央追查责任，忧愁恐慌。可是，各郡、各封国，为了博取丰收的虚名，竟然隐瞒灾害，夸张开荒垦田数目。不管逃亡，只管比赛户口增加。而又掩藏强盗匪徒，使罪犯不能受到国法的惩治。任用官员，不依照法令规定，向中央推荐人才，乖张离谱。贪污横暴，悲惨恶毒，祸害加到人民身上。州长（刺史）低着头，塞着耳朵，私情私心，包庇部下，上不畏天，下不畏人。政府宽厚相待的恩典，不可能一直仗恃。从今之后，将严重处罚。郡长级（二千石）官员，都应考查所属人民受到的灾难，免除他们的田赋租税。”

16 八月六日（原文“辛卯”，据《后汉书》改），小皇帝刘隆逝世（不满两岁）。

八月八日，灵柩暂停崇德前殿。

皇太后邓绥，跟老哥车骑将军邓骘、虎贲警卫指挥官（虎贲中郎将）邓悝，在皇宫之中，秘密决定继位人选。当夜，派邓骘“持节”，率领皇子或太子乘坐的“青盖车”（皇孙则乘绿盖车），到清河官邸，迎接清河王（首府清阳〔河北省清河县〕）刘庆的儿子刘祜，在殿中斋戒。

皇太后邓绥登崇德殿，文武百官，都穿上吉服出席（前任皇帝虽死，因新君即位，所以不穿丧服），刘祜在引导下上殿，邓绥封刘祜当长安侯。封侯后立即下诏，立刘祜当刘肇（四任和帝）的儿子。由有关官员，宣读册立文告，宣读完毕后，全国武装部队总司令（太尉）徐防呈上皇帝印信，刘祜遂正式坐上宝座（六任安帝。本年，刘祜十三岁）。

皇太后邓绥仍然继续临朝听政，下诏给京畿卫戍总司令（司隶校尉）、首都洛阳市长（河南尹）、南阳郡（河南省南阳市）郡长：“每看到前代皇后家族，以及他们的宾客门生，横行暴虐，使国家执法官员，陷于窘境，给人民制造苦难，都因为政府执行法令不够严明，不敢处罚。而今，车骑将军邓骘等，虽然心怀恭顺，可是家族庞大，人口众多，亲戚不少，奸猾的门客，很多冒犯国家禁条。如果发现，应公开约束，不允许包容庇护。”从此，邓姓家族犯罪，毫不宽贷。

17 九月，六个州大水成灾。

18 九月一日，陨石坠落陈留郡（河南省开封市东南陈留镇）。

19 九月丙寅日（九月乙亥朔，没有丙寅），把前任帝（五任殇帝）刘隆，安葬康陵（四任帝刘肇墓地称慎陵，刘隆坟墓就在刘肇墓道之旁），因一连遭受两次大水，人民对兴建皇帝坟墓这项苦差，已不堪负荷。坟墓中应有的陪葬东西，以及其他工程，每件事都厉行节约，只剩下十分之一。

20 下诏任命北地（宁夏吴忠市西南金积镇）人梁慬，当西域副指挥官（副校尉）。

梁慬走到河西（甘肃省中西部），正巧，西域（新疆及中亚东部）各国叛变，联合攻击驻扎疏勒国（新疆喀什市）的西域总督（都护）任尚（任尚终于把各国逼反），任尚上书中央求救，中央命梁慬率河西走廊四个郡的羌胡混合骑兵五千人赴援。（河西走廊四郡：敦煌郡、酒泉郡、张掖郡、武威郡）。

梁慬还没有抵达，任尚已经解围。东汉政府召回任尚，擢升骑兵总监（骑都尉）段禧当西域总督（都护），西域总督府参谋长（长史）赵博当骑兵总监（骑都尉）。

段禧、赵博，固守它乾城，（班超当西域总督时〔九一年〕，总督府设在龟兹国〔新疆库车市〕它乾城〔新疆新和县西南〕）。城垣较小，梁慬认为不够坚固，于是用诈术说服龟兹王白霸，表示愿到龟兹城，跟白霸共同据守，白霸同意。龟兹官员跟人民，坚决反对，白霸概不接受。

梁慬既进入龟兹，急派将领迎接段禧、赵博，集结军队约八九千人。龟兹全国叛离国王，跟温宿（新疆乌什县）、姑墨（新疆阿克苏市西北）两国结盟，集结数万人，包围龟兹。梁慬出战，大破联军。一连数月缠斗，联军败退。梁慬乘胜追击，杀一万余人，俘虏数千人。龟兹局势，才告稳定。

21 冬季，十月，四个州水灾，降冰雹。

22 清河王刘庆病重，上书请准许埋葬在樊濯（首都洛阳城北之外）娘亲宋贵人墓旁。十二月二十一日，刘庆逝世。

23 十二月乙酉日（十二月甲辰朔，没有乙酉），废除“鱼龙”“曼延”

游戏（“鱼龙”“曼延”，参考前一〇八年注）。

24 宫廷秘书处助理（尚书郎）、南阳（河南省南阳市）人樊准，认为儒家学派品质日益低落，必须用政治力量使它提高，于是上书说：

“我曾经听说，君王不可以不学习，光武皇帝（一任帝刘秀）接受天命，使汉王朝政权中兴，东征西战，没有时间休息。然而，有时仍放下武器，讲求儒家经典，趁着战马休息的时候，讨论圣人的道理。孝明皇帝（二任帝刘阳）日理万机，每件事都经过考虑，却特别关心古书，留意儒家学派五经的学习。每次学校宴会和射击比赛礼成之后，亲自上坐，讲解经籍，学者专家，都在堂下恭听，四方欣喜。而又广为征召儒家学派学人专家，放在政府中重要位置之上。每逢遇到宴会，讨论诘难，共同谋求政治进步，教化普及，连期门禁卫武士，羽林军官，都精通《孝经》。气质先从神圣君王身上开始变化，然后影响到蛮荒。所以讨论这件事的人，称道盛世时，都肯定一世纪六〇年代，跟七〇年代初期的贡献。

“而今，专家学人越来越少，离京师（首都洛阳）较远的地区，尤其严重。研究官（博士）只占座位，却不讲解。儒家学派知识分子只追求表面热闹，忘了最基本的忠心，却记得谄媚阿谀的言语。我愚昧的认为，陛下应颁布诏书，明告天下，连荒村僻壤都去寻访，广为征召文雅书生。等到皇帝（刘祜）上学时，讲解经典。”

皇太后邓绥完全采纳，下诏：“三公、部长级（中二千石）官员，每人都有责任推举保荐隐士和大儒，他们必须有高贵的德行，能让晚生后进，得到刺激和勉励。在其中再用心的挑选研究官，一定可以得到适当的人选。”

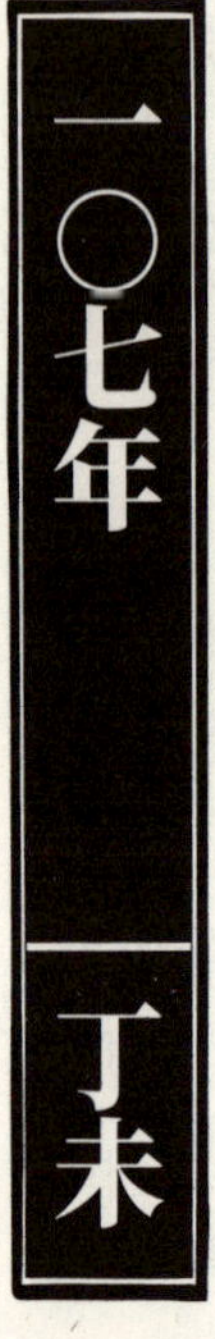

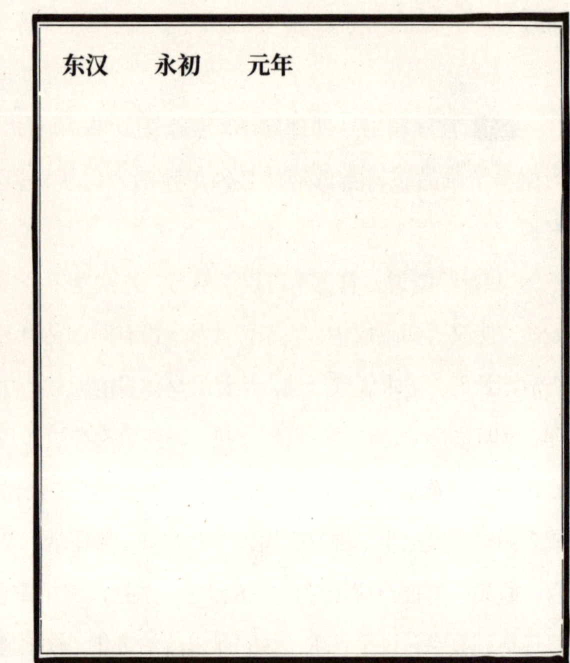

1 春季，正月一日，东汉王朝（首都洛阳〔河南省洛阳市东白马寺东〕）赦天下。

2 蜀郡（四川省成都市）边界外西羌部落（龙桥等六个部落，四川省马尔康市邛崃山西麓一带），归附东汉王朝。

3 二月二十五日，分割清河国（首府清阳〔河北省清河县〕）一部分采邑，另设广川国（首府广川〔河北首枣强县东北〕），封皇帝（六任安帝）刘祜（本年十四岁）的老弟刘常保当广川王。

4 二月二十八日，宰相（司徒）梁鲔逝世。

5 三月二日，日蚀。

6 三月八日，永昌郡（云南省保山市）边界外僬侥蛮夷（僬侥，音jiāo yáo〔焦姚〕，古代传说中的“矮人国”“小人国”）的陆类等部落，全部归附东汉。

7 三月十三日，把清河（孝）王（首府清阳）刘庆，安葬广丘（山东省临清市，后来改名“甘陵”，也称“英陵”）。由最高监察长（司空）、皇族事务部长（宗正），负责治丧，仪式比照东海（恭）王（首府鲁县〔山东省曲阜市〕）刘彊（参考五八年。刘庆、刘彊，都是从皇太子宝座上罢黜下来的亲王）。

8 自从前任帝（四任和帝）刘肇丧事以来，邓骘兄弟常居留皇宫。邓骘认为可能受到抨击，一再请求回家居住，当妹妹的皇太后邓绥允许。

夏季，四月，皇家师傅（太傅）张禹、全国武装部队总司令（太尉）徐防、最高监察长（司空）尹勤、车骑将军邓骘、首都洛阳城防指挥官（城门校尉）邓悝、虎贲警卫指挥官（虎贲中郎将）邓弘、禁宫侍从长（黄门郎）邓阊，全封侯爵（张禹封安乡侯，徐防封龙乡侯，尹勤封傅亭侯，邓骘封上蔡侯，邓悝封叶侯，邓弘封西平侯，邓阊封西华侯），采邑全是一万户人家。

邓骘因“定策”(决定皇帝人选)功勋，再增加采邑三千户人家。邓骘跟两位弟弟坚决推辞，得不到批准，三人遂躲开使节，绕道前往皇宫宫门，上书请求；一连上书五六次之后，邓绥才允许。

9 五月三日，擢升长乐宫保安官(长乐卫尉)鲁恭当宰相(司徒)。鲁恭上书建议：

“依照司法传统，立秋之日(阳历每年八月八日〔或前一日、或后一日〕)，才开始审理轻刑罪犯，一〇三年以后，提前到夏季第一个月(四月)，于是州长(刺史)、郡长(太守)，遂名正言顺的在盛夏之时，对正在田间忙碌的农民，传讯、拘捕、开庭、审问，一次又一次，拖延个没完；对上冒犯天时，对下伤害农作。按《月令》：‘夏季第一个月(四月)决断轻刑’，意思是：罪行轻微，已经改过的被告，不要长期囚禁，应该立即判决。我愚昧的认为，而今应该照此实行，判决的最后期限，不能超过立秋之日。”

鲁恭又上书：

“孝章皇帝(三任帝刘炟)为了发扬‘三正’，光大‘三微’(三正三微，参考八五年)，特别制定法令，每年冬至之前，所有诉讼，都要全部结案。可是，有些奸恶的法官，不能体会政府的用心，于十一月间捕获被控死刑的被告时，不管他是不是冤枉，往往立刻诛杀。等到发现新的证据，已不能改正。因之我建议，对死刑重罪，可以延长到十一月月底判决。”

中央政府全都批准。

10 五月六日，封北海王(首府剧县〔山东省昌乐县西〕)刘睦(一任帝刘秀老哥刘缤之孙)的孙儿、寿光侯刘普，继任北海王(九六年，北海王刘威自杀，王位一直空悬）。

11 九真郡（越南清化市）界外蛮夷夜郎国，归附东汉王朝。

12 西域（新疆及中亚东部）总督（都护）段禧等，虽然保有龟兹（新疆库车市），可是，其他各国仍然抵制。困守一个据点，跟中原本土的道路，完全断绝，连一份奏章报告，都无法送出。东汉政府高级官员讨论，认为西域远在天边，又不断叛变，武装开垦荒田，费用支出，没有尽头，国家无力负担。

六月二十二日，决定撤销西域总督，派骑兵总监（骑都尉）王弘，率领关中（陕西省中部）部队，迎接段禧、梁慬、赵博，跟伊吾卢（新疆哈密市）、柳中（新疆鄯善县西南鲁克沁镇）屯田的战士，全部撤退回国。

柏杨曰

自七三年东汉政府收回西域，历时仅三十五年，到本年（一〇七）再次全部丧失。五百年后的七世纪，中国再返西域时，西域已是另一个面目。

任尚在班超手中接到的是一个和睦的、依赖中国如幼童依赖父母的西域，数年工夫，便把全境搞得一片混乱，使各国联合起来武装反击。史书没有交代原因何在，但可以推断：贪污、暴虐、侮辱。我们不认为各国是在叛变，而认为各国是在抗暴。一个失职的驻外官员，往往是谋杀两国邦交的凶手；任尚，便是一例。

13 最初，西羌烧当部落（大小榆谷）贵族东号的儿子麻奴，随着老爹，归降东汉王朝（参考八九年），被安置在安定郡（宁夏固原市）。当时，归附的羌人，散布各郡各县，成为汉人欺侮的对象，郡县政府官员，以及当地土豪劣绅恶霸，对羌人更征收捐税，征调民夫差役，十余年下来，羌人怨苦愤恨。

稍前，骑兵总监（骑都尉）王弘，西上迎接西域总督段禧，征调金城郡（甘肃省永靖县西北）、陇西郡（甘肃省临洮县）、汉阳郡（甘肃省甘谷县）羌人数千骑兵前往。郡县政府急如星火，强迫发遣。羌人不知道此行只是撤退，而认为可能就留在西域（新疆及中亚东部）开荒垦田，不再回乡。不但怨恨，而且恐惧。行军到酒泉郡（甘肃省酒泉市）时，已有不少羌人背叛逃亡。对逃亡士兵的处分是残忍的，各郡派出部队，沿途拦截，甚至追查到所属的部落，整个部落都被铲平。于是，勒姐、当煎等部落（皆在渭水上游一带）酋长东岸等，越发惊恐，遂同时拔营，涌向塞外。麻奴兄弟就在大狂奔中，随着他的部落出塞。

出塞后，各部落谋求团结。先零部落一个支派的酋长滇零，跟另一个支派的酋长钟羌等，大肆烧杀劫掠，陇坻（甘肃省张家川县）道路，完全断绝。这时，因为羌人归化东汉已久，没有武器，有的拿着竹竿、树枝，代替铁枪、铁矛，有的拿着桌面，当作盾牌，有的拿着妇女化妆用的铜镜（当时没有玻璃，镜子都用铜制），映着日光，假装是杀人刀锋。各郡县在逼反了羌人之后，心惊胆战，束手无策。

六月二十七日，东汉政府下诏赦免羌人联合结党、谋反叛乱之罪。

14 秋季，九月一日，全国武装部队总司令（太尉）徐防，因天灾及民变，免职。三公因灾异免职，从徐防开始。

九月二日，最高监察长（司空）尹勤，因大雨水灾，免职。

仲长统《昌言》曰

刘秀对西汉王朝皇帝，一连数世都失去权柄的现象，深怀愤恨；对强悍的高级官员控制政府，同样愤懑。为了补救过去的失策，他做出了过火的改正，东汉王朝的权力，掌握在皇帝之手。虽然名义上有三公的设立（三公：宰相〔司徒〕、最高监察长〔司空〕、全国武装部队总司令〔太尉〕），但真正负实际责任的，却是宫廷秘书署（尚书），三公者，不过摆样充数。然而，国家发生灾乱时，却谴责三公。

三公既没有实权，实权遂转移到皇后家族，受到宠爱信任的，也只限于皇帝身旁一些宦官奴仆。这些人再引进他们的亲戚朋友，成为他们的私党。在内充满京师（首都洛阳），在外遍布州郡。贤能和愚恶，恰恰颠倒。把向中央政府推荐人才的工作，当作交易。用最恶劣的人才，治理国家，结果是贪污残暴，逼迫人民，触怒四方蛮夷，引起叛变，招致瘫痪。怨愤之气，一时并发，阴阳三光（日月星），全都失去秩序，怪异的事情，不断出现。害虫吃庄稼，水旱成灾难。这都是皇后家族、宦官之类引起的警告，反而把罪状罩到三公头上，杀掉他（指西汉十二任帝刘骜杀宰相〔丞相〕翟方进，参考七年），或免掉他。使人呼叫苍天，举首号啕，痛哭失声。

从西汉王朝中叶开始，选任三公时，都专门找些谨慎小心，循规蹈矩，熟悉文章典故的人。这不过是女子们的美德，大街小巷，村落城市中多的是这种平凡之辈，怎么能居于那么重要的高位？形势如彼（三公无权），人选如此（尽属庸庸碌碌），却盼望三公为国家建立勋业，为人民谋求福利，岂不是距离太远？

当时，西汉五任帝（文帝）刘恒，对于邓通，可以说宠爱之至，而宰相申徒嘉仍可以传讯他，压压他的威风（参考前一六二年）。能够得到这样的支持，自然不必顾忌左右那些亲信侍从。可是，到了近代，皇后家族、宦官奴仆，都掌握大权，官员们对他们的请托，胆敢拒绝，他们气愤不满，一定报复，而且能使该官员负立即陷于无法抵挡的不测之祸，官员哪里敢纠正他们！

从前，责任重大的，处罚较轻；而今，责任轻微的，处罚却重。刘秀把三公的权力剥夺，而今剥夺的更为干净。刘秀虽不把权柄跟皇后家族共享，但已有好几代不受这项拘束，因为亲疏关系，到底不同。今天，人主如果真的尊重三公，交给他们大权，使他们负起责任；而他们在高位之上，却危害人民，任用蠢才，社会不安，互相控告，天上仍有变异，地下仍有妖孽；那时候，帝王才有理由给他们这种处分。

15 九月十三日，下诏：交通部（太仆）、宫廷供应部（少府），减少御宴乐队（黄门鼓吹）人数（原有一百四十五人），缺额拨给羽林军指挥部（左翼总监〔左监〕管辖八百人，右翼总监〔右监〕管辖九百人），用以遴选羽林警卫武士。政府所有官马，以及皇帝不常用的御马，都减少一半饲料。各种工程，除非是供应皇家祖庙，及皇帝墓园，一律停止。

16 九月二十一日，任命皇家师傅（太傅）张禹当全国武装部队总司令（太尉）；擢升祭祀部长（太常）周章当最高监察长（司空）。

17 皇后宫总管（大长秋）郑众，寝殿侍奉宦官（中常侍）蔡伦等，都利用情势，干预政治。周章一再直率的建议，皇太后邓绥不能接受。

最初，邓绥认为平原王（首府平原〔山东省平原县〕）刘胜长期卧病，贪图刘隆（五任殇帝）还在怀抱（皇帝越小，皇太后当权的时间越久），遂把刘隆收养作自己的儿子，立他当皇帝。想不到刘隆只有数月生命，逝世之后，文武百官发现刘胜身体健康，并没有皇太后邓绥所宣称的那样长期卧病，大家一致对他属意。可是邓绥有她的考虑，认为第一次没有立刘胜，第二次才立他，恐怕刘胜衔恨在心，将来报复，后患无穷，这才决定迎立现任皇帝（六任）刘祜。

周章发现人心愤愤不平，于是阴谋发动政变，准备紧闭宫门，诛杀邓骘兄弟、郑众、蔡伦。然后胁迫宫廷秘书（尚书）下诏，罢黜皇太后，把邓绥囚禁南宫，把刘祜贬到一个偏僻遥远的封国，改立刘胜当皇帝。可是事机泄漏。

冬季，十一月十九口，周章自杀。

18 十一月二十日，下诏京畿总卫戍司令（司隶校尉），跟冀州（河北省中部南部）、并州（山西省及黄河河套地区）二州州长（刺史）：“民间受到一项谣言的刺激，惊慌恐惧，抛弃旧有房产，扶老携幼，奔走在道路之上，生活困窘。应派出官员，亲去劝导，他们如果想回本郡故乡，一律发给政府公文；不想回本郡故乡的，不要勉强（具有如此冲击力的谣言，一定有丰富的内容，不把它写出来，而只写出政府的反应，事实遂被湮灭）。”

19 十二月十八日，擢升颍川郡（河南省禹州市）郡长张敏当最高监察长（司空）。

20 诏书指派车骑将军邓骘、征西指挥官（征西校尉）任尚，率北军（野战军）所属的五个兵团（骑兵〔屯骑〕、步兵〔步兵〕、南越〔越骑〕、长水外籍〔长水〕、射击〔射声〕)，以及各郡地方部队，共五万人，进驻汉阳郡（甘肃省甘谷县)，防备西羌。

21 本年（一〇七)，十八个郡和封国地震；四十一个郡和封国大水成灾；二十八个郡和封国大风、降下冰雹。

22 鲜卑部落（内蒙古东部中部及以北地区）酋长（大人）燕荔阳，到首都洛阳，向东汉皇帝朝贺。皇太后邓绥赏赐燕荔阳王爵印信、三匹马拉的赤色车辆。命率领他的部众，停留在乌桓保安司令官（乌桓校尉）司令部所在的宁城（河北省张家口市万全区）附近，开通边塞市场。

于是，在首都洛阳，兴建两座招待外国人质的宾馆，鲜卑一百二十个部落，都派遣人质。

东汉　永初　二年
(皇帝滇零元年)

1 春季，正月，东汉车骑将军邓骘抵达汉阳(甘肃省甘谷县)，各郡部队还没有集结完成，钟羌部落(青海省泽库县一带)数千人出击，在冀县(汉阳郡郡政府所在县)西方大败邓骘军，杀一千余人，邓骘紧张。这时，梁慬从西域(新疆及中亚东部)被迎回国，刚到敦煌郡(甘肃省敦煌市)，中央命他跟他的部队留下，作为后援。梁慬到张掖(甘肃省张掖市)，大破西羌诸部落一万余人的联军，逃脱的不过十分之二三，斩杀和俘虏七八千人。再挺进到姑臧(武威郡郡政府所在县，甘肃省武威市)，西羌诸部落三百多位酋长，向梁慬投降，梁慬安抚慰问，一律送回故地。

2 总监察官(御史中丞)樊准，因为全国各地连年水旱成灾，人民饥饿穷困，上书建议：

“御厨房（太官）、御库房（尚方）、兵工厂（考工）、御花园（上林）、皇家鱼池（池籞）等各官员，应尽量裁撤没有用的东西，五府应尽量减少京师（首都洛阳）官员的数目，跟营造建筑的工匠。（五府：皇家师傅办公室〔太傅府〕、全国武装部队总司令部〔太尉府〕、宰相府〔司徒府〕、最高监察署〔司空府〕、最高统帅部〔大将军府〕或车骑将军府）。受到灾害各郡，人民奄奄一息，凋零残破，不是政府的一点点赈济，所能拯救；结果，徒有赈济之名，收不到赈济之实。因此，我认为，不妨参考前九二年的办法（时西汉王朝七任帝刘彻在位），派遣使臣，‘持节’，前往各郡安抚慰问；最贫苦的灾民，把他们迁移到荆州（湖北省及湖南省）、扬州（安徽省中部及江南地区）庄稼丰收的郡县。目前，虽然西方有军事行动，但东方人民性命，危在旦夕，应予以优先处理。”

皇太后邓绥批准，把国有土地，全部拨给穷苦农民。又擢升樊准跟参议官（议郎）吕仓，同时当代理特级国务官（守光禄大夫）。

二月二十九日，樊准前往冀州（河北省中部南部），吕仓前往兖州（山东省西部），赈济难民，难民才死里逃生。

3 夏季，旱灾。

五月一日，皇太后邓绥巡察洛阳城各地政府机关，到兵器管理局（若卢）附设监狱（若卢归宫廷供应部〔少府〕管辖，平常以囚禁宰相以下部长级高官为主，有时也囚禁平民），亲自审问囚犯。

其中一个洛阳县（首都所在县）政府寄押的囚犯，并没有杀人，苦刑拷打下，只好自诬，坦承不讳杀人。遍体鳞伤，骨瘦如柴，躺在竹床上，想向皇太后呼冤，可是恐惧身旁的审问官报复，不敢开口。就在被押下去之时，想到机会就要消失，忍不住抬起头，想要申诉。邓绥有点察觉，命再押解回来。盘问之下，得到全部真相。邓绥下令逮捕洛阳县长，投入监狱，判处他应得的罪。

邓绥御驾还没有回到皇宫，及时降下大雨。

每一个被诬陷的囚犯，都希望遇到邓绥女士，然而，被诬陷的囚犯千千万万，而五千年历史，只出现邓绥一人，是这位洛阳囚犯之幸，也是千千万万其他囚犯的不幸。

西方有句俗话说："上帝不能跟每一个人同在，所以赐给他一个娘亲。"我们借这句俗话说出我们的心声："邓绥不能跟每一个人同在，所以我们盼望有一个独立的法庭和一个公正的审判。"这个愿望实现时，降落到人间的，不仅是及时雨，将是永久的祥和、平安。

4 六月，京师（首都洛阳）及四十个郡和封国，大水、大风、降下冰雹（大风把树拔掉，把房舍摧毁，冰雹大小跟鸡蛋一样，灾难严重）。

5 秋季，七月，太白星进入北斗星。

6 闰七月五日，广川王（首府广川〔河北省枣强县东北〕）刘常保（刘祜老弟）逝世，没有儿子，封国撤除。

7 闰七月癸未日（闰七月乙未朔，没有癸未），蜀郡（四川省成都市）界外西羌部落（薄申等八个部落，四川省马尔康市邛崃山西麓一带），连同土地，归附东汉。

8 冬季，邓骘任命征西指挥官（征西校尉）任尚、参谋指挥官

（从事中郎）河内（河南省武陟县）人司马钧，率各郡民兵，向西羌叛军发动攻击，在平襄（甘肃省通渭县）跟滇零部落（先零部落一支，亦居渭水上游一带）等数万人会战。任尚兵团溃败，被杀八千余人。西羌军声势大振，东汉政府主力丧失，对西羌遂无法控制。

湟中（青海湖以东）各县，粮食猛涨，粟米（小米）每石值一万钱，人民死亡，无法统计，而运输艰难，内地粮秣无法救急。工程部（将作大匠）前任东区劳工营总监（左校令）、河南（河南省洛阳市东白马寺东）人庞参，因被控犯法，正囚禁兵器管理局（若卢）附设监狱，教他的儿子庞俊上书说：

"西州（甘肃省东部）人民虽大批逃亡，征粮征兵，仍不停止。大水一再淹没土地，土地生长力无法恢复。大军不断征召，部队不断远征，已使他们筋疲力竭。农夫不能耕种，劳力用来运输军用物资，财产荡然，全部被政府征收。田地荒芜，庄稼无人收割，人民焦急得搓手擦掌，一筹莫展。今年已经如此，还盼望什么明年秋天？人民已流出最后一滴血汗，精力耗尽，不能再多承受。

"我认为，与其万里外运输粮秣，送到羌人地区，供应军需，不如暂时停止攻击，等待敌人衰败。车骑将军邓骘最好返回京师（首都洛阳），只留下征西指挥官（征西校尉）任尚，督导凉州（甘肃省）官民，尽量使他们迁居三辅（即关中地区，陕西省中部），停止征调民夫民兵以帮助农时，停止征收田赋捐税以增加民富，使男人有时间耕种，女子有时间纺织缝纫。然后，养精蓄锐，抓住对方懈怠良机，出其不意，乘其不备，发动攻击，则边疆人民的仇恨可以报复，失败的耻辱可以洗涤。"

奏章呈上后，正好樊准上书保荐庞参。皇太后邓绥就在囚徒之中擢升庞参当皇家礼宾官（谒者），命他前往督导三辅（即关中地区，陕西省中部）各军。

十一月二十九日，诏命邓骘回京（首都洛阳），只留任尚驻屯汉阳（甘肃省甘谷县），负责各军调度。

皇太后邓绥派使臣驰往中途，送上擢升邓骘当全国最高统帅（大将军）的任官令。邓骘既到洛阳，邓绥再派藩属事务部长（大鸿胪）亲自迎接，又派寝殿侍奉宦官（中常侍）到郊外慰劳。亲王、公主以下，都在道旁等候，引颈盼望。荣宠优渥，声势烜赫，震动京师（首都洛阳）内外。

9 羌部落酋长滇零，在北地（宁夏吴忠市西南金积镇）即皇帝位，号召居住武都（甘肃省成县）的参狼部落（甘肃省舟曲县一带），以及散布在上郡（陕西省榆林市东南鱼河镇）、西河郡（内蒙古准格尔旗）一带其他支派的羌人部落，使他们切断陇西（陇山以西）交通线，劫掠三辅（关中地区，陕西省中部）。于是，一场全面变乱爆发，诸羌部落向南，侵入益州（四川省及云南省），击斩汉中郡（陕西省汉中市）郡长董炳。

梁慬奉命据守金城（甘肃省永靖县西北），得到诸羌部落进攻三辅（关中地区，陕西省中部）情报，即率军东进，在武功（陕西省武功县西）、美阳（陕西省武功县西北）之间，转战缠斗，一连击破诸羌部落的攻势，诸羌部落稍稍受到遏阻。

10 十二月，广汉郡（四川省梓潼县）界外，参狼部落（甘肃省文县一带）投降（胡三省注：广汉参狼羌，跟武都参狼羌〔甘肃省舟曲县一带〕，是一族人，但分居两地）。

11 本年（一〇八），十二个郡和封国地震。

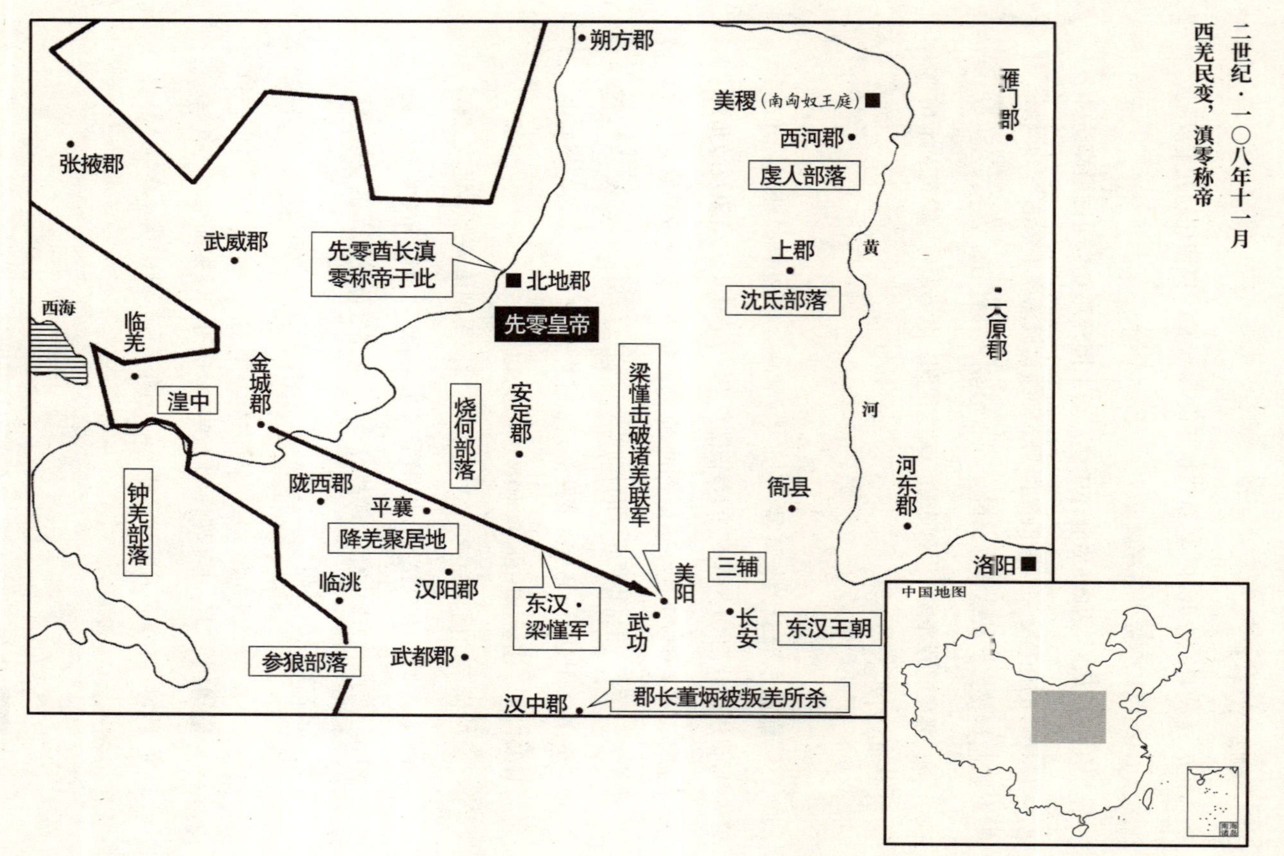

二世纪·一〇八年十一月
西羌民变，滇零称帝

东汉　永初　三年
（皇帝滇零二年）

1 春季，正月九日，东汉王朝（首都洛阳〔河南省洛阳市东白马寺东〕）皇帝（六任安帝）刘祜（本年十六岁）行加冠礼。赦天下。

2 东汉政府派骑兵总监（骑都尉）任仁，率领各郡政府军，增援三辅（关中地区，陕西省中部），但每次出战，都被羌军击败。

当煎部落、勒姐部落（皆在渭水上游一带），联军攻陷破羌县（青海省民和县）。钟羌部落（青海省泽库县一带）攻陷临洮县（甘肃省岷县），生擒陇西郡南部民兵司令（南部都尉。陇西郡南部民兵司令部驻临洮）。

3 三月，首都洛阳大饥馑，人民互相杀害煮食（首都是全国神经中枢，太平盛世，竟发生此事，惨绝人寰。而全国其他各地，悲情可知）。

三月二日，三公及部长级高级官员，前往宫门请罪。诏书回答说：大家要迁善，努力补过，帮助我能力所不及。

4 三月十二日，宰相（司徒）鲁恭免职。

鲁恭两次担任三公（参考一〇一年十二月、一〇七年五月），部属中经他保举推荐，而升至高位，甚至到部长、郡长的，有数十人之多；可是追随他学习儒家学派经书的门徒和老年学生，却没有份，有些人遂发出怨言。鲁恭听到之后，说："学问解释不明白，是我的责任。各位故乡郡县，岂不是也有保举推荐？"终不肯有所表示，但也不借题发挥。学生门徒跟他学习，他一定用心教授，反复考试，等到学习完成，然后向他们致歉送走。学生们说："鲁先生的致歉和道理，不容易得到。"

5 夏季，四月七日，擢升藩属事务部长（大鸿胪）九江（安徽省定远县西北）人夏勤当宰相（司徒）。

6 三公因为国库空虚，奏请：官员人民如果缴纳钱财或粮食到某一定标准时，可以封关内侯（准侯爵），或当虎贲警卫营军官、羽林警卫营军官、五官大夫（即"五大夫"，文官十二级）、政府雇佣人员（吏）、侦缉队差官（缇骑），及首都警备部队士官（营士）；依缴纳的数目，分别等级（东汉王朝第一次卖官）。

7 四月二十五日，清河（愍）王（首府甘陵〔山东省临清市〕）刘虎威（刘祜老弟）逝世，没有儿子。五月七日，封乐安王（首府临济〔山东省高青县东南〕）刘宠的儿子刘延平继承清河王，作为清河王（孝王）刘庆的后裔。

8 六月，渔阳郡（北京市密云区）乌桓部落，跟右北平郡（河北省唐山市丰润区）胡人部落，共千余人，攻击代郡（山西省阳高县）、上谷郡（河北省怀来县）。

9 汉人韩琮，跟随南匈奴汗国（王庭设美稷〔内蒙古准格尔旗〕）万氏尸逐鞮单于（三十三任）挛鞮檀，到首都洛阳朝见；回国后，向挛鞮檀建议说："关东（函谷关之东）大雨成灾，人民眼看都要饿死，正是翻身之日，可以发动攻击。"

挛鞮檀相信他的判断，遂起兵叛变。

对其他蛮夷而言，中国不是一个信义之邦。但是，待南匈奴汗国不薄，当五单于争立，呼韩邪单于穷途末路时，只要用一根小指头就可以把匈奴压得粉碎，中国并没有那么做，反而引进塞内，派军协防（参考前五一年）。试看袁安的奏章，中国对南匈奴的经济援助，每年高达一亿九千余万，这都是中国人民的汗和中国人民的泪——并不是中国富足得多出这么多钱，而是剜肉般剜出这么多钱。然而，所得到的回报却是：一旦发现中国衰弱，立即翻脸。

翻脸无可厚非，中国不能盼望永远保持宗主国地位，匈奴也没有理由永远屈居下风。国与国之间，本无道义，在国力强大时，呐喊"道义"，不过一项动人的号召；国力衰弱时，呐喊"道义"，徒惹人哑然失笑。所以我们绝不抱怨南匈奴翻脸。但南匈奴翻脸之速，出手之狠，立即反噬，屠杀中国人民，这便是中山狼心肠。南匈奴满可拔营而去，北返故地，也满可以从此跟中国皇帝平起平坐。而竟采取这种卑劣手段，不知道怎么下得了手？一个民族品质低落到如此地步，不但使人愤怒，也使人扼腕。匈奴终于不能复兴，可在这上面看出原因。

韩琮身为中国人，竟然无缘无故教唆外国人和外民族，对自己的国家攻击，对自己的同胞杀戮，为了什么？只不过为了想从外国人那里，分得一点荣华富贵而已，他是《资治通鉴》上出现的第一个最卑鄙、最无耻、也最精彩的汉奸。后来当南匈奴再度降伏之日，史书没有记载韩琮的下场，十分遗憾。宽恕是一种美德，但对韩琮这种出卖国家人民的虫子，我永远不宽恕。

10 秋季，七月，海盗张伯路等，攻击沿海九郡，斩杀郡长级官员（二千石）和县长。东汉政府派执法监察官（侍御史）、巴郡（重庆市）人庞雄督导州郡民兵讨伐，张伯路等投降。然而，不久又叛变入海屯聚。

柏杨曰

张伯路为什么起兵？在什么地方起兵？攻击的九郡是哪九郡？他又在何处投降？稍后他一连串的再叛、再战，根据地又在哪里？我们全不知道，以及最后消灭，都好像在空中腾云驾雾，只见人来人往，不见脚下舞台。古代史学家缺少地理知识，观念模糊，使传统史学书籍，读起来十分困难。

11 九月，雁门郡（山西省朔州市东南）乌桓部落率众王无何允，跟鲜卑部落（内蒙古东部中部及以北地区）酋长（大人）丘伦等，联合南匈奴队长（骨都侯），共七千骑兵，攻击五原郡（内蒙古包头市），跟五原郡长在高渠谷（今地不详）会战，东汉军大败。

12 南匈奴汗国单于（三十三任）挛鞮檀，包围匈奴协防司令（护匈奴中郎将）耿种所在的美稷（内蒙古准格尔旗）。

冬季，十一月，东汉政府任命农林部长（大司农）陈国（首府陈县〔河南省周口市淮阳区〕）人何熙，代理车骑将军；皇家警卫指挥官（中郎将）庞雄，作为助手，统率北军（野战军）五个兵团（骑兵〔屯骑〕、步兵〔步兵〕、南越〔越骑〕、长水外籍〔长水〕、射击〔射声〕），以及沿边各郡民兵，共二万余人；又派辽东（辽宁省辽阳市）郡长耿夔，率领鲜卑部队，跟各郡民兵西上。东西两路，东西两路，向南匈奴围城部队夹攻。

东汉政府再任命梁慬代理北疆边防司令（行度辽将军事）。

庞雄、耿夔先攻击南匈奴薁鞬日逐王，击败所属匈奴军。

13 十二月五日，九个郡和封国地震。

14 十二月十九日，天苑星旁，出现孛星。

15 本年（一〇九），京师（首都洛阳）及四十一个郡和封国大雨成灾。并州（山西省及黄河河套地区）、凉州（甘肃省）大饥馑，人民互相杀害，煮食对方尸体（人间惨事）。

16 皇太后邓绥，因天地阴阳不能调和，又不断派军出战。下诏：年终宫廷卫士移交典礼时，废除游戏作乐节目，减少半数逐疫童子（宫廷卫士在每年年终移交换班，设宴招待旧卫士，仪式隆重，文武百官都要出席，礼宾官“持节”，引导旧卫士从端门进宫，军政官拿着旗帜、乐器，在旁并行，然后停止。执法御史“持节”，代表皇帝向大家慰劳，并询问有没有什么申诉；有申诉时，接受奏章，或听取口头报告。然后游戏作乐，观看摔跤。礼成后，旧卫士复员，回乡耕田种桑。逐疫童子，遴选禁宫中级侍从宦官〔中黄门〕的子弟年十岁以上、十二岁以下者担任，共一百二十人）。

东汉王朝

- 羌乱扩大，西中国荒芜。
- 兵灾，水灾，旱灾，蝗灾。
- 斩任尚。
- 鲜卑部落不断侵边。
- 西南蛮叛变。
- 千里不见人烟。

- 罗马吞并安息王国，作为罗马帝国一省。
- 罗马皇帝图拉真逝世，侄哈德良嗣位。
- 西克斯塔斯一世当罗马主教。

一一〇年

庚戌

东汉　永初　四年
（皇帝滇零三年）

1 春季，正月一日，东汉王朝（首都洛阳〔河南省洛阳市东白马寺东〕）中央政府元旦朝会上，撤除乐队，撤除皇家御用车辆例行展览（每逢重大朝会，都把皇帝专用的车辆仪仗等，陈列在大庭之上，称"充庭车"。因为大饥馑跟战乱之故，本年省略）。

2 邓骘在最高统帅（大将军）高位上，很能推荐贤能人才。诸如何熙、李部等，都因之进入政府。又延聘弘农郡（河南省灵宝市东北）人杨震、巴郡（重庆市）人陈禅等，当自己的幕僚，天下称赞。

杨震老爹早死，自幼贫苦好学，熟悉欧阳高注解的《书经》，而又博览群书，儒家学派知识分子称之为“关西孔丘”（弘农〔河南省灵宝市东北〕位于函谷关〔河南省新安县〕以西）。开馆收徒，教授学生二十余年，对州政府或郡政府的任何推荐、保举、征召，都不接受。人们认为他岁月已逝，出道已晚，而杨震并不动摇。

邓骘延聘他时，杨震已五十多岁，一连当荆州（湖北省及湖南省）州长（刺史）、东莱郡（山东省龙口市东黄城集村）郡长。前往东莱郡上任时，路过昌邑（山阳郡郡政府所在县，山东省巨野县东南大谢集镇），他过去所推荐的荆州秀才王密，正当昌邑县长。夜间，王密亲自送给杨震黄金十斤，杨震说：“老朋友了解你，你却不了解老朋友，为什么？”王密说：“黑夜之中，没有人知道。”杨震说：“天知道，地知道，你知道，我知道，怎么说没人知道？”王密惭愧告辞。

杨震稍后转任涿郡（河北省涿州市）郡长，公正廉洁，子孙常常吃蔬菜，徒步走路。亲友故旧偶尔也劝他广开钱路，积蓄家财，杨震概不接受，说：“让后世都称赞他们是清官的子孙，我把这留给他们，难道还不丰富？”

3 海盗张伯路再度攻击郡县，斩杀郡长、县长，部众党徒，越来越盛。

东汉政府派总监察官（御史中丞）王宗，“持节”征调幽州（河北省北部及辽宁省）、冀州（河北省中部南部）各郡民兵，共数万人。任命宛陵（丹阳郡郡政府所在县，安徽省宣城市宣州区）县长、扶风（陕西省兴平市）人法雄，当青州（山东省北部）州长（刺史）。跟王宗联合讨伐张伯路。

4 南匈奴汗国万氏尸逐侯鞮单于（三十三任）挛鞮檀，围攻耿种驻防的美稷（内蒙古准格尔旗），数月之久；梁慬、耿夔，在移民区（属国）故城（今地不详），击斩南匈奴大将。挛鞮檀迎战，梁慬等痛击，挛鞮檀失败，撤退到虎泽（内蒙古达拉特旗东）据守。

5 正月二十一日，皇太后邓绥下诏：依照等级，减少文武官员，及州郡县各级官员俸禄。

6 二月，南匈奴攻击常山国（首府元氏〔河北省元氏县〕）。

7 在北地郡（宁夏吴忠市西南金积镇）登上皇帝宝座的西羌部落酋长滇零，派军攻击褒中（陕西省汉中市西北河东店镇）；汉中（陕西省汉中市）郡长郑勤，进驻褒中拒抗。征西指挥官（征西校尉）任尚统军作战，久而无功，民间田亩，全都荒废。东汉政府命任尚率领官民撤退到长安（陕西省西安市），遣送南阳（河南省南阳市）、颍川（河南省禹州市）、汝南（河南省平舆县西北射桥镇）三郡民兵，回本郡复员。

二月十日，在长安（陕西省西安市）设京兆虎牙兵团司令（京兆虎牙都尉），在雍县（陕西省宝鸡市凤翔区）设扶风兵团司令（扶风都尉），完全仿效西汉王朝时代“三辅民兵司令”制度（西汉：首都长安市民兵司令〔京辅都尉〕、北长安市民兵司令〔左辅都尉〕、西长安市民兵司令〔右辅都尉〕）。

皇家礼宾官（谒者）庞参建议邓骘：把沿边各郡穷苦无法生存的人民，迁移到三辅（关中地区，陕西省中部），邓骘采纳。

西羌民变日益扩大，最高统帅（大将军）邓骘焦头烂额，束手无策，企图放弃凉州（甘肃省），集中全力，对付北方的南匈奴。于是，召集三公以及部长级官员会议。邓骘解释他的这项决策：“好像两件破烂衣服，牺牲一件去补另一件，至少还有一件完好；要不然，两件全都破烂。”大家同意。

宫廷禁卫官（郎中）陈国（首府陈县〔河南省周口市淮阳区〕）人虞诩（音xǔ〔许〕），警告全国武装部队总司令（太尉）张禹说：

“邓骘的意见，绝不可以实施。理由有三：先帝（已死的历任皇帝）开疆拓土，流血流汗，千般辛苦，才把这块土地，收入版图，而今却为了节省一点开支，把它舍弃；这是第一项。舍弃凉州（甘肃省）之后，原是腹地的三辅（关中地区，陕西省中部）地区，就成了边塞，皇家祖宗坟墓，没有保障；这是第二项。俗话说：‘关西（函谷关之西）出将，关东（函谷关之东）出相。’勇敢的战士和富于谋略的将领，很多人来自凉州。凉州风土人情，崇尚战斗，习惯军旅。羌、胡所以不敢占领三辅（关中地区，陕西省中部），造成我们心腹灾难的缘故，由于凉州在他们的背后。凉州人民一直到现在，都手持武器，冒着利器巨石，冲锋陷阵，跟叛徒拒抗，父亲阵亡，儿子踏着血迹，不反顾、不退缩，为的是他们是中国人民，有政府为他们做主。而今却把他们推开扔掉，作无情遗弃。人之常情，安土重迁，定会有一种‘政府把我抛到夷狄手里’的哀怨。即令是非常忠贞的人，也不能无恨。到那时候，如果英雄豪杰，互相集结，突然起意，趁着天下饥荒和本土虚弱，推选出一位领袖，驱使羌人、氐人，作为前锋，像卷草席一样，向东挺进。即令用孟贲、夏育（战国时代勇士）当战士，用姜子牙（周王朝宰相）当将领，恐怕也抵挡不住；这样一来，则函谷关（河南省新安县）以西，皇家历代坟墓和西都旧京（长安），将不再归我国所有；这是绝不可以的第三项。主张放弃的人，用补破衣作为比喻，认为至少可以保留一件，事实上却好像一个恶疮，如不治疗，将使肌肤不断溃烂，没有止境。”

张禹说:“我没有想到这些,如果你不讲话,可要对国家造成极大伤害!”虞诩建议:“招揽收罗凉州地区的英雄豪杰,命州长、郡长们送子弟到首都洛阳,由中央各单位分别任用,表面上是一种奖励,回报他们父兄的功勋,实际上是把他们当作人质,预防叛变。”

张禹采纳他的建议,于是,再一次举行“四府”高阶层会议。讨论结果,一致同意虞诩的分析。遂开始任命西州(甘肃省东部)地方有影响力的人士,当政府官员。并任命州长、郡长、县长等的子弟当禁卫官(郎),加以安抚。

8 邓骘放弃凉州(甘肃省)的计划受到挫折后,对虞诩恨入骨髓,准备用法律套住他。

这时,朝歌(河南省淇县)变民首领宁季等,有数千人之多,攻杀县长等以下官员;一连数年,州政府、郡政府,都无法镇压。邓骘遂任命虞诩当朝歌县长。这是一个明显的阴谋,朋友故旧们都为他担心,虞诩笑说:“任何工作,都不逃避艰难,是当一个干部应有的责任。不遇到盘根错节,不能够显示工具锋利。这正是我建立功业的机会。”

虞诩到任伊始,晋谒河内郡(河南省武陟县)郡长马棱(朝歌县属河内郡),马棱说:“你是一个学者,应该在中央政府贡献才智。如今去朝歌,我实在替你发愁。”虞诩说:“朝歌那群强盗,不过一群漫无目标的狗群羊群而已,只在寻求温饱,阁下不要为我忧虑。”马棱说:“你有什么看法?”虞诩说:“朝歌(河南省淇县),位于古代韩王国跟魏王国交界之处,背靠太行山,面对黄河,距敖仓不过一百华里(敖仓,自秦王朝以来,一直是全国最大的粮仓,位于河南省荥阳市北敖山北麓),

青州（山东省北部）、冀州（河北省中部南部）逃亡的难民，在万人以上，那些强盗不知道利用敖仓的粮食，集结部众，不知道劫取军械库的武器，据守成皋（河南省荥阳市西北汜水镇），切断中央政府的右臂，说明他们毫无头脑，用不着在意。只不过目前他们气焰正盛，难以采用强硬手段。兵不厌诈，请赐给我较宽的尺度，不要用平时的法令规章拘束。"

虞诩到任之后，制定三等标准，招募勇士；下令县政府官员，每人就所知道的，推荐保举：杀人放火，抢过东西的，属上等；伤人打架，偷过东西的，属中等；无业游民，不事生产的，属下等。共集结一百余人。虞诩摆下酒席大宴招待，赦免他们全部罪行。派他们加入变民集团，引诱抢劫，然后秘密通知县政府，埋伏等待，先后斩杀数百人。虞诩又派会缝纫的穷人，投奔变民集团，为变民缝制衣服，暗中把特定的彩线，缝到变民的衣服上，等他们到城乡窥探或有所行动时，都被逮捕。难民惊骇恐惧，四散逃走，认为神灵跟他们作对，朝歌县遂恢复秩序。

人生充满了艰难，乱世时更危机四伏。为非作歹，当然有为非作歹的回报，《圣经》上说："罪的工价就是死。"然而，善的工价，也不见得就是坦途。

千年万世的中国人都应感谢虞诩，因他的一番分析，得以保持今日已成为中国心脏地带的河西走廊，他有别人所没有的真知灼见，更有别人所没有的道德勇气，跟当时炙手可热的皇亲国戚对抗，也就是，他有胆量跟当时炙手可热的当权派"唱反调"。

虞诩对邓骘设下陷阱的反应，态度是挑战性的。他没有诟骂邓家班王八蛋，没有诋毁邓老太婆“妇人与小人最难养也”，没有怪罪皇帝是吃闲饭的，也没有抱怨张禹毫无担当，不保护他这个贤才。也没有脚底抹油，逃之夭夭，更没有向邓骘表态，改行投靠。他所做的是立即挑起重担，不靠运气，不靠对手慈悲，而靠自己的工作能力和工作绩效；盘根错节，不但不能绊倒他，反而更发挥他的能力。

虞诩是一代人杰，为我们立下可敬的尊严榜样。

9 三月，代理车骑将军何熙，率军抵达五原郡（内蒙古包头市）所属的曼柏（内蒙古达拉特旗东南六十公里马场壕村），忽然得了急病，不能再进。于是，派皇家警卫指挥官（中郎将）庞雄、代理北疆边防司令（行度辽将军事）梁慬、匈奴协防司令（护匈奴中郎将）耿种，率一万六千人的步骑混合兵团，进攻虎泽（内蒙古达拉特旗东），连营南下，军威雄壮。南匈奴单于（三十三任）挛鞮檀大起恐慌，质问韩琮说：“你说中国人已经死光，现在来的是什么国的人？”派出使臣，请求投降。

汉军接受投降。挛鞮檀脱下官帽，赤着双脚，向庞雄等下拜，自己责备自己犯了死罪。东汉政府赦免挛鞮檀，仍像过去一样相待。挛鞮檀把所掳掠的东汉男女，以及被西羌掳掠，辗转贩卖给匈奴的东汉人，全部遣返东汉，有一万余人之多。

这时，何熙逝世。任命梁慬实任北疆边防司令（度辽将军）。庞雄回首都洛阳后，出任藩属事务部长（大鸿胪）。

10 西羌先零部落（首都北地郡）再攻击褒中（陕西省汉中市西北河东店镇）。汉中郡长郑勤，准备迎击。主任秘书（主簿）段崇警告说：羌人乘胜前进，锐不可当，应坚守城池，等待机会。郑勤不理，出战，大败，被杀三千余人。段崇，以及郡政府职员王宗、原展，与敌格斗；跟郑勤同时阵亡。

11 金城郡（甘肃省兰州市）郡政府迁移到襄武（甘肃省陇西县）。

12 三月四日，西汉十任帝（宣帝）刘病已墓园（杜陵，陕西省西安市东南）失火。

13 三月九日，九个郡和封国地震。

14 夏季，四月，六个州蝗虫成灾。

15 四月二十三日，赦天下。

16 总监察官（御史中丞）王宗，与青州（山东半岛）州长（刺史）法雄，攻击海盗张伯路，连战连捷。正巧赦书颁到，海盗因为政府军没有解除盔甲，恐怕受到突击，不敢投降；政府军同样理由，也不敢先行解除盔甲。王宗召集州长（刺史），及各郡郡长讨论，都主张如不投降，即行攻击。法雄说：“不然。刀枪是一种凶恶工具，战争是一种危险行为。勇猛不可仗恃，胜利不一定必属于我。这群海盗如果乘船而去，深入大海，据守遥远的海岛。政府攻击他们，可不容易。正好中央发布赦书，我们应该趁势复员，使他们安心，结果必然溃散，然后再收拾他们；不经过战斗，就可以完全平定。”

王宗敬佩他的见解，宣布政府军先解除武装。海盗大为高兴，把所掳掠的人民，先行释放。可是，东莱郡（山东省龙口市东黄城集村）民兵却没有放下武器，海盗惊疑恐慌，遂向辽东郡（辽宁省辽阳市）撤退，占据一个海岛。

17 秋季，七月三日，三个郡水灾。

18 骑兵总监（骑都尉）任仁，跟羌军作战，每次都被击败，可是士兵却奸淫烧杀，无所不为。东汉政府下令逮捕任仁，装入囚车，送到首都洛阳，交付司法部（廷尉），处死。

西羌保安司令（护羌校尉）段禧逝世，由前任西羌保安司令（护羌校尉。参考一〇八年）侯霸继任，司令部由狄道（陇西郡郡政府所在县，甘肃省临洮县），移驻张掖（张掖郡郡政府所在县，甘肃省张掖市。甘肃省东部已经全破，不能立足，所以迁到河西走廊〔甘肃省中西部〕）。

19 九月三日，益州郡（云南省昆明市晋宁区晋城街道）地震。

20 皇太后邓绥的娘亲、新野君阴女士病重，邓绥回家省亲，一连住宿两日。三公上书抗议，才回皇宫。

冬季，十月二十三日，阴女士逝世。邓绥下令：最高监察长（司空）主持丧葬事宜，仪式比照东海（恭）王（首府鲁县〔山东省曲阜市〕）刘彊（参考五八年）。邓骘等请求辞去政府职务，回家守三年之丧。邓绥不想批准，询问班昭（曹大家）意见。班昭上书说：

“我曾经听说，谦让的风范，是最大的美德。而今，四位舅父（邓骘、邓悝、邓弘、邓阊），心怀忠孝，自动引身退出政坛，陛下却因为边疆战乱之故，不肯允许。问题是，如果以后稍有差错，即令小得像毫毛般的指摘，到那时候，恐怕想再谦让，已不可得。”

邓绥谈同意。后来，服丧期满，邓绥征召邓骘等返回京师（首都洛阳），继续辅政，并恢复以前被辞让掉了的爵位（刘祜即位的第二年，封邓骘等侯爵。参考一〇七年）。邓骘等叩头，再坚决辞让，才算中止。于是，特命四人参加御前会报（奉朝请），位置仅次于三公，而在“特进”（位置在三公之下）及侯爵之上。如有国家大事，就到金銮宝殿，跟三公部长级官员，共同讨论。

21 邓绥下令：放逐到日南郡（越南东河市）的阴皇后家属，全体返回故乡南阳（河南省南阳市），发还没收入官的财产五百余万（阴家于一〇二年放逐，已历九年）。

东汉　永初　五年
（皇帝滇零四年）

1 春季，正月一日，日蚀。

2 正月七日，东汉王朝（首都洛阳〔河南省洛阳市东白马寺东〕）十个郡和封国地震。

3 正月十日，全国武装部队总司令（太尉）张禹免职。正月甲申日（正月庚辰朔，没有甲申），擢升宫廷禁卫官司令（光禄勋）

颍川（河南省禹州市）人李修当全国武装部队总司令（太尉）。

4 西羌先零部落（根据地北地郡〔宁夏吴忠市西南金积镇〕），攻击河东郡（山西省夏县），军锋直入河内郡（河南省武陟县），人民惊慌失措，大批渡过黄河，向南逃亡。首都洛阳震动（河内至洛阳航空距离一百公里），东汉政府命野战军参谋长（北军中候）朱宠，率所属五个兵团部队，进驻孟津（河南省洛阳市孟津区）戒备。下诏魏郡（河北省临漳县西南邺城镇）、赵国（首府邯郸〔河北省邯郸市〕）、常山国（首府元氏〔河北省元氏县〕）、中山国（首府卢奴〔河北省定州市〕）等郡及封国，构筑碉堡城寨六百一十六座（防备羌军向北向东攻击）。

羌军锐不可当，声势日盛，可是沿边各郡郡长级官员（二千石）和县长，都是内地各郡人士，没有用生命保护本土的意愿，只争着把郡政府迁移到安全地带，逃避灾难。

三月，东汉政府下令：陇西郡政府由狄道（甘肃省临洮县）迁襄武（甘肃省陇西县），安定郡政府由高平（宁夏固原市）迁美阳（陕西省武功县西北），北地郡政府由富平（宁夏灵武市）迁池阳（陕西省泾阳县），上郡郡政府由肤施（陕西省榆林市东南鱼河镇）迁衙县（陕西省白水县东。陇西郡政府总算还在郡境之内，安定、北地、上郡，却都迁出郡境，成为流亡郡政府）。

人民眷恋乡土，不愿追随郡政府迁移。郡政府遂派出军队，把田中庄稼，全部铲平，撤除人民房屋家宅，把军营、城墙，全夷成平地，焚烧所有存粮。当时，连年不断旱灾、蝗灾、大饥馑已成，加上郡政府驱逐抢夺，人民流离分散，沿途死亡。或者把老人幼童，遗弃道旁，或沦落成别人的奴仆、婢女、小老婆；一半人丧生。

二世纪・一一〇年三月至一一一年三月
西羌战乱扩大

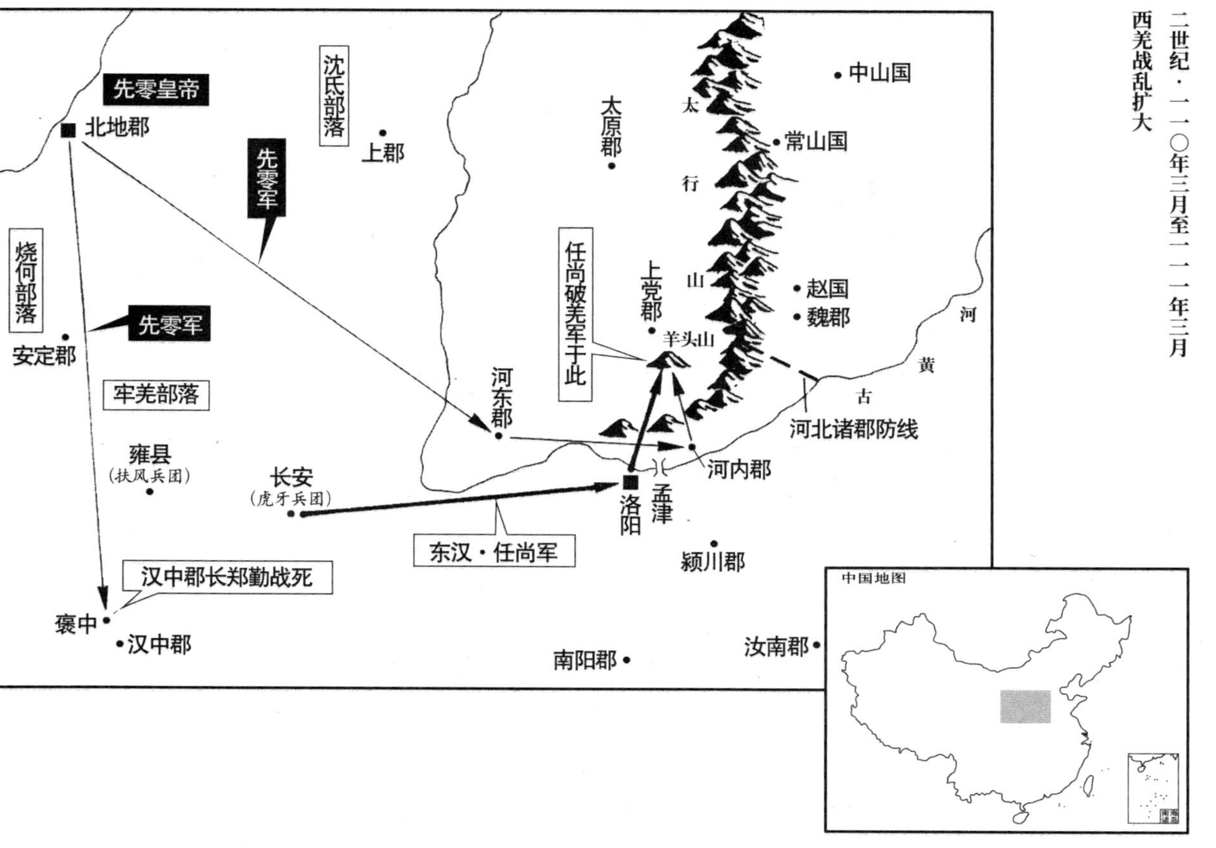

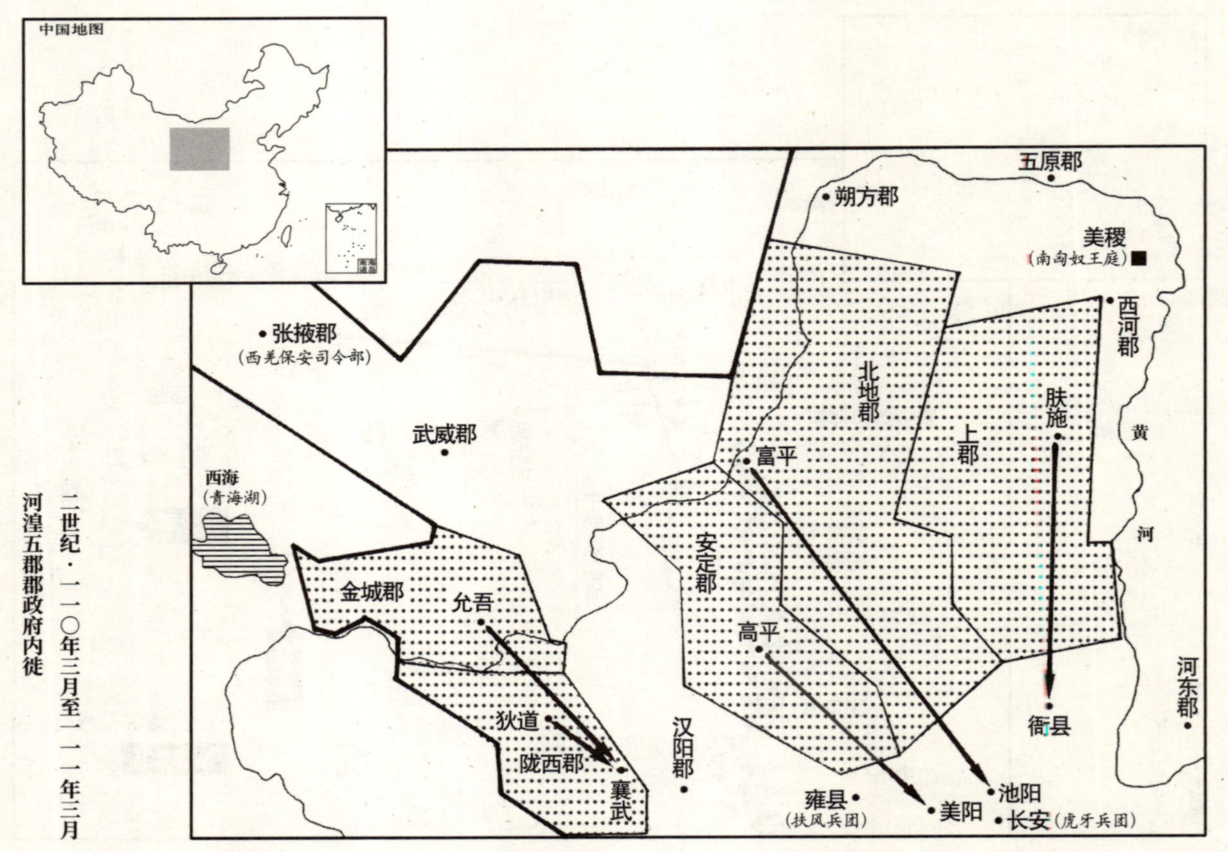

河湟五郡郡政府内徙

二世纪·一一〇年三月至一一一年三月

柏杨曰

短短一段叙述，为封建专制制度下的中国人，绘出画像。当大难临头时，政府不但没有力量保护人民，反而率先逃亡，不但率先逃亡，还要人民跟着逃亡。

人民愿意当一个被遗弃的孤儿，在蛮夷管辖下，自生自灭都不可得。房子拆掉，城堡摧毁，连一点存粮都要焚烧。他们如果落到仇敌匪徒之手，遭遇也不过如此，好一个“爱民如子”的政府，好一群“人民父母”的君王。中国人受到这种暴行，宁愿死在路上，都不反抗，实在是中国人的羞辱。

中国人太善良了，善良到成为懦夫。而懦夫，正是暴政的帮凶。

5 东汉政府再任命任尚当执法监察官（侍御史），在上党郡（山西省长子县）羊头山（长子县东南），阻截羌军，击破先零部落（首都北地郡）。

首都洛阳威胁解除，撤销警备部队。

6 夫余王国（首都辽宁省昌图县）攻击乐浪郡（朝鲜半岛平壤市。夫余王国攻击中国，从此开始）。

7 高句骊王国（首都国内城〔吉林省集安市〕）国王高宫（六任太祖王），跟濊貊部落（朝鲜半岛东部），攻击玄菟郡（辽宁省沈阳市东）。

8 夏季，闰四月十九日，东汉政府下诏赦凉州（甘肃省）河西四郡（敦煌郡、酒泉郡、张掖郡、武威郡）。

9 海盗张伯路，再攻击东莱（山东省龙口市东黄城集村），青州（山东省北部）督道官（刺史）法雄把他击溃。张伯路逃回辽东（辽宁省辽阳市），辽东郡人李久等，击斩张伯路。青州秩序恢复。

10 秋季，九月，汉阳郡（甘肃省甘谷县）人杜琦、老弟杜季贡、同郡人王信等，跟西羌部落（青海省东部）秘密勾结，聚众起兵，控制上邽城（甘肃省天水市）。

冬季，十二月，汉阳郡长赵博，派杀手杜习，刺死杜琦。东汉政府封杜习当讨奸侯。杜季贡、王信，率领部众，据守樗泉营（今地不详）。

11 本年（一一一），九个州蝗灾，八个郡和封国，大雨、水灾。

一一二年 壬子

东汉　永初　六年
（皇帝滇零五年）

1 春季，正月十一日，东汉王朝（首都洛阳〔河南省洛阳市东白马寺东〕）下诏：

“各级政府进贡新鲜的山珍海味，很多违反自然生长法则。有的还没有成熟，用火熏暖，强使成熟。有的在初发芽时，便从土中掘出，还没有生出滋味，已经夭折。这岂是顺应天时，养育万物之理？古书（《论语》）上说：‘不是那个季节的东西，不吃。’从现在开始，凡是供奉皇家祭庙，及皇家坟墓的贡品，都要合乎时令才进贡。”

结果，减少二十三种贡品。

2 三月，十个州蝗虫成灾。

3 夏季，四月乙丑日（四月癸酉朔，没有乙丑），最高监察长（司空）张敏免职。

四月七日，擢升祭祀部长（太常）刘恺当最高监察长（司空）。

4 下诏：一任帝（光武帝）刘秀时代的二十八个功臣后裔的封爵，有撤销的，一律恢复继承（东汉王朝二十八个开国功臣，参考六〇年二月）。

5 五月，旱灾。

6 五月二十五日，下诏：全国官员，上自部长级（中二千石），下至黄色印带（四百石至二百石），一律恢复原来俸禄（一一〇年减少俸禄，本年〔一一二〕恢复）。

7 六月十日，赦天下。

8 六月二十一日，豫章郡（江西省南昌市）员谿（今地不详）原山崩塌。

9 执法监察官（侍御史）唐喜，讨伐汉阳郡（甘肃省甘谷县）变民，击斩王信。杜季贡逃亡，投奔变民首领、西羌先零皇帝滇零。

本年（一一二），滇零逝世，儿子零昌继位，年龄还小。同一部落的智囊狼莫，给他设计，任命杜季贡当将军，率军驻屯丁奚城（宁夏灵武市境）。

东汉　永初　七年
（皇帝零昌元年）

1 春季，二月丙午日（二月戊辰朔，没有丙午），东汉王朝（首都洛阳〔河南省洛阳市东白马寺东〕）十八个郡和封国地震。

2 夏季，四月二十九日，平原（怀）王（首府平原〔山东省平原县〕）刘胜（四任帝刘肇长子）逝世，没有儿子。皇太后邓绥封乐安（夷）王（首府临济〔山东省高青县东南〕）刘宠（三任帝刘炟孙）的儿子刘得，继承平原王。

3 四月三十日，日蚀。

4 秋季，西羌保安司令（护羌校尉）侯霸，骑兵总监（骑都尉）马贤，在安定郡（陕西省武功县西北）攻击先零支派牢羌部落，俘虏一千余人。

5 蝗灾。

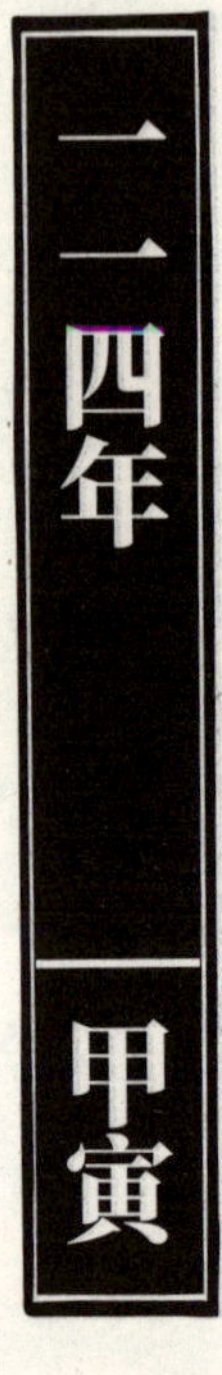

东汉 永初 八年
元初 元年
（皇帝零昌二年）

1 春季，正月二日，东汉王朝（首都洛阳〔河南省洛阳市东白马寺东〕）改年号（改称本年“元初”元年）。

2 二月二十四日，日南郡（越南东河市）地裂一百余华里。

3 三月二日，日蚀。

4 东汉政府派军驻防河内郡（河南省武陟县）三十三所关卡要塞，构筑堡寨等防御工事，设置战鼓等通讯器材，防备羌人突击。

5 夏季，四月七日，赦天下。

6 京师（首都洛阳）及五个郡和封国，旱灾、蝗灾。

7 五月，西羌先零部落（首都北地郡〔宁夏吴忠市西南金积镇〕），攻击雍城（陕西省宝鸡市凤翔区）。

8 秋季，七月，蜀郡（四川省成都市）蛮夷攻击蚕陵（四川省茂县西北），杀蚕陵县长。

9 九月七日，全国武装部队总司令（太尉）李修免职。

10 西羌（青海省东部）酋长号多，跟其他部落联合，侵入武都郡（甘肃省成县）、汉中郡（陕西省汉中市）、巴郡（重庆市），大肆劫掠。蛮夷板楯部落，协助政府抵御（楯，音dùn〔盾〕。板楯部落在四川省阆中市一带，夹西汉水〔嘉陵江〕而住。秦王国三任国王嬴稷在位时〔前三世纪〕，因射杀白老虎，有功，特地免除他们的赋税。汉王朝一任帝刘邦初期〔前三世纪末〕，征调他们协助攻击三秦〔关中〕，免除他们七个酋长后裔的赋税，其他部众则只缴人头税四十钱。板楯部落勇敢善战，喜爱歌舞，刘邦特为他们制定“巴渝舞”）。汉中郡政府军事官（五官掾）程信，率郡政府军，跟板楯军，联合阻截，击破羌军攻势。号多撤退，断绝陇地（甘肃省东部）交通要道，跟西羌二任皇帝零昌结合。

西羌保安司令（护羌校尉）侯霸、骑兵总监（骑都尉）马贤，攻击枹罕（甘肃省临夏市），再破号多部众。

11 九月十三日，擢升农林部长（大司农）山阳（山东省巨野县东南大谢集镇）人司马苞，当全国武装部队总司令。

12 冬季，十月一日，日蚀。

13 凉州（甘肃省）州长（刺史）皮杨，在狄道（甘肃省临洮县。一一一年，狄道已陷羌军之手），攻击羌军，大败，被杀八百余人。

14 本年（一一四），十五个郡和封国地震。

二世纪·一一三年至一一四年 西羌南下，东汉反击

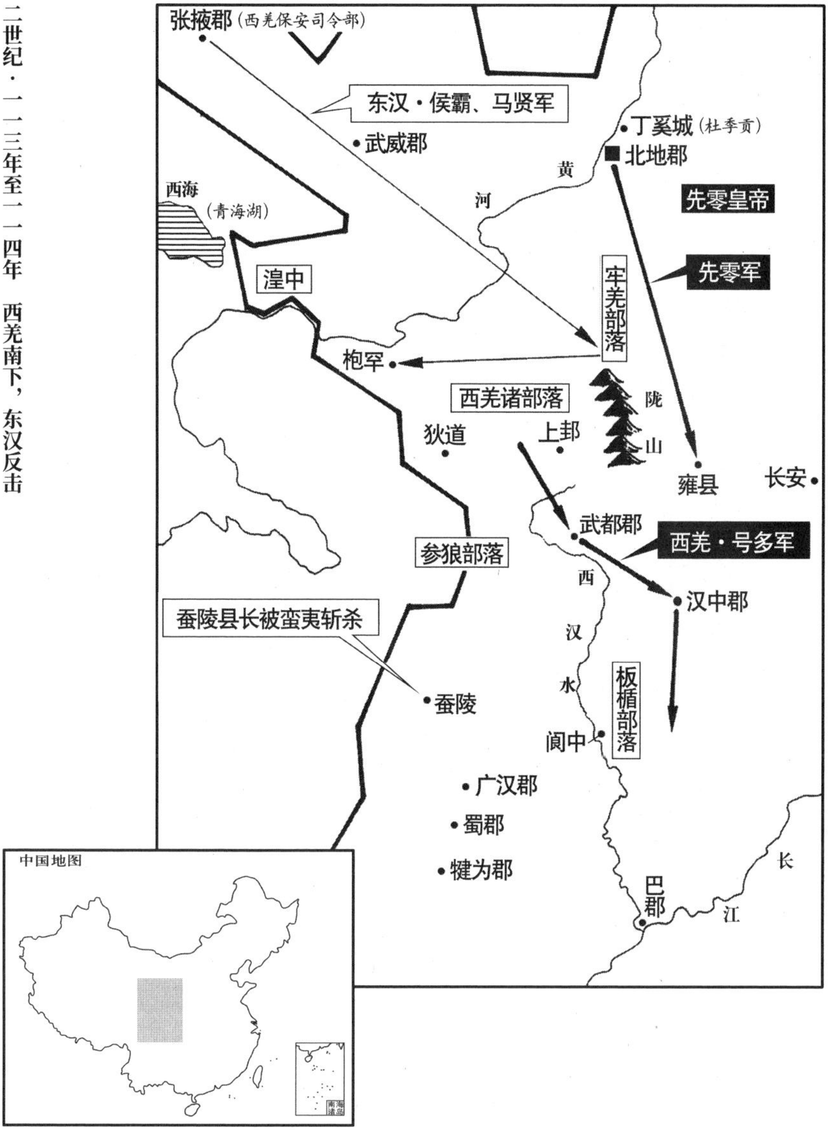

张掖郡（西羌保安司令部）
东汉·侯霸、马贤军
武威郡
丁奚城（杜季贡）
北地郡
黄
河
先零皇帝
西海
（青海湖）
先零军
湟中
牢羌部落
枹罕
西羌诸部落
陇
山
狄道
上邽
雍县
长安
武都郡
西羌·号多军
参狼部落
西
汉中郡
汉
蚕陵县长被蛮夷斩杀
水
板楯部落
蚕陵
阆中
广汉郡
蜀郡
长
犍为郡
巴郡
江
中国地图
南海诸岛

一一五年 乙卯

东汉　元初　二年
（皇帝零昌三年）

1 春季，东汉王朝（首都洛阳〔河南省洛阳市东白马寺东〕）西羌保安司令（护羌校尉）庞参，用恩德和信誉，向羌军发动心战。西羌酋长号多等率领部众投降，庞参送他前往首都洛阳，朝见东汉皇帝。东汉政府封号多侯爵，颁发侯爵印信送回。

庞参把司令部从张掖迁回令居（甘肃省永登县西），河西走廊（甘肃省中西部）跟本土之间道路，第一次打通。

2 西羌先零二任皇帝零昌分出一部分兵力，攻击益州（四川省及云南省）。东汉政府派皇家警卫指挥官（中郎将）尹就阻截。

3 夏季，四月二十一日，东汉帝（六任安帝）刘祜（本年二十二岁）封荥阳（河南省荥阳市）人阎女士当皇后。阎皇后性情妒忌，宫女李女士陪刘祜上床，生下皇子刘保；阎皇后妒火中烧，毒死李女士。

4 五月，京师（首都洛阳）旱灾。首都洛阳（河南省洛阳市）及十九个郡和封国，蝗虫成灾。

5 六月二日，全国武装部队总司令（太尉）司马苞逝世。

秋季，七月二十八日，擢升交通部长（太仆）泰山（山东省泰安市东）人马英继任全国武装部队总司令。

6 八月，辽东郡（辽宁省辽阳市）境外的鲜卑部落，包围无虑（辽宁省北镇市）。九月，鲜卑部落攻击夫犁（《后汉书·鲜卑传》作“夫黎”，今辽宁省义县东），击斩县长。

7 九月三十日，日蚀。

8 尹就攻击响应羌军的吕叔都等，招募蜀郡（四川省成都市）人陈省、罗横，刺杀吕叔都。东汉政府封陈省、罗横侯爵，赏赐钱币。

9 东汉政府命骑兵指挥官（屯骑校尉）班雄，率军驻防三辅（即关中，陕西省中部）。班雄，是班超的儿子（班超，参考七三年）。

任命左冯翊（陕西省西安市高陵区）人司马钧，代理征西兵团司令（行征西将军），督导关中（陕西省中部）各郡地方部队八千余人。庞参率领羌胡混合兵团七千余人，跟司马钧分道并进，进击西羌二任帝（首都北地郡）零昌。庞参挺进到勇士（甘肃省榆中县东北）东方，被西羌将军杜季贡击败，撤退。

司马钧孤军深入，攻陷杜季贡根据地丁奚城（宁夏灵武市境），杜季贡率军假装逃走。司马钧命右扶风（陕西省兴平市）郡长仲光，收割羌人庄稼，仲光违背司马钧命令，在毫无戒备下，深入敌区，羌军设下埋伏，拦腰攻击。司马钧在城中得到报告，对仲光抗命行动，大为愤怒，拒绝援救。冬季，十月十三日，仲光大败，全军覆没，仲光跟官兵被杀三千人；司马钧丧失精锐，不能固守，撤退。庞参不能在约定日期抵达战场，宣称有病，也撤退。司马钧、庞参都被捕下狱，司马钧自杀。

这时，北疆边防司令（度辽将军）梁慬；也因他事被控，下狱等候宣判。皇家图书馆研究官（校书郎中）扶风（陕西省兴平市）人马融，上书赞扬庞参、梁慬才智盖世，请求赦免，戴罪立功。中央下诏释放庞参、梁慬。任命马贤接替庞参的西羌保安司令（护羌校尉），再任命任尚当皇家警卫指挥官（中郎将），接替班雄，驻防三辅。

10 怀县（河内郡郡政府所在县，河南省武陟县）县长虞诩（音xǔ〔许〕）向任尚建议："《兵法》：弱小的不攻击强大的，在地上奔走的，不追赶天上飞翔的，这是自然形势。现在，西羌部队全是骑兵，每天可以奔驰数百华里，来时如狂风暴雨，去时像射出矢箭，我们用步兵追击，根本追不上。所以虽然驻防部队有二十余万，一天天拖下去，无法建立功勋。为将军设计，最好是使各郡民兵复员，使他们每人缴出数千钱，二十人共买一匹马，这样，就可以拥有一万人的骑兵，追逐数千羌军，或者衔尾，或者突击，他们势必被追得走投无路。既有利人民，又有利战果，可以收到成效。”

任尚上书，中央采纳这项建议。任尚派出轻骑兵，突击丁奚城（宁夏灵武市境），击败杜季贡。

皇太后邓绥听说虞诩有将帅之才，富有谋略，任命他当武都（甘肃省成县）郡长。虞诩前往赴任，西羌痛恨虞诩，派军数千人，在陈仓（陕西省宝鸡市东陈仓镇）崤谷（宝鸡市西南大散关）埋伏。虞诩在谷口停止前进，宣称：已派人回去请求援军，等援军到时，再行出发。羌军得到消息，放心大胆的分别前往其他各县劫掠。虞诩等到羌军兵力分散，立即日夜挺进，一天奔驰一百余里，命战士每人各做两个炉灶，第二天，每人做四个炉灶，以后每天倍增，羌军尾随，终不敢发动攻击。有人问虞诩，说：“孙膑当年，曾经使用减少炉灶的方法，大破魏军（参考前三四一年）；而今，阁下却增加炉灶。《兵法》上说：部队行军，每天不可以超过三十华里，为的是保持体力，因应突击，你每天竟然行军将近二百华里。什么缘故？”虞诩说：“羌军多，我军少，走得太慢，容易被他们追到，我们迅速挺进，他们就无法知道我们的底细。羌军查点我们留下的炉灶，会误认为郡政府派来迎接的部队，一定到达。我们兵力既然强大，而行军又快，羌军心怀畏惧，自然不敢追击。孙膑故意展示衰弱，我则故意展示强大，只因为形势不同。”

虞诩抵达郡政府所在下辨（甘肃省成县）后，部队还不满三千人，而羌军万余人围攻赤亭（下辨西北二十公里）数十日，情势危急。虞诩下令，不准使用强弩，而只用小弓。羌军判断守城部队的箭速弱，射程短，不能造成伤亡，遂集结城下，猛烈攻城。虞诩命每二十张强弓组成一个射击组，集中一个目标发箭，百发百中，羌军震恐，急行撤退。虞诩出城反击，杀伤很多。

第二天，虞诩命全军出城，从东门出，从北门入，入城后立即改换服装。如此出出入入几次，羌人遥遥望见，弄不清城中到底有多少守军，互相传告，引起惊恐。虞诩计算羌军将要撤走，暗中命五百人到附近河流水浅的地方埋伏，扼住退路。羌军果然奔驰，经过那里，伏兵骤起，大破羌军，杀死及俘虏无数。羌军从此溃散，不能再行集结。

虞诩根据各种地势，构筑碉堡城寨一百八十余座，招揽流亡在外的难民回乡，赈济贫穷，开凿水道（虞诩亲自率领将士，勘察河川，从沮渠〔陕西省略阳县东〕到下辨〔甘肃省成县〕，长达数十华里。烧碎巨石，砍伐大树，使可以行驶船只）。虞诩最初到任之时，谷米每石一千钱，食盐每石八千钱，人民共一万三千户。三年之后，谷米每石八十钱，食盐每石四百钱，人民增加到四万余户。家家富足，一郡平安。

11 十一月九日，十个郡和封国地震。

12 十二月，武陵郡（湖南省常德市）澧中（活动于澧水流域〔湖南省西北部〕一带）蛮夷叛变，州郡政府讨伐平定。

13 十二月二十八日，宰相（司徒）夏勤免职。

14 十二月二十九日，擢升最高监察长（司空）刘恺当宰相（司徒），宫廷禁卫官司令（光禄勋）袁敞当最高监察长。袁敞，是袁安的儿子（袁安，参考八〇年）。

15 前任虎贲警卫指挥官（虎贲中郎将）邓弘逝世（邓弘自娘亲亡故〔一一〇年〕，即行辞职在家守丧，所以称“前任”）。

邓弘性情节俭朴素，研究欧阳高注解的标准本《书经》，在皇宫教授现任皇帝（六任安帝）刘祜。逝世后，有关单位奏请追赠邓弘骠骑将军，位居“特进”，并追封西平侯。皇太后邓绥追念邓弘一向志趣，决定不做任何追赠，只赏赐钱一千万，布一万匹。当老哥的邓骘等仍然推辞，不肯接受。于是，下诏封邓弘的儿子邓广德当西平侯。安葬之前，主管官员再奏请征调北军（首都禁卫军）部队五个兵团的轻装备骑兵护送灵柩，仪式跟当年安葬霍光时相同（参考前六八年），邓绥不准，只准用两匹马拉的白盖丧车（“白盖双骑”，是平民葬礼。千石以上高级官员柩车用黑绸覆盖，三百石以上中级官员柩车用黑布覆盖，二百石以下小民柩车，用白布覆盖）。由学生门徒，随车送葬。稍后，因为邓弘曾经当过皇帝师傅（太傅）的缘故，把西平国（河南省西平县）的都乡划出，封邓广德的弟弟邓甫德当都乡侯。

一一六年 丙辰

东汉 元初 三年
（皇帝零昌四年）

1 春季，正月，东汉王朝（首都洛阳〔河南省洛阳市东白马寺东〕）苍梧郡（广西梧州市）、郁林郡（广西桂平市）、合浦郡（广西合浦县东北。三郡都属交趾州〔广东、广西及越南北部〕）蛮夷叛变。

二月，东汉政府派执法监察官（侍御史）任逴（音chuò〔绰〕）督导州郡政府军讨伐。

2 十个郡和封国地震。

3 三月二日，日蚀。

4 夏季，四月，京师（首都洛阳）旱灾。

5 五月，武陵郡（湖南省常德市）蛮夷叛变，州郡政府军讨平。

6 五月二十五日，北疆边防司令（度辽将军）邓遵，率南匈奴汗国万氏尸逐侯鞮单于（三十三任）挛鞮檀，攻击西羌二任皇帝零昌所在地灵州（宁夏灵武市），杀八百余人。

7 越巂郡（四川省西昌市）界外蛮夷，整个部落归附东汉。

8 六月，皇家警卫指挥官（中郎将）任尚，派军攻击丁奚城（宁夏灵武市境），击破先零部落。

9 秋季，七月，武陵郡（湖南省常德市）蛮夷又叛，州郡政府军再讨平（武陵那些蛮夷，如有一线生机，怎么会再叛三叛？而竟然再叛三叛，说明暴政如虎）。

10 九月，左冯翊（陕西省西安市高陵区）沿北方郡界，构筑碉堡城寨五百座，防备西羌。

11 冬季，十一月，苍梧郡、郁林郡、合浦郡蛮夷投降。

12 传统规定：三公、部长级高级官员（二千石）、州长（刺史），父母死亡时，不守三年之丧。宰相（司徒）刘恺，认为不能够作为人民表率，宣导美好的风俗。

十一月十一日，东汉政府下诏，准许大臣守三年之丧（西汉五任帝刘恒遗诏，缩短守丧时间，高级官员只守丧三十六日，因之有"一天抵一月"之说，以后遂成为惯例。刘恺此一建议，是儒家学派复古运动一大胜利）。

13 十一月二十八日，九个郡和封国地震。

14 十二月十二日，任尚派军攻击先零部落据守的北地郡（宁夏吴忠市西南金积镇），斩西羌二任皇帝零昌的皇后，焚烧房舍，杀七百余人（西羌声势，自此转衰）。

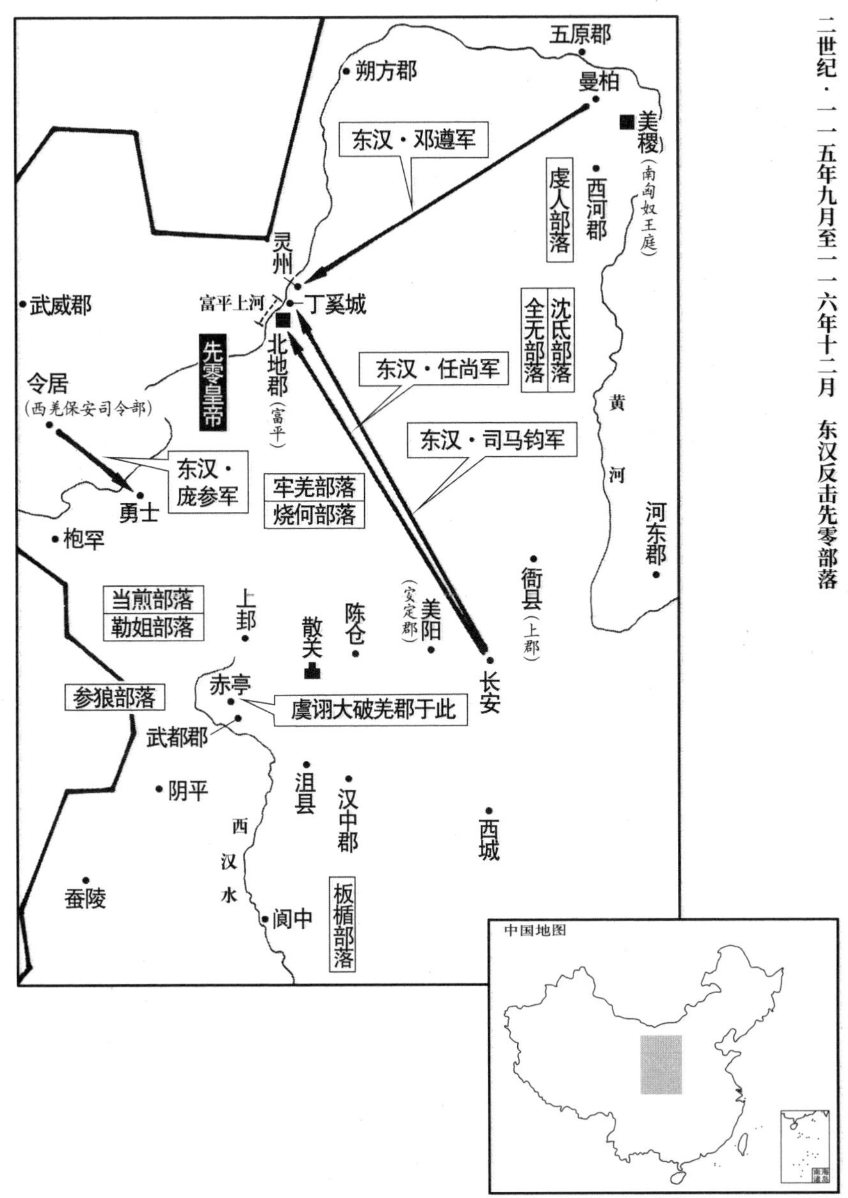

二世纪·一一五年九月至一一六年十二月　东汉反击先零部落

一一七年 丁巳

东汉　元初　四年
（皇帝零昌五年）

1 春季，二月一日，日蚀。

2 二月十一日，东汉王朝（首都洛阳〔河南省洛阳市东白马寺东〕）赦天下。

3 二月十八日，皇家军械库（武库）失火。

4 任尚派西羌当阗部落（居住地不详）人榆鬼等，刺杀西羌先零（首都北地郡〔宁夏吴忠市西南金积镇〕）将军杜季贡。东汉政府封榆鬼当破羌侯。

5 最高监察长（司空）袁敞，清廉耿直，不拍马屁，不向权贵屈服，因之得罪皇后邓姓家族。宫廷秘书署助理（尚书郎）张俊，曾写一封私函给袁敞的儿子袁俊，落到仇家之手，上书告密。

夏季，四月五日，袁敞免职，自杀。"俊"等下狱，判处死刑，"俊"上书诉冤。临刑之前，皇太后邓绥下诏免死，减刑一级（"俊"等下狱，我们可解释为：袁俊、张俊，一齐被捕；但"俊"上书诉冤，是哪一个"俊"？免死的又是哪一个"俊"——袁俊？张俊？或是包括二人？说不清兼写不清，读起来倍增困难）。

6 四月二十六日，辽西郡（辽宁省义县西）境外的鲜卑部落酋长连休等，攻击边塞。郡政府军联合乌桓部落（河北省北部）酋长于秩居等，共同截击，大破鲜卑军，杀一千三百人。

7 六月二十六日，三个郡降下冰雹（冰雹大小如鸡蛋，杀伤家畜）。

8 皇家警卫指挥官（中郎将）尹就，被控不能保卫益州（四川省及云南省）免于羌难，召还京师（首都洛阳），定罪。命益州（四川省及云南省）州长（刺史）张乔，接管他的军队，引诱羌军投降，羌军开始瓦解。

尹就虽然畏敌如虎，可是对他应该保护的小民，却威不可当。军队所到之处，奸淫烧杀，惨绝人寰，以致小民哀号："匪徒来了还可，尹就来了杀我。"这种声音使我们酸鼻。"宁愿碰到赤眉，不愿碰到太师。太师（王匡）还算温和，更始（廉丹）却要杀我！”（参考二二年）言犹在耳，今又历史重演。

中国人面对的最大痛苦是，保护人民的官员，有时候比屠杀人民的匪徒，还要凶暴。不同的是，对匪徒，人民可以反抗；对官员，反抗便成了叛逆刁民。

尹就不是孤立的，“家家酿私酒，不犯是高手”。尹就如果打了胜仗，就跟吴汉一样，千万令人发指的暴行，还不是被摇尾系统掩盖得天衣无缝？尹就早已成为过去，但他的禽兽精神，仍不断在后代暴官酷吏身上复活。中国人如果再不能珍惜自己和珍惜别人的权利，我们就被命运注定，在暴虐、屈辱和折磨中轮回。

9 秋季，七月，京师（首都洛阳）及十个郡和封国，大雨不止，大水成灾。

10 九月，西羌保安司令（护羌校尉）任尚，再买通西羌效功部落（居住地不详）人号封，刺杀西羌先零（根据地北地郡〔宁夏吴忠市西南金积镇〕）皇帝零昌（二任）。东汉政府任命号封当羌王。

11 冬季，十一月九日，彭城（靖）王（首府彭城〔江苏省徐州市〕）刘恭逝世。

12 越巂郡（四川省西昌市）蛮夷，担承不了郡县政府不断征收的田赋捐税。十二月，大牛种部落（云南省香格里拉市一带）人封离等，聚众起兵，杀遂久（云南省丽江市）县长。

13 十二月二十五日，任尚跟骑兵总监（骑都尉）马贤，联合追击先零部落（首都北地郡）智囊狼莫，追到北地郡（宁夏吴忠市西南金积镇），双方对峙六十余日；在富平上河（黄河流经富平那一段，称上河。跟黄河流经青海省尖扎县东南那一段称逢留大河一样），大破先零部落，杀五千人，狼莫逃走。于是西河郡（内蒙古准格尔旗西南）虔人部落（也是羌民族）一万人，全体向北疆边防司令（度辽将军）邓遵投降。陇右（陇山以西）全部平定。

14 本年（一一七），十三个郡和封国地震。

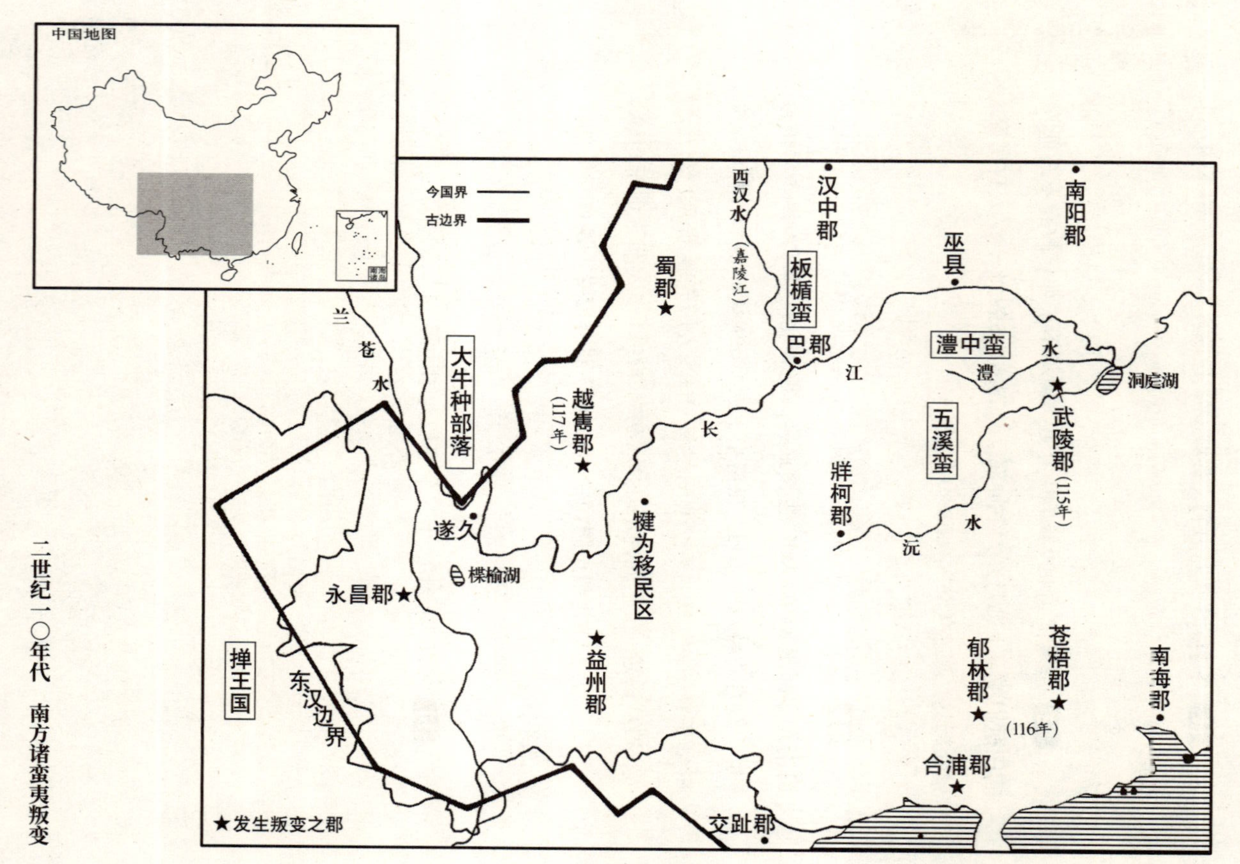

二世纪一〇年代　南方诸蛮夷叛变

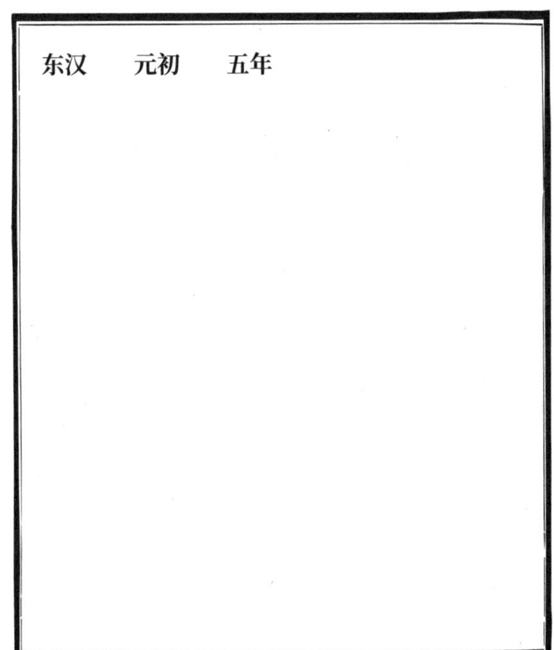

1 春季，三月，东汉王朝（首都洛阳〔河南省洛阳市东白马寺东〕）京师（首都洛阳）及五个郡和封国旱灾。

2 夏季，六月，高句骊王国（首都国内城〔吉林省集安市〕）跟濊貊部落（朝鲜半岛东北部），攻击玄菟郡（辽宁省沈阳市东）。

3 永昌郡（云南省保山市）、益州郡（云南省昆明市晋宁区东晋城街道）、蜀郡（四川省成都市）境内蛮夷，纷纷叛变，响应大牛种部落（云南省香格里拉市一带）酋长封离（封离起兵，参考去年〔一一七〕），部众多达十余万，一连攻陷二十余县，屠杀政府官员，放火抢劫，人民无法逃生，白骨累累，千里没有人烟。

4 秋季，八月一日，日蚀。

5 代郡（山西省阳高县）鲜卑部落侵入边塞，屠杀政府官员。

东汉政府征调沿边民兵，跟黎阳（河南省浚县）大营部队，驻防上谷（河北省怀来县）戒备。

冬季，十月，鲜卑部落（内蒙古东部中部及以北地区）侵入上谷，攻击居庸关（北京市昌平区西北）。东汉政府再增调沿边民兵，跟黎阳大营、射击部队、步骑兵，共二万人，分别进驻要塞。

6 北疆边防司令（度辽将军）邓遵，买通上郡（陕西省榆林市东南鱼河镇）全无部落人雕何，刺杀西羌智囊狼莫。东汉政府封雕何当羌侯。

自从西羌战乱爆发，十余年间（自八七年西羌保安司令〔护羌校尉〕傅育向西羌挑衅，迄本年，事实上已三十二年），军事开支，超过二百四十余亿，国库枯竭，无论边区或内地人民，死亡无法计算。并州（山西省及黄河河套地区）、凉州（甘肃省），完全破产。

零昌、狼莫既死，诸羌部落瓦解，三辅（关中地区，陕西省中部）、益州（四川省及云南省），恢复和平。东汉政府封邓遵当武阳侯，采邑三千户。邓遵是皇太后邓绥堂弟，所以特别优厚。

任尚跟邓遵争功，结果反被控：杀人以少报多——增加死人人头，贪赃枉法，受贿达千万钱以上。

十二月，任尚被囚车押回首都洛阳，在街市斩首，财产没收。邓骘的儿子、宫廷随从（侍中）邓凤，曾经接受任尚赠送的马匹，邓骘大为紧张，把妻子以及邓凤，剃光头发（髡刑），请求宽恕。

7 本年（一一八），十四个郡和封国地震。

8 皇太后邓绥的老弟邓悝、邓阊，先后逝世。封邓悝的儿子邓广宗当叶侯、邓阊的儿子邓忠当西华侯。

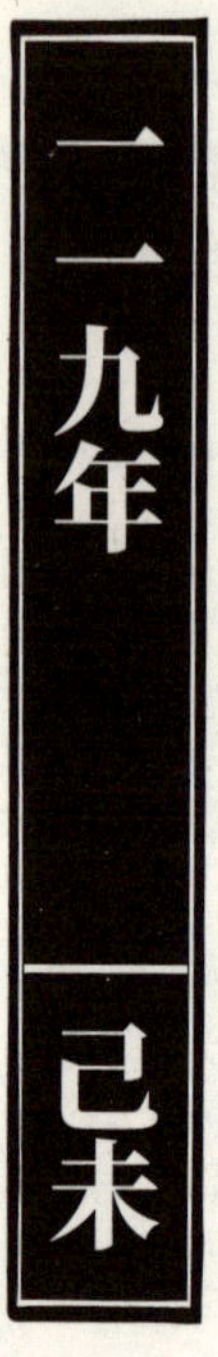

东汉　元初　六年

1 春季，二月十二日，东汉王朝（首都洛阳〔河南省洛阳市东白马寺东〕）京师（首都洛阳）及四十二个郡和封国地震。

2 夏季，四月，沛国（安徽省淮北市）、勃海郡（河北省南皮县），大风，降下冰雹。

3 五月，京师（首都洛阳）旱灾。

4 六月二十六日，平原（哀）王（首府平原〔山东省平原县〕）刘得逝世，没有儿子。

5 秋季，七月，鲜卑部落（内蒙古东部中部及以北地区）攻击马城（河北省怀安县）要塞，屠杀地方政府官员。北疆边防司令（度辽将军）邓遵，跟皇家警卫指挥官（中郎将）马续，会合南匈奴汗国（王庭设美稷〔内蒙古准格尔旗〕）单于（三十三任）挛鞮檀，尾追攻击，大破鲜卑部落。

6 九月四日，陈（怀）王（首府陈县〔河南省周口市淮阳区〕）刘竦逝世。没有儿子，封国撤除。

7 冬季，十二月一日，日全蚀。

8 八个郡和封国地震。

9 本年（一一九），皇太后邓绥，征召四任帝（和帝）刘肇的老弟济北王（首府卢县〔山东省济南市长清区〕）刘寿、河间王（首府乐成〔河北省献县〕）刘开所生，五岁以上的幼年子女四十余人，跟邓姓家族近亲子孙三十余人，兴建官舍，教他们学习儒家学派经书，邓绥亲自考试。下诏给堂兄、首都洛阳市长（河南尹）邓豹、南越兵团指挥官（越骑校尉）邓康等，说：

“到了近代，尊贵的皇亲国戚之家，穿华丽衣服，吃美味饮食，坐坚固车辆，乘肥骏马匹；可是面对学术，跟面对墙壁一样，茫茫然不知道是非对错。灾难祸患，都由此而起。”

10 豫章郡（江西省南昌市）发现灵芝草，郡长刘祇打算向中央呈献这项祥瑞。征求本郡人士唐檀意见，唐檀说：“现在皇后家族的权势正盛，君王的权势委靡不振，这难道是祥瑞？”刘祇遂停止。

11 益州（四川省及云南省）州长（刺史）张乔，派参谋官（从事）杨竦，率军进驻楪榆（云南省大理市北），讨伐大牛种部落（云南省香格里拉市一带）酋长封离，大破封离部众，杀三万余人，俘虏一千五百人。封离等惊慌恐惧，为求自救，把当初跟他共谋起兵的一些重要首领，一齐诛杀，向杨竦投降。杨竦接受投降，并且和颜悦色慰问。于是，其他三十六个部落，全都归附。

杨竦遂奏报欺凌压迫蛮夷的地方政府官员九十人，都处以仅次于死刑一级的刑罚。

12 最初，西域（新疆及中亚东部）各国既跟东汉断绝关系，东汉军完全撤退（参考一〇七年）。北匈奴汗国（王庭设新疆阿尔泰山南麓）得到消息，挥兵南下，立即恢复宗主国地位，率同各国部队，共同攻击东汉边塞。敦煌郡（甘肃省敦煌市）郡长曹宗深为苦恼，请示中央政府批准后，派遣代理秘书长（行长史）索班，率军一千余人，进驻伊吾（新疆哈密市），作为前进指挥所，再跟各国接触，予以安抚。于是车师前国（新疆吐鲁番市）跟鄯善国（新疆若羌县），再降东汉。

13 最初，疏勒王（新疆喀什市）安国逝世，没有儿子。国人拥立他舅父的儿子遗腹，继任国王。遗腹的叔父臣磐，正在月氏王国（首都蓝市城〔阿富汗北部瓦齐拉巴德市〕），月氏王国遂立臣磐当疏勒国王。

后来，莎车国（新疆莎车县）背叛于阗国（新疆和田市），归附疏勒（自六一年起，莎车便一直臣服于阗）。疏勒国遂日益强大，跟龟兹国（新疆库车市）、于阗国，鼎足而立，成为西域三大强国之一。

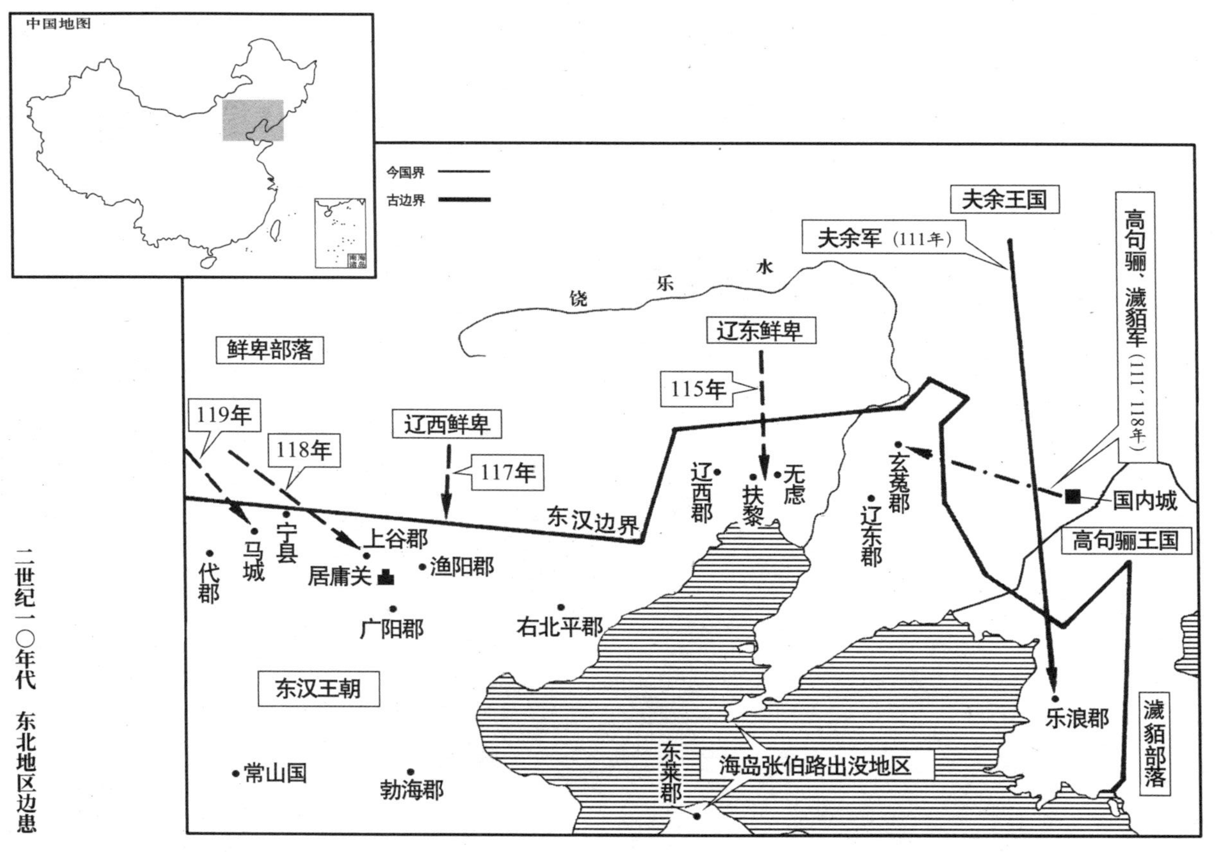

二世纪一〇年代　东北地区边患

跛扈将军

导读

两汉王朝皇后娘家——“外戚”，出现在政治舞台，好像一个简陋而又单调的走马灯；演员有变化，剧情无变化。张三家的美女当了皇后皇太后，娘家人平地一声雷，当宰相的当宰相，当将军的当将军，抓权、抓钱、盖别墅、修花园、杀人、害人、抢人、欺侮人；摇尾系统的甜言蜜语，如倾盆大雨。娘家人威风凛凛，好不过瘾。有人劝他收敛一点，他勃然大怒；有人提醒他前任美女娘家人的悲惨下场，他暴跳如雷；有人忠心耿耿，伸手指出一条明路，他大刀一挥，把该手砍断。最后，一夜之间，皇帝翻脸，一家老幼，想当一条猪狗都不可得。

接着是李四家的美女当了皇后皇太后，娘家人也平地一声雷，当宰相的当宰相，当将军的当将军，抓权、抓钱、盖别墅、修花园、杀人、害人、抢人、欺侮人；摇尾系统的甜言蜜语，如倾盆大雨。娘家人威风凛凛，好不过瘾。有人劝他收敛一点，他勃然大怒；有人提醒他前任美女娘家人的悲惨下场，他暴跳如雷；有人忠心耿耿，伸手指出一条明路，他大刀一挥，把该手砍断。最后，一夜之间，皇帝翻脸，一家老幼，想当一条猪狗都不可得。

接着是王二麻子家的美女当了皇后皇太后，娘家人依样画葫芦，也平地一声雷……又以同一模式出现，同一模式演出，同一模式台词，同一模式结局。

《跋扈将军》包括四十年（一二〇——一五九），四十年中，邓皇后娘家人在血腥中结束；阎皇后娘家人欢呼登场，也在血腥中结束；梁皇后娘家人欢呼登场，也在血腥中结束。《跋扈将军》末年，另一位邓皇后娘家人欢呼登场，将在《黄巾民变》血腥中结束。

“跋扈将军”不过是一个代表性角色，梁冀固然是跋扈将军，但又哪一位皇后家族，不是跋扈将军？

柏杨　一九八四·一〇·一五

目录

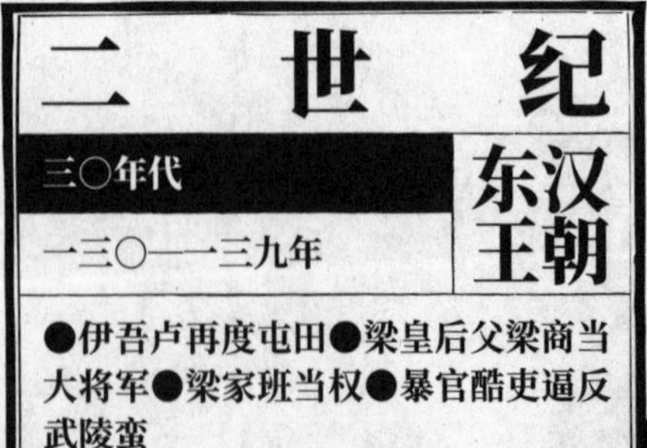

二　世　纪

四〇年代

一四〇—一四九年

东汉王朝

●西羌再叛，焚烧皇陵●梁冀毒杀质帝刘缵●梁太后临朝，杀李固

358

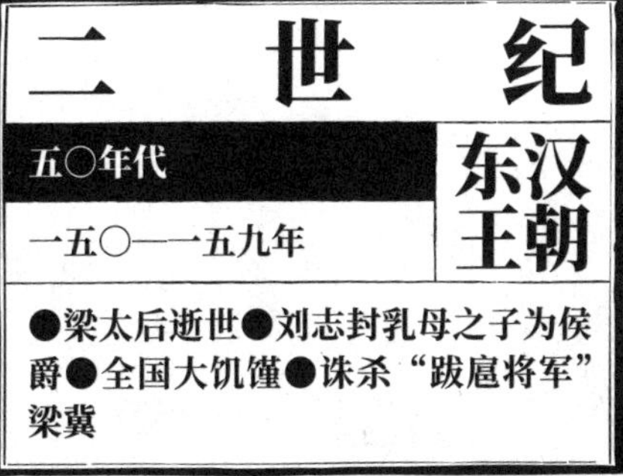

东汉王朝

- 邓家班覆没。
- 阎家班当权及灭亡。
- 班勇再通西域。
- 南匈奴再叛汉朝。
- 宦官孙程等十九人封侯。

- 罗马皇帝哈德良巡视全国各省，并到不列颠。
- 不列颠建筑长城。
- 月氏王国贵霜王朝迦尼色迦王即位。

一二〇年
庚申

东汉　元初　七年
　　　永宁　元年

1 春季，三月十一日，东汉王朝（首都洛阳〔河南省洛阳市东白马寺东〕）济北（惠）王（首府卢县〔山东省济南市长清区〕）刘寿（三任帝刘炟子）逝世。

2 北匈奴汗国（王庭设新疆阿尔泰山南麓）率车师后王（新疆吉木萨尔县南）军就，攻击伊吾（新疆哈密市）东汉驻屯军前进指挥所，斩戊己指挥部驻车师后国军政官（司马）及敦煌郡（甘肃省敦煌市）秘书长（长史）索班，并驱逐归附东汉的车师前王（新疆吐鲁番市），控制整个“北道”

（新疆塔里木盆地北边缘）。

鄯善国（新疆若羌县）危急，向敦煌郡郡长曹宗求救。曹宗请求中央派五千人反击北匈奴，一则为索班雪耻，二则使东汉势力再回西域（新疆及中亚东部）。

中央高级官员都主张封闭玉门关（甘肃省敦煌市西北），跟西域断绝关系。皇太后邓绥听说作战军政官（军司马）班勇，有老爹班超的风范，在金銮宝殿上召见他，询问意见。班勇建议说：

"从前，孝武皇帝（西汉七任帝刘彻）为匈奴的强大所困扰，才开辟西域，评论家认为，如此可以夺取匈奴的宝藏，砍断匈奴的右臂。光武皇帝（东汉一任帝刘秀）使大业中兴，还没有来得及过问外国事务，以致匈奴仗恃国力，控制各国。到了一世纪六〇、七〇年代，再度攻击敦煌（甘肃省敦煌市）；使河西（甘肃省中西部）各郡城门，白天都要关闭。

"孝明皇帝（东汉二任帝刘阳）制定必胜策略，派遣虎将（指老爹班超）出征西域，匈奴向远方逃亡，边境才得平安。到了一世纪九〇年代，没有一国不归属汉朝。不巧的是，发生西羌诸部落的战乱，使汉朝跟西域关系，又告中断。北匈奴势力，乘机重返，督责各国缴纳过去积欠匈奴的贡品（西域归属汉朝后，不再向匈奴进贡牛马等物，匈奴要清算这笔旧账），还故意提高价格，折换现金，严格规定最后期限。鄯善国（新疆若羌县）、车师国（前国，新疆吐鲁番市），都满腔愤怒，渴望侍奉汉朝，却找不到管道。

"从前，西域所以经常爆发叛变，都因为汉朝官员没有治理能力，甚至还对他们迫害。而今，曹宗只因受到失败的羞辱，急于雪耻报复，却不研究以前出兵的战史，也没有想到现在面临的新的形势。因为，在绝远的异域蛮荒建立功业，万一收不到成果，陷于兵连祸结，就后悔莫及。何况，现在的仓库，并不充实；大军既出，无法补给，恰恰向蛮夷显示我们的弱点，向天下暴露我们的短处。所以我愚昧的认为，不可以批准曹宗的请求。

“我的意思是：从前敦煌郡有驻军三百人，现在应该恢复，再设立‘西域副指挥官’（护西域副校尉），指挥部设于敦煌，恢复一世纪九〇年代原状。另外，应该派遣西域参谋长（西域长史），率军五百人，驻防楼兰城（新疆罗布泊畔），西方控制焉耆（新疆焉耆县）、龟兹（新疆库车市）交通要道。南方则加强鄯善、于阗（新疆和田市）的防卫力量。如此，足可以抵抗北方的北匈奴，和保卫东方的敦煌郡。这是最好的策略。”

宫廷秘书（尚书）再命班勇详细分析利害，班勇回答说：

“从前，一世纪六〇、七〇年代，刚刚恢复跟西域的交通。开始时，派皇家警卫指挥官（中郎将，指郑众）驻防敦煌。后来又设置副指挥官（副校尉），驻防车师（指戊指挥官耿恭、己指挥官关宠，参考七五年十一月）。一方面调解蛮夷间冲突，一方面防止汉人对他们有所侵扰。所以，蛮夷无不心悦诚服，匈奴也畏惧汉朝威信。现在，鄯善国王尤还，是东汉的外孙。我们如果不能阻止匈奴，尤还一定被杀。这些蛮夷，虽然像一群鸟兽，但也知道逃避灾害。如果派军驻防楼兰（鄯善国），就可以维系西域人心。我愚昧的认为，这是上策。”

长乐宫保安官（长乐卫尉）镡显、司法部长（廷尉）綦毋参（綦毋，复姓）、京畿总卫戍司令（司隶校尉）崔据，诘难说：“政府从前所以放弃西域（参考四五年），由于西域对我国毫无裨益，而费用却十分庞大，难以供应。而今，车师（新疆吐鲁番市）已投降北匈奴，鄯善（新疆若羌县）又不见得可靠。一旦翻脸，班将军，你能保证北匈奴不侵犯边塞？”

班勇回答说：

“中国设立地方行政官员，目的在于禁止郡县的小偷强盗。如果地方行政官员能够保证小偷强盗不再抢劫，我也愿用腰斩保证北匈奴不侵犯边塞。我们进入西域（新疆及中亚东部）之后，北匈奴势力必然衰弱，北匈奴势力衰弱，侵略力量自然减退。比较起来，跟把宝藏还给他、把已砍断的右臂再给他接续，哪一种合算？设立指挥官（校尉），在于安抚西域，设立参谋长（长史），在于怀柔各国。如果不设立，则西域对我国绝望。绝望之后，一定委屈的归附北匈奴。沿着边疆各郡，都会受到攻击。恐怕河西（甘肃省中西部）各地城门，会再度发生白天关闭的惊恐（参考六五年）。如今，不但不推广政府的恩德，却吝啬得舍不得垦荒驻防的一点点费用，让北匈奴气焰更炽，岂是保护边塞安全的长期打算？”

全国武装部队总司令部秘书助理（太尉属）毛轸，诘难说：“如果设置指挥官（校尉），西域各国就会不断地派遣使节前来我国，左提一个要求，右提一个要求，没完没了。答应吧，费用太多，难以供应；不答应吧，又怕失去他们归附之心。一旦受到北匈奴压迫，又要我国救援，麻烦就更大。”

班勇回答说：

“如果把西域交给匈奴，能够使匈奴感激东汉恩德，不再侵略东汉，则不妨把西域交给匈奴。但事实上，匈奴得到西域后，也得到西域的田赋捐税，更得到西域的庞大武装部队，反而会用来攻击东汉边塞，这可是使仇人发财、使蛮夷强大的最好方法。我们设置指挥官（校尉），展示威力，传播恩德，维系各国的向心力，阻吓匈奴的觊觎野心，并没有消耗国家财力的顾虑。而且，西域对东汉，并无特别要求，使节到中国来，不过供应他们伙食而已。如果拒绝，他们势必投入匈奴怀抱，同心合力，攻击并州（山西省及黄河河

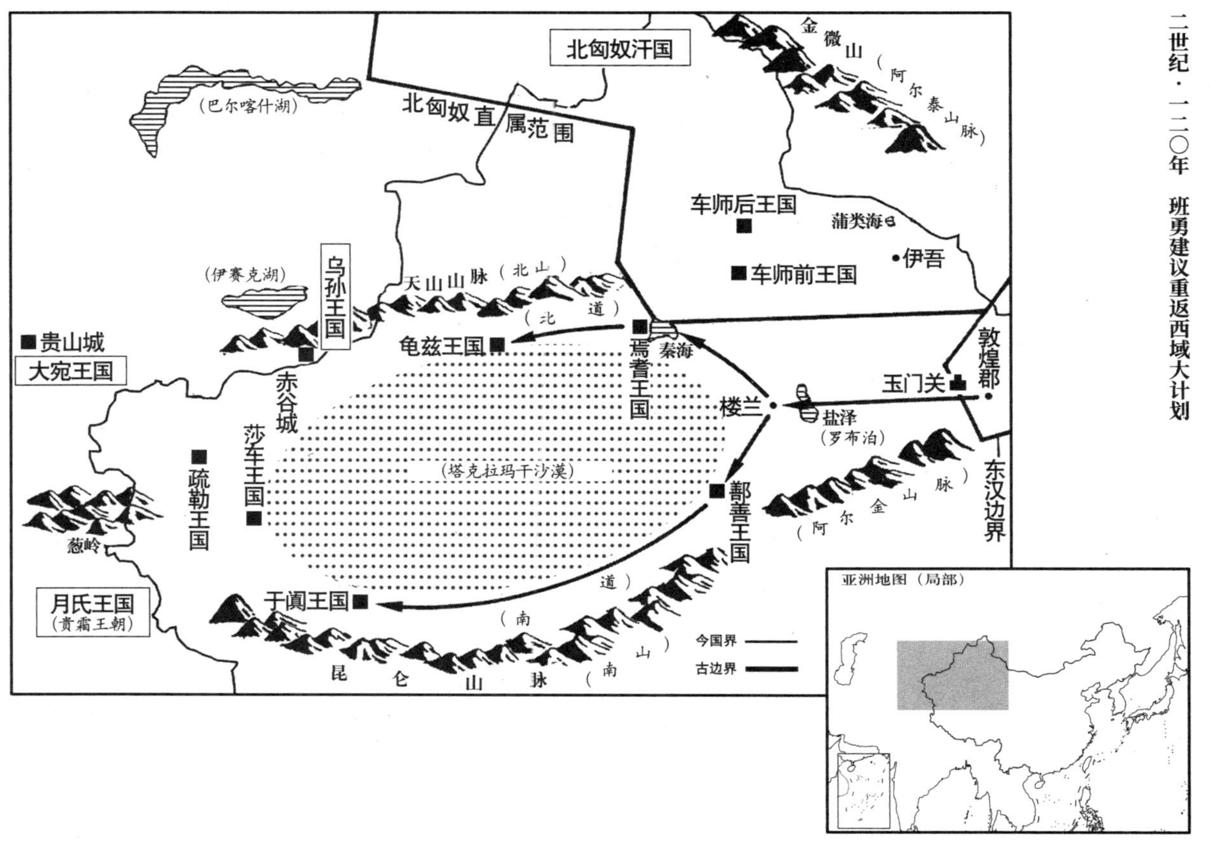

二世纪·一二〇年 班勇建议重返西域大计划

套地区)、凉州(甘肃省),我国花费十亿(《后汉书·班勇传》作“千亿”)都不能解决。所以设置才是上策。”

中央接纳班勇的建议。恢复敦煌郡(甘肃省敦煌市)边防营三百人,设置西域副指挥官(西域副校尉),司令部设敦煌。可是,虽然名义上维系跟西域的关系,却不能依照班勇意见,进驻楼兰。

后来,北匈奴果然不断联合车师国(新疆吐鲁番市),共同劫掠边塞,河西走廊(甘肃省中西部)受到严重伤害。

3 西羌沈氏部落(居陕西省北部),劫掠张掖郡(甘肃省张掖市)。

4 夏季,四月十一日,东汉帝(六任安帝)刘祜(本年二十七岁)立皇子刘保当皇太子。改年号(之前是元初七年,之后是永宁元年),赦天下。

5 四月十四日,封陈(敬)王(首府陈县〔河南省周口市淮阳区〕)刘羡(二任帝刘阳子)的儿子刘崇,继位陈王;济北(惠)王(首府卢县〔山东省济南市长清区〕)刘寿(三任帝刘炟子)的儿子刘苌,当乐成王(首府信都〔河北省衡水市冀州区〕);河间(孝)王(首府乐成〔河北省献县〕)刘开(刘炟子)的儿子刘翼,当平原王(首府平原〔山东省平原县〕)。

6 六月,西羌保安司令(护羌校尉)马贤,率一万人,在张掖郡(甘肃省张掖市)攻击叛羌沈氏部落,大破沈氏,杀一千八百人,俘虏一千余人。沈氏部落残余的部众,全数投降。

这时,当煎部落(渭水上游一带)酋长饥五等,乘着马贤主力在张掖作战,后防空虚的机会,攻击金城郡(甘肃省陇西县)。马贤击破沈氏部落后,急还军讨伐当煎部落,当煎部落撤退,马贤追出边塞,杀数千人，班师。

烧当（也在渭水上游一带）、烧何部落（宁夏南部），乘着马贤班师回金城郡，再攻击张掖郡，斩杀郡政府官员。

7 秋季，七月一日，日蚀。

8 冬季，十月十六日，最高监察长（司空）李郃免职。

十月二十日，任命皇城保安司令（卫尉）庐江（安徽省庐江县）人陈褒，当最高监察长（司空）。

9 京师（首都洛阳）及三十三个郡和封国大水成灾。

10 十二月，永昌郡（云南省保山市）界外掸王国（缅甸中部）国王雍曲调，派遣使节，呈献乐队跟魔术师（这些魔术师来自罗马帝国，可以表演口中吐火，自己把自己大卸八块，以及把牛头变成马头等节目）。

11 十二月十六日，宰相（司徒）刘恺请求退休，批准，终身支领每年一千石的俸禄。

12 辽西郡（辽宁省义县西）鲜卑部落酋长（大人）乌伦、其至鞬，率领各人的部众，向北疆边防司令（度辽将军）邓遵归降。

13 十二月二十一日，擢升祭祀部长（太常）杨震当宰相（司徒）。

14 本年（一二〇），二十三个郡和封国，地震。

15 皇太后邓绥的堂弟、南越兵团指挥官（越骑校尉）邓康，认为邓绥临朝听政的时间太久，家族声势达到巅峰，感到畏惧。屡次上书堂姐邓绥，请求尊崇政府，减少家族控制；言论至为恳切，邓绥不理。邓康遂宣称有病，不再朝见。邓绥派宫女前往探望，偏偏这位宫女原先在邓康家当婢女时，跟皇宫中的高级宦官（中大人）勾结。邓康听到消息，把她诟骂一顿，宫女对邓康怀恨在心。在探视邓康后，向皇太后邓绥报告说：邓康原来在害假病，而又出言不逊。邓绥气得发抖，下令把邓康免职，送回他的封国（邓康封夷安侯。夷安国，今山东省高密市），在家谱中删除邓康名字。

16 最初，当煎部落（湄水上游一带）酋长饥五的同部落酋长卢忽、忍良等一千余户，集结在允街（甘肃省永登县南）附近，伺机而动。

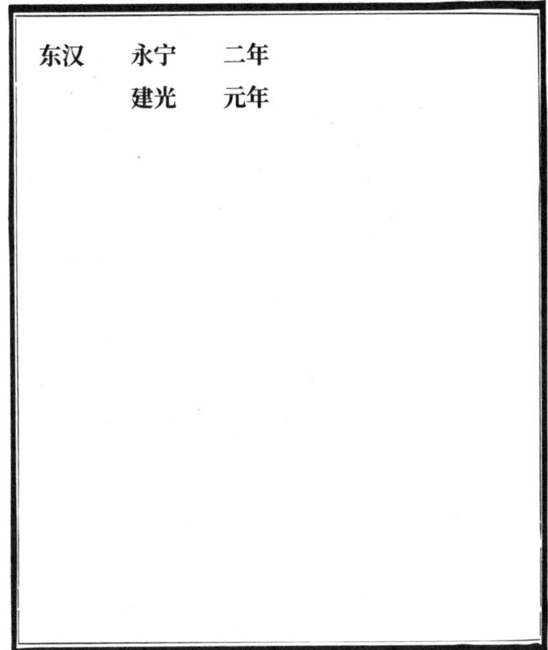

1 春季，东汉王朝（首都洛阳〔河南省洛阳市东白马寺东〕）西羌保安司令（护羌校尉）马贤，征召饥五的同部落酋长卢忽（时在允街〔甘肃省永登县南〕）见面，当场诛杀。然后攻击他的部众，斩杀跟俘虏二千余人。忍良等逃出塞外。

2 幽州（河北省北部及辽宁省）州长（刺史）巴郡（重庆市）人冯焕、玄菟郡（辽宁省沈阳市东）郡长姚光、辽东郡（辽宁省辽阳市）郡长蔡讽等，率军攻击高句骊王国（首都国内城〔吉林省集安市〕）。高句骊国王（六任太祖王）高宫，命他的儿子高遂成诈降，乘机攻击玄菟郡、辽东郡，杀伤二千余人。

3 二月，皇太后邓绥病重。二月十二日，赦天下。

三月十三日，邓绥逝世（年四十一岁）。尸体还没有放进棺木，东汉帝（六任安帝）刘祜（本年二十八岁）重新发布先前已发布过的命令，封邓骘当上蔡侯（一〇七年，刘祜初坐宝座，封邓骘上蔡侯，邓骘坚辞）、“特进”（朝会时位在三公之下，诸侯之上）。

三月二十六日，安葬邓绥，绰号和熹皇后。

邓绥自临朝听政以来，水灾旱灾，一连十年，四方蛮夷入侵，而国内盗贼纷起。邓绥每听到民间饥馑，有时甚至通宵不能安眠，亲身减少饮食，撤除乐队（减膳撤乐），救济难民。所以到了后来，天下又归平定，每年还能丰收。

4 皇太后邓绥既死，皇帝刘祜正式接管政府大权。宫廷秘书（尚书）陈忠，推荐隐居乡里以及正直的人士：颍川（河南省禹州市）人杜根、平原（首府平原〔山东省平原县〕）人成翊世，刘祜都任命他们当官。陈忠，是陈宠的儿子（陈宠，参考七六年）。

最初，皇太后邓绥主持政府时，杜根是初级禁卫官（郎中），跟另外一位初级禁卫官，同时上书，要求：“皇帝年龄渐长，应该亲自处理事务。”邓绥大怒，就在金銮宝殿上，下令把二人装入白绢做的巨袋中，当场扑杀（这是一种“扑刑”，《战国策》叙述秦王国嫪毐〔音lào ǎi·烙矮〕之乱时〔参考前二三八年〕，茅焦曾指控嬴政“囊扑二弟”，说明纪元前三世纪，“扑刑”已经存在。东汉一任帝刘秀在位，这位外貌温柔敦厚的皇帝，对宫廷秘书〔尚书〕

之辈，仍不断使用“扑刑”，直到稍后的本世纪三〇年代，左雄建议废止，以后官员才免受到捶击）。扑杀之后，抛弃到城外荒郊。另外那一位初级禁卫官已死，而杜根却悠悠苏醒。邓绥还派人察看是否果真断气，杜根不得不诈死，以致眼中都长出虫蛆，不敢拂去。后来逃亡，逃到宜城（湖北省宜城市）山中，在一家酒铺当堂倌，长达十五年之久。成翊世在平原（首府平原）封国政府当一名小职员，也因建议皇太后邓绥归还政权，被判罪刑。刘祜当上皇帝后，征召二人前往宫门接待署（公车）报到，任命杜根当执法监察官（侍御史），成翊世当宫廷秘书署助理（尚书郎）。有人询问杜根，说：“当初，你受到迫害时，天下人都尊敬你。而且，你的亲戚朋友又那么多，何至一个人逃至深山，困苦到那种地步？”杜根说：“我如果逃到普通民家，而不是荒村僻壤，万一碰到熟人，行迹败露，会给亲友带来灾祸，所以不肯这么做。”

柏杨曰

无论政治迫害或刑案通缉，在重点逮捕之下，一般逃亡客往往投奔亲友，认为他们会给予掩护，结局总是悲剧。一是，人性共安乐易，共患难不易，当你高车驷马前往拜访时，亲友可能发动全城欢迎，但重案压身，情形就不相同，他们一旦改变心肠，你就自投罗网。二是，亲友本身就是一个线索，一旦发现主角逃亡，治安机关不可能漫无目标的到荒山上去乱搜洞穴，当然先监视你的亲友；而且人们往往留下口讯：“下一步投奔张三。”军警顺着追踪，你还没有走到门口，埋伏已经停当。三是，天长地久，你不可能永远躲在地窖，即令如此，送茶送饭，亲友家庭秩序必然呈现异样，要想不走漏消息，可能性太小。

只有投奔跟你三棒子打不上关系的去处，才是保命之道。世人的同情是可贵的，但不可靠，到处都有利欲熏心之徒，或忠于权势之辈。在稍后“党禁之祸”发生时，牵连之广，几乎使全国都染上血迹，使人肃然想到，杜根不但大智，而且人仁。

5 三月二十八日，刘祜追尊亲爹清河王（孝王）刘庆为孝德皇，亲娘左小娥为孝德后，祖母宋贵人为敬隐后。

最初，长乐宫交通官（长乐太仆）蔡伦，接受窦皇后指使，参与诬陷宋贵人阴谋（参考八二年）。刘祜下令蔡伦去司法部（廷尉）报到。蔡伦知道下场是什么，服毒自杀。

这位蔡伦，就是发明纸张的那个宦官。发明纸张，是一个伟大的贡献，但摧残人权，罪恶不可宽恕。纸张竟由一个摧残人权的凶手发明，真是一件憾事。我们可以不要纸张，不能不要人权。

6 夏季，四月，高句骊王国（首都国内城〔吉林省集安市〕）再度联合鲜卑部落（内蒙古东部中部及以北地区），入侵辽东郡（辽宁省辽阳市）。辽东郡长蔡讽追击，在新昌（辽宁省海城市东北）会战，战死。人事秘书（功曹掾）龙端、军事秘书（兵马掾）公孙酺，捍卫蔡讽，一同丧生。

7 四月七日，刘祜尊嫡母耿姬“甘陵大贵人”（甘陵，刘祜老爹刘庆坟墓，刘祜设立县城，即今山东省临清市）。

8 四月十四日，乐成王（首府信都）刘苌（刘祜堂兄弟），被控骄傲淫乱、犯法不轨，贬封芜湖侯。

9 四月十九日，刘祜下令三公、部长级高级官员、郡长、封国宰相，各推荐一位有品德的人士。

宫廷秘书（尚书）陈忠，认为皇帝既用诏书正式征求直言规劝，考虑到必然会产生激烈的言论，到时候皇帝如果不能忍受，势将有严厉事件发生。为了铺路，先行上书提醒刘祜，应有广阔的胸襟，说：

“我曾经听说，仁爱的君王，胸襟像山那么大、像水那么深，用来听取急切直率的批评。使忠贞干部，得以说出反对的意见，而不考虑人君对逆耳之言的反应。所以，高祖（西汉一任帝刘邦）不在乎周昌诟骂他是姒履癸（桀）和子受辛（纣。周昌当最高监察长〔御史大夫〕，到皇宫向刘邦面提报告，刘邦正抱着戚姬胡闹，周昌赶忙退出，刘邦跳起来抓住他，按倒在地，骑到他脖子上，问说：“我是个什么样的君王？”周昌抬头喊说：“你是姒履癸〔桀〕、子受辛〔纣〕那样的君王！”刘邦大笑，但内心敬畏他）；孝文帝（西汉五任帝刘恒）嘉勉袁盎讥刺会发生‘人彘’惨剧（参考前一七八年）；武帝（西汉七任帝刘彻）采纳东方朔对使用宣室殿招待公主姘头的抗议（参考前一三〇年）；元帝（西汉十一任帝刘奭）宽容薛广德要自杀的威胁（参考前四三年）。

“而今，陛下颁布诏书，发挥子武丁（商王朝二十三任帝高宗）的恩德，推广子头曼（春秋时代宋国二十八任国君景公）的一片赤诚（子头曼在位时，荧惑星接近心星，被认为国君将发生灾祸，天文台长〔太史〕要求用祭祀、祷告手段，把灾祸转移到高级官员身上。子头曼拒绝，上天被他的厚道感动，荧惑星自动的向后退避），自己承认错误，要求官员们批评（刘祜命文武官员呈递“亲启密奏”〔封事〕）。贡献意见的人亲眼看到杜根、成翊世等，受到擢升，在‘二台’获得荣耀（杜根当执法监察官〔侍御史〕，最高监察府称“御史台”。成翊世当宫廷秘书署〔尚书〕助理〔尚书郎〕，宫廷秘书署称“尚书台”。“台”字开始出现，以后逐渐代替“府”字，成为中央政府若干重要单位的简称），必然的闻风响应，竞赛着表现正直恳切。

“他们的建议，如果真是优良的谋略和奇异的计策，当然请陛下采纳。如果见解浅陋，或狂妄讥刺，虽然胡说八道，不切实际，也要请陛下大度包容，表示圣明王朝毫无忌讳的美德。假定有些学人专家，在回答问题时，有特别高深的见解，则请陛下详细批阅，特别越级任用，用以广开言路。”

奏章呈上之后，刘祜下诏任命品德优良、考试成绩列于高等的沛国（首府相县〔安徽省淮北市〕）人施延，当宫廷随从（侍中）。

10 最初，汝南郡（河南省平舆县西北射桥镇）人薛包，年轻时便以孝顺行为，闻名于世。老爹娶了继母后，开始厌恶薛包，给他一份家产，教他另立门户。薛包日夜哭泣，不肯离开，老爹殴打他，薛包不得已，在大门外兴筑一间房舍，一早就回家洒扫庭院。老爹大发脾气，把他赶走，薛包就在巷口再兴筑一间房舍，早上和晚上，总要回家向老爹和继母，请安问候。这样一年有余，老爹和继母内心惭愧，终于让他回家。

等到老爹和继母逝世，几个晚辈要求分家，各自独立生活。薛包不能阻止，于是分割遗产；奴仆婢女，薛包选择年龄大的，说：“他们跟我相处的时间最久，你们恐怕差遣不动。”田地房舍，薛包选择荒芜的，说：“我年轻时亲自耕种过，对它们有一份感情。”家具器用，薛包选择破旧的，说：“我一向使用它们，用起来舒适顺手。”晚辈一连好几次破产，薛包一直救助他们。

刘祜听到这件事，特地命宫门接待署（公车）征召他，报到后，任命他当宫廷随从（侍中）。薛包坚决辞让，表示宁可一死。刘祜赐准回乡，依照优待毛义前例，优待薛包（毛义事，参考八四年）。

11 刘祜幼年时，人人称他聪明，所以皇太后邓绥才遴选他当皇帝。可是，年龄稍长，劣根性暴露，变得邪恶非常，邓绥有点失望。刘祜的奶娘王圣，了解邓绥的心思。正好，邓绥征召济北王（首府卢县）刘寿（刘祜叔父）的儿子刘懿、河间王（首府乐成）刘开（刘祜叔父）的儿子刘翼，前来首都洛阳。刘翼长得堂堂一表，邓绥十分欣赏，命刘翼当平原（怀）王刘隆的继承人（参考去年〔一二〇〕四月），留在京师（刘翼、刘隆、刘祜，都是皇家第五代的堂兄弟）。

王圣眼看皇太后邓绥，一直掌握权柄，不肯交还皇帝，恐怕发生变化，就跟禁宫中级侍从宦官（中黄门）李闰、江京等，包围刘祜；在刘祜面前，打皇太后邓绥的小报告，说尽挑拨感情的坏话，刘祜一肚子愤恨和恐惧。

等到邓绥逝世，有从前受过处罚的宫女，对邓绥衔恨，遂向刘祜诬告邓绥兄弟邓悝、邓弘、邓阊（三人均已去世），曾向宫廷秘书（尚书）邓访，索取罢黜皇帝的档案，打算改立刘翼。刘祜回想到蛛丝马迹的往事，霎时间怒不可遏，决心报复。命有关单位弹劾邓悝等大逆不道，然后在接到弹劾奏章后，下令剥夺下列诸人封爵：西平侯邓广宗（邓悝之子，应封叶侯）、叶侯邓广德（邓弘之子，应封西平侯）、西华侯邓忠（邓阊的儿子）、阳安侯邓珍（邓悝老哥邓京的儿子）、都乡侯邓甫德（邓弘幼子），一律贬作平民。只有邓骘，因没有参与密谋，只免除"特进"（朝会时位在三公之下，诸侯之上），遣回封国（上蔡国，今河南省上蔡县）。邓姓家族在政府中供职的，全数免职，逐返本郡（邓家是南阳郡〔河南省南阳市〕人）。邓骘以下所有人的财产，一律没收。并把邓访跟他的家属，放逐到远方郡县。

接着，郡政府、县政府对邓家作无情的逼迫，邓广宗、邓忠二人自杀。刘祜改封邓骘当罗侯（封国罗县，今湖南省汨罗市。跟原封国上蔡航

一世纪及二世纪　邓家班世系表

								明亲侯 邓宽	高密侯 邓禹												
									平寿侯 邓训							邓鸿	夷安侯 邓珍		昌安侯 邓袭	高密侯 邓震	
					河南尹 邓豹	舞阳侯 邓遵	将作大匠 邓畅		和熹皇后 邓绥	西华侯 邓阊	西平侯 邓弘		叶侯 邓悝	邓京	上蔡侯 邓骘		夷安侯 邓康	夷安侯 邓良	昌安侯 邓藩	高密侯 邓乾	
安阳侯 邓香						南乡侯 邓万世				西华侯 邓忠	都乡侯 邓甫德	西平侯 邓广德	叶侯 邓广宗	阳安侯 邓珍	邓凤					高密侯 邓成	
	孝桓皇后 邓猛	南顿侯 邓演																		高密侯 邓褒	
安阳侯 邓会		淯阳侯 邓秉	昆阳侯 邓统	沘阳侯 邓康																舞阴侯 邓昌	高密侯 邓?

空距离五百公里，在当时还没有开发，等于贬入蛮荒）。

五月一日，邓骘跟儿子邓凤，绝食而死。邓骘的堂弟首都洛阳市长（河南尹）邓豹、北疆边防司令（度辽将军）舞阳侯邓遵、工程总监（将作大匠）邓畅，全都自杀。只有邓广德兄弟，因娘亲跟皇后阎姬是亲姐妹，得以保全性命，仍留在首都洛阳。

刘祜任命耿夔当北疆边防司令（度辽将军）。征召乐安侯邓康到京师（邓禹的第三个儿子邓珍，封夷安侯，邓康是邓珍的儿子，继承爵位。邓康曾被邓绥在家谱中除名，参考一二〇年。“乐安”应作“夷安”），任命邓康当交通部长（太仆）。

五月十七日，贬平原王（首府平原）刘翼当都乡侯，把他遣回河间（首府乐成〔河北省献县〕，老爹刘开的封国）。刘翼知道他惹下的是什么大祸，从此闭门不出，不接见宾客，这才脱掉灾难。

12 最初，东汉四任帝（和帝）刘肇封邓绥当皇后时（一〇二年），全国武装部队总司令（太尉）张禹、宰相（司徒）徐防，打算跟最高监察长（司空）陈宠，联名奏请追封邓绥的老爹邓训。陈宠认为从前没有这种例子，不肯署名。一连辩论了数日，陈宠坚持立场。这当然不能阻挡追封，等到皇帝下诏追封邓训（平寿侯）时，张禹、徐防又约请陈宠，一同派儿子向虎贲警卫指挥官（虎贲中郎将）邓骘（邓训长子）送礼祝贺，陈宠也拒绝。所以陈宠的儿子陈忠，在邓家班当权时期，不能擢升到高官位置。

邓家班消灭，陈忠当宫廷秘书（尚书），乘机报仇，不断上书刘祜，罗织邓家的罪状，激使刘祜采取强硬手段（胡三省注：陈宠的作为是对的，陈忠的作为便不对了）。农林部长（大司农）京兆（陕西省西安市）人朱宠，对邓骘无罪而受到迫害，至为悲痛，决心挺身而出。遂露出臂膀，抬着棺材，上书刘祜，替邓骘等呼冤：

“和熹皇后（邓绥），有至圣至善的品德，可比作汉王朝的‘文母’（周王朝一任王武王姬发的祖母太任），她的一些兄弟，忠孝仁爱，忧虑国事，同心贡献。使皇家祭庙有主持之人，皇家宝座有可以信赖的托付（指刘祜）。大功告成之后（迎立刘祜），自行引退，辞让赏赐给他们的封爵和采邑。过去所有的皇后家族，都不能跟他们相比。

“正当他们的善良谦让，受到上天祝福的时候，却忽然被宫女片面之词诬告。尖口利舌，十分险恶，使国家陷于混乱。而所指控的罪状，并没有积极证据，既不调查，也不审讯，竟使邓骘等受到如此残酷的灾祸。一家七口，全死非命（七口：邓骘，邓骘的堂弟邓豹、邓遵、邓畅，邓骘的儿子邓凤，邓凤的堂弟邓广宗、邓忠），尸首分散各地，冤魂不能返回祖先坟墓。违背天命，丧失人和，普天之下，人人沉痛。我请求准许将他们的尸体，还葬故乡，安抚他们遗留下来的孤儿，使他们得以祀奉香火，告慰死者在天之灵。”

朱宠知道自己的言词太过激烈，主动向司法部监狱（廷尉）报到。陈忠不允许反调存在，立即弹劾朱宠。

刘祜下令把朱宠免职，逐返故乡。

大多数人都为邓骘悲哀，认为冤枉，刘祜也有点觉悟。于是，责备州郡政府不该迫害，允许把邓骘的尸体运回邙山（河南省洛阳市孟津区东南，洛阳跟黄河之间的土质山脉）安葬；也准许邓家堂兄弟们返回首都洛阳。

13 刘祜任命嫡母耿贵人的老哥、牟平侯耿宝，当羽林军左翼总监（监羽林左军车骑）。把祖母宋贵人老爹宋杨（刘祜外曾祖父）的四个儿子，全封侯爵（宋贵人及老爹宋杨被诬事，参考八二年）。宋姓家族当部长（卿）、指挥官（校）、宫廷随从（侍中）、国务官（大夫）、皇家礼宾官（谒者），以及初级官员（郎吏）的，有十余人。

刘祜皇后阎姬的兄弟阎显、阎景、阎耀，同时受到重用，分别担任部长（卿）、指挥官（校），统御皇家禁卫部队。历史走上第一个转折点，床第之爱，伸入政府（两汉王朝一向由母族〔舅父〕当权，现在妻族〔内兄内弟〕开始当权）。

刘祜因为宦官江京，当初奉派到清河宾馆（清河邸）迎接他入宫即位，认为江京有功，封都乡侯（当时前往官邸迎接的是邓骘，江京不过邓骘手下。参考一〇六年）；封李闰当雍乡侯，二人一齐当寝殿侍奉宦官（中常侍）。江京兼皇后宫总管（大长秋），跟另外一位寝殿侍奉宦官（中常侍）樊丰、宦官总管（黄门令）刘安、宫廷花圃器具管理官（钩盾令）陈达，以及刘祜的奶娘王圣、王圣的女儿伯荣（姓不详），结成一条阵线，奔走内外，互相比赛奢侈、贪污、残忍、凶暴。尤其是伯荣，随随便便出入皇宫，毫无禁忌，大规模从事奸恶勾当。

宰相（司徒）杨震上书，说：

"我曾经听说：治理国家，以得到贤才为第一要务，以排除奸人为第一优先。伊祁放勋（唐）、姚重华（虞）在位时，俊杰当权，'四凶'或被诛杀、或被放逐，天下敬服，人心和睦。而今，具备'九德'的人，没有一个在政府供职；而马屁精之类的邪恶之辈，却充满政府（《书经·皋陶谟》，认为下列的九种行为，是最高品德："宽而栗，柔而立，愿而恭，乱而敬，扰而毅，直而温，简而廉，刚而塞，强而义。"）。

"奶娘王圣，出身微贱，遇到千年难逢的机会，奉养陛下，虽然有抓屎抓尿的辛苦，但对她赏赐之多，早超过她应得的回报。她却并不满足，不知道克制，不断干预行政司法，使国家混乱，伤害政府，玷污日月。女子和小人，接近她时她高兴，疏远她时她怨恨，实在难以豢养（《论语》孔丘语，但原文是：接近她时她不知道分寸〔近之则不迹〕，意义深刻，杨震一改，反而软弱无力，而且显出漏洞。皇帝跟宰相接近，宰相岂不也高兴）。请陛下下令奶娘迅速迁出皇宫，教她住在宫外。陛下也应断绝跟伯荣之间的关系，莫再来往。这样才可以使恩德永在，上下都受赞扬。”

奏章呈上之后，刘祜拿给王圣等传阅，吃奶帮大为愤慨，把杨震恨入骨髓。

吃奶帮中以伯荣最最骄傲淫乱，跟故朝阳侯刘护的堂兄刘瓌通奸，刘瓌遂娶她作为正妻，一帆风顺，升官升到宫廷随从（侍中），继承朝阳侯的封爵。

杨震上书抗议，说：

“正常的制度，父亲逝世，儿子继承，兄长逝世，老弟继承，目的在于防止叛乱篡夺。现在，诏书颁下，封故朝阳侯刘护远房堂兄刘瓌，继承刘护爵位，令人震惊。刘护亲弟刘威，仍在人世。我曾经听说，皇帝有封爵的权力，但必须封对国家有功的人；国君可以任命官员，但必须任命有品德的人。而今，刘瓌既没有功、又没有德，只因为娶了奶娘的女儿，刹那之间，竟擢升到宫廷随从（侍中）高位（比二千石），更晋封侯爵；破坏制度，违背经典，连道路上的行人，都哗然称奇，人民感到不安。陛下应参考过去史迹，坚守君王的立场。”

宫廷秘书（尚书）广陵（江苏省扬州市）人翟酺，也上书规劝，说：

“从前，窦家、邓家，受到的宠爱和荣耀，曾使四方震动，每人都身兼数项要职，家财不可数计，甚至干预国家大计，更换皇帝。岂不是权势太重、威望太高，才发生这种事情？等到失败之时，人头落地，想当一只猪崽，已来不及。富贵如果不是由于逐渐累积，就会突然丧失。官位权力如果不是遵守正常轨道取得，灾殃必定迅速来临。

“现在，皇后家族的宠荣，自从汉王朝（两汉王朝）建立以来，从没有如此盛大，陛下诚然是为了推广恩德，敦睦九族。然而，政府不但已不能掌握俸禄，连国家大权，也滑入私人门户。在曾经翻车的轨道上，再度驾车奔驰，怎么能避免毁坏！这是国家平安和危亡的起码分际，也是皇家祭祀是否就要中断的重要关头。昔日，文帝（西汉五任帝刘恒）舍不得花费二千两黄金兴筑露台（参考前一五七年）；在宫殿之中，收集呈送奏章的黑色口袋，制成帷帐。有人讥笑他过于节俭，他说：‘我为天下人民看守钱财，怎么可以浪费？’

“自从陛下亲政以来，短短时间（三月至六月，不过四个月），赏赐的费用，已无法计算。聚敛天下财富，却堆积到对国对民毫无贡献的家庭之中，国库枯竭，民生凋敝。万一发生大的变故，又要加重田赋捐税；人民怨恨长久累积，立刻就会招致战乱。请求陛下物色忠贞，诛杀或疏远奸佞，割舍情欲上的欢娱，撤除私心上的爱好；常想到亡国之君，如何亡国？创业之君，如何兴起？这样才有可能平息灾难，招致丰收。”

奏章呈上后，刘祜全不理会。

14 秋季，七月一日，改年号（之前是永宁二年，之后是建光元年），赦天下。

15 七月二十四日，全国武装部队总司令（太尉）马英逝世。

16 西羌烧当部落（渭水上游一带）头目忍良等，认为麻奴兄弟，本是烧当酋长的嫡亲后裔（参考一〇七年），而西羌保安司令（护羌校尉）马贤，却没有照顾。由不满而愤恨，终于互相结合，裹挟其他部落，攻击湟中（青海省东北部）及金城郡（甘肃省陇西县）所属各县。

八月，马贤率领已归附政府的先零部落（宁夏），发动反击，在养马场会战（两汉王朝沿边各郡，都有养马场设置，豢养战马），马贤失败。麻奴等又攻击令居（甘肃省永登县西，西羌保安司令部所在），击败武威（甘肃省武威市）、张掖（甘肃省张掖市）二郡民兵；乘胜裹挟先零部落、沈氏部落（陕西省北部）等四千余户，沿着祁连山西上，攻击武威（甘肃省武威市）。

马贤尾追，抵达鸾鸟（武威市南），用心战招降，各部落归降的有数千户。麻奴撤退到湟中。

17 八月十六日，东汉政府任命前任宰相（司徒）刘恺，当全国武装部队总司令（太尉）。

最初，清河国（首府甘陵〔山东省临清市〕）宰相叔孙光，被控贪污判刑，父子二人剥夺公权两代。本年（一二一），居延移民区（内蒙古额济纳旗）司令官（都尉）范邠，也被控贪污判刑，政府打算援引叔孙光前例，连同他的儿子，一并剥夺公权终身。刘恺挺身反对，认为："《春秋》显示的大义，美好德行的报偿，应延伸到子孙身上；犯罪行为的处罚，应仅限于自己承受（《春秋公羊传》原文："君子之善善也长，恶恶也短。恶恶止其身，善善及子孙"）。目的在鼓励人们向善。如今，对贪污犯的处罚，竟剥夺到其子孙的终身公权，罪轻而罚重。刑罚太滥，恐怕伤害善良，不是先王（历代圣明君王）所以设立刑罚的原意。"

宫廷秘书（尚书）陈忠也赞成刘恺的意见。刘祜下诏："总司令

（刘恺）的见解对。”

18 鲜卑部落（内蒙古东部中部及以北地区）酋长其至鞬，攻击居庸关（北京市昌平区西北）。

九月，云中（内蒙古托克托县）郡长成严反击，大败。行政官（功曹）杨穆保护成严，二人同时阵亡。鲜卑遂包围乌桓保安司令（乌桓校尉）徐常驻防的马城（河北省怀安县）。北疆边防司令（度辽将军）耿夔，跟幽州（河北省北部及辽宁省）州长（刺史）庞参，动员广阳郡（北京市）、渔阳郡（北京市密云区）、涿郡（河北省涿州市）三郡部队增援，鲜卑解围撤退。

19 九月十日，刘祜前往皇城保安司令（卫尉）冯石家，逗留十余天，大吃大喝，赏赐丰富，擢升冯石的儿了冯世当禁宫侍从官（黄门侍郎），冯世的两个弟弟，都当初级禁卫官（郎中）。

冯石，是阳邑侯冯鲂的孙儿。老爹冯柱，娶二任帝（明帝）刘阳的女儿获嘉公主刘姬为妻；冯石继承娘亲的爵位，封获嘉侯，善于取悦别人，所以受到刘祜宠爱。

20 京师（首都洛阳）及二十七个郡和封国，大雨成灾。

21 冬季，十一月十二日，三十五个郡和封国地震。

22 鲜卑部落（内蒙古东部中部及以北地区）攻击玄菟郡（辽宁省沈阳市东）。

23 宫廷秘书长（尚书令）祋讽（祋，音duì〔对〕）等，奏称：“孝文皇帝（西汉五任帝刘恒）制定简单的礼仪（刘恒逝世时，遗诏规定三十六日即可脱掉丧服，参考前一五七年；后世一直奉行），光武皇帝（东汉一任帝刘秀）不准臣僚因父母逝世而长期休假。这是万世应遵循的法则，不可改变。应撤销大臣守三年之丧（休假三年）的规定。”

宫廷秘书（尚书）陈忠上书力争，说：

“高祖（西汉一任帝刘邦）接受天命，萧何创立制度，大臣有守三年之丧的规定，合乎哀伤的大义。东汉王朝建立，正当大乱之后，国家各种法令规章，多数都很简单明了，高级官员既不坚持三年之丧，中级以下官员为了功名利禄，更很少有人遵守三年之丧，上报亲恩；于礼于义，都是亏欠。陛下准许高级官员守丧三年，这是圣明君王最大最美的功业，实在无以复加。孟轲说：‘尊敬我的长辈，更推及到别人的长辈。爱护我的幼儿，更推及到别人的幼儿。天下国家虽大，可以运转在手掌之上。’我盼望陛下登高北望（北望甘陵），用你对甘陵（老爹刘庆的坟墓）的思念之情，推想臣子之心，则四海之内，人人各得其所。”

但宦官认为父母死亡，要守三年之丧（休假三年），对自己不利，坚决反对。陈忠的建议，竟被搁置。

十一月二十三日，刘祜下诏：部长级以上高级官员（二千石），不再守三年之丧（一一六年，恢复古制，准许大臣守三年之丧〔休假三年〕）。

古代帝王，所以能够使人民行为笃实，使社会风气优美，引导人民向善，主要的在于顺其自然，绝不勉强压制先天的感情，而有些人仍然不能感化。何况毁弃礼教，不准他哀思，灭绝天性！

曾参说："慎终追远，民德归厚。"原意不仅仅要美化风俗，主要的还是要顺乎人性，流露真实感情。为了使人子在丧亲的痛彻肺腑的悲恸中，适当地表达永诀哀思，葬礼因之而兴。可是儒家学派的丧礼，却十分异样。除了弄一大堆丧服规矩外，又弄了一大堆更复杂、更深不可测的仪式，把死人的妻子儿女，折腾得筋疲力尽，甚至倾家荡产。直到二十世纪三〇年代，丧礼中仅只"点主"——请当地乡绅在牌位"王"字上，用朱砂笔捺上一点，就要跪跪拜拜，唱唱喊喊，热闹几个小时，花费一二两黄金之价多——点主的那个家伙，不能白来。

然而，最可怖的还是儒家学派坚持的"三年之丧"，当儿子的要对死去的爹娘，哀悼三年，在这三年之中，要不断哭泣，不能吃干饭，只能吃稀粥；不能睡床，只能睡在地面的草席上；不能用枕头，只能枕土块（当然，枕石头大概也行）；不能穿普通衣服，只能穿特制的麻质孝服（事实上只能套在衣服上，不能穿到身上，因为它过度粗糙）。而且必须瘦得皮包骨头，脸面黄黑，双目昏花，耳朵半聋。最标准的孝子是：奄奄一息，有人扶着才能起床，靠着手杖，才能走路；住在用土坯做墙的房子里，三年之间，不能跟妻子亲热，不能有笑容，甚至不能言语。儒家学派最骄傲，动辄抬出来亮相的一位先生是："子武丁守丧，三年不说一句话（高宗谅阴，三年不言）。"

这种"三年之丧"，在春秋时代便因为行不通而被扬弃，墨家学派只主张守三月之丧就够了，大力抨击守三年之丧的荒谬。但儒家学派却坚决复古，并把三年之丧作为检验一个人道德学问的标准。

三年之丧是贵族、地主阶级的一种休闲性的游戏，一个升斗小民，一天不工作便没有饭吃，如果守三年之丧，全家岂不都成了僵尸？不但小民无法奉行，对一个政府官员而言，也承受不住三年之丧的打击。三年之后（如果他过度不幸，老娘丧命三年之后，老爹又死，就是六年），再回到政坛，形势已经大变。于是，有些人羡慕别人爹娘死得早，有些人深恨自己爹娘死得迟，有些人一听说爹娘病重，便责备两个老东西为什么不好好保养？有些人一听说爹娘病故，就连夜挖坑，草草埋葬，然后一手遮天，硬说二老仍在。

在以后的史迹上，三年之丧的节目，将不断出现，并且成为一种掠夺名声和权势的手段，更成为一种政治斗争武器，父母不但不是人子孝思的对象，反而成了贪婪卑鄙勾当的工具，就更使人遗憾。

24 十二月，高句骊王国（首都国内城〔吉林省集安市〕）国王（六任太祖王）高宫，率领马韩地区、濊貊部落（朝鲜半岛东北部）的数千骑兵，包围玄菟郡（朝鲜半岛进入二世纪后，南部半岛三个组织松懈的国家，作“品”字状，同时崛起，中部是弁韩，西南是马韩，东南是辰韩，总称“三韩”，也称“盖国”。玄菟郡郡政府因不断北迁，而有“第一玄菟”“第二玄菟”之别，此时郡政府在高句骊县，即辽宁省沈阳市）。夫余王国（大兴安岭东东北平原）国王派儿子尉仇台，率二万余人，跟州郡政府民兵结合，击溃高句骊王国攻势。

本年（一二一），高句骊王（六任太祖王）高宫逝世，儿子高遂成继位（七任次大王）。玄菟郡郡长姚光上书，要求乘他们正逢大丧，出兵攻击。中央政府参与决策的人都认为应该抓住这个良机。宫廷秘书（尚书）陈忠反对，说：“高宫狡猾，姚光对他没有办法，却在对方死后，发动攻击，理不直，气不壮。此时，我们应该派出吊丧使节，前往悼唁。顺便质问他们总是侵犯的罪过，表示不追究既往，这样还可能得到善意回报。”刘祜采纳。

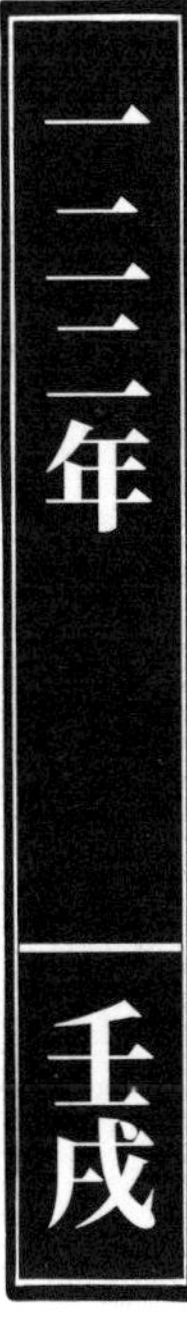

东汉　建光　二年
　　　延光　元年

1 春季，三月二日，东汉王朝（首都洛阳〔河南省洛阳市东白马寺东〕）改年号（之前是建光二年，之后是延光元年），赦天下。

2 西羌保安司令（护羌校尉）马贤，追击烧当部落（湟中一带）酋长麻奴，大军进入湟中（青海省东北部），大破烧当等联合部队；其他部落纷纷逃散（之后在青海湖畔定居）。

3 夏季，四月九日，京师（首都洛阳）以及二十一个郡及封国，天降冰雹。河西走廊（甘肃省中西部）冰雹大小如斗（冰雹大如鸡蛋，已够可怕。再大如斗，当时房舍，没有一家可以承当，势将杀人无数）。

4 幽州（河北省北部及辽宁省）州长（刺史）冯焕、玄菟郡（辽宁省沈阳市）郡长姚光，疾恶如仇，揭发奸邪，对贪赃枉法罪行，毫不留情的严厉处罚。仇家无计可施，遂假造一份皇帝诏书：斥责冯焕、姚光为非作歹；赐下刑刀，命二人自杀。然后再假造第二份皇帝诏书，下达辽东（辽宁省辽阳市）民兵司令（都尉）庞奋，命庞奋催促行刑。庞奋遂斩姚光，逮捕冯焕。冯焕打算自杀，他的儿子冯绲怀疑诏书的真实性，劝阻老爹说："你主持州政府时，目的只在除奸去恶，并没有别的事故。一定是仇家使用诈术，下此毒手。我们应该呈报中央，如果真是皇上旨意，再死不迟。"

冯焕接受儿子的建议，上书辩护，这才发现真相，果是仇家奸计。于是，把庞奋征召到首都洛阳，处罚他应得的罪刑。

5 四月十九日，最高监察长（司空）陈褒免职。

五月七日，擢升皇族事务部长（宗正）彭城（首府彭城〔江苏省徐州市〕）人刘授，当最高监察长（司空）。

6 五月二十六日，封河间（孝）王（首府乐成〔河北省献县〕）刘开（刘祜叔父）的儿子刘德，当安平王（首府信都〔河北省衡水市冀州区〕），作为乐成（靖）王（首府信都）刘党（参考九六年四月）的后裔（孙儿）。

7 六月，各郡、各封国，蝗虫成灾。

8 秋季，七月一日，京师（首都洛阳）及十三个郡和封国地震。

9 高句骊王国（首都国内城〔吉林省集安市〕）国王（七任次大王）高遂

成，把掳掠的人民牲畜，交还东汉政府，到玄菟郡（辽宁省沈阳市）归附。之后，濊貊部落（朝鲜半岛东部）也陆续归附。东汉东北边界，逐渐平安无事。

10 羌民族虔人部落（河套东北角一带），跟上郡（陕西省榆林市东南鱼河镇，此为原郡政府所在地）一带胡人（以匈奴人为主的外国人），武装叛变。北疆边防司令（度辽将军）耿夔，把他们击溃。

11 八月，西汉六任帝（景帝）刘启墓园（阳陵，陕西省咸阳市东北二十五公里）火灾。

12 九月七日（原文“甲戌”，据《后汉书·五行志》改），二十七个郡和封国地震。

13 鲜卑部落（内蒙古东部中部及以北地区）不断攻击东汉边疆，击斩不少郡长，而东汉毫无反应，鲜卑部落认为东汉不过如此，胆量遂越来越大。现役骑兵，已达数万之众。

冬季，十月，再攻击雁门郡（山西省朔州市东南）、定襄郡（山西省右玉县）。

十一月，再攻击太原郡（山西省太原市）。

14 烧当部落（青海湖东畔）酋长麻奴，饥饿窘困，不能支持，率领部众，投奔汉阳（甘肃省甘谷县）郡长耿种，归降。

15 本年（一二二），京师（首都洛阳）及二十七郡和封国，大雨成灾。

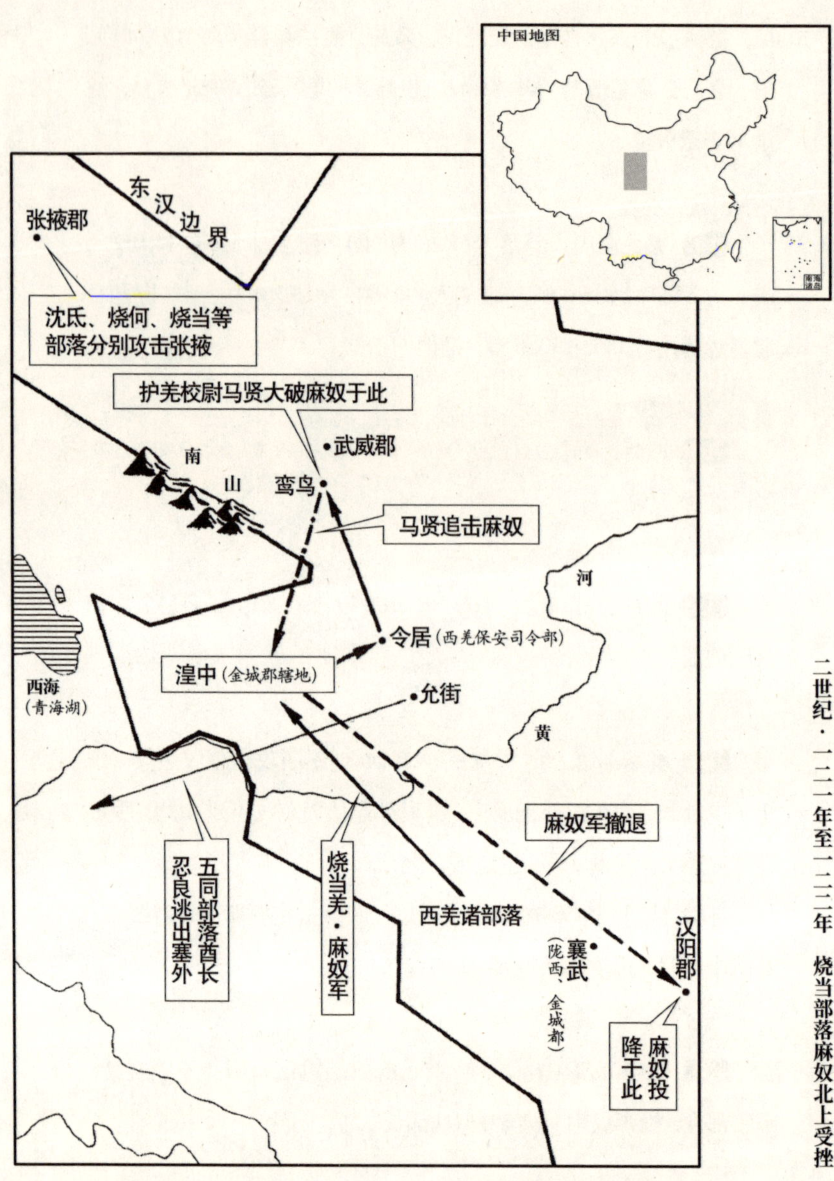

二世纪·一二一年至一二二年　烧当部落麻奴北上受挫

16 东汉帝（六任安帝）刘祜（本年二十九岁）派遣禁宫侍从宦官（黄门）、寝殿侍奉宦官（常侍），以及皇帝密使（中使）伯荣，不断前往甘陵（刘祜老爹清河王刘庆坟墓，在山东省临清市，距洛阳航空距离五百公里）。宫廷秘书署执行官（尚书仆射）陈忠，上书说：

“而今，上天并没有回心转意，所以水灾旱灾，不断发生。青州（山东省北部）、冀州（河北省中部南部）一带，大雨在上不停，堤防在下溃决，徐岱（即徐州，江苏省北部）沿海一带，海水倒灌，兖州（山东省西部）、豫州（河南省）一带，蝗虫繁衍。荆州（湖北省及湖南省）、扬州（安徽省中部及江南地区），稻谷歉收。并州（山西省及黄河河套地区）、凉州（甘肃省），西羌叛变，人民穷苦，政府困乏。

“陛下因为不能亲自侍奉孝德皇（老爹刘庆）的墓园，所以最近常常派遣密使（中使），到甘陵进香，朱红色的车辆，健壮的并辔良马，在道路上飞腾奔驰，前后相望，应该是最大的孝心。

“可是，我在侧面听到消息，那些使节所经过的地方，威风凛凛，不可一世，他们一到，郡县都惊恐震动。王爵、侯爵、郡长级（二千石）官员，见了伯荣，都在车前下拜。于是，征发民夫，修筑道路，整理驿站亭阁，充实储备物资。差役没有限度，老的老、小的小，被强迫征调，动不动就是一万人（民夫差役，政府不但不给工资，连饮食都要自备，比西方世界的苦刑犯更苦，因苦刑犯用不着自带伙食）。

“为了自保，人民只好行贿，仅只送给奴仆的绸缎，每人都要数百匹。农家被逼得血泪都干，躺在地上呻吟，痛彻心肺。河间王（刘开）是陛下的叔父，清河国（首府甘陵〔山东省临清市〕）是陛下父母坟墓所在，可是，他们的高级官员，在伯荣车前，都得一一行礼。陛下如果不查问纠正，大家必然认为：陛下的本意就是如此。伯荣的威信，超过陛下；陛下的权柄，掌握在左右奴仆婢女小老婆手中。

大水不断成灾，正是为了这个缘故。

“从前，韩嫣乘坐皇帝的备用御车，奉命公干；江都王（首府广陵〔江苏省扬州市〕）刘非误认为皇帝（西汉七任帝刘彻）驾到，急忙下拜，韩嫣遂被诛杀（刘彻宠爱韩嫣，常睡在一张床上。刘彻到御花园〔上林苑〕打猎，车队还没有出发，命韩嫣乘皇帝的备用御车，在数十数百骑兵保护下，先行察看野兽。皇弟刘非误认为是刘彻，俯伏在道旁接驾，韩嫣没有看见，扬长而去。刘非气得发抖，向皇太后王娡流泪控告）。我盼望圣明的君王，应展现元首的尊严，使正派的阳刚人士，重握权柄，不应该再使一些女子，干预政治。考察左右，有没有石显那种奸邪人物（参考前三七年）？考察宫廷秘书（尚书）、参议官（纳言）群中，有没有赵昌陷害郑崇那种诈欺行为（参考前三年）？考察高级官员中，有没有像朱博倚靠傅姓皇后家族那样得到外援（参考前五年）？而在皇后家族中，有没有王凤谋杀王商（非王家班）那种阴谋（参考前二五年）？如果国家大事，只有皇上一人发号施令，大计方针，只由皇上一人决定；则在下位的人才不能威胁在上位的人，当臣僚的才不能干预君王。到那时候，大雨大水，就会停止。即令四方仍有灾变，也不会造成伤害。”

奏章呈递后，刘祜不理。东汉政府三公虽居高位（三公：宰相、最高监察长、全国武装部队总司令），并没有实权，实权在宫廷秘书（尚书）之手。重要的机密军国大事，全由宫廷秘书（尚书）负责处理。可是，一旦发生天灾人祸，却责备三公，予以免职（东汉王朝的三公，不过聋子的耳朵，摆样儿而已，权在宫廷秘书署〔尚书〕。宫廷秘书署遂开始蜕变，到了下世纪〔三〕，终于代替宰相。中国政治制度的发展，班班可考）。于是，陈忠再上书建议：

“汉王朝（两汉王朝）建立以来，有一项政治习惯，宰相所作的请求，皇上从不拒绝。现在的三公，虽然跟从前的三公，名称相同，实质却不相同。无论推荐、保举、处罚、奖赏，全由宫廷秘书（尚书）

主持。宫廷秘书受到的信任，远超过三公。这不是一朝一夕之事，而是逐渐形成的局面。臣，陈忠，深感不安。

“最近，因地震缘故，最高监察长（司空）陈褒免职。现在又发生灾变，听说还要责备三公。从前，孝成皇帝（西汉十二任帝刘骜）因为火星接近心宿星，把责任推给宰相（刘骜逼宰相翟方进自杀，参考前七年），但仍无法得到上天的赐福，反而违背了子头曼（春秋时代宋国二十八任国君景公）不肯把灾祸转嫁给大臣们的美德。‘是’和‘非’的分别，在这上面十分明白。又，宫廷秘书（尚书）裁决国家大事，多数不遵循前例，随意定罪判刑，并不根据法条，而只一味欺骗，文字尖刻，信口雌黄，完全违背国家神圣的立场。遇到这些事情，陛下应追查它的真实意义，予以删除，不要接受。对上尊重国家法典，对下防止被人利用它作威作福。用方矩或圆规去检查方圆，用秤锤去决定轻重。任何决定，都要有根有据，这才是国家的标准，万年的法则。”

17 汝南郡（河南省平舆县西北射桥镇）郡长山阳（山东省巨野县东南大谢集镇）人王龚，行政宽大和顺，喜爱人才贤士，任命袁阆当人事官（功曹），袁阆推荐本郡人黄宪、陈蕃等。黄宪推辞，陈蕃则接受推荐，出任官职。袁阆并不标奇立异，但声名显于当世。陈蕃性格爽朗，郡长王龚对他很是礼遇，因为如此，知识分子莫不归心。

黄宪家世贫贱，老爹当一名兽医（在古代，医生受人轻视〔跟二十世纪医生受人尊重的情形，恰恰颠倒〕，兽医跟乞丐差不多，没有社会地位）。颍川（河南省禹州市）人荀淑，前往慎阳（河南省正阳县），就在慎阳旅舍，遇见年才十四岁的黄宪（黄宪是慎阳人），荀淑大为惊异，自我介绍，相对长谈，一谈就是几个小时。荀淑对黄宪说：“你，真是我的老师！”接着前往拜会袁阆，还没有说寒暄的话，荀淑就叫起来：“贵郡有个颜回，你可认识他？”（颜回，孔丘最喜爱、最欣赏的门徒，被儒家学派尊为“贤人”——地位仅比“圣人”低一级。）袁阆说：“你一定看到我们的黄宪啦！”

当时，同郡还有一位戴良，恃才傲物，他对谁都瞧不起，可是见了黄宪，却总是端正仪容，肃然起敬，每次告辞回家，都怅然若失，娘亲问他：“你又去兽医小娃家了。”戴良说：“很久不见黄宪，自以为没有地方不如他。可是相见之后，却不一样，看他好像在前面，却忽然在后面出现（“瞻之在前，忽焉在后。”这是颜回歌颂孔丘的两句话），简直莫测他的高深。”陈蕃跟同郡人周举，曾经交换意见，认为：“三个月不见黄宪，卑鄙可羞的念头，不知不觉会在心底萌芽。”

太原（山西省太原市）人郭泰，幼年时曾游学汝南（河南省平舆县西北射桥镇）。最先拜访袁阆，当天晚上就行告辞。后来拜访黄宪，一连几天才告辞。有人询问郭泰，郭泰说：“袁阆好像泉源的一个支流，虽然清朗，可是容易舀取。而黄宪却好像万顷海洋，无法使它澄清，也无法使它混浊，不能评估。”

最初，黄宪被郡政府保荐“孝廉”（最低级的任官资格），接着被“三公府”征召（“三公府”，即“三府”：宰相府、最高监察署、全国武装部队总司令部），朋友劝他出任官职，黄宪也不拒绝，但只暂时前往京师（首都洛阳），稍作停留，即启程回家，竟然没有到差。四十八岁时逝世。

黄宪的言论和他的见解，没有留传下来。可是，凡是有品德有学问曾看到他的人，都对他十分佩服，并打消自己的卑鄙念头。莫非是道德灵性的化身，至大至圣？我的曾祖父范汪，认为黄宪是一个柔和的人，顺着时代运转，道理不可衡量，深浅无法估计，清浊没有扰乱他内心的分辨。即令孔丘门下的学生，也不过如此。

黄宪的风范气度，经过这么多人嚷嚷，他阁下遂在历史上，占一席之地，而且被人当作榜样，列为典故。然而在拜读了他的史迹之后，发现他不过是一个标准幸运儿，主导或被导一场利禄骗局。

荀淑向袁阆推荐黄宪时，黄宪才十四岁，从袁阆的表情："你看到我们郡的黄宪啦！"可以肯定袁阆对黄宪的了解，绝非一朝一夕。书上记载，黄宪这位小朋友，十二三岁时，已使郡政府高级官员和天下高级知识分子，佩服得五体投地，如醉如痴。问题在于，这根本是一件不可能的事。天才儿童的意义是，他对某一方面的知识，有特殊的吸收和消化，以及反应能力。但他的心理状态，却仍是一个儿童。十岁时可能读完别人二十五岁时才能读完的大学课程，但他的心理年龄仍是离不开娘亲的十岁孩子。如果说黄宪十二三岁时便可以口若悬河般背诵儒家学派的经典，我们相信，那有可能；如果说他十二三岁时便成了如所形容的，"瞻之在前，忽焉在后"的深不可测，我们不相信，因为超过人类天赋的极限。人类的心理成长，有一定的生命历程，黄宪小娃，不能例外。

在东汉王朝的知识分子群中，我们常看到互相赞美之词，互相赞美本是一件好事，但东汉王朝时代的互相赞美，却是政治手段，跟推荐"孝廉""贤良""方正"之类有关，这是那个时代谋取官职的唯一管道——必须有盛大的知名度，才有可能被遴选举荐，踏入仕途。于是，互相赞美，变成走火入魔的"窝里捧"，肉麻当成有趣。

黄宪一生没有一件可称道的事迹，甚至连一句可称道的言论也没有。没有言行的圣贤，跟没有一个字的作家、没有参加过一次战役的名将一样。这种云山雾罩的梦呓，以后还会层出不穷，徒使我们背皮发紧。

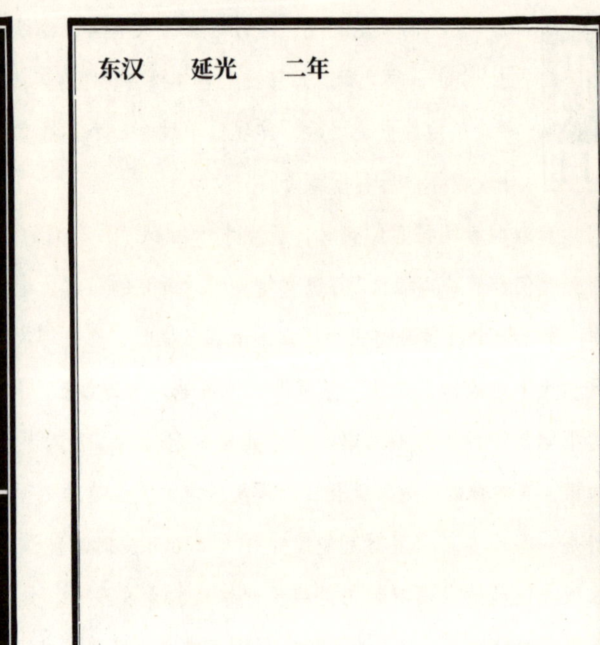

1 春季，正月，西南蛮夷旄牛部落（云南省香格里拉市。旄，音máo〔矛〕）起兵背叛中国。东汉王朝（首都洛阳〔河南省洛阳市东白马寺东〕）益州（四川省及云南省）州长（刺史）张乔，把旄牛部落击破。

2 夏季，四月二十日，东汉帝（六任安帝）刘祜（本年三十岁）封奶娘王圣当野王君（自西汉王朝以来，男封“侯”、女封“君”，爵位相等）。

3 北匈奴汗国（王庭设新疆阿尔泰山南麓）联合车师国（新疆吐鲁番

市)，攻击河西走廊(甘肃省中西部)，参与国家大计的部分官员，提议封闭玉门关、阳关(玉门关在敦煌西北八十公里，阳关在敦煌西南五十公里，二关相距六十公里)，认为跟西域(新疆及中亚东部)隔绝，就可永断外患。敦煌(甘肃省敦煌市)郡长张珰，上书说：

“我在京师(首都洛阳)时，也曾经认为，西域应该舍弃。而今，亲自到这块土地上，才知道：如果舍弃西域，河西(甘肃省中西部)不能单独存在。谨呈献上中下三策：北匈奴的呼衍王，常来往放牧于蒲类海(新疆巴里坤县西北巴里坤湖)跟秦海(新疆博斯腾湖)之间，控制全部西域，跟西域各国联合，共同劫掠我国边境。上策：我们应出动酒泉(甘肃省酒泉市)移民区(属国)外籍屯垦兵团二千余人，进抵昆仑塞(甘肃省瓜州县)，先行攻击呼衍王，铲除西域各国的靠山。然后征调鄯善国(新疆若羌县)部队五千人，威胁车师后国(新疆吉木萨尔县南)。中策：如果不能出动大军，则应先行设立军政官(司马)，统率将士五百人，由河西四郡(武威郡〔甘肃省武威市〕、张掖郡〔甘肃省张掖市〕、酒泉郡〔甘肃省酒泉市〕、敦煌郡〔甘肃省敦煌市〕)供给犁、耙、牛、马，以及粮秣，出塞进屯柳中(新疆鄯善县西南鲁克沁镇)。下策：如果连进屯柳中也办不到，则最好是放弃交河城(新疆吐鲁番市，车师前国首都)，把鄯善国全体迁入塞内。”

刘祜命高级官员提出意见。宫廷秘书署执行官(尚书仆射)陈忠，上书说：

“西域归属汉朝的日子很久，各国向东方仰头，到边关探询请求，并非一次。这正是他们不满匈奴，而仰慕中国的证明。现在，北匈奴已攻陷车师(新疆吐鲁番市)，大势所趋，一定南下续攻鄯善(新疆若羌县)。如果放弃他们，不派出援军，西域各国，将全部归附匈奴。到那时候，北匈奴的财富更多，胆量更大，将威胁到南山(甘肃省古浪县西南一段祁连山）之南的西羌部落，进而跟他们建立密切联系。从此，河西（甘肃省中西部）四郡，陷于险境。

“河西四郡一旦危险，政府不得不发动救援，到那时候，田赋捐税、差役民夫，要超过今天百倍以上，面对军事上浩大的开支，谁都无法控制。发表议论的人，只想到西域远在天外，照顾它的费用太多，却看不见孝武皇帝（西汉王朝七任帝刘彻）当初经营的苦心。现在，敦煌孤城正在危急，从遥远的边疆，向中央求救。中央如果撒手不管，何以对得起边疆官员和人民？又何以向塞外蛮夷展示威信？势将伤害自己国家，削减自己领土，不是美计良谋。

“我认为，应恢复敦煌郡的指挥官设置（西域副指挥官。参考一二〇年），依照前例，增加四郡派出的屯垦部队，安抚西域各国。”

刘祜同意，于是任命班勇当西域参谋长（长史），率五百人进驻柳中。

4 秋季，七月，丹阳郡（安徽省宣城市宣州区）山崩。

5 九月，五个郡和封国，大雨成灾。

6 冬季，十月六日，全国武装部队总司令（太尉）刘恺免职。

十月九日，任命宰相（司徒）杨震当全国武装部队总司令（太尉），宫廷禁卫官司令（光禄勋）东莱（山东省龙口市东黄城集村）人刘熹当宰相（司徒）。藩属事务部长（大鸿胪）耿宝，亲自拜访杨震，向杨震推荐寝殿侍奉宦官（中常侍）李闰的老哥，耿宝说：“李闰深受皇上的倚重，有意请三公征召他老哥当官，我只不过传达皇上的意思而已。”杨震说：“如果皇上有意教三府征召，应该由宫廷秘书（尚书）直接通知。”耿宝老羞成怒，跺脚而去。首都洛阳警备区司令（执金吾）阎显，也向杨震推荐亲友，杨震也不接受。最高监察长（司空）刘授听到消息，立即把李闰的老哥，跟阎显的亲友，征召到洛阳当官。当权派对杨震更为怨恨。

这时刘祜下令：给奶娘王圣，兴筑庄宅。寝殿侍奉宦官（中常侍）樊丰，跟宫廷随从（侍中）周广、谢恽等结党营私，政府纲纪紊乱。杨震上书，说：

“我想到最近的天灾人祸，越发严重，人民破产，三边告危（三边：东西北三方边疆），国库空虚，这可不是天下太平的时代。而诏书发下，却给奶娘王圣，兴建大宅，两坊合成一家（坊，是房舍密集住宅区，四周都是大街，仿佛西方都市的街区。一坊建成一家，已经庞大到可容纳三四百人，两坊合成一家，不但说明王圣家人口之盛，也说明大街马路将被截断），坊既相连，就占据了整条街道。雕刻装饰，巧夺天工。凿山挖石，政府官员层层催逼，花费高达数百亿。

“周广、谢恽兄弟，跟皇家连枝叶的关系都拉不上，依靠奸佞，窃弄权威。干扰州郡政府，奔走高官之间。三公（指刘授）征召天下贤才时，都看他们脸色。于是招来贪官污吏，收受贿赂。甚至剥夺公权，永不录用的人，都出来重当显要官职。黑白混淆一起，清浊同一泉源，天下哗然，对政府讥讽抨击。我曾经听说：‘在上位的向人民无情榨取，财富被榨尽，人民一定怨恨；精力被榨尽，人民一定叛变。心怀怨恨叛变的人民，不可以驱使。’请陛下留意。”

刘祜不理。

7 鲜卑部落（内蒙古东部中部及以北地区）酋长其至鞬，亲率一万余骑兵，围攻南匈奴汗国（王庭设美稷〔内蒙古准格尔旗〕）重要基地曼柏

（内蒙古达拉特旗东南六十公里马场壕村），南匈奴薁鞬日逐王战死，被杀一千余人。

8 十二月四日，京师（首都洛阳）及三个郡和封国，地震。

9 陈忠推荐汝南（河南省平舆县西北射桥镇）人周燮、南阳（河南省南阳市）人冯良：学识高深，品行纯洁，隐居乡间，不追求富贵，名重一时。刘祜命送上黑色绸缎及羔币（以小羊为赠礼），作为赏赐，征召二人当官。周燮族人都劝他说："一个人培养道德，砥砺品行，目的只在为国家效力，你为什么非坚持守住东山上的先人草屋和坡田不可？"周燮说："我自己增进自己的品德，要等待最好的时机。时机不成熟，怎么能行得通？"

周燮、冯良都自己坐车到县政府，声称有病，再回乡里。

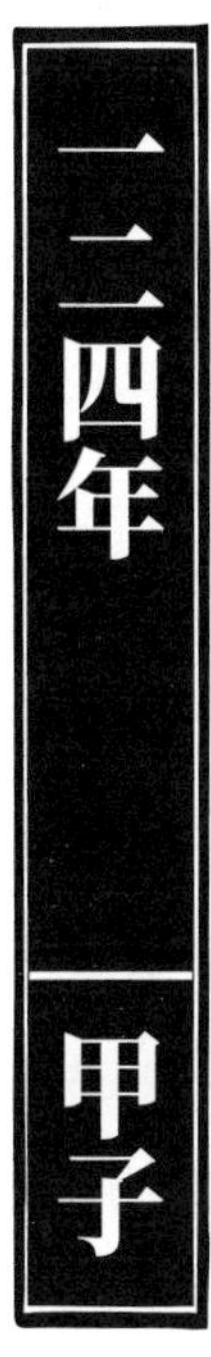

1 春季，正月，东汉王朝（首都洛阳〔河南省洛阳市东白马寺东〕）西域（新疆及中亚东部）参谋长（长史）班勇，抵达楼兰（新疆罗布泊西），说服鄯善国王归附；东汉政府特别赐给鄯善国王三条绶带的印信。但龟兹（新疆库车市）国王白英，仍犹豫不决，班勇开诚布公，用恩德和信誉保证，白英才率领姑墨（新疆阿克苏市西北）、温宿（新疆乌什县）两国王，自己缚住双臂，向班勇归降。

班勇遂调发龟兹等国步骑兵一万余人，进逼车师前国首都（交河城〔新疆吐鲁番市〕)，在伊和谷(今地不详)击败北匈奴伊蠡王，俘虏前国所属部队五千余人，于是车师前国门户重开。

班勇返回柳中(新疆鄯善县西南鲁克沁镇)，武装屯垦。

2 二月十三日，刘祜离开京师(首都洛阳)向东出巡。

二月二十八日，抵达泰山(山东省泰安市北)。

三月五日，再往鲁国(即东海国，山东省曲阜市)及东平国(首府无盐〔山东省东平县东南〕)，到东郡(河南省濮阳市西南)，经魏郡(河北省临漳县西南邺城镇)、河内郡(河南省武陟县)，返回首都洛阳。

3 最初，樊丰、周广、谢恽等，发现杨震所上奏章，皇帝都不理睬，证明杨震的力量微不足道，胆子遂越来越大，最后更假传圣旨，提取国库存款和粮食(司农钱谷)，征调工程部(大匠)工人建材等，每人都大肆兴筑家舍、林园池塘、亭台楼阁，调用的民夫和费用，无法统计。

杨震再上书，说：

"我身为皇帝的最高辅佐，不能够使风调雨顺。去年(一二三)十二月四日，京师(首都洛阳)地震；而四日，用干支记载时，称'戊辰'日，三者都跟'土'密不可分(地震有"土"，"戊""辰"也有"土"。至于"戊""辰"怎么有"土"，我们不懂；卜卦书上当有解释)，而位置接近中宫(大概是：地震发生在京师，接近中枢)；这正是最亲近的宦官幸臣，舞权弄势的反应。

"据我的观察，陛下因为边境仍不安宁之故，对自己十分节俭，宫殿墙垣，不过仅仅修理颓坏的部分。可是，那些受到恩宠的亲信大臣，却不能跟主上同心，反而骄傲奢侈，意气满盈，超越国家法令的限制，甚至大量征调军工囚徒，修建自己家屋。卖弄权势，炫耀富贵，道路行人都群起喧哗。大地所以震动，正由于此。而冬季既没有积雪（冬季没有积雪，入春之后，农田便缺少雪水灌溉），春节已过，仍没有降雨。文武百官，都感到焦心，可是他们却大动土木，没完没了，这正是造成大旱的象征。只有盼望陛下，振起英明乾刚的圣断（乾，指男性，指上天。刚，指阳性，指强大），舍弃骄奢的臣僚，用来回报皇天告警。”

杨震前后所上谏章，都十分率直，击中要害。刘祜看到，既无法批驳，又不愿接受，心里早就不高兴。而樊丰等更把杨震恨入骨髓，只因为杨震是儒家学派著名巨子，不敢马上动手谋害。

这时，河间（首府乐成〔河北省献县〕）人赵腾事件爆发，一切怨毒，也跟着爆发。赵腾上书皇帝，指摘政府若干过失。于是，刘祜借题发挥，大发雷霆，逮捕赵腾，囚禁诏狱，交付主管单位审判。审判结果，认定他犯了“欺骗元首”“大逆不道”法条（这是唯一死刑）。杨震急上书营救，说：

“我曾经听说，商王朝、周王朝一些圣哲君主，听到小人物们抱怨，甚至诟骂的言词，就自我反省，检讨过失，培养恩德。而今赵腾所做的，不过是措辞激烈、诽谤政府，跟持刀杀人的罪行有程度上的差异；请求赦免赵腾一死，饶恕赵腾一命，用来诱导车夫轿夫等草民对国家的关心。”

刘祜不理。赵腾遂绑赴刑场斩首，伏尸街头。

后来，刘祜到东方视察，樊丰等乘着皇帝在外，互相比赛扩张住宅，大兴土木。全国武装部队总司令部秘书（太尉部掾）高舒，召见工程部主管官员（大匠令史），调查询问，查出樊丰等伪造的皇帝诏书。杨震遂写好奏章，准备刘祜回京（首都洛阳）之后呈递。

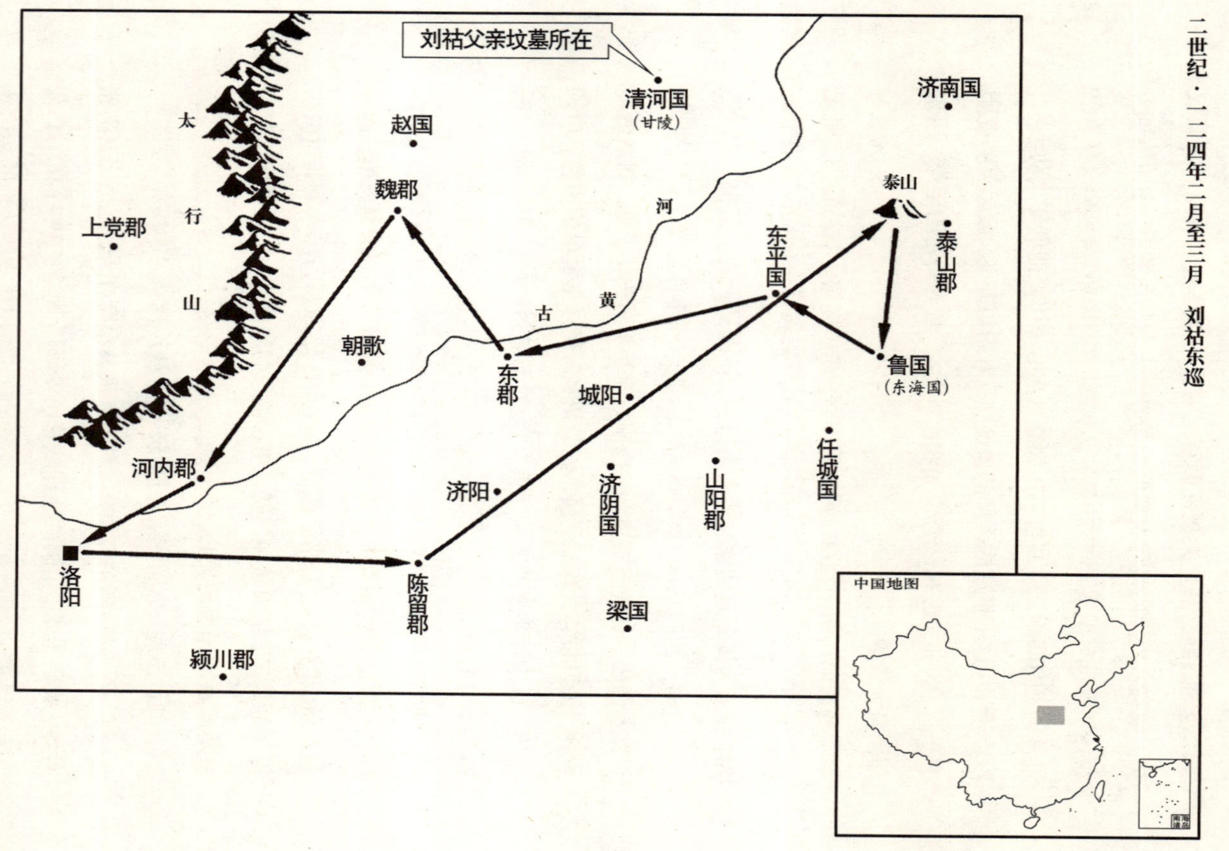

二世纪·一二四年二月至三月 刘祜东巡

樊丰等开始害怕，正好天文官（太史）警告说，天上群星反方向运转。遂异口同声，把罪状套到杨震头上，说：“自从赵腾死后，杨震一直心怀愤怒。而且，他是邓家班的手下（杨震当初接受邓骘推荐，到政府当官。参考一一〇年），对皇上处理邓家的态度，深表痛恨。”

三月二十九日，刘祜返回首都洛阳，在国立大学（太学）休息，等待吉祥时辰入宫。当晚，派使节收缴杨震全国武装部队总司令（太尉）印信（免职）。杨震紧闭门户，拒绝所有前来拜访的宾客。樊丰等更加厌恶，命藩属事务部长（大鸿胪）耿宝，弹劾杨震，说：“身为政府高级官员，竟然不服法律判决，心怀怨望。”刘祜下诏：杨震遣回本郡故乡（杨震，弘农郡〔河南省灵宝市东北〕华阴县〔陕西省华阴市〕人）。杨震举家离开洛阳西上，走到城西几阳亭（也作夕阳亭，今河南省洛阳市境），悲凉慷慨，对他的儿子和门徒说：“死亡，是高级知识分子正常的遭遇。我蒙皇上看重，位居高官。仇视奸臣狡猾，却不能铲除；痛恨淫妇邪恶，却不能禁止；有什么面目再见天日？我死之后，用下等质料的杂木当棺材，被单只要能盖住尸体就够了。不要运回祖宗坟墓，不要祭祀。”服下鸩酒，自杀身死。

弘农郡（河南省灵宝市东北）郡长移良（移，姓），遵从樊丰等人的旨意，派官员到陕县（河南省三门峡市），阻止杨震的丧车，不准西行，杨震棺材只好停在大道之旁。移良更指派杨震的儿子们到驿站当差，代替信使，送递邮件。道路行人，看到三公子弟如此下场，都为之落泪。交通部长（太仆）征羌侯来历说：“耿宝是皇上的嫡亲舅父（耿宝是刘祜嫡母的老哥），荣耀和恩宠都太过分。不思念效忠国家，却投身奸佞行列，谋害忠良，上天降祸，不会太远。”来历，是来歙的曾孙（来歙死于击灭成家帝国之役，参考三五年七月）。

4 夏季，四月二日，刘祜返宫。

5 四月五日，擢升宫廷禁卫官司令（光禄勋）冯石，当全国武装部队总司令（太尉）。

6 南匈奴汗国（王庭设美稷〔内蒙古准格尔旗〕）万氏尸逐鞮单于（三十三任）挛鞮檀逝世。老弟挛鞮拔继位，是为乌稽侯尸逐鞮单于（三十四任）。

当时，鲜卑部落（内蒙古东部中部及以北地区）屡次侵犯边境，北疆边防司令（度辽将军）耿夔，跟南匈奴温禺犊王呼尤徽，率领新近归降的部落，连年以来，不断出塞追击。返防后又命新降部落，驻屯最容易受到攻击的要冲地带。而耿夔的要求越来越多，新近归降的部落，怨恨也越来越深。酋长（大人）阿族等，遂起兵叛变，胁迫呼尤徽参加，一同出塞北返。呼尤徽拒绝，说："我年纪已老，受东汉厚恩，宁可以死，也不能追随你们。"大家打算杀掉他，有人在旁劝阻，才逃一命。

阿族等率领他们的部众逃走，匈奴协防司令（中郎将）马翼，率外籍兵团（胡骑）追击，摧毁阿族等抵抗，诛杀及俘虏，几乎全尽。

7 日南郡（越南东河市）界外蛮夷归附东汉。

8 六月，鲜卑部落（内蒙古东部中部及以北地区）攻击玄菟郡（辽宁省沈阳市）。

9 六月八日，阆中县（四川省阆中市）山崩。

10 秋季，八月二十日，擢升藩属事务部长（大鸿胪）耿宝，当全国最高统帅（大将军）。

11 刘祜奶娘王圣、宦官江京、宫廷随从（侍中）樊丰等，共同诬害太子刘保的奶娘王男、膳食管理官（厨监）邴吉等，刘祜命斩王男、邴吉；二人家属放逐比景（越南筝河口）。

年方十岁的皇太子刘保，思念奶娘王男跟邴吉，长吁短叹。江京、樊丰恐惧后患，就跟皇后阎姬联合，捏造证据，陷害刘保以及太子宫的官员。于是，身为老爹的刘祜，被挑拨得几乎疯狂，集合文武百官，讨论罢黜刘保的太子职位。耿宝承受旨意，认为是一项英明的决定，应该罢黜。但交通部长（太仆）来历、祭祀部长（太常）桓焉、司法部长（廷尉）犍为（四川省眉山市彭山区）人张皓，一致反对，说：

“经典上明白规定，年龄不满十五岁，有错误的行为，责任不在自己（张皓引的这个“经典”，不是儒家学派的正统经典，而是儒家学派两汉王朝时代的知识分子的主张。这主张倒跟一千八百年后二十世纪，未成年的人没有行为能力的学说相合）。而且，王男、邴吉的奸谋，皇太子可能不知道。现在要做的应该是遴选忠良的保姆师傅，教导礼义。罢黜太子这件事，非同小可，宽厚的圣明恩德，确实应该留意。”

刘祜不理。桓焉，是桓郁的儿子。

会议结束，张皓回家后，再上书说：

“从前，奸贼江充，捏造证据，陷害皇太子刘据，老爹孝武皇帝（西汉七任帝刘彻）很久之后，终于觉悟。虽然竭力谋求补偿，后悔已来不及（参考前九〇年）。今年（一二四），皇太子（刘保）才十岁，还没有受到教育，怎么能随便责备？”

奏章呈递，刘祜不理。

九月七日，刘祜下诏罢黜皇太子刘保，改封济阴王（首府定陶〔山东省菏泽市定陶区〕），移居德阳殿（每年元旦举行朝会，可以容纳万人的大殿）西钟楼下面。

来历仍锲而不舍，联合宫廷禁卫官司令（光禄勋）祋讽、皇族事务部长（宗正）刘玮、工程总监（将作大匠）薛皓、宫廷随从（侍中）闾丘弘（闾丘，复姓）、陈光、赵代、施延、中级国务官（太中大夫）九江（安徽省定远县西北）人朱伥等十余人，同时到鸿都门（皇宫宫门）作证，证明皇太子并没有过失。

刘祜跟他左右当权派对这种场面，烦躁不安，考虑到可能引起后遗症，于是派寝殿侍奉宦官（中常侍），代表皇帝出面，向大家恐吓说："父子一体，天性自然相爱。但是用大义割断父子之情，只是为了国家。来历、祋讽等，不识大体，竟然跟一群小人物喧哗胡闹。表面上忠心耿耿，其实内心不过谋取以后的福祉。掩遮邪恶，违背正义，岂是侍奉君王的态度？政府尊重言论自由，所以并不追究，一切宽大处理。你们如果仍执迷不悟，国法具在。"

参与谏诤的人，已看到刀光剑影，脸色大变。薛皓首先改变立场，顿首说："我们遵从皇上吩咐。"来历怒形于色，当众诘问薛皓："大家同意共同进言，你为什么首先退缩？当一个高级官员，乘坐国家车辆，处理国家大事，怎么改变得这么快！"但其他人已陆续站起来退出。

只剩下来历一人，守在鸿都门下，一连几天不肯罢休。刘祜怒火冲天，宫廷秘书长（尚书令）陈忠，跟宫廷秘书（尚书）们遂共同弹劾来历等。刘祜下诏，来历兄弟们的官职，全都免除，剥夺来历采邑征羌国（河南省漯河市郾城区东南）田赋捐税，并拒绝跟来历娘亲武安公主刘惠（二任帝刘阳女，刘祜的姑祖母）见面。

12 陇西郡政府迁回狄道（甘肃省临洮县。一一一年，郡政府迁襄武〔甘肃省陇西县〕）。

13 西羌烧当部落（青海湖东畔）酋长麻奴逝世，老弟犀苦继位。

14 九月三十日，日蚀。

15 冬季，十月，刘祜前往长安（陕西省西安市）。

十一月六日，返回首都洛阳。

16 本年（一二四），京师（首都洛阳）及二十三个郡和封国，地震。三十六个郡和封国，大水成灾，天降冰雹。

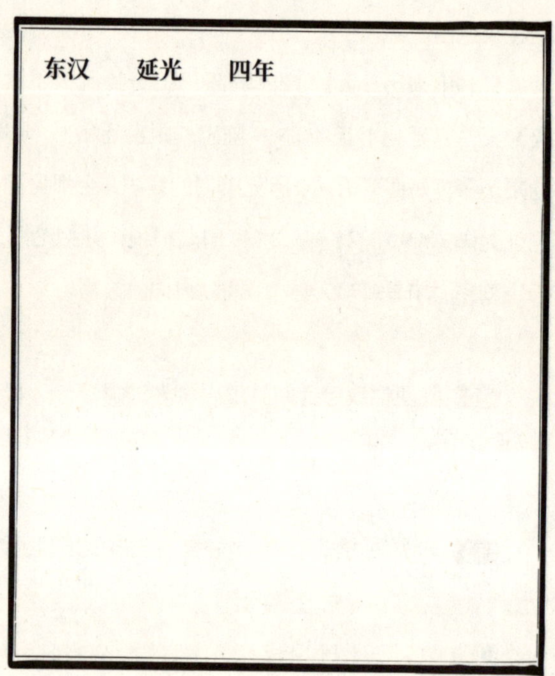

1 春季，二月乙亥日（二月戊子朔，没有乙亥），东汉王朝（首都洛阳〔河南省洛阳市东白马寺东〕）下邳（惠）王（首府下邳〔江苏省睢宁县北古邳镇〕）刘衍（二任帝刘阳子）逝世。

2 二月十七日，东汉帝（六任安帝）刘祜（本年三十二岁）到南方视察。

3 三月一日，日蚀。

4 三月三日，刘祜抵达宛县（南阳郡郡政府所在县，河南省南阳市），身体忽然不适。

三月八日，从宛县出发北上。

三月十日，刘祜抵达叶县（河南省叶县西南叶邑镇），就在轿子里死亡，年三十二岁。

皇后阎姬，跟阎显兄弟等，以及宦官江京、樊丰等，秘密会商，认为："皇帝死在半路，他的亲生儿子刘保，却留在京师（首都洛阳），跟政府高官接近，如果继承帝位，将会给我们带来大祸。"于是宣称皇帝病重，把尸首从御轿抬上御车，每天三餐，继续呈上饮食，有关官员到御车前问候平安，完全跟往常一样。

车队急行四天，于三月十三日，返抵皇宫。

三月十四日，派宰相（司徒）刘熹，前往皇家祭庙、神坛，焚香叩拜，祈祷赐福。当天晚上，宣布死讯，发丧，尊皇后阎姬当皇太后。

阎姬临朝主政，任命老哥阎显当车骑将军，"仪同三司"（官位权力，以及办公机构和部属，比照三公）。阎姬打算长期掌握权柄，所以盼望选立一个年幼的皇帝，遂跟阎显等在禁宫之内，决定实施方案。于是，迎立济北（惠）王（首府卢县〔山东省济南市长清区〕）刘寿（三任帝刘炟的儿子）的儿子、北乡侯刘懿继位。

刘祜的亲生儿子，年已十一岁，被贬作济阴王（首府定陶〔山东省菏泽市定陶区〕）的刘保，因受到罢黜的处分，反而不能上殿在棺木前哭父。刘保悲号，不进饮食，宫廷内外政府官员，都感悲哀。

5 三月十七日，济南（孝）王（首府东平陵〔山东省济南市章丘区〕）刘香（一任帝刘秀曾孙）逝世，没有儿子，封国撤除。

6 三月二十八日，刘懿即皇帝位（七任废帝）。

7 夏季，四月十一日，擢升全国武装部队总司令（太尉）冯石当皇家师傅（太傅），宰相（司徒）刘熹当全国武装部队总司令（太尉），主管宫廷机要（参录尚书事）。任命前任最高监察长（司空）李郃当宰相（司徒）。

8 当权派分裂，发生流血内斗。皇太后阎姬的老哥阎显要单独把持政府，而最高统帅（大将军）耿宝位尊权重，刘祜在位时，耿宝威不可当。现在，阎显命有关单位弹劾："耿宝跟他的摇尾系统：寝殿侍奉宦官（中常侍）樊丰、虎贲警卫指挥官（虎贲中郎将）谢恽、宫廷随从（侍中）周广，以及刘祜奶娘野王君王圣、王圣女儿王永等，结党营私，作威作福，大逆不道。"

四月辛卯日（四月丁亥朔，"辛卯"即四月五日。但此事应发生在四月十一日之后，当有误），逮捕樊丰、谢恽、周广，下狱处死，家属放逐比景（越南筝河口）。耿宝、耿宝的侄儿隆虑侯耿承，都贬降亭侯（侯爵最低级），遣回封国；耿宝在途中自杀。王圣母子放逐雁门（山西省朔州市东南）。

于是，任命阎景当皇城保安司令（卫尉）、阎耀当首都洛阳城防指挥官（城门校尉）、阎晏当首都洛阳警备区司令（执金吾）。阎家兄弟同时掌握军权，位居要津，一夜之间，权势膨胀，作威作福。

9 四月二十三日，把前任帝（六任安帝）刘祜，埋葬恭陵（河南省洛阳市孟津区东南），祭庙称恭宗。

10 六月二十日，赦天下。

11 秋季，七月，西域参谋长（西域长史）班勇，征发敦煌（甘肃省敦煌市）、张掖（甘肃省张掖市）、酒泉（甘肃省酒泉市）三郡骑兵部队六千人，以及鄯善（新疆若羌县）、疏勒（新疆喀什市）、车师前国（新疆吐鲁番市）各国部队，攻击车师后国（新疆吉木萨尔县南）国王军就。大破车师后国兵团，斩杀及俘虏八千余人；生擒军就，连同北匈奴“持节”使臣，绑到索班被杀地方（参考一二〇年），诛杀祭祀，把人头传送到首都洛阳。

12 冬季，十月二十二日，越嶲郡（四川省西昌市）山崩。

13 新即位的东汉帝刘懿病重，寝殿侍奉宦官（中常侍）孙程，秘密告诉济阴国王宫礼宾官（谒者）长兴渠（长兴，复姓），说：“大王（济阴王刘保）是皇上嫡子，原本没有过错，先帝（刘祜）听信奸人谗言，竟被罢黜。如果今上皇帝（刘懿）逝世，我们联手除掉江京、阎显，没有不成功之理。”长兴渠同意。这时，禁宫中级侍从宦官（中黄门）南阳（河南省南阳市）人王康，当初曾担任太子宫仓库官（府史），及长乐宫御厨房副主任（长乐太官丞）京兆（陕西省西安市）人王国等，都党附孙程。

江京建议阎显说：“皇上病无起色，继位人选，应立刻确定，为什么不及早征召所有有资格的王子，准备遴选？”阎显认为有理。

十月二十七日，刘懿逝世（这位当了八个月皇帝的小娃，史书上没有记载年龄）。阎显跟阎姬决定，秘不发丧。一面下令征召各亲王的王子；一面紧闭宫门，动员军队戒备。

十一月二日，孙程、王康、王国，跟禁宫中级侍从宦官（中黄门）黄龙、彭恺、孟叔、李建、王成、张贤、史泛、马国、王道、李元、杨佗、陈予、赵封、李刚、魏猛、苗光等，在西钟楼下（刘保住处）秘密聚会，各人撕下一幅衣襟，作为盟誓。

十一月四日，首都洛阳，及十六个郡和封国地震。当夜，孙程等在崇德殿（南宫正殿）秘密集合，发动突击，首先进入章台门。江京、刘安，以及李闰、陈达等，这时正好都坐在禁宫门下，孙程、王康闪电出手，斩江京、刘安、陈达。因为李闰长久以来所享的权势，在宫里有很大的影响力，孙程等想使他领导这次政变，刀锋直指李闰咽喉，说："你只有一条生路，拥戴济阴王（刘保），至死不变。"李闰说："我承诺。"于是大家扶起李闰，就在西钟楼下，把刘保推上金銮宝殿，登极称帝（八任顺帝），时年十一岁。李闰、孙程等召集宫廷秘书长（尚书令）、宫廷秘书署执行官（仆射）以下官员，追随刘保的御车之后，进入南宫。孙程等留守宫门，切断内外交通，防止走漏消息。刘保登上云台，召集中央高级官员，以及文武百官，派虎贲警卫、羽林警卫两支宫廷警卫部队（都属皇城保安司令部〔卫尉〕），控制南宫跟北宫的所有宫门。

阎显这时正在北宫，跟妹妹阎姬进行密谋，得到消息，惊恐失措，不知道怎么才好。禁宫贴身侍从宦官（小黄门）樊登建议：由皇太后颁发诏书，征召南越兵团指挥官（越骑校尉）冯诗、虎贲警卫指挥官（虎贲中郎将）阎崇，率军在平朔门（北宫北门）戒备，抵御孙程等攻势。阎显采纳，引诱冯诗入宫，说："济阴王（刘保）即位，不是皇太后的旨意，皇帝的印信就在这里，可作为证明。如果你能效忠皇太后，侯爵立刻到手。"阎姬剑及屦及，把侯爵印信直接送给冯诗，悬出赏格，说："能拿获济阴王（刘保）的，封一万户采邑侯爵。能拿获李闰的，封五千户采邑侯爵。"冯诗等慷慨承诺，但报告说："接到诏书后，仓猝进宫，带兵太少。"阎显允许冯诗等到左掖门外，迎接增援部队，并派樊登陪同。冯诗到左掖门后，诛杀樊登，驰回司令部，固守军营。

阎显的老弟、皇城保安司令（卫尉）阎景，匆忙从北宫返抵司令部（卫尉府），集结警卫部队，抵达盛德门。孙程命宫廷秘书（尚书）派人逮捕阎景，宫廷秘书（尚书）郭镇正卧床害病，听到命令，立即率领值班的羽林警卫武士，出南止车门，正碰上阎景。阎景部属拔刀大叫："不要挡路。"郭镇下车，"持节"宣告诏书。阎景咆哮说："他妈的什么诏书！"举刀直劈郭镇，一击不中，郭镇拔剑反击，把阎景砍下座车。羽林警卫武士用铁戟抵住他的前胸，生擒活捉，送到司法部监狱（廷尉狱）囚禁，当夜处死。

十一月五日，刘保派人突入北宫，夺取皇帝印信，遂进驻嘉德殿（南宫）。有了皇帝印信之后，如虎添翼，派执法监察官（侍御史）"持节"前往逮捕阎显，跟他的老弟首都洛阳城防指挥官（城门校尉）阎耀、首都洛阳警备区司令（执金吾）阎晏，一并下狱，处死，家属全部放逐比景（越南筝河口），把阎太后迁到皇宫外的离宫。

十一月六日，首都洛阳城门复开，戒严部队复员。

十一月九日，下诏给京畿总卫戍司令（司隶校尉）："阎显、江京近亲，全体屠杀，一人不留。但对其他人士，从宽处理。"封孙程等侯爵：孙程采邑一万户人家，王康、王国采邑九千户人家，黄龙采邑五千户人家，彭恺、孟叔、李建，采邑各四千二百户人家，王成、张贤、史泛、马国、王道、李元、杨佗、陈予、赵封、李刚，采邑各四千户人家，魏猛采邑二千户人家，苗光采邑一千户人家；世称"十九侯"（孙程浮阳侯、王康华容侯、王国郦侯、黄龙湘南侯、彭恺西平昌侯、孟宿中庐侯、李建复阳侯、王成广宗侯、张贤祝阿侯、史泛临沮侯、马国广平侯、王道范县侯、李元褒信侯、杨佗山都侯、陈予下嶲侯、赵封析县侯、李刚枝江侯、魏猛夷陵侯、苗光东阿侯）。同时，分别等级，赏赐车马、金银、钱币、绸缎、布匹。李闰因为在胁迫之下，才弃暗投明，所以没有封爵。另行擢升孙程当骑兵总监（骑都尉）。

最初，孙程攻入章台门，部众一拥而上，苗光突然害怕，不敢前进。刘保命王康呈报功臣名单时，王康假报苗光也进入章台门。封侯之后，苗光一直没有接到政府正式封爵公文（符策），心里恐惧，恐怕被人检举，遂亲自向宦官总监（黄门令）自首。有关单位弹劾王康、苗光：欺蒙君王。刘保下令：不必追究。

擢升工程总监（将作大匠）来历，当皇城保安司令（卫尉）。祋讽、闾丘弘等，已经逝世，任命他们的儿子当初级禁卫官（郎）。朱伥、施延、陈光、赵代，都派任官职，后来都位到部长级以上。征召王男、邴吉家属（参考一二四年），返回京师（首都洛阳），赏赐丰厚。

当初，刘保被罢黜时（参考一二四年），派驻太子宫担当监视的禁宫贴身侍从宦官（小黄门）籍建、亲王辅导宦官（中傅。当时刘保已是济阴王，不是太子）高梵、皇后宫总管（长秋长）赵熹、太子宫主任秘书（丞）良贺、药物管理官（药长）夏珍，都被控有罪，放逐到朔方（内蒙古磴口县）。刘保即位后，一齐释放回京（首都洛阳），全当寝殿侍奉宦官（中常侍）。

14 最初，车骑将军阎显征聘崔骃的儿子崔瑗当官，崔瑗认为北乡侯刘懿之被强行拥上宝座，不是正常轨道，肯定阎显非失败不可，便打算说服阎显：罢黜刘懿，改由刘保继承。可是阎显日夜沉醉，根本见不到面，崔瑗对秘书长（长史）陈禅说：

"寝殿侍奉宦官（中常侍）江京，迷惑先帝（六任刘祜），竟然废除皇家正统，另立旁支。从前少帝（西汉四任帝刘弘）在宫中发病，周勃罢黜他的宝座（参考前一八〇年九月），而今有旧戏重演的迹象。我打算跟你一同晋见将军（阎显），说服他，启禀皇太后（阎姬），逮捕江京，罢黜今上皇帝（刘懿），拥立济阴王（刘保），定然上合天心，下符人望。伊尹、霍光的功劳，用不着走下座位，便可建立。而将军兄弟的封爵，也可永远留传。如果拒绝天意，使国家最高的宝座，长期空悬，恐怕到了后来，身虽无罪，却要跟凶手同受惩罚，这正是祸福交界之处，掀开底牌之时。”

陈禅犹豫，不敢听从。不久，阎显溃败，崔瑗也被逐出政府。崔瑗的门生苏祇，准备上书陈述这段往事，崔瑗不许。这时，陈禅正当京畿总卫戍司令（司隶校尉），召见崔瑗，说：“你只管让苏祇呈递奏章，我愿出面作证。”崔瑗说：“这就跟小儿女、小女人背着人咬耳朵一样，但愿阁下莫再提此事。”告辞回乡，不再接受州郡政府的征聘。

15 十一月二十六日，用亲王的仪式，安葬前任（七任废帝）皇帝刘懿。

16 最高监察长（司空）刘授，被指控攀附邪恶叛逆，所征聘的官员，又都不是适当人选，免职。

十二月一日，擢升宫廷供应部长（少府）河南（河南省洛阳市东白马寺东）人陶敦，当最高监察长（司空）。

17 杨震的门生虞放、陈翼，前往宫门，为杨震呼冤陈情。刘保下诏，任命杨震的两个儿子当初级禁卫官（郎），赠送钱一百万，用三公礼仪，把杨震改葬在华阴潼亭（陕西省潼关县东北秦东镇）。下葬时，亲友无论远近，都来吊丧。有一只高达一丈有余的大鸟，降落灵堂之前。郡政府报呈中央，刘保深感杨震的忠心正直，下诏：再用中牢祭祀（“中牢”即“少牢”，一羊一猪）。

18 京畿总卫戍司令（司隶校尉）陈禅，认为：今上皇帝刘保，跟皇太后阎姬已没有母子的情义，应把阎姬逐出离宫，迁到其他房舍，不再跟她见面。文武官员一致同意这项建议。宰相府秘书（司徒掾）汝南（河南省平舆县西北射桥镇）人周举反对，向宰相（司徒）李郃说：

“从前，瞎老爹（瞽瞍）经常要谋杀儿子姚重华，而姚重华对瞎老爹更为孝顺（儒家学派书刊记载：姚重华的老爹瞽瞍和继母联合陷害姚重华，命他挖井，姚重华下井后，瞽瞍急把井填住，姚重华另行挖掘地道逃出。瞽瞍又教姚重华修理房顶，姚重华上屋后，瞽瞍在屋顶纵火，姚重华两手拿两个斗笠跳下。〔儒家学派为了把姚重华造成圣人，不惜把姚重华的老爹造成一个阴险恶毒的杀子凶汉〕）。郑国国君（三任庄公）姬寤生的娘亲武姜，谋杀姬寤生，姬寤生发誓九泉之下才跟娘亲会面；秦王朝一任帝嬴政，怨恨娘亲赵姬淫乱，也誓不再见（嬴政事，参考前二三八年；姬寤生事，参考八九年九月注）；后来，却都分别被颍考叔、茅焦等的言论感动，重新调整母子之间的关系；史书上对这些事，都十分称道（当姬寤生发觉娘亲出卖自己时，气得张口结舌，发誓说：“不到黄泉，永不相见。”在一次宴会上，大臣颍考叔要把最好吃的肉带回，呈献娘亲，姬寤生叹息不已，颍考叔因建议：“掘出深抵泉水的地道，跟娘亲见面，并不违誓。”茅焦事，参考前二三八年）。现在，阎家班刚刚伏诛，皇太后离宫幽禁，如果悲愁生病，一旦死亡，主上要怎么号令天下？接纳陈禅的意见，后世会把罪过归到你身上。最好向皇上秘密建议，请继续侍奉嫡母，跟过去一样，率领文武官员，前往朝觐，用以满足天心，回答人民的盼望。”

李郃即行上书陈述。

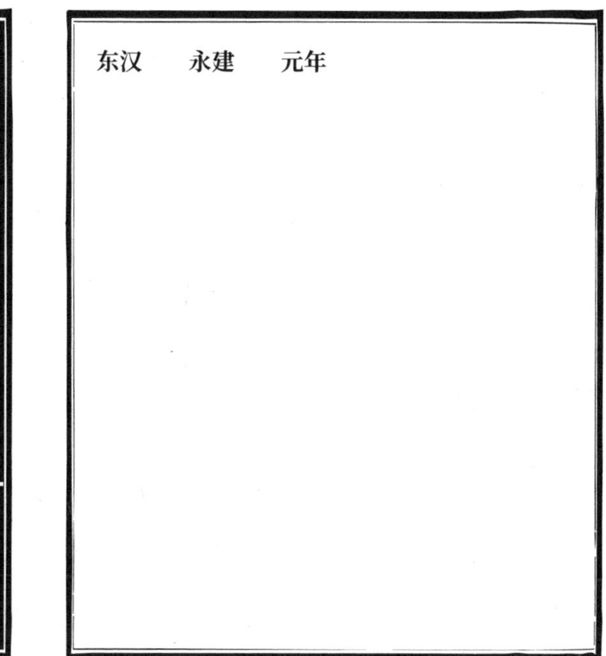

1 春季，正月，东汉王朝（首都洛阳〔河南省洛阳市东白马寺东〕）皇帝（八任顺帝）刘保（本年十二岁）前往东宫，朝见皇太后阎姬。在惊恐中的阎姬，心情才算稳定。

2 正月二日，赦天下。

3 正月十九日，皇太后阎姬逝世。

4 正月二十九日，皇家师傅（太傅）冯石、全国武装部队总司令（太尉）刘熹，都因为结党营私、巴结权贵，免职。宰相（司徒）李郃免职。

5 二月二日，安葬阎姬。

6 二月四日，擢升祭祀部长（太常）桓焉当皇家师傅（太傅）；藩属事务部长（大鸿胪）朱宠当全国武装部队总司令（太尉），主管宫廷机要（参录尚书事）；长乐宫供应官（长乐少府）朱伥当宰相（司徒）。

7 封宫廷秘书（尚书）郭镇当定颍侯。

8 陇西郡（甘肃省临洮县）钟羌部落叛变。西羌保安司令（护羌校尉）马贤发动攻击，在临洮（甘肃省岷县）会战，杀钟羌一千余人；钟羌残余部众，全都归附。从此，凉州（甘肃省）恢复和平。

9 六月十九日，封济南（简）王（首府东平陵〔山东省济南市章丘区〕）刘错（一任帝刘秀孙）的儿子刘显，当济南王（去年〔一二五〕三月，济南国撤销）。

10 秋季，七月二十一日，任命皇城保安司令（卫尉）来历，当车骑将军。

11 八月，鲜卑部落（内蒙古东部中部及以北地区）劫掠代郡（山西省阳高县），郡长李超战死。

12 京畿总卫戍司令（司隶校尉）虞诩，到任数月，弹劾冯石、刘熹，使二人免职。又弹劾寝殿侍奉宦官（中常侍）程璜、陈秉、孟生、李闰等。不畏权势，文武官员对他保持距离，一致攻击他苛刻。三公——宰相（司徒）朱伥、最高监察长（司空）陶敦、全国武装部队总司令（太尉）朱宠，联合弹劾虞诩："盛夏之季还不断羁押无辜，伤害官民。"虞诩上书解释说："法令是世俗的堤防；刑罚是人民的缰锁。而今，州政府说交给郡去办，郡政府说交给县去办，一层层推卸责任，人民怨恨，诉苦无门。大家都认为苟且因循是贤能，尽忠职守是愚蠢。我所查获的贪赃枉法案件，千奇百怪，三府（三公）恐怕被我举发，遂先行下手，对我诬陷。我将追随史鱼之后，向君王尸谏（《韩诗外传》：春秋时代卫国国务官〔大夫〕史鱼，将死时，告诉儿子："我屡次推荐蘧伯玉是个贤才，蘧伯玉却不能进入政府。我屡次抨击弥子瑕是个奸佞，弥子瑕却动都不动。做一个大臣，既不能任用贤才，又不能排除邪佞，死后不可以在正堂发丧，就在旁边小屋好了。"卫国国君询问缘故后，立即任命蘧伯玉当官，逐走弥子瑕）。"刘保看到奏章，对虞诩并不降罪（依照惯例，三公合奏，降罪势不可免）。

寝殿侍奉宦官（中常侍）张防，卖权弄势，接受贿赂请托，干涉司法及行政。虞诩屡次请求法办，都石沉大海。虞诩对于竟然无力惩治一个宦官，深为悲愤。于是自己囚禁司法部监狱（廷尉），上书说："先帝（六任刘祜）信任樊丰，打击嫡系皇统，几乎使祖先的香火中断；而今，张防又起来玩权弄势，国家大祸，将再降临。我不忍心跟张防同在政府当官，自己羁押牢房，请不要让我落得杨震的下场（杨震事，参考一二四年三月）。"

奏章呈上后，张防向刘保一面哭泣，一面陈述自己冤枉。虞诩遂被指控犯了诬告之罪，判处苦工，发交工程部（将作大匠）东区劳工营（左校）服役。张防恨透了虞诩，定要把他折磨至死，于是，两天之中，四次苦刑拷打，情势惨急。审问官毫不隐瞒的告诉虞诩，与其活着受罪，不如自杀，虞诩回答：“我宁愿被拉到刑场，砍下人头，示之远近，也不自行了断。一旦自行了断，他们准会说我畏罪自杀，谁能分辨真假是非？”

浮阳侯孙程、祝阿侯张贤，先后晋见刘保。孙程说：“陛下当初跟我们起事的时候，十分痛恨奸佞，认为足以倾覆国家；而今登上宝座，却自己包庇奸佞，怎么能说先帝（六任刘祜）不对？京畿总卫戍司令（司隶校尉）虞诩，他为陛下尽忠，竟然被捕；寝殿侍奉宦官（中常侍）张防，贪污罪状明确，而且陷害忠良。现在，羽林星座附近出现新星，显示宫廷之中，有奸佞存在。请逮捕张防，化解天象变异。”

这时张防正站在刘保背后，孙程叱喝他：“恶棍张防，怎么还不下殿！”张防不得已，只好下殿，退入东厢。孙程说：“陛下，请立刻行动，不要给他时间去向阿母求情（阿母，刘保的另一奶娘宋娥）。”刘保年幼，一时不敢决定，询问宫廷秘书（尚书）的意见，宫廷秘书贾朗，跟张防的交情很好，竭力证明虞诩有罪，刘保心里起疑，对孙程说：“你们先出去，等我想一想。”

事情已到最后关头，虞诩的儿子虞颢，跟门徒一百余人，举着丧旗，假装送葬，乘机拦住寝殿侍奉宦官（中常侍）高梵的座车（古代有权势的官员出门，前呼后拥，沿途都要戒严净街，来不及躲开的人，轻则鞭打，重则逮捕。但因政府提倡孝道的缘故，丧葬家仍可靠边通行。虞家一百余人，就是假冒送葬行列，否则，根本无法接近权势家的座车），向高梵叩头，前额都破，血流满面，哭诉老爹虞诩冤枉。高梵入宫，代虞诩作证。张防遂被放逐边疆，贾朗等六个党羽，有的处死，有的免职。当天，释放虞诩。孙程再上书陈述虞诩对国家的贡献，措辞直率恳切。刘保感动醒悟，任命虞诩当参议官（议郎）。数日后，擢升宫廷秘书署执行官（尚书仆射）。

虞诩上书保荐参议官（议郎）、南阳（河南省南阳市）人左雄，说："我发现，部长级以下官员，只会作揖，不会说话。到处广结善缘的人，被称贤能；为国尽忠尽职的人，被称傻瓜。甚至互相警告：'绝不可当一块清白的白玉；马马虎虎的人，后福才能无穷。'而参议官（议郎）左雄，有国家重臣般严谨的操守，应把他延揽到喉舌的位置上，当对国家有所裨益。"遂擢升左雄当宫廷秘书（此处"喉舌"之意，不作"言论"解，只作"管道"解，两汉王朝把宫廷秘书〔尚书〕称为"喉舌官"，形容位居皇帝跟臣民间的重要管道）。

13 浮阳侯孙程等，带着奏章，到金銮宝殿上，争先恐后夸耀自己的功劳；刘保光火。主管官员遂弹劾："孙程行为荒唐，大逆不道（斩刑）。王国等都是孙程的同党，长期逗留京师（首都洛阳），更使他们骄傲放肆。"刘保下诏，把孙程等全部免职，改封偏远地区，命十九位侯爵各自前往他们的封国，再命洛阳县长（令）督促在限期内动身。

宰相府秘书（司徒掾）周举，向宰相（司徒）朱伥进言，说："当初，今上皇帝（刘保）在西钟楼时，如果不是孙程等，岂能登上宝座！而今忘记大恩大德，却紧记微小过失；如果半途死亡，皇上可能被抨击屠杀功臣。乘他们还没有出发，请立即劝阻。"朱伥说："皇上（刘保）正在气头上，我如果单独冒犯，恐受到责备。"周举说："阁下年龄已八十有余，位居宰相高位，不在这时竭尽忠心，报答国家，却明哲保身，请问，你还想得到什么？即令有钱有权，恐怕难逃被人讥讽是奸佞之辈。因谏诤而被责备，至少还留下忠贞美名。如果我的话你认为没有价值，我就辞职。”朱伥遂上书劝阻，刘保果然采纳。

浮阳侯孙程，改封宜城侯，被遣送到他的封国（宜城国，今湖北省宜城市）。孙程一肚子委屈，大发脾气，把侯爵印信、文告，缴回中央政府，自己悄悄逃返首都洛阳，在山上山下东躲西藏。刘保下诏搜索，捉拿到后，恢复他的爵位、采邑，另行赏赐车马、衣服，再遣送回到他的封国。

14 冬季，十月九日，最高监察长（司空）陶敦免职。

15 朔方郡（内蒙古磴口县）以西亭障要塞，很多都已损坏，防御力量减弱，鲜卑部落（内蒙古东部中部及以北地区）因此不断劫掠南匈奴汗国（王庭设美稷〔内蒙古准格尔旗〕）部众。南匈奴单于（三十四任）挛鞮拔忧愁恐惧，上书请求修复。

十月十二日，下诏，征调黎阳（河南省浚县）大营部队，出屯中山国（首府卢奴〔河北省定州市〕）北界，令沿边各郡增设步兵，加强要塞戒备及战斗训练。

南匈奴要求修复边塞，而东汉政府却在南匈奴移民区的南方黎阳布置大军，这种反应，奇异难测。李贤认为，为了预防南匈奴情急发疯，所以先行堵塞南下之路。胡三省认为，这是一项支援南匈奴的措施。李贤是唐王朝的皇太子，以注释《后汉书》闻名于世，他的推测当然有可能性。胡三省的见解也有相当道理，但是，南匈奴只要求加强防御工事，并没有要求增加协防部队；而且，即令是协防部队，也不能到中山为止，协防部队的主要目的，固然是保护南匈奴不受攻击，同时也限制南匈奴不能返回北方王庭（蒙古国哈拉和林市）故地。所以必须布防在代郡（山西省阳高县）跟五原（内蒙古包头市）之间，才可发生功能。总之，南匈奴汗国因西北要塞损坏，要求修复，灾难当然在西北，东汉却把大军摆在东南，原因不明。

一定要讲出一个原因的话，这原因是，当时东汉政府，昏瞶颟顸，已不可救药。

16 擢升司法部长（廷尉）张皓，当最高监察长（司空）。

17 西域（新疆及中亚东部）参谋长（长史）班勇，遴选车师后国（新疆吉木萨尔县南）前王子加特奴，继任国王。班勇又派别动部队指挥官，诛杀东且弥国（新疆昌吉市西南）国王，另遴选东且弥贵族继任。以车师为首的六个抵制东汉的王国（六国：卑陆国〔新疆阜康市〕、蒲类国〔新疆巴里坤县〕、东且弥国、移支国〔新疆巴里坤湖西北〕、车师前国〔新疆吐鲁番市〕、车师后国），全部归附东汉。

于是，班勇组成西域联军，攻击北匈奴汗国（王庭设新疆阿尔泰山南麓）。陷于孤立的北匈奴呼衍王逃走，二万余人的部众，向联军投降。联军生擒北匈奴单于的堂兄，班勇命加特奴亲手斩杀，用以播下车师国跟北匈奴汗国之间的仇恨种子。

北匈奴单于率一万余人反击，进入车师后国（新疆吉木萨尔县南）国境，前锋抵达金且谷（今地不详）。班勇派副军政官（假司马）曹俊增援，北单于撤退，曹俊追击，斩杀北匈奴队长（骨都侯）。

呼衍王遂迁移到枯梧河（今地不详），从此，车师后国（新疆吉木萨尔县南）再没有北匈奴的踪影。

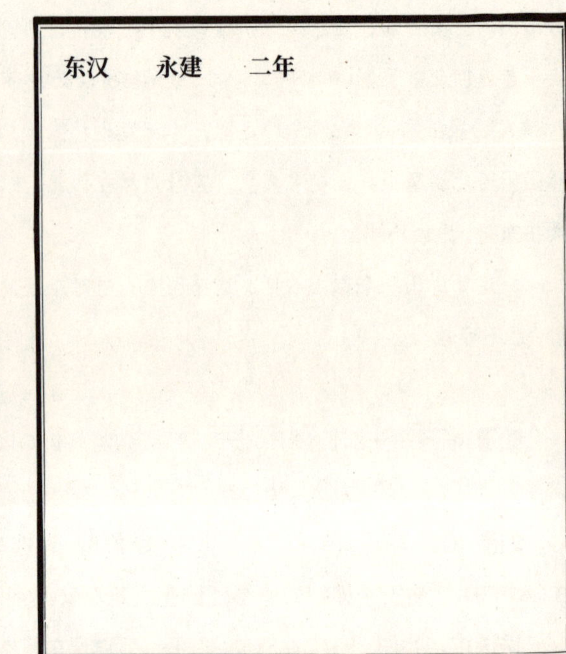

1 春季，正月，东汉王朝（首都洛阳〔河南省洛阳市东白马寺东〕）南匈奴协防司令（中郎将）张国，率南匈奴（王庭设美稷〔内蒙古准格尔旗〕）部队，攻击鲜卑部落（内蒙古东部中部及以北地区）酋长其至鞬，获胜。

2 二月，辽东郡（辽宁省辽阳市）鲜卑部落，攻击辽东（辽宁省辽阳市）、玄菟（辽宁省沈阳市）两郡。乌桓保安司令（乌桓校尉）耿晔，征调沿边各郡民兵，跟乌桓（河北省北部）部队，出塞作战，杀伤掳获很多。鲜卑部落三万人向辽东郡归降。

3 三月，旱灾。

4 最初，东汉帝（八任顺帝）刘保（本年十三岁）娘亲李女士，埋葬在洛阳城北（阎皇后毒死李女士，参考一一五年），刘保并不知道这回事；直到现在，左右告诉刘保，刘保才为娘亲发丧，亲到埋葬的地方，掘出棺木。

六月十一日，追称恭愍皇后，用皇后礼仪，改葬在恭陵之北（恭陵，六任帝刘祜坟墓，河南省洛阳市孟津区东南）。

5 西域（新疆及中亚东部）所有城邦国家，都归附东汉，只有焉耆王（新疆焉耆县）元孟（西域总督班超立元孟当焉耆王，参考九四年），继续跟东汉对抗。班勇奏请中央政府发动攻击。

于是，派敦煌郡（甘肃省敦煌市）郡长张朗，率河西走廊四郡（敦煌郡、张掖郡、酒泉郡、武威郡）民兵三千人，配合班勇。班勇征调西域各国部队，共有四万余人，分兵两路，向焉耆夹击。班勇从南道，张朗从北道（夹击形势，《资治通鉴》记载可能有误，班勇、张朗的行军方向，应该调换才对。班勇人在柳中城〔新疆鄯善县西南鲁克沁镇〕，应该南下，张朗人在焉耆东南，应该北上），约定日期，在焉耆城下会师。

张朗有罪在身（不知何罪），打算建立突破性功业赎救，遂在约定日期之前，挺进到爵离关（今地不详），派军政官（司马）率军攻击，斩杀俘虏二千余人；元孟恐怕被杀，派人请求投降。张朗遂进入焉耆，接受投降后撤退。

张朗因这项功劳，免除原有罪刑；而班勇在约定日期之后抵

二世纪・一二三年至一二七年　班勇再返西域

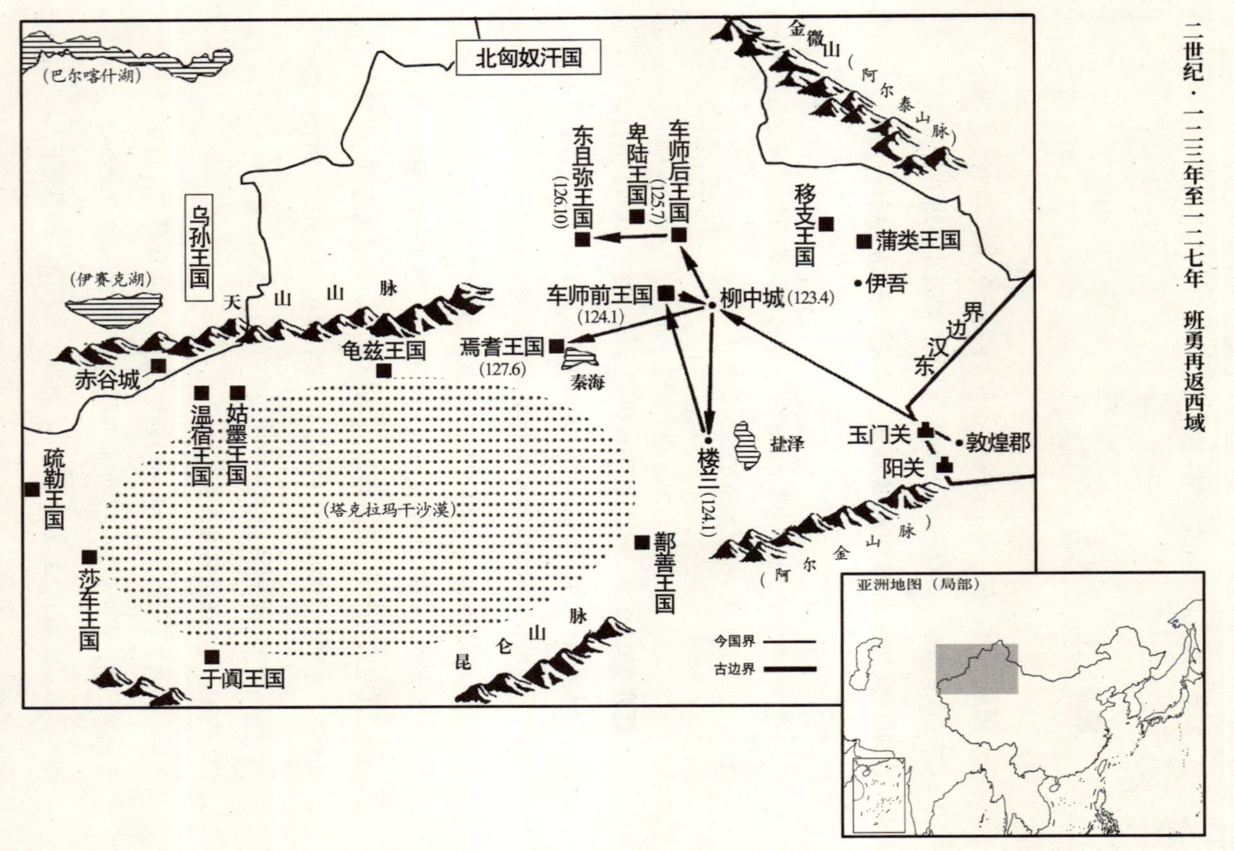

达，被调回洛阳，下狱，免职（胡三省注：夏王朝法律规定，在约定日期前攻击的，杀无赦；在约定日期时没有赶到的，杀无赦。张朗在约定日期前攻击，依法应该诛杀，然而并没有诛杀；则班勇并不应在约定日期没有赶到而下狱免职。东汉政府如此用刑，是非不明。班勇免职之后，西域大势遂去）。

6 秋季，七月一日，日蚀。

7 七月九日，全国武装部队总司令（太尉）朱宠、宰相（司徒）朱伥，免职。

七月二十七日，擢升祭祀部长（太常）刘光，当全国武装部队总司令（太尉），主管宫廷机要（录尚书事）；宫廷禁卫官司令（光禄勋）汝南（河南省平舆县西北射桥镇）人许敬，当宰相（司徒）。刘光，是刘矩的老弟。许敬在四任帝（和帝）刘肇、六任帝（安帝）刘祜在位时做过官；窦、邓、阎三大家族权力鼎盛时，坚持立场，不肯屈服。三家垮台之后，很多官员和知识分子被牵连进去，只许敬没有受到批评，所以，举世都对他崇敬。

8 最初，南阳（河南省南阳市）人樊英，从小品学兼优，四海知名，在壶山（河南省泌阳县东北）南麓隐居，州政府、郡政府前后礼聘他出来当官，他都不接受。三公、部长等推荐他"贤良""方正""有道"，他也不接受。六任帝（安帝）刘祜曾经下诏征召，他同样拒绝。本年（一二七），刘保再度下诏，征召樊英，派人送上皇家信函，及黑色和浅红色绸缎，非常礼敬，樊英仍称病推辞。诏书严厉的责备郡县政府办事没有尽力，郡县政府把他架到车上，强行启程；樊英迫不得已，才到首都洛阳。到了洛阳后，即声称卧病，不能起床，于是把他放到担架上，强迫抬上金銮宝殿，但他仍不肯接受官职。

刘保命抬出去请御医诊治养病，每月致送羊肉、美酒。后来，刘保特别为樊英设立讲坛，命宫门接待管理官（公车令）在前引导，宫廷秘书（尚书）陪同，赏赐给他几案手杖，用尊敬师傅的礼节尊敬他、接见他，询问国家大事的是非得失，任命他当高级皇家警卫指挥官（五官中郎将）。数月之后，樊英声称病重，刘保下诏任命他当特级国务官（光禄大夫），准许回家养病，命当地县政府供应粮食，每逢节日，致送牛肉、美酒。樊英呈请辞职，刘保下诏不许。

樊英接到诏书时，大家都认为他一定不会改变立场。南郡（湖北省江陵县）人王逸，跟樊英友善，特别写信给樊英，引用古人古事，劝他接受政府征召。樊英顺着王逸的主张，前往首都洛阳。可是，以后见了皇帝，回答对策，却稀松平常，没有一项有价值的见解，大家都感失望。河南（河南省洛阳市东白马寺东）人张楷，跟樊英同时接受征聘，告诉樊英说："天下的道理有两大关键，一是什么时候出任官职，一是什么时候拒绝出任官职。我从前认为，你应召而出，一定会辅佐君王，拯救人民。想不到，你以贵重的生命，冒着激怒君王的危险，在当了官之后，却没有一句对国家人民有益的话，原来你无论进退，都没有原则！"

司马光曰

古代的正人君子，政治清明时他出来当官，政治混乱时他隐退。隐退，并不是正人君子追求的唯一目标。正人君子知道，一旦没有人了解自己，正道又不能推行，跟一群邪恶之辈，搅和在一起，最后将伤害到自己，所以隐藏自己的才能，远远躲开。圣明的君王所以物色隐士逸民，搜索穷乡陋巷，为的是希望帮助国家，并不是跟随世俗的潮流，盲目起哄。所以，在道德上足以使人主尊敬，在智慧上足以使人民受益的人，等于披着破烂衣服，身怀美玉，深藏不露。圣明君王当然应该想尽办法召聘他，降低自己身份敦请他，克制自己而听从他。然后才能使天下四方，都得到好处，使丰功伟业，千古不朽。因君王用的是隐士逸民的治国方法，不是用隐士逸民这个人，只取实际，不取虚名。

假如礼节完全具备，而贤才仍不肯应聘，则圣明君王不应该采取强烈手段，而应该深自反省："难道我的品德太薄，不能使他动心？难道政府的秩序紊乱，没有资格得到他的辅佐？难道小人邪恶仍然当权，使他心生恐惧？难道诚意不够，他不相信我的承诺？如果不是这样，为什么贤能人才，不肯来我左右？"假如，自己的品德已厚、政府已治、小人已远、诚心已至，那些贤才会跑来敲门，请求给他一个位置，岂会发生怎么请都请不来的现象！

荀况有言："晚上捕蝉，一面用火光引诱它，一面摇动树枝就行了。但如果火光亮度不够，只摇树枝，却没有用处。现在，人主如果能发扬他的恩德，天下人自然归附他，犹如蝉之投奔光亮。"有些人主，不能忍受对方拒绝，认为是一种羞辱，于是，用高级职位诱惑他，用严刑峻法逼迫他。假定他是一个表里如一的正人君子，对高位一定不贪婪，对刑法一定不畏惧，结果仍然得不到他。假定对方竟然屈服，包管是贪图高位，害怕受苦之人，又怎么值得尊重？

在家庭有孝悌的行为，在乡里有美好的名声，不追求不义之财，不用邪恶手段上进，清廉安分，从容悠闲的过日子，虽没有能力辅佐圣主，造福人民，但也属于善良国民，圣明的君王应该褒扬他、安抚他，使他保持志向。像西汉八任帝刘弗陵对待韩福，东汉一任帝刘秀对待周党（前八〇年，刘弗陵对各郡、各封国所推荐，素有仁义行为的涿郡〔河北省涿州市〕人韩福等五人，每人赏赐绸缎五十匹，送他们返回乡里，下诏说："我不愿麻烦你们担任官职，只盼望你们以你们的高贵品德，教导本乡本土子弟。”命县政府于每年正月，赏赐羊肉、美酒。死亡时，送葬衣一套，用中牢〔一羊一猪〕祭祀。周党故事，参考二九年）。用来砥砺廉耻，美化风俗，就已经够了。固然不必效法范升，去加以诋毁（参考二九年十二月），也不必效法张楷，对这些人寄予厚望。

等而下之，有些人假冒为善，窃取荣誉；有些人故意做出使人惊骇的怪事，提高知名度；有些人拒绝政府的俸禄，却跟屠夫酒贩一样争取小利；有些人不肯当小官，却想爬到宰相、部长级高位上；这些人，名跟实恰恰相反，内心想的跟表现在外的恰恰相反，根本就是华士（前十二世纪周王朝齐国高士）、少正卯（参考前四三年）之流，能够免除圣明君王的诛杀，已算三生有幸，还谈什么征召聘请！

9 这时，又征召广汉（四川省梓潼县）人杨厚、江夏（湖北省武汉市新洲区）人黄琼。黄琼，是黄香的儿子。杨厚既到首都洛阳，预言汉王朝（西汉王朝及东汉王朝）在三百五十年左右，将要面对险恶的命运，必须警戒；被任命当参议官（议郎。李贤引用神秘预言书《春秋命历·序》：“四百年之间，闭四门，听外难，群异并贼，官有孽臣，州有兵乱，五七弱暴渐之效也。”而“五七”，就是“三百五十年”）。

黄琼快到首都洛阳，李固派人在中途送上一信，说：“正人君子曾批判伯夷心胸太小，而柳下惠傲慢（《孟子·公孙丑》孟轲语）。一个人应该在伯夷、柳下惠之间，建立圣贤的标准。假如决心追随巢父、许由，头枕山峰，身卧山谷，那当然是另一种境界。但是，如果有辅导政府、拯救人民的抱负，现在正是时候。自从有人类以来，善政少而暴政多，一定要等伊祁放勋（尧）、姚重华（舜）当君王，才出来推行自己救国救民的理想，恐怕永远没有这种机会。我曾经听人说：'山太高则容易残缺，玉太白则容易弄脏。'一个人有盛大的名声时，内涵往往并不符合。最近，鲁阳（河南省鲁山县，属南阳郡）人樊英，被征召到首都洛阳，初来的时候，政府为他设立讲坛，把他看作神明，虽然没有重要贡献，但言行谨慎，也没有丢丑。可是，对他的评价，随着时间而降低，已一落千丈，岂不是名声太盛，大家期望太高？以致世俗舆论认为：'凡隐居之士，只有虚名。'但愿先生能提出重要的建议，使大家惊叹敬佩，给他们一个证明。"黄琼既到首都洛阳，当参议官（议郎），后来稍稍擢升到宫廷秘书署执行官（尚书仆射）。黄琼从前追随老爹黄香在宫廷秘书署（尚书台），熟悉典章制度（老爹黄香曾任宫廷秘书长〔尚书令〕）。在职期间，精通宫廷秘书的权责职务，遇到公事发生争议时，大家都不能不接受他的意见。屡次上书建议，刘保往往采纳。

李固，是李郃的儿子，自幼喜爱读书，经常改名换姓，拿着木杖，骑着毛驴，带着书籍，不远千里，投奔名师。终于阅读到各种古本秘笈，成为儒家学派的一代巨子大儒。每次到国立大学（太学）或秘密到三公府探望爹娘（李郃历任最高监察长〔司空〕及宰相〔司徒〕），都不让同学们知道他是李郃的儿子。

东汉　永建　三年

1 春季，正月六日，东汉王朝（首都洛阳〔河南省洛阳市东白马寺东〕）京师（首都洛阳）地震。

2 夏季，六月，旱灾。

3 秋季，七月二十九日，西汉七任帝（武帝）刘彻墓园（茂陵，陕西省兴平市东北）寝殿火灾。

4 九月，鲜卑部落（内蒙古东部中部及以北地区）攻击渔阳郡（北京市密云区）。

5 冬季，十二月四日，皇家师傅（太傅）桓焉免职。

6 车骑将军来历免职。

7 南匈奴汗国（王庭设美稷〔内蒙古准格尔旗〕）乌稽侯尸逐鞮单于（三十四任）挛鞮拔逝世，老弟挛鞮休利继位，是为去特若尸逐就单于（三十五任）。

8 刘保把孙程等十九侯，全体召回京师（首都洛阳。遣送事，参考前年〔一二六〕八月）。

一二九年 己巳

东汉　永建　四年

1 春季，正月一日，东汉王朝（首都洛阳〔河南省洛阳市东白马寺东〕）赦天下。

2 正月十一日，东汉帝（八任顺帝）刘保（本年十五岁）行加冠礼。

3 夏季，五月二十九日，刘保下诏："全国很多地方，都发生灾异。政府正励精图治，御厨房正减少皇家饮食，奇珍异宝，都被摒斥。而桂阳郡（湖南省郴州市）郡长文砻，不能了解体念政府的德意，反而遥远的进贡大颗珍珠，目的不过谄媚邀宠，现在，原物退回。”

4 五个州大雨，水灾。

5 秋季，八月二十五日，全国武装部队总司令（太尉）刘光、最高监察长（司空）张皓，免职。

6 宫廷秘书署执行官（尚书仆射）虞诩上书说：

“安定郡（郡政府原设宁夏固原市）、北地郡（郡政府原设宁夏吴忠市西南金积镇）、上郡（郡政府原设陕西省榆林市东南鱼河镇），山川险要，沃野千里，土地适合畜牧，河川适合灌溉和粮秣运输，〇〇年代及一〇年代，灾难严重，诸羌部落在国境内起兵，各郡县战火遍地，历时二十余年。舍弃肥沃的土地，抛掉自然的财富，不是国家之利。现有的边界，远离山川要隘，无险可守，难以防御。而三郡仍然没有恢复原状，长安皇家坟墓，没有蔽障。三公以及部长级高级官员，又一个个胆小怕事，只图张眼闭眼，得过且过，满口都是道理，为他们不敢采取行动辩护，只会计算耗费，不管国家安全。请陛下垂听，考虑采取行动。”刘保完全同意。

九月，下诏：命安定郡、北地郡、上郡等三郡政府，迁回原地（安定郡政府自美阳〔陕西省武功县西北〕迁回高平〔宁夏固原市〕，稍后再迁临泾〔甘肃省镇原县东南屯字镇〕；北地郡政府自池阳〔陕西省泾阳县〕迁回富平〔宁夏吴忠市西南金积镇〕；上郡郡政府自衙县〔陕西省白水县东北〕迁回肤施〔陕西省榆林市东南鱼河镇〕。

三郡郡政府内徙，参考一一一年）。

7 九月十二日，擢升藩属事务部长（大鸿胪）庞参当全国武装部队总司令（太尉），主管宫廷机要（录尚书事）；祭祀部长（太常）王龚当最高监察长（司空）。

8 冬季，十一月二十日，宰相（司徒）许敬免职。

9 鲜卑部落（内蒙古东部中部及以北地区）攻击朔方郡（内蒙古磴口县）。

10 十二月二十五日，擢升皇族事务部长（宗正）弘农（河南省灵宝市东北）人刘崎当宰相。

11 本年（一二九），西域（新疆及中亚东部）于阗王（新疆和田市）放前，击斩拘弥王（新疆于田县）兴（姓不详）；改封自己的儿子当拘弥王，派使节到东汉进贡。敦煌郡（甘肃省敦煌市）郡长徐由，请中央政府出兵讨伐。皇帝刘保下诏赦免放前擅自诛杀大罪，但命放前从拘弥国撤退；放前不理。

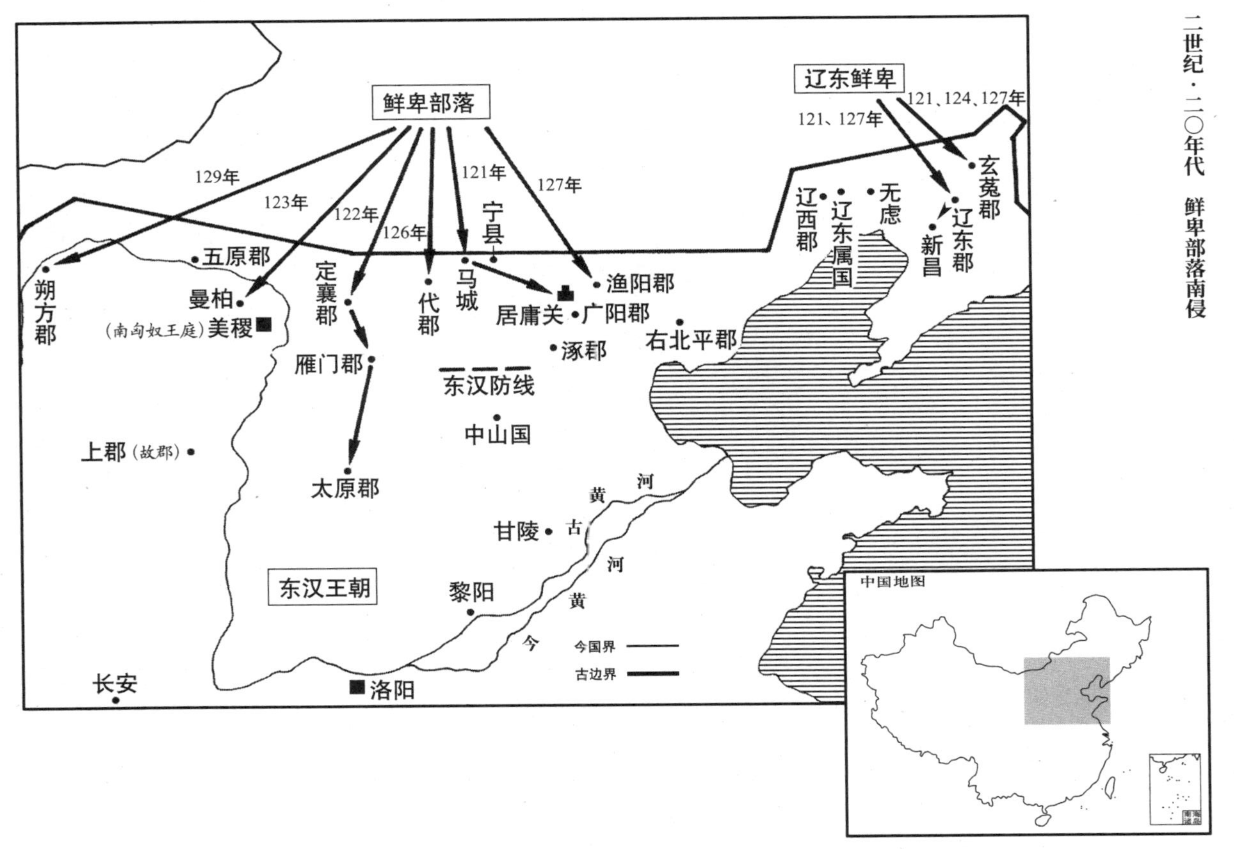

二世纪·二〇年代　鲜卑部落南侵

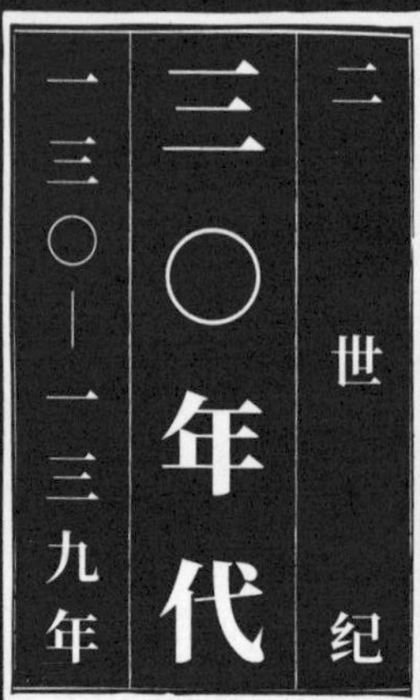

东汉王朝

- 伊吾卢再度屯田。
- 梁皇后父梁商当大将军。
- 梁家班当权。
- 暴官酷吏逼反武陵蛮。

- 罗马皇帝哈德良逝世，养子安托奈那嗣位。

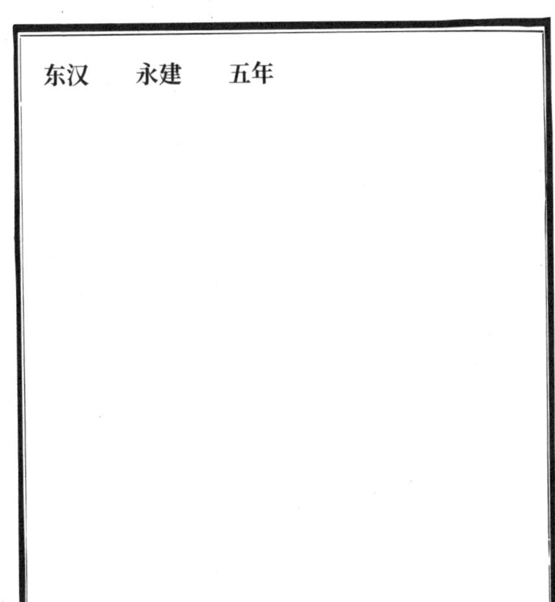

1 夏季，四月，东汉王朝（首都洛阳〔河南省洛阳市东白马寺东〕）京师（首都洛阳）旱灾。

2 京师（首都洛阳）以及十二个郡和封国，蝗虫成灾。

3 定远侯班超的孙儿班始，娶东汉帝（八任顺帝）刘保的姑妈阴城公主（清河王〔孝王〕刘庆的女儿），阴城公主骄傲荒淫，离经叛道，班始累积愤恨，手杀阴城公主。

冬季，十月二十日，腰斩班始，一母同胞的兄弟姐妹，一律绑赴刑场处决。

东汉王朝公主的名字，史书上都有记载，只阴城公主的名字不详。这位公主，可是中国有史以来，第一个疯狂的女性——她的淫荡不见得居于第一位，但她的疯狂可是留下破天荒记录。这位仗恃娘家人有钱有势的妻子，根本没有把丈夫看到眼里，于是，情夫如云，姘头似雨。最厉害的是，她还把野男人叫到家里。这对任何做丈夫的都是一种无法容忍的侮辱。但她肯定她的丈夫除了屈服外，别无选择，所以到了最后，她跟野男人在床上赤条条颠鸾倒凤，却命她丈夫跪在床前免费参观。积压在胸中的长期愤怒爆发，班始把她当场诛杀，有钱有势的娘家人，果然展示出威力，把当丈夫的腰斩，连丈夫的兄弟姐妹，也一齐砍头。

这种丑闻悲剧，任何社会都可能发生，但报复之残忍——连丈夫的兄弟姐妹，都加以处决，只有专制封建社会才有此惨事。

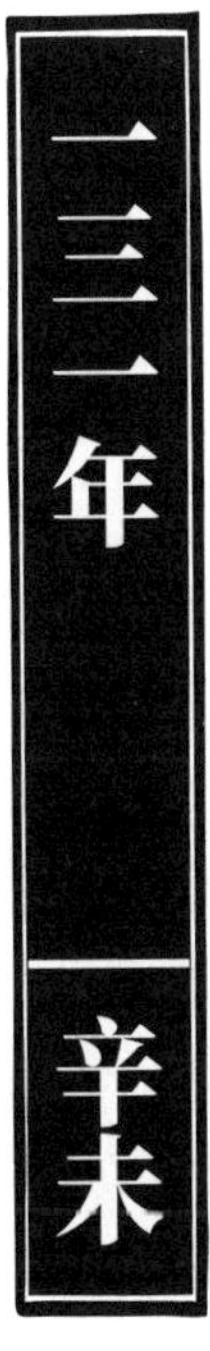

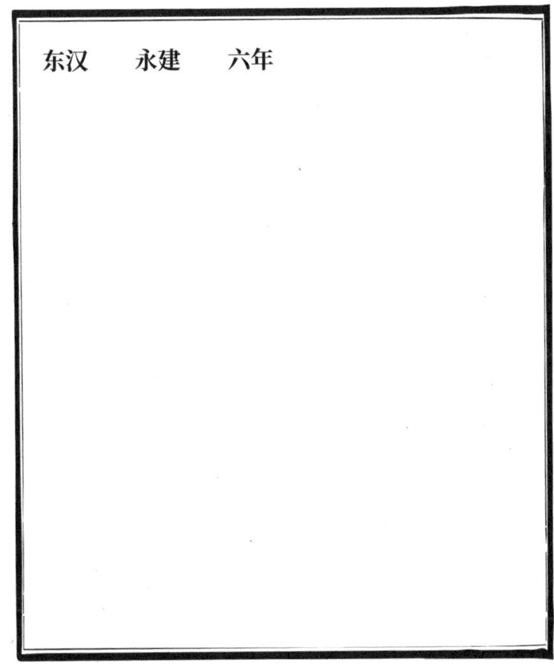

1 春季，二月十七日，东汉王朝（首都洛阳〔河南省洛阳市东白马寺东〕）河间（孝）王（首府乐成〔河北省献县〕）刘开（三任帝刘炟子）逝世，儿子刘政（刘保的叔父）继位。

刘政骄傲凶狠，不遵守国法。东汉帝（八任顺帝）刘保（本年十七岁）认为执法监察官（侍御史）吴郡（江苏省苏州市）人沈景，坚强而有能力，擢升他当河间国宰相。沈景到职后，晋见刘政，刘政衣冠不整，双腿叉开，大模大样的箕踞在大殿上。司仪官介绍姓名，沈景站在那里假装发呆，只问：“大王在哪里？”虎贲警卫武士说：“这不就是大王吗？”沈景说：“大王如果不穿大王的衣冠，跟普通小民有什么分别？今天是封国宰相晋见亲王，岂是晋见无礼之徒？”刘政惭愧，换上正式衣服，沈景这才参拜。出宫之后，请出亲王师傅（傅。西汉封国设“太傅”，前六年改称“傅”），责备说：“我离开京师（首都洛阳）时，在金銮殿上接受诏书，皇上认为大王态度恶劣，命我考察。你们空领俸禄，干些什么？连一点教导的工作都没有做？”奏报中央处罚，刘保下诏责备刘政，并诘问亲王师傅（傅）为什么不尽忠职守？沈景遂逮捕一批奸佞之徒，奏报他们的恶行。计诛杀恶行最重的数十人，又平反冤狱，释放一百余人。刘政开始改变气质，悔过自新。

2 刘保认为伊吾（新疆哈密市）一带土地肥沃，紧傍西域（新疆及中亚东部），北匈奴（王庭设新疆阿尔泰山南麓）一直利用这块地方，作为侵犯东汉西疆的前进基地。

三月二十九日，下令恢复伊吾屯垦，一切遵照一世纪九〇年代规模，设立伊吾屯垦区司令（伊吾司马）一人。

3 最初，六任帝（安帝）刘祜，不学无术，轻视知识。中央政府的文化活动，陷于停顿，研究官（博士）不再有什么讲习，门徒学生逐渐离散，学校房舍也都坏的坏、塌的塌，校园变成菜圃，或者变成荒林乱草，牧童樵夫在那里砍柴割草。工程总监（将作大匠）翟酺，上书请求恢复旧观，诱导后生求学，刘保批准。

秋季，九月，重建国立大学（太学），共兴筑二百四十幢，一千八百五十间。

4 乌桓保安司令（护乌桓校尉）耿晔，派军攻击鲜卑部落（内蒙古东部中部及以北地区），击破鲜卑部众。

5 西羌保安司令（护羌校尉）韩皓，把湟中（青海省东北部）屯田面积，向南迁移，侵入两河之间（黄河绕过积石山〔阿尼玛卿山〕后，向西北流，到拉乙亥〔地名〕再向东北流，直到龙羊峡，这一段称赐支河，龙羊峡向东流，经过青海省贵德县与尖扎县之间的松巴峡，这一段称逢留河。两河之间，即赐支河跟逢留河之间），紧逼西羌诸部落。正当这时，韩皓因事调回首都洛阳，由张掖郡（甘肃省张掖市）郡长马续，接任西羌保安司令。

两河之间诸羌部落认为东汉政府武装屯垦兵团压境，恐怕受到攻击，于是，诸部落再度解除怨仇，结盟发誓，全族戒备。马续发现情势严重，上书请准撤回屯垦部队，仍回湟中，羌人才算安心。

6 刘保打算选立皇后，而“贵人”级小老婆群中，至少有四个人，受到宠爱，无法决定。准备在神灵前抽签，抽到谁就是谁。宫廷秘书署执行官（尚书仆射）南郡（湖北省江陵县）人胡广，跟宫廷秘书（尚书）冯翊（陕西省西安市高陵区）人郭虔、史敞，上书反对，说：“我们拜读诏书，陛下认为选立皇后，是件大事，谦卑的不愿自己决定，希望用抽签方法，请求神灵指示。可是，古书所有记载，祖宗所有前例，都没有这种措施。在神灵之前，祷告卜卦，未必能得到贤才，即令得到，也不见得就有上好品德。聪明智慧会形于外表，大贤大德一定与众不同；最好的办法是，除了四位贵人外，再增加良家女儿，在其中物色品德最好的；品德一样时，物色年龄较长的；年龄一样时，挑选面貌美丽的。根据经典行事，再由陛下考虑。”刘保采纳。

四任帝（和帝）刘肇娘亲梁贵人的侄儿、乘氏侯梁商，有一位女儿梁妠（音nà〔那〕），被送到皇宫，当刘保小老婆“贵人”（刘肇娘亲梁贵人事，参考八三年及九七年），每当被传唤上床时，总是推辞说：“阳刚应该以广泛的施舍，作为最高美德，阴柔应该以不专享有，作为最低标准。螽斯所以子孙繁盛，就是这个缘故（螽，音zhōng〔终〕。螽斯，一种类似蝗虫一样的昆虫，但为害没有蝗虫严重。《诗经》上用作诗篇名，用来比喻子孙众多。在古代，“人少好吃馍〔馒头〕，人多好干活。”子孙众多，是一种美喻）。愿陛下考虑到雨露之恩，大家应该均沾，多教其他美女相陪，我也可以免罪。”刘保认为她最贤淑、最明理。

一三二年 壬申

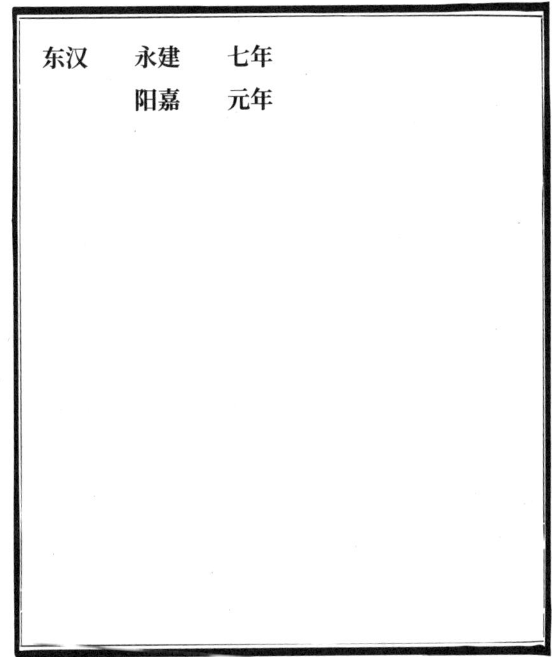
东汉 永建 七年
阳嘉 元年

1 春季，正月二十八日，东汉王朝（首都洛阳〔河南省洛阳市东白马寺东〕）皇帝（八任顺帝）刘保（本年十八岁）封贵人梁妠当皇后（本年，梁妠二十七岁，比刘保大九岁）。

2 京师（首都洛阳）旱灾。

3 三月，扬州（安徽省中部及江南地区）六郡变民首领章河等，攻击四十九个县，杀伤政府官员（扬州共有六郡：九江郡〔安徽省定远县西北〕、丹阳郡〔安徽省宣城市宣州区〕、庐江郡〔安徽省庐江县〕、会稽郡〔浙江省绍兴市〕、吴郡〔江苏省苏州市〕、豫章郡〔江西省南昌市〕）。

4 三月十三日，赦天下，改年号（之前是永建七年，之后是阳嘉元年）。

5 夏季，四月，皇后梁妠的老爹梁商，加授"特进"（御前朝会时，位置在三公之下，诸侯之上）。不久，被任命当首都洛阳警备区司令（执金吾）。

6 冬季，乌桓保安司令（护乌桓校尉）耿晔，派乌桓（河北省北部）酋长戎末魔等，攻击鲜卑（内蒙古东部中部及以北地区），大掠而还。鲜卑部落遂反攻辽东移民区（辽东属国，首府设昌黎。辽东属国辖六县：险渎县〔辽宁省台安县〕、房县〔辽宁省盘锦市〕、昌黎县〔辽宁省义县〕、徒河县〔辽宁省锦州市〕、扶黎县〔义县东〕、宾徒县〔锦州市西北〕）。耿晔遂把司令部移到辽东郡（辽宁省辽阳市）所属的无虑县（辽宁省北镇市东南）抵御（乌桓保安司令部原设宁县〔河北省张家口市万全区〕，两地航空距离六百五十公里）。

7 宫廷秘书长（尚书令）左雄，上书说：

"从前，宣帝（西汉十任帝刘病已）认为，地方政府官员如果经常调动，人心就不能安定。必须在职时间较长，人民才会接受教化。凡是成绩斐然的官员，则用正式诏书嘉勉，增加俸禄，或擢升等级。中央高级官员出缺，就依照秩序录用。是以，官员都尽职责，人民也都能安居乐业。西汉王朝最优秀的官员，集中在那个时代（胡三省注：指尹翁归、韩延寿、朱邑、龚遂、黄霸等）。而现在，一个县的县长，就经常更换，现任官员，各怀鬼胎，不作长久打算。诛杀无罪小民的被认为有威严，贪污蛮横的被认为贤能干练，守法安分的被认为懦弱愚劣，奉公循理的被认为没有行政能力。

“于是，一片黑暗。髡钳大刑（髡，音kūn〔昆〕。髡刑，剃光头发。钳，铁链锁颈），只因一眨眼的怨恨，伏尸惨祸，不过决定于当权者一时喜怒，把人民当成强盗，恨之入骨；抽起捐税，比虎狼还要凶暴。中央派出负责纠察的大员，前后相继——稍后出发的可以望见稍前出发的脊背。可是，他们却是同类，看见错误的并不检举，遇到邪恶的也不纠正。只看一眼华丽的招待宾馆，就认为对当地政情，已经了解；要求地方政府做出成绩，总是把期限定在一年之后（一年之后，不知调到何方去了，期限就无意义）。赞扬地方官员的善政，却说不出有什么措施；褒奖地方政府的贡献，却举不出有什么事实。虚有其表的人，获得声誉，实干苦干的人，受到抨击。

“官场现象是，有人一旦发现罪状已无法掩饰，就宣称他轻视富贵，弃官而去，表示清高；有人一瞧上司的嘴脸有点异样，立刻辞职，表示洞烛先机。州郡政府不了解内情，争着延聘，反而使他们往上蹿升，超越常轨。即令行径败露，通缉捉拿，也可以逍遥法外，永远不会归案。一旦大赦天下，或用贿赂手段，过去罪行，就一笔勾销，一身清白，朱色跟紫色混合，清洁跟混浊不分，遂使奸猾之辈，到处充斥，他们不在乎被任官或被免职，反正任免的速度像流水一样，一个缺额出现，就有数百人调动。

“无论是什么样的官员，职位再低，俸禄再少，他们的车马衣服，无不出于人民。清廉的只要自己够用就满足了，贪婪的还要满足他的家族。国家法定的正常捐税之外，官员对人民更横加勒索，永无止境。迎新送旧，费用浩大，既损害行政，又伤害人民。和睦的气氛不能建立，灾变不能消失，原因都在于此。

“我愚昧的认为，郡长、封国宰相、秘书长、主任秘书中，性情温和、成绩明显的，应增加他的俸禄，提高他的官级，却不一定非调迁不可。除非父母死亡，不准辞职（两汉王朝时，赃官为了避免弹劾，一瞧情势不利，即先辞职）。对于违法犯禁，不遵守中央命令之辈，则剥夺政治权利（禁锢）终身，即令遇到赦令，也不包括他们在内。一旦受到弹劾，就弃官逃亡，不肯接受法律制裁的，家属放逐到沿边郡县，用以警告后人。

“县政府以下，直接跟人民接触的官员，应一律任命家世清白、有能力当官的儒家学派知识分子，减免捐税及人头税，增加俸禄。任职一年之后，中央政府及州郡政府，才可以推荐保举。如此的话，作威作福便行不通，虚伪言行就自己消失。送旧迎新所耗损的人力财力也会减少，横征暴敛的原因跟着消失。守法讲理的官员，得以完成教化。全国各地人民，才各得其所。”

刘保深为感动，再下诏重申官员不可以无缘无故辞职的禁令（先已有这项禁令，不过已无人奉行）。命有关单位研究如何对官员作公平而真实的考绩，要定出施行细则，呈报后实行。然而，宦官认为这是专对他们而发，伤害到宦官集团利益，遂从中作梗。于是，到了最后，仍无法实行。

左雄再上书：

“孔丘说：‘四十岁而有判断能力（四十而不惑）。’《礼记·曲礼》说：‘四十岁才当官（四十曰强而仕）。’请从现在开始，‘孝廉’一科人选，如果年不满四十岁的，地方政府不可以保荐。所保荐的‘孝廉’，都应先到宰相府（公府）报到，如果出身儒家学派知识分子，则考试他所师承的那门学问。如果出身公职，则考公文程式。把副本送到皇宫端门（皇宫正南门称端门，宫廷秘书在此接受来自全国各地的奏章），检查他的虚实，观察他的才能，促使政治风气归于美好。有不遵守这项规定的，依法定罪。当然，如果有特别的才干或奇异的能力，不受年龄限制。”

刘保批准。

宫廷秘书署助理（尚书郎）胡广、郭虔、史敞等，就年龄限制，提出异议，上书反驳说：“推荐或保举，只看被推荐、被保举的是不是人才，并没有其他条件。陈平六出奇计（参考前二〇〇年），儒家经典上并不具备。郑国姬产当宰相，以及齐国晏婴当东阿（山东省阳谷县东北阿城镇）县长的政绩，并非他们精于公文程式（姬产当郑国宰相，任用贤能，国内和睦，国外和平。晏婴在东阿当县长三年，国君姜杵臼责备他，晏婴要求给他时间改正。第二年，姜杵臼十分满意。晏婴叹息说：“我教化东阿人民，不接受请托，不接受贿赂，你反而怪我。现在，我既接受请托，又接受贿赂，你却大大夸奖！”姜杵臼向他道歉。以上都出自《说苑》。按，《说苑》是刘更生〔刘向〕为了政治目的而创作的教材，有可读性，没有可信性）。甘罗、子奇得到荣耀的官位，年龄距四十岁可差一大截（《史记》：秦王国准备联合燕王国，攻击赵王国。甘罗年十二岁，出使赵王国，赵王立割五城给秦，秦政府封甘罗“上卿”。《说苑》：子奇十八岁，当东阿县长，东阿大治）。终军、贾谊名扬天下，都在二十岁左右（《汉书》：终军十八岁时，请求从军，誓言用长缨捆绑南越国王，献俘皇宫之前。刘彻欣赏他的壮志，擢升当议论官〔谏大夫〕，前往南越王国游说，南越王归降。贾谊年十八岁，得到西汉五任帝刘恒信任，参考前一七四年）。数世纪以来，推荐保举（贡举）制度，从没有改变。而今，因一个人的建议，竟把传统规章，详细修正，利益并不明显，因之人心不满。改正错误或变更常规，是政治上一件重要措施，竟然没有先征求有关单位意见，也没有容许高级官员讨论研究。如果诏书颁下，不准反驳，则政府执行有困难；准许反驳，则圣旨已经公告。我们愚昧的认为，应把这件事交付文武百官，听取正反意见，然后选择决定。”

刘保不听。

8 闰十二月十九日（《资治通鉴》原文仅写“辛卯”。下节“闰月”二字，如果放在本节，较为合理），东汉政府命令各郡、各封国，推荐保举“孝廉”人才时，年龄限四十岁以上；儒家学者必须通晓儒家经典；身为现职官吏的必须通晓公文程式，能够书写信件奏章，才可以参加遴选。但是，如果有特别奇才，像颜回、子奇，则不受年龄限制。

后来，广陵郡（江苏省扬州市）推荐“孝廉”徐淑，年不满四十。宫廷秘书署助理（台郎）诘问他，他说：“诏书上说得明白：‘如果有特别奇才，像颜回、子奇，不受年龄限制。’所以本郡教我应征。”助理不能反驳。左雄亲自问他：“颜回听到一件事，可知道十件事。孝廉，你听到一件事，可知道几件事？”徐淑张口结舌，于是罢黜送回故乡，郡长连带被免职。

促成一件功业，建立一项制度，用以管理世界，作为万事的准绳，一定要可以实施才行。古代所提示的四十岁当官，并不是硬性规定，非四十岁不可。只不过强调当官年龄，应在中年（人到中年，心灵和见解，才臻成熟），所以举出一个概括性的指标，作为一种象征而已。颜回、子奇，乃一代奇才，而竟然用他们作比，岂不知他们是特殊例外！

9 然而，左雄公正精明，能洞察人情真伪，决心坚定。不久，胡广出任济阴郡（山东省菏泽市定陶区）郡长，跟其他郡的郡长，共十余人，都因为受到推荐不实的指控，或被免职，或被罢黜。被推荐的“孝廉”中，只有汝南（河南省平舆县西北射桥镇）人陈蕃、颍川（河南省禹州市）人李膺、下邳（首府下邳〔江苏省睢宁县北古邳镇〕）人陈球等三十余人，被任命当初级禁卫官（郎中）。

从此之后，州长、郡长深怀戒惧，不敢再乱七八糟，轻率从事。直到四〇年代，遴选工作始终清廉公正，为国家录用不少人才。

“孝廉”是“孝顺”和“廉洁”的综合称谓，对乡里人民，求他有孝行；对在位的官吏，求他清白。政府用征求“孝廉”的手段，一则吸收新的血液，一则企图在社会价值判断上，树立标准。然而，因为孝廉的政治利益，至为明显，而且立刻见效，所以不久就流弊丛生，从左雄的改革要点，可看出流弊所在，从此之后，“孝廉”虽由地方政府推荐保举，但到了中央后，却要经过考试。

于是，考试在文官制度中，开始显示功能，逐渐形成制度，而终于演变出“科举”——纯考试，作为小民擢升到政府官员的唯一渠道，影响深而且远。

10 闰十二月二十八日，六任帝（安帝）刘祜坟墓（恭陵，河南省洛阳市孟津区东南）寝殿百丈庑失火。

11 刘保听说北海（首府剧县〔山东省昌乐县西〕）人郎𫖮（音yǐ〔椅〕），精通神秘阴阳学。

一三三年 癸酉

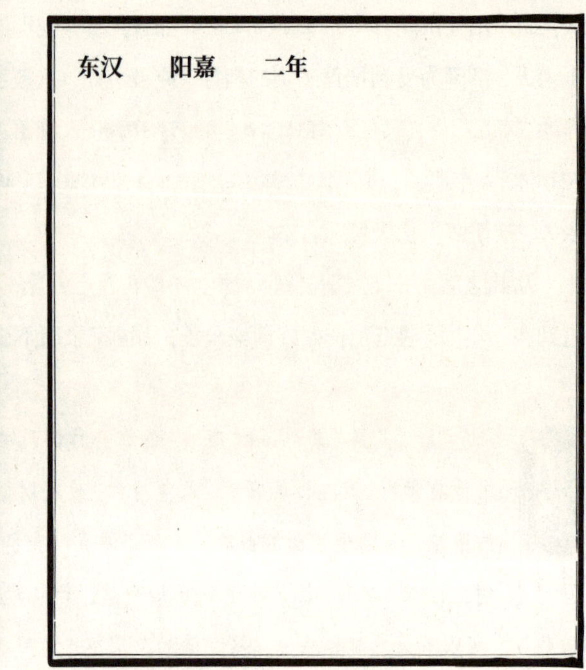

1 春季，正月，东汉王朝（首都洛阳〔河南省洛阳市东白马寺东〕）皇帝（八任顺帝）刘保（本年十九岁）下诏征召郎顗（音yǐ〔以〕），询问关于天象变异事项。郎顗上书说：

“三公在天上象征台阶（神秘预言书对这句话有各种我们看不懂的解释。稍懂一点的《六符经》上说：台阶，指天上的三阶。上阶是天子，中阶是高官，下阶是小民。三阶和平相处，则阴阳顺适，风雨及时），在世间跟君王同等重要。政治运转的轨道错乱，天象一定失去正常秩序。在高位的人，只知道争取虚名，专领高薪，从没有忧患意识，想休息就休息，想害病就害病，可是忽然接到诏命，得到赏赐，却立刻从病床上爬起来，什么病都没有了。害病害得那么容易，痊愈也痊愈得那么迅速！用这种态度去消灭灾难，建立太平，怎么能够？

“现在，州长、郡长人选，由三公负责。州郡秘书不能称职，当然责备州长、郡长；而州长、郡长有了过失，岂能不追究谁是保荐他们的人？陛下不但不闻不问，反而越发宠爱他们，自不会有人把事情放到眼里。这正是俗语说的：‘大网疏，小网密（对三公宽厚，对州长、郡长严苛）。’三公，不是我的仇人，我更不是疯子在这里发狂，所以发愤忘食，恳切陈述的原因，只不过想到政府渴望太平的苦心。我笔下放肆，即令被杀，也无怨恨。因之，我提出七项建议：

“一、皇帝坟墓园陵失火，请念及人民辛劳，停止修缮。二、立春之后，气候剧变，请任用优秀干部，加强推广圣王教化。三、今年（一三三），正是‘少阳’之年（“少阳”是什么？不懂。定是神秘预言书、神秘卜卦书、神秘阴阳书上的鬼话，试抄一段《易璇玑》：“七八九六之类，见于揲蓍之余，而阴阳老少之名，定于河图之初。河图自左而旋，地六位于西北，过于地六而一位焉。是知阴老于六，天九位于南方，过于天九而地二位焉。故曰阳老于九，自六九而外，又间一位而数之，则地八自当为少阴，天七自当为少阳。”一片鬼话。从语气判断，“少阳”，大概是“倒霉”之意），春季当有旱灾，夏季必有水患。应遵照从前规定，厉行节约。四、去年（一三二）八月，火星出入轩辕星座（不懂），陛下应该选出合于释放条件的宫女，准许她们自由婚嫁。五、去年（一三二）闰十月（应为闰十二月），有一道白气，从西方天庭，穿过左足，深入玉井星（不懂），立秋之后，恐怕西羌可能叛变，应预先警告有关郡县，严加戒备。六、本年（一三三）正月十四日，是乙卯日，白虹直冲太阳（白虹是百乱之源），应命全国所有司法官员，延迟到立秋之后，再审理诉讼。七、汉王朝（两汉王朝）建立以来，迄今三百三十九年（前二〇六年，迄今整三三九年），已超过三个阶段，对于法律诏令，应该大幅度的删除和改变。圣明的君王，顺应天心，犹如由春入夏，自会脱去青衣，改穿红衣（西汉君王，春穿青衣，夏穿红衣，秋穿白衣，冬穿黑衣），自从文帝（西汉五任帝刘恒）减轻刑罚，已三百年，微小的过错，早累积成大罪。圣明的法律好像长江、黄河，应该使人民容易避开，难于冒犯。”

二月，郎𫖮上书推荐黄琼、李固，请求擢用。再提建议：

“自去冬到今春，一直没有降雨，虽然有风，却是西风，跟正常气候，恰恰相反（春天当刮东风），政府官员忧虑，到处祈祷，祭祀山川。在烈日之下，辛苦舞龙，取悦神灵。我曾经听说，皇天感情丰富，但不会接受虚伪。灾难因人而发，所以人要责备自己，如果人们一请求天就降雨，或者是一祭祀就没有水灾，岂不是年年丰收，太平盛世，可以等待。由此可以了解，灾难所以不能平息，是因为病源并不在此。”

奏章呈上后，刘保下诏任命郎𫖮当初级禁卫官（郎中）。郎𫖮声称有病，拒不就职。

2 三月，匈奴协防司令（使匈奴中郎将）赵稠，派参谋官（从事）率南匈奴（王庭设美稷〔内蒙古准格尔旗〕）部队，出塞攻击鲜卑部落（内蒙古东部中部及以北地区），大破敌军。

3 最初，皇帝刘保得以登上宝座，奶娘宋娥也参与政变阴谋。政变成功之后，刘保封宋娥当山阳君（“君”，女性侯爵），又封首都洛阳警备区司令（执金吾）梁商（刘保的岳父）的儿子梁冀当襄邑侯。宫廷秘书长（尚书令）左雄，呈递“亲启密奏”（封事）说：

“高皇帝（西汉王朝一任帝刘邦）曾有规定，非姓刘的不封王，非有功的不封侯。孝安帝（东汉王朝六任帝刘祜）封江京、王圣等人，导致地震变异（参考一二一年十一月）。一二七年，封密谋功臣（应指一二五年封孙程等十九位侯爵），招来日蚀变异。天文家、法术师之辈，都认为不恰当的封爵，应负天象变异的责任。而今，青州（山东省北部）正在饥馑，盗贼还没有平息，陛下不应该追踪报答私人之间的小恩小惠，使国家大典大节，受到伤害。”

刘保不理。左雄再进谏言，上书说：

“我曾经听说，在上位的君主，没有不喜爱忠良正直，而厌恶谄媚拍马。然而，历代现象，是忠良正直的有罪，谄媚拍马的受宠；只因听忠言难，听媚语易。犯罪服刑，人人不愿；富贵宠荣，人人盼望，所以世界上愿说真话的忠良少，愿说拍马假话的奸佞多；结果是领袖人物听到的永远是赞扬的声音，很难知道自己过错，于是迷失在马屁阵中，无法醒悟，终于危亡。

“我拜读陛下诏书，念念不忘乳母宋娥的旧德宿恩，要加以特别赏赐。然而宫廷秘书署（尚书）档案中，从来没有乳母封爵的前例。只有先帝（六任帝刘祜）时，封乳母王圣当野王君，王圣造谣陷害，引起罢黜皇太子大祸（参考一二四年）；在世的时候，天下人诅咒，身死之后，天下人无不欢欣。姒履癸、子受辛，是尊贵的天子，可是连奴仆都羞与为伍，因为他们无情无义。伯夷、叔齐，不过卑贱小民，而王侯都争着效法，因为他们有崇高的品德。

“而今，阿母（宋娥）亲身实行节俭，作为榜样，领导天下，文武官员以及全国人民，莫不感化。而竟然跟王圣一样，也封爵位。恐怕违背她的节操，不是她的愿望。我愚昧，认为人同此心，道理不会相差太远。宋娥于心不安，古今相同。

"大家对王圣闯下的颠覆大祸，印象仍深，人民性命危如累卵，一直恐惧历史重演，警惕之念，从没有消失，忧心忡忡的言论，始终在口头谈论。请陛下采纳从前建议（左雄从前曾提建议，今日再提），每年供奉阿母（宋娥）千万钱，对内足以尽恩回报，对外也不会引起官民惊骇。梁冀的封爵，更不必那么急促，应该等政府度过灾难日子，然后再讨论是否可行。"

于是，梁商坚决辞让儿子梁冀的封爵，上书十余次，刘保才允许。

夏季，四月二十九日，京师（首都洛阳）地震。

五月一日，刘保命高级官员对政府提出直言批评，并各推荐"敦朴"人士一人。左雄再度上书，说：

"先帝（刘祜）封王圣当野王君，汉阳（甘肃省甘谷县）地震（一二三年封王圣，当年十二月，京师跟三个郡和封国地震，汉阳郡是其中之一）。而今，封阿母（宋娥）当山阳君，而京师（首都洛阳）又有地震。政府只专宠一个女人，灾难更大。我前后说了很多盲目的话，只为了提醒陛下，封爵是一件非常严肃的事，君王可以因私情赏人财，不可以因私情赏人官。请阿母（宋娥）归还封爵，用以化解灾异。而今，梁冀已经辞让，阿母（宋娥）也应坚定她本来的志节。"

左雄措词至为激烈恳切，宋娥也开始不安，表示辞让；可是刘保眷恋不已，终于赐封。

4 这时，农林部长（大司农）刘据，因业务过失，受到谴责，皇帝刘保召唤他到宫廷秘书署（尚书），大声吆喝他快点走，接着用棍棒殴打。左雄上书说：

"部长（九卿）的地位，仅次于三公（三公：宰相、最高监察长、全国武装部队总司令），在大臣行列中，行为有玉石般的雪白高洁，举止有学校的礼仪教养。孝明皇帝（东汉二任帝刘阳）才开始对高级官员扑击，不是古代典范。”

刘保采纳，从此，对部长才不再殴打。

柏杨曰

刘据的遭遇，带给我们很大的震撼。刘阳殴打官员，还是亲手殴打，而刘据则显然在宫廷秘书署，受到捶击。文言文往往没有主词，或主词不明，需要猜测。所以，殴打刘据，可能是刘保亲自动手，也可能只是宫廷秘书署的官员动手。不管谁动手，都足以证明，身为中央政府部长级高级官员，在君王眼中，不过一条猪狗而已。高兴的时候，把这些人弄到座位上，表演礼贤下士，或赏赐几文金钱，展示恩重如山，这些人就感激得浑身酥软，认为知识分子真是尊贵，对主子非杀身以报不可；不高兴的时候，则把这些人敲敲打打，而敲敲打打还是最轻的。事实上当庭臭揍，并没有如史书上说的到此为止，不但没有到此为止，随着时代的发展，反而更为残忍。明王朝的“廷杖”，更是集人类恶毒之大成。中国人权不但没有保障，连残余的一点人性尊严，也全被摧毁。

这是制度问题，只能靠制度的改善，不能靠有权大爷的慈悲。

5 五月十九日，最高监察长（司空）王龚免职（因地震缘故）。

六月二日，任命祭祀部长（太常）鲁国（即东海国，首府鲁县〔山东省曲阜市〕）人孔扶当最高监察长（司空）。

6 六月八日，首都洛阳宣德亭（在平城门〔洛阳城南面中门〕之外）

地裂，长八十五丈。刘保紧张，召集文武官员保荐的“敦朴”人士，教他们答复这个问题，并命他们对当前政治形势以及政府缺点，提出积极批评及建议。

李固回答：

“从前，孝安皇帝（六任帝刘祜），破坏传统制度，把乳母（王圣）都封爵位，这位乳母遂兴风作浪，竟改变皇太子的继承地位，以致使陛下陷于危境，面对艰难。现在，陛下脱离困苦，高升宝座，天下人民，抬头张口，渴望善政。政治腐败到了极点之后，反而容易成就中兴大业。诚应放宽胸襟，谋求改革。可是，人民的反应却认为：‘现在的事，跟从前一模一样。’我身在蔓草荒泽的民间，听到后，痛彻心肺。

“自从汉王朝（两汉王朝）建立，迄今三百余年，圣贤代代相继，共有十八位君王。（十八位君王指：一、西汉一任帝刘邦，二、二任刘盈，三、五任刘恒，四、六任刘启，五、七任刘彻，六、八任刘弗陵，七、十任刘病已，八、十一任刘奭，九、十二任刘骜，十、十三任刘欣，十一、十四任刘箕子，十二、东汉一任帝刘秀，十三、二任刘庄，十四、三任刘炟，十五、四任刘肇，十六、五任刘隆，十七、六任刘祜，十八、八任刘保。——从这个数目，再一次说明一件事，因为政治市场上早晚价格不同，其中若干君王，竟被除名），哪一位没有乳母喂养的恩情？难道都不知道给乳母尊贵的爵位？只因为畏惧上天的威严，而又考查经典，在大义上绝对不可以这样做，所以才没有去做。现在，宋阿母（宋娥）虽然有参与政变的大功，而又有勤劳谨慎的大德，但是，仅只加以赏赐已足够回报；如果分割土地，建立封国，汉王朝（两汉王朝）从没有这种制度。

“听说，阿母（宋娥）性情谦虚，对封爵一事，料想她定会辞让，陛下应成全她的高贵德行，使她能享受四方永久祝福的平安。皇后妃妾的家族，所以很少能够保全的原因，并不是由于他们天性邪恶，只是因为封爵太尊，官位太高，而又掌握权柄。上天厌恶满盈，如果不知道自我克制，就一定栽倒。先帝（刘祜）宠爱阎皇后，擢升她的家属，她的家属蹿升得太快，封爵官位来得太急，结果脚跟一转工夫，大祸已临（阎家班覆亡，参考一二五年十一月）。

“李耳说：‘前进太快的，后退必速。’现在，梁商的女儿（梁妠）身为皇后，礼教规定，天子不把妻子的父母当作臣属，所以封他高级爵位，还说得通。不应该的是，梁家的子弟晚辈，也都位高名显。五〇年代及七〇年代（二任帝刘阳及三任帝刘炟时代），可没有这种现象。

“所以，陛下最好是命步兵指挥官（步兵校尉）梁冀，跟梁姓家族中担任宫廷随从（侍中）的人，仍退回到原来的禁宫侍从宦官（黄门）位置，使皇后娘家人不掌握权力，而把权力交给君王，岂不是一项美政。又，陛下诏令，规定宫廷秘书（尚书）、宫廷随从（侍中），宫中服务的其他官员子弟们，不准参加‘孝廉’的推荐保举，因为他们拥有权势，容易接受请托。可是，寝殿侍奉宦官（中常侍），比上述官员，更接近权力中心，声势可以使天下震动，子弟们前途无限，想当什么官就可当什么官，即令外表上不作任何请托，不干预州郡行政，但谄媚马屁之徒，自会望风行事，主动荐举。所以，寝殿侍奉宦官（中常侍）子弟，也应该跟上述官员子弟一样，禁止参与推荐保举。

“从前，馆陶公主（刘红夫）代她的儿子要求当一名初级禁卫官（郎），明帝（二任帝刘阳）拒绝，只赏赐钱币千万（参考七五年）。他之所以不在乎巨额赏赐，而在乎小小官位，是因为任官如果不用人才，将为人民带来灾难。我从侧面听说，长水外籍兵团军政官（长水司马）

武宣、开阳门（洛阳南面东头第一门）守卫官（门候）羊迪等，既没有特别功劳，又没有特别品德，更没有经过法定的试用代理阶段，一到差便是实任；这虽然是小小的过失，但传统制度，从此受到破坏。

“历代圣明君王所制定的法令规章，后世都应该坚决遵守，无论行政或教化，一旦受到损伤，一百年都不能复原。《诗经》说：‘上天乖戾昏乱／人民劳苦悲叹。’（凡国〔河南省辉县市〕国君讥刺周王朝十任厉王姬胡的诗句。）用以讽刺周王朝国王改变祖宗法令规章，致使人民受到痛苦。而今，陛下之有宫廷秘书（尚书），犹如上天之有北斗。北斗是上天的喉舌，宫廷秘书（尚书）也是陛下的喉舌。北斗掌握元气，运行四时（北斗七星如何有这种功能，我们不知道。且抄一段《后汉书·天文志》供读者参考：“斗为帝车，运乎中央，临制四方。分阴阳，建四时，均五行，移节度，定诸纪；皆系于斗。”）；而宫廷秘书（尚书），接受天下奏章，转达君王诏令，广达四海，权力至大，形势至重，责任至巨。如果不能心平气和，公平正直，灾难一定降临。所以，宫廷秘书人选，必须恰当妥善，才能襄助君王，推行善政。

“跟陛下共同治理国家的官员，政府系统有三公、部长、宫廷秘书，宫廷系统有寝殿侍奉宦官（中常侍）、禁宫侍从宦官（黄门）；这就好像一个大门之内的一家之事，平安时大家共同享福，危险时大家共同受害（胡三省注：这项议论，在小人充满政府之时提出，委曲婉转，十分得当。可是，仍然被认为太过刚直，不能容忍。可悲）。州长（刺史）、郡长（二千石），对外代表中央政府行事，对内受中央政府约束。标杆不正，测出的日影必然歪斜；源头清澈的，水流也必然洁净；犹如敲击树根，整棵树的枝叶都会摇动。由此观察，国家号令，岂容差错！

“维持国家社会的正常秩序，是当今最重要的任务。君王管理国家，犹如河川之有堤防；堤防完整，虽遇到连绵大雨，不会成灾；政治教化一经确立，即令遭逢凶年，也不必忧虑。假如堤防泄漏或洞穿，虽万人同心合力，也难拯救；政治教化一旦崩坏，集合所有圣贤的智慧，终不能恢复原状。现在，堤防虽然坚固，已渐渐被凿出孔穴。好像一个人的身体，中央是心脏，州郡是四肢，心脏发生毛病，四肢不能举动。我所忧虑的，是心脏的毛病，不是四肢的毛病。

"如果巩固堤防，推广政治教化，先整顿中央，使心脏健全，虽有盗匪贼寇、水灾旱灾，不足介意。如果堤防瓦解，心脏无力，即令没有水灾旱灾，国家前途，照样使人担心。最后，我建议，最好是罢黜宦官，削减他们的权力，仅保留品德方正的寝殿侍奉宦官（常侍）二人，在左右听候驱使；再保留聪明而有风度的禁宫贴身侍从宦官（小黄门）五人，在后宫服务。如此，批评自会停止，太平日子可以来到。"

西汉王朝时，寝殿侍奉宦官（中常侍），用宦官也用普通人。东汉王朝建立之初，则全用宦官，在诸殿之间，奔走服役。一世纪六〇年代二任帝刘阳时，才开始有固定员额，计：寝殿侍奉宦官（中常侍）四人、禁宫贴身侍从宦官（小黄门）十人。四任帝刘肇即位，窦宪兄弟专揽大权，整天跟皇帝在一起的，都是宦官，所以郑众能够在宫中，单独进行密谋，铲除巨奸，更因之受到封爵采邑的赏赐，荣誉超过皇后宫总管（大长秋，宦官官职中阶级最高的职位）；宦官地位，于是提高。自二任帝刘阳起（五八年），直到一〇六年，宦官渐受重用，名额也不断增加，寝殿侍奉宦官增为十人，禁宫贴身侍从宦官（小黄门）增为二十人，而且兼任政府单位管理官（署）。皇太后邓绥，以女主人身份，主持政府，处理万种机要，但无法参加政府文武官员的讨论和高官会议，邓绥不得不依靠宦官，把国家命脉，交到他们手中。于是，宦官也者，手里掌握封王封侯的权力，口中代替皇帝发言，已经不再是专门在深宫闺房之内当差的仆役了。

扶风（陕西省兴平市）郡政府行政官（功曹）马融回答：

"现在，法令规章，四时禁制，凡是可以承受天命，顺应民心的，都已具备，而且完整，不能再有增添。可是，上天仍认为有不公平之处，人民仍然嗟叹抱怨，原因何在？在于：人民只听到中央厉行善政的声音，却没有看到厉行善政的行动。古代所谓家给户足，并不是说每家都能如此，而只是酌量民间财富，为他们定下适当的捐税。所以，嫁娶节俭，男女都负担得起，就可以及时婚配；葬礼简单，死者家人都负担得起，就可以及时掩埋；不剥夺农夫耕耘收割的时间（在这个时间内，不征调农夫充当民夫差役），则农夫才能有所收益。有妻子儿女的牵挂，有不动产的财富，抛弃这些而去为非作歹的人，即令有，也不会多。"

天文台长（太史令）南阳（河南省南阳市）人张衡回答：

"自从有'孝廉'这个科目，迄今已二百年之久（前一三四年，西汉七任帝刘彻命官员推荐"孝廉"，整二百六十七年），都把'孝行'作为根本。有了'孝行'后，仍有余力，才再追求学问。去年（一三二）闰十二月十九日诏书，征求'孝廉'人才时，却仅要求读通经书，会写公文。结果是，即令有最可钦敬的孝行，也没有资格入选，这是弃本逐末的办法。

"曾参对爹娘至孝，可是天性朴实，学问造诣不如言偃、卜商，行政能力不如冉有、仲由（以上四人，都是孔丘门徒）。而现在却盼望一个人兼备这些本领，纵然外表可观，内在必有欠缺，岂不是跟推荐

‘孝廉’的本意完全违背？而且郡长和封国宰相，掌握权力，有安定社会的责任，是国家高级重要官员，却一下子罢黜了十余人之多（指去年〔一三二〕更换济阴郡郡长胡广等），官吏人民，送旧官迎新官，疲于奔命，公私浪费。有些人有很好的治绩，人民敬重，却因一点小错免职，这是强夺人民的父母，使人民哭号的措施。《易经》上说：‘不要走得太远才回头。’《论语》上说：‘不要害怕改正过失。’连朋友相交，都没有隔夜不忘的仇恨，何况君王承受天命，治理万物，以天下为公！

“近年以来，天上出现妖星（胡三省引《古今注》：“本年四月壬寅日，太白昼见。五月癸巳日，又昼见。”但四月辛未朔，没有壬寅日。五月庚子朔，没有癸巳日），下界发生地震。上天的警告，十分明显，令人寒心。聪明的人，在灾祸还没有萌芽时，便使它消失；而今，灾祸已现，应该急忙整顿政治，心怀恐惧，才会转祸为福。”

刘保看到大家的对策试卷，指定李固居第一名。立即请奶娘宋娥出宫，回到她自己的家；所有寝殿侍奉宦官（中常侍）全向刘保叩头，请求恕罪；一时之间，政府法纪肃然。刘保遂任命李固当参议官（议郎）。可是，宋娥和宦官，对李固痛恨非常，一连发出匿名黑信，把李固网罗在罪案之中（史书没有记载何种罪案）。刘保下令严办，诏书没有经过宫廷秘书署（尚书），而直接下达主管单位，情势凶险。农林部长（大司农）、南郡（湖北省江陵县）人黄尚等，请求首都洛阳警备区司令（执金吾）梁商营救；宫廷秘书署执行官（尚书仆射）黄琼，再上书辩明事实真相。很久之后，才告平息，遂任命李固当雒县（四川省广汉市）县长。李固放弃官位，回故乡汉中（陕西省汉中市）。

马融博学，精通儒家学派经典，能写出文字优美的奏章，也被任命当参议官（议郎）。

张衡擅长撰写文章，精通儒家学派六经（《诗经》《书经》《礼经》《易经》《乐经》《春秋》），虽然才华盖世，但毫不骄傲。更通晓机械，对天文、阴阳、历法、算术，深有心得；制造“浑天仪”（“浑天仪”是一种研究天象的精密仪器，古书上说，在纪元前二十七世纪黄帝王朝时，便有浑天仪，但不可靠。张衡的浑天仪是铜做的，放在御用天文台〔灵台〕之上），著《灵宪》（天文学）。张衡性情恬淡，不羡慕世俗所贵重的官爵财富；所以，他担任官职，多少年都不见升迁。

7 全国武装部队总司令（太尉）庞参，在三公之中，声名最为忠直，刘保的左右不断诋毁他。正好，庞参所推荐的人，犯了刘保的大忌，京畿总卫戍司令（司隶），看准风向，提出弹劾。

这时，正逢部长级以上高级官员，定期跟“茂才”“孝廉”会晤（东汉王朝各郡和各封国，每年保荐的“茂才”“孝廉”，都要跟随呈送年终报告的专差，前往首都洛阳。三公跟部长们集合一起，听取陈述，“茂才”“孝廉”一起参与），庞参正被弹劾，因而声称有病，没有出席。广汉郡（四川省绵阳市）奏事秘书（上计掾）段恭，在会场上得到消息，上书说：

“我自己亲耳听到，道路上行旅，以及田间农夫，或从事纺织的妇女，都说：‘总司令（太尉）庞参，竭尽赤诚，只因为好说实话，不肯昧心，在鲨鱼群中，遂陷于孤立，站在被中伤的位置。’邪恶陷害忠良，是天地间最大的禁忌，更是人主最大的戒律。从前，白起被逼自杀（参考前二五七年），各国君王饮酒祝贺。姬友归来，鲁国人高兴他拯救危难（纪元前七世纪三〇年代，鲁国十六任国君〔庄公〕姬同，有兄一人：姬庆父；弟二人：姬牙、姬友。前六六二年，姬同逝世，姬牙准备拥立姬庆父继位；姬友遂毒死姬牙。姬庆父谋杀姬同的儿子姬般〔十七任国君〕，姬友出奔陈国。前六六〇年，姬庆父又杀十八任国君姬启，引起贵族愤怒，姬庆父出奔莒国，姬友才由陈国回鲁国，收拾残局）。国家依靠贤能，才能治理，君王依靠忠心，才能安全；而今，天下都庆幸陛下有庞参这样贤能和忠心的辅佐。但愿陛下宠爱他、信任他，使祭祀天地的神坛（象征国家），永远矗立。”

奏章呈上去后，刘保派禁宫贴身侍从宦官（小黄门）代表皇帝向庞参问候病情，并派御医诊治，赏赐羔羊美酒。

后来，庞参的后妻，厌恶前妻的儿子，把那孩子投到水井谋杀。洛阳县长祝良，向刘保弹劾庞参犯罪。

秋季，七月二十日，庞参遂以天变灾异的原因，免职。

8 八月一日，任命藩属事务部长（大鸿胪）施延，当全国武装部队总司令（太尉）。

9 鲜卑部落（内蒙古东部中部及以北地区）攻击马城（河北省怀安县），代郡（山西省阳高县）郡长反击，不能取胜。不久，鲜卑部落酋长其至鞬逝世，对东汉的抢劫，较前要少。

一三四年 甲戌

东汉　阳嘉　三年

1 夏季，四月，车师后国（新疆吉木萨尔县南）东汉屯垦兵团军政官（司马），率领车师后王加特奴，突击北匈奴汗国（王庭设新疆阿尔泰山南麓）基地阊吾陆谷（今地不详），大破匈奴，俘虏北匈奴单于的娘亲。

2 五月四日，东汉王朝（首都洛阳〔河南省洛阳市东白马寺东〕）皇帝（八任顺帝）刘保（本年二十岁）下诏：春夏一连大旱，赦天下。

刘保亲到德阳殿（在北宫）东厢庭院中，露天而坐，祈求上天降雨。

刘保因宫廷秘书（尚书）周举才学俱优，特别询问他的意见，周举上书说：

“我曾经听说，阴阳如果隔绝，则二气一定闭塞。陛下废弃文帝（西汉五任帝刘恒）、光武（东汉一任帝刘秀）所建立的节约风范，却走上促使秦王朝灭亡的奢侈道路；宫廷内宫女太多，而宫廷外适婚年龄找不到对象的男子，同样也太多。自从旱灾形成，已经过了整整一年，还没有听说陛下有改过的行动。而今，徒使陛下以至尊之体，暴露在烈阳风尘之中，我认为，对人民并没有裨益。陛下一味在表面上下功夫，而不去追寻祸根，好像爬到树上捉鱼，也好像向后倒走，却希望前进一样。现在唯一的方法是：用至诚的信心，改革内政，遵守正轨制度，解除人民困惑；后宫中凡是没有陪皇上上过床的美女，应该释放；御厨房重重叠叠的山珍海味，太过浪费，应该免除。《易经》说：‘阳感天，不旋日（皇帝为善一日，上天回应一日）。’请陛下留意裁夺。”

刘保召见周举，当面询问政治上的得失。周举回答：“对官员的任命，应特别慎重。排除贪污，疏远奸佞。”刘保问：“谁在贪污？谁是奸佞？”周举说：“我从外州刚被超次擢升到中央机要位置（周举原是冀州〔河北省中部南部〕州长，征调中央），还没有能力评论文武百官。然而，三公部长中，不断直率批评政府的，是忠贞。只看风向，顺着颜色附和阿谀的，是奸佞。”

天文台长（太史令）张衡也上书说：

“前年（一三二），京师（首都洛阳）地震，土地崩裂。土地崩裂，显示权力分割；地震，促使人民惊扰。我深怕陛下厌倦处理政务，有些事情，自己不做裁决；或由于不忍心处罚宠爱的人，导致权力他移，跟左右共享。而权力不可以分割，恩德也不可以共有。但愿陛下思虑古人所制定的规章，千万不要使‘刑德八柄’，脱离君王之手（《周礼》载：君王用八种手段控制臣僚：一、爵位，使他尊贵。二、俸禄，使他富有。三、赏赐，使他欢喜。四、安置，使他行动。五、安全，使他享福。六、剥夺，使他贫穷。七、罢黜，使他不敢犯罪。八、诛杀，使他不敢叛逆）。然后，神圣的威严，获得充实，灾难自不会来临。”

张衡认为东汉王朝建立以来，儒家学派学者，争相研究神秘预言书（图纬），是一种病态，上书说：

“《春秋元命包》（神秘预言书之一）上，曾提到公输班跟墨翟，他们都是战国时代的人；又提到益州，而益州的设立，发生在西汉王朝（益州跟益州郡不是一回事，古书往往只写“益州”，增加阅读困难。前一〇九年，置益州郡〔云南省昆明市晋宁区东晋城街道〕。前一〇六年，置益州〔面积包括今四川省及云南省〕）。而刘更生（刘向）、刘歆（刘秀）父子，主管皇家图书馆，校订群书（参考前二六年），核定九大学派的学说（儒家、道家、阴阳家、法家、名家、墨家、纵横家、杂家、农家），并没有发现神秘预言书。由此可以推断：神秘预言书，大概出现于前一世纪九〇年代及二世纪〇〇年代，都是一些虚妄的知识分子，用来盗名骗财的玩意，诈欺的意图，非常明显，政府却没有禁止。

“而且，历法、八卦、星象（九宫）、风角（用五音测定风位而定吉凶），所作预测，曾不断应验，世人不肯用心学习，却争相传颂毫无根据，而又绝对不会应验的神秘预言，好像画家不去画狗画马，却大画特画鬼怪，只因具体的东西不容易传神，而谁都没有见过鬼怪，可以信笔涂鸦。对神秘预言书，政府应一律收缴查禁，使朱色和紫色不能混淆，圣人经典不致受到玷污。”

3 秋季，七月，钟羌部落（青海省泽库县一带）酋长良封等，再攻击陇西（甘肃省临洮县）、汉阳（甘肃省甘谷县）。刘保下诏：任命前西羌保安司令（校尉）马贤当皇家礼宾官（谒者），负责镇压安抚。

冬季，十月，西羌保安司令（护羌校尉）马续，派军攻击良封，获胜。

4 十一月十一日，宰相（司徒）刘崎、最高监察长（司空）孔扶免职，这是采纳周举的建议。

十一月十四日，擢升农林部长（大司农）黄尚当宰相（司徒），宫廷禁卫官司令（光禄勋）河东（山西省夏县）人王卓当最高监察长（司空）。

5 耿贵人不断替她娘家人求情，刘保下诏封耿宝的儿子耿箕当牟平侯（耿宝贬死事，参考一二五年）。

一三五年 乙亥

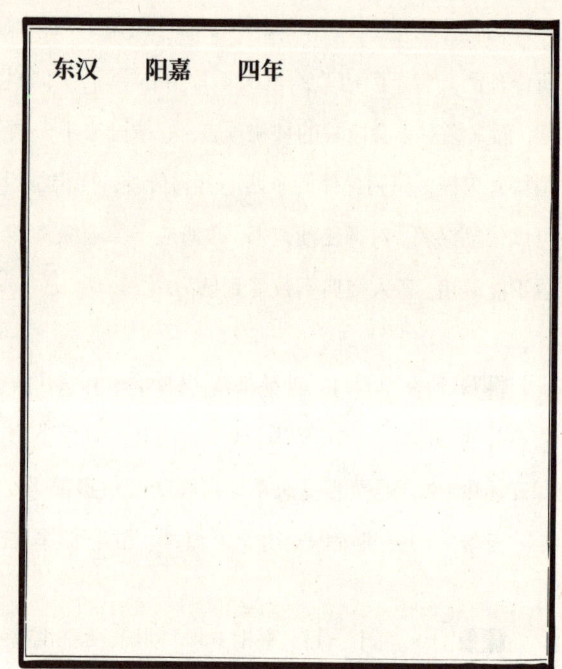

1 春季，北匈奴汗国（王庭设新疆阿尔泰山南麓）呼衍王，侵袭车师后国（新疆吉木萨尔县南）。东汉王朝（首都洛阳〔河南省洛阳市东白马寺东〕）皇帝（八任顺帝）刘保（本年二十一岁）命敦煌郡（甘肃省敦煌市）郡长派军援助，战事不利。

2 二月十六日，开天辟地第一遭，让宦官养子继承爵位。最初，刘保取得帝位，全靠宦官的力量（参考一二五年），宦官遂受特别宠信，干预政治。监察官（御史）张纲上书抗议说：

“我在历史上发现，文、明二位皇帝（文帝，西汉五任帝刘恒。明帝，东汉二任帝刘阳），品德教化，最有成就。寝殿侍奉宦官（中常侍），不过二人。赏赐最宠爱的亲近，黄金不过数十两。珍惜政府开支，重视人民生活，所以人民家家富足。可是，最近几年，没有功劳的小人，都得到官位爵位，这不是爱护人民、尊重宝座、承顺天心的方法。”

奏章呈上去后，刘保不理。张纲，是张皓的儿子（张皓事，参考一二四年）。

3 旱灾。

4 皇家礼宾官（谒者）马贤，攻击并大破钟羌部落（青海省泽库县一带）。

5 夏季，四月五日，全国武装部队总司令（太尉）施延免职。

6 四月十九日，擢升首都洛阳警备区司令（执金吾）梁商（梁皇后老爹），当全国最高统帅（大将军）；前全国武装部队总司令（太尉）庞参，再当总司令（太尉）。梁商声称有病，不能起床，坚决辞让，这样僵持了一年。刘保命祭祀部长（太常）桓焉，把任官令送到梁商家，梁商只好到皇宫接受任命（东汉王朝封爵或任命三公仪式：文武百官集合金銮宝殿之上，各就各位，皇家礼宾官〔谒者〕引导宫廷禁卫官司令〔光禄勋〕在上首站定，另一位皇家礼宾官〔谒者〕引导当事人匍匐殿下。宫廷禁卫官司令行礼一弯腰，举手〔不知是一手或两手〕说：“皇上圣旨，封张三……”然后宣读任官状〔策书〕上的话，读完，当事人称“臣”，再拜。这时，宫廷秘书署助理〔尚书郎〕把印信交给执法监察官〔侍御史〕，执法监察官走到当事人面前，把印信交付当事人。在皇家礼宾官高声引导下，当事人一拜再拜、叩头，共行礼三次。然后，皇家礼宾官再高声引导："西北王，臣，张三，新封。宰相，李四，初次任命。谢恩！"担任皇家礼宾官的宦官〔中谒者〕传报："谢恩！"司仪说："皇上为你们起立！"等皇帝重新坐下之后，当事人拜谢，起立，回到他按官等应该站的位置上。于是，任命〔策拜〕典礼完成。自从西汉王朝建立这种仪式以来，只有卫青，因为有功，就在军中任命〔策拜〕当最高统帅〔大将军〕，其他人员都要到金銮宝殿，在盛大隆重的典礼上发布〔策拜〕。梁商不过是皇后的老爹而已，不敢在家中接受，免得以后受到攻击）。梁商自幼通晓儒家经书及各种注释，谦恭谨慎，喜爱人才，延聘汉阳郡（甘肃省甘谷县）人巨览（巨，姓）、上党郡（山西省长子县）人陈龟，当他的幕僚，并任命李固当参谋指挥官（从事中郎），杨伦当秘书长（长史）。

李固知道梁商性格温和，保守有余，却没有能力整顿法纪，开创新的局面，于是呈递一份备忘录给梁商：

"连年以来，灾变怪异，不断出现。孔丘说：'智慧的人，看见灾变，想到它形成的原因；愚蠢的人，看见怪异，却假装看不见。'（胡三省注指出：这两句话不出自正式儒家经书，而是神秘预言书捏造的话。）正因天道大公无私，对再亲近的人，都不袒护，所以可敬可畏。如果皇上能够振作，一切都纳入秩序，每人尽忠职守，阁下再追随伯成子高（伯成，复姓）高洁的步伐（《庄子》载：纪元前二十三世纪，黄帝王朝七任帝姚重华时，伯成子高是一位封国国君，夏王朝一任帝姒文命时，伯成子高抛弃国君位置，去当农夫），使不朽的美好名誉，得以保存，永垂世界。那么，那些沉湎在荣华富贵中的皇后娘家人，岂能跟你同日而语？”梁商不能接受。

7 秋季，闰八月一日，日蚀。

8 冬季，十月，乌桓部落（河北省北部）攻击云中郡（内蒙古托克托县），北疆边防司令（度辽将军）耿晔追击，受到挫败。

十一月，乌桓部落把耿晔包围在兰池城（内蒙古准格尔旗东北黄河南岸），东汉政府派救兵数千人增援，乌桓部落解围而去。

9 十二月三十日，京师（首都洛阳）地震。

一三六年 丙子

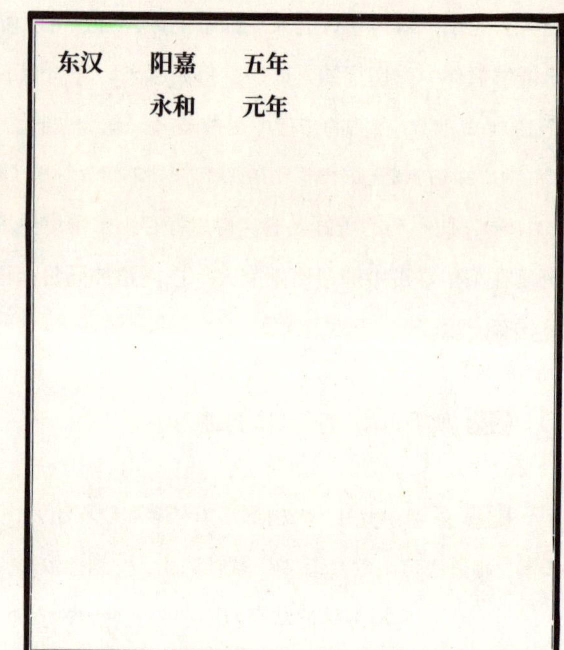

1 春季，正月十五日，东汉王朝（首都洛阳〔河南省洛阳市东白马寺东〕）改年号（之前是阳嘉五年，之后是永和元年）。赦天下。

2 冬季，十月七日，承福殿火灾。

3 十一月二十七日，全国武装部队总司令（太尉）庞参免职。

4 十二月，象林（越南维川县）蛮夷叛变。

5 十二月二十六日，任命前最高监察长（司空）王龚，当全国武装部队总司令（太尉）。

王龚厌恶宦官专权，上书作猛烈的指控。宦官群反扑，决心要他性命。禁宫侍从宦官（黄门）命他们的摇尾系统，诬告王龚犯罪违法。东汉帝（八任顺帝）刘保（本年二十二岁）命王龚亲自到司法部，辩明是非真假。李固签呈梁商，说：

"王龚因为坚持他贞节的操守，平空受到奸佞陷害。大家听到消息，无不叹息恐惧。以三公的尊严地位，在惯例上，从不前往司法单位，为自己伸冤。即令是最小的事，也只有自杀了断。是以除非滔天大罪，从不审问三公。假设王龚发生意外，政府就会蒙受谋害贤能的恶名，文武官员也将被认为没有营救忠良的道德勇气。俗话说：'善良的人受到灾难，使我们来不及吃饭。'救人，这正是时候。"

梁商向皇帝刘保进言，事情才告化解。

6 本年（一三六），任命首都洛阳警备区司令（执金吾）梁冀（梁商的儿子），当首都洛阳市长（河南尹）。

梁冀，嗜爱饮酒，纵情任性，虽是国家高级官员，行为常残暴不法。梁商最亲信的门客、洛阳县长吕放，告诉梁商；梁商责备儿子。梁冀阴狠凶恶，派出刺客，在道路埋伏，刺死吕放。恐怕老爹梁商知道，坚称是吕放仇家下的毒手。为了表示他对暗杀行为的痛恨，梁冀保荐吕放的弟弟吕禹当洛阳县长，教他运用政府的公权力，代老哥报仇。吕禹大肆逮捕，把被认为仇家的对手，连同他们的宗族、亲戚，以及宾客朋友等一百余人，全部诛杀。

7 武陵郡（湖南省常德市）郡长上书，认为郡内蛮夷，已完全归附，应该撤除优待，比照汉人，增加他们的田赋捐税。参与决策的人都认为可行。宫廷秘书长（尚书令）虞诩反对，说：

“从古代开始，圣明的君王，对风俗习惯跟我们不同的民族，不当作自己的臣民。先帝（历任皇帝）留下来的规章，明白规定蛮夷应缴纳赋税数额，已一百余年（东汉王朝初年，政府规定，武陵各蛮夷部落，大人每年缴布一匹，儿童每年缴布二丈）。而今突然增加，他们必然因怨恨而叛变。计算政府所得到的，抵不上所失去的，徒使人后悔。”

刘保不接受。而澧中蛮夷（澧水上游一带）、溇中蛮夷（溇水上游一带），都认为增加贡品，不是原来数量，拒绝接受。当地方政府官员强迫征收时，遂格杀地方政府官员，起兵叛变。

1 春季，东汉王朝（首都洛阳〔河南省洛阳市东白马寺东〕）武陵郡（湖南省常德市）蛮夷二万人包围充县（湖南省桑植县），八千人攻击夷道（湖北省宜都市）。

2 二月，广汉移民区（广汉属国。甘肃省文县）驻军司令（都尉），击破西羌白马部落。

3 东汉帝（八任顺帝）刘保（本年二十三岁）派武陵（湖南省常德市）郡长李进，追击蛮夷叛军，完全敉平。李进遂遴选善良官员，安抚蛮夷，郡境内遂告平安。

4 三月八日，最高监察长（司空）王卓逝世。

三月三十日，任命宫廷禁卫官司令（光禄勋）郭虔，当最高监察长（司空）。

5 夏季，四月十九日，京师（首都洛阳）地震。

6 五月六日，山阳君宋娥（刘保奶娘），被控狼狈为奸，诬陷诈欺蒙蔽。皇帝刘保下令收缴她的印信（撤除爵位），遣回故乡。另外九位侯爵：黄龙、杨佗、孟叔、李建、张贤、史泛、王道、李元、李刚，被控跟宋娥互相贿赂，谋求高官，又谋求增加采邑，一律遣回他们的封国，减少采邑租税收入四分之一。

7 象林（越南维川县）蛮夷酋长区怜（区，音ōu〔欧〕，姓）等，攻击县城，斩杀地方政府官员。交趾州（广东、广西及越南北部）州长（刺史）樊演，征调交趾郡（越南河内市东北北宁省）、九真郡（越南清化市）民兵一万余人增援；民兵恐惧远征。

秋季，七月，两郡民兵联合叛变，转攻郡政府。郡政府虽击败叛军，但蛮夷势力转盛。

8 冬季，十月十日，刘保前往长安（陕西省西安市）。扶风（陕西省兴平市）人田弱，推荐同郡人法真："精通儒家内外二学（东汉王朝，神秘预言书盛行，认为六经是"外学"〔六经：《诗经》《书经》《礼经》《易经》《乐经》《春秋》〕。而神秘预言书的"七纬"是"内学"〔七纬：《易纬》《书纬》《诗纬》《礼纬》《乐纬》《春秋纬》《孝经纬》〕），隐居乡里，不肯当官，政府应予延聘，使就高位。"刘保虚心征召，前后四次，法真拒绝到底。他的朋友郭正称赞说："法真，可以听见他的名，却见不到他的人。逃避名声，名声随着他，躲避名声，名声追赶他，他可以说是百世教师。"

法真，是法雄的儿子（法雄事迹，参考一一〇年）。

9 十一月二十三日（原文误置于十月，据《后汉书》改），京师（首都洛阳）地震。

10 全国武装部队总司令（太尉）王龚，认为寝殿侍奉宦官（中常侍）张昉等，专权误国，打算提出弹劾，要求刘保诛杀。亲属中有人劝阻，并用杨震的遭遇，作为覆车之鉴（杨震事，参考一二四年），王龚才改变主意。

11 十二月二日，刘保从长安返回首都洛阳。

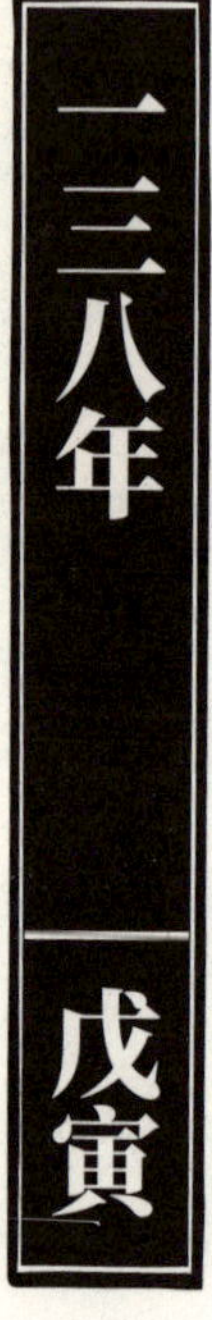

东汉 永和 三年

1 春季，二月三日，东汉王朝（首都洛阳〔河南省洛阳市东白马寺东〕）京师（首都洛阳）跟金城郡（甘肃省陇西县）、陇西郡（甘肃省临洮县）地震；二郡又发生山崩。

2 夏季，闰四月八日，京师（首都洛阳）又地震。

3 五月，吴郡（江苏省苏州市）郡政府主任秘书（郡丞）羊珍，聚众起兵，攻击郡政府。郡长王衡大破叛军，斩羊珍。

4 象林（越南维川县）蛮夷酋长区怜掀起的变乱扩大。执法监察官（侍御史）贾昌，跟交趾州（广东、广西及越南北部）政府、各郡郡政府，合力讨伐，不能取胜，反而被区怜包围一年有余。援军和粮秣，都无以为继。东汉帝（八任顺帝）刘保（本年二十四岁）召集三公、部长、文武官员，以及四府幕僚（最高统帅部〔大将军府〕幕僚二十九人，全国武装部队总司令部〔太尉府〕幕僚二十四人，宰相府〔司徒府〕幕僚三十一人，最高监察署〔司空府〕幕僚二十九人），共同研究对策；大家都主张派出大将，征调荆州（湖北省及湖南省）、扬州（安徽省中部及江南地区）、兖州（山东省西部）、豫州（河南省）四州民兵增援。

最高统帅部参谋指挥官（从事中郎）李固反对，说：

"如果荆州、扬州是太平世界，征调二州民兵，没有关系。事实上二州境内，盗贼遍地，盘踞不散。武陵（湖南省常德市）、南郡（湖北省江陵县）的蛮夷变乱，还没有完全安定。长沙（湖南省长沙市）、桂阳（湖南省郴州市），已经征调民兵数次，如果再作一次征调，必然发生变故，这是其一。兖州、豫州人民，突然被强迫入伍，远征万里之外，回乡无期，而政府命令急如星火，势将引起大规模背叛逃亡，这是其二。南中国水土跟北中国水土不同，水温土湿，加上可怕的瘴气，死亡比例，占十分之四五，这是其三。部队南下，步行万里之遥，战士筋疲力尽，即令熬到岭南（五岭之南），已没有战斗能力，这是其四。步兵正常行军速度，每天三十华里，京师（首都洛阳）到日南郡（越南东河市），有九千余华里（洛阳至日南，航空距离二千公里），行军三百天（将近一年），才可到达，每位战士口粮五升（古代升小），仅只稻米，就需要六十万斛，还不包括将领、军官，和驴马的粮秣，仅只自己携带，费用便如此庞大，这是其五。大军一旦发动攻击，死伤必然发生，剩下残军，如果不能克制敌人，势必再次征调援军，如同挖心腹去补四肢，这是其六。九真郡（越南清化市）、日南郡（越南东河市），两郡相距不过一千华里，九真民兵还不能忍受征调，何况四州战士，更远在万里之外，这是其七。

“从前，皇家警卫指挥官（中郎将）尹就，讨伐益州（四川省及云南省）羌民族叛军，益州人民哀号说：‘叛军来了还可，尹就来了杀我。’后来尹就调走，把部队交给州长（刺史）张乔，张乔用原班人马，只月余时间，就把叛军击破（参考一一七年），这是由中央选派大将没有益处，而地方政府官员却足可胜任的例证。因之，我建议：重新遴选富有谋略、勇敢而又有爱心的将领，担任州长（刺史）、郡长（太守），命他们同时前往交趾上任。而今，日南（越南东河市）兵力单薄，又无粮秣，守既守不住，战又不可能，唯一的办法是放弃它，把官民人等，全部迁到北方的交趾郡（越南河内市东北北宁省），等到全局平定，再回日南。同时，用厚重的奖励赏赐，引导蛮夷自相残杀，政府则供应金银绸缎，作为挑拨离间的资本。如果有人俘虏或斩杀蛮夷首领的，许诺封他侯爵，赐他采邑。

“前任并州（山西省及黄河河套地区）州长（刺史）长沙（湖南省长沙市）人祝良，勇敢而有判断能力；南阳（河南省南阳市）人张乔，前在益州（四川省及云南省），曾建立功勋，都可以录用。从前，太宗（西汉五任帝刘恒）立即任命魏尚当云中郡（内蒙古托克托县）郡长（参考前一六六年），哀帝（西汉十三任帝刘欣）立即任命龚舍当泰山郡（山东省泰安市东）郡长（研究官〔博士〕龚舍，因病辞职，刘欣派使节到他家宣布任官令，命他当泰山郡长）。所以，祝良等人，不必来京请示，直接前往交趾到职。”

四府完全同意李固意见，即行任命祝良当九真郡郡长、张乔当交趾州州长（刺史）。

张乔到任后，开诚布公，宣慰诱导，蛮夷部落，有的投降，有的解散。

祝良到九真郡（越南清化市）之后，单独乘车，直入蛮夷叛军大营，应用谋略，展示政府的威望和信誉，蛮夷叛军投降的有数万人，并给祝良兴筑郡政府官舍。五岭外地区，秩序全部恢复。

大多数的叛乱，都是官逼民反，在此又多一证明。暴官暴政之下，人民忍无可忍之时，只好用钢刀反击。一旦有一个清廉的或多少有点爱心的官员出现，人民便感激涕零，争先归附。西羌、南蛮，全不例外。

在专制封建制度下，人民的欲望，是何等低微，又是何等容易满足！偏偏，连这也得不到。御用史学家笔下中国人的历史，根本是一部奴役史；他们以帮凶的身份，维护统治者的权力和利益，一味斥责“刁民”，历史真相，遂一直被隐瞒、被歪曲。

5 秋季，八月二十日，宰相（司徒）黄尚免职。

九月十六日（原文“己酉”误），擢升宫廷禁卫官司令（光禄勋）长沙（湖南省长沙市）人刘寿当宰相（司徒）。

6 九月十七日，刘保命最高统帅（大将军梁商）、三公：物色刚毅武猛、富于谋略、可以担任将帅的人才，每人推荐二人；“特进”、部长（卿）、指挥官（校尉），每人推荐一人。

最初，宫廷秘书长（尚书令）左雄，推荐冀州（河北省中部南部）州长（刺史）周举，当宫廷秘书（尚书）。现在，左雄担任京畿总卫戍司令（司

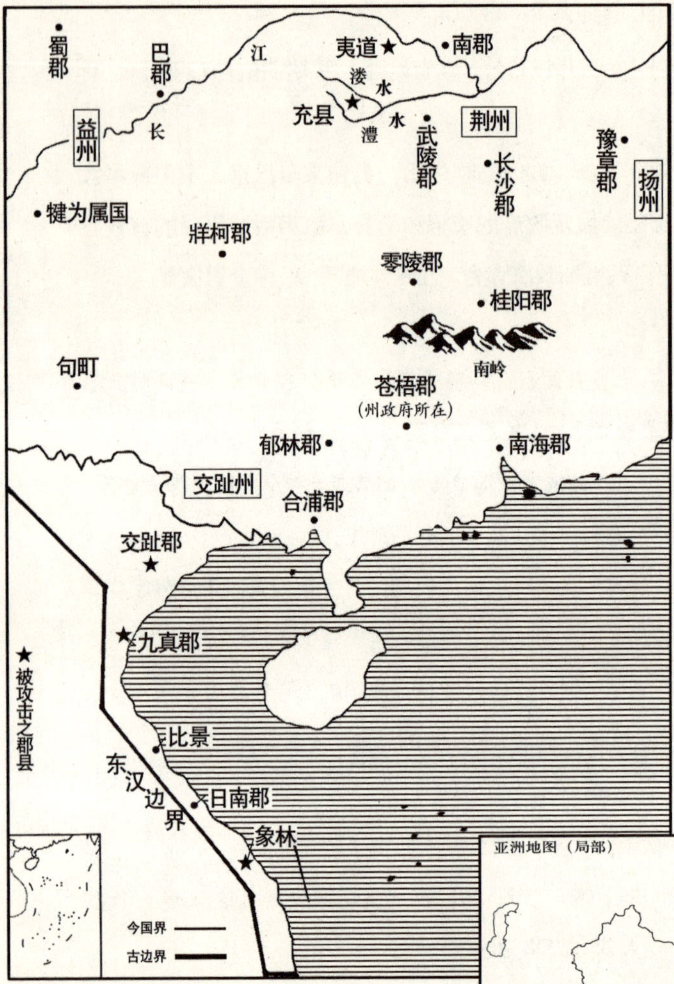

蜀郡
巴郡
江
夷道
南郡
溇
水
充县
澧
水
荆州
益州
长
武陵郡
长沙郡
豫章郡
扬州
犍为属国
牂柯郡
零陵郡
桂阳郡
南岭
句町
苍梧郡
（州政府所在）
郁林郡
南海郡
交趾州
合浦郡
交趾郡
九真郡
★被攻击之郡县
比景
东汉边界
日南郡
象林
今国界
古边界
亚洲地图（局部）

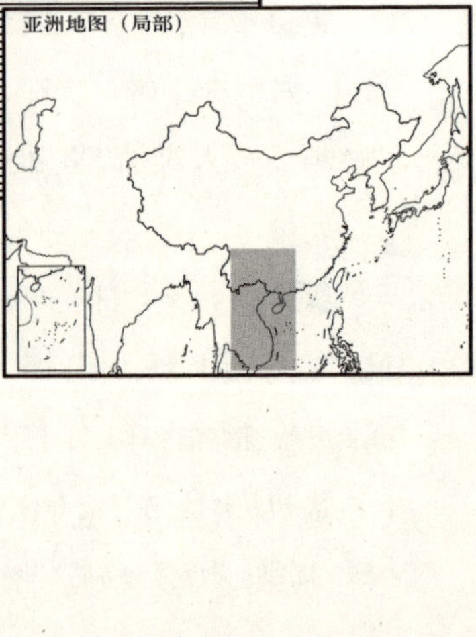

隶校尉），推荐前任冀州州长（刺史）冯直，有将帅之才。然而冯直曾经因贪污罪受到刑事处分，周举遂弹劾左雄（弹劾他保荐不当）。左雄说："圣旨命我推荐'武猛'，没有教我推荐'清白'。"周举说："圣旨命你推荐'武猛'，没有教你推荐'贪污'。"左雄说："我当初推荐你，想不到你会打击我。"周举说："从前，赵盾用韩厥当最高统帅（司马），韩厥却把赵盾的犯法奴仆杀掉，赵盾对他的同僚说：'你们应该向我祝贺，我推荐韩厥，他果然尽忠职守。'阁下并不认为我没有才干，把我推荐到中央。所以，我绝对不敢阿附你，而使你蒙羞；想不到你的见解，跟赵盾的不一样（韩厥事，见《国语》）。"左雄大为高兴，道歉说："我曾经当过冯直老爹的部属，又跟冯直是好友。而今你提弹劾，正是我的过错。"天下对左雄更为尊敬。

这时，宦官势力日渐膨胀，仗恃皇帝刘保的支持，互相竞争结党营私，只有皇后宫总管（大长秋）良贺，淡泊谦让。刘保命各人推荐"武猛"人才，只良贺没有推荐。刘保问他什么原因，良贺回答："我出生在贫苦的民间，成长在豪华的宫廷，既没有辨识人才的聪明，又没有跟知识分子有过交往。从前，公孙鞅由宦官景监推荐，有见识的人，预测他没有好结果（参考前三三八年），我如果推荐某人，某人恐怕不会引以为荣，反而认为是一种羞辱，所以不敢去做。"刘保从此欣赏良贺。

7 冬季，十月，西羌烧当部落（青海湖东畔）酋长那离等，率三千余骑兵，攻击金城（甘肃省陇西县），西羌保安司令（校尉）马贤，击破他们的攻势。

8 十二月一日，日蚀。

9 最高统帅（大将军）梁商，因禁宫贴身侍从宦官（小黄门）南阳（河南省南阳市）人曹节等，掌握宫中大权，就命儿子梁冀、梁不疑，跟曹节结交。其他宦官对曹节妒火中烧，要把他置于死地。

寝殿侍奉宦官（中常侍）张逵、蘧政、杨定等，跟左右亲信，联合一条阵线，共同向刘保秘密指控梁商跟另外两位寝殿侍奉宦官（中常侍）曹腾、孟贲："商议征召各地亲王的儿子前来京师（首都洛阳），准备罢黜刘保，另立新君；请逮捕梁商等，审问这项阴谋。"刘保说："最高统帅（梁商）父子，我最亲信。曹腾、孟贲，我最喜爱。绝对没有这回事，只是妒火把你们烧昏头罢了。"张逵等发现他们的挑拨失效，恐惧大祸反罩到自己头上，仓猝退出，假传圣旨，在侍从署（省中）逮捕曹腾、孟贲。

刘保得到报告，暴跳如雷，急派宦官李歙，传命释放曹腾、孟贲，并逮捕张逵等，投入监狱。

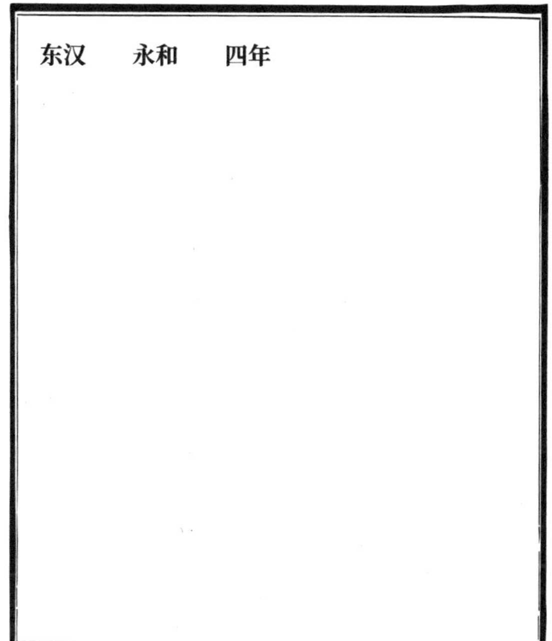

1 春季，正月十三日，东汉王朝（首都洛阳〔河南省洛阳市东白马寺东〕）宦官张逵等伏诛。牵连到弘农郡（河南省灵宝市东北）郡长张凤、安平国（首府信都〔河北省衡水市冀州区〕）宰相杨皓，全都处死。口供攀引，涉及在位的若干当权高官身上。梁商恐惧案情不断扩大，势将波及无辜，于是上书说：

"《春秋》昭示的大义：功勋归于元帅，罪恶止于为首的主凶。大狱一起，冤枉的必然众多，身犯死罪的嫌犯，长久的羁押监狱，一点细微的过失，都会演变成滔天大罪。这并不能够一团和气，推动政策，完成教化。请求早日结案，不再逮捕。”

东汉帝（八任顺帝）刘保（本年二十五岁）采纳，罪刑只及于已逮捕的人。

二月，刘保任命梁商的幼子、虎贲警卫指挥官（虎贲中郎将）梁不疑，当步兵指挥官（步兵校尉）。梁商上书辞让说：“梁不疑还是一个孩子，竟担任成人才可以担任的官职。从前，晏婴辞让邶殿（山东省昌邑市。邶，音bèi〔背〕），用以保护他的财富。（《左传》前五四五年：齐国讨伐权臣庆封，庆封逃亡。齐国把邶殿附近六十个村落的土地赏赐给晏婴，晏婴拒绝。子尾问他：“财富，人人都想拥有，你为什么拒绝？”晏婴说：“庆封的采邑正好满足他的欲望，所以败亡。我的采邑本来不能满足我的欲望，加上邶殿土地，欲望就满足了，败亡也就随时会来，我拒绝邶殿，不是拒绝财富，而是怕失去财富。”）公仪休不接受别人赠鱼，用以保护他的高位。（公仪休当鲁国宰相，有人送给他鱼，公仪休不受。那人说：“我知道你喜欢吃鱼，才送给你，为什么不受？”公仪休说：“正因为我喜欢吃鱼，才不能接受你的馈赠。今天，我当宰相，有能力买鱼吃。如果因为接受了你馈赠的鱼而被免职，谁还再给我鱼。”）

我虽然没有才能，却愿在圣主之世，保护我的财富和高位。”刘保同意，改任梁不疑当宫廷随从（侍中），兼御车总监（奉车都尉）。

2 三月九日，京师（首都洛阳）地震。

3 烧当部落（青海湖东畔）酋长那离等再叛。

夏季，四月八日，西羌保安司令（护羌校尉）马贤追击（时司令部在令居〔甘肃省永登县西〕），斩那离，诛杀跟俘虏一千二百余人。

4 四月二十三日，赦天下。

5 五月三日，封故济北（惠）王（首府卢县〔山东省济南市长清区〕）刘寿的儿子刘安，继位济北王。

6 秋季，八月，太原郡（山西省太原市）旱灾。

东汉王朝

- 西羌再叛，焚烧皇陵。
- 梁冀毒杀质帝刘缵。
- 梁太后临朝，杀李固。

- 派阿斯一世当罗马天主教皇。
- 苏格兰并福尔斯湾。

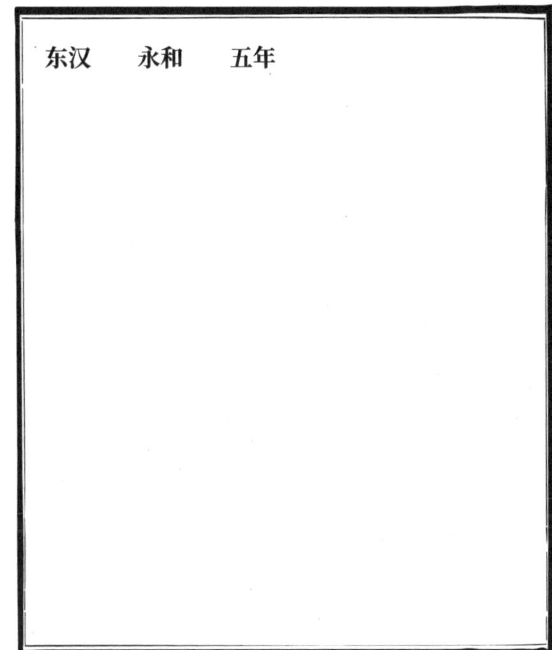

1 春季，二月十七日，东汉王朝（首都洛阳〔河南省洛阳市东白马寺东〕）京师（首都洛阳）地震。

2 南匈奴汗国（王庭设美稷〔内蒙古准格尔旗〕）句龙王吾斯，及车鞮车纽等背叛东汉，攻击西河郡（内蒙古准格尔旗西南），说服右贤王，联军包围美稷（内蒙古准格尔旗，南匈奴王庭及匈奴协防司令部所在），杀朔方郡（内蒙古磴口县）、代郡（山西省阳高县）地方政府官员。

夏季，五月，北疆边防司令（度辽将军）马续（司令部设曼柏〔内蒙古达拉特旗东南六十公里马场壕村〕），跟匈奴协防司令（护匈奴中郎将）梁并等，征发边防军，跟羌、胡部队，共二万余人，发动突击，击破南匈奴叛军。吾斯等收拾残兵败卒，再振声势，攻陷城池。

东汉帝（八任顺帝）刘保（本年二十六岁）派人质问南匈奴单于（三十五任）挛鞮休利。挛鞮休利并没有参与吾斯等人的阴谋，一旦受到谴责，大起恐慌，于是，脱下官帽，离开营帐，前往协防司令部，向协防司令（护匈奴中郎将）梁并道歉。正逢梁并染病在床，中央任命太原郡（山西省太原市）郡长陈龟，代理协防司令。陈龟认为，挛鞮休利虽没有参与阴谋，但也恰恰证明他不能控制部下，于是，强逼挛鞮休利，跟老弟左贤王，同时自杀。陈龟又打算把挛鞮休利的皇族近亲，移送到内地各郡处置，已经降服的南匈奴部众，更狐疑不安。东汉政府逮捕陈龟，下狱，免职。

最高统帅（大将军）梁商，上书说：

“匈奴背叛，四处寇掠，自己了解罪大恶极。力尽的飞禽，困顿的野兽，都知道挣扎求生，何况匈奴种族庞大，不可能铲除罄尽。而今粮秣转运日增，部队疲劳艰苦，挖空内部，填补边疆，不是中国之福。北疆边防司令（度辽将军）马续，素有谋略，主持边防最久，深知作战要略。每次接到马续书信，见解跟我不谋而合。我建议，最好是命马续坚壁清野，深挖壕沟，固守城池，用恩德信誉，积极招抚。公布奖励条例，明白订定限期。如此，匈奴可以归附，国家可以无事。”

刘保采纳，命马续负责招降已叛走的南匈奴部众。梁商又写信给马续，说：

“中国人太平日子，过得太久，早已忘掉战争。战马夜袭，短兵相接，生死搏斗，胜败顷刻决定，蛮夷的长处在此，中国的短处也在此。可是，强弓守城，深沟坚垒，坐等敌人气势衰竭，却是中国所长，蛮夷所短。应该先施展我们的长处，观察变化，拟定条例，明订悬赏，引诱敌人产生后悔之念，千万不要贪图小功，而乱大谋。"

于是，右贤王所属的抑鞮部落等一万三千人，都向马续投降。

3 五月三十日，日蚀。

4 去年（一三九），烧当部落（青海湖东畔）酋长那离等叛变被扑灭后，东汉政府任命来机当并州（山西省及黄河河套地区）州长（刺史），刘秉当凉州（甘肃省）州长（刺史）。来机、刘秉，天性残忍暴虐，对他们不断侵夺征调，羌民族不堪负担，且冻部落、傅难部落（应在青海省湟中一带），遂起兵叛变，攻击金城郡（甘肃省永靖县西北）。再结合其他部落的羌人、胡人，大肆攻击三辅（关中地区，陕西省中部），杀害地方政府官员。东汉政府把来机、刘秉免职，调回首都洛阳。任命马贤当征西兵团司令（征西将军）；骑兵总监（骑都尉）耿叔当助手，率左右翼羽林军、北军（野战军）五兵团部队，以及各州郡民兵，共十万人，进屯汉阳郡（甘肃省甘谷县）。

5 九月，命扶风（陕西省兴平市）、汉阳（甘肃省甘谷县）两郡，在两郡首府之间、道路两旁，修筑战略城堡（坞）三百余座，每堡都驻屯武装部队。

6 九月十四日，全国武装部队总司令（太尉）王龚，因年老多病，免职。

7 西羌且冻部落，攻击武都（甘肃省成县），焚烧陇关（甘肃省清水县东）。

8 九月二十五日，擢升祭祀部长（太常）桓焉，当全国武装部队总司令（太尉）。

9 南匈奴句龙王吾斯等，拥立挛鞮车纽当单于。东方跟乌桓部落（河北省北部）缔交，两方集结羌人、胡人，约数万人，击败京兆（陕西省西安市）虎牙大营，斩杀上郡（陕西省榆林市东南鱼河镇）民兵司令（都尉）、郡政府作战军政官（军司马），声势大振；遂劫掠并州（山西省及黄河河套地区）、凉州（甘肃省）、幽州（河北省北部及辽宁省）、冀州（河北省中部南部）四个州郡。东汉政府无可奈何，只好将西河郡（内蒙古准格尔旗西南）郡政府迁往离石（山西省吕梁市离石区），上郡郡政府迁往夏阳（陕西省韩城市），朔方郡（内蒙古磴口县）郡政府迁往五原（内蒙古包头市）。

十二月，派匈奴协防司令（使匈奴中郎将）张耽，率幽州乌桓部众，以及各郡民兵，攻击挛鞮车纽等，在马邑（山西省朔州市）会战，杀匈奴军三千人，俘虏牲口很多，挛鞮车纽投降。但吾斯仍率领部众，跟乌桓部落结合，继续劫掠。

10 最初，刘保命马贤讨伐西羌叛变部落，最高统帅（大将军）

梁商，认为马贤年纪已老，不如任命中级国务官（太中大夫）宋汉，刘保不听。宋汉，是宋由的儿子。

马贤到军中之后，一直不向前推进。武都郡（甘肃省成县）郡长马融上书警告说：

“而今，诸羌部落仍互相攻击抢劫，政府应在他们大团结之前，派重兵深入心脏，先击破次要部落，削弱实力。可是，马贤却走走停停。羌人、胡人，终身战斗，百里外可以望见扬起的尘土，千里外可以听到行军的声音。他们势必远远躲开，不跟政府军正面冲突，然后绕到政府军之后，直接攻击三辅（关中地区，陕西省中部），对人民造成可怕伤害。我请求准许我执行马贤所反对的作战方案，只要拨付我关东（函谷关以东）各郡民兵五千人，颁给正规军队的番号，施以严格训练，宁死不退，身先士卒；预计三十天左右，必然可以大破叛羌。

“我听说，吴起当元帅，夏天再炎热，自己不张伞盖；冬天再寒冷，自己不穿皮衣；而今，马贤行军到荒野，即令已三更半夜，一定山珍海味，妻妾儿女围绕左右侍奉，事事跟古代名将相反，使我心怀恐惧。深怕马贤专守一个城池，声称向西攻击，羌部落已在东边出现。他的将领和士兵，无法承受他的命令，势将爆发郑高克模式的溃败巨变（《左传》：郑高克贪财而忽略使命，晋国国君姬重耳命他率军戒备蛮夷，郑高克却每天在黄河上游荡，结果军队崩溃）。”

安定郡（甘肃省镇原县东南屯字镇）人皇甫规（皇甫，复姓），也发现马贤不了解军事，不体恤战士，判断他会失败，上书刘保。刘保都不理会。

一四一年 辛巳

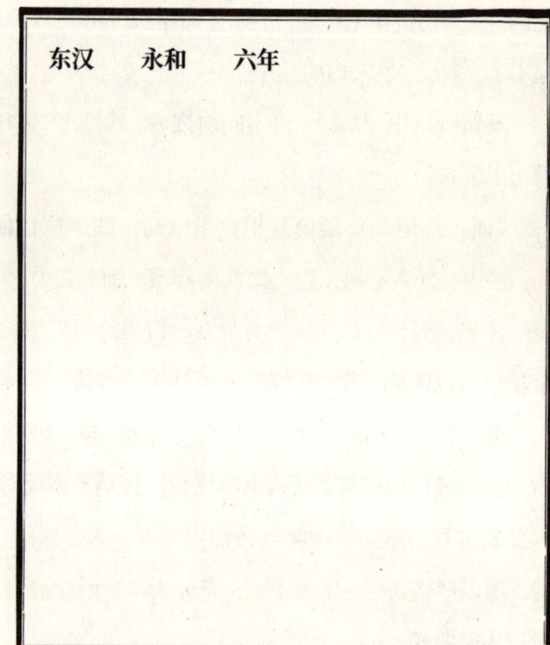

1 春季，正月二十一日，东汉王朝（首都洛阳〔河南省洛阳市东白马寺东〕）征西兵团司令（征西将军）马贤，跟西羌且冻部落在射姑山（甘肃省庆阳市北）会战，大败，马贤跟两个儿子全死。东方羌部落跟西方羌部落中间没有阻隔，遂合为一体（居住北地郡〔宁夏吴忠市西南金积镇〕、上郡〔陕西省榆林市东南鱼河镇〕、西河郡〔山西省吕梁市离石区〕的羌人，称东

羌。居住陇西郡〔甘肃省临洮县〕、汉阳郡〔甘肃省甘谷县〕及湟中〔青海省东北部〕的羌人，称西羌）。

闰正月，巩唐部落（居住地不详）攻击陇西（甘肃省临洮县），军锋挺进到三辅（关中地区，陕西省中部），焚烧西汉历代皇帝坟墓陵园（集中在今陕西省咸阳市渭水北岸一带），屠杀掳掠官员人民。

2 二月三日，营室星座旁，出现孛星。

3 三月三日（三月上巳日，自古有“修禊”、濯流洁身的习俗），最高统帅（大将军）梁商，在洛水之滨，大宴宾客。酒意阑珊，筵席将散，大家齐唱《薤露歌》（薤，音xiè〔谢〕；是一种开紫色花的细弱小草。《薤露歌》：“小草上的露水／太阳一出就晒干／晒干有什么关系／明天露水依然出现／只有人啊／一去便永不复返。”情意伤感，常用作挽歌）。参谋指挥官（从事中郎）周举听到，叹息说：“这正是所谓的哀乐不是时候，这种场合不应该唱这种歌，难道有什么祸事要发生？”

4 武都郡（甘肃省成县）郡长赵冲，追击西羌巩唐部落，杀四百余人，收降二千余人。东汉帝（八任顺帝）刘保（本年二十七岁）下诏，命赵冲督导河西（甘肃省中西部）四郡民兵，负责调度（为节度。“节度”一词，在此首次出现，到唐王朝时，始成为正式官名）。

安定郡（甘肃省镇原县东南屯字镇）郡政府奏事秘书（上计掾）皇甫规，上书说：

“最近几年，我屡次向陛下贡献意见。西羌表面上还很安定时，我预测他们即将叛变；马贤初出军时，我就推断他必然失败。侥幸说中的事实，可以查考档案，作为证明。我认为：马贤等将

二世纪·一四〇年至一四一年
西羌且冻、巩唐部落再次起兵

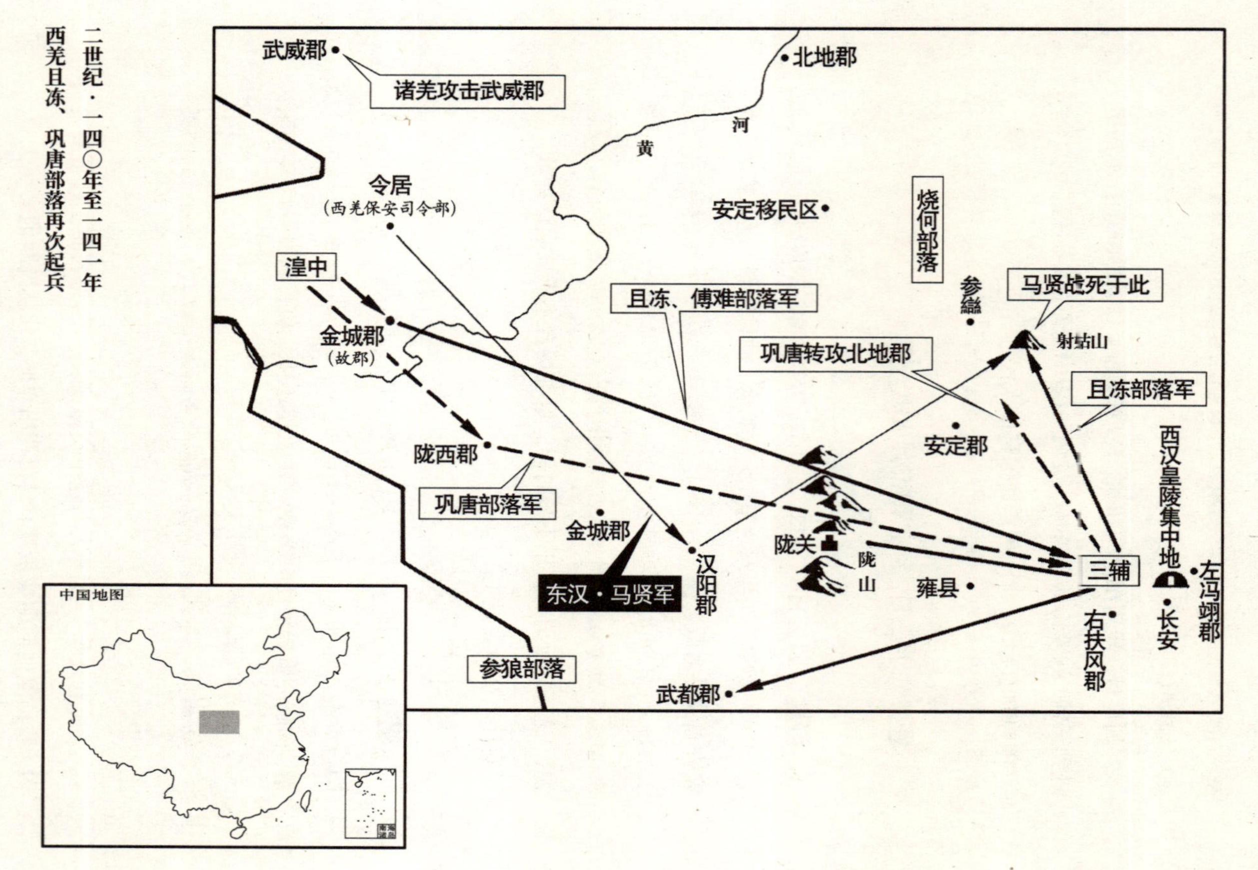

领，作战四年，没有建立功业，大军消耗，以百亿计算；钱出于平民，最后却流到贪官之手；以致江湖之上，盗贼遍地。青州（山东省北部）、徐州（江苏省北部）一片饥荒，人民扶着老人，抱着婴儿，四散逃亡。

“羌人所以叛变，不是突发事件，全都因为边防将领，不懂安抚治理之道，反而前后相承，以暴虐羌人为天经地义，只贪图小利，终招致大害。偶尔有场小胜，虚报杀伤人数；一旦战败，隐藏掩饰，闭口不言。战士辛劳怨苦，被奸猾的官员压制，前进时不能痛快杀敌立功，后退时不能得到温饱保命。活活饿死在水沟之旁、山谷之内，骨骸堆在荒野，任凭风吹日晒雨打；人民只看到皇家武装部队出塞御敌，却看不到他们战胜回乡。而西羌那些酋长，哭尽眼泪，继而泣血，惊恐惧怕，担心爆发变化，是以不能保持长久平安。而一旦起兵，就要经年累月，使我扼腕捶胸，无限悲叹。

“请求在两营（扶风“雍营”及京兆“虎牙营”。二营设立于一一〇年二月）和两郡（安定郡及陇西郡）民兵，担任留守或暂时没有战斗任务的部队中，拨付我五千人，由我跟随赵冲互相呼应，发动出其不意的攻击。羌人地区的地理形势，我素来熟悉，军事行动，我也富有经验；用不着上级颁发印信，也用不着颁发一尺一寸绸缎的赏赐，幸运的话可以铲除祸患，最糟也可以鼓励人们投降。如果说我年纪轻而官位又低，不能信任，可是那些战败的将领，并不是官爵不高、年纪不老。臣以万分至诚，冒着死刑的危险，向陛下陈情。”

刘保不理。

柏杨曰

东汉王朝时代，历史上只记载西羌不断叛变，不记载激起叛变的原因，皇甫规在正式公文书上全部道出，仍是古老的病毒：暴政如虎，官逼民反。

5 三月十六日，最高监察长（司空）郭虔免职。

三月二十二日，擢升交通部长（太仆）赵戒，当最高监察长（司空）。

6 夏季，匈奴协防司令（使匈奴中郎将）张耽、北疆边防司令（度辽将军）马续，率鲜卑兵团，推进到谷城（内蒙古准格尔旗西南），向据守通天山（即石楼山，在山西省石楼县东）的乌桓部落攻击，大破乌桓军。

7 西羌巩唐部落攻击北地（宁夏吴忠市西南金积镇），北地郡郡长贾福，跟武都郡（甘肃省成县）郡长赵冲迎战，失利。

8 秋季，八月，最高统帅（大将军）、乘氏侯（忠侯）梁商病重，告诫他的儿子梁冀等说："我活着的时候，对国家没有贡献，死后怎么可以浪费国库？衣服、含饭含玉（古代的丧礼，花样特多。"含饭含玉"，也称"饭含"，用碎石碎米混拌，塞到死者之口，或把蝉形玉石放到死者之口）、金缕玉衣、珠宝贝壳之类，对死人有什么意义？甚至使文武百官，个个骚扰不安，在道路上喧哗议论，只会增加我的污点，都应拒绝。"

八月四日，梁商逝世，皇帝刘保亲来吊丧。儿子们打算遵照遗嘱，刘保不许，仍赏赐御用陪葬物（东园秘器）——银镂、黄肠、金缕玉衣（棺用白银雕花〔银镂〕，椁〔外棺〕用黄心柏木〔黄肠〕）。安葬时，特派武装战士驾战车护送。皇后梁妠亲自送老爹灵柩到墓地。刘保亲自到宣阳亭（洛阳城南面西头第一门，名宣阳门，门外有亭），遥望丧葬车队。

八月十日，擢升首都洛阳市长（河南尹）、乘氏侯梁冀，继任老爹当最高统帅（大将军）；梁冀的老弟、宫廷随从（侍中）梁不疑当首都洛阳市长（河南尹）。

刘骜（西汉王朝十二任成帝）不能选任贤能，把政权交给舅父家族，可谓昏庸。但他总算还知道王立不成材料，摒弃不用（参考前一二年）。刘保把天下大权交给皇后家族，而梁冀凶顽嚣张，平时已很明显，却使他继承老爹官位，终于导致狂悖叛逆，把东汉王朝颠覆。跟刘骜比较，昏庸更甚。

9 最初，梁商病重时，刘保亲自到梁家探望，问他遗言。梁商回答："我的参谋指挥官（从事中郎）周举，清廉忠心，正直无私，可付以重任。"于是，任命周举当议论官（谏议大夫）。

10 九月，诸羌部落攻击武威（甘肃省武威市）。

11 九月三十日，日蚀。

12 羌民族叛乱扩大，凉州（甘肃省）惊恐。

冬季，十月二日，再把安定郡（甘肃省镇原县东南屯字镇）政府迁到扶风郡（陕西省兴平市。应在不久后再迁回临泾），北地郡（宁夏吴忠市西南金积镇）

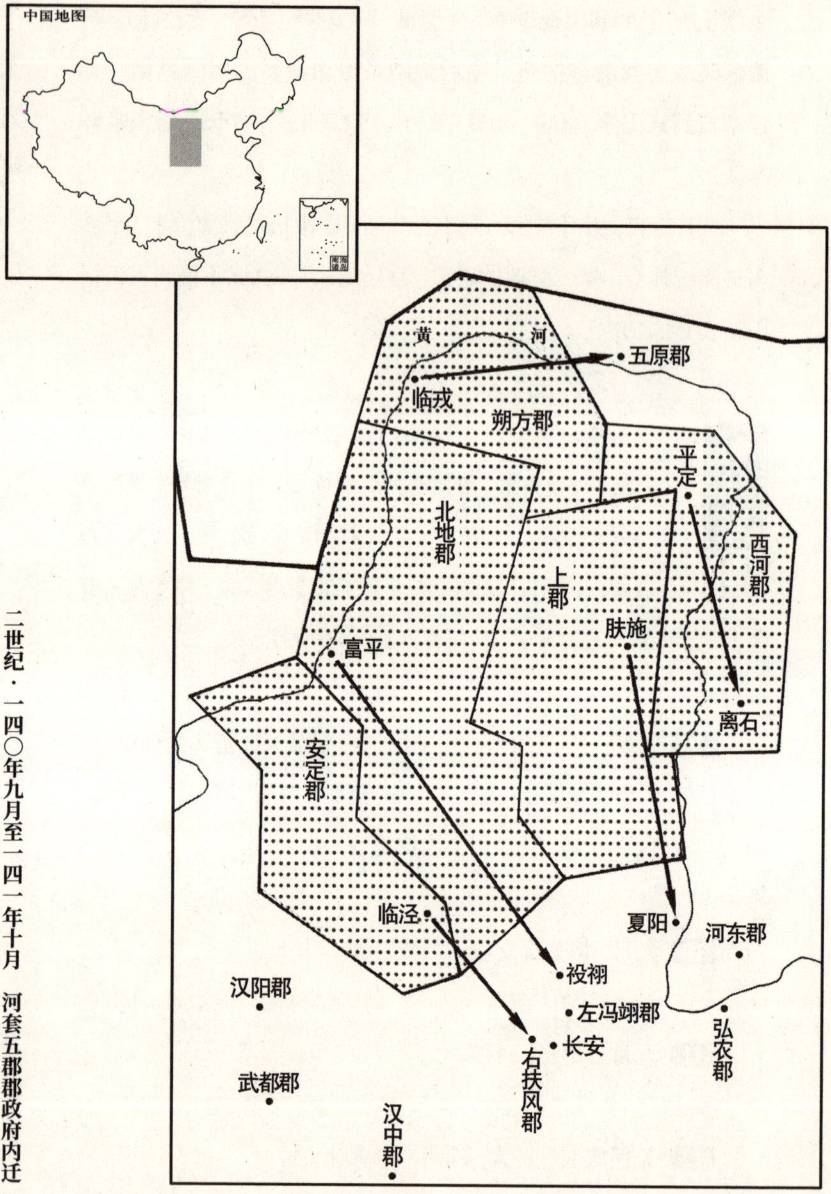

二世纪·一四〇年九月至一四一年十月　河套五郡郡政府内迁

中国地图
黄河
五原郡
临戎
朔方郡
平定
北地郡
西河郡
上郡
肤施
富平
离石
安定郡
临泾
夏阳
河东郡
祋祤
汉阳郡
左冯翊郡
弘农郡
长安
右扶风郡
武都郡
汉中郡

政府迁到冯翊（侨郡政府设祋栩〔陕西省铜川市耀州区〕，在左冯翊〔陕西省西安市高陵区〕郡界内。二郡于一二九年，刚迁回旧治）。

十一月二十日，擢升首都洛阳警备区司令（执金吾）张乔，代理车骑将军，率军一万五千人，驻防三辅（关中地区，陕西省中部）。

13 荆州（湖北省及湖南省）民变纷起，数年不能平息。任命最高统帅部参谋指挥官（大将军从事中郎）李固，当荆州州长（刺史）。

李固到任后，派人到各地慰问，对变民过去的行为，一律赦免，要他们重新做人。于是变民首领夏密等，率领他的高级干部六百余人，自首投降，李固全都原谅，让他们回去，召集旧部，转达政府的威信跟法令规章。半年之间，残余的变民，全都归附，州内恢复升平。

李固弹劾南阳郡（河南省南阳市）郡长高赐等贪赃枉法，高赐等用贵重的礼物贿赂最高统帅（大将军）梁冀，梁冀发出一日奔驰千里的紧急军情文书，向李固求情。李固拒绝，反而追查更急。梁冀遂调李固当泰山郡（山东省泰安市东）郡长。

此时，泰山变民众多，历年以来，郡政府常派千余人的大队民兵讨伐，不能取胜。李固到职后，解散民兵，分别遣送回乡种田，只留精锐战士一百余人，用恩德和威信，招降变民，不到一年，变民星散。

一四二年　壬午

东汉　永和　七年
　　　汉安　元年

1 春季，正月十四日，东汉王朝（首都洛阳〔河南省洛阳市东白马寺东〕）赦天下，改年号（之前是永和七年，之后是汉安元年）。

2 秋季，八月，南匈奴（王庭设美稷〔内蒙古准格尔旗〕）句龙王吾斯，跟薁鞬、台耆等，再度叛变，攻击及抢掠并州（山西省及黄河河套地区）各郡（吾斯自叛变后，并没有归降的记载，此处说再度叛变，可能有误）。

3 八月二十一日，东汉政府派宫廷随从（侍中）河内（河南省武陟县）人杜乔、周举（周举不是河内人，而是汝南〔河南省平舆县西北射桥镇〕人，不是宫廷随从，而是高级国务官〔光禄大夫〕）、代理特级国务官（守光禄大夫）周栩、冯羡、魏郡（河北省临漳县西南邺城镇）人栾巴、张纲（张纲不是魏郡人，而是犍为郡武阳县〔四川省眉山市彭山区〕人）、郭遵、刘班，分别到各州郡视察，褒扬贤能，荐举忠良；对于贪赃枉法之辈，州长以及郡长级（二千石）高级官员，准用驿马车送递弹劾奏章到中央，县长以下初级官员，准直接逮捕审判。

杜乔等接受命令后，分别出发。只有张纲，把他的车轮拆下来，埋在洛阳驿马车总站，说："豺狼当道，何必去找狐狸！"遂弹劾最高统帅（大将军）梁冀、首都洛阳市长（河南尹）梁不疑："只靠着皇后家人的关系，高居主宰之位，一味贪污，恣情纵欲。谨列出他目无君王，违法乱纪的十五项重大案件，这都是当臣子的应该切齿痛恨的事。"奏章呈上去后，京师（首都洛阳）震骇。然而，皇后梁妠正受皇帝（八任顺帝）刘保（本年二十八岁）宠爱，梁姓家族亲友布满政府。刘保虽知道张纲说得对，但不能采纳。

杜乔抵达兖州（山东省西部），向刘保专案奏报，推荐泰山郡（山东省泰安市东）郡长李固，政绩居天下第一；刘保征召李固到首都洛阳，当工程总监（将作大匠）。八位钦差大臣所弹劾的官员，多数是梁姓家族和宦官们的亲友和同党，皇亲和宦官交互营救，所有的弹劾案都受到搁置——有些弹劾奏章被宫廷秘书（尚书）拦截，根本不转呈刘保；而已转呈刘保的，也不批示。执法监察官（侍御史）河南（河南省洛阳市东白马寺东）人种暠，深为痛恨，再作第二次弹劾。司法部长（廷尉）吴雄、工程总监（将作大匠）李固，也上书请求，对八位钦差大臣所指控的官员，应迅速处罚。刘保才把八位钦差大臣的弹劾奏章，交付有关单位调查定罪。

4 梁冀把张纲恨入骨髓，考虑用什么方法使张纲自己栽进陷阱。当时，广陵（江苏省扬州市）变民首领张婴，在扬州（安徽省中部及江南地区）、徐州（江苏省北部）一带，游击十余年，郡政府不能压制，梁冀遂任命张纲当广陵郡郡长。前任每一位郡长都一味要求多派援军，张纲却只乘一辆车子到职。接事后，直接到张婴营垒大门，求见张婴。张婴对这项突如其来的拜访，震骇得手足失措，下令紧闭营门。张纲在门外把随从官员送回去，只带最亲信的官员侍卫十余人，写信给张婴，坚持会面。张婴发现这位新到任的郡长具有诚意，遂出营拜见。张纲请张婴以贵宾身份，坐上首席位置，劝解说：

"过去一些郡长，多数都贪污凶暴，以致你们心怀愤怒，聚众起兵，罪在郡长；然而，各位所作所为，也不算符合大义。而今，主上仁爱圣明，准备用恩德消灭叛乱，所以才派我来，只盼望把爵位官位送给你，不希望把刑罚诛杀加到你身上，这正是转祸为福的时机。如果听到这些道理，而仍然拒绝，那么天子一旦真的震怒，征调荆州（湖北省及湖南省）、扬州（安徽省中部及江南地区）、兖州（山东省西部）、豫州（河南省）大军，将势不可当；大军一合，你们不可避免的身首异处，子孙灭绝。什么是利？什么是害？阁下深切考虑。"

张婴深被感动，流泪说："我们都是没有受过教育的愚民，没有管道可以把下情诉说给中央政府，实在受不了贪官污吏的残忍迫害，才聚集在一起，只不过为了逃命求生；像锅里的一群游鱼，自己也知道不能长久，只图苟延残喘，过一天算一天。今日听到郡长开导，正是我们重获新生之日。"

张婴告辞回营。第二天，率部众一万余人，跟妻子面对面捆绑，向张纲投降。张纲独乘一车，进入张婴营垒，摆下筵席，饮酒欢宴取乐。解散部众，随各人投奔；然后，张纲亲自给他们选择住宅，寻觅耕地，变民子孙想当地方政府低级官员（吏）的，都予任用。人情欢悦，南州（广陵郡是徐州最南部的一个郡）恢复升平。中央评论功绩，应当封张纲侯爵，但受到梁冀破坏。张纲担任郡长一年，逝世。张婴等五百余人，为他穿上丧服，把灵柩护送回到犍为郡（四川省眉山市彭山区）故乡，安葬后，五百余人分别运送泥土，堆成坟冢。

刘保下诏，任命张纲的儿子张续，当初级禁卫官（郎中），赐钱一百万。

这时，肯负责而又有能力的郡长级官员，还有洛阳县长勃海（河北省南皮县）人任峻、冀州（河北省中部南部）州长（刺史）京兆（陕西省西安市）人苏章、胶东国（侯国，山东省平度市）宰相陈留（河南省开封市东南陈留镇）人吴祐。

洛阳县自从王涣当县长之后（参考一〇五年），所有县长，都不能胜任。任峻接任后，严格选用文武官吏，使他们各尽能力，举发犯罪的行为，迅如闪电，官吏也都贞节自守，人民不再畏惧官吏。任峻的威严超过王涣，只在推广文化教育方面不如。

苏章当冀州州长（刺史），有老友担任清河郡（山东省临清市）郡长，恶名昭彰，苏章决心检举他贪赃罪行（清河郡属冀州），遂摆下筵席，盛大招待郡长，席间回顾往事，畅叙平生友情，至为欢洽。郡长大喜过望，感激说："别人头上只有一个天，我却有两个天（指故友必为他遮盖）。"苏章说："今天，苏章跟老友欢聚，是私情。明天，冀州州长（刺史）调查案件，是国法。"遂提出弹劾，全州敬畏有加。但苏章终于因跟特权分子对抗之故，冒犯圣旨，免职。当时，天下危机日深，人民愁苦，关心时事的人日夜盼望苏章复出，但中央竟不再任用。

吴祐当胶东国（山东省平度市）宰相（相），治理地方，税赋清简，充满仁爱，关心人民，人民不忍心欺骗他。乡长（啬夫）孙性，私自向人民抽税，买衣服送给老爹，老爹知道实情，大怒说："你有这样好的长官，怎么好意思为非作歹？"命他自首。孙性惭愧恐惧，拿着衣服，向吴祐请罪。吴祐教左右退出，询问缘故，在得到真相后，安慰他说："你因为孝敬父亲，竟蒙受贪污恶名，正是所谓：'从他的过失上，看出他的品德。'"（"观过斯知仁矣"，《论语》孔丘语。）命孙性回家向老爹致歉，再把衣服送给老爹。

5 冬季，十月二十六日，全国武装部队总司令（太尉）桓焉、宰相（司徒）刘寿，免职。

6 西羌罕部落（时在北地郡〔宁夏吴忠市西南金积镇〕境内与政府军对抗）五千余户，向赵冲投降（《后汉书·西羌传》：本年〔一四二〕任命赵冲当西羌保安司令〔护羌校尉〕），只烧何部落据守参䜌（甘肃省庆阳市西北；䜌，音luán〔峦〕），不肯归附。

十月二十九日，东汉政府命保卫三辅（关中地区，陕西省中部）的张乔部队复员。

7 十一月七日，擢升京畿总卫戍司令（司隶校尉）下邳（首府下邳〔江苏省睢宁县北古邳镇〕）人赵峻当全国武装部队总司令（太尉），农林部长（大司农）胡广当宰相。

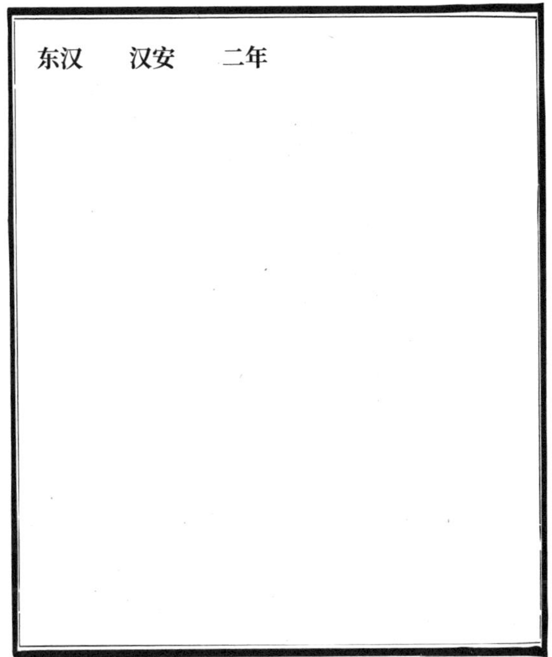

1 夏季，四月八日，东汉王朝（首都洛阳〔河南省洛阳市东白马寺东〕）西羌保安司令（护羌校尉）赵冲，跟汉阳（甘肃省甘谷县）郡长张贡，攻击烧何部落据守的参䜌（甘肃省庆阳市西北），战胜。

2 六月二十五日，东汉政府封南匈奴汗国（王庭设美稷〔内蒙古准格尔旗〕）守义王挛鞮兜楼储，当南匈奴单于（三十六任），是为呼兰若尸逐就单于（单于空位三年）。这时，挛鞮兜楼储正在京师（首都洛阳），东汉帝（八任顺帝）刘保（本年二十九岁）亲自主持封爵仪式，颁发单于印信，迎上金銮宝殿，赏赐这位新单于车马、器具、衣服、金银、绸缎，十分丰厚。命祭祀部长（太常）、藩属事务部长（大鸿胪），以及所有外国派到东汉充当人质的王子，在广阳门（洛阳西面南头第一门）外，设下盛大宴会，给挛鞮兜楼储饯行，宴会上纵情作乐，并有摔跤角力及各种杂耍等节目演出。

3 冬季，闰十月，赵冲攻击西羌烧当部落基地阿阳（甘肃省静宁县），战胜。

4 十一月，匈奴协防司令（使匈奴中郎将）扶风（陕西省兴平市）人马寔，派刺客刺死南匈奴句龙王吾斯。

5 凉州（甘肃省）自九月以来，地震一百八十次。山崩谷裂，城墙、官府，以及住宅房舍，大量倒塌，很多人民，惨被压死。

6 宫廷秘书长（尚书令）黄琼，认为前任秘书长左雄制定的“孝廉”制度，只限于推荐儒家学派知识分子，跟深通公文程式的官吏（参考一三二年），不可能网罗天下所有人才，于是奏请增加“孝悌”及“有行政能力”人士，也可以推荐，进而使平民参与政府的管道，共有四项；皇帝刘保批准。

一四四年 甲申

东汉 汉安 三年
建康 元年
(皇帝马勉元年)

1 春季，东汉王朝（首都洛阳〔河南省洛阳市东白马寺东〕）西羌保安司令部参谋官（护羌从事）马玄，受到羌部落诱惑，率领仍留塞内的羌人部众，逃往塞外。兼西羌保安司令（领护羌校尉）卫琚，出兵追击，杀八百余人。

赵冲追击西羌叛军，挺进到建威（应为武威〔甘肃省武威市〕）鹯阴河（甘肃省景泰县东南一段黄河。鹯，音zhān〔詹〕），刚刚渡河完毕，部队中早先归降的六百余匈奴人，哗然叛变。赵冲率领数百人追击，陷入西羌

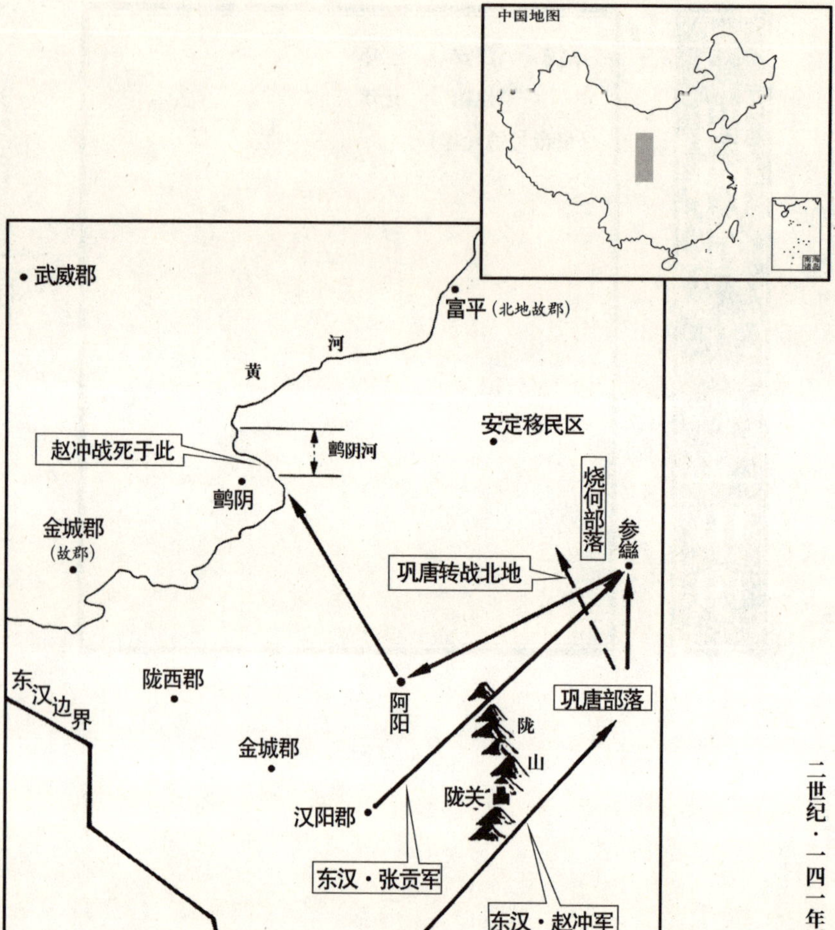

二世纪·一四一年至一四四年　赵冲反击西羌

中国地图

武威郡
富平（北地故郡）
黄
河
安定移民区
赵冲战死于此
鹯阴河
鹯阴
金城郡（故郡）
烧何部落
参緣
巩唐转战北地
东汉边界
陇西郡
阿阳
巩唐部落
陇山
金城郡
陇关
汉阳郡
东汉·张贡军
东汉·赵冲军
参狼部落
武都郡
汉中郡
白马部落
广汉移民区

部落埋伏，全军覆没。然而，赵冲虽然战死，但前后斩获累积，羌部落的声势，开始下降。

东汉帝（八任顺帝）刘保（本年三十岁）下诏封赵冲的儿子当义阳亭侯。

2 夏季，四月，匈奴协防司令（使匈奴中郎将）马寔，攻击南匈奴（王庭设美稷〔内蒙古准格尔旗〕）东方部众，大破句龙王吾斯的残余党羽。于是，匈奴人、羌人，及乌桓人，全向马寔归降。

3 四月十五日，封皇子刘炳（虞贵人生）当太子。改年号（之前是汉安二年，之后是建康元年），赦天下。

太子刘炳在承光宫，刘保派执法监察官（侍御史）种暠，当太子宫总管（监太子家）。寝殿侍奉宦官（中常侍）高梵，从皇宫单独驾一辆马车，出来迎接太子。当时，皇家师傅（太傅）杜乔等，惊疑彷徨，准备拒绝，但不敢立即决定。种暠手提佩剑，站在车前，说："太子，是国家的储君，人民生命的寄托。侍奉官忽然驾到，又没有诏书符信，怎么知道不是奸谋？今天，只有一死。"高梵张口结舌，无法回答，急回宫奏报。刘保改用正式诏书，才把太子接去。杜乔事后叹息惭愧，敬佩种暠临事不乱。刘保对种暠的持重谨慎，印象深刻，很长一段时间，一直对他称赞不已。

4 扬州（安徽省中部及江南地区）、徐州（江苏省北部），一连数年，人民纷纷叛变。

秋季，八月，九江郡（安徽省定远县西北）变民首领范容、周生等，攻击劫掠城池，据守历阳（安徽省和县），成为长江、淮河之间

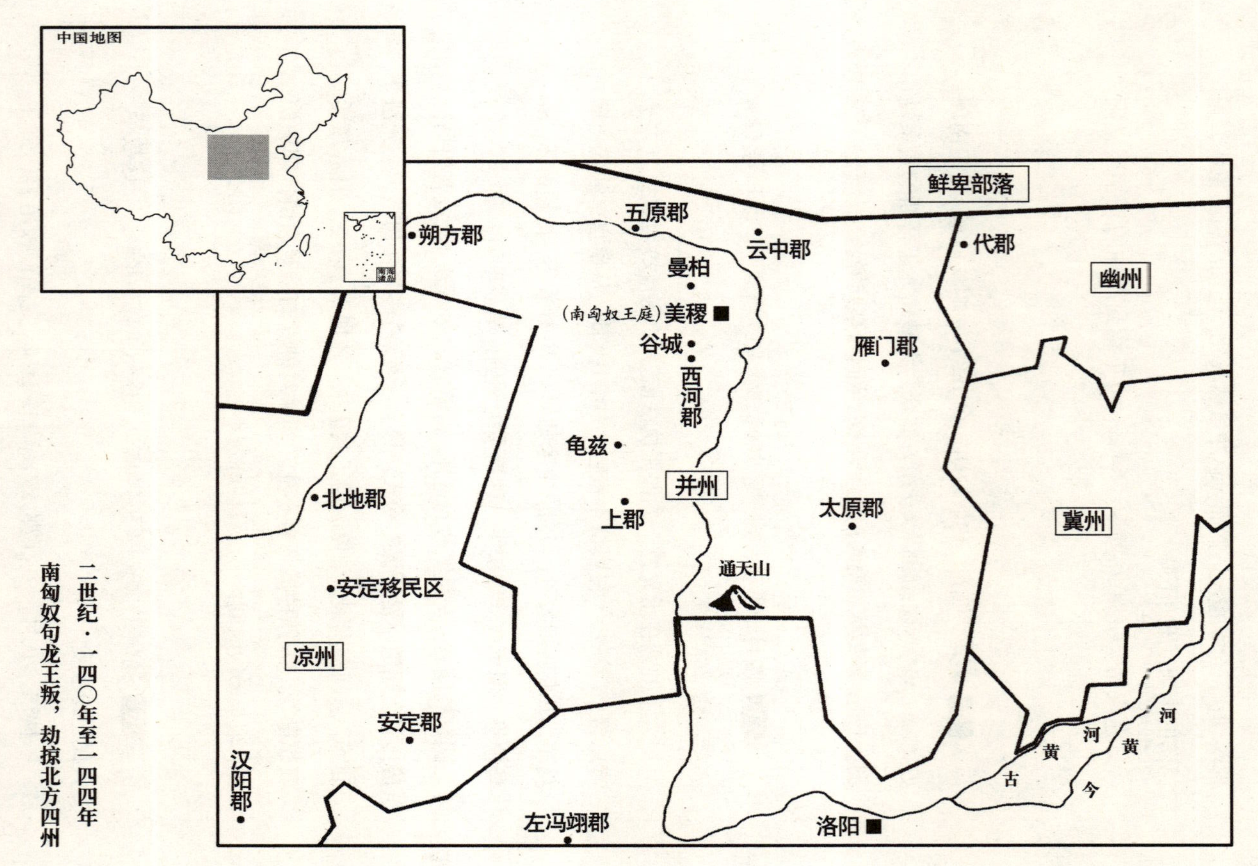

二世纪·一四〇年至一四四年
南匈奴句龙王叛，劫掠北方四州

最大灾难。东汉政府派总监察官（御史中丞）冯绲，督促州政府民兵讨伐。

5 八月六日，皇帝刘保，在玉堂前殿逝世（年三十岁）。太子刘炳即位（九任冲帝），年仅二岁。尊皇后梁妠为皇太后，梁妠临朝，主持政府。

八月十三日，擢升全国武装部队总司令（太尉）赵峻当皇家师傅（太傅），农林部长（大司农）李固当全国武装部队总司令（太尉），主管宫廷机要（参录尚书事）。

6 九月十二日，把刘保安葬宪陵（洛阳市西），祭庙称敬宗。

7 当天（九月十二日），京师（首都洛阳）及太原郡（山西省太原市）、雁门郡（山西省朔州市东南），地震。

8 九月十六日，下诏命文武官员推荐“贤良”“方正”人才，由皇帝发问，正式考试（这时候的“皇帝”，就是梁冀）。皇甫规在试卷上回答：

“先帝（刘保）一开始时，辛劳勤苦，建立法律秩序，一心盼望太平。可是，到了后来，受到奸佞包围，权威落到左右亲近之手，收受贿赂，出卖官爵，宾客盈满政府，天下骚动，人民不能忍受，投奔叛乱集团，犹如投奔故乡那样的迫不及待。官员跟人民都筋疲力竭，在上位的人跟在下属的人，全陷穷困。

“陛下（指梁妠）以慈母之身，君临天下，聪明圣哲，纯洁高尚，摄政刚刚开始，选用忠贞之士，法令规章，都有改进，远近和睦，已望到太平盛世。可是，灾难不息，盗贼四起，正因为奸佞权力太重，才发生这种现象。其中经常侍奉左右，行为尤其凶恶的，更应立即驱除；不仅驱除他们的人，还要没收他们所收受的贿赂赃物，用来安抚人民的痛苦，回答上天所示的惩罚。

“最高统帅（大将军）梁冀、首都洛阳市长（河南尹）梁不疑，应该培养谦恭的节操，和儒家的学术，免除声色犬马娱乐方面不必要的开支，削减家宅房舍没有益处的装饰。君王像一只船，人民像汪洋大海，官员干部，像船上的乘客，而最高统帅（大将军）兄弟，正是掌舵划桨的水手。如果志向坚定，全力以赴，为人民谋平安，这就是福。如果稍微懈怠，满不在乎，势将被波涛吞没，岂可不慎！

“一个人的品德，配不上他尊贵的地位，犹如拼命挖墙脚，却盼望墙加高，岂是尽自己力量，全力以赴，追求成功的方法！凡是老奸巨猾、酒肉朋友、嬉戏宾客，都应使他们远离，借以警告那些犯法违纪之徒。应命梁冀等，深思得到贤才的福气，和警惕误交非人的后果。”

梁冀怒火冲天，把皇甫规放到最下等，任命他当初级禁卫官（郎中），找一个借口，说皇甫规有病，免职，遣送回乡。州郡政府官员在梁冀暗示下，陷害皇甫规。皇甫规几次都差点被害死，总算逃出性命；但困顿家宅，前后十余年（从今年开始到梁冀伏诛〔一五九年〕，整十五年）。

9 扬州（安徽省中部及江南地区）州长尹耀、九江（安徽省定远县西北）郡长邓显，攻击变民首领范容根据地历阳（安徽省和县），兵败被杀。

10 冬季，十月，日南郡（越南东河市）蛮夷，再次叛变，攻击焚烧城池村落。交趾州（广东、广西及越南北部）州长（刺史）九江（安徽省定远县西北）人夏方，引诱安抚他们归降。

11 十一月，九江（安徽省定远县西北）变民首领徐凤、马勉，攻击焚烧城池村落。徐凤称“无上将军”，马勉称“皇帝”，据守当涂（安徽省蚌埠市西南马城镇）山中，建立年号，设置文武百官。

12 十二月，九江（安徽省定远县西北）另一变民首领黄虎等，攻击合肥（安徽省合肥市）。

13 本年（一四四），一群强盗挖掘八任帝（顺帝）刘保坟墓（宪陵，洛阳市西）。

一四五年 乙酉

东汉　　永嘉　　元年

（皇帝马勉二年）

（黑帝华孟元年）

1 春季，正月六日，东汉王朝（首都洛阳〔河南省洛阳市东白马寺东〕）皇帝（九任冲帝）刘炳，在玉堂前殿逝世（年仅三岁）。

皇太后梁妠认为，扬州（安徽省中部及江南地区）、徐州（江苏省北部）变民势力正在膨胀，恐怕人心震动，打算等到征召的各亲王们抵达首都洛阳后，再公布刘炳死亡消息。全国武装部队总司令（太尉）李固反对，说：

“皇上（刘炳）虽然还小，但他仍然是全国君父，今天去世，人神同时感应，岂有当子民的反而掩藏君父的死期？从前，嬴政死后的沙丘阴谋（参考前二一〇年），以及最近的迎立北乡侯（七任帝刘懿）事件（参考一二五年），都是秘不发丧，这是天下最大的禁忌，绝对不可以。”

梁妠采纳，当天晚上即发表皇帝逝世公报。征召清河王（首府甘陵〔山东省临清市〕）刘蒜，跟勃海（孝）王（首府南皮〔河北省南皮县〕）刘鸿的儿子刘缵，齐到京师（首都洛阳）。刘蒜老爹是清河王（恭王）刘延平，刘延平及老弟刘鸿，都是乐安（夷）王（首府临济〔山东省高青县东南〕；乐安国的前身便是千乘国）刘宠的儿子、千乘（贞）王（首府千乘〔山东省高青县东北〕）刘伉（三任帝刘炟子）的孙儿。刘蒜这个人，个性严肃，行动举止，循规蹈矩，高级官员一致归心。

李固向最高统帅（大将军）梁冀建议："现在物色继位皇帝，应该选择年纪大而有品德，能够亲自处理国家大事的人，请将军仔细考虑大计，想到周勃当初拥护文帝（西汉王朝五任帝刘恒）、霍光当初拥护宣帝（西汉王朝十任帝刘病已），切勿效法邓家班和阎家班拥护幼弱（周勃事参考前一八〇年，霍光事参考前七四年，邓家班事参考一〇五年、一〇六年，阎家班事参考一二五年）。”梁冀不听，跟妹妹皇太后梁妠在宫中决策。

正月二十四日（皇帝空位十八日），梁冀"持节"，用亲王专用的青盖车，迎接刘缵抵达南宫。

正月二十五日，封刘缵当建平侯，当天，坐上宝座，就天子位（十任质帝），年才八岁。刘蒜被遣回封国。

李固建议梁冀效法周勃、霍光，有点异想天开。他不提周勃、霍光，梁冀倒还罢了，还可能拥戴一位长君，他一提周勃、霍光，恰好是当头棒喝，天下最大的傻瓜，都不会效法周勃、霍光。周勃的下场是被投入监狱，霍光的下场是全族屠灭，连一个孩子都没有留下。

一山不容二虎，这是专制政治内在病毒孕育出来的死结。

2 开始为死皇帝刘炳选择墓地。李固说："今天，处处都是盗贼，军事费用庞大，如果要重新兴建一座陵园，又要增加田赋捐税。而且，皇帝年纪还小，似乎可以在老爹宪陵（刘保墓）墓园之内安葬，依照慎陵（四任帝刘肇墓）制度（五任帝刘隆死时，年仅三个月，就安葬在老爹刘肇墓园。参考一〇六年）。"皇太后梁妠批准。

正月二十七日，安葬刘炳，坟墓称怀陵（洛阳市西北）。

3 皇太后梁妠依赖宰相、三公，李固每有建议，梁妠大都采纳。为非作歹的宦官，都被排斥，政府一片欣欣向荣气象，天下人盼望政治走上正轨，而梁冀对这种现象，却深恶痛绝。

最初，刘保时代任命官员，多不依照规章。李固当政后，彻查那些来路不正分子，奏准免职的有一百余人。这批政坛失意人物对李固当然怨恨，又为了迎合梁冀的旨意，遂共同呈递奏章，诬陷李固，说：

"全国武装部队总司令（太尉）李固，假公济私，表面上正人君子，实际上却从事邪恶勾当，离间皇家近亲跟皇家的感情，自己建立党羽。先帝（刘炳）的棺柩在堂，路上行人都掩面悲哭，李固却在脸上涂脂抹粉，搔首弄姿，盘旋俯仰，行为妖冶，丝毫没有忧伤悲痛之心。先帝的坟墓还没有筑成，就改变旧有制度规章，好的都是自己主意，坏的全是君王过失。驱逐旧有臣僚，不能侍奉送葬。作威作福，没有人超过李固。儿子最大的罪恶莫过于连累父母，臣属最大的罪恶莫大于诋毁君王。李固所犯的错误，理应诛杀。"

奏章呈上后，梁冀面见皇太后梁妠，坚持把奏章交付有关单位调查，梁妠不许（奏章一旦交付调查，鲨鱼群一齐下口，李固性命不保。所以“交付调查”“不交付调查”，是一契机）。

4 广陵郡（江苏省扬州市）变民首领张婴（参考一四二年），再聚众数千人，攻陷广陵。

5 二月二十四日，赦天下。

6 西羌诸部落连年变乱，东汉政府支出军费高达八十余亿钱，将领们多数都吃空缺，克扣粮饷，用金银财宝，贿赂长官左右。上下包庇，从不理会军事，战士不应死而死的，白骨相望，堆积旷野。左冯翊（陕西省西安市高陵区）郡长梁并，用恩德和信义，招诱叛变羌人：离湳、狐奴等部落，五万余人，同时向梁并归附。陇右（陇山以西）社会秩序，重新恢复。

7 皇太后梁妠因为徐州（江苏省北部）、扬州（安徽省中部及江南地区）民变日益扩大，要求文武官员推荐元帅人才。三公推荐涿县（涿郡郡政府所在县，河北省涿州市）县长、北海（首府剧县〔山东省昌乐县西〕）人滕抚，文武双全。梁妠任命滕抚当九江郡（安徽省定远县西北）民兵司令（都尉），会同皇家警卫指挥官（中郎将）赵序，协助总监察官（御史中丞）冯绲，征集各州郡民兵数万人，共同征剿。又公开悬赏，以功劳高低，赐钱或封爵。又准备派全国武装部队总司令（太尉）李固亲征，还没有出发。三月，滕抚进击，大破变民集团，斩马勉、范容、周生等一千五百人。

变民首领“无上将军”徐凤，率残余部众，焚烧东城县（安徽省定远县东南）。

夏季，五月，下邳（首府下邳〔江苏省睢宁县北古邳镇〕）人谢安响应悬赏，率领他的宗族亲戚，设下埋伏，击斩徐凤。

封谢安当平乡侯，擢升滕抚当皇家警卫指挥官（中郎将），负责指挥扬州、徐州军事。

8 五月二十六日，东汉政府下诏：“孝殇皇帝（五任帝刘隆）在皇帝宝座上，越过一个新年，君臣名分，已经确定。孝安皇帝（六任帝刘祜）继承前世的传统大业，而竟然使恭陵（刘祜墓）排列在康陵（刘隆墓）之上，先后差错，秩序颠倒，现在应行改正。”

9 六月，鲜卑部落（内蒙古东部中部及以北地区）攻击代郡（山西省阳高县）。

10 秋季，庐江郡（安徽省庐江县）变民，攻击寻阳（湖北省武穴市东北），又攻击盱台（江苏省盱眙县）。滕抚派军政官（司马）王章，击破叛众。

11 九月二十二日，皇家师傅（太傅）赵峻逝世。

12 滕抚攻击张婴（时在广陵郡）。冬季，十一月十九日，大败张婴变民集团，斩杀及俘虏一千余人。

十一月二十日，皇家警卫指挥官（中郎将）赵序，被控懦弱畏敌，假报杀人数字（又被控贪污三百七十五万绸缎钱），绑赴刑场，斩首。

13 历阳（安徽省和县）变民首领华孟，自称“黑帝”，攻杀九江（安徽省定远县西北）郡长杨岑。滕抚进击，打败变民军，斩华孟等三千八百人，俘虏七百余人。东南方全部平定，滕抚班师。

任命滕抚当左冯翊（陕西省西安市高陵区）郡长。

14 永昌（云南省保山市）郡长刘君世，用黄金铸成一条彩色大蛇，呈献最高统帅（大将军）梁冀，作为礼物（用蛇作为礼物，应是罕见奇事。我们推测，蛇可能是梁冀生肖）。益州（四川省及云南省）州长（刺史）种暠，派人逮捕刘君世，并以政府快递马车，上书弹劾，梁冀遂恨种暠入骨。

正好，巴郡（重庆市）人服直（服，姓），聚集群众数百人，自称“天王”。种暠跟巴郡郡长应承，讨伐追击，不能取胜，很多官吏人民受到伤害。梁冀借题发挥，报复陷害，下诏逮捕种暠、应承，押解回京（首都洛阳）。李固上书营救，说：

“我得到的情报是，在征剿战役中，造成的伤害，并不是种暠、应承的指示，而是县政府官员畏法惧罪，不能判断强盗形势，强迫人民作战，才发生不幸。自从盗贼纷起，处处都有变乱，种暠、应承并不掩饰，首先公开贼情，假如立即就受到处罚，我恐怕将使州县官员沮丧，以后互相隐匿，不肯再尽忠心。”

皇太后梁妠看到奏章，下令释放种暠、应承，仅只免职。金蛇没收，交付农林部（司农）国库。

梁冀念念不忘金蛇，向农林部长（大司农）杜乔借看，杜乔拒绝。梁冀小女儿去世，皇太后梁妠下令三公、部长前往吊丧，只杜乔不去，梁冀从此又恨上杜乔。

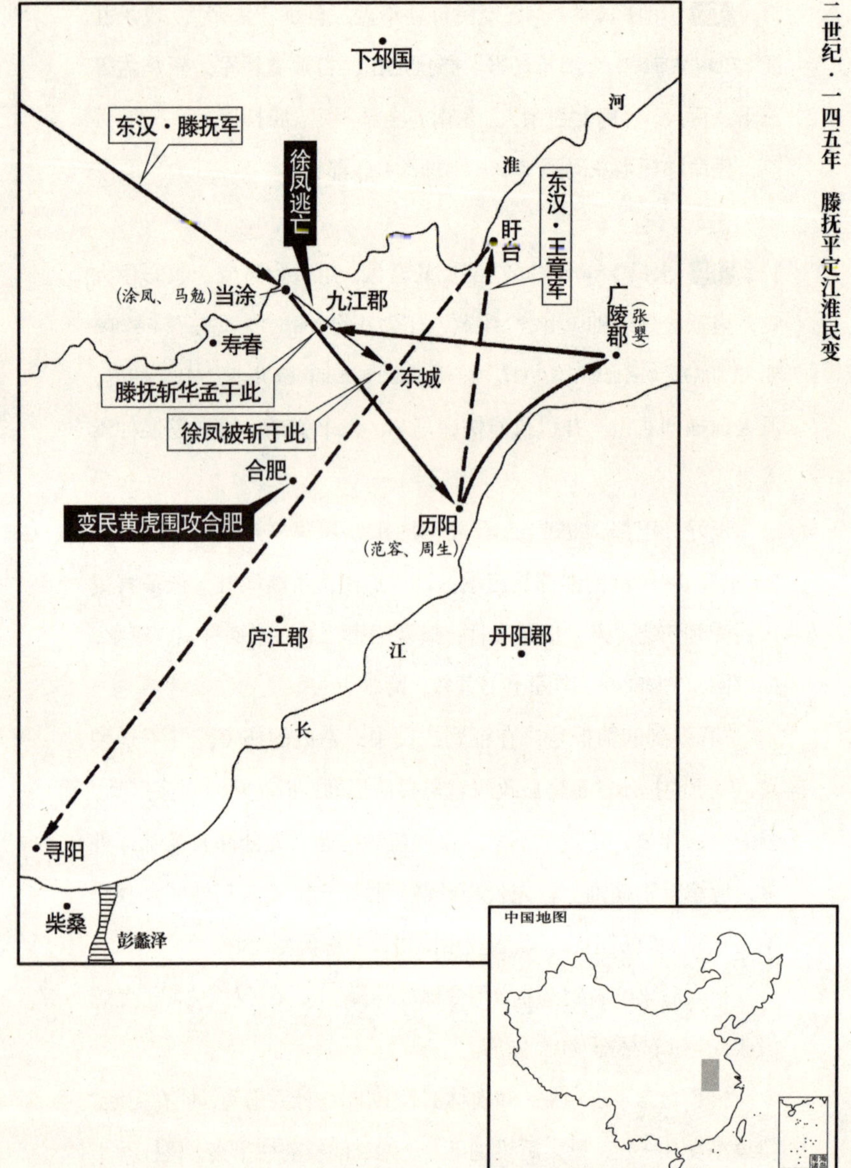
下邳国
河
淮
东汉·滕抚军
徐凤逃亡
东汉·王章军
盱台
（涂凤、马勉）当涂
九江郡
广陵郡
（张婴）
寿春
东城
滕抚斩华孟于此
徐凤被斩于此
合肥
变民黄虎围攻合肥
历阳
（范容、周生）
庐江郡
丹阳郡
江
长
寻阳
柴桑
彭蠡泽
中国地图

一四六年
丙戌

东汉　本初　元年

1 夏季，四月二十五日，东汉王朝（首都洛阳〔河南省洛阳市东白马寺东〕）政府下令：各郡、各封国，推荐“明经”（明晓儒家经书）人才，进入国立大学。从最高统帅（大将军梁冀）起，以及文武官员，都遣送子弟到国立大学上课。每年年底，举行考试，依照成绩，分派担任国家官职。

又下令：中级官员（千石）、初级官员（六百石）、四府官员（四府：宰相府、最高监察署、全国武装部队总司令部、最高统帅部）、三署禁卫官（三署：高级警卫指挥署〔五官署〕，左翼警卫指挥署〔左署〕，右翼警卫指挥署〔右署〕，均属宫廷禁卫官司令〔光禄勋〕）以及四姓小侯中已通经书的（四姓原为樊、郭、阴、马；参考六六年。后来又有窦家、邓家、阎家兴起。十数年之间，沧海桑田，兴兴废废，早已衰落。此时梁家自是四小侯之一，其他三家，已无可考。或许不是四姓，或许已超过四姓，但仍维持"四姓小侯"称谓），都应遵守"师承"的"家法"（教师传授的学说），考试时能列入高等，登记在名册之上，依照秩序擢升。因为这项鼓励，各地青年学子到京师（首都洛阳）留学，一时成为风气，国立大学（太学）学生，多达三万人。

2 五月六日，改封乐安王（首府临济〔山东省高青县东南〕）刘鸿当勃海王（首府南皮〔河北省南皮县〕）。

3 海水倒灌，淹没人民家宅。

4 六月三日，赦天下。

5 东汉帝（十任质帝）刘缵（本年九岁），自幼便聪明绝顶。在一次金銮宝殿朝会上，看到梁冀，眨眼说："这可是跋扈将军！"梁冀听到后，深恶痛绝。（"跋扈"二字，在此之前，从没有出现，九岁的娃儿脱口而出，必是当时极为流行的口语。每个时代有每个时代的流行口语，犹如每个时代有每个时代的流行歌曲一样，在当时无人不知，无人不晓，儿童或少年，更是熟练，过了这个时代，更新的出现，旧的就被淘汰，便再没有人听懂，也再没有人使用。"跋扈"不一定有深奥的出处。胡三省曾深入《尔雅》里找，似于事无补。只看梁冀对这话的反应，就可肯定准是贬词，除了"横行霸道"外，恐怕还有"作恶多端"之意，也可能只是儿童游戏时惯用的称呼，刘缵小小年纪，不知道轻重。）梁冀决心斩草除根，断绝后患。

闰六月一日，梁冀布置妥当，命皇帝左右侍从，把毒药放在汤饼里，拿给刘缵；刘缵吃下后，毒药霎时发作，口干舌燥，胸如火烧，急派人召唤全国武装部队总司令（太尉）李固。李固仓惶进宫，赶到刘缵榻前，询问得病来由，刘缵这时还能言语，而且神智清晰，回答说："我刚吃过汤饼，肚子烦闷，给我一口水，我还能活。"梁冀这时站在旁边，他不能冒这种喝水得救的危险，阻止说："恐怕会呕吐，不可以喝水。"话还没有说完，九岁的娃儿皇帝刘缵，已经身死。李固伏到地面上大哭。出宫后，立刻弹劾御医救护不力，梁冀深恐审问过程中，暴露中毒真相，所以对李固更加痛恨。

在决定继承人之前，李固和宰相（司徒）胡广、最高监察长（司空）赵戒，联合给梁冀一份备忘录，说：

"天下不幸，只不过三年之间，皇位系统，三次断绝（一四四年，八任帝刘保死。一四五年，九任帝刘炳死。本年，十任帝刘缵死），现在又要拥戴新皇帝。对于天下最尊贵的宝座，我们深知道皇太后的关切，和将军的劳虑，都盼望物色一位恰当人选，以保持皇家神圣的传统。然而，我们愚昧的思念，不忘一件大事。

"从远古君王兴废前例，直到近代君王登极制度，每一次都要公开访问政府三公和部长级高级官员，广泛征求大家意见，务必使提名的人选，上应天心，下合众望。古书上说：'把天下送给别人，十分容易；为天下得到适当人才，却非常困难。'（《孟子》语。）

"以前，昌邑王（西汉王朝九任帝刘贺）登极之后，昏乱日甚一日，霍光忧愁惭愧，后悔不已，如果不是霍光的忠贞和勇气，田延年的奋发声势，汉王朝（西汉王朝）政权，可能就在那个时代倾覆（参考前七四年）。所以，继承人选是否恰当，是一项忧虑，和一项重大责任，不可以不深刻思考。天下事千头万绪，都可暂缓，只有选择皇帝继承人关系最大，国家兴衰，在此一举。”

梁冀看到这份备忘录，遂召集高阶层官员会议，由三公、部长（中二千石）、侯爵，慎重讨论皇位继承人事宜。而就在会议上，发生冲突。三公：李固、胡广、赵戒，跟藩属事务部长（大鸿胪）杜乔，认为清河王刘蒜，品德能力，一向受到肯定，皇家血统又最亲最尊（三任帝刘炟——千乘王刘伉——乐安王刘宠——清河王刘延平——清河王刘蒜。是刚被毒死的十任帝刘缵的堂兄），应属皇位继承人最适当的人选，而且政府官员对刘蒜全都归心。

然而，反对的力量强大。寝殿侍奉宦官（中常侍）曹腾，某一次晋见刘蒜时，刘蒜对他不太礼敬，遂在宦官群中留下恶劣印象。最初，平原王（首府平原〔山东省平原县〕）刘翼，被贬逐回河间（刘翼本是河间王〔首府乐成，河北省献县〕刘开的儿子，皇太后邓绥命他继承平原王爵位。六任帝刘祜，疑心邓绥要罢黜自己改立刘翼，邓绥一死，刘祜就把刘翼贬为都乡侯，逐回河间国。参考一二一年）。刘翼既回河间，老爹刘开（三任帝刘炟子），请求把蠡吾县（河北省博野县）分给他，作为采邑，八任帝刘保批准（从此才由都乡侯改称蠡吾侯。蠡，音l〔黎〕）。刘翼逝世后，儿子刘志嗣位。皇太后梁妠正想把妹妹嫁给刘志，征召刘志进京（首都洛阳）。刘志刚刚抵达夏门亭（在夏门〔洛阳城北面西头第一门〕外）时，十任帝（质帝）刘缵恰恰被毒死；梁冀认为刘志可以保障梁家的安全，因而打算拥护刘志。

会议上三公坚持立场，梁冀怒火中烧，却又没有强有力的理由封对方之口。曹腾等得到消息，乘夜晋见梁冀，警告说：“梁姓家族，几代都是皇亲国戚（四任帝刘肇娘亲，跟现在皇太后梁妠，都出自梁家），将军又手握国家大权，日理万机，宾客满天下，难免有人违法乱纪。而清河王刘蒜，贤明严正，如果坐上宝座，将军不久就会大祸临头。不如拥戴蠡吾侯刘志，富贵可以长保。”梁冀认为他的判断正确。

第二天（闰六月二日），再度召集高阶层官员举行会议。梁冀杀气腾腾，面色狰狞，言词强硬激烈。宰相（司徒）胡广、最高监察长（司空）赵戒，发现情形全不对劲，感到恐惧，在被征求意见时，一致回答："我们听最高统帅（梁冀）吩咐！"只有全国武装部队总司令（太尉）李固、农林部长（大司农）杜乔，仍坚持原来建议——迎立刘蒜。梁冀拉下脸来，厉声说："散会！"李固不死心，认为刘蒜众望所归，仍有被立的可能。再写信给梁冀，梁冀怒不可遏。

闰六月四日，梁冀说服妹妹皇太后梁妠，下诏把李固免职。

闰六月五日，任命宰相（司徒）胡广当全国武装部队总司令（太尉），擢升最高监察长（司空）赵戒当宰相（司徒），跟最高统帅梁冀，共同主管宫廷机要（参录尚书事）。擢升交通部长（太仆）袁汤当最高监察长（司空）。袁汤，是袁安的孙儿（袁安，三任帝刘炟时代的宰相，参考八七年六月）。

闰六月七日，皇太后梁妠，派最高统帅（大将军）梁冀"持节"，用亲王专用的青盖车，把蠡吾侯刘志，接入皇宫。当天，登上皇帝宝座（十一任桓帝），年十五岁。梁妠继续临朝听政。

6 秋季，七月二日，把前任帝（十任质帝）刘缵，安葬静陵（洛阳城东南十五公里）。

7 最高统帅部秘书（大将军掾）朱穆签呈梁冀说：

"明年是'丁亥'年，刑罚跟恩德，在北方'乾位'，合而为一（神秘阴阳家，把"刑罚""品德"跟四季配合，刑罚品德合一，表示福气。干支纪年，该年有"丁""壬"出现时，品德在北方。该年有"亥""卯"出现时，刑罚也在北方。明年干支，有"丁"有"亥"，同时都在北方，北方就是"乾位"——以上只是照抄神秘阴阳书，实际到底是怎么回事，丝毫不懂）。《易经》：'龙战于野（《坤卦·上六》）。'表示阳道将获得胜利，阴道将受到挫败。但愿将军尽忠政府，铲除私心，广求贤能人才，排斥奸佞邪恶之辈。给皇上遴选师傅时，注意遴选谨慎小心、敦厚礼义之士。将军最好随他一同进宫，跟皇帝（刘志）一同听课学习，效法古圣先贤。这就跟背靠南山，稳坐平原一样，十分安全，谁能倾陷？参议官（议郎）、国务官（大夫）位置，本用来安置儒家学派专家学人，依学术高低跟德行高低，分别任命，可是，现在的人选，并不恰当。部长级官员也有不能胜任的，请将军考察。”

又推荐种暠、栾巴等；梁冀不能接受。朱穆，是朱晖的孙儿（朱晖，参考八四年九月）。

8 九月戊戌日（九月癸丑朔，没有戊戌），皇帝刘志追尊祖父河间王（孝王）刘开为孝穆皇，祖母赵女士为孝穆后，祭庙名清庙，坟墓名乐成陵（在河北省献县）。追尊老爹蠡吾侯刘翼为孝崇皇，祭庙名烈庙，坟墓名博陵（河北省博野县东南）。祭庙跟坟墓，都设立管理官（令）跟秘书（丞）。派宰相（司徒）“持节”，携带皇帝正式诏书、印信、祭文前往，用太牢（牛羊猪各一）祭祀。

9 冬季，十月十二日，刘志尊娘亲匽明为博园贵人（匽明是刘翼的小老婆）。

10 滕抚，性情方正刚直，不结交权势（当时的权势有二，一是皇后家族，一是宦官），宦官对滕抚十分厌恶。滕抚建立的战功（指去年〔一四五〕平定淮南民变），依照法令，早应晋封侯爵。可是，他不但没有晋封侯爵，全国武装部队总司令（太尉）胡广，反而顺着旨意风向，弹劾滕抚。滕抚被免职，死在自己家宅。

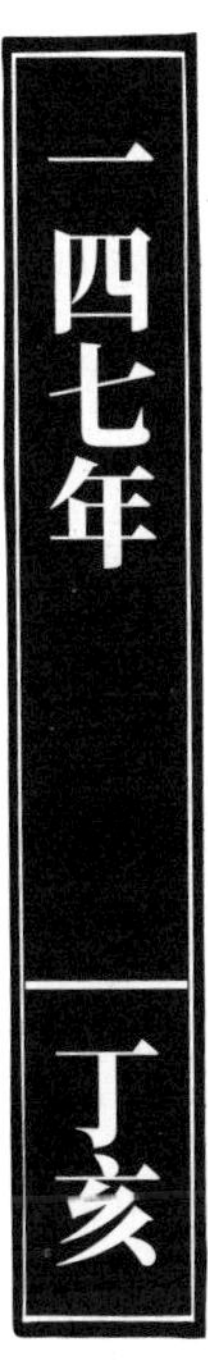

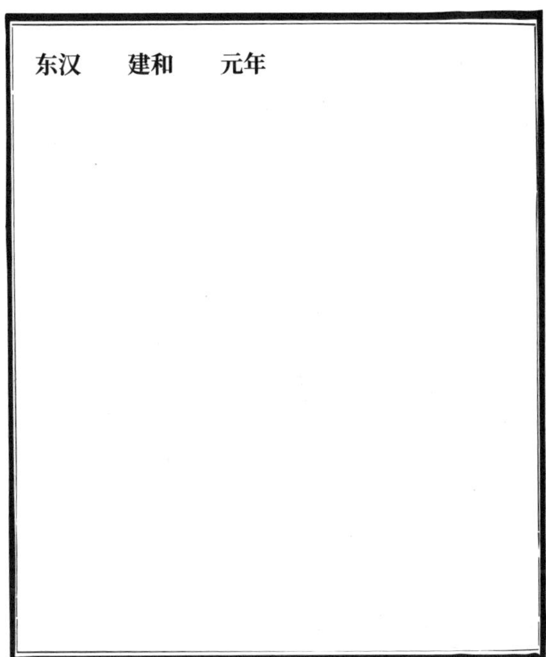

1 春季，正月一日，日蚀。

2 正月八日，东汉王朝（首都洛阳〔河南省洛阳市东白马寺东〕）赦天下。

3 三月，真龙在谯县（安徽省亳州市）显现。

4 夏季，四月十一日，京师（首都洛阳）地震。

5 封阜陵王（首府阜陵〔安徽省全椒县东南〕）刘代的老哥勃遒亭侯刘便，继位阜陵王（遒，音qiú〔求〕）。

6 六月，全国武装部队总司令（太尉）胡广免职，擢升宫廷禁卫官司令（光禄勋）杜乔当全国武装部队总司令（太尉）。

自从李固被罢黜，政府与民间一片沮丧，文武官员，人人危惧，都站在局外，装聋作哑，只剩下杜乔，仍保持一份正气，不肯屈服，成为朝野一致的盼望和寄托。

7 秋季，七月，勃海（孝）王（首府南皮〔河北省南皮县〕）刘鸿逝世，没有儿子。皇太后梁妠把皇帝（十一任桓帝）刘志（本年十六岁）的老弟蠡吾侯刘悝，改封勃海王，祀奉刘鸿香火。

8 刘志回报拥立他当皇帝那些人的决策功劳，下诏：增加梁冀采邑一万三千户，封梁冀的弟弟梁不疑当颍阳侯，梁蒙当西平侯，梁冀的儿子梁胤当襄邑侯，胡广当安乐侯，赵戒当厨亭侯，袁汤当安国侯。又封寝殿侍奉宦官（中常侍）刘广等，一律侯爵。

杜乔上书阻止，说：

“自古以来，圣明的君王，都以任用贤能，赏有功、罚有罪，作为第一要务。亡国的君王，难道没有忠贞干练的人才？和治国理民的法令规章？问题是，虽有人才而不能用，虽有法令规章而不能实施，虽听到忠直的建议却不相信；而在听到谗言时，更不能洞察奸邪。

“陛下从封国国君，登上至尊宝座，天人归心。可是，陛下不先征求贤能，却先封爵左右。梁家一门，以及宦官中卑微之辈，都佩上不是因功劳而得到的印信绶带，都承受不是因贡献而得到的采邑土地。乖张、错乱的程度，不能用言语形容。

“对有功的人不赏赐，善人失望；对有罪的人不处罚，恶人将更毫无忌惮的作恶。所以，砍头的刀斧放到面前，人不畏惧；封爵官位悬在面前，人不动心。一旦到了这种地步，岂仅对政府造成伤害而已，甚至还要丧身亡国，不可以不特别慎重。”

奏章呈上后，如石沉大海。

9 八月十八日，刘志封梁女莹当皇后（梁女莹是梁冀跟皇太后梁妠的妹妹）。梁冀盼望用隆重的仪式，由刘志亲自到梁家迎亲。杜乔根据档案中，从没有皇帝迎娶皇后的前例，坚决反对。

梁冀拜托杜乔推荐汜宫当宫廷秘书（尚书）；杜乔认为汜宫曾因贪污而被免职，不肯答应。于是，跟梁冀的感情，完全破裂。

10 九月二十一日，京师（首都洛阳）地震，杜乔因负此项灾异之责，免职。

11 冬季，十月，任命宰相（司徒）赵戒当全国武装部队总司令（太尉），最高监察长（司空）袁汤当宰相（司徒），前任全国武装部队总司令（太尉）胡广当最高监察长（司空）。

12 宦官唐衡、左悺，向皇帝刘志打杜乔的小报告说：“陛下在登极之前，杜乔跟李固一齐反对，认为你没有能力祀奉汉王朝皇家祭庙。”刘志对二人遂心生怨恨。

十一月，清河（首府甘陵〔山东省临清市〕）人刘文，跟南郡（湖北省江陵县）无聊男子刘鲔结交，宣称：“清河王（刘蒜）当统御天下。”打算拥立刘蒜。阴谋泄漏，刘文等劫持清河国宰相谢暠，说：“我们应该拥立清河王（刘蒜）当皇帝，请你当三公。”谢暠诟骂，刘文斩杀谢暠。政府遂逮捕刘文、刘鲔，处决。有关官员立即弹劾刘蒜，刘志乘机报复，贬刘蒜当尉氏侯，放逐到桂阳（湖南省郴州市），刘蒜自杀。

梁冀扩大打击面，遂诬陷李固、杜乔，指控二人跟刘文、刘鲔勾结，请求治罪。皇太后梁妠一向知道杜乔忠直，不许法办。梁冀只好单单逮捕李固，囚入诏狱。

李固的学生勃海（首府南皮〔河北省南皮县〕）人王调，身戴刑具，到宫门上书，证明李固冤枉。河内（河南省武陟县）人赵承等数十人，也带着刀斧砧板，到宫门控诉，皇太后梁妠下诏释放李固。

李固出狱时，京师（首都洛阳）大街小巷，欢欣鼓舞，高呼万岁。梁冀得到消息，大为惊骇。认为李固盛大的名望和感人的品德，将终于伤害自己。一不做、二不休，于是重提刘文、刘鲔旧案，再度逮捕李固。最高统帅部秘书长（大将军长史）吴祐，对李固的冤狱，深为感伤，向梁冀据理力争，梁冀正怒不可遏，全不接受。参谋指挥官（从事中郎）马融，代梁冀撰写诬陷李固的奏章，当时，马融恰好在座，吴祐对马融说：“李固的罪状，在你手中完成，李固如果被诛杀，你还有什么面目见天下人！”梁冀更加激愤，一跳而起，转身冲回内室；吴祐无可奈何，也只好离去。李固遂死在牢房。

李固临处决时，写信给胡广、赵戒，说：

“我受国家深恩，是以竭尽忠心，不顾死亡大祸，目的只在辅佐皇家，使功业上比文帝（西汉王朝五任帝刘恒）、宣帝（西汉王朝十任帝刘病已）。万想不到，梁家迷乱，而二位曲意附和，认为吉祥竟是凶兆。大事本可成功，反而失败！汉王朝（东汉王朝）衰落，从此开始。二位接受君王丰厚的俸禄，眼看大厦就要倒塌，却不肯扶持。事关国家存亡，后世优良的史学家，岂会再有私心！我命已尽，但与大义同在，还有什么可说。”

胡广、赵戒看到遗书，悲哀惭愧，长叹落泪。

梁冀派人通知杜乔，说：“你如果自己了断，可以饶你的妻子儿女。”杜乔认为梁冀不敢向他下手，所以拒绝。第二天，梁冀派骑兵到杜家，没有听到哭声，遂报告皇太后梁妠，逮捕杜乔，在狱中处死。

梁冀把李固、杜乔的尸首拖到洛阳城北夏门亭十字路口，下令：“有敢哭一声的，严重惩罚。”

李固的学生汝南（河南省平舆县西北射桥镇）人郭亮，还不到二十岁，左手拿着奏章和执行死刑时的刀斧，右手拿着砧板，到宫门上书，哀求准予收殓李固的尸体，没有人理会。郭亮跟南阳（河南省南阳市）人董班，都到现场哭吊，守着尸体不走。夏门亭驿马站长（亭长）吆喝说：“你们真是不懂事的呆瓜，公然冒犯皇帝圣旨，想试试官府的厉害呀！”郭亮说：“大义所在，岂顾生命，为什么用死威胁？”皇太后梁妠看到报告，赦免郭亮、董班二人死刑。

杜乔旧部属陈留（河南省开封市东南陈留镇）人杨匡，悲号哭泣，星夜赶到洛阳，穿上原来当部属时的服装，冒充夏门亭驿马站差役，在尸体旁守护，约十二日，终于被发觉，京畿总卫戍司令部（司隶校尉）纠察官（都官从事）把杨匡逮捕奏报，皇太后梁妠也下令赦免。杨匡因此到宫门上书，乞求准予安葬李固、杜乔；梁妠批准。

杨匡护送杜乔灵柩返乡，等到安葬已毕，跟郭亮、董班，一同藏匿，终身不担任官职。

梁冀派吴祐当河间国（首府乐成〔河北省献县〕）宰相。吴祐辞职，在家寿终。

梁冀在刘鲔谋反案件中，想起来他所忽略的朱穆的建议（参考去年〔一四六〕），于是征聘种暠当参谋指挥官（从事中郎），推荐栾巴当参议官（议郎），保举朱穆当执法监察官（侍御史）。

13 本年（一四七），南匈奴汗国（王庭设美稷〔内蒙古准格尔旗〕）呼兰若尸逐就单于（三十六任）挛鞮兜楼储逝世，挛鞮车儿嗣位（三十七任），是为伊陵尸逐就单于（两位单于的血缘关系不明）。

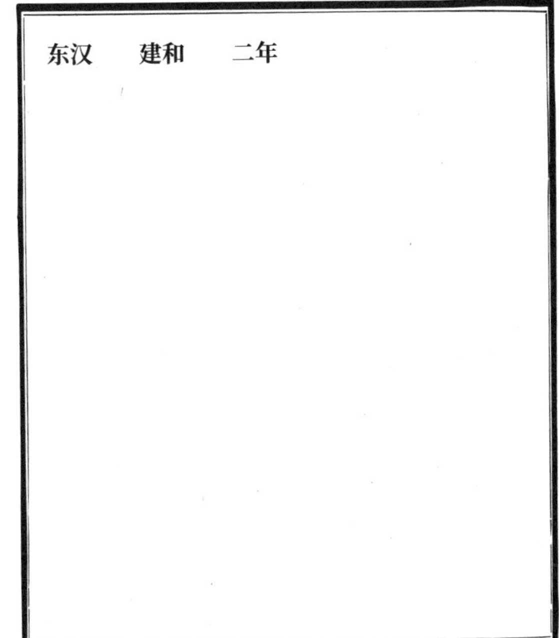

1 春季，正月十九日，东汉王朝（首都洛阳〔河南省洛阳市东白马寺东〕）皇帝（十一任桓帝）刘志（本年十七岁）行加冠礼。

正月二十五日，赦天下。

2 三月二十四日，刘志跟随皇太后梁妠，前往最高统帅（大将军）梁冀家宅。

3 西羌白马部落（四川省若尔盖县东南一带），攻击广汉移民区（广汉属国，甘肃省文县），斩杀地方政府官员。益州（四川省及云南省）州长（刺史）率板楯蛮夷部落（阆中〔四川省阆中市〕一带，参考一一四年），击破白马部落攻势。

4 夏季，四月三日，刘志封老弟刘顾当平原王（首府平原〔山东省平原县〕，但刘顾仍留在博陵〔河北省博野县东南〕），侍奉老爹刘翼的祭祀，尊刘翼的妻子马女士为孝崇园贵人。

5 五月十日，北宫侧院（掖庭）德阳殿，跟左掖门，失火。刘志移住南宫。

6 六月，改清河国（首府甘陵〔山东省临清市〕）为甘陵国（刘蒜是清河王，梁冀对"清河"二字特别敏感，遂把刘庆坟墓名当作封国名），封安平（孝）王（首府信都〔河北省衡水市冀州区〕）刘德的儿子、经侯刘理，当甘陵王（刘德，河间〔孝〕王刘开子，现任皇帝刘志叔父。一二二年，过继乐成王刘党后裔），祀奉刘庆香火。

7 秋季，七月，京师（首都洛阳）大水成灾。

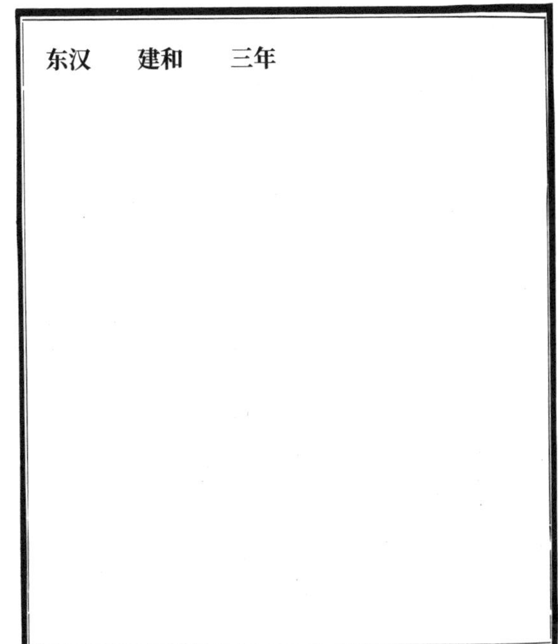

1 夏季，四月三十日，日蚀。

2 秋季，八月三十日，天市星旁出现孛星。

3 东汉王朝（首都洛阳〔河南省洛阳市东白马寺东〕）京师（首都洛阳）大水成灾。

4 九月十四日，地震。九月二十五日，又地震。

5 五个郡和封国山崩。

6 冬季，十月，全国武装部队总司令（太尉）赵戒免职。任命宰相（司徒）袁汤当全国武装部队总司令（太尉），农林部长（大司农）河内（河南省武陟县）人张歆当宰相（司徒）。

7 本年（一四九），朗陵国（侯国，河南省确山县南任店镇）前宰相荀淑逝世。

荀淑年轻时，便学问渊博，品德优异，当世闻名的高级知识分子：李固、李膺，都把他当作教师一样崇拜。荀淑在朗陵（河南省确山县南任店镇）任职，胜任愉快，人们都当他神明。荀淑有八个儿子：荀俭、荀绲、荀靖、荀焘、荀汪、荀爽、荀肃、荀专；都负有盛名，时人称他们“八龙”；家住颍阴县（河南省许昌市）西豪里，颍阴县长、勃海（首府南皮〔河北省南皮县〕）人苑康，认为姬颛顼（黄帝王朝三任帝）有八个儿子，全是一流人才，遂改西豪里为高阳里（姬颛顼原是高阳部落酋长。姬颛顼八子：苍舒、聩敳、梼戭、大临、尨降、庭坚、仲容、叔达）。

李膺，性格耿直严正，跟人很少交往，一向把荀淑当作教师尊敬，仅与同郡（颍川郡〔河南省禹州市〕）人陈寔结交。荀爽曾拜访李膺，顺便给他驾车。回来后，向人夸耀说：“今天总算给李膺驾车！”他之被人倾慕，都类如此。

陈寔，出身贫贱，当颍川郡（河南省禹州市）西门亭驿马站长（亭长）。同郡人钟皓，以高尚的品行，受到普遍尊重。前后有九次之多，被征召到三公府任官（三公府：宰相府、最高监察署、全国武装部队总司令部），年纪辈分，都在陈寔之上，却跟陈寔成为好友。钟皓原任郡政府行政官（功曹），被征聘到宰相府（司徒府），辞行时，郡长询问：“谁可以接你的工作？”钟皓说：“郡长如果决心物色一个适当的人才，西门亭驿马站长陈寔，绝对可以胜任。”陈寔听到消息，说：“钟先生恐怕搞错了，不知道怎么单单提到我？”郡长遂任命陈寔当行政官（功曹）。

当时，寝殿侍奉宦官（中常侍）侯览，曾介绍某人给郡长高伦，高伦下令任命某人当教育官（文学掾）；陈寔知道某人没有这种才能，把手令秘密缴回给高伦，对高伦说："这个人绝对不可用，但侯览势力太大，也不能拒抗。不如由我签报任命，这样的话，你就不会受到批评攻击。"高伦允许。于是，舆论哗然，奇怪陈寔怎么会用那么一个不恰当的人选，陈寔毫不分辩。后来，中央征召高伦当宫廷秘书（尚书），郡政府官员及乡绅，欢送高伦，直送到纶氏县（河南省登封市西南颍阳镇），高伦对大家说："我前些时把侯览介绍的某人，任命当官，陈寔把我的手令秘密缴还，而由他主动推荐，听说因为这个缘故，受人轻视，这应该怪我畏惧强梁，而陈寔却是把善行归于主管，把错误归于自己。（《礼记》："善则称君，过则称己。"）"但陈寔仍坚持是自己的过失，听到的人，无不叹息，从此天下人敬慕他的品德。

后来，陈寔当太丘（河南省永城市西北）县长，谨慎小心，无为而治，人民得到休养。邻县县民都来归附，陈寔对他们耐心解释，仍遣回原县。主管官府视察大员，前来观察，县政府官员恐怕人民越级控诉，请求陈寔禁止。陈寔说："控诉的目的在寻求公平，如果禁止，他们的委屈谁管？不要有任何限制！"主管官员听到后，叹息说："陈寔说这样的话，岂会有人冤枉！"果然没有人越级控诉。后来陈寔当沛国（首府相县〔安徽省淮北市〕）宰相，被控征收田赋捐税违法，辞职，官民追思。

钟皓跟荀淑齐名，李膺常叹息说："荀淑的清高和见识，难以学习。钟皓的高贵品德，可以充当教师。"钟皓有位侄儿叫钟瑾，钟瑾的娘亲（钟皓的嫂嫂），是李膺的姑妈。钟瑾喜爱读书，好古慕古，凡事都退让不争，跟李膺年纪相同，齐享盛名。李膺的祖父，曾当过全国武装部队总司令（太尉）的李修，常说："钟瑾身上遗传我们李家的性格（钟瑾娘亲是李家女儿），社会秩序安定，不会久居人下；社会秩序混乱，不会受到诛杀。"又把李膺的妹妹嫁给钟瑾。

李膺曾问钟瑾说："孟轲认为，没有是非之心，简直不是人，你对黑白似乎不太分明？"后来，钟瑾把李膺的话，告诉钟皓，钟皓安慰说："李膺的祖父、老爹，都是高官（祖父李修当全国武装部队总司令〔参考一一一年〕，老爹李益当赵国〔首府邯郸〕宰相），家族鼎盛，所以不在乎什么。从前，国佐总是攻击别人，终于招来报复（春秋时代，齐国国务官国佐，晋见周政府国务官单朝，事后，单朝评论说："在混乱的政治之下，纵情任性，毫无保留的攻击别人的过失，将结下怨仇。"不久，齐国诛杀国佐）。现在是什么时代？如果希望保全你的身家性命，你的办法是最高贵的办法。"

柏杨曰

传统文化中最卑劣的一部分——明哲保身，不断受到鼓励和赞扬；认为是非可以不分，黑白可以不明，活命才是第一。史学家给钟皓、钟瑾的评价，使人觉得懦夫成了高贵人物，不但心安理得，反而受到圣人赞美，享盛名于千古。一个人如果坚持分辨是非黑白，不但没有人敬佩，反而惹人哄堂大笑，笑他是个没有头脑的傻瓜。

我们绝不拿着别人的指头去捅蛇窝，呼喝别人："上呀，上呀！"也绝不要求别人："死呀，死呀！"我们对在权势下低头的人，感到无可奈何的悲哀。而我们对敢说敢做，宁鸣而死、不默而生的人，深深了解那是人类中最可贵的道德勇气，从心底深处，生出钦敬膜拜。希望中国人的尊严，就在现代这一代的中国人心头，开始苏醒。我们是一个能分辨是非，能分辨黑白的人类；不是一个不分辨是非，不分辨黑白，而只知道保全身家性命的蟑螂。

二世纪

五〇年代

一五〇—一五九年

东汉王朝

- 梁太后逝世。
- 刘志封乳母之子为侯爵。
- 全国大饥馑。
- 诛杀“跋扈将军”梁冀。

- 月氏王国（贵霜王朝）邀佛教高僧五百余人，在罽宾城集会统一教义（佛教第一次大集结）。

东汉　和平　元年

1 春季，正月一日，东汉王朝（首都洛阳〔河南省洛阳市东白马寺东〕）赦天下，改年号和平。

2 正月二日，皇太后梁妠下诏，宣布退出政府，将大权归还皇帝（十一任桓帝）刘志（本年十九岁）。

二月二十二日，梁妠逝世（年四十五岁）。

3 三月，刘志迁回北宫。

4 三月甲午日（三月癸亥朔，没有甲午），梁妠安葬。增加最高统帅（大将军）梁冀采邑一万户人家，连同以前，共三万户人家。封梁冀正妻孙寿当襄城君，兼收取阳翟（颍川郡郡政府所在县，河南省禹州市）田赋租税，每年收入五千万钱之多。特别赏赐赤色印信绶带，地位比长公主（皇帝女儿称“公主”，皇帝姐妹或姑妈称“长公主”）。

孙寿妖艳狐媚，梁冀完全迷惑，对她十分宠爱，百依百顺（孙寿发明的性感妆束，有“愁眉”“啼妆”“堕马髻”“折腰步”“龋齿笑”，应有尽有）。梁冀所宠爱的奴仆总管（监奴）秦宫，官做到皇家仓库管理官（太仓令），可以随时出入孙寿住所，权威震撼全国，州长（刺史）、郡长（二千石），赴任之前，都要谒见秦宫辞行。

梁冀跟他的妻子孙寿，分别在街道两侧兴筑巨宅，大门相对（孙寿封“君”，跟侯爵相等），土木工程，极尽奢华，互相竞争。金银财宝，奇珍怪物，充满房舍。又大举拓宽园林，从各地运土到首都洛阳，兴筑假山；庞大的私人园林中，十华里大道，有九里都紧傍池塘。林木深远，山涧流水，好像天然生成。奇异而驯服的飞禽走兽，在园林中飞翔奔走。梁冀、孙寿，共同乘坐人力拉动的辇车，在家宅园林之内，荡漾欣赏。歌星乐队，沿着道路，一面饮酒，一面欢唱。有时候夜以继日，纵情娱乐。客人要想晋见，门房一律拒绝，只好贿赂，以致当门房的仆人，家产多达数万两黄金。

不但在首都洛阳如此，梁冀在首都洛阳以外邻近各县，也兴筑林园。特别在洛阳城西，建立“兔苑”，兔苑面积纵横数十里，命有关地方单位，捕捉活兔供应；每只兔都剃掉一撮兔毛，作为标志；人民有冒犯苑兔的，判处死刑。有一次，一位西域（新疆及中亚东部）的外国商人不知道禁忌，误杀了一只苑兔；人民在恐惧下，胡乱指控，竟诛杀十余人。

梁冀又在首都洛阳城西，兴筑别墅，专门收容通缉犯或逃亡客。有时更夺取人民的子女，充当奴婢，以致奴婢有数千人之多，称为“自卖人”。梁冀更采纳孙寿的建议，大量免除梁姓家族人员的官职，表面上显示梁冀谦让，自我克制，实际上却是使孙姓家族兴起。孙姓家族中，当宫廷随从（侍中）、部长（卿）、指挥官（校）、郡长（郡守），以及高级官员（长吏）的，有十余人，全都贪暴残忍、荒淫凶恶。

梁冀、孙寿，又分别派出专差，调查记录各县富有的家庭，然后找一个罪名，逮捕收押，在狱中秘密苦刑拷打，使他出钱赎罪，家破以后仍不能使梁冀、孙寿满意的，则不是放逐蛮荒，就是处决。

扶风（陕西省兴平市）人士孙奋（士孙，复姓），富有而吝啬，梁冀送给他一匹马，要求借贷五千万钱，士孙奋只付三千万钱，梁冀大怒，遂向郡政府报案，指控士孙奋的娘亲，原是梁家的库房婢女，曾偷盗白珍珠十斛、紫金一千斤逃亡。于是逮捕士孙奋；兄弟全在狱中被诛杀，没收士孙家财产，共值一亿七千余万钱。

梁冀又派出门客，周游四方，甚至远到塞外，征求异物。这些门客，仗着梁冀势力，行为横暴，抢夺人民的妻子儿女，殴打地方政府官员以及战士，所到每一个地方，都引起人民入骨的怨毒。

5 执法监察官（侍御史）朱穆，自认为是梁冀的旧部，签呈梁冀，说：“将军地位，有申国国君的尊贵（周王朝十一任宣王姬靖、十三任平王姬宜臼，舅父都是申国国君，而且依赖舅父登上王位），居于三公之上。只要一天行善，天下无不感恩；只要一天作恶，四海立即沸腾。而今，官府和民间，都已十分穷困，加上水灾蝗灾的侵害，京师（首都洛阳）政府开支大量增多。圣旨颁布，抽税加捐，高达平时十倍以上。

“而政府各单位毫无库存，于是全部转向人民征收，人民穷苦，则拷打榨取，强迫凑足数目。政府正式的捐税已经十分沉重，官员私人的聚敛，更水深火热。州长郡长等地方官吏，大多数都不是有品德的人选，所以贪赃枉法，没有止境。对待人民，如同对待盗匪仇寇。人民有的在鞭击棒打之下，凄惨毙命；有的走投无路，先行自杀，免得追迫逼索之苦。

“主要的是，这一切暴行，都被认为跟梁家有关，遂使将军受到天下的怨恨；官民悲惨，道路嗟叹。从前，三〇、四〇年代之交，政府纲纪，开始松弛，人民失望，只不过四五年间，农村破产，户口流散，离心离德，马勉之徒，遂乘机起事（参考一四四年），在荆州（湖北省及湖南省）、扬州（安徽省中部及江南地区），几乎惹下大祸。幸赖皇太后（梁妠）主持政府，清简税赋，内外同心，才算讨平。

“而今，人民哀哀无告，较之三〇、四〇年代之交，更为严重。对内没有容忍的爱心，对外没有保国的方略，不可能获得长久平安。宰相、将军、文武百官，跟元首同是一体，共乘一车奔驰，共乘一船渡河，车辆翻覆，船只沉没，大家命运相同。岂可以抛弃光明大道，投入黑暗？岂可以走在危险路上，却自以为平安？岂可以乘主上（刘志）孤单，时局艰难之际，毫不在意？

“现在，应该及时撤换不称职的郡长县长，减省兴建家宅房舍、园林亭台的费用，拒绝接受各郡各封国的赠与。对内显明高洁品德，对外解除人民疑惑。使仗势为恶之辈，无所依靠，负责监察的官员，得以尽职。法律功能一旦恢复，远近将一片升平。而将军地位尊贵，事业烜赫，恩德同时永垂于世。”

梁冀不理。

6 梁冀虽然把中央政府控制在手，但仍处心积虑的结交皇帝刘志左右的当权宦官，任命他们的兄弟侄儿、宾客亲友，担任州郡政府重要职务，目的在于使自己的地位固若金汤。对这种现象，朱穆再向梁冀签呈规劝，梁冀始终不能觉悟，反而批示说：“照你所说，难道我连一点对的地方都没有？”

然而，梁冀一向尊重朱穆，所以对他也没有惩罚。

7 梁冀写信给乐安（山东省高青县东南）郡长陈蕃，请托他一件事，陈蕃拒绝接见。信差冒充其他客人，请求面谒，陈蕃大发脾气，把信差鞭死。陈蕃被贬修武（河南省获嘉县）县长。

这时，皇子有病，下令各郡各县购买珍贵的草药。梁冀乘此机会，派人拿着他的介绍信，要求同时购买“牛黄”（牛的胆囊患病，胆汁凝结成块，俗称“牛黄”，中国传统药学上，认为可以治疗惊风、癫痫，解除各种病毒。在所有草药中，价格最高）。西都长安市长（京兆尹）南阳（河南省南阳市）人延笃，逮捕购买牛黄的梁家班门客，说：“最高统帅（梁冀）是皇后家人，皇子有病，应该推荐名医，怎么会派人到千里之外，谋求小利？”斩首示众。梁冀吃了闷棍，设法反击，摇尾系统的有关单位主管知道该做什么，追查这件杀人案件，遂用有病的理由，把延笃免职。

8 夏季，五月十九日，皇帝刘志尊娘亲“博园贵人”匽明为孝崇后，住永乐宫，设交通官（太仆）、供应官（少府），所有官职，完全仿效西都长安（陕西省西安市）长乐宫（西汉王朝的长乐宫，除了初期短时间作为皇帝朝会之用外，以后一直是皇太后住所，称“东宫”，也称“东朝”）。指定钜鹿郡（河北省宁晋县西南）的九个县，作为太后匽明的汤沐邑（九个县的田赋税收，直接呈缴汤沐邑主人）。

9 秋季，七月，梓潼（四川省梓潼县）山崩。

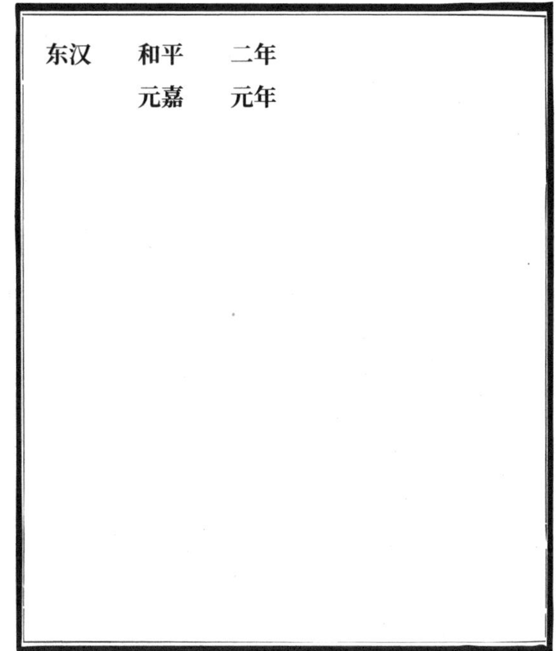

1 春季，正月一日，东汉王朝（首都洛阳〔河南省洛阳市东白马寺东〕）皇帝（十一任桓帝）刘志（本年二十岁）在金銮宝殿上，主持朝会。最高统帅（大将军）梁冀，身带佩剑，昂然而入。宫廷秘书（尚书）蜀郡（四川省成都市）人张陵，厉声吆喝梁冀退出，下令负责警卫的虎贲武士和羽林军，解除梁冀武器。梁冀发现他犯了足可使他势力瓦解的严重错误，立即跪下道歉。张陵拒不接受，上奏章弹劾梁冀，要求司法部（廷尉）审问定罪。

刘志下诏，罚梁冀一年俸禄；于是，文武百官，无不敬肃。首都洛阳市长（河南尹）梁不疑，是张陵当“孝廉”的荐举人，对张陵说：“当初推荐你，原来是请你惩治我们梁家！”张陵说：“阁下不认为我没有才干，特别对我提拔擢升，我今天才终于找到机会，报答你当初推荐的私恩。”梁不疑一脸惭愧。

2 正月十六日，赦天下，改年号（之前是和平二年，之后是元嘉元年）。

3 梁不疑喜好儒家学派经书，乐于接待高级知识分子，老哥梁冀讨厌他，调他担任宫廷禁卫官司令（光禄勋），而任命自己的儿子梁胤当首都洛阳市长（河南尹）。

这位新任首都洛阳市长（河南尹）梁胤，才十六岁，容貌丑陋，穿上官服，更不堪入目。在路上望见他的人，都禁不住哑然失笑。梁不疑认为兄弟内斗，是一件丑闻，遂辞去官职，跟老弟梁蒙，回家休养，闭门不出。梁冀猜忌他跟外界仍有交往，遂派出密探，守候梁不疑家门，记录来往人员名单。发现南郡（湖北省江陵县）郡长马融、江夏（湖北省武汉市新洲区）郡长田明，新官上任时，曾晋见梁不疑辞行。梁冀遂吩咐主管单位，弹劾马融在郡长任内贪污，以及田明其他罪行。判决：二人都处髡刑（剃光头发）、鞭打，放逐朔方郡（侨郡政府设内蒙古包头市）。

马融自杀，被救不死。田明在发配途中逝世。

4 夏季，四月三日，刘志秘密出游，到首都洛阳市长（河南尹）梁胤家。当天，忽然刮起大风，拔树摧屋，白天昏暗，如同夜晚。宫廷秘书（尚书）杨秉上书警告说：

“我曾经听说，上天从不言语，而只用天变灾异，谴责君王。君王至尊，出入有正常轨道，在戒严净街（警跸）之下，才能行动；目的地必须经过彻底清查，才能停留；除非是到郊外，或到皇庙祭祀，君王的銮旗御车，从不离开皇宫。

“封国国君（诸侯）到部下之家，《春秋》列为鉴戒（春秋时代陈国十九任国君灵公妫平国，到夏徵舒家，被夏徵舒诛杀。齐国二十五任国君庄公姜光，到崔杼家，被崔杼诛杀），更何况穿着蟒袍玉带，私自出外游荡？尊贵和卑贱不分，威仪受到贬损。皇家禁卫部队保护一个空宫，天子的印信交付给几个妇女，万一发生非常的变化，任章之流突然出现（西汉王朝十任帝刘病已在位时，任宣被控谋反，伏诛。任宣的儿子任章，逃亡到渭城〔陕西省咸阳市〕，变换服装，深夜混入皇家祭庙，假装卫士，手执铁戟，站在门口，准备刘病已来时行刺，被发觉，处死），辜负先帝的养育之恩，后悔莫及。”

刘志不理。杨秉，是杨震的儿子（杨震，参考一二四年）。

5 京师（首都洛阳）旱灾；任城国（首府任城〔山东省济宁市东南〕）、梁国（首府睢阳〔河南省商丘市〕）发生饥馑，人民互相杀害吞食。

6 宰相（司徒）张歆免职，擢升宫廷禁卫官司令（光禄勋）吴雄当宰相。

7 北匈奴汗国（王庭设新疆阿尔泰山南麓）呼衍王，攻击伊吾（新疆哈密市），击败东汉屯垦区司令（伊吾司马）毛恺，乘胜进攻伊吾屯垦基地。东汉政府命敦煌郡（甘肃省敦煌市）郡长马达，率军援救。援军进抵蒲类海（新疆巴里坤县西北巴里坤湖），呼衍王解围而去。

8 秋季，七月，武陵郡（湖南省常德市）蛮夷部落叛变。

9 冬季，十月，最高监察长（司空）胡广辞职。

10 十一月二十八日，京师（首都洛阳）地震。刘志命文武官员，推荐“独行”人才（独行的意义是特立独行，有高尚的情操志节，坚守立场，不随世俗浮沉）。

涿郡（河北省涿州市）郡政府推荐崔寔，送到首都洛阳宫门接待署（公车），崔寔声称有病在身，不参加考试。回乡后，评论世事，写了一篇文章，名《政论》，内容说：

“国家所以不能治理，由于人主继承到手的太平盛世，历时太久，风俗习惯已经败坏而不知道，行政能力已经衰退而不改进，认为‘乱’就是‘治’，‘危’就是‘安’，无法分辨。有的荒淫奢侈，不管国事；有的听不进任何规劝，喜爱假话，厌恶真话；有的在歧路上徘徊，不能确定方向。于是，亲近的部下，闭口不言，避免得罪奸邪，只求保持自己的官位。偶尔，疏远的部下，忍不住反映一点真情，却因为地位卑微，不受重视，或者进言之后，受到惩罚。结果，国家法纪从上面先行破坏，才智人士在下面有一种无奈之感。可怜的是，自汉王朝（西汉王朝及东汉王朝）建立迄今三百五十余年，政府成了藏垢纳污之所，上下荒唐懈怠，人民怨声载道，渴望中兴拯救。

“救国救民的方法，在于把裂缝补好，把倾斜扶正；根据具体事实，决定所用手段，目的只有一个，那就是：使这个世界，臻于和平安全之境。所以圣人一旦当权，就会因时间和空间的不同，厘定制度。因步骤有差异，理论和实践也跟着有差异。不强迫别人去做根本做不到的事，不会为了一个遥远空洞的理想，去推动不切实际的措施。孔丘告诉叶高（即沈诸梁，字子高。春秋时代楚国人，曾当叶县县长）：‘政治就是近悦远来。’告诉姬蒋（鲁国二十八任国君哀公）：‘政治就是任用贤能人才。’告诉姜杵臼（齐国二十六任国君景公）：‘政治就是减少开支。’（《韩非子·难三》）并不是孔丘没有一定主张，而是面对的情势不一样，最急切优先的措施也不一样。

“庸俗的知识分子，跳不出书上的章句，完全被‘古’控制，不知道改变方法，只会骄傲的背诵一些教条，却看不见眼前的现实，这种人怎么可以跟他讨论治国经邦、救国救民的大计？所以，提出意见的臣僚，即令君王重视，也终于被奸佞之辈在背后掣肘。为什么如此？只因为顽劣之辈，习惯于他所看到的东西，对什么事都漠不关心。根本就不乐意看到大事完成，何况在大事还没有开始时就要他同意！结果大家一致要求：还是遵照旧有法令规章，千万不要变革。即令见识通达的人，也往往看不得别人的贡献和功业；懊恼那么好的策略，怎么没有由我想出？于是妒火中烧，提笔写文章，满纸义正词严，目的只在破坏对方形象。结果，真知灼见的先知，寡不敌众，被摒弃在一旁。纵使姬弃（周王朝始祖）、子契（商王朝始祖）重生，也束手无策。这就是使贤能智慧的言论，受到压制，不能伸展的原因。

“拥有政权的君王，不可能全有最高的品德。所以，执法用严厉的手段，则国家安定，一旦宽纵，国家必然混乱。怎么证明？试看孝宣皇帝（西汉王朝十任帝刘病已），了解君王的责任，认识政治的真谛，使用严刑峻法，使奸佞邪恶之辈，心胆俱裂，全国一片升平，天下人心安定。总结他的政绩，高于孝文皇帝（西汉王朝五任帝刘恒）。等到元帝（西汉王朝十一任帝刘奭）登极，行政的尺度放宽，法纪松弛，政府的权威，开始堕落，西汉王朝的灭亡大祸，在他手中奠下基础。严宽的得失，由此可以明辨。

“从前，孔丘作《春秋》，褒扬姜小白，夸奖姬申生，赞叹管仲。孔丘岂有不崇拜姬昌、姬发的道理？只是为了拯救眼前灾难，必须面对现实。圣人能掌握世界的动向，僵固分子却偏偏愚顽得不知道天下已发生变化，认为上古时代那种结绳记事的简陋办法，仍可以治理秦王朝时代纷乱如麻的社会；以为‘干戚舞蹈’，仍可以解除高帝（西汉王朝一任帝刘邦）平城的包围（参考前二〇〇年。“干”是“盾牌”，“戚”是“大斧”。《礼记》记载，用朱红色的木制盾牌，和玉石做的大斧，戴着庄严官帽，翩翩起舞，名“大武”，赞美周王朝一任王武王姬发的武功。《书经》并强调这项舞蹈的力量：姒文命〔夏王朝一任帝〕在阶前举行这项舞蹈，有苗部落马上屈服）。

“像熊那样的不断伸手伸足，像鸟那样不停的跳跃展翅，虽然可以延年益寿，却治不了伤寒重病。深呼深吸，运动肺腑，虽然可以使身体健康，却不能接连折断的骨骼。治理国家，跟养护身体，道理类似，平常时候注意营养，有毛病时，则当然使用药物。刑罚，正是治理乱世的药物；道德教育，是平常的稻谷肉类。企图用道德手段铲除残暴，那就好比企图用普通饮食医病；在正常状态下，必须使用刑罚，暂时把道德教化放在一旁，就是用药物取代普通饮食。

“而今，继承历代君王遗留下的病态，正逢艰苦的时局，几代以来，犯法的人，多受到宽恕。于是，马车夫扔掉了缰绳，马匹抛弃了口勒，驾车的四匹马，横冲直撞，而道路又危险四伏，正应该急剧的勒马刹车拯救，怎么还能銮鸣和应，富有节奏，从容不迫的前进？从前，文帝（西汉王朝五任帝刘恒）虽然废除肉刑，但是应砍掉右脚趾的，改处死刑。而鞭打之下，往往丧生（参考前一六七年、前一五六年）。所以文帝（刘恒）是用严刑峻法使天下太平，不是用宽厚手段。”

崔寔，是崔瑗的儿子（崔瑗，参考一二五年十一月）。山阳郡（山东省巨野县东南大谢集镇）人仲长统看到了这篇文章，叹息说：“凡是人主，都应该把它抄下来，作为座右铭。”

司马光曰

两汉王朝的法令，已够严厉，而崔寔仍觉得太宽大，是什么缘故？因为一个王朝到了衰败的末世，君王性情多半懦弱；担任辅佐的官员，又都抱着过一天算一天的姑息心情。于是，当权派奸邪之辈，犯法有罪，却可以不受处罚；民间强大的地头蛇、土豪劣绅，犯法有罪，也可以没事。仁爱恩惠的效果，只限于眼前；而大奸大恶一旦得意洋洋，国家秩序，就不能维持。所以，崔寔的意见，是针对一时弊端，不是千年百世不变的法则。孔丘说："执法太宽大，人民就不在乎；人民一旦不在乎，政府就变作严厉。执法太严厉，人民则受到暴虐；人民一旦不能忍受暴虐，政府再变回宽大。宽大和严厉互相弥补调和，社会才一片和睦。"(参考《左传》)这才是永世不变的常轨。

柏杨曰

崔寔这篇宏观批判的文章，把天下混乱的责任，归罪于刑法太轻。因而认为，如果采取重刑主义，世界就会太平。这种奇异的论据使人吃惊，因为那根本不是病源。冒犯了一只白兔，就诛杀十余人，这刑罚还轻？士孙奋娘亲被控偷窃，竟兄弟拷死，家产没收，这刑罚还轻？我们不认为崔寔糊涂，只认为他一时没有探索到问题核心。问题症结不是刑罚轻重，而是刑罚的公平性。刑罚不公平情形下，要求重刑，只不过使手无寸铁的小民，命运更为悲惨。而刑罚的公平性，又要探索到法律掌握在什么人之手？如果谈千秋法则，则涉及专制封建制度。如果谈一时困境，则罪恶在梁冀一人之身，他连神圣不可侵犯的皇帝老爷，都可说杀就杀，谁还有能力判他的罪、处他的刑？而只有他判别人罪、处别人刑的份。这方面的议论，不过隔靴抓痒。

然而，崔寔对反对改革的顽劣分子，所施的无情攻击，却十分凌厉。我如果是司马光，我就绝不把这篇文章，采集在《资治通鉴》之中，用它猛掴自己耳光。试看崔寔的指摘："庸俗的知识分子，跳不出书上的章句，完全被'古'控制，不知道改变方法，只会骄傲的背诵一些教条，却看不见眼前的现实，这种人怎么可以跟他讨论治国经邦、救国救民的大计？"这不仅是猛掴司马光的耳光，而且是剥了司马光的头皮。为什么会如此？崔寔分析："只因为顽劣之辈，习惯于他所看到的东西，对什么事情都漠不关心！偏偏愚顽得不知道天下已发生变化，认为上古时代那种结绳记事的简陋办法，仍可以治理秦王朝时代纷乱如麻的社会，以为'干戚舞蹈'，仍可以解除刘邦平城的包围。"而司马光之辈却正是认为伊祁放勋、姚重华那一套，可以一直维持万世。

崔寔对崇古成性的儒家学派，了解得如此深刻，使人惊奇。他在二世纪描绘出来的僵尸形象，在九百年后的宋王朝旧党身上，复活显现。我们最有兴趣的一个问题是，司马光拜读了这篇大作，难道不脸红、不心跳？当然是不脸红也不心跳，否则何至引用它以壮声势。一个酱死了的心灵，真是再难唤醒。面对真理而竟浑然不觉，甚至怡然自得，甚至以为那都是说别人的。使我们悚然发现，我们的对手竟是如此的麻木不仁，拯救中国文化的工作，是多么艰巨。

11 闰十二月十八日，任城（节）王（首府任城〔山东省济宁市东南〕）刘崇逝世，没有儿子，封国撤除。

12 任命祭祀部长（太常）黄琼，当最高监察长（司空）。

13 刘志准备更尊崇梁冀，命政府部长级以上高阶层官员（二千石以上），会商细节。“特进”胡广、祭祀部长（太常）羊溥、京畿总卫戍司令（司隶校尉）祝恬、中级国务官（太中大夫）边韶等，都歌颂梁冀功德，应该比照姬旦（周公），赏赐给他山川、土地，以及直接归梁冀管辖的附庸小封国。

最高监察长（司空）黄琼单独提出主张：“梁冀因有亲自迎接皇上圣驾登极的功劳，应增加采邑一万三千户人家。他的儿子梁胤，也应封赏。现在，封国的采邑都是用户数或县数为单位，而不管面积大小，所以梁冀可以比照开国元勋邓禹，采邑定为四县（邓禹封四县事，参考二六年正月）。”

刘志批准。于是，主管单位建议：

“梁冀入朝之时，可以不必细步慢跑，可以携带宝剑，可以不脱木屐；皇帝面前，礼宾官（谒者）只称他的官衔，不报姓名（“入朝不趋，剑履上殿，谒赞不名”，再加“九锡”，这是权臣篡夺皇帝宝座的四大征兆，现在梁冀已拥其三），礼仪完全比照萧何（萧何只有前两项：“入朝不趋，剑履上殿”，并没有“谒赞不名”。按王莽标准，梁冀不如；按萧何标准，梁冀要超过一等）。把定陶县（济阴郡郡政府所在县，山东省菏泽市定陶区）、阳成县（河南省范县）全部户口人数，连同初封的两县（襄邑县〔河南省睢县〕、乘氏县〔山东省巨野县〕）共四县，用以比照邓禹。赏赐金钱、奴婢、绸缎、车马、衣服、住宅，更比照霍光（霍光的赏赐是：前后黄金七千斤、钱六千万、各色绸缎三万匹、奴仆婢女七百人、马二千匹、住宅一区。霍光死后，赏赐金钱、绸缎、绣被一百件、衣服五十箱，以及金缕玉衣），表示不同于其他元勋。每次御前朝会，梁冀位在三公之上，另设一个专席。每隔十天，入朝一次，处理宫廷秘书署（尚书）要事。并把这项殊荣，宣告天下，作为万世表率。”

然而，梁冀仍认为主管单位奏报的太薄，大不满意。

一五二年 壬辰

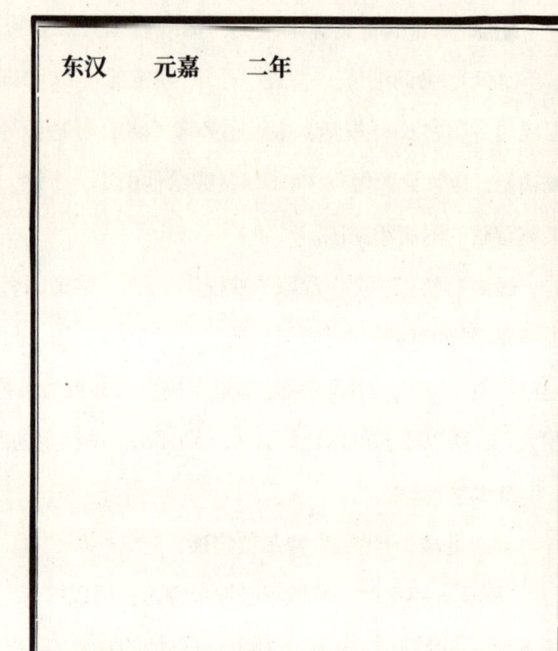
东汉　元嘉　二年

1 春季，正月，东汉王朝（首都洛阳〔河南省洛阳市东白马寺东〕）西域参谋长（西域长史）王敬，被于阗国（新疆和田市）诛杀。

最初，前任参谋长（东汉驻西域〔新疆及中亚东部〕最高官员）赵评，在于阗因病疮逝世；赵评的儿子前来迎接灵柩，经过拘弥国（新疆于田县）。拘弥王成国，跟于阗王建（姓不详），一向不睦，互相仇视，告诉赵评的儿子说："于阗王教匈奴医生给你老爹看病，匈奴医生把毒药放到伤口上，老爹竟被害死。”赵评儿子坚信不移，回国后，告诉敦煌郡（甘肃省敦煌市）郡长马达。恰好，王敬接任参谋长，马达命王敬秘密调查这件事。王敬经过拘弥国（新疆于田县）时，拘弥王成国打同样的小报告，又说：“于阗人民打算拥戴我当国王，如果用这个罪名，把建诛杀，于阗一定归服。”

王敬贪图建立功业，决心表现。到于阗国后，大摆筵席，请建欢聚，却秘密布下埋伏。消息有点泄漏，有人报告建，建不相信，说：“我没有任何过错，参谋长（王敬）为什么杀我？”第二天，建率领左右官员数十人赴宴。宾主坐定，建起身敬酒。王敬喝令卫士逮捕建，但当时并没有诛杀建的意思，所以建的左右官员，全部逃走。拘弥王成国的秘书官（主簿）秦牧，也在席上，抽出佩刀，厉声说：“大事已定，还有什么疑惑！”一个箭步上前，手起刀落，砍下建的人头。

于阗辅国侯、大将输僰（音bó〔柏〕）等，集结部队，攻击王敬。王敬拿着建的人头上楼，向大家宣告：“我杀建，是天子命令。”输僰等不理这一套，冲到楼上，诛杀王敬，把王敬人头悬挂街市示众。

输僰自称于阗王，于阗贵族攻杀输僰，另行拥立建的儿子安国，继承王位。

马达得到王敬被杀消息，打算率各郡民兵，攻击于阗。东汉帝（十一任桓帝）刘志（本年二十一岁）不准，征召马达回京（首都洛阳），任命宋亮接任敦煌郡长。宋亮到职后，告诉于阗国，如果想东汉宽恕，只有诛杀输僰。这时，输僰已死一月有余，于是，把死尸人头砍下，送往敦煌，而不陈述诛杀经过。宋亮后来才发现于阗使诈，但已无力追究（教杀输僰，即杀输僰，人头是真，便不是使诈；而竟谓于阗使诈，不知指的什么）。

2 正月丙辰日（正月壬午朔，没有丙辰），京师（首都洛阳）地震。

3 夏季，四月甲寅日（原文“甲辰”，据《后汉书》改），刘志的娘亲匽明逝世，由刘志的老弟平原王（首府平原〔山东省平原县〕）刘石当丧主，安葬礼仪，完全比照四任帝（和帝）刘肇亲娘梁女士（参考九七年）。

五月十二日，匽明安葬博陵（刘志老爹刘翼墓，河北省博野县东南）。

4 秋季，七月二日，日蚀。

5 冬季，十月二十八日，京师（首都洛阳）地震。

6 十一月，最高监察长（司空）黄琼免职。

十二月，任命“特进”赵戒当最高监察长（司空）。

一五三年
癸巳

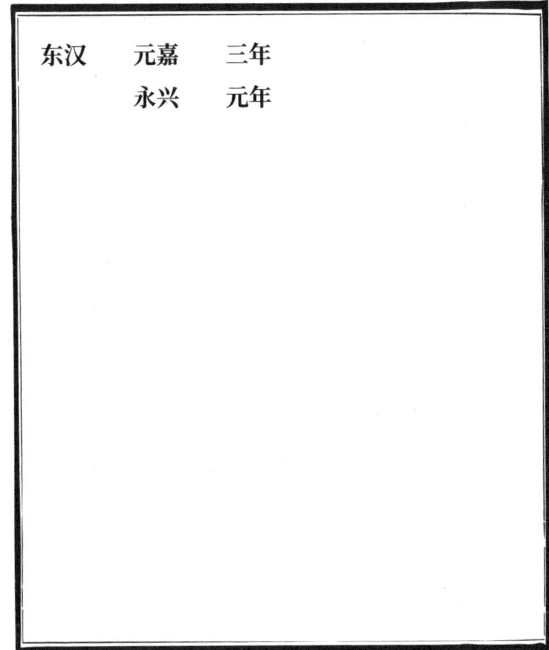

东汉 元嘉 三年
永兴 元年

1 春季，三月十二日，东汉王朝（首都洛阳〔河南省洛阳市东白马寺东〕）皇帝（十一任桓帝）刘志（本年二十二岁）前往鸿池（首都洛阳东十公里）。

2 夏季，五月（原文误为四月）二十二日，赦天下，改年号（之前是元嘉三年，之后是永兴元年）。

3 五月二十三日，济南（悼）王（首府东平陵〔山东省济南市章丘区〕）刘广逝世，没有儿子，封国撤除（刘广，一任帝刘秀四世孙）。

4 秋季，七月，三十二个郡和封国蝗虫成灾，河水泛滥，人民被饥饿驱使，逃难流亡，多达数十万户，而冀州（河北省中部南部）灾民尤其悲惨。

下诏任命执法监察官（侍御史）朱穆，当冀州（河北省中部南部）州长（刺史）。冀州所属各县县长和官员，听说朱穆已渡黄河北上，自动辞职的有四十余人。朱穆到职后，对官员有贪污罪行的，一一提出弹劾，有的自杀，有的死在监狱之中。宦官赵忠的老爹逝世，棺木运回故乡安平（首府信都〔河北省衡水市冀州区〕）埋葬，葬礼违反法令，尸体竟穿金缕玉衣。朱穆下令郡政府调查，郡政府畏惧他的严厉，不敢潦草结案，遂挖开坟墓，劈开棺木，把尸首抬出来验看。

皇帝刘志得到报告后，暴跳如雷，下令朱穆向司法部（廷尉）报到，判处到东区劳工营（左校）做苦工。

国立大学（太学）学生、颍川郡（河南省禹州市）人刘陶等数千人，前往宫门上书，为朱穆辩护，说：

“我们看到，囚犯朱穆，忧虑国事，被任命当州长（刺史）那天，就立志铲除奸邪。尊贵而又受到皇上宠信的寝殿侍奉宦官（中常侍），他们的老爹、侄儿、兄长、老弟，散布在各州各郡，互相竞争着吞食小民，形状赛似虎狼。朱穆坚持国法尊严，使作奸犯科的邪恶之辈，不能漏网，希望上符天意。

“然而，也正因为如此，宦官们把他痛恨入骨，诽谤他、中伤他，日夜不断的攻击他，说他的坏话。最后用刑事案件把朱穆套牢，判处做苦工。天下有见解的人，都认为朱穆尽心报国，如同姒文命（禹）、姬弃（周王朝始祖），可是结果却受到共工、姒鲧的惩罚（黄帝王朝六任帝伊祁放勋在位时，共工、姒鲧被同僚姚重华指控是“四凶”之二，共工流窜，姒鲧被杀），如果死的人仍有知觉，则伊祁放勋在崇山（湖南省张家界市西南）坟墓里会十分愤怒，姚重华在苍梧（湖南省宁远县）坟墓里也会愤恨不平（相传伊祁放勋葬在崇山，姚重华葬在苍梧）。

“当今，宦官和左右亲信，窃盗国家权柄；手中掌握人事任免大权，口中说的话，又等于皇帝发言，权势无与伦比，一高兴，就可以使快饿死的人，立刻比姬友还要富有（姬友，春秋时代鲁国十五任国君桓公姬允的四子，称“季孙”。因世代执政的缘故，连《论语》都说季孙家的财富，超过他们的始祖姬旦〔周公〕）；一不高兴，则伊尹（商王朝贤明的宰相）、颜渊（孔丘最欣赏的学生），都变成了子受辛（商王朝最末一任暴君）、盗跖（传说中战国时代巨盗）。

“在如此可怕的压力下，朱穆却昂然不屈，不顾自身利害，并不是厌恶荣耀，喜爱羞辱；厌恶生命，喜爱死亡。只是有感于君王纲纪败坏，恐惧永远不能重建，所以竭尽忠心，为皇上效力。我们愿接受黥刑，在前额刺字，脚戴铁锁，代替朱穆去做苦工。”

刘志看到奏章，下令赦朱穆出狱。

5 冬季，十月，全国武装部队总司令（太尉）袁汤，免职。擢升祭祀部长（太常）胡广，当全国武装部队总司令（太尉）。宰相（司徒）吴雄、最高监察长（司空）赵戒，免职；擢升交通部长（太仆）黄琼，继任宰相（司徒），宫廷禁卫官司令（光禄勋）房植，继任最高监察长（司空）。

6 武陵郡（湖南省常德市）蛮夷部落酋长詹山等，起兵反抗政府，武陵郡郡长汝南郡（河南省平舆县西北射桥镇）人应奉，说服他们归降。

7 车师后国（新疆吉木萨尔县南）国王阿罗多，跟东汉屯垦兵团戊部警备官（戊部候）严皓，互相怨恨（前四八年，西汉十一任帝刘奭在位时，在高昌壁〔新疆吐鲁番市东南二十公里〕，设置戊、己指挥官。东汉四任帝刘肇在位时，于九一年，又设戊部警备官〔戊部候〕，直属戊指挥官管辖，驻防金满城〔新疆吉木萨尔县北〕），阿罗多忍无可忍，遂攻击严皓，包围屯田，杀伤官兵。然而，他的部下、后警备司令（后部候）炭遮，率领他的部队叛变，向东汉屯垦军归降。阿罗多霎时间进退失据，率领一百余人，投奔北匈奴（王庭设新疆阿尔泰山南麓）。

敦煌郡（甘肃省敦煌市）郡长宋亮，请准中央，封故王军就（参考一二〇年）送到汉朝当人质的儿子卑君，继位车师后王。后来，阿罗多南下回国，跟卑君争夺王位，赢得不少国人的归附。戊指挥官（戊校尉）严详，担心阿罗多挫败后，可能请求北匈奴派遣援军，西域（新疆及中亚东部）势将陷于混乱，于是跟阿罗多谈判，承诺阿罗多恢复王位。

阿罗多遂向严详归降，再登后王宝座。严详护送卑君回敦煌郡，拨付移民三百个篷帐给他，供他差遣。

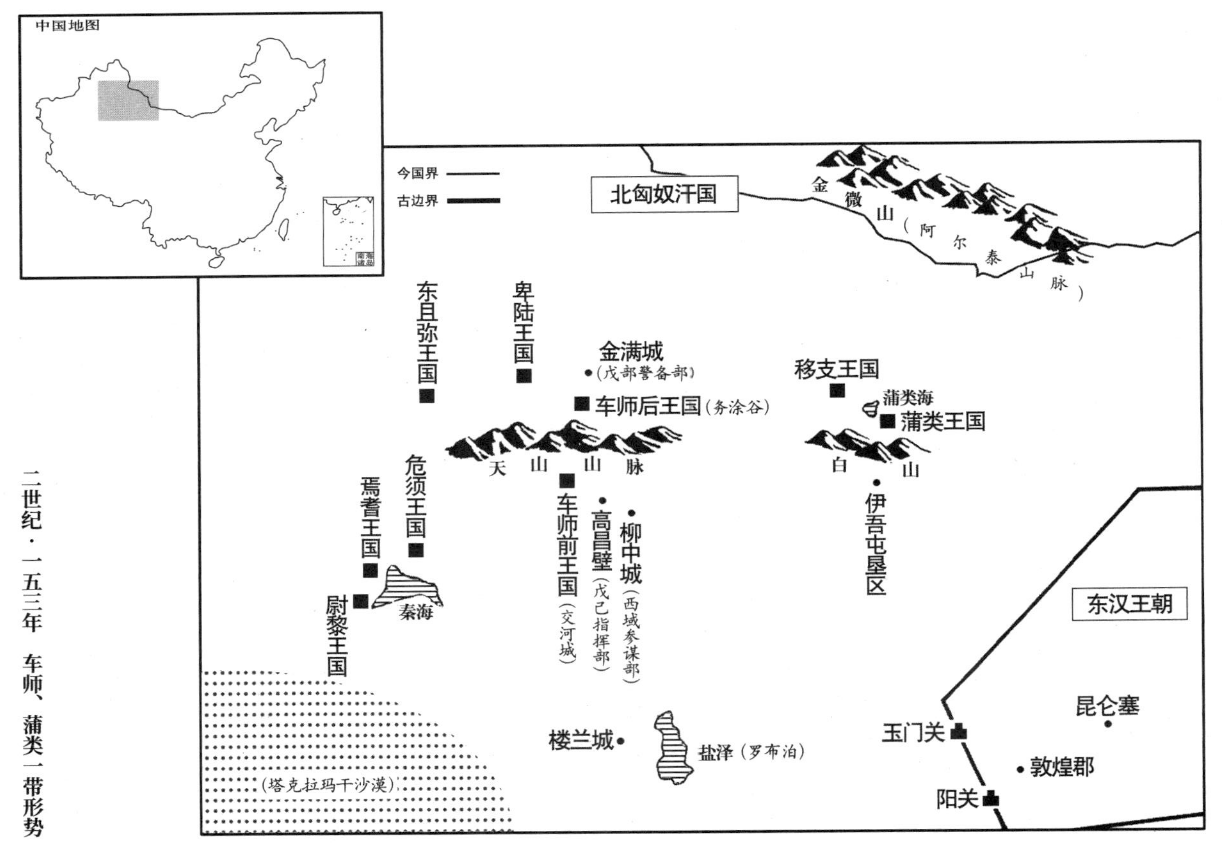

二世纪·一五三年　车师、蒲类一带形势

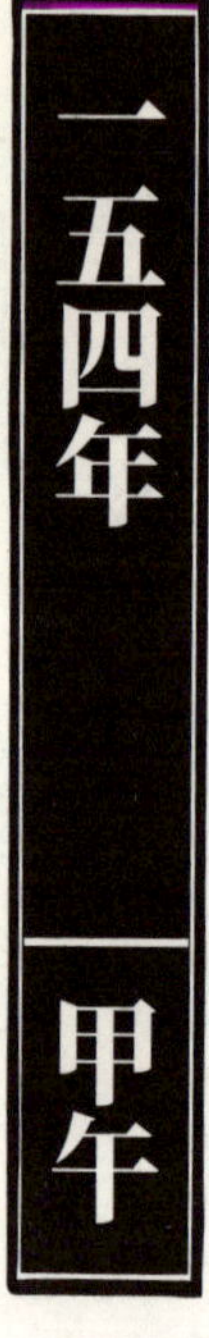

东汉　永兴　二年

1 春季，正月二十四日，东汉王朝（首都洛阳〔河南省洛阳市东白马寺东〕）赦天下。

2 二月二日，恢复州长（刺史）、郡长以上高阶层官员（二千石），为父母守三年之丧（一一六年，规定高官守三年之丧，一二一年废止，今年再度规定）。

3 二月四日，京师（首都洛阳）地震。

4 夏季，蝗虫成灾。

5 东海郡（山东省郯城县）朐山（江苏省连云港市）崩裂。

6 二月十六日，东汉帝（十一任桓帝）刘志（本年二十三岁），封乳母马惠的儿子马初侯爵。

7 秋季，九月一日，日蚀。

8 全国武装部队总司令（太尉）胡广免职，由宰相（司徒）黄琼继任。闰九月，擢升宫廷禁卫官司令（光禄勋）尹颂当宰相（司徒）。

9 冬季，十一月九日，刘志到御花园（上林苑）打猎（御花园——上林苑〔跟西汉王朝的上林苑同名〕，在洛阳西郊，面积三百华里，宫殿七十座），遂前往函谷关（河南省新安县）。

10 泰山郡（山东省泰安市东）、琅邪国（首府开阳〔山东省临沂市〕）变民首领公孙举、东郭窦，斩杀地方政府官员。

一五五年 乙未

东汉 永兴 三年
永寿 元年

1 春季，正月十四日，东汉王朝（首都洛阳〔河南省洛阳市东白马寺东〕）赦天下，改年号（之前是永兴三年，之后是永寿元年）。

2 二月，司隶（京畿）、冀州（河北省中部南部）饥馑，人民互相杀害吞食（人间惨事）。

3 国立大学（太学）学生刘陶，上书评论时局说：

“上天跟皇帝之间的关系，皇帝跟人民之间的关系，犹如头跟脚的关系；互相需要，互相依赖。陛下眼睛看不见鸣条战争的结局（前一七六六年，商部落酋长子天乙〔汤〕，攻击夏王朝末任帝姒履癸〔桀〕，在鸣条〔河南省封丘县东〕会战，姒履癸被俘，夏王朝灭亡），耳朵听不见战车厮杀的声音。水旱天灾，并没有伤害到陛下的皮肤肌肉；地震日蚀，也没有损毁陛下的四肢身体；所以轻视日月星辰的变异，也不在乎上天的愤怒。

“因而想到，高祖（西汉王朝一任帝刘邦）当初起事时，原是一个卑微的小民，集结逃亡，纠合伤残，才完成帝王大业；艰苦勤劳，已到极点。这福分流传下来，直到陛下身上。陛下既不能增加祖先的荣耀，而又辜负高祖的千辛万苦，把国家权柄，放到别人手中，使一些丑陋卑贱的宦官，随意诛杀人民。虎豹在鹿场中挖掘洞穴，豺狼在花园里生下幼崽。富民死于苦刑拷打，成为冤魂；穷人死于饥寒，成为饿鬼。已死的人在长夜漫漫的地下悲哭，活着的人则无论在朝在野，无不愁苦。我之咨嗟长叹，正是为此。

“秦王朝将灭亡时，凡是直言直语说实话的，全都诛杀；而摇尾拍马的，却都升官发财。规劝的忠言，困结于舌头；国家的命脉，系于奸佞之口。纵容阎乐横行首都咸阳（秦王朝首都，陕西省咸阳市），任命赵高掌握宫门，权柄已经脱幅，自己还不知道，威严已经丧失，仍然不闻不问（参考前二一〇至前二〇七年）。成败的模式，古今都是一样。盼望陛下远看强大的秦王朝倾覆往事，近察哀帝（西汉王朝十三任帝刘欣）、平帝（西汉王朝十四任帝刘箕子）时代的政治变局，得失祸福，至为清楚。

“我又听说，危急之势，非仁爱之心不能扭转；崩乱的局面，非智慧之人不能拯救。我曾看到，前冀州（河北省中部南部）州长（刺史）南阳郡（河南省南阳市）人朱穆、前乌桓保安司令（乌桓校尉）、我的同郡（颍川郡〔河南省禹州市〕）人李膺，都洁身自爱，高尚忠贞，正是中兴的优良辅佐，国家的柱石。请求征召他们，再回政府供职，效力皇家。我说的全是不合时宜的话，在禁忌百端的今天，好像冰霜遇到太阳，会终于消灭；我悲哀天下人实在可悲，而天下人却悲哀我是何等愚昧。”

奏章呈上去后，没有反应。

4 夏季，南阳郡（河南省南阳市）大水成灾。

5 最高监察长（司空）房植免职，擢升祭祀部长（太常）韩缜当最高监察长（司空）。

6 巴郡（重庆市）、益州郡（云南省昆明市晋宁区东晋城街道）二郡山崩。

7 秋季，南匈奴汗国左薁鞬、台耆、且渠伯德等叛变，攻击美稷（南匈奴王庭，内蒙古准格尔旗），东羌（陕西省北部及宁夏）诸部落全体响应。安定郡（甘肃省镇原县东南屯字镇）移民区驻军司令（属国都尉。宁夏同心县东）敦煌郡（甘肃省敦煌市）人张奂，刚刚到职，军营中只二百余人，得到情报，立即率军出阵。部属认为无法抵挡，跪下来叩头劝阻，张奂不听，径行挺进到长城要塞（秦王国所建长城，在上郡〔陕西省中部〕郡界），征集士卒，命部将王卫向东羌诸部落招降，进驻龟兹县（陕西省榆林市北十公里。龟兹县，上郡移民区驻军司令部〔上郡属国都尉〕所在，移民多是龟兹国〔新疆库车市〕人，所以名龟兹县），切断南匈奴跟东方诸羌部落间交通。东方诸羌部落各酋长遂陆续向张奂归附，联合攻击左薁鞬等，大破叛军。且渠伯德恐慌，率部众投降，郡境内又恢复和平。

东方诸羌部落酋长们赠送张奂战马二十匹，金耳环八枚。张奂在诸酋长面前，用酒浇地，发誓说："即令马像羊那么多，绝不牵入马棚；即令黄金像米一样贱，绝不收进腰包。"全部退回。从前，一连八位民兵司令（都尉），全都贪污好财，羌人深感悲苦；张奂洁身自爱，蛮夷无不悦服，政令及教化，推行无阻。

一五六年 丙申

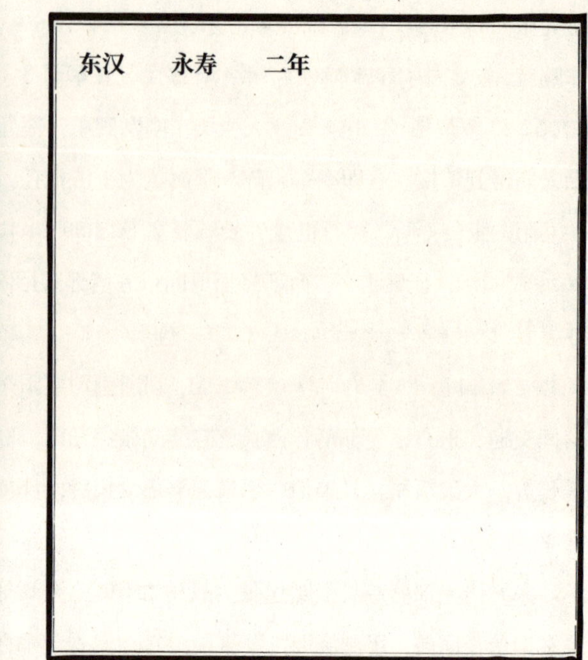

1 春季，三月，东汉王朝（首都洛阳〔河南省洛阳市东白马寺东〕）蜀郡移民区（蜀郡属国，四川省雅安市名山区北）蛮夷叛变。

2 最初，鲜卑部落酋长檀石槐，勇敢而有谋略，受到人民敬畏，檀石槐制定法律，审理诉讼，没有人敢再犯法，遂被推举担任酋长（大人）。檀石槐把他的政府设立在弹汗山（河北省尚义县南大青山）、歠仇水（尚义县南东洋河。歠，音chuò〔啜〕）之间，在高柳（代郡郡政府所在县，山西省阳高县）以北三百余华里；兵强马壮，东西方其他部落，都愿听他统御。于是，南方劫掠东汉，北方拒抗丁零部落（西伯利亚贝加尔湖畔），东方击退夫余国（大兴安岭东东北平原），西方跟乌孙国（首都赤谷城〔中亚伊赛克湖东南〕）对峙。匈奴汗国的故土，完全并入版图，东西广达一万四千余华里，成为一强大汗国（自南匈奴汗国归附中国后，北方混乱，迄今才尘埃落定，鲜卑崛起，中国北边，再遇强敌）。

秋季，七月，檀石槐攻击云中（内蒙古托克托县）。东汉政府任命前乌桓保安司令（乌桓校尉）李膺，当北疆边防司令（度辽将军）。李膺到职后，羌人、胡人望风投降，把从前掠夺的男女俘虏，全送到塞下归还。

3 泰山郡（山东省泰安市东）、琅邪国（首府开阳，山东省临沂市）两郡变民首领公孙举、东郭窦等，部众已有三万人；攻击青州（山东省北部）、兖州（山东省西部）、徐州（江苏省北部），破坏郡县，势不可当。政府军连年讨伐，都无法克制。宫廷秘书署（尚书）物色强有力的干才，任命一位在宰相府当秘书（司徒掾）的颍川（河南省禹州市）人韩韶，当嬴县（山东省济南市莱芜区西北）县长。变民知道他贤能，互相约定不进入嬴县。

其他县份的难民一万余户，逃到嬴县，韩韶打开粮仓赈济，主管官员坚决反对（私开粮仓，死刑）。韩韶说："能够救活死在水沟山谷的人，因此处死，我会含笑入土。"泰山郡郡长（嬴县属泰山郡）素来知道韩韶的操守和名望，竟没有处罚。

韩韶跟同郡的荀淑、钟皓、陈寔，都当过县长，所到之处，以

二世纪·一五六年 鲜卑檀石槐统一漠北

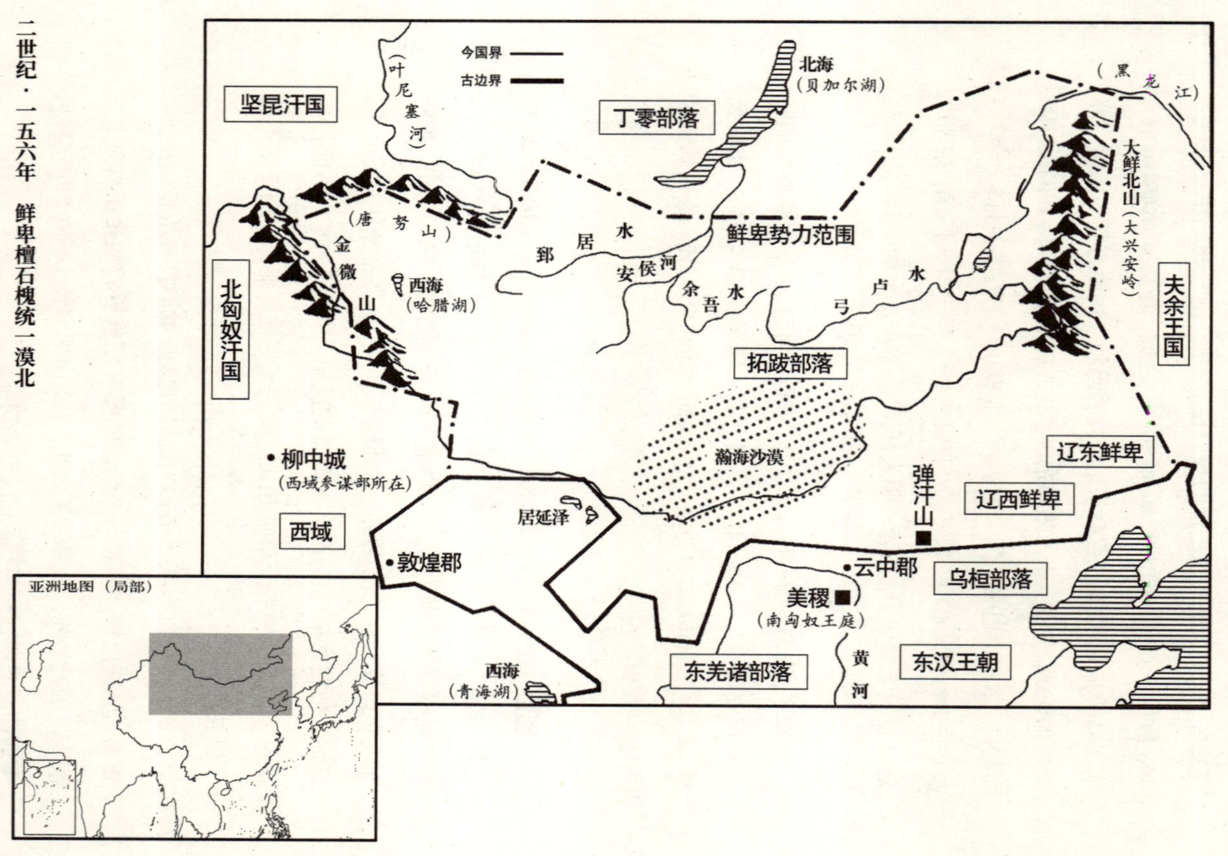

善政闻名于世，时人称之为“颍川四长”。

4 最初，鲜卑部落攻击辽东郡（辽宁省辽阳市），辽东移民区（辽东属国，辽宁省义县）民兵司令（都尉）段颎（音jiǒng〔炯〕），率领部队迎击。唯恐鲜卑害怕逃走，先教驿马假装传下圣旨：征召段颎前往京师（首都洛阳）。段颎假装撤退，却秘密在途中布下埋伏；鲜卑部落相信，发动追击。段颎的伏兵四起，鲜卑部落全被斩杀、生擒。

段颎被指控伪造诏书，应处死刑；因作战有功，减处两年有期徒刑。两年刑期届满后，任命他当参议官（议郎）。

本年（一五六），东方变民越来越多，东汉帝（十一任桓帝）刘志（本年二十五岁）命高级官员推荐文武双全的将帅人才。宰相（司徒）尹颂，推荐段颎，即命担任皇家警卫指挥官（中郎将）。

段颎发动攻击，大破变民集团，斩公孙举、东郭窦，诛杀及俘虏一万余人，余众解散或归降。封段颎侯爵。

5 冬季，十二月，地震。

6 封梁不疑的儿子梁马当颍阴侯，梁胤的儿子梁桃当城父侯。

一五七年 丁酉

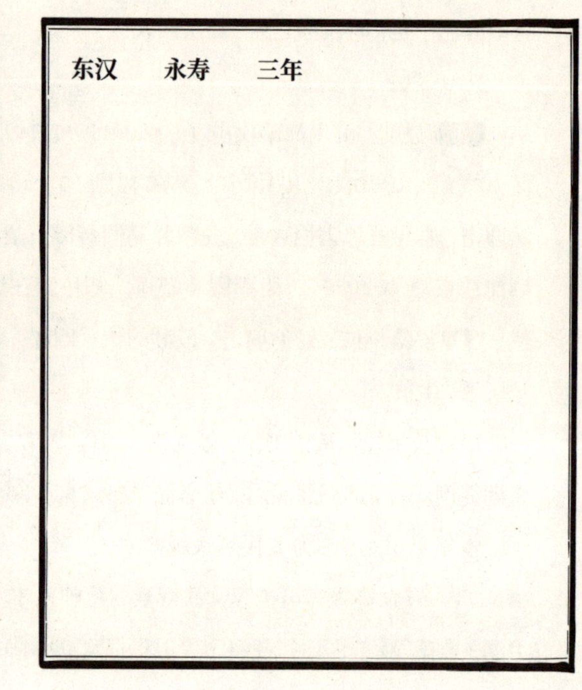
东汉　永寿　三年

1 春季，正月一日（原文“己未”，据袁宏《汉纪》改），东汉王朝（首都洛阳〔河南省洛阳市东白马寺东〕）赦天下。

2 居风（越南清化市北）县长，贪污暴虐，超过常情。县民朱达等，联合蛮夷叛变，击斩县长，聚集群众四五千人。

夏季，四月，进攻九真郡（越南清化市），九真郡郡长兒式战死。东汉政府命九真郡民兵司令（都尉）魏朗讨伐，击破变民集团。

3 闰五月三十日，日蚀。

4 京师（首都洛阳）蝗虫成灾。

5 有人上书政府："人民所以贫困，原因在于钱币重量太轻，厚度太薄，应改铸大钱。"奏章交付四府讨论（四府：最高统帅部、宰相府、最高监察署、全国武装部队总司令部），命文武官员及国立大学有见解的学生，一齐提出意见。

大学生（太学生）刘陶上书说：

"我们面对的忧患，不是钱币，而是饥馑。我亲眼看见，连年以来，茂盛的庄稼，被蝗虫全部吃光。政府征收和官吏贪污，使民间的织布机上，空无一丝一缕。人民忧愁的，岂是钱币的轻重厚薄？即令把沙砾化成黄金，把瓦片变成白玉；人民渴时无水，饥时无食，纵然有天皇氏（三皇之一）、伏羲氏（五氏之一）的圣洁品德，伊祁放勋（唐）、姚重华（虞）的清明政治，仍不能保证内部平安。因为，人民可以一百年不用钱币，却不能一天不进饮食。所以饮食才是最急切的问题。

"参与讨论的官员，多数不了解农民，所以认为铸钱可以解决困难。要知道，一万个人铸钱，一个人掠夺，都不能满足。何况今天面对的是，一个人铸钱，一万个人掠夺？即令把天地阴阳当作炭，把世界万物当成铜，驱使不吃饭的机器人做工，也不能供应永无止境的需索。让人民生活富裕的唯一办法，是禁止官府的重税和官员的贪污，没有重税和贪污，人民自然富足。

“陛下怜悯人民贫苦，却用制造新钱手段，去救济过失，就跟把鱼养到沸水之中，把鸟栖到烈火之上一样。水和树木，本来是鱼鸟的生命线。可是，用得不是时候，一定焦烂。但愿陛下放宽一些刻薄的禁令，暂缓重铸大钱的讨论，垂听小民的呻吟，询问路旁老人的忧虑，考查三光——日月星的变异，留意山崩河涸的警告。人民的心愿，国家的大事，就全都呈现眼前，没有遗漏。

“当今，田地虽然广大，没有人耕种；人民缺乏粮食，没有东西充饥。一些邪恶佞幸之徒，争爵抢官，居于政府高位。贪官污吏，凶残如同兀鹰。窃盗匪徒，掠夺好像乌鸦。连皮带肉，把人民一口吞下，而仍不能满足。我深怕到了最后，民夫、苦工在筑墙开矿的劳动群众中崛起，抛下斧头，举臂呐喊，登高号召。那将使忧愁怨恨的人民，发现一条求生之路，纷纷起来响应。到那时候，即令钱大如尺，如何能救危亡？”

钱币遂决定不改。

6 冬季，十一月，宰相（司徒）尹颂逝世。

7 长沙郡（湖南省长沙市）蛮夷叛变，攻击益阳（湖南省益阳市）。

8 擢升最高监察长（司空）韩缜当宰相（司徒）；祭祀部长（太常）北海国（首府剧县〔山东省昌乐县西〕）人孙朗当最高监察长（司空）。

一五八年 戊戌

东汉 永寿 四年
延熹 元年

1 夏季，五月二十九日，日蚀。东汉王朝（首都洛阳〔河南省洛阳市东白马寺东〕）天文台长（太史令）陈授，通过禁宫贴身侍从宦官（小黄门）徐璜，奏称：“日蚀变异，祸根是最高统帅（大将军）梁冀。”梁冀得到消息，命洛阳县长逮捕陈授，就在狱中处死。东汉帝（十一任桓帝）刘志（本年二十七岁）对梁冀的横暴，大起反感。

2 京师（首都洛阳）蝗虫成灾。

3 六月四日，赦天下，改年号（之前是永寿四年，之后是延熹元年）。

4 举行求雨大典。

5 秋季，七月二十日，全国武装部队总司令（太尉）黄琼免职，擢升祭祀部长（太常）胡广当全国武装部队总司令。

6 冬季，十月，刘志前往广成苑（地望在河南省新安县境）打猎，顺道前往上林苑（洛阳西）。

7 十二月，南匈奴汗国（王庭设美稷〔内蒙古准格尔旗〕）所有部众，一齐叛变；并跟乌桓（河北省北部）、鲜卑（王庭设弹汗山〔河北省尚义县南大青山〕）等结盟，攻击东汉王朝沿边九个郡。

刘志任命西都长安（陕西省西安市）市长（京兆尹）陈龟，当北疆边防司令（度辽将军）。陈龟出发前，上书说：

“我曾经听说，当三辰——日月星的运行，越出轨道时，应在官员群中遴选宰相；蛮夷不恭不顺时，应在战士群中，遴选将领。我没有文武双全的才能，却担任大军统帅的重大责任，即令身死，也难报答。而今，西方边陲地带，土地贫瘠，人民不断受到蛮夷侵犯劫掠，家家残破，虽然还有一口气可以呼吸，实际上不过一具枯骨。

“从前，并州（山西省及黄河河套地区）大雨大水成灾，螟虫为害（螟虫是稻的害虫，钻到稻秆中，吸食汁液，使稻枯死），稼穑全部耗废，对田赋或服役代金，无力负担（“服役代金”，两汉王朝制度，男人成年之后，有全国性服役：

边界服役三天，不愿服役的缴钱三百，由政府代雇，术语称“过更”；有地方性服役：一月一次，轮到而不愿亲身劳动的，也可缴钱，每月二千）。陛下把人民当作子女，怎么能够不尽抚养之恩？

“姬亶父（周王朝一任王武王姬发的曾祖父）、姬昌（姬发的老爹），所到之处，人民纷纷跟随，尚且载着满车金银财宝，向人民施恩？陛下继承中兴大业，接受光武皇帝（东汉王朝一任帝刘秀）留传下的宝座，临朝主政，对人民却没有特别专注。州长（刺史）和郡长（守），品格低劣，有的甚至是出于宦官的推荐。上级唯恐怕冒犯皇上旨意，就只求得过且过。人民哀呼嗟叹之声，引起灾害，蛮夷凶悍，利用国力衰弱，人民怨苦，起兵作乱，致使满库粮秣，全被豺狼吃光。军事行动，收不到丝毫功效，全都是将领们没有尽忠，贪污聚敛之故。

“前任凉州（甘肃省）州长（刺史）祝良，初到任时，惩治大批贪官，郡长县长撤职的将近半数，不到一年，成绩昭然，应该对他有特别奖赏，嘉许他的贡献。陛下应乘此机会，调换其他不称职的州长和郡长，排除凶暴贪残之辈；更应重新遴选匈奴协防司令（护匈奴中郎将）、乌桓保安司令（乌桓校尉）、西羌保安司令（护羌校尉），严格要求具备文武全才，授给他统一指挥全权。

“然后，再免除并州（山西省及黄河河套地区）、凉州（甘肃省）今年田赋差役，赦免罪犯，给他们重新做人的机会。则奉公守法的官员知道奉公守法的福气，营私舞弊的官员知道营私舞弊的灾难。胡马将不能再窥长城，边塞也将再没有不断燃起烽火的烦恼。”

刘志遂重新任命幽州（河北省北部及辽宁省）、并州（山西省及黄河河套地区）州长（刺史），屯兵大营（京兆“虎牙营”、扶风“雍营”）指挥官、郡长、民兵司令以下，大批委派新人。并下诏：“为了陈将军（陈龟）的缘故，免除并州、凉州人民一年的田赋捐税。”陈龟到职后，各州郡无不震动，节省下来的经费，每年以亿为单位计算。

8 刘志下诏，任命安定郡（甘肃省镇原县东南屯字镇）移民区驻军司令（属国都尉。宁夏同心县东）张奂，当匈奴协防司令（北中郎将），讨伐匈奴（南匈奴）、乌桓等。

匈奴、乌桓攻击五原（内蒙古包头市），纵火焚烧北疆边防司令部（度辽将军）大门（时北疆边防司令部在五原郡曼柏县〔内蒙古达拉特旗东南六十公里马场壕村〕），据守赤阬（今地不详），烟火都望得清清楚楚，张奂率领的部队大为惊恐，纷纷准备逃亡。张奂在帐中安坐，和门徒学生讲解经典，高声朗诵，军心稍安。张奂派出密使，跟乌桓部落缔结密约。于是乌桓向匈奴突然发动攻击，格杀各部落酋长，大破匈奴部众，匈奴无法应变，遂都投降。

张奂认为南匈奴汗国单于（三十七任）挛鞮车儿没有领导能力，把挛鞮车儿软禁，奏请改立左谷蠡王当单于。刘志下诏说："《春秋》主张'大居正'（安于正道），挛鞮车儿一心仰慕中国文化，有什么过失要罢黜他？送他返回王庭（设美稷〔内蒙古准格尔旗〕）！”

9 最高统帅（大将军）梁冀跟北疆边防司令（度辽将军）陈龟，感情一向不睦。梁冀遂弹劾陈龟伤害国家尊严，专求自己名誉，不能得到蛮夷的畏惧和敬重，遂把陈龟免职，召回京师（首都洛阳），改任种暠当北疆边防司令（度辽将军）。

陈龟呈请辞职，返回故乡。后来中央再征召他担任宫廷秘书（尚书）。梁冀暴虐的程度，一天比一天升高，陈龟上书弹劾，要求诛杀梁冀，刘志不理。陈龟知道难逃梁冀毒手，绝食七天，饿死。

种暠到职后，宣布东汉政府的恩德和信誉，招诱蛮夷归降；对不归降的，再出兵讨伐。羌人有些是从前被俘，囚禁在郡县政府当作人质的，种暠命全部释放。诚心诚意，积极安抚，赏罚分明。于是，羌人、胡人，纷纷归附。种暠更拆除烽火台跟瞭望亭，边境一派升平。

后来，种暠被召回首都洛阳，当农林部长（大司农）。

一五九年 己亥

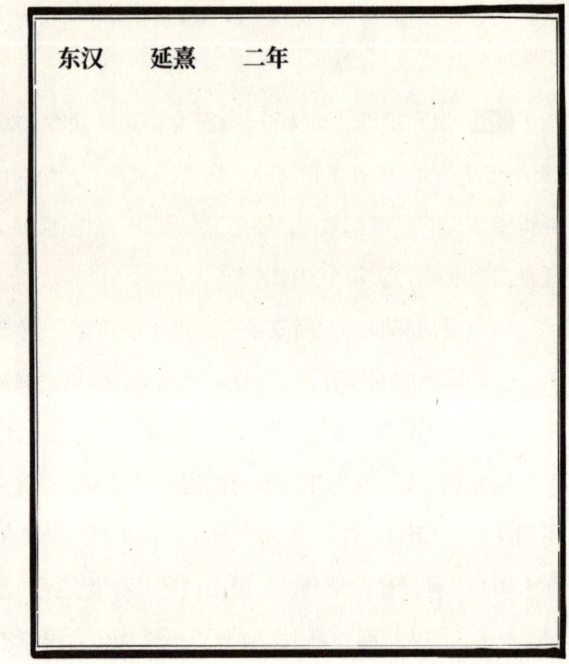

1 春季，二月，鲜卑部落（王庭设弹汗山〔河北省尚义县南大青山〕）攻击东汉王朝（首都洛阳〔河南省洛阳市东白马寺东〕）雁门郡（山西省朔州市东南）。

2 蜀郡（四川省成都市）蛮夷攻击蚕陵（四川省茂县西北）。

3 三月，再撤除州长（刺史）、郡长级官员（二千石）服三年之丧的规定（上一次恢复，参考一五四年）。

4 夏季，京师（首都洛阳）大水成灾。

5 六月，鲜卑部落（王庭设弹汗山〔河北省尚义县南大青山〕）攻击辽东郡（辽宁省辽阳市）。

6 东汉帝（十一任桓帝）刘志（本年二十八岁）正妻梁皇后，仗恃姐姐（皇太后梁妠）跟老哥（梁冀）的势力，穷极奢华，超过前世数倍。而且控制丈夫，嫉妒成性，六宫其他小老婆群，都被隔绝。后来，皇太后梁妠逝世，刘志对她的宠爱，霎时衰退。梁皇后既没有儿子，使她更蛮悍暴躁，其他任何美女如果怀有身孕，很少能逃过她的毒手。刘志在梁冀强大的压力之下，不敢发作，然而却逐渐跟她疏远，很少同床，梁皇后越发愤怒怨恨。

秋季，七月八日，梁皇后（绰号"懿献皇后"）逝世。

七月二十七日，安葬懿陵（今地不详）。

7 梁姓家族一门，前后出了七个侯爵、三个皇后、六个贵人、两个最高统帅（大将军），称夫人、封君爵的七人，娶公主的三人，其他担任部长、将领、市长（尹）、指挥官的五十七人。

梁冀主持东汉政府，专权独断，凶暴的程度，日甚一日。宫廷宦官，以及皇帝最亲近的侍奉随从，都埋伏梁冀的党羽。所以皇宫内院跟皇帝刘志的一举一动，再细微的小节目，梁冀都了如指掌。向四方征集的物品，和地方政府过年过节向刘志呈送的贡品，都把最新鲜、最高贵的，先呈送梁冀。皇帝所得到的，不过只是次等

一世纪及二世纪　梁家班世系表

<table>
<tr><td>梁巡</td><td></td><td></td><td></td><td></td><td></td><td></td></tr>
<tr><td rowspan="16">梁统
陵乡侯</td><td>梁松
陵乡侯</td><td>梁扈</td><td></td><td></td><td></td><td></td></tr>
<tr><td rowspan="13">梁竦</td><td>梁棠
乐平侯</td><td>梁安国
乐平侯</td><td></td><td></td><td></td></tr>
<tr><td rowspan="8">梁雍
乘氏侯</td><td rowspan="6">梁商
乘氏侯</td><td rowspan="2">梁冀
襄邑侯</td><td>梁胤
襄邑侯</td><td>梁桃
城父侯</td></tr>
<tr><td>梁伯玉
（私生）</td><td></td></tr>
<tr><td>梁不疑
颍阳侯</td><td>梁马
颍阴侯</td><td></td></tr>
<tr><td>梁蒙
西平侯</td><td></td><td></td></tr>
<tr><td>梁妠
顺烈皇后</td><td></td><td></td></tr>
<tr><td>梁女莹
懿献皇后</td><td></td><td></td></tr>
<tr><td>梁让</td><td></td><td></td><td></td></tr>
<tr><td>梁贵人
刘保小老婆</td><td></td><td></td><td></td></tr>
<tr><td>梁翟
单父侯</td><td></td><td></td><td></td><td></td></tr>
<tr><td>梁嫕</td><td></td><td></td><td></td><td></td></tr>
<tr><td>梁贵人
刘炟小老婆</td><td></td><td></td><td></td><td></td></tr>
<tr><td>梁贵人
恭怀皇后</td><td></td><td></td><td></td><td></td></tr>
<tr><td>梁恭</td><td></td><td></td><td></td><td></td><td></td></tr>
<tr><td>梁禶</td><td></td><td></td><td></td><td></td><td></td></tr>
<tr><td>梁腾</td><td></td><td></td><td></td><td></td><td></td><td></td></tr>
</table>

货色。官员人民带着金银财宝，到梁冀家行贿求情，道路上前后相望。文武官员升迁或调职，都要先到梁冀家门呈递谢恩书帖，然后才敢到宫廷秘书署（尚书）听取指示。

下邳（首府下邳〔江苏省睢宁县北古邳镇〕）人吴树，当宛县（南阳郡郡政府所在县，河南省南阳市）县长，上任之前，向梁冀辞行。梁冀的宾客党羽，散布在宛县县境的很多，梁冀拜托吴树照顾他们。吴树说："邪恶的小人，即令是近邻，也应诛杀。将军高居上将之位，应该崇敬贤能，弥补政府的错误。可是我自走进大门，没有听见你称赞一位长者，而只是一再吩咐照顾一些不恰当的人，我不敢相信我的耳朵。"梁冀不发一语，大不高兴。吴树到职后，把梁冀宾客党羽中为害最烈的数十人，全都处死。吴树后来升任荆州（湖北省及湖南省）州长（刺史），上任前再往梁冀家辞行，梁冀请他饮酒，酒中有毒，告辞后死在车上。

辽东郡（辽宁省辽阳市）郡长侯猛，接到任官令后，不肯晋见梁冀，梁冀找到一个罪名套住他，把他腰斩。

初级禁卫官（郎中）汝南郡（河南省平舆县西北射桥镇）人袁著，才十九岁，到宫门上书，说："春夏秋冬的运转，到了极致之后，即行消失。太高的爵位官职，过度的荣华富贵，很少不招来灾祸。而今，最高统帅（梁冀）位置已到极致，运转已到顶端，应该有所警觉。最好是悬挂车辆，高卧养神（西汉王朝十一任帝刘奭时，最高监察长〔御史大夫〕薛广德退休，把皇帝赏赐给他的安车，悬挂起来，认为是一项荣耀。参考前四三年）。古书说：'树的枝叶太多，会伤害树根。'如果不抑制他掌握的大权，恐怕不能保全他的生命。"梁冀得到消息，派秘密警察搜捕袁著；袁著改名换姓，假装病死，家人用蒲草结扎成他的尸体，装到棺木里安葬。梁冀看出这项骗局，继续追缉，终于擒获，用皮鞭打死。

太原郡（山西省太原市）人郝絜、胡武，喜爱在大庭广众中，高谈阔论，跟袁著友善。郝絜、胡武曾经联名签呈三府（宰相府、最高监察署、全国武装部队总司令部），推荐天下知名高士，而独不签呈梁冀。梁冀在鞭死袁著后，记起旧恨，命中央有关官署下令通缉。结果诛杀胡武全家，死六十余人。郝絜逃亡，知道无法逃掉，就自带棺木、签呈，直到梁冀家门，递上签呈后，服毒自杀，家属才得保全。

东汉六任帝（安帝）刘祜（刘志堂伯父）的嫡母耿贵人逝世，梁冀向耿贵人的侄儿、林虑侯耿承，索取耿贵人生前喜爱的宝物，耿承不肯交付，梁冀大怒，诛杀耿承，以及耿承家属十余人。

涿郡（河北省涿州市）人崔琦，以善于撰写文章，受到梁冀重视。崔琦作《外戚箴》《白鹄赋》，向梁冀讽劝（《外戚箴》结尾数语，情极激切："不要认为我地位尊贵／上天会加以摧毁／不要认为美貌可以仗恃／美貌会自己衰退／不要认为皇帝一直爱我／爱会崩溃／不要认为我能力高强／到时候事与愿违／忧患乃因品德不修／福报来自行事卑微／太阳不常在中天／月亮更有盈有亏／坚行正道的必固／倚仗权势的必危／我呈献这个小小意见／视死如归"）。梁冀看到后，眼冒凶光。崔琦说："从前管夷吾当齐国宰相，最渴望听到逆耳之言；萧何当西汉王朝宰相，特别指定专人记录自己的过失。而今，将军两代（梁商、梁冀）担任辅政高位，责任跟伊尹、姬旦相等，可是，并没有听到你推行德政，却只听到民不聊生。将军不但不结交忠良，拯救大祸，反而钳制堵塞别人的口，岂不是蒙蔽主上耳目，准备使天地变色，鹿马变形（鹿马变形，赵高指鹿为马事，参考前二〇七年）！"梁冀无法回答，但把崔琦免职，遣送回乡；崔琦恐惧，离家逃亡，梁冀把他捕回，诛杀。

梁冀当权将近二十年，权威震动中外，皇帝刘志只好把双手抱在胸前，对什么事都不参与。但他心里早已愤愤不平，等到陈授被杀（参考去年〔一五八〕），更由愤转怒。

8 东汉四任帝（和帝）刘肇（刘志伯祖父）正妻（和熹皇后）邓绥的侄儿、初级禁卫官（郎中）邓香，妻子宣（姓不详），生女儿邓猛。邓香逝世后，宣改嫁梁纪。梁纪，是孙寿（梁冀妻）的舅父。孙寿因邓猛貌美如花，把她送进皇宫，做刘志的小老婆（贵人）。梁冀雄心勃勃，打算把邓猛认作自己的女儿，遂改邓猛为梁猛。这是一项不合人伦的措施（梁冀跟邓猛，应是表兄妹），梁冀唯恐邓猛的姐夫、参议官（议郎）邴尊，从中破坏，说服岳母宣拒绝。于是，派刺客刺死邴尊。

梁冀更进一步指向宣（铲除宣，梁冀便成了邓猛唯一的娘家人，可控制邓猛），而宣家跟寝殿侍奉宦官（中常侍）袁赦家相邻；刺客已跃登袁赦房顶，准备进入宣家，被袁赦家人发觉，急行擂动大鼓，召集警卫，一面通知宣。宣魂飞天外，奔入皇宫，向刘志报告。刘志气得发抖，遂起身去厕所，单独招呼禁宫贴身侍从宦官（小黄门）唐衡，问他："左右侍卫，跟外边（皇后娘家）合不来的，还有谁？"唐衡回答："寝殿侍奉宦官（中常侍）单超、贴身宦官管理员（小黄门史）左悺，跟梁不疑是对头。寝殿侍奉宦官（中常侍）徐璜、宦官总管（黄门令）具瑗，一向痛恨皇后娘家人放纵蛮横，只是不敢开口。"

刘志把单超、左悺叫到密室，说："梁将军兄弟，专权霸道，胁迫内外，三公、部长（卿）以下，都听他们指使。我打算杀掉他，二位意下如何？"单超等回答："梁冀国贼，早就应该伏诛，只是，我们力量太弱，又不知陛下圣意如何？"刘志说："你说得对，你们秘密进行。"单超等说："秘密进行不难，只怕陛下心里狐疑，不能坚持。"刘志说："这种危害国家的奸臣，应当定罪，我还狐疑什么？"于是，把徐璜、具瑗也叫来，刘志跟五个宦官共同定计；

刘志咬破单超手臂，歃血为盟。单超等说：“陛下既然下定决心，千万不要再提起这件事，恐怕引起猜疑。”

然而，仍然引起梁冀猜疑。

八月十日，梁冀命他的党羽、禁宫中级侍从宦官（中黄门）张恽，入宫住宿值班，作实地侦察，以及防范变化。五人发现情势急迫，立即反应，开始行动。具瑗下令逮捕张恽，罪名是：“来自宫外，图谋不轨。”刘志登上前殿，召集所有宫廷秘书（尚书），宣布他亲自领导这次行动的目的。要宫廷秘书长（尚书令）尹勋“持节”，命宫廷秘书署主任秘书（丞）、助理（郎）以下官员，一律武装，守卫秘书署，把所有印信及代表皇帝或中央政府的符节，全都护送入宫。派具瑗率领紧急征召的左右御厩马夫、虎贲警卫武士、羽林警卫军、皇城警卫官（都候）所属武装卫士，共约一千余人，跟京畿总卫戍司令（司隶校尉）张彪，突击梁冀官邸，团团围住。派宫廷禁卫官司令（光禄勋）袁盱“持节”，收缴梁冀最高统帅（大将军）印信，改封比景都乡侯（乡侯，二级侯爵）。梁冀跟妻子孙寿无力还击，当天自杀。梁不疑、梁蒙，先前已经逝世。

逮捕范围扩大，梁姓家族跟孙姓家族，包括散布在中央和外地的梁孙两家亲戚，投入诏狱，不论男女老幼，全体绑赴街市斩首。其他牵连的三公、部长级官员、指挥官、州长、郡长级官员（二千石），又诛杀数十人。全国武装部队总司令（太尉）胡广、宰相（司徒）韩缜、最高监察长（司空）孙朗，被控阿附梁冀，没有保卫宫廷，却在长寿亭观望不前，应处死刑，减一等处分，免职，贬作平民。梁家班宾客跟旧部，被免职的有三百余人，中央政府几乎无人办公。

当时，政变从宫廷发动，大批使节在街道上奔驰，文武官员张皇失措，政府机关跟大街小巷，好像沸腾一样，数日之后，尘埃方才落定。对梁姓家族的屠灭，人民无不欢天喜地庆祝。

东汉政府没收梁冀财产，由地方政府变卖，价格总共高达三十余万万，全缴国库。下令全国田赋捐税，减收一半。解散梁冀的园林，交给穷苦农夫耕种。

9 八月十五日（政变后第五天），刘志封贵人梁猛当皇后，把前任皇后、梁冀妹妹的坟墓懿陵，贬称“贵人冢”。刘志厌恶“梁”字，把梁猛改称薄猛。后来，发现她本来姓邓，是邓香女儿，才正式恢复邓姓。

10 下诏酬劳诛杀梁冀有功的官员，封单超、徐璜、具瑗、左悺、唐衡一级侯爵（县侯），单超采邑二万户人家，徐璜等各一万余户人家，世称“五侯”（单超封新丰侯、徐璜封武原侯、具瑗封东武阳侯、左悺封上蔡侯、唐衡封汝阳侯）。擢升左悺、唐衡当寝殿侍奉宦官（中常侍）。又封宫廷秘书长（尚书令）尹勋等七人三级侯爵（亭侯。尹勋封宜阳都乡侯〔乡侯，二级侯爵〕、霍谞封邺都亭侯〔亭侯，最低级侯爵〕、张敬封山阳曲乡侯、欧阳参封修武仁亭侯、李玮封宜阳金门侯、虞放封冤句吕都亭侯、周永封下邳高迁乡侯）。

11 擢升农林部长（大司农）黄琼当全国武装部队总司令（太尉），特级国务官（光禄大夫）中山（首府卢奴〔河北省定州市〕）人祝恬当宰相（司徒），藩属事务部长（大鸿胪）梁国（首府睢阳〔河南省商丘市〕）人盛允当最高监察长（司空）。

这时，刚刚诛杀梁冀，天下盼望政府出现新政。黄琼居三公的首位，开始整顿政风，一连弹劾各州、各郡恶名昭彰的官员，或处死或贬谪的有十余人之多，全国称赞。

黄琼征聘汝南郡（河南省平舆县西北射桥镇）人范滂（音pāng〔乓〕）。范滂，从少年时，便清廉而有节操，乡里都对他佩服。曾经当过督察官（清诏使），督察冀州（河北省中部南部）。范滂出发时，登上车辆，手勒缰绳，慷慨激昂，有澄清天下的壮志。贪赃枉法的郡长、县长，听说范滂将到，都望风辞职。范滂所作的弹劾，都符合大家的盼望。现在，正碰上皇帝下诏，命三府属官反映官员民间疾苦（三府：宰相府、最高监察署、全国武装部队总司令部），范滂一口气弹劾州长（刺史）、郡长级官员（二千石），以及土豪劣绅等二十余人。宫廷秘书（尚书）责备他弹劾得太多，疑心他是不是有私人恩怨。范滂回答说："臣，范滂，所弹劾的（宫廷秘书〔尚书〕没有资格发问，但他可以代表皇帝发问，所以权威无比，被问的人面对比自己地位要低数倍的宫廷秘书，也得称"臣"），假如不都是奸邪贪暴，严重为害人民，我岂会教他们的姓名污染我的奏章！因为限期仓猝，所以只先把最坏的呈报，有些还在调查，收集证据。我听说，农夫必须除草，庄稼才能茂盛；忠臣必须除奸，王道才能推行。如果我的弹劾有虚伪之处，甘愿街市斩首。"宫廷秘书无法批驳。

12 宫廷秘书长（尚书令）陈蕃，上书推荐五位隐士：豫章郡（江西省南昌市）人徐稚、彭城国（首府彭城〔江苏省徐州市〕）人姜肱、汝南郡（河南省平舆县西北射桥镇）人袁闳、京兆（陕西省西安市）人韦著、颍川郡（河南省禹州市）人李昙。刘志分别派出安车（有座位的马车），携带黑色及淡红色绸缎，用恭敬的礼节，前往迎聘，他们都不接受。

徐稚，家庭贫穷，自己耕种，不吃不是自己田地出产的东西，谦恭退让，当地人民佩服他的品德，政府屡次聘请，他都拒绝。陈蕃当豫章郡（江西省南昌市）郡长时，很礼敬的请他当行政官（功曹），徐稚不肯就职，晋见陈蕃后，即行告辞。陈蕃性情严峻方正，从不接见宾客，只徐稚来的时候，特别为他摆设一张“榻”，徐稚去后，就把它悬挂起来。后来，推荐有品德的人士（参考一二一年），长官把任官令送到徐稚家，任命他当太原郡（山西省太原市）郡长，他也不到任。徐稚虽然拒绝高级官员的延聘，但听到高级官员的死讯，一定背着书箱，前往吊丧，总是在家里先烤好一只鸡，用一两棉絮浸在酒中之后，晒干，然后用棉絮包着烤鸡，直接抱到坟墓，用水泡棉絮，让酒味溢出，再放上一斗米饭，铺上白茅草，把鸡放到前面，把泡棉絮的水，泼到地上，留下一张名片，即行告辞，从不面见丧主。

姜肱，跟两个弟弟姜海、姜江，都以孝顺、友爱，闻名于世。经常同盖一条大棉被，睡在一张大床（榻）上，不接受政府官员的征召。有一次，姜肱、姜江二人，前往郡城（此时彭城是封国，此处应指封国首府彭城县），夜间在路上遇到强盗，要杀他们。姜肱说：“我弟弟年纪还小，最受父母怜爱，而又没有成婚，但求大王杀了我，而饶我弟弟一命。”姜江说：“我哥哥年纪最大，品德受人敬仰，是我家的珍宝，国家的英才，我愿代替哥哥一死！”强盗感动，把二人释放，只抢财物。二人到了郡城，大家对他们几乎赤身露体的装束，十分奇怪，询问什么原因，姜肱支支吾吾，始终不肯指控强盗。强盗得到消息，感动惭愧，就到学校晋见，叩头，请求宽恕，奉还所抢走的衣服。姜肱不接受，用酒饭招待他，送他离开。皇帝既不能征召到姜肱，下诏彭城（江苏省徐州市）县长，命画师画出姜肱肖像。姜肱不肯，躲在黑暗的角落，用被子蒙头，声称害一种昏眩病，不能被风吹到，画师竟不能跟他见面。

袁闳，是袁安的玄孙（袁安，三任帝刘炟的宰相，参考八七年六月），刻苦自修，不接受征召。

韦著，隐居在家，教授学生，不接触世事。

李昙，他的继母十分凶暴，而李昙对她的奉养，却越发恭谨，得到四季的珍贵玩物，都先送给继母，乡里都效法他的孝行。

刘志又征召安阳（河南省正阳县南）人魏桓，邻居亲友，都劝他应征。魏桓说："接受国家的俸禄，追求升迁高级官职，目的在于使自己的政治理想，得以实现。而今，皇宫之内，美女一千余人，岂能减少？皇家御马一万余匹，岂能淘汰？皇帝左右掌权的巨头，岂能排除？"大家说："不能。"魏桓叹息说："教我活着去，死了之后才被送回，对你们有什么好处？"终身不出当官。

13 刘志诛杀梁冀后，故旧人物，都被封爵。首先，追赠皇后邓猛老爹邓香为车骑将军，封安阳侯；封邓猛娘亲宣当昆阳君，侄儿邓康、邓秉，都封侯爵，邓姓家族都担任各兵团指挥官（列校）、警卫指挥官（郎将），赏赐多达百万。

寝殿侍奉宦官（中常侍）侯览，呈献绸缎五千匹，刘志封侯览当关内侯（准侯爵）。又假托侯览参与诛杀梁冀密谋，追封高乡侯。又封禁宫贴身侍从宦官（小黄门）刘普、赵忠等八人为乡侯。从此东汉政府大权，滑入宦官之手。而"五侯"尤其贪污凶暴，内外震动。

当时，天象灾变，不断出现。白马（河南省滑县）县长甘陵国（首府甘陵〔山东省临清市〕）人李云，上书皇帝刘志，不粘封口，副本同时抄呈三府（宰相府、最高监察署、全国武装部队总司令部），说："梁冀虽然专权独裁，贻害天下，因罪伏诛，不过主人扼杀一个家奴罢了；对于参与密谋的人，采邑竟封万户人家以上，高祖（西汉王朝一任帝刘邦）地下有知，岂不生气？西方北方保国卫士的将士听见，岂不解体？孔丘说："帝者，谛也（孔丘这句话，不出于儒家学派正式经典，而出于神秘预言书《春秋运斗枢》。谛，〔音dì·地〕，意思是"认真的观察"）。'而今，文官制度，全部错乱，奸邪小人，靠着马屁升迁，贿赂公行，政治日益败坏。诏书封爵任官，不经过陛下过目，是不是'帝欲不谛'？"（"帝欲不谛"，因"帝""谛"同音，无法精确译出神韵，应是："难道天子真要变成瞎子？"）

刘志看到后，几乎爆炸，下令主管机关逮捕李云。为了展示他的愤怒，更大动干戈，命宫廷秘书署（尚书）督促羽林警卫军武装部队（尚书都护剑戟士），把李云押送北寺监狱。派寝殿侍奉宦官（中常侍）管霸，跟监察官（御史）、司法部长（廷尉），组成混合法庭审讯。当时，弘农郡（河南省灵宝市东北）郡政府军事官（五官掾）杜众，悲伤不忍李云因忠心受到处罚，上书刘志，愿跟李云同时受刑。刘志怒不可遏，再逮捕杜众，一齐送交司法单位（廷尉）审判。藩属事务部长（大鸿胪）陈蕃上书说："李云所说的话，虽然冒犯禁忌，违背旨意，但他的本意，仍是效忠国家。从前，高祖（刘邦）不在意周昌的讽刺，成帝（西汉王朝十二任帝刘骜）赦免朱云的顶撞（参考前一二年）。今天如果诛杀李云，我恐怕后世对这件事，将认为是'挖心'的重演（商王朝末任帝子受辛，把一直规劝他、向他尽忠言的叔父子干的心挖出来，表示他的愤怒）。"祭祀部长（太常）杨秉、洛阳市场管理官（市长）沐茂、宫廷禁卫官（郎中）上官资，都上书请求赦免李云。然而，激烈的营救行为，更使刘志热血沸腾。有关单位认为这些人全犯了"大不敬"严重罪刑（唯一死刑）。刘志下诏严厉责备陈蕃、杨秉，一律免职，逐回故乡；沐茂、上官资，贬降二级。

当时，刘志在濯龙池（在濯龙园〔洛阳城西北角〕中），寝殿侍奉宦官（中常侍）管霸呈报主管单位判处李云死刑的奏章，管霸下跪说："李云不过是一个荒野草泽中的书呆子，杜众不过地方政府一个微不足道的小官，疯狂愚昧，实在不够资格犯罪。”刘志说：“‘帝欲不谛’（难道天子真要变成瞎子），这算什么话，你打算原谅他呀？”回过头，下令贴身侍从宦官（小黄门），批准死刑判决。李云、杜众，都在狱中处死。

14 宦官和亲信，越加蛮横，全国武装部队总司令（太尉）黄琼，自知没有控制能力，遂声称有病，卧床不起，上书说：

“陛下即位以来，并没有胜过前朝的善政，梁姓家族卖弄权威，宦官横行政府。李固、杜乔，因为口吐忠言，惨遭屠杀（参考一四七年）；李云、杜众，又以坚持正直的道路，而被诛死。四海之内，悲伤恐惧，更为怨恨，无论在朝的官员，或在野的平民，一致认为：‘效忠国家’是一件可怕的事情，不可去做。

“宫廷秘书（尚书）周永，一向侍奉梁冀，本是梁冀的党徒，假借梁家班威势；后来发现梁冀将要败亡，摇身一变，反过来抨击梁冀，向陛下表态；由于奸计得逞，竟然也封侯爵。

“而禁宫侍从宦官（黄门）之辈，仗恃邪恶势力，结成一党。眼看梁冀权势高涨，对内结交皇后（梁妠），对外结交国戚，不分早晚，图谋不轨。梁冀被诛杀时，人们无路可走，于是翻脸无情，反过来攻击梁冀，博取爵位跟赏赐。

“陛下没有澄清，也没有辨别真假，就把他们跟真正的忠臣一视同仁，都封显爵，结果是朱紫共色，黑白混杂，正是所谓把黄金投入沙砾，把璧玉敲碎和进稀泥。天下知道后，无不愤怨叹息。我世受国恩，身虽微贱，但责任重大，在临死之日，大胆说出冒犯的话。”

刘志不理。

15 冬季，十月五日，刘志前往长安（陕西省西安市）。

16 寝殿侍奉宦官（中常侍）单超患病。

十月壬寅日（十月戊辰朔，没有壬寅），任命单超当车骑将军（车骑将军与三公平级，这是宦官担任政府最高官位之始）。

17 十二月三日，刘志自长安返回首都洛阳。

18 烧当、烧何、当煎、勒姐等八个西羌部落，攻击陇西郡（甘肃省临洮县）、金城郡（甘肃省陇西县）要塞。西羌保安司令（护羌校尉）段颎迎战，击破攻势，追到罗亭（以地望推测，应在青海省海东市乐都区境），斩酋长以下二千余人，俘虏一万余人。

19 刘志下诏：再任命陈蕃当宫廷禁卫官司令（光禄勋）、杨秉当首都洛阳市长（河南尹）。

单超老哥的儿子单匡，当济阴郡（山东省菏泽市定陶区）郡长，仗势贪污，兖州（山东省西部）州长（刺史）第五种（第五，复姓），派参谋官（从事）卫羽，调查审问，查出赃款五六千万钱。第五种据实奏报，并弹劾单超。单匡惊慌，用重金购买杀手任方，行刺卫羽；卫羽发觉，逮捕任方，囚禁洛阳监狱。

单匡考虑到首都洛阳市长（河南尹）杨秉，可能穷追任方行刺动机及幕后主持人，于是经过设计布置，任方遂越狱逃亡。宫廷秘书（尚书）召见杨秉责备质问，杨秉回答说："任方为非作歹，全由单匡主使，请用囚车把单匡押解到洛阳，当面追查，作奸犯科内情，一定可以真相大白。"然而杨秉仍被判处苦工，交付东区劳工营（左校）。

这时，泰山郡（山东省泰安市东）变民首领叔孙无忌（叔孙，复姓），正劫掠徐州（江苏省北部）、兖州（山东省西部），州郡无力阻挡。单超即用这个作为理由，陷害第五种，把第五种贬谪放逐到朔方郡（内蒙古包头市）。而单超的外孙董援，是朔方郡郡长，正以最大的愤怒，等候第五种来到后报复。第五种的旧部下孙斌，知道第五种必死无疑，遂集结他的宾客朋友，连夜追赶，一直追赶到太原郡（山西省太原市），用暴力把第五种救出囚车逃亡，躲藏很多年，后来遇到赦免，才算保住性命。第五种，是第五伦的曾孙（第五伦，参考五五年）。

20 这时，封爵赏赐之滥，远超过正常制度，而宫内美女也越来越多。陈蕃上书规劝，说："封国国君，好像天上的二十八宿，拱卫君王。高祖（西汉王朝一任帝刘邦）曾有约定，非有功勋，不能封侯。最近听说，追溯首都洛阳市长（河南尹）邓万世老爹邓遵的微小贡献（刘志因皇后邓猛的缘故，重提邓遵击破西羌的功劳，封邓万世当南乡侯。参考一一八年），更准备恢复宫廷秘书长（尚书令）黄儁祖先已断绝的封爵。最近，大家习惯于用不道德的手段得到采邑，左右也习惯于没有功劳照样蒙受赏赐。甚至一家之内，侯爵有数人之多。所以天象失去秩序，阴阳错乱颠倒。

"我也知道，爵位已封，谈论也没有用，而只是希望陛下到此为止。同时，深宫之中，美女有数千人，吃的是肉，穿的是绫罗绸缎，抹的是胭脂粉黛，费用无法计数，民间谚语说：'强盗不过五女之门。'家有五女，一定贫穷（指嫁妆负担）。而今皇宫这么多美女，岂不使国家贫穷？”

刘志有时候也采纳陈蕃的建议，于是释放美女五百余人，但仍封黄隽当关内侯（准侯爵）、邓万世当南乡侯。

21 刘志曾在一个清闲场合，问宫廷随从（侍中）陈留（河南省开封市东南陈留镇）人爰延：“我是一个什么样的君王？”爰延回答：“陛下属于中等。”刘志说：“什么缘故？”爰延回答：“陈蕃当宫廷秘书长（尚书令），国家治理。寝殿侍奉宦官（中常侍）、禁宫侍从宦官（黄门）插手，国家紊乱。所以知道陛下这个人，可以辅佐你为善，也可以辅佐你作恶。”刘志说：“从前，朱云折断栏杆（参考前一二年），而今你当面指责我的过失，我知道我的毛病了。”任命爰延当高级皇家警卫指挥官（五官中郎将），稍后擢升藩属事务部长（大鸿胪）。

正好，天象有变，“客星经帝坐”（不懂），刘志向爰延秘密询问，爰延呈递“亲启密奏”（封事），说：

“陛下跟首都洛阳市长（河南尹）邓万世，是未登极时的老友，晋封侯爵，对他的尊重，超过三公和其他部长级高官，所赏赐的恩惠丰厚，超过其他皇族。时常召见他，跟他在一起赌博，上下喧闹，损害君王尊严。我曾经听说，君王左右，应都是有能力有品德的人，用以咨询政策，砥砺德行。跟善人同处，每天都听到有益的训勉；跟恶人同处，日久就会生出邪恶。但愿陛下疏远奸佞，接纳正直，则灾变自可消除。”

刘志不能接受。爰延声称有病，免职回乡。

黄巾民变

导读

任何一个王朝或一个政权的覆亡，都覆亡于高阶层的先行腐败。自从盘古开天辟地，每一个王朝或政权，全坚如铁石，它拥有法律、监狱、军队，和君臣大义。没有人可以打倒它，只有它自己打倒自己。主凶就是该王朝的君王或该政权的领袖，如果该君王、该领袖不亲自猛下毒手，他的王朝或他的政权，就会永远屹立，安如泰山。

扼杀东汉王朝的主凶是十一任皇帝刘志、十二任皇帝刘宏。《黄巾民变》从一六〇年到一八九年，共三十年。《资治通鉴》把他们的恶行细节，绘影绘声，一一记载。

这不是历史教训（没有人肯接受教训），而是历史镜子；我们从这面镜子中，观察判断，可以预见到未来发展。

柏杨　一九八四·一一·一五

目录

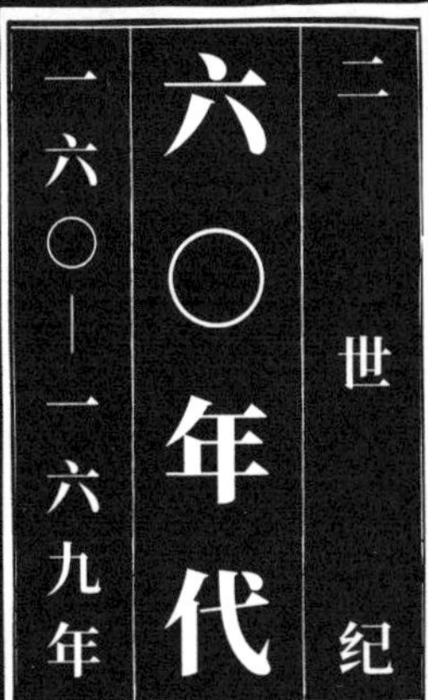

东汉王朝

- 宦官横暴。
- 张成大狱兴起。
- 桓帝刘志卒。
- 灵帝刘宏立。
- 杀李膺、范滂。

- 罗马皇帝安托奈斯逝世，养子马卡斯奥理略嗣位。

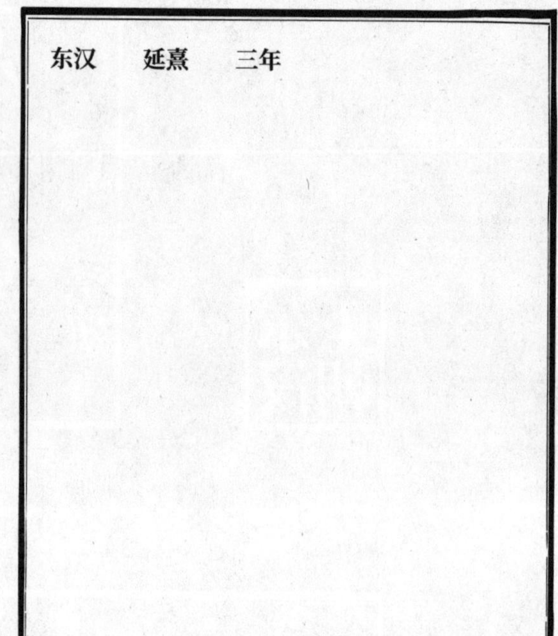

1 春季，正月一日，东汉王朝（首都洛阳〔河南省洛阳市东白马寺东〕）赦天下。东汉帝（十一任桓帝）刘志（本年二十九岁）下诏寻求故全国武装部队总司令（太尉）李固的后裔。

最初，李固被免职（一四六年），知道大祸已经形成，就把他的儿子李基、李兹、李燮，送回故乡（汉中郡〔陕西省汉中市〕）。当时，李燮才十三岁。姐姐李文姬，嫁给同乡赵伯英为妻，看到两位哥哥回来，了解事情的本末，发现它的严重性，悲怆说："李家屠灭，就在眼前。自从祖父（李郃）以来，积恩积德，怎么会落得如此下场！"跟两位哥哥密谋，事先藏匿三弟李燮，传出消息说："李燮又回京师（首都洛阳）！"人们全都相信。不久（一四七年），大祸发生，州郡政府逮捕李基、李兹，就在监狱里处死。李文姬拜托老爹的学生王成说："你为我父亲行侠仗义，有古人节操。而今，把身高不满六尺的孤儿，托付给你。李家是存续还是灭绝，握在你手。"

王成带着李燮，乘长江船舶东下，进入徐州（江苏省北部）州界，李燮改名换姓，在一家酒店当仆役，王成则在街头摆卦摊给人算命，二人假装不认识，只在暗中秘密来往。

前后十余年之久，梁冀被诛杀后，李燮才把身世告诉酒店老板。酒店老板大为震惊，准备车马跟丰富的礼物，要送李燮回乡，李燮都不接受。回家后，重新给老爹李固服丧。姐弟相见，抱头痛哭，感动旁人。姐姐李文姬嘱咐说："我们李家的祭祀香火，几乎断绝，你幸而逃得活命，岂不是天意，从此不要跟外界来往，千万记住，不要对梁家有一句抨击。如果抨击梁家，势必牵连到主上（皇帝刘志），大祸可能再临，我们要做的，只有引咎自责。"李燮接受姐姐训诫。后来，王成逝世，李燮按照礼数，把他安葬，逢年过节，把牌位放到上位祭祀。

李文姬女士吩咐老弟的话，一字一泪，我们除了悲痛之外，还能说什么？然而，善良人的畏惧，正是对邪恶的一种鼓励，应该三思。

2 正月十一日，新丰侯宦官单超逝世。赏赐给他御用陪葬物（东园秘器）、金缕玉衣（棺中玉具）。埋葬时，调发野战军（北军）五营的骑兵部队，在工程总监（将作大匠）督导下，兴筑庞大坟墓。

"五侯"只剩下"四侯"，而"四侯"越发蛮横凶暴，民间有四句形容他们形象的歌谣："左回天／具独坐／徐卧虎／唐雨堕（左悺有回天之力，天，指“皇帝”，可以扭转皇帝刘志所做的决定。具瑗唯我独尊，坐在那里，骄傲无比。徐璜行事如同卧虎，凶猛残暴。唐衡势力遍布天下，毒手无孔不入，犹如倾盆大雨）。”互相比赛建筑高楼大厦，追求无比豪华；他们的奴仆都乘坐牛车，拥有骑马卫士。兄弟跟亲戚，都当州长跟郡长，搜括抢夺人民财产，跟盗匪没有分别。暴虐各个角落，人民不能忍受，往往去当盗匪。

寝殿侍奉宦官（中常侍）侯览、禁宫贴身侍从宦官（小黄门）段珪，在济北国（首府卢县〔山东省济南市长清区〕）边界一带，都有庞大田产，奴仆宾客们就在那里劫掠行旅。济北国宰相滕延，将他们一网打尽，诛杀数十人，把尸首放到街头示众。侯览、段珪直接向皇帝刘志打小报告，中央遂征召滕延前往首都洛阳，由司法部（廷尉）收押，免职。

左悺的老哥左胜当河东郡（山西省夏县）郡长，所属皮氏县（山西省河津市）县长、京兆（陕西省西安市）人赵岐，对这样的长官，感到羞耻，立即辞职回乡。唐衡的老哥唐玹，恰好当西都长安市长（京兆尹），跟赵岐之间，早有怨恨，乘这个机会，逮捕赵岐所有的家族、亲戚，罩上可怖的重法，全体诛杀（到底是哪一种可怖重法，史书没有记载。依常情判断，应是“诬以谋反”，因为只有对谋反的罪行，才能发挥血腥的打击）。赵岐只身逃亡，走遍全国，改名换姓，最后到北海郡（山东省昌乐县西），在街头卖烧饼维生。安丘（山东省安丘市）人孙嵩，发现这位卖饼小贩，跟普通卖饼小贩不同，就把他接到家里，藏在夹墙之中。直等到唐衡兄弟逝世，又遇到赦免，才敢出来。

3 闰正月，西羌残余部队，又跟烧何部落（原居宁夏南部）酋长，攻击张掖（甘肃省张掖市）。早晨，逼近西羌保安司令（护羌校尉）段颎军营。段颎下马迎战，缠斗到中午，刀都砍断，箭也用尽，诸羌部落也告撤退。段颎尾追，一面战斗，一面挺进，昼夜不停的攻击，饥饿时吃战马的肉，口渴时喝饮雪水，历时四十余日，抵达积石山（青海省阿尼玛卿山），已出塞二千余里。斩烧何部落酋长，接受残余部众投降后，班师。

4 夏季，五月十一日，汉中郡（陕西省汉中市）山崩。

5 六月九日，宰相（司徒）祝恬逝世。

6 秋季，七月，擢升最高监察长（司空）盛允当宰相（司徒），祭祀部长（太常）虞放当最高监察长（司空）。

7 长沙（湖南省长沙市）蛮夷叛变，进军益阳（湖南省益阳市）。零陵（湖南省永州市）蛮夷叛变，攻击长沙。

8 九真郡（越南清化市）残余的变民集团（参考一五七年），占领日南郡（越南东河市），势力转盛。东汉政府擢升桂阳（湖南省郴州市）郡长夏方，当交趾州（广东、广西及越南北部）州长（刺史）。夏方素有威信和恩德。

冬季，十一月，日南郡变民集团二万余人，向夏方投降。

9 西羌勒姐部落（渭水上游一带）及零吾部落，包围允街（甘肃省永登县南），被西羌保安司令（护羌校尉）段颎击败，解围。

10 泰山郡（山东省泰安市东）变民集团首领叔孙无忌（叔孙，复姓），击斩民兵司令（都尉）侯章。东汉政府派皇家警卫指挥官（中郎将）宗资，击败变民；征召皇甫规当泰山郡郡长。

皇甫规到职后，运用智谋，民变全部平息。

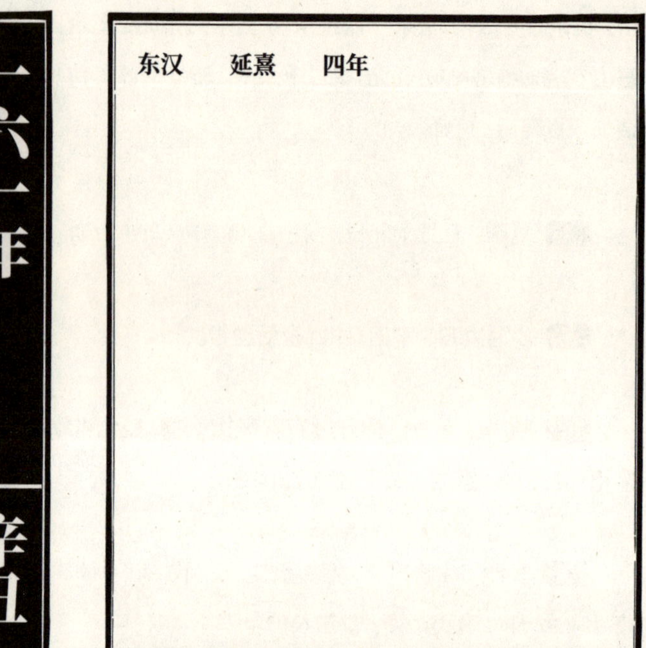

1 春季，正月二日，东汉王朝（首都洛阳〔河南省洛阳市东白马寺东〕）南宫嘉德殿失火。

正月二十九日，丙署（皇宫殿名）失火。

2 瘟疫。

3 二月三日，军械库（武库）失火。

4 宰相（司徒）盛允免职，擢升农林部长（大司农）种暠当宰相（司徒）。

5 三月，全国武装部队总司令（太尉）黄琼免职。

夏季，四月，擢升祭祀部长（太常）沛国（首府相县〔安徽省淮北市〕）人刘矩，当全国武装部队总司令（太尉）。

最初，刘矩当雍丘（河南省杞县）县长，用礼义谦让，教化人民。遇到诉讼案件，常把当事人带到面前，向他们劝解，警告他们：愤怒可以忍耐，而衙门法庭，绝不可以进去，请他们回去三思。诉讼的人感谢万分，都愿意和解，撤销控告，各自回去。

6 四月二十六日，封河间（孝）王（首府乐成〔河北省献县〕）刘开的儿子、参户亭侯刘博（刘志叔父）当任城王（首府任城〔山东省济宁市东南〕），祀奉任城王（孝王）刘尚香火（任城国撤销，参考一五一年闰十二月）。

7 五月四日，心星之旁，出现孛星（《晋书·天文志》：“心星有三颗，中星是皇帝位，前星是太子位，后星是庶子位”）。

8 五月十日，一任帝（光武帝）刘秀墓园（原陵，河南省洛阳市孟津区东北铁谢村）寝殿长寿门失火。

9 五月二十二日，京师（首都洛阳）降下冰雹。

10 六月，京兆（陕西省西安市）、扶风（陕西省兴平市）、凉州（甘肃省），地震。

11 六月十三日，岱山（泰山，山东省泰安市北）、博县（山东省泰安市东南）境内尤来山（泰安市东南徂徕山），崩塌。

12 六月二十二日，赦天下。

13 最高监察长（司空）虞放免职，任命前任全国武装部队总司令（太尉）黄琼，当最高监察长（司空）。

14 犍为移民区（犍为属国，云南省昭通市）蛮夷，劫掠人民。益州（四川省及云南省）州长（刺史）山昱，击破叛蛮。

15 西羌零吾部落，跟东羌先零部落（宁夏）等叛变，攻击三辅（关中地区，陕西省中部）。

16 秋季，七月，京师（首都洛阳）设坛，向上天祈雨。

17 东汉政府减少三公、部长级官员以下的俸禄。向各亲王及侯爵，借贷他们封国一半的赋税。出卖“关内侯”（准侯爵）、虎贲武士、羽林军侦缉营保安官（缇骑营士）、五大夫（文官十二级），官阶不同，售价多少不等。

18 九月，最高监察长（司空）黄琼免职，擢升藩属事务部长（大鸿胪）东莱（山东省龙口市东黄城集村）人刘宠，当最高监察长（司空）。

刘宠曾当过会稽郡（浙江省绍兴市）郡长，废除繁杂的行政措施，一切简化，禁止非法行为，全郡治理。中央政府擢升他当工程总监（将作大匠）。山阴（会稽郡郡政府所在县，浙江省绍兴市）有五六位老汉，从若邪山（绍兴市南）山谷出来，每人拿一百钱，送给刘宠，说："我们是山野的村民，从没有见过郡政府。只知道别的郡长时，派官吏到民间，不是要捐税，就是征民夫，到半夜还不停止。有时狗叫的声音，彻夜不绝，人民不得平安。阁下到职后，狗从来没有在半夜叫过，人民也看不见官吏。想不到人已垂老，才逢到圣明盛世。而今，听说阁下要抛弃我们离去，我们互相扶持，前来相送。"

刘宠说："我的政绩怎么担得起先生们的夸奖，劳动各位父老。"向他们每人选了一个大钱告辞（浙江省绍兴市城西北二十三公里，据胡三省注，此地就是父老送别刘宠处）。

19 冬季，东羌先零部落（宁夏）、沈氏部落（陕西省北部），以及其他诸部落，攻击并州（山西省及黄河河套地区）、凉州（甘肃省）。西羌保安司令（护羌校尉）段颎，率领湟中（青海省东北部）羌胡自愿军（义从）讨伐。凉州（甘肃省）州长（刺史）郭闳，希望分享段颎的功劳，故意阻挠，使段颎无法前进。自愿军在战场上羁留太久，思念亲人，于是一哄而散，逃回故乡。郭闳把所有罪过都推到段颎头上，段颎被召回首都洛阳，囚入监狱，判处苦工，交付左劳工营服役。

东汉政府任命济南国（首府东平陵〔山东省济南市章丘区〕）宰相胡闳，接替西羌保安司令（校尉）。胡闳既没有威信，又没有谋略，西羌势力遂更不可当，不断攻陷碉堡城寨，辗转招诱其他部落跟其他民族，向各郡发动攻击，气焰旺盛。

泰山郡（山东省泰安市东）郡长（太守）皇甫规，上书说： 480

“现在，东方的盗贼，都已剿灭，泰山郡大致已恢复太平，听到西羌诸部落起兵叛变消息。我生长在邠山（陕西省彬州市南）及岐山（陕西省岐山县东北）一带，今年已五十九岁，曾在安定郡（原郡政府设甘肃省镇原县东南屯字镇）郡政府任职，羌人当初叛变时，我参与郡政府的参谋作业，曾不幸而言中（预料征西兵团司令马贤必败，参考一四〇年）。

“我一直疾病缠身，深恐怕像犬马一样老死，不能报答皇上大恩。但愿随意赐给我一个不重要的官职，和一辆马车，派我前往三辅（关中地区，陕西省中部），安慰人民，宣扬中央威信恩德，用我所熟悉的地理山川形势知识，帮助各军。当初，我孤独绝望，身处危城之时（指在安定郡政府供职之日），观察郡长以及将领们的军事行动，达数十年之久，认为从西方的鸟鼠山（甘肃省渭源县西南），到东方的泰山（两地航空距离一千二百公里），病毒都是一样（鸟鼠山是先零部落劫掠最重之处，泰山郡是变民首领叔孙无忌起兵之处；全是官逼民反）。

“与其寻访勇猛的将领，不如天下太平无事；与其精通《孙吴兵法》，不如清廉正直。上次变乱，为时不远，使我深忧。所以，虽然超越我职责的范围，但仍直言陈述我的见解。”

东汉帝（十一任桓帝）刘志（本年三十岁）任命皇甫规当皇家警卫指挥官（中郎将），“持节”，总督关西（函谷关以西）所有武装部队，讨伐零吾部落等西羌变民集团。

十一月，皇甫规进攻，击破叛羌，杀八百人。先零等诸部落，素来敬服皇甫规的威力跟信誉，互相规劝，归降的有十余万人。

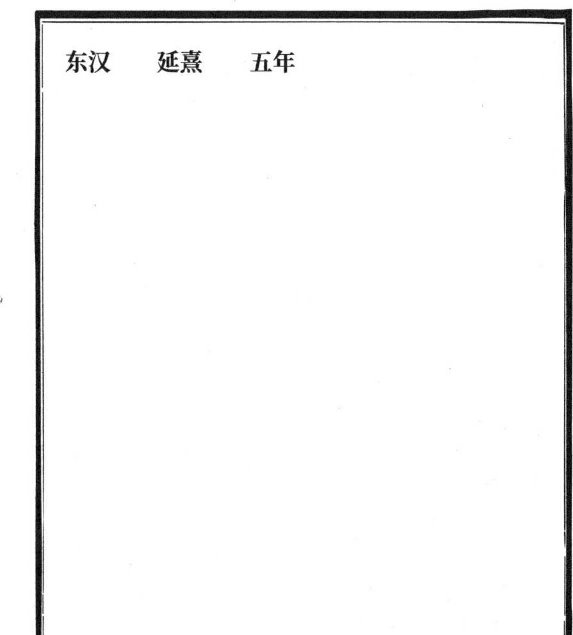

1 春季，正月二十九日，东汉王朝（首都洛阳〔河南省洛阳市东白马寺东〕）洛阳南宫丙署（殿名）失火。

2 三月，东羌沈氏部落（陕西省北部）攻击张掖（甘肃省张掖市）、酒泉（甘肃省酒泉市）。皇家警卫指挥官（中郎将）皇甫规，征调先零（宁夏）等部落，共同向陇右（陇山以西）地区进军。这时，道路已经断绝，而军中忽然传染瘟疫，死亡人数达十分之三四。皇甫规亲自到各营帐，巡察安抚将士，部队都心怀感激。东羌（指沈氏部落）遂派人请求投降，凉州（甘肃省）交通，才告恢复（东羌既降，皇甫规大军才能前进攻击西羌）。

原来，安定郡（甘肃省镇原县东南屯字镇）郡长孙隽，贪赃枉法，声名狼藉。而移民区驻军司令（属国都尉）李翕、三军监察官（督军御史）张禀，对归降的羌人，杀戮太多（可怜的羌民族，战是死，降也是死）。凉州（甘肃省）州长（刺史）郭闳、汉阳郡（甘肃省甘谷县）郡长赵熹，又全都老弱昏庸，没有能力。可是，因为有权贵人物支持，横行暴敛，无法无天。

皇甫规到职后，一条条列出罪状，上书弹劾，有的免职，有的处死。羌民族听到消息，态度改变，跟政府亲近。沈氏部落重要酋长滇昌、饥恬等十余万人，再向皇甫规归降。

3 夏季，四月，长沙（湖南省长沙市）变民起兵，攻击桂阳郡（湖南省郴州市）、苍梧郡（广西梧州市）。

4 四月乙丑日（四月癸未朔，没有乙丑），六任帝（安帝）刘祜墓园（恭陵，河南省洛阳市孟津区东南）寝殿东门失火。

四月戊辰日（四月也没有戊辰），虎贲警卫指挥部侧门失火。

五月，五任帝（殇帝）刘隆墓园（康陵，孟津区东南平乐镇北）失火。

5 长沙（湖南省长沙市）、零陵（湖南省永州市）变民，侵入桂阳郡（湖南省彬州市）、苍梧郡（广西梧州市）及南海郡（广东省广州市）。交趾州（广东、广西及越南北部）州长（刺史），跟苍梧郡郡长，惊慌恐惧，望风而逃。

东汉政府派总监察官（御史中丞）盛修，监督州郡政府募集民兵讨伐，不能取胜。

6 五月二十三日，京师（首都洛阳）地震。

7 六月三日（原文误置于五月），皇宫钱币库（中藏府）薪俸局（俸禄署）失火。

秋季，七月八日，洛阳南宫承善闼失火（闼，小寝室）。

8 西羌鸟吾部落攻击汉阳郡（甘肃省甘谷县）。陇西郡（甘肃省临洮县）、金城郡（侨郡，甘肃省陇西县）等郡政府部队，击破鸟吾部落。

9 艾县（江西省修水县）变民攻击长沙郡（湖南省长沙市）所属各县，杀益阳（湖南省益阳市）县长，部众多达一万余人。皇家礼宾官（谒者）马睦，督促荆州（湖北省及湖南省）州长（刺史）刘度，率军讨伐，大败；马睦、刘度狼狈逃命。

零陵（湖南省永州市）蛮夷接着叛变。

冬季，十月，武陵（湖南省常德市）蛮夷也叛变，攻击江陵（南郡郡政府所在县，湖北省江陵县），南郡郡长李肃打算逃命，秘书官（主簿）胡爽，拦住马头劝阻说："蛮夷因为发现郡政府没有戒备，才敢乘机侥幸。郡长是国家的高级干部，管辖的城池，一连千里。如果发出军令，竖立大旗，高击战鼓，应声而来的，可以集结十万大军。怎么能抛掉守土的责任，去当逃犯？"李肃胆已吓破，急于脱身，抽出佩刀，直抵胡爽前胸，咆哮说："滚你妈的，逃命要紧，谈什么大道理！"胡爽抱住马颈，竭力要说服他，李肃用佩刀把胡爽砍死马前，纵马逃走。

东汉帝（十一任桓帝）刘志（本年三十一岁）得到报告，把李肃征召到首都洛阳，绑赴街市斩首。刘度、马睦判处死刑减一等。免除胡爽家赋税差役，任命胡爽家一人当宫廷禁卫官（郎）。

宫廷秘书（尚书）朱穆，推荐西区劳工营总管（右校令）山阳（山东省巨野县东南大谢集镇）人度尚（度，姓），当荆州（湖北省及湖南省）州长（刺史）。

十月二十二日，任命祭祀部长（太常）冯绲当车骑将军，率领大军十余万人，讨伐武陵（湖南省常德市）叛变的蛮夷部落。原先，每一位大军指挥官，都被宦官陷害，罩上“浪费军用物资”的罪名，往往无法脱身，受到惩罚。冯绲为了避免这项陷害，更为了建立功勋，只好请求刘志派一名寝殿侍奉宦官（中常侍）监督军事开支。宫廷秘书（尚书）朱穆，弹劾冯绲躲避嫌疑，有失国家高级官员的节操。皇帝刘志下令：不要弹劾。

冯绲再请求前任武陵郡郡长应奉，一同出发，担任参谋主任（从事中郎）。

十一月，冯绲兵团进抵长沙（湖南省长沙市），汉人变民集团得到消息，全到大营投降。冯绲遂进攻武陵蛮夷叛变部落，杀四千余人，接受十余万人归附，荆州（湖北省及湖南省）平定。刘志下诏，赏赐冯绲钱一亿，冯绲坚决拒绝，不肯接受，振旅班师，返回首都洛阳，把功劳全推给应奉，保荐应奉当京畿总卫戍司令（司隶校尉），然后上书辞职；中央不准。

10 西羌滇那部落，攻击武威（甘肃省武威市）、张掖（甘肃省张掖市）、酒泉（甘肃省酒泉市）。

11 全国武装部队总司令（太尉）刘矩免职，擢升祭祀部长（太常）杨秉，当全国武装部队总司令（太尉）。

12 皇甫规"持节"（代表皇帝亲临），担任大军统帅（皇家警卫指挥官监关西兵），回到故乡，督导军政，既没有树立私恩，也没有建立私党，反而对贪官污吏，不断弹劾惩处，更不跟宦官结交来往。于是，在预料中，从皇宫到郡县，怨声载道，异口同声的咬定皇甫规并没有作战能力，只不过贿赂西羌叛变部落，教他们表面投降罢了。皇帝刘志下诏斥责皇甫规。

皇甫规上书答辩，说：

"去年（一六一）秋季，蛮夷蠢动，故都（长安〔陕西省西安市〕）惊慌恐惧，中央政府面对西方形势，深怀忧心。我宣扬国家的政令，重振声威，西羌部落都低头投降，节省的军费，多达一亿以上。这是忠臣应尽的本分，不敢自称我的功劳。假如由我自己展示对国家的贡献，便是一种耻辱。

"然而，比起从前的事迹（前数任的一群败军之将），我并不觉得应该后悔。最初，我一进入凉州（甘肃省）州界，先行弹劾孙隽（安定郡郡长）、李翕（安定移民区驻军司令）、张禀（三军监察官）。后来率军南征，又弹劾郭闳（凉州州长）、赵熹（汉阳郡郡长）。一条一条，列出他们的罪状，依法自应判处死刑。

"可是，这五位高级官员，党羽爪牙，布满半个国家。而身佩黑色绣带印信的中级官员，下至最低级的雇佣人员，牵牵连连，又有一百余人。部属借口要为长官复仇，儿子一心要为老爹雪耻。有的带着见面时致送的礼物礼金，乘坐车马，到处奔走。有的身怀粮食，徒步前往；结交有权势的豪门，传播恶毒的诽谤谣言，坚称我暗中贿赂叛乱的羌民族部落，回报给他们钱币或物资。

“如果说我用私人财产，我家庭贫苦，没有一石以上的存粮。如果说我用国家的公款，则政府的文书账簿俱在，很容易查考。而且，即令这是真的，我就更是困惑。从前，政府还把宫女赏赐给匈奴汗国（指王昭君故事，参考前三三年），更把公主嫁到乌孙王国（指刘细君嫁乌孙国王，参考前一〇五年），而今，我不过仅仅开支一千万钱，却收到怀柔羌人的效果。优秀的高级干部的智谋，是战略家应推崇的，我有什么行为违法乱纪，违天背理？

“自本世纪（二）〇〇年代迄今（六〇年代），政府派出的统帅不少，全军覆没的就有五位（邓骘、任尚、司马钧、马贤、赵冲），费用动辄几亿。有的班师回京（首都洛阳）之日，中央拨发军饷的钱币，封条都没有打开，原封运回首都洛阳，直接送进权贵的家门。他们却享有盛名，建立功劳，皇恩浩荡的升他们的官，封他们的爵。而今，我回到故乡，清查各郡，跟朋友亲戚，都断绝关系，诛杀到老友头上，大家阴谋陷害，在情理之中。”

但刘志仍把皇甫规召回京师（首都洛阳），任命他当参议官（议郎）。依照他的功勋，应该加封侯爵，可是，寝殿侍奉宦官（中常侍）徐璜、左悺，却打算在他身上榨出满意的金银财富；不断派人拜访他，装模作样的查询功劳细情；皇甫规坚决不付出任何贿赂。徐璜等从没有被人拒绝过，于是大怒，重翻旧账，指控他确实收买羌部落表面投降，把皇甫规交付军法审判。

皇甫规的部下了解祸根所在，打算补送，请当权派（指徐璜之类）手下留情，皇甫规发誓不用这种不尊严的手段。结果，改用“残余盗匪没有肃清”条款，收押司法部（廷尉）监狱，判处苦工，押解东区劳工营服役。三公，以及国立大学生（太学生）张凤等三百余人，前往宫门，为皇甫规诉冤。正好，政府颁发赦令，才释放回家。

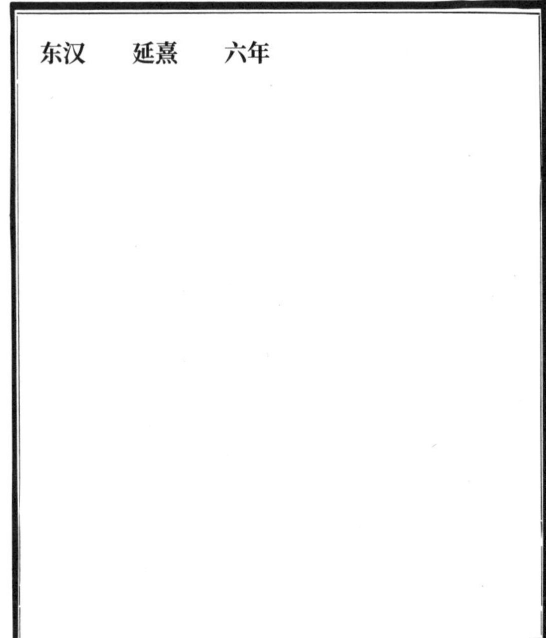

1 春季，二月十一日，东汉王朝（首都洛阳〔河南省洛阳市东白马寺东〕）宰相（司徒）种暠逝世。

2 三月二十二日，赦天下。

3 擢升皇城保安司令（卫尉）颍川（河南省禹州市）人许栩当宰相（司徒）。

4 夏季，四月五日，五任帝（殇帝）刘隆墓园（康陵）东厢房失火。

5 五月，鲜卑部落（王庭设弹汗山〔河北省尚义县南大青山〕）攻击辽东移民区（辽东属国，辽宁省义县）。

6 秋季，七月十日，西汉王朝八任帝（昭帝）刘弗陵墓园（平陵，陕西省咸阳市秦都区西）失火。

7 桂阳（湖南省郴州市）变民首领李研，攻击郡界，武陵（湖南省常德市）蛮夷再度叛变。武陵郡郡长陈举，出军分别讨伐平息。

宦官群一向讨厌冯绲，乘机报复。

八月，冯绲被控“军队班师后盗贼再起”（桂阳郡属荆州，此指冯绲去年〔一六二〕平定荆州后，仍有盗贼），免职。

8 冬季，十月十三日，东汉帝（十一任桓帝）刘志（本年三十二岁）前往广成御花园（地望在河南省新安县境）打猎，遂乘势前往函谷关（河南省新安县）、上林御花园（洛阳西）。

宫廷禁卫官司令（光禄勋）陈蕃上书劝阻说：

“天下太平时候，游猎还要节制，何况今天，国家正陷在‘三空’危机——农田空、政府空、仓库空。加上各地军事行动并没有停止，人民四散逃亡，正是陛下忧心如焚、愁眉不展、彻夜不能安眠之时，怎么能够耀武扬威，把心意全用到车马奔驰之上？今年，秋季雨量特别的多，农民熬到入冬，才下田种麦。而今却剥夺他们耕作时间，教他们去驱逐禽兽，修筑道路，不是圣贤体恤人民的本意。”

奏章呈上去后，刘志不理。

9 十一月，最高监察长（司空）刘宠免职。

十二月，擢升皇城保安司令（卫尉）周景当最高监察长（司空）。周景，是周荣的孙儿（周荣，参考九二年正月）。这时，宦官的势力，正像烈火一样，猛不可当。周景跟全国武装部队总司令（太尉）杨秉，上书说：“中央和地方政府官员，很多都不是适当人选。从前，法令规定，宦官家的子弟，不准许升居高位，掌握权柄。可是到了今天，不仅宦官的子弟而已，连他们的宾客和疏远的亲属，都遍布政府要职。甚至年纪轻轻，才干平平，都当郡长级高官。大官小吏，以及四方庶民，无不愤怒怨恨。我们建议：应恪遵传统的法令规章，排除贪赃枉法之辈，用以消灭天象变异跟人民的抨击。请陛下下令京畿总卫戍司令（司隶校尉）、部长、郡长（中二千石）、京师城防指挥官（城门）、野战军五兵团指挥官（五营校尉）、野战军参谋长（北军中候），切实清查他所属的干部。应该罢黜的，主动的呈报三府。如果有遗漏，准许继续呈报。”

刘志批准。于是，展开一次大的整肃，杨秉列举州长、郡长、青州（山东省北部）州长（刺史）羊亮等五十余人罪状，有的诛杀，有的免职，天下观感一新。

10 刘志下诏：征召皇甫规当北疆边防司令（度辽将军）。

最初，张奂被指控是梁冀的旧部，而被免职，剥夺公权（禁锢），一些故交老友，没有一个人敢为他说一句话。只有皇甫规向中央推荐张奂，前后一连呈递七次奏章，中央终于任命张奂当武威郡

(甘肃省武威市)郡长。现在，皇甫规担任北疆边防司令(度辽将军)，到职只数月，便向中央再度推荐张奂：“才干和谋略，同样优异，应该担任大军统帅的重任，用以满足天下人的盼望。如果认为我适合军事职务，那么，我愿意降级，做张奂的助手。”中央政府批准，任命张奂接替皇甫规当北疆边防司令(度辽将军)，改任命皇甫规当匈奴协防司令(使匈奴中郎将)。

11 西州(甘肃省东部)官员及人民代表，守在皇宫门前，为前任西羌保安司令(护羌校尉)段颎呼冤，人数越集越多。正巧，滇那等诸羌部落势力更盛，凉州(甘肃省)几乎陷落，东汉政府于是再任命段颎当西羌保安司令(护羌校尉)。

12 宫廷秘书(尚书)朱穆，对宦官的凶暴横行，深恶痛绝，上书说：“依照王朝的传统制度，寝殿侍奉官员(中常侍)，并不限由宦官担任，往往也有普通人士。一世纪二〇年代(东汉王朝建立)以后，才改为全用宦官。二世纪〇〇年代以后，宦官地位逐渐高升，帽子上戴着‘金珰右貂’(“珰”是帽子上的一种贵重装饰品，“貂”则是貂的尾巴，由帽檐儿右侧垂到右肩)，经常跟地位崇高的宫廷随从(侍中)平起平坐。政府行政权力，逐一落到他们之手。这权力使他们动摇全国，尊贵无与伦比，连他们家的子弟，甚至亲戚，都担负国家的重任。骄慢放纵，谁都无法克制。他们倾全力要使天下穷困，使人民家户全空。我愚昧的想法是，应该全体罢黜，恢复从前制度。并遴选海内清廉纯朴人士，递补他们的遗缺。这是全民的福气，使他们都受到圣明的教化。”

刘志不理。后来，朱穆有事晋见，又当面陈述说：“我曾经听说，汉王朝（西汉王朝）旧有的规矩，只设立宫廷随从（侍中）一人，寝殿侍奉宦官（中常侍）一人，负责传达宫廷秘书署（尚书）呈报皇帝的奏章。另行任用禁宫顾问官（黄门侍郎）一人，收受及传递政府官员奏章，及皇上的批示；一律不用宦官，而用高贵家庭出身的人士，自从和熹太后（四任帝刘肇正妻邓绥）以女主的地位，代替皇帝主持中央，跟三公和部长级官员，从不接触，只好专用宦官担任寝殿侍奉官（常侍），再用禁宫贴身侍从（小黄门）奔走皇帝宫跟皇太后宫之间。从此之后，宦官权力压倒人主，把天下压榨得民穷财尽。都应该罢黜遣散，广选儒家学派年长的学者，辅佐君王。”

刘志脸色大变，紧闭嘴巴，不说一句话。朱穆匍匐在地，不肯起来，希望刘志回心转意。刘志左右的人大喝：“出去！”朱穆仍然坚持，但最后终于被狼狈赶出。

从此，宦官大肆报复，不断乘着传达刘志皇帝命令的机会，声称是皇帝的意思，对朱穆痛加诟骂。朱穆一向刚烈正直，忍受不了这种侮辱，愤怒已极，过不了多少时候，长出毒疮，身死。

一六四年 甲辰

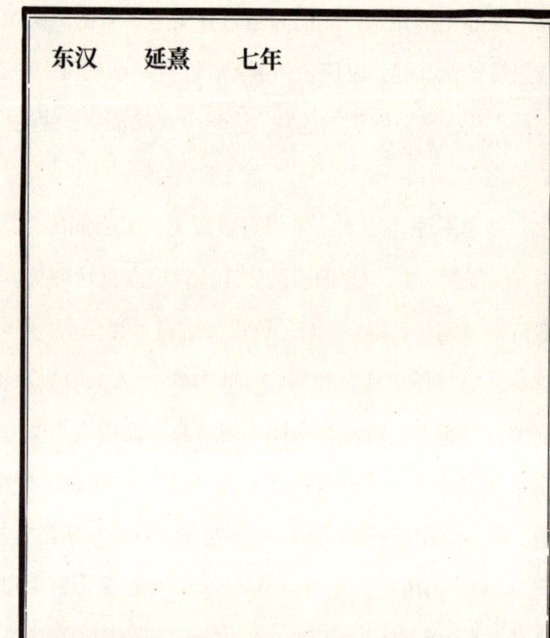

1 春季，二月丙戌日（二月壬寅朔，没有丙戌），东汉王朝（首都洛阳〔河南省洛阳市东白马寺东〕）前最高监察长（司空）、邟乡侯（忠侯）黄琼逝世（邟，音kàng〔抗〕）。下葬时，从全国各地，前来吊丧的名流，有六七千人。

最初，黄琼在家设立私塾，招收学生，徐稚向他学习请教。后来黄琼地位日益尊贵，徐稚就不再来往。黄琼逝世，徐稚吊丧，用酒浇地（表示祭祀），放声哀哭，才告辞而去，没有人知道他是谁。在场的知名之士询问丧礼主持人，丧礼主持人说：“是有一位学者，衣服粗糙单薄，可是哭声至哀，记不清他的姓名。”大家推测说：“一定是徐稚！”于是选派能说善道的陈留（河南省开封市东南陈留镇）人茅容，骑上轻装备的马急追，在半途追到。茅容设宴邀请徐稚，因而谈及国家大事，徐稚不作回答。再谈到农田庄稼，徐稚才说出他的意见。茅容回来，向大家报告经过。有人说：“‘可以跟他谈论，而不肯谈论，错过了人才。’（《论语》孔丘语。）徐稚恐怕是错过了人才。”太原（山西省太原市）人郭泰说：“不见得，徐稚这个人，清廉高洁，饥饿时没有人可以请他吃东西，寒冷时也没有人可以教他穿上衣服。但他赴茅容的邀宴，表示他已肯定茅容贤能，所以不谈国家大事，由于他的智慧我们赶得上，他的愚昧我们赶不上。”

郭泰，学问渊博，喜爱发表意见。最初，到首都洛阳留学，没有人知道他，陈留（河南省开封市东南陈留镇）人符融，跟他见一次面，便赞叹交集，推荐给首都洛阳市长（河南尹）李膺。李膺跟他相见，说：“我接触过的知名之士太多了，从来没有遇到过郭泰这样的，他聪明通达，细心高雅。在今天中国境内，还找不到第二个。”二人遂成为好友，郭泰的姓名，立刻震动京师（首都洛阳）。后来，郭泰告辞回乡（太原郡〔山西省太原市〕），官员绅士，以及儒家学派专家学人，送到黄河渡口，云集的车子有数千辆。但是只有李膺跟郭泰同坐一船渡河，送行客遥遥眺望，认为简直是一对神仙。

郭泰对人能作正确的判断，周游各郡各封国，喜爱鼓励知识分子上进。茅容，年已四十有余，仍在家耕田。有一次，跟一群农夫在大树底下避雨，大家都乱七八糟蹲在一起，只有茅容，在一旁正襟危坐。郭泰路过那里，大为惊异，遂上前搭讪，并请求到他家投宿一晚。第二天，茅容杀鸡煮饭，郭泰认为一定是招待自己。想不到茅容一半侍奉娘亲，一半储藏起来。而自己跟客人饭桌上，不过一些穷苦人家吃的蔬菜。郭泰说："你的贤德，超过常人。我宁可减少对爹娘的供养，用来款待客人；你却如此，是我的朋友。"站起来向他作揖致敬，劝他读书学习。茅容果然获得盛大成就。

钜鹿（河北省宁晋县西南）人孟敏，在太原（山西省太原市）做客，手中的瓦罐掉到地上，连一眼都没有多看，仰头而去。郭泰跟他见面时，问他为什么这样，孟敏说："瓦罐已经跌得粉碎，再看它有什么用！"郭泰认为他有决断力，跟他作一席谈话，发现他的性格品德，于是劝他读书求学，孟敏遂闻名当世。

陈留（河南省开封市东南陈留镇）人申屠蟠，家境贫困，当一名油漆工人。鄢陵（河南省鄢陵县）人庾乘，少年时在县政府当看守门户的警卫。郭泰认为二人与众不同，广为推荐，二人都成为知名之士。

其他，有的是杀猪出身，有的是卖酒出身，有的是当兵当仆人出身。因受到郭泰的鼓励，成名的非常之多。

陈国（首府陈县〔河南省周口市淮阳区〕）有个孩子魏昭，请求郭泰说："传授知识的教师容易找，而要找一位传授做人道理的教师，难上加难。我愿侍奉你左右，做你的仆役。"郭泰应许。不久，郭泰患病，教魏昭给他煮粥。稀粥煮成后，魏昭端到桌上。郭泰吆喝他说："你给长辈煮稀饭，一点都不在意！看你煮成了什么东西，怎么能吃？"连碗带粥，都扔到地上。魏昭就再煮一锅，重端到桌上，郭泰又找碴挑剔，大发雷霆。这样苛求，一连三次，魏昭都欣然接受，脸色仍保持温和。郭泰才说："我过去只看到你的表面。今后，我看到你的内心。"把魏昭当作朋友，善心相待。

陈留（河南省开封市东南陈留镇）人左原，是郡政府学校的学生，因违反校规，被开除学籍。郭泰在路上碰见他，特地为他摆设酒筵，对他安慰鼓励，说："从前，颜涿聚本是梁父山（山东省泰安市南）的大盗（《吕氏春秋》：颜涿聚后来当孔丘的学生，之后当齐国国务官〔大夫〕，在跟晋国的一场战争中殉国）。段干木本是晋国的市侩（参考前四〇三年），然而，一位终于成了齐国的忠臣，一位终于成了魏国的贤才。蘧瑗、颜回，都不能没有过失（蘧，音qú〔瞿〕。瑗，音yuàn〔院〕），何况别人？千万不要心怀怨恨，只要检讨改正就够了。"左原谨记他的赠言。于是有人讥讽郭泰不能跟恶人划清界限，郭泰说："一个犯了错误的人，如果厌恶他不留余地，可能制造出灾乱。"左原回去后，忽然越想越气，怒不可遏，结交党羽，要向同学们报复。可是，那一天，郭泰正在学校，左原羞于毁弃以前的承诺，遂没有发动。然而事情不久泄漏，大家对郭泰一致佩服。

偶然有人问范滂说："郭泰是个什么样的人？"范滂说："退隐民间，而不使爹娘受到穷困；操守严正，但不故意表示跟世俗不一样。天子不能教他当部下，亲王、侯爷，不能使他成为朋友。除了这些，我不知道还有别的。"

郭泰曾经被地方政府，向中央推荐为"有道"人才，郭泰不肯接受（推荐"有道"诏令，参考一二一年）。同郡（太原郡）人宋冲，一向佩服郭泰的道德学问，认为自从西汉王朝（于纪元前三世纪九〇年代）建立以来，没有人能超过他，曾经劝他出来当官。郭泰说："我夜间观看天象，白天考查人事。上天决心要摧毁的，谁都无力拒抗，我只有过一天算一天。"但他仍然常到京师（首都洛阳），不停的诱导人们读书求学。徐稚写信警告他："巨木就要倒下来，不是一根绳子就可以把它拴住，为什么每天奔忙辛苦，不能安定下来！"郭泰感谢说："听到你的话，把你当作老师（东汉王朝的混乱及亡在眉睫，冷静的知识分子，已看得清清楚楚）。”

2 济阴郡（山东省菏泽市定陶区）人黄允，以聪明才干，知名当世。郭泰跟他见面时，叮咛他说：“你才华高绝，超过常人，定可有伟大成就。四十岁之后，声名当满全国。然而，正因为如此，更应该特别要求自己，不然，全盘都会输掉。”后来，宰相（司徒）袁隗给侄女物色丈夫，看见黄允，赞叹说：“能得到像黄允这样的女婿，心愿已足。”黄允听到消息，怦然心动，决定抓住这个机会；于是，坚决跟妻夏侯女士离婚。夏侯女士哀求邀请宗族亲戚，作一次集会，容她向大家辞别。而就在宗亲大会上，夏侯女士揭发黄允不可告人的十五件邪恶隐私，才登车而去。黄允从此被人不齿。

最初，黄允跟汉中（陕西省汉中市）人晋文经，同时以才智自傲，声名远播，政府推荐他们当官，都不接受，却假装害病，到京师（首都洛阳）疗养，拒绝任何访客。三公、部长级官员，以及国务官（大夫），都派他们的学生，早晚前来探问病情；低级官员（郎吏）在门房挤成一团，而仍不能见面。三公对于推荐到中央的人才，都请晋文经重作评估。把晋文经的评估，作为任用或罢黜的根据。符融告诉李膺说：“黄、晋二位，并没有特殊的建树，却以豪杰自居，以致国家的高级官员都去探病，普通官员都去坐在门房等候召见。我深怕他们这种小家碧玉的做法，破坏大义。虚假的声誉，不能跟实际相符时，应该特别留意。”李膺认为他的观察合理。经过这项质疑后，黄允、晋文经二人的声望，跟着衰落，宾客门徒，稍稍减少。黄允、晋文经勉强支持了半月左右，惭愧逃走。后来，二人都被控有罪，受到社会摒弃。

陈留（河南省开封市东南陈留镇）人仇香，沉默寡言，乡里之间，没有人知道他。年四十岁时，当蒲亭（河南省民权县境）驿马站长（亭长）。民间有陈元这个人，跟娘亲同住，而娘亲向仇香控告陈元忤逆不孝，仇香吃惊说："我最近曾到过你家，房屋院落，都清洁整齐，而且陈元辛勤下田耕种，说明他不是一个坏人，只不过没有受过教育，不知道如何做罢了。你年轻时丧夫守寡，抚养孤儿，一生辛苦，而今年纪已老，只为了一时恼怒，抛弃多少年的爱心！养育丈夫遗留下的孤儿，有始无终，死者地下有知，等到有一天你大限来到，到地下怎么跟亡夫相见？"陈元的娘亲泪流满面，起身告辞。仇香遂亲自到陈元家，教导陈元伦理孝道，再用祸福的后果，作为警惕。陈元恍然大悟，终于成为孝子。

考城（河南省民权县东）县长河内（河南省武陟县）人王奂，任命仇香当秘书官（主簿），问他说："听说你在蒲亭，对于陈元，没有处罚他就把他改变，是不是缺少苍鹰搏击的勇气？"仇香说："我认为苍鹰搏击，不如鸾凤和鸣，所以不肯搏击。"王奂说："荆棘的丛林，不是鸾凤栖身之所。一个县的行政区域，不是大贤的道路。"于是，给仇香一个月的俸禄，让他到首都洛阳，进入国立大学（太学）。

郭泰、符融拿着名片求见仇香，遂留宿作彻夜长谈。第二天早上，郭泰起来，在榻前向仇香下拜说："你，是我的老师，不是我的朋友。"仇香学成回乡，即令在闲暇无事之时，也一定衣服整齐，妻子儿女对他，好像对严正的君王。妻子儿女们有了过失，他就脱下冠帽，自己责备，等到妻子儿女到院子里承认错误，表示悔悟，仇香戴上冠帽，妻子儿女才敢直进屋门。平常，从来看不见仇香喜怒的表情，不接受任何推荐，在家逝世。

3 三月癸亥日（三月壬申朔，没有癸亥），陨石落到鄠县（陕西省西安市鄠邑区）。

4 夏季，五月十九日，京师（首都洛阳）降下冰雹。

5 荆州（湖南省及湖北省）州长（刺史）度尚，招募蛮夷战士，讨伐艾县（江西省修水县）变民集团，大获全胜，变民投降的有数万人。

桂阳郡（湖南省郴州市）历时已久的变民首领卜阳、潘鸿等，逃入深山；度尚穷追不舍，深入数百华里，一连击破三座堡垒，抢夺到不少金银财宝。然而，卜阳、潘鸿的战斗主力，并没有受到伤害，声势仍大。度尚准备继续攻击，可是他的部队既骄傲而又富有（每人都在劫掠），不再有斗志。

度尚了解，如果不继续挺进，就不能发动攻击。可是，如果继续挺进，必然发生逃亡。于是宣称："卜阳、潘鸿，当强盗已当了十年，精于攻守。政府军寡不敌众，不可以轻率前进，必须等到各郡援军赶到，才能发动。"下令军中，允许将士们自由打猎。令下后，一片欢腾，上自将领，下到小兵，几乎全体都出营取乐。

度尚秘密派出心腹亲信，到大营纵火，把篷帐焚烧成一片灰烬，抢劫人民的金银财宝，也全被烧毁。出去打猎的将士们兴高采烈的回来，目睹残局，无不流泪号泣。度尚向他们安慰，深自责备对火灾疏于防范，然后激励他们，说："卜阳等的金银财宝，可以使我们几辈子都用不完，问题只在你们肯不肯出力？烧掉的那点东西，又算个屁！"大家踊跃请求出击。

度尚下令：喂饱战马，早上不再集合，就在床前进食，向变民集团，发动拂晓攻击。卜阳、潘鸿等自以为山寨坚固，没有戒备。政府军乘着锐气，遂攻陷城堡。度尚出征三年，到此，所有变民集

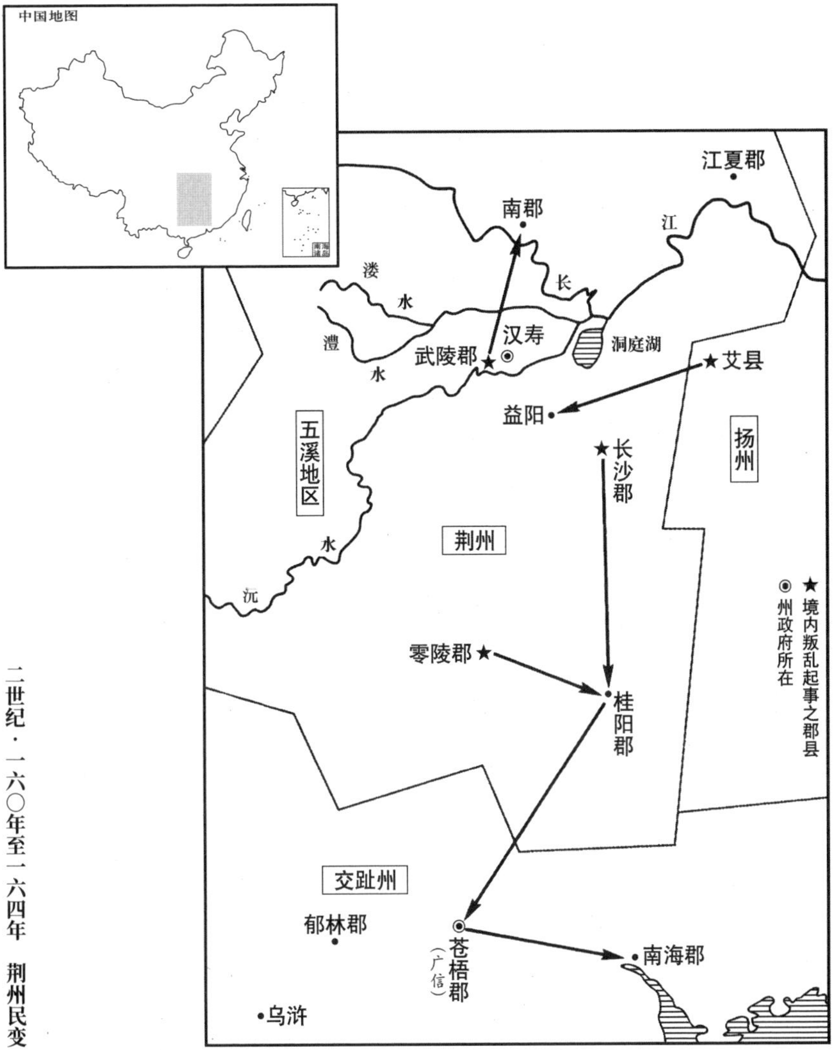

二世纪·一六〇年至一六四年　荆州民变

中国地图

南海诸岛

江夏郡

南郡

江

长

溇

水

澧

水

汉寿

武陵郡

洞庭湖

艾县

益阳

长沙郡

扬州

五溪地区

荆州

水

沅

★ 境内叛乱起事之郡县

◉ 州政府所在

零陵郡

桂阳郡

交趾州

郁林郡

苍梧郡（广信）

南海郡

乌浒

团，才全部消灭。

东汉政府封度尚当右乡侯。

6 冬季，十月五日，东汉帝（十一任桓帝）刘志（本年三十三岁）从首都洛阳向南视察。

十月二十三日，抵达章陵（湖北省枣阳市南。东汉一任帝刘秀的老爹、祖父等坟墓所在地）。

十一月一日，刘志前往云梦（湖北省安陆市南），抵达汉水之滨。在回程中，前往新野（河南省新野县）。当时，随驾的高级官员及皇亲国戚的车辆、马匹，一万有余，沿途向地方政府征求各种费用，用尽所有借口。护驾参谋官（护驾从事）桂阳人（湖南省郴州市）胡腾，上书说："君王的立场，没有内外之分。君王所在之地，就是京师（首都）。我请求把荆州（湖北省及湖南省）州长，当作京畿总卫戍司令（司隶校尉），把我视同军法处长（都官从事）。"刘志批准。胡腾执法严格，纪律肃然，随从不敢再勒索郡县政府（普通州长〔刺史〕，只可以纠察郡县官员，不能纠察中央官员。比照京畿总卫戍司令〔司隶校尉〕，就可纠察中央官员）。

刘志抵达南阳（河南省南阳市），左右宦官亲信，都牟取暴利，刘志听从他们的意见，任命很多人当宫廷禁卫官（郎）。全国武装部队总司令（太尉）杨秉上书说："太微星座，象征宫廷禁卫官（郎）的位置（参考《史记·天官书》，事关天文，不能了解）。在首都时，侍奉皇家；离开首都，便是县长。请陛下放弃不忍拒绝的恩德，断绝奸邪违法乱纪的道路。"刘志这才不再颁发诏书。

7 西羌保安司令（护羌校尉）段颎，击破当煎部落（湟水上游一带）。

8 十二月四日，刘志返回首都洛阳，回宫。

9 寝殿侍奉宦官（中常侍）汝阳侯唐衡、武原侯徐璜，一齐逝世。

10 最初，宫廷随从（侍中）寇荣，是寇恂的曾孙（寇恂事，参考三二年）。寇荣性情冷淡，很少跟人交往，也因此受到权贵们的厌恶。寇荣堂兄的儿子，娶皇帝刘志的妹妹益阳长公主，而刘志又收寇荣的侄孙女当小老婆。刘志左右宦官亲信，对寇荣更加忌恨，在共同陷害下，刘志下诏把寇荣逐回故乡（上谷郡，河北省怀来县），地方政府官员观望中央亲贵们的颜色风向，对他施加迫害。

寇荣恐怕死于地方官员的毒手，打算前往首都洛阳，亲自辩解。走到中途，幽州（河北省北部及辽宁省）州长（刺史）张敬，派人急追，同时先行弹劾寇荣擅自离开居所。中央政府下令通缉，寇荣遂开始逃亡，一连逃亡数年，每次中央作全国性的赦免时，寇荣都不在赦免之列。寇荣走投无路，穷困绝望，在逃亡中，上书皇帝刘志，说：

“陛下统御天下万物，当人民的父母，男女自生长牙齿之年算起，都受到恩德。我们兄弟，并没有违法犯罪，却被当权派高官，百般倾陷；青蝇之辈，共同谋害。（《诗经·青蝇》：“嗡嗡叫的青蝇／停在篱端／正直的绅士／不信谗言。”“嗡嗡叫的青蝇／停在荆棘上面／挑拨的话无所不用其极／把贞忠逼成叛乱。”“嗡嗡叫的青蝇／停在树间／小报告永没个完／使我们翻脸。”）促使陛下忽略了娘亲的仁慈，却跟曾参的老母一样，愤怒的投出布梭（曾参娘亲误信曾参杀人的事，参考前三〇八年）。残酷的执法官员，竭力张开网罗，挖掘陷阱，争先恐后，俨然面对仇敌。而且，刑罚加到死人的尸体上，连墓园树木，都被铲平。为了表示‘严’‘明’，

国法竟这样泛滥成灾（可看出寇荣家祖先墓地，所遭受的破坏）。 502

“因为这个缘故，我才不敢冒犯天威，而独自逃入山林，一心一意等待陛下心回意转，圣耳垂听，神目明察，拯救可以拯救的人，捞出将要淹死的命。万万想不到，愤怒并不因为春夏二季的降临而消失，恚恨也不因为时间久远而冲淡。于是派出使臣，奔驰驿马车站之间，贴出布告，传播远近；命令严厉，读后犹如身上堆满冰霜。追逐我的人走遍天下道路，缉拿我的官布满有车迹的地方。纵然是当初楚王国之悬赏捉拿伍子胥，西汉王朝之悬赏捉拿季布，都不能比对我更加严厉（伍子胥事，前六世纪七〇年代，楚王国芈弃疾把太子芈建的未婚妻夺为己有，要杀太子灭口，伍子胥保护芈建逃亡；楚王国悬赏粟米五万石和“执珪”的爵位〔珪是一种上尖下方的白玉，楚王国对于功臣，都赏赐给这种白玉，地位跟封国国君相等〕。季布事，参考前二〇二年）。

“我自从受到国法的惩处以来，政府曾对全国罪犯，颁布过三次赦免令，又颁布过两次可以用金钱粟米赎罪的诏书。身犯没有证据的罪状，应有足够的理由获得消除。可是，陛下恨我越深，有关单位对付我越卖力。停下来我会被立刻扫灭，逃下去则只好成为天涯亡命。生为穷途之人，死为含冤之鬼，苍天辽阔，独对我不肯掩盖；大地厚重，只有我不能立足。在地上行走，担心地可能崩裂；远离高墙，恐惧高墙倒塌到我身上。我如果犯的是十恶不赦的大罪，本应该身受死刑，横尸荒野，那么，陛下应该公开宣示我到底受了什么样的指控，和犯了什么样的罪，使天下人的怀疑，得到答案。

“我也曾想前往首都洛阳，向陛下自首。可是，一旦如此，坐在‘肺石’之上（上古时代，宫廷大门之外，有一块巨石，称“肺石”；受委屈的一方要想伸冤而走投无路时，就站在肺石上三天，司法官然后记录下他的控告，呈报上级。此处引用，表示被羁押监狱），听候三公、部长级官员，以及‘公’‘侯’‘伯’‘子’‘男’爵爷等审判。那时候，一言一词，都是陷阱，一举一动，都是设计的圈套。而皇宫门闭九重，我的陈诉，永远无法呈递到陛下面前，更永远无法获得陛下相信。

“可悲的是，我活下去有什么意义？忠臣为了化解君王的愤怒，不惜杀身；孝子为了平息爹娘的怨恨，不惜殒命。所以，姚重华（舜）不逃避修理仓房，跟下井挖土的灾难；姬申生也不逃避骊姬的陷害（姚重华在仓房正翻盖茅草的时候，老爹、继母，跟继母生的弟弟姚象，却把梯子搬去，然后纵火焚屋。姚重华用斗笠当翅膀，跳下来逃生。老爹教姚重华挖浚旧井，可是他下井之后，父母老弟，立刻动手填井，姚重华却从早已悄悄挖好了的地道中，再度逃生。这是儒家学派大力制造的姚重华的“孝”的神话。姬申生是春秋时代晋国太子，老爹姬诡诸〔十九任国君献公〕的继妻骊姬，要杀姬申生，而立她的儿子姬奚齐当太子。于是，有一天，姬申生在一次盛大祭祀后，把祭肉呈献给老爹姬诡诸，骊姬把毒药放上去，坚持是姬申生下的毒手；有人劝姬申生调查追究，姬申生说：“我如果这样做，骊姬必然获罪。”遂自缢身死）。我怎能忘记这些事迹，不自杀以化解陛下神圣贤明的气愤！

“我愿意用我一人来塞责指控，请求陛下饶恕我兄弟一命，使我一家还能剩下残类，用以显示陛下宽厚的恩德。临死哀诉，面对奏章，泪尽泣血。”

刘志看到后，如火上浇油，下令诛杀寇荣。寇家自东汉王朝建立以来的荣华富贵，从此衰落。

一六五年 乙巳

东汉　延熹　八年

1 春季，正月，东汉王朝（首都洛阳〔河南省洛阳市东白马寺东〕）皇帝（十一任桓帝）刘志（本年三十四岁）派寝殿侍奉宦官（中常侍）左悺，前往苦县（河南省鹿邑县）祭祀李耳（李耳，楚王国苦县厉乡曲仁里人，又名李聃，绰号老子）。

2 勃海王（首府南皮〔河北省南皮县〕）刘悝（皇帝刘志的亲弟），行为一向荒唐、邪恶、骄傲，而不断破坏法令。北军（野战军）参谋长（中候）陈留（河南省开封市东南陈留镇）人史弼，上“亲启密奏”（封事）说：

“我曾经听说，君王对于亲属，虽然爱到极点，但一定要他知道君王的威严；纵然身份是那么高贵，但一定要他遵守国家的法令规章。必须如此，才能一团和睦，完成骨肉之恩。

“我私下听说，勃海王刘悝，在外面集结一些地痞流氓，在宫内荒饮酗酒，出入无常，整天混在一起的，都是别人家放弃教养的浪子，和政府不敢任用的官吏，日子一久，必然发生羊胜、伍被之变（羊胜事，参考前一四八年；伍被事，参考前一二二年）。州政府不敢弹劾，亲王师傅、封国宰相不能纠正。陛下手足情深，不忍心及时阻止，恐怕事态越来越大，一旦爆发，灾祸会更严重。

“我请求把我的奏章，公开宣布，由文武官员讨论，公平的依法处理。等到判决确定之后，陛下再下令特赦。如果大家坚决执行判决，然后陛下稍稍让步，作轻微处罚。必须如此，圣明王朝才不会被人讥笑伤害亲情，勃海国也可以永存。不然的话，我恐怕将有大狱兴起。”

刘志不理。

刘悝果然阴谋叛变，有关单位请罢黜封爵，刘志下诏贬刘悝当瘿陶王（首府瘿陶〔河北省宁晋县西南〕），采邑只有一县。

3 正月三十日，日蚀。下诏三公、部长级官员、指挥官等，推荐“贤良”“方正”人才。

4 二月（原文误置于正月，据《后汉书·五行志》改），千秋万岁殿失火。

5 寝殿侍奉宦官（中常侍）侯览的老弟侯参，当益州（四川省及云南省）州长（刺史），残暴凶恶，贪赃以亿为单位计算。

全国武装部队总司令（太尉）杨秉，提出弹劾，中央政府用囚车把侯参押解回京（首都洛阳）。侯参无法自救，在中途自杀。检查他所携带的车队，有三百余辆，装的全是金银跟绸缎。杨秉遂再弹劾：

"我考察国家旧有法令，宦官的工作，只限于在皇宫之内当差服役，早晚看守门户。而今，却受到过分宠爱，掌握大权。附会宦官的人，乘着国家征求人才时，宦官推荐他当官；冒犯宦官的人，宦官随便找一个借口，对他打击。家居豪华，如同王公；财产之富，可比君王，桌上摆的饮食，应有尽有，奴仆侍妾，都穿绫罗。

"寝殿侍奉宦官（中常侍）侯览的老弟侯参，贪污凶暴，属于罪魁，自取灭亡。身为老哥的侯览，深知老弟罪恶深重，一定内心感到不安，我愚昧的认为，不应该把侯览再放在陛下身旁。从前，姜商人（齐国二十一任国君懿公）把刑罚加到邴歜的老爹身上（邴，音bǐng〔丙〕。歜，音chù〔怵〕），而又夺取阎职漂亮的妻子，却命二人陪同乘车（参乘），终于发生竹林中的大祸（《左传》前六〇九年：姜商人还没有当国君的时候，跟邴歜的老爹争夺田地，不能取胜。等到当了国君，邴歜的老爹已死，就把他的尸首掘出来，砍断双足，却命邴歜给他驾车。又强占阎职的妻子，而命阎职陪同乘车。前六〇九年五月，姜商人到申池〔山东省淄博市西〕游逛，邴歜、阎职在池里洗澡，邴歜用马鞭打了阎职一下，阎职大怒，邴歜说："人家抢你的老婆，你不生气，我只不过轻轻一马鞭，有什么关系？"阎职说："比起老爹被砍掉双脚却不吭一声，又怎么样？"二人遂同心协力，把姜商人杀掉，尸首抛到竹林里）。

"基于这个原因，侯览应被排除，投到豺狼群中（《诗经》："抓住那个挑拨离间说谗言的人／投给豺狼虎豹"），像这一类的人，再大的恩典，都不可以宽恕；请免除他的官职，送他回到本郡故乡。"

奏章呈上之后，宫廷秘书（尚书）召唤杨秉的秘书，诘问说："国家设立官职，各有各的工作范围，三公处理政府业务，监察官（御史）监察官员动静。而今，三公逾越范围，弹劾到宫内宦官，无论是经典，无论是制度，有什么根据？请公开答复。”杨秉的秘书说：“《春秋左传》说：‘为君王除奸去恶，要用出全身力量。’邓通态度傲慢，申屠嘉召唤邓通责备，文帝（西汉王朝五任帝刘恒）为他说情（参考前一六二年）。汉王朝（两汉王朝）的传统制度是，三公的职位，没有一件事情不可以过问。”

宫廷秘书（尚书）不能把杨秉的秘书难倒，刘志不得已，只好把侯览免职。

京畿总卫戍司令（司隶校尉）韩缜，乘机弹劾左悺种种罪行，以及左悺老哥交通部长（太仆）南乡侯左称：“干预州郡政府，贪污聚敛，作奸犯科，宾客们仗势横行，欺凌小官小民。”左悺、左称，一同自杀。

韩缜又弹劾寝殿侍奉宦官具瑗的老哥、沛国（首府相县〔安徽省淮北市〕）宰相具恭贪赃枉法。刘志命具恭前往京师司法部（廷尉）报到。具瑗机警，用出苦肉计，自己先投入司法部监狱，缴还东武侯印信，请求降罪。刘志下诏：具瑗贬都乡侯。单超、徐璜、唐衡等继承人的爵位，一律贬降为乡侯。子弟中分封的，全部取消他们的封爵和采邑。

刘普等贬为关内侯（准侯爵，没有采邑），尹勋等的封爵撤除（尹勋等封侯事，参考一五九年）。

6 皇帝刘志喜爱女色，宫女多达五六千人，而服侍她们的“驱役”“从使”等奴仆差役（掠夺良家的妇女，称“驱役”；趋炎附势，乐意献身的，称“从使”），超过宫女人数两倍以上。皇后邓猛，仗恃她尊贵的地位，骄傲忌妒，不可一世。跟刘志所宠爱的郭贵人，爆发夺床斗争，互相陷害。刘志决心摆脱邓猛。

二月二十七日，下诏罢黜邓猛，取消皇后官衔，囚禁宫廷事务部纺织厂附设监狱（暴室），邓猛忧愤而死。首都洛阳市长（河南尹）邓万世，跟虎贲警卫指挥官（虎贲中郎将）邓会，被捕下狱，诛杀。

7 西羌保安司令（护羌校尉）段颎，击破勒姐部落（渭水上游一带）。

8 三月十六日，赦天下。

9 宛陵（河南省新郑市东北）豪门羊元群，曾当北海郡（山东省昌乐县西）郡长，贪赃枉法，声名狼藉，免职回家时，连郡政府厕所里的特有装置，都撬起来载回故乡。

首都洛阳市长（河南尹）李膺，弹劾羊元群贪赃枉法，羊元群恐惧，向宦官们行贿，李膺竟被指控“诬告”，而“诬告”就要反坐。这时，单超的老弟单迁，当山阳郡（山东省巨野县东南大谢集镇）郡长，因为犯法，囚禁监狱，在司法部长（廷尉）冯绲苦刑拷打下致死。宦官集结成党，发出匿名函件，指控冯绲。又同时，寝殿侍奉宦官（中常侍）苏康、管霸，用贱价购买天下所有的良田美业，州郡政府不敢问他干什么，农林部长（大司农）刘祐依照法令，一律没收。

刘志大为震怒，刘祐、李膺、冯绲，全罚做苦工，押解东区劳工营服役。

10 夏季，四月十九日，西汉王朝二任帝（惠帝）刘盈墓园（安陵，陕西省咸阳市东北十五公里）失火。

11 四月二十二日，下诏拆除各郡各封国不恰当的多余庙宇，仅准洛阳保留王涣庙，密县（河南省新密市）保留卓茂庙（王涣，参考一〇五年；卓茂，参考二五年九月）。

12 五月二十二日，全国武装部队总司令（太尉）杨秉逝世。

杨秉为人清心寡欲，曾经说："我有三不惑：酒、色、财！"杨秉既死，他所推荐的"贤良"、广陵（江苏省扬州市）人刘瑜，前往京师（首都洛阳），上书说：

"宦官不应该跟平常人一样，拥有采邑，更不应该争先恐后的选立后裔，继承爵位（八任帝刘保，特许宦官可以由养子继承爵位。参考一三五年）。而美女充斥皇宫之中，只会消耗粮食，不但伤害民生，而且浪费国家财产。同时，巨宅大院不断增添，式样奇异，巧夺天工，用严峻手段，逼迫工人挖山取石。

"州郡政府，各审各的官司，奸恶的人全靠贿赂。在官员压榨下，人民愁苦，呼天无门，只好投入盗贼之党。官员再发动军队，讨伐他们的罪行。贫困的农夫，有的甚至出卖自己的人头，要家人去领悬赏（官逼民死，人间惨事）。老爹跟兄长争着自杀，妻子儿女，眼睁睁看着亲人惨死。

"同时，陛下喜爱悄悄溜到左右亲近家里，又常去宦官们的庄宅。使他们的宾客用此作为资料，把大街小巷都弄得烟雾弥漫，更增加凶暴气焰，无所不用其极。唯有请陛下广开言路，准许人民上书规劝。只要看看古代，疏远邪佞之人，不听郑国、卫国的音乐（春秋时代郑国、卫国的音乐，被儒家学派认为淫荡），则政治自然和平，圣恩也成德风。"

刘志命宫廷秘书（尚书）询问刘瑜关于天象变异，到底指些什么？当权派官员打算命刘瑜回答时使用模棱两可和四平八稳的言辞，随便应付几句，然后改变话题，由宫廷秘书问些别的事情。但刘瑜不肯接受，反而一一尽心回奏，凡八千余言，比上一次更为激烈。

任命刘瑜当参议官（议郎）。

13 荆州（湖北省及湖南省）州政府部队战士朱盖等叛变，跟桂阳（湖南省郴州市）变民首领胡兰等，再攻击桂阳。桂阳郡郡长任胤，弃城逃走。变民人数遂多达数万，转攻零陵（湖南省永州市），零陵郡郡长下邳（首府下邳〔江苏省睢宁县北古邳镇〕）人陈球，坚决抵抗。零陵地势低洼，又十分潮湿，城堡又是木头筑成，郡城人民，大起恐慌。部属们请求陈球先把家属送到安全地带避难，陈球生气说："郡长手中拿着一半国家的虎符，负责一郡的安全，岂可以为了自己的妻子儿女，而使政府的威信，受到伤害？再说这种话的人，处斩！"

于是，制造大弓，木杆黏上羽毛，姑且当箭，用机械发射，变民伤亡很多。变民集团堵塞河流，用水灌城，陈球在城内顺着地势，破坏变民集团的堤防，使大水倒灌。拒抗十余日，不分胜负。

这时，度尚被调回京师（首都洛阳），刘志任命度尚当皇家警卫指挥官（中郎将），率步骑兵二万余人，南下援救陈球。度尚征发各郡民兵，联合攻击，大破朱盖、胡兰变民集团，斩胡兰等三千余人。于是，任命度尚当荆州（湖北省及湖南省）州长（刺史）。

苍梧郡（广西梧州市）郡长张叙，被变民集团俘虏；跟任胤同被召回京师（首都洛阳），绑赴街市斩首。

胡兰率领残众，南下侵入苍梧，交趾州（广东、广西及越南北部）州长（刺史）张磐，迎头痛击，残众不能前进，折回复入荆州州境（苍梧郡属交趾州）。度尚恐怕受到指控（可能因"不能灭绝"或"撤军后盗贼复起"处罚），上书奏称：苍梧变民进入荆州。

中央征召张磐到京师（首都洛阳），囚入监狱。正在审理时，碰上赦免令，应该释放。张磐拒绝出狱，并且把所戴刑具的接扣处，钉得更牢。狱吏对张磐说："天恩浩荡，你却不领情，是不是太不合乎情理了？"张磐说："我是一个独当一面的'方伯'大员（上古时代，中国分为九州，州长称"伯"或"方伯"），被度尚诬害，投入监狱，备受苦刑。事情有虚有实，法律有是有非。我并没有犯罪，赦罪之令，与我无干。如果忍气吞声，只求免除眼前痛苦，将受到永远耻辱；生时是恶官，死后是恶鬼。我要求度尚也到司法部，当面对质，就可以辨明真假。如果不允许征召度尚，我当把骨头埋葬在监狱之中，终不背着罪名出来，受飞来的冤枉。"司法部报告皇帝刘志，诏书征召度尚回京（首都洛阳）。度尚到司法部，跟张磐对质，被诘问得张口结舌。但以先前曾有功劳，免受处罚。

14 西羌保安司令（护羌校尉）段颎，连破羌民族诸部落叛军，穷追猛打，转战山谷之间，从春季直到秋季，没有一天不接触，羌民族诸部落终于溃散。共计杀二万三千人，俘虏数万人，一万余部落投降。

封段颎当都乡侯。

15 秋季，七月，擢升中级国务官（太中大夫）陈蕃当全国武装部队总司令（太尉）。陈蕃愿把此项高位，让给祭祀部长（太常）胡广、参议官（议郎）王畅，或假释犯（弛刑徒）李膺，皇帝刘志不准。

王畅，是王龚的儿子（王龚，参考一二二年），曾当过南阳郡（河南省南阳市）郡长，对于皇亲国戚，贵族豪门，深为痛恨，到职之后，立即雷厉风行，遇到有尊贵姓氏的家人犯法，就派人摧毁他的家宅房屋，拔掉树木，填平水井，铲除厨房炉灶。行政官（功曹）张敞呈送一份备忘录给他，劝阻说：

“文翁（西汉王朝蜀郡郡长）、姬奭（周王朝召公）、卓茂（东汉王朝一任帝刘秀时的皇家师傅）之辈，都是因为采取温和敦厚的手段，流芳后世。铲屋拔树，虽然严厉，目的在于惩治奸恶，可是效果难以长久。

“南阳郡原是古老的都城（南阳也称南都），在首都千里范围之内。皇帝祖先墓园，就在章陵（湖北省枣阳市南），三位皇后，都出生新野（一任帝刘秀妻阴丽华，四任帝刘肇妻阴皇后、邓绥）。自从中兴（东汉王朝建立）以来，功臣将相，世代崛起。

“我愚昧的认为，与其愤怒用刑，不如恩德感化；辛苦的去缉拿奸恶，不如礼敬贤能。姚重华（舜）推荐皋陶，邪恶的人，自然远离。变化人的气质，在于品德，不在于刑罚。”

王畅全部听信他的建议，改变态度，一切宽大，教化遂行普及。

16 闰七月一日，南宫北门警卫营（朔平署）失火。

17 八月六日，命各郡、各封国，对田地开始以“亩”为单位，征收赋税。

18 九月十五日，京师地震。

19 冬季，十月，最高监察长（司空）周景免职，擢升祭祀部长（太常）刘茂当最高监察长（司空）。刘茂，是刘恺的儿子（刘恺，参考一二一年八月）。

20 宫廷禁卫官（郎中）窦武，是窦融的玄孙。窦武的女儿窦妙，当皇帝刘志的贵人（一级小老婆）。但刘志真正宠爱的，却是采女（小老婆群第四级）田圣，并决定封田圣当皇后。京畿总卫戍司令（司隶校尉）应奉，上书说："皇后地位高贵，是国家盛衰兴废的重要因素。西汉王朝立赵飞燕当皇后，后嗣即行断绝，陛下应该想到《关雎》诗篇的深意（《诗经·关雎》："叫声不绝的斑鸠／徘徊在河边沙洲／漂亮贤惠的淑女／君子迫不及待的追求"），而疏远五种禁忌（《韩诗外传》：五种女子不可娶：娘亲早死的长女不可娶，因为她不受管教；家有遗传恶疾的女子不可娶，因为受到上天遗弃；家里曾有人受到刑案的女子不可娶，因为受到社会谴责；叛徒家的女子不可娶，因为不是正类；家中发生过逆伦事件的女子不可娶，因为废弃人伦）。"

全国武装部队总司令（太尉）陈蕃，也认为田圣出身卑微，而窦姓家族却是书香官宦世家，竭力争取，刘志只好接受。

十月二十日，封窦妙当皇后。擢升窦妙老爹窦武"特进"（朝会时位置仅在三公之下），兼首都洛阳城防指挥官（城门校尉），封槐里侯。

21 十一月二十一日，禁宫侍从署所辖北寺监狱（黄门北寺）失火。

22 陈蕃屡次陈诉李膺、冯绲、刘祐所受的冤枉，请求原谅他们的过失，恢复官职。再三请求，辞意恳切，甚至流涕，但皇帝刘志全不接受。

京畿总卫戍司令（司隶校尉）应奉，上书说：

"忠臣良将，是国家的心腹和脊椎，我曾经看到东区劳工营假释犯（弛刑徒）冯绲、刘祐、李膺等，诛杀奸臣，完全有法律根据。陛下既不允许调查真相，却采信小报告挑拨离间的谗言，遂使忠臣良将，跟大奸大恶之人同罪。自春季到冬季，不能蒙受宽恕。远近人民，都为之叹息。

“政治艺术最重要的环节是：记住部下的功劳，忘掉他们的过失。是以，武帝（西汉王朝七任帝刘彻）从囚徒中选拔韩安国（这是刘彻老爹刘启时事，应奉误记到刘彻身上。韩安国最初当梁国国务官〔大夫〕，犯法入狱，刘启就在狱中任命他当梁国秘书长〔内史〕），宣帝（西汉王朝十任帝刘病已）在逃亡犯中征召张敞（参考前五三年）。冯绲从前讨伐荆州（湖北省及湖南省）蛮夷，有尹吉甫的功劳（周王朝大将尹吉甫，讨伐蛮夷猃狁〔匈奴前身〕及荆州蛮夷）。刘祐数次主持执法单位，谦恭刚直（刘祐曾弹劾梁冀老弟梁旻，又当过京畿总卫戍司令〔司隶校尉〕，豪强畏惧）。李膺声威震动幽州（河北省北部及辽宁省）、并州（山西省及黄河河套地区），遗爱北疆（李膺曾任渔阳郡〔北京市密云区〕郡长、乌桓保安司令〔乌桓校尉〕、北疆边防司令〔度辽将军〕）。而今，三方面边陲都有战事，而军队不能振奋。请求原谅李膺等，预防形势恶化。”

奏章呈上后，刘志免除三人罪刑。

23 稍后，刘志再任命李膺当京畿总卫戍司令（司隶校尉）。当时，禁宫贴身侍从宦官（小黄门）张让的老弟张朔，当野王（河南省沁阳市）县长，贪污凶暴，无以复加，一听李膺到职，连县长也不干了（野王县属河内郡〔河南省武陟县〕；河内郡属司隶校尉），逃回京师（首都洛阳），藏到老哥张让家的“合柱”夹墙之中（“合柱”就是“夹墙”，柱与柱、墙与墙之间，两端封闭，留有暗门，平常看来只不过一道墙，却是藏身的最好所在），李膺得到情报，率领警卫部队，凿开“合柱”夹墙，逮捕张朔，交付洛阳监狱，审问一毕，立刻诛杀。

张让向皇帝刘志哭诉冤枉，刘志召见李膺，问他为什么不先请求批准？李膺说："从前，孔丘当鲁国司法部长（大司寇），只七天时间，便把少正卯处决。而我到职已经十天，深怕因拖延太久，引起责备，想不到竟会因行动太快获罪。我了解我已闯下大祸，死在眼前，但是请求让我再在职位上停留五天，一定拿获元凶归案。然后再受烹刑，这一生的愿望，也就满足。"

刘志不再说话，只对张让说："这都是你弟弟犯罪，跟京畿总卫戍司令有什么相干？"命李膺退出。

从此，所有禁宫侍从宦官（黄门）、寝殿侍奉宦官（中常侍），都小心翼翼，不敢大声呼吸，连休假日也不敢出宫。刘志觉得奇怪，大家叩头流泪说："我们害怕李膺！"这时，政府已经混乱，法律纲纪，全都被当权派破坏。只剩下李膺一人，在维持社会秩序，声望日高，知识分子有被他接见容纳的，称为"登龙门"（黄河流到北纬三五点七度时〔山西省河津市西北龙门口〕，因河床突然下陷，形成瀑布，把黄河拦腰切断。鱼鳖虾蚧，以及逆水而上的鱼群，齐集瀑下，无法前进，便拼命跳出水面，企图跳到瀑布之上。"鲤鱼跳龙门"，就是指此。民间传说，只要跳得上去，鱼就变化成龙）。

24 东汉政府征召东海国（首府鲁县〔山东省曲阜市〕）宰相刘宽，当宫廷秘书长（尚书令）。刘宽，是刘崎的儿子（刘崎，八任帝刘保的宰相，参考一二九年十二月）。刘宽先后当过三个郡的郡长，温和宽恕，即令发生紧急事变，也从没有疾言厉色。官吏人民犯了错误，就用蒲草做的鞭子抽打，不在使对方肉体痛苦，只在使对方感到羞辱。每次召见地方父老，都鼓励他们努力农耕。对年轻人，则训勉他们孝顺父母、友爱兄弟，人们在愉快中接受感化。

一六六年 丙午

1 春季，正月一日，日蚀。东汉王朝（首都洛阳〔河南省洛阳市东白马寺东〕）皇帝（十一任桓帝）刘志（本年三十五岁）下诏，命三公、部长、各郡、各封国，推荐“至孝”人才。

祭祀部长（太常）赵典推荐的“孝廉”荀爽，在考试卷上，回答说：

“从前，圣人采集天地间的法则，称它是‘礼’。很多‘礼’之中，‘婚礼’占第一位。阳性单纯而能施舍，阴性柔顺而能消化。用‘礼’去克制欢乐，用‘克制’去调和生气。所以，才能使子孙绵延，并使自己有老健的福气。

“等到三代（夏商周）之末时，君王淫乱，没有克制，阳气在上枯竭，阴气在下阻隔。因之，姬旦警告说：‘有时候，会减少寿命（《书经·无逸》：“时亦罔或克寿”）。’古书上说：‘为了能够穿鞋，不惜砍掉脚趾，谁说他蠢？还有比他更蠢的人，为了欲火，不惜丧生。’至可悲痛。

“我曾经听说，皇宫之中，采女（小老婆群第四级）竟有五六千人，而侍从女官、宫女，还不在此限。榨尽人民的财富，用来供应纯消费的女子，人民在外穷苦，阴阳在内隔绝，冲击和睦之气，天象才不断发生变异。我愚昧的建议，凡是没有被传唤上过床的，一律遣出皇宫，使她们早成婚配，这是国家的大福。”

刘志任命荀爽当宫廷禁卫官（郎中）。

2 首都卫戍区（司隶）、豫州（河南省），发生饥馑，人民饿死十分之四五，有的甚至一家老幼全都饿死，不留遗种（人间惨事）。

3 东汉政府征召张奂当农林部长（大司农），命匈奴协防司令（使匈奴中郎将）皇甫规接替张奂的北疆边防司令（度辽将军）。

皇甫规因自己一连担任高官职位，为了退避，不断声称有病，要求辞职，中央都不批准。正好有朋友灵柩运还故乡安葬，皇甫规越过辖区边界，前往迎接，然后派他的心腹，向并州（山西省及黄河河套地区）州长（刺史）胡芳告密，指控皇甫规擅自远离军营，劝告胡芳急向中央检举。胡芳说：“皇甫规想早日脱离官场，故意搞这一套，我为国家爱才，不能中计。”不闻不问。

4 夏季，四月，济阴郡（山东省菏泽市定陶区）、东郡（河南省濮阳市西南)、济北国(山东省济南市长清区)、平原国(首府平原〔山东省平原县〕),黄河水色澄清(根据申丙《黄河通考》:黄河含沙量,就河南省三门峡市计,每立方公尺有三十四公斤,居世界第一位。黄河之浑浊,千年如一,偶尔澄清数日,是一件大事,往往被认为祥瑞)。

5 宰相(司徒)许栩免职。

五月,擢升祭祀部长(太常)胡广当宰相(司徒)。

6 五月庚午日(五月己丑朔,没有庚午),皇帝刘志在濯龙宫(洛阳城西北角),亲自祭祀李耳。祭坛上用西方纺织的毛毡,和纯金镶边的祭器,座位上设置华盖(豪华的遮阳伞),演奏祭祀上天时的乐曲。

7 鲜卑部落(王庭设弹汗山〔河北省尚义县南大青山〕)得到张奂调职的消息,结合南匈奴汗国(王庭设美稷〔内蒙古准格尔旗〕)跟乌桓部落(河北省北部),一齐叛变。

六月,分兵数路,攻入边塞,劫掠沿边九郡。

秋季,七月,鲜卑部落再攻入边塞,引诱东方诸羌部落(金城郡〔甘肃省陇西县〕以东地区羌民族移民),共同盟誓,于是,上郡沈氏部落(陕西省北部)、安定郡先零等部落(宁夏),联合攻击武威郡(甘肃省武威市)、张掖郡(甘肃省张掖市),北方边城及农田,受到可怕荼毒。

东汉政府急恢复张奂军职,任命他当匈奴协防司令(使匈奴中郎将),支领部长级最高薪俸(中二千石),督导幽州(河北省北部及辽宁省)、并州(山西省及黄河河套地区)、凉州(甘肃省)军事,及统御"度辽大营""乌桓大营"(度辽大营,北疆边防司令直属武装部队;乌桓大营,乌桓保安司令直属武装部队),兼负责考查州长(刺史)、郡长级官员(二千石)政绩。

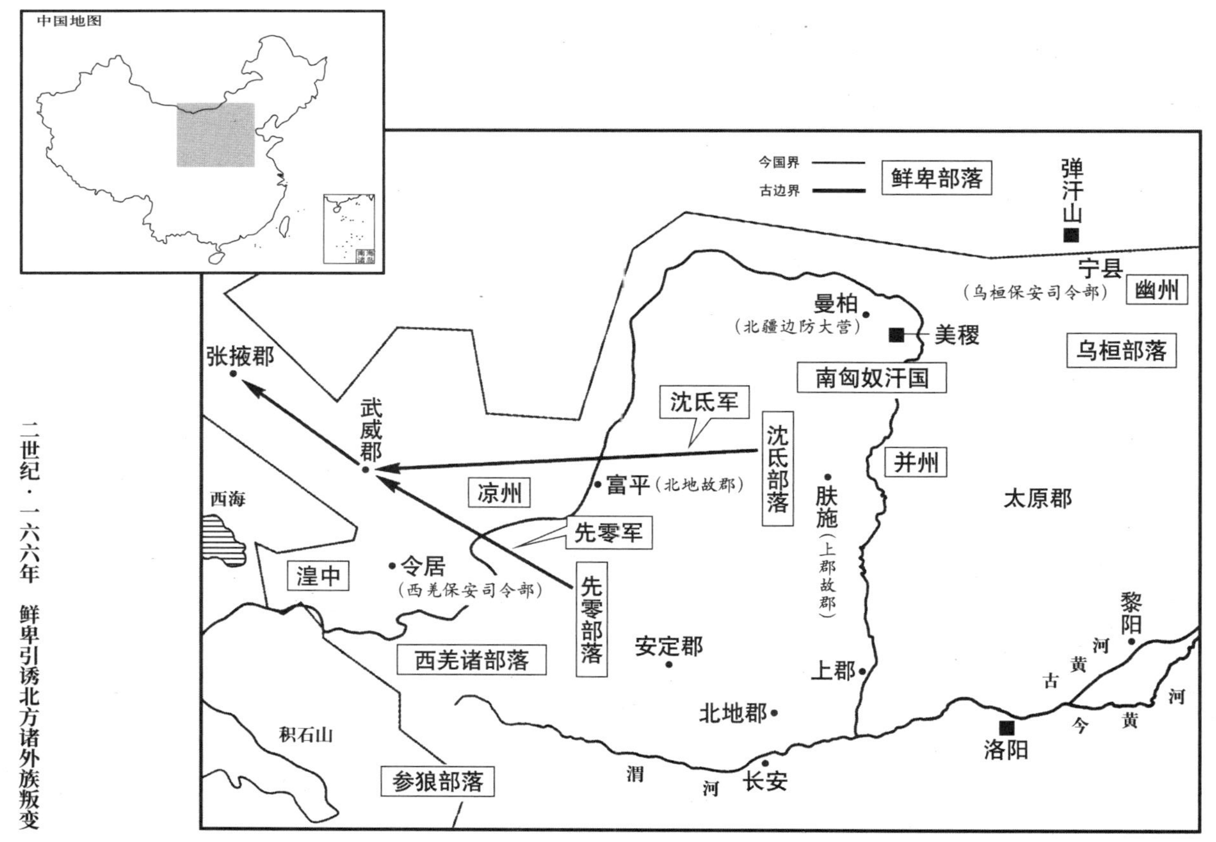

二世纪·一六六年　鲜卑引诱北方诸外族叛变

8 最初，刘志还是蠡吾侯的时候，甘陵国（首府甘陵〔山东省临清市〕）人周福教他读书。刘志当了皇帝后，延聘周福当宫廷秘书（尚书）。当时，同是甘陵人的首都洛阳市长（河南尹）房植，也有名望。乡人遂编出歌谣："天下正道有房植／靠当老师做官有周福。"两家的学生门徒，互相讥嘲，攻击排斥，不能相容。甘陵知识分子遂分为南北；党羽派阀，开始出现。

柏杨曰

甘陵南北两派的对抗，是中国知识分子，因"师承"不同，而发生火并的起步枪声。在此之前，不过口头攻击；之后，便升高成为武斗。

甘陵的内哄，大概是房植先行动手，从歌谣的内容可看出他对周福先生的心理反应，如果不是压根瞧不起，则一定是妒火中烧。周福可能滥竽充数，阴差阳错的当了皇帝的教师，又因缘附会的当了宫廷秘书，可是历史上这一类的人，车载斗量，自会沉沦消失。但经过房植这么一闹，周福反而名垂千古。妒火往往会把对方烧得红起来，恐怕是大出妒主意外。

然而，党派的建立，应归因于"护师动物"的折腾。学生门徒一旦坠入"护师"的漩涡中，便天昏地暗，既看不见真理，也看不见是非，只看见因"护师"而得到的眼前一点小小利益。

中国需要的是尊师，而不需要护师。尊师的意义是："凡是把握真理的人，都是我师。"护师动物则不过一群封杀异己言论的黑社会打手；使圣洁的学术领域，是非完全混淆。

9 汝南郡（河南省平舆县西北射桥镇）郡长宗资，任命范滂当行政官（功曹）；南阳郡（河南省南阳市）郡长成瑨，任命岑晊当行政官（功曹），都非常信任，交给他们全权，奖励善良，惩罚邪恶，重建政府的公信力。

范滂尤其激烈，看见罪恶犹如看见仇敌。范滂的外甥李颂，一向无赖，寝殿侍奉宦官（中常侍）唐衡，把李颂交给郡长宗资，宗资任命李颂担任官吏，范滂把公文积压案头，不肯召见。宗资大怒，不便向范滂发作，就拷打文书员（书佐）朱零。朱零仰头说："范滂已经再三考虑，今天宁愿被打死，也不能违背范滂的决定。"宗资只好作罢。于是，郡政府中级以下官员，大为怨恨，两郡遂传出讽刺性谣言："汝南郡长是范滂／宗资不过只签字／南阳郡长是岑晊／成瑨呆坐不管事。"

国立大学生（太学生）三万余人中，郭泰以及颍川（河南省禹州市）人贾彪，是他们的首领，跟李膺、陈蕃、王畅，互相褒扬标榜。学生们用一种歌谣式的赞语形容他们："天下楷模是李膺，不怕强梁是陈蕃，人间俊秀是王畅。"于是，中外激起一种风气，对时世纷纷发表评论。三公、部长以下，对这种庞大的舆论力量，都感畏惧，竞争着跟他们结纳。

宛县（南阳郡郡政府所在县，河南省南阳市）有一位富商张泛，跟皇帝刘志某一位小老婆，沾点亲戚，而又精于雕刻，常常送礼物给宦官。因此，被任命当高官（史书没有言明当什么高官），仗着权势，横行霸道。岑晊跟治安助理官（贼曹吏）张牧，说服郡长成瑨，逮捕张泛。不久政府颁布赦令，成瑨不理，竟把张泛诛杀，并连同张泛的亲族以及门下宾客二百余人，全部处死，然后奏报中央备案。

禁宫贴身侍从宦官（小黄门）晋阳（太原郡郡政府所在县，山西省太原市）人赵津，贪污暴戾，成了全县大祸。太原（山西省太原市）郡长平原（山东省平原县）人刘瓆，派郡政府官员王允，逮捕赵津，也在政府颁布赦令之后，把赵津斩首。

寝殿侍奉宦官（中常侍）侯览，唆使张泛的妻子上书呼冤，宦官在旁再煽风点火，刘志遂怒不可遏，征召成瑨、刘瓆二人前往京师（首都洛阳），囚禁监狱。主管单位察看上级意旨，认为成瑨、刘瓆罪大恶极，应在街头处斩。

山阳（山东省巨野县东南大谢集镇）郡长翟超，任命同郡人张俭，当东部督察官（督邮）。寝殿侍奉宦官（中常侍）侯览，家住防东（山东省单县东北），凶残暴虐。侯览娘亲病故首都洛阳，灵柩回乡安葬，兴建高大坟墓，张俭检举侯览的罪行。侯览位居中枢，自有办法拦截张俭的奏章，奏章遂无法呈送到皇帝刘志面前。张俭忍无可忍，于是，径行摧毁侯览家宅，没收所有财产，再专案奏报。侯览再加拦截，奏章仍不能上达。

寝殿侍奉宦官（中常侍）徐璜的侄儿徐宣，当下邳（下邳国首府，江苏省睢宁县北古邳镇）县长，更残忍凶暴，曾经要求娶前汝南郡（河南省平舆县西北射桥镇）郡长李暠的女儿，李暠拒绝。徐宣竟然率领警卫部队，冲到李暠家，把李暠的女儿抢回自己家，用箭向她发射，作为游戏，而终于一箭把她射死。东海国（首府鲁县〔山东省曲阜市〕）宰相汝南人黄浮，得到报告，逮捕徐宣家族，不分男女老幼，一律苦刑拷打。秘书以下官员们，竭力劝阻，黄浮说："徐宣是国家蟊贼，今天杀掉他，明天抵命，死也瞑目。"把徐宣绑赴街头斩首，尸体示众。

宦官向皇帝刘志控诉，刘志大怒，翟超、黄浮，全处髡刑（剃光头发），发交西区劳工营服役。

10 全国武装部队总司令（太尉）陈蕃、最高监察长（司空）刘茂，一同上书刘志，请求原谅成瑨、刘瓆、翟超、黄浮；刘志大不高兴。有关官员遂弹劾陈蕃、刘茂。刘茂不敢坚持，陈蕃仍单独上书，说：

“现在，边疆的贼寇，不过四肢毛病；而内政不能治理，才是心腹之患。我寝不能安、食不能饱，忧虑的是：陛下左右亲近，越发受到宠信，而忠诚的言论，越发稀少。内患一天比一天严重，外忧一天比一天逼近。陛下从侯爵超越而前，继承帝位，一个低阶层的小民之家，好不容易积蓄到百万钱之数，当子孙的还深以败坏祖先的产业为耻，何况陛下祖先的产业，竟是一个国家政权！承受先帝（历代祖先）的托付，却为什么毫不在意？而竟态度懈怠，把它看轻？陛下即令真的不珍惜自己，难道不珍惜祖先的辛勤劳苦！

“从前，梁姓家族的五位侯爵，毒遍全国，上天促使陛下果断，全部杀戮。人心盼望，总认为天下当有一段太平日子。然而，万想不到，鉴戒不远，覆车仍在，陛下左右亲信，仍然互相勾结，互相支持。禁宫贴身侍从宦官（小黄门）赵津、奸商张泛，贪污暴虐，谄媚陛下左右。被前太原郡郡长刘瓆、南阳郡郡长成瑨，检举诛杀。虽然说赦令颁布后不可以行刑，但二人的本心，只在除去邪恶；想不到陛下的反应，十分强烈。

“因为，邪恶的小人，有他的办法迷惑陛下的视听，使陛下为这件事震怒，定要处罚，这已经过重。何况，更要从严处断，街市斩首？

“前山阳郡（山东省巨野县东南大谢集镇）郡长翟超、东海国（首府鲁县〔山东省曲阜市〕）宰相黄浮，奉公守法，不屈服权贵，痛恨邪恶，犹如痛恨仇敌。翟超没收侯览财产，黄浮依法诛杀徐宣，都受惩处，不能蒙受赦令的宽恕。侯览的凶暴横行，仅只没收他的财产，已算侥幸。

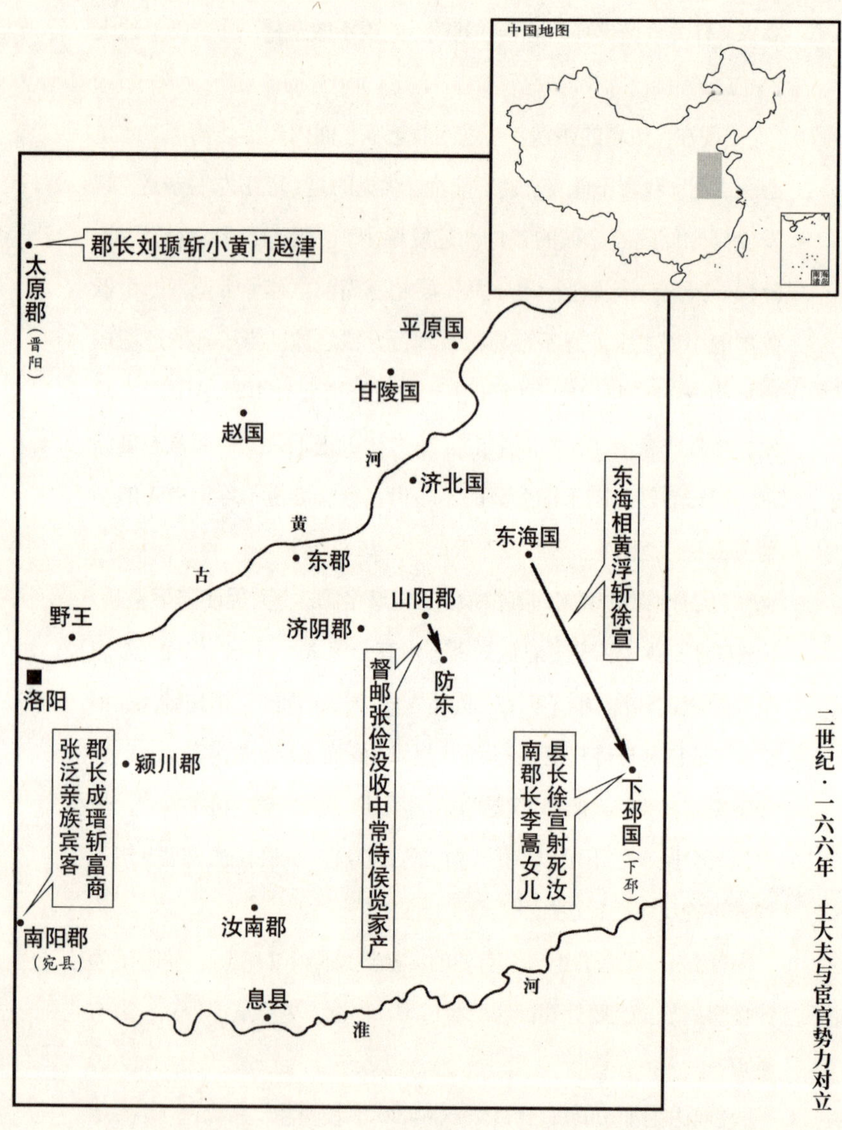

中国地图
郡长刘瓆斩小黄门赵津
太原郡（晋阳）
平原国
甘陵国
赵国
河
济北国
黄
东海国
东海相黄浮斩徐宣
东郡
古
山阳郡
野王
济阴郡
洛阳
督邮张俭没收中常侍侯览家产
防东
郡长成瑨斩富商张泛亲族宾客
颍川郡
县长徐宣射死汝南郡长李暠女儿
下邳国（下邳）
南阳郡（宛县）
汝南郡
河
息县
淮

徐宣犯的大过，死有余辜。当年，宰相（司徒）申屠嘉征召邓通，当面责备；洛阳县长（令）董宣，更羞辱公主。前者，文帝（西汉王朝五任帝刘恒）出面请求从轻发落（参考前一六二年）；后者，光武（东汉王朝一任帝刘秀）加以重赏（参考四三年），并没有听说指控二人专擅，把二人处死。

“而今，陛下左右成群的小丑，怨恨党羽受到伤害，多方诬陷，以致引起这样判决。他们听到我的言语，定会向陛下哭泣分辩。我盼望陛下乘机切断宦官干涉政治的渠道，信任宫廷秘书（尚书）跟政府官员，物色清高人士，排斥奸佞分子。这样，上天和睦，下界融洽，祥瑞呈献，岂会太远！”

刘志不理。但宦官从此把陈蕃恨入骨髓，遇到陈蕃的奏章，都声称奉皇帝指示：严加谴责，退回再办！秘书长（长史）以下官员，很多被判处罪刑。只因陈蕃威名太重，暂时不敢伸出毒手谋害。

11 平原国（首府平原〔山东省平原县〕）人襄楷，前往宫门，上书说：

“我曾经听说，皇天从不发言，只用天象变异，显示他的旨意。我曾经观察：‘太微，天廷五帝之坐，而金、火罚星，扬光其中。于占，天子凶。又俱入房、心，法无继嗣。’（一连串天文学用语，不懂。）前年（一六四）冬季，气候严寒，地面鸟兽、水中鱼鳖，都被冻死，首都洛阳紧傍城墙的竹林柏树，有的枝叶枯萎，我的教师告诉过我：‘竹林枯槁，柏树凋零，不出二年，天子身当其冲。’而今，春夏二季以来，一连不断的降霜、降雹，以及大雨、巨雷、闪电。这是臣下作威作福，刑罚残忍苛刻的反应。

“太原郡（山西省太原市）郡长刘瓆、南阳郡（河南省南阳市）郡长成瑨，立志铲除邪恶，所作的诛杀，全都顺应民心。可是，陛下接受‘阉竖’捏造的事实，把他们从远处逮捕到首都洛阳（阉，音yān〔淹〕，割去雄性生殖器的手术称“阉”。但也作形容词用，如“阉鸡”“阉鸭”。加到人身上，则专指宦官，把他们当作畜牲看待，是一项任何宦官都无法容忍的侮辱。而知识分子却偏爱用这个字表示轻蔑和发泄愤怒，诸如“阉竖”“阉寺”“大阉”，都足以刺激宦官发狂报复）。三公上书哀求宽恕刘瓆等，不但没有采纳，反而受到谴责。为国事忧心的大臣，势将闭口无言。

“我曾经听说：‘杀无罪的人，杀贤能的人，大祸延及三世。’（胡三省注，引黄石公《三略》：“伤害贤才，有三世灾难。阻塞贤才出路，身受其害。推荐贤才，子孙有福。忌妒贤才，身败名裂。”）自从陛下即位以来，屡屡诛杀，梁、寇、孙、邓，四大家族（梁冀、寇荣、孙寿、邓万世）同时消灭，而受到牵连的，不知又有多少？李云上书，圣明的君王不应该忌讳。杜众请求一并处死，不过是期望感动圣君（参考一五九年）。二人竟没有受到赦免，同时处决，天下之人，无不知他们冤枉。自从汉王朝兴起，从来没有拒绝规劝，诛杀贤才，刑罚苛刻，像今天这么严重。

“从前，姬昌（周文王）一个妻子，就生了十个儿子（姬昌正妻太姒，生有十子：一、姬考；二、周王朝一任王姬发；三、管国国君姬鲜；四、周公姬旦；五、蔡国国君姬度；六、曹国国君姬振铎；七、成国国君姬武；八、霍国国君姬处；九、康国国君姬封；十、姬载。同母兄弟十人）。而今，宫女数千，却没有听说有谁生育。陛下正应该增进品德，减少刑罚，使后嗣像螽斯一样的繁衍（《诗经》用螽斯——一种类似蝗虫的昆虫，形容子孙众多）。

“自从春秋时代迄今，包括更古的君王，黄河从来没有澄清过。我认为，黄河象征封国国君。河水澄清，属于阳刚；河水浑浊，属于阴柔。黄河本当浑浊，却忽然澄清，是显示‘阴’要变‘阳’，封国国君，将继任帝位。京房《易传》说：‘河水清，天下平。’可是，现在的情形是，天有变异（日蚀），地有妖怪（地震），人间有瘟疫。三大灾难，同时发生。则黄河之清，犹如春秋时代的麒麟，不应该出现的竟然出现（参考本年〔一六六〕四月）。所以，孔丘认为怪诞。如果蒙陛下召见，当详细陈述。”

奏章呈递后，没有回音。

过了十余日，襄楷第二次上书：

“我曾经听说，子受辛（商纣）喜爱美女，苏妲己出现；叶子高爱龙，真龙降临（《新序》：叶子高喜爱画龙，天上真龙听说，降下拜访，叶子高魂飞天外，拔腿便跑）。而今，禁宫侍从宦官（黄门）、寝殿侍奉宦官（常侍），都是被上天谴责，受过阉割之人，陛下宠爱他们，超过普通人数倍，陛下所以没有儿子，岂不是由于这个原因？我又曾经听说，宫廷之中，建有‘黄帝’（姬轩辕）、‘老子’（李耳）、‘佛陀’等庙宇。各教主张清心寡欲，崇尚安静无为，喜爱生命，厌恶杀戮，克制欲望，消除奢侈。可是，陛下的欲望不能克制，杀戮处罚，又超过正常情理，完全违背各教教义，岂能蒙受神灵的赐福！佛教信徒，不在一棵桑树下连住三夜，为的是避免生出爱恋之情，道理至为精密；正因为如此坚持，才能得道成仙。而陛下拥有的美女艳妇，极尽天下淫逸；甜酸苦辣，也极尽天下饮食口味，又怎么能比姬轩辕（黄）、李耳（老）？”

奏章呈递后，刘志召他进宫，由宫廷秘书（尚书）代表皇帝接见盘问。襄楷说：“古代本来没有宦官当政府官员的前例，武帝（西汉王朝七任帝刘彻）末年，躲在后宫，才开始如此。”宫廷秘书（尚书）听从宦官指使，回奏：“襄楷辞理完全不正，而又违背儒家学派经典，假借上天星宿，满足自己私心，侮辱皇帝，蒙蔽事实，请交付京畿总卫戍司令部（司隶）确定他应得之罪，羁押洛阳监狱。”

可是，刘志认为，襄楷虽然言辞激烈，却说的是天文现象。所以特别宽大处理，免除死刑，仅贬逐边疆服役二年（司寇论刑）。

自一世纪六〇年代以来，佛教传播，人民崇信的很多，可是皇帝还没有接受。到了刘志，佛教才进入皇宫。刘志常亲自祭祀祈祷，佛法越发盛行，所以襄楷用它加强论据。

12 皇家印信管理官（符节令）汝南（河南省平舆县西北射桥镇）人蔡衍、参议官（议郎）刘瑜，上书营救成瑨、刘瓆，言辞激烈，都被免职。而成瑨、刘瓆，遂在狱中处死。成瑨、刘瓆，素来刚直，对儒家学派经典，有深刻研究，是当时知名之士，天下人无不惋惜。

岑晊、张牧，出奔逃亡，得免灾难。

岑晊逃亡途中，亲戚朋友，竞相掩护。只有颍川（河南省禹州市）人贾彪，闭门拒绝，当时人对贾彪这种行为，全都怨恨指责。贾彪说："《左传》说过，等到时机来时才发动，不要连累别的人。岑晊胁迫他的长官，闯出大祸，是他自己害自己。我恨不得用刀枪对付他，岂能反过来包庇他？"大家都佩服他的公正。

贾彪当过新息（河南省息县）县长，人民穷苦，生下儿女，多半杀害（为穷苦而杀婴，惨事）。贾彪下令严厉禁止，认为杀婴跟杀人同罪。有一次，城南有强盗杀人，城北有妇人杀婴。贾彪前往验尸，官属引导他到城南，贾彪生气说："强盗杀人，没有什么稀奇。母子相残，伤天害理。"遂前往城北，判决杀子之罪。城南强盗得到消息，也自绑手臂，向官府自首。数年之间，民间生下数千婴儿，说："这是贾老爹的儿子！"都用"贾"作为名字。

13 河南郡（河南省洛阳市东白马寺东）人张成，精通卜卦，算出政府将颁布赦令，遂教他的儿子杀人。

京畿总卫戍司令（司隶）李膺，逮捕张成父子，而政府果然颁布赦令，李膺激愤之极，竟把张成父子处斩。但张成素来跟宦官结交，刘志有时候也教张成算算运气。宦官就教张成的学生牢修，上书控告：

“李膺等蓄意培养国立大学生，结交各郡派到京师（首都洛阳）求学的知识分子，互相标榜，结成乱党，专门抨击政府，败坏美好善良风俗。”

这项控告击中要害，皇帝刘志被刺激得怒不可遏，下诏各郡、各封国，搜捕乱党。明白向天下宣布这项措施，要求全国人民同仇敌忾。公文经过三府（宰相府、最高监察署、全国武装部队总司令部），全国武装部队总司令（太尉）陈蕃，把诏书原封退回，说：“这次所搜捕的，全是海内享有知名度的高级知识分子！忧心国事、忠心耿耿的干部，即令犯什么错误，也应该宽恕十世。岂可以罪名暧昧不明，而竟囚禁拷打？”拒绝签名联署。

刘志越发愤怒，他根本不需要什么签名联署，直接下令：逮捕李膺，囚禁宫廷侍从署北寺监狱（黄门北寺狱）。李膺供词中牵连出交通部长（太仆）颍川（河南省禹州市）人杜密、总监察官（御史中丞）陈翔，以及国立大学生陈寔、范滂等二百余人。有的得到消息，先行逃亡。中央政府悬赏缉拿，警察侦骑，纷纷出动，事态严重。

陈寔说：“我不投案，他们无法交代。”遂到监狱报到。范滂被捕，送到监狱，狱吏告诉他：“凡被捕的人犯，都应祭拜皋陶（皋陶是黄帝王朝法官，正直廉明）。”范滂说：“皋陶，是古代正直大臣，他知道我没有犯罪，会代我向上天申诉。如果我犯了罪，祭祀他有什么用？”其他囚犯同意，遂都不祭祀。

陈蕃再上书规劝，刘志讨厌他态度激切，随便找个理由，宣称陈蕃保荐的官员，不能称职，下诏免除陈蕃官位。

这时，被投入监狱的乱党，都是天下知名度很高的贤才。北疆边防司令（度辽将军）皇甫规，认为自己是西州（甘肃省东部）英雄豪杰，而竟没有被捕，是一项耻辱，乃上书自承罪状："我曾经推荐过前任农林部长（大司农）张奂，是阿附乱党。而且，我在东区劳工营服役时，国立大学生张凤等，曾上书为我辩护，是乱党又阿附我，我应受到处分。"中央政府不理。

杜密跟李膺，声名相等，世人并称"李杜"，同时被捕。杜密当过北海国（首府剧县〔山东省昌乐县西〕）宰相，在一次春季例行巡视中，走到高密（山东省高密市），遇到担任乡村行政官（乡啬夫）的郑玄，知道郑玄不是平凡之人，就请到郡政府做事。不久，又送郑玄前往国立大学求学，最后终于成为儒家学派巨子大儒。后来，杜密离职回乡，每次晋见郡长或县长，总是请托一些事情。而同郡的刘胜，从蜀郡（四川省成都市）离职回乡，跟外界隔绝，对地方政府官员，从不打扰。郡长王昱对杜密说："刘胜是清高雅士，三公部长等很多人推荐他。"杜密知道讽刺自己，回答说："刘胜具有国务官同等高位，受到郡长的尊重。可是，对善良的人，他不举荐；对邪恶的事，他不言语。隐瞒自己的感情，爱惜自己的羽毛，好像一只寒蝉，应是国家的罪人。而今，遇到贤才，我竭力推举；遇到违法乱纪之辈，我建议纠正。使阁下的奖赏刑罚，都能公平中肯，名声远播，我岂不是尽到万分之一的力量。"

王昱惭愧佩服，待杜密更是厚重。

14 九月，擢升宫廷禁卫官司令（光禄勋）周景，当全国武装部队总司令（太尉）。

15 最高监察长（司空）刘茂免职。

冬季，十二月，擢升宫廷禁卫官司令（光禄勋）汝南郡（河南省平舆县西北射桥镇）人宣酆，当最高监察长（司空）。

16 任命南越兵团指挥官（越骑校尉）窦武（皇后窦妙的老爹），当首都洛阳城防指挥官（城门校尉）。窦武在官位上，多方延聘知名之士，当他的幕僚。洁身自爱，疾恶如仇，杜绝贿赂。妻子儿女衣裳饮食的费用，仅够维持。得到两宫（皇帝及皇后）的赏赐，全都散发给国立大学生和施舍给贫民，受到众人一致赞赏。

17 南匈奴汗国（王庭设美稷〔内蒙古准格尔旗〕）叛变部落，及乌桓（河北省北部）叛变部落，听到张奂回任匈奴协防司令（使匈奴中郎将），都归附投降，凡二十万人。张奂仅诛杀当初煽动叛变的首领人物；对其他的人，都安慰接纳。

然而，鲜卑部落（王庭设弹汗山〔河北省尚义县南大青山〕）却不肯归附，径行出塞而去。东汉政府忧虑，认为对鲜卑酋长檀石槐，可能失去控制。于是，派出使节，带着印信，打算封檀石槐王爵，缔结姻亲关系，檀石槐拒绝接受，反而加强对沿边要塞的劫掠，并把自己的国土，分为三个军区。东部军区：从右北平（河北省唐山市丰润区）到辽东郡（辽宁省辽阳市），东接夫余王国（大兴安岭东东北平原）、濊貊部落（朝鲜半岛东北部）等，有二十余个城市。中部军区：从右北平郡，到上谷郡（河北省怀来县），有十余个城市。西部军区：从上谷郡，到敦煌郡（甘肃省敦煌市）、乌孙王国（首都赤谷城〔中亚伊赛克湖东南〕），有二十余个城市。

每军区设置一个总监（大人）负责。

二世纪·一六六年 鲜卑三大军区

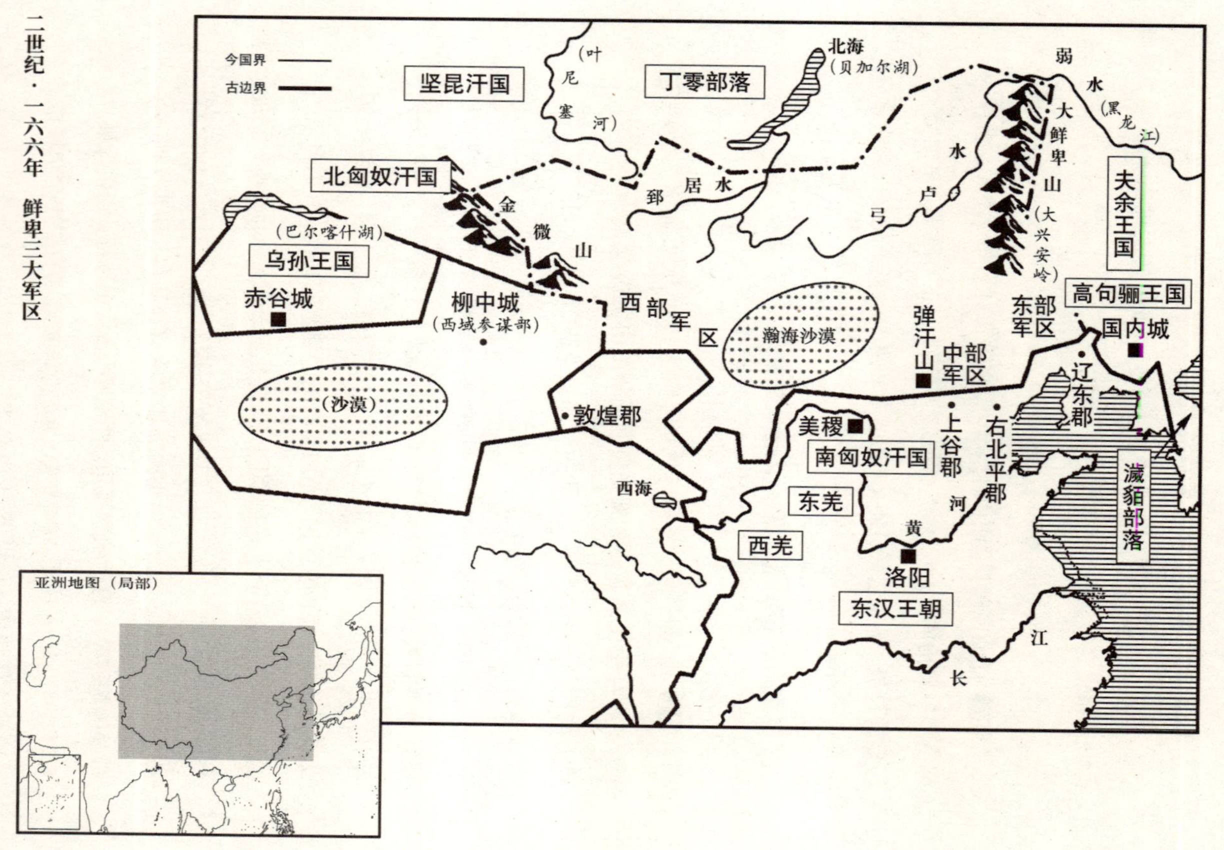

一六七年 丁未

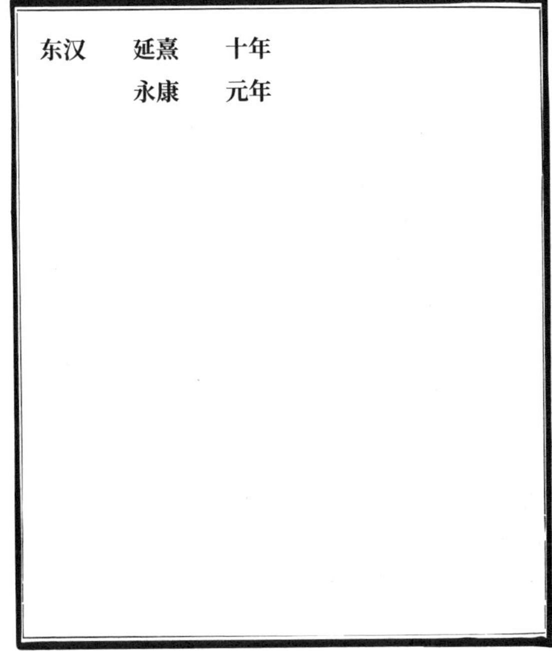

1 春季，正月，东羌先零部落（宁夏），包围东汉王朝（首都洛阳〔河南省洛阳市东白马寺东〕）祋祤（陕西省铜川市耀州区。祋，音duì〔对〕。祤，音xǔ〔许〕），劫掠云阳（陕西省淳化县西北）。西羌当煎等部落（渭水上游一带），再度叛变。

西羌保安司令（护羌校尉）段颎，在鸾鸟（甘肃省武威市南）邀击，大破叛羌，西羌平定。

2 夫余王国（大兴安岭东东北平原）国王夫台，攻击玄菟郡（辽宁省沈阳市）。玄菟郡长公孙域，击退夫余军。

3 夏季，四月，先零部落向三辅（关中地区，陕西省中部）大举进攻，击溃东汉政府精锐“京兆虎牙大营”“雍县扶风大营”，杀一千余人。

4 五月三十日，日蚀。

5 陈蕃被免职后，政府文武官员大为震恐，再没有人敢替乱党求情。贾彪说：“我如果不去一趟首都，大祸不可能化解。”遂到洛阳，说服首都洛阳城防指挥官（城门校尉）窦武、宫廷秘书（尚书）魏郡（河北省临漳县西南邺城镇）人霍谞（音xǔ〔许〕），由他们出面营救。

窦武上书说：

“陛下即位以来，并没有听说行过善政。而寝殿侍奉宦官（中常侍）、禁宫侍从宦官（黄门），奸诈百出，非法取得爵位。回溯西京（长安）时代（西汉王朝），谄媚的官员掌握大权，终于失去天下。而今，不但不警觉失败的往事，反而又走到使车辆翻覆的轨道上，我恐怕嬴胡亥（秦王朝二任帝）模式的灾难，将再度降临。而赵高模式的巨变，也可能或早或晚发生（指望夷宫事件，参考前二〇七年）。

“最近，奸臣牢修，创造‘乱党’一词，遂逮捕前京畿总卫戍司令（司隶校尉）李膺等拷问，牵连数百人之多，经年囚禁，而事情并没有证据。我认为，李膺等忠心贞节，志在保卫皇家，应该是陛下的姬弃（周王朝祖先后稷）、子契（舜帝姚重华的宰相）、伊尹（商王朝一任帝子天乙的宰相）、姜子牙（周王朝一任王姬发的宰相）。万想不到，却被套上虚假的罪名，冤枉陷害；以致天下寒心，海内失望。唯有请求陛下留心考察，赐予释放，用以满足天地鬼神盼望的心灵。

“而今，宫廷重要臣僚：宫廷秘书（尚书）朱寓、荀绲、刘祐、魏朗、刘矩、尹勋等，都是国家的忠实干部、政府的优秀官员。秘书助理（尚书郎）张陵、妫皓、苑康、杨乔、边韶、戴恢等，学识广博，深明国家法令规章。内外官员，才俊并列。可是，陛下却偏偏信任左右亲近，支持奸邪；使他们在外主管州郡，在内作为心腹。

“最适当的措施是，把这些奸邪官员，陆续罢黜，调查他们的罪状，给予适当处分。信任忠良、分辨善恶，使邪恶跟正直，诽谤跟荣誉，各归于恰当的位置。上天恩德，只爱善良。能够如此，天象变异的消除，指日可待。最近，偶尔有奇异的麦穗（嘉禾）、灵芝草、黄龙等出现，祥瑞发生，一定有贤才；福分降临，一定有善人。有恩德，它就是吉祥。没有恩德，它就是灾祸。陛下的行为，不合天意，不应庆贺。”

奏章呈递后，窦武即称病辞职，缴还首都洛阳城防指挥官（城门校尉）印信，及槐里侯印信。

宫廷秘书（尚书）霍谞也上书营救。刘志的怒气稍稍化解，派寝殿侍奉宦官（中常侍）王甫，前往监狱审问范滂等（当然包括京畿总卫戍司令李膺）。范滂等颈戴木枷，腕戴铁铐，腿挂脚镣，布袋罩住头脸，暴露在大庭之下。王甫逐一诘问说：“你们互相推举保荐，像嘴唇跟牙齿一样的结成一党，有什么企图？”范滂说：“孔丘有言：‘看见善，立刻学习都来不及。看见恶，就好像把手插到滚水里，要马上停止。’（语见《论语》）我的企图是，使善良归于善良，罪恶归于罪恶。只认为政府会鼓励我们如此，从没有想到这竟是结党。古代人进德修业，可以追求福气。现代人进德修业，却身陷死罪。身死之日，但愿尸首埋葬在首阳山（山西省永济市西南）之旁，上不负皇天，下不负伯夷、叔齐（伯夷、叔齐，饿死首阳山）。”

王甫虽然也是宦官，但也为范滂的言辞动容，这批人犯的刑具，才获得解除。而李膺在口供中，又牵连出很多宦官子弟，宦官也深恐事态继续扩大。于是，请求皇帝刘志，用日蚀作为借口赦免。

六月八日，刘志下诏，赦天下，改年号（之前是延熹十年，之后是永康元年）。乱党二百余人都遣回各人故乡，姓名列入名册，分送三府（宰相府、最高监察署、全国武装部队总司令部），剥夺政治权利终身。

范滂前往拜访霍谞，却不肯道谢。有人责备他，范滂说："从前，羊舌叔向（羊舌，复姓）不见祁奚，我何必多此一谢。"（纪元前六世纪，春秋时代晋国三十一任国君平公姬彪在位时，大将栾盈的寡母范女士，跟一位名州宾的家臣私通，被栾盈发觉，范女士老羞成怒，和老爹范士匄合谋，诬称栾姓家族谋反，全部逐出国境。羊舌叔虎是栾盈好友，在一场反抗战争中失败被捕，老哥羊舌叔向也牵连入狱。元老祁奚已告老还乡，得到消息，连夜入都，先见范士匄，后见国君姬彪，立即救出羊舌叔向跟老弟羊舌赤，官复原职。二人入朝向姬彪叩谢后，羊舌赤主张再向祁奚叩谢，羊舌叔向说："他是为了国家才营救我，不是为了我而营救我，用不着叩谢。"竟上车回家。羊舌赤于心终觉不妥，前往晋见祁奚，祁奚早已回乡去了。羊舌赤叹息说："他是一位施恩不盼回报的人，我自愧没有见识。"）

6 最初，下诏搜捕乱党；各郡、各封国奏报检举，牵连所及，有数百人之多。只平原国（首府平原〔山东省平原县〕）宰相史弼，声称封国内没有乱党。诏书不断下达，严厉催促，急如星火，州郡政府官员，甚至受到髡刑（剃光头）及鞭刑。青州（山东省北部）参谋官（从事）坐在招待所，质问史弼，说：“诏书对乱党痛恨入骨，旨意至为明确。青州（山东省北部）共有六个郡国（封国），五个郡国都有乱党，你这个小小平原国，为什么偏偏一个也没有？”史弼说：“先王（皇帝祖先）治理天下，划分州郡国县界线（国指“封国”），水土不同，风俗更是差异。别郡有的，平原国恰恰没有，怎么能够相比？如果仰望长官上司的旨意，诬害忠良，靠着苦刑拷打手段，则平原人民，家家户户都会惊恐。我这个封国宰相只有一死，不能做出这种事情。”

参谋官（从事）火冒三丈，逮捕史弼以下各单位负责官员，然后弹劾史弼。幸好正逢党禁化解，准予史弼捐出俸禄赎罪，很多人得以逃出这场灾祸。

7 窦武推荐的人有：朱寓，沛国（首府相县〔安徽省淮北市〕）人；苑康，勃海（河北省南皮县）人；杨乔，会稽（浙江省绍兴市）人；边韶，陈留（河南省开封市东南陈留镇）人。

杨乔相貌堂堂，一表人才，仪容端庄，屡次上书讨论国家大事。刘志喜爱他的秀美跟学识，打算把公主嫁给他。杨乔坚决推辞，刘志不许。杨乔绝食抗拒，七日而死。

8 秋季，八月，巴郡（重庆市）奏报中央：发现黄龙。

最初，一群人去水塘洗澡，看到塘水浑浊，大家开玩笑互相恐吓说：“里面有一条黄龙！”这句玩笑话在民间传播，郡长认为正是献媚良机，打算奏报皇帝。郡政府官员傅坚警告说：“这只是贩夫走卒一句戏言，怎能当真？”郡长不理。

9 六个州水灾，渤海海水倒灌陆地。

10 冬季，十月，东羌先零部落（宁夏），再进攻三辅（关中地区，陕西省中部）。匈奴协防司令（使匈奴中郎将）张奂，派军政官（司马）尹端、董卓迎战，大破先零部落，斩酋长、贵族；加上俘虏，共一万余人。幽州（河北省北部及辽宁省）、并州（山西省及黄河河套地区）、凉州（甘肃省）等三州叛乱，全部肃清。

张奂的功劳应该晋封侯爵，但他不会奉承宦官，所以不能晋封，只由中央赏赐钱二十万，任命张家子弟一人当宫廷禁卫官（郎）。张奂拒不接受，只请把户籍迁到弘农郡（河南省灵宝市东北）。张奂本是敦煌郡（甘肃省敦煌市）人，法令规定，边郡人士不准迁居内地，因张奂建立大功，刘志特别批准。

任命董卓当初级禁卫官（郎中）。董卓，陇西（甘肃省临洮县）人，性情粗暴而有智谋，羌人、胡人都对他畏惧。

11 十二月二十三日，改封瘿陶王（首府瘿陶〔河北省宁晋县西南〕）刘悝（刘志老弟，参考一六五年）重当勃海王（首府南皮〔河北省南皮县〕）。

12 十二月二十八日，刘志在德阳前殿逝世（年三十六岁）。十二月二十九日，尊皇后窦妙为皇太后，临朝主持政府。

最初，窦妙被封皇后（参考一六五年），但很少见到皇帝丈夫，刘志对采女（小老婆群第四级）田圣等宠爱有加。窦妙忌妒而又残忍，刘志棺木还在前殿，她就下令诛杀田圣。

首都洛阳城防指挥官（城门校尉）窦武（窦妙老爹）主持遴选新皇帝高层会议。征召执法监察官（侍御史）、河间（首府乐成〔河北省献县〕）人刘鯈（音tiáo〔条〕），查询刘姓皇族中的贤才，刘鯈推荐解渎亭侯（解渎亭在今河北省安国市东）刘宏。

刘宏，是河间王（孝王）刘开的曾孙（刘开是三任帝刘炟子），祖父刘淑，老爹刘苌，两世都封解渎亭侯。

窦武进宫报告皇太后窦妙，就在禁宫中决定皇位。任命刘鯈代理特级国务官（守光禄大夫），跟寝殿侍奉宦官（中常侍）曹节，同时都"持节"，率领禁宫中级侍从宦官（中黄门）、虎贲警卫武士、羽林军等一千人，前往迎接刘宏。刘宏本年十二岁。

一六八年 戊申

东汉 永康 二年
建宁 元年

1 春季，正月三日，东汉王朝（首都洛阳〔河南省洛阳市东白马寺东〕）擢升首都洛阳城防指挥官（城门校尉）窦武，当全国最高统帅（大将军），前全国武装部队总司令（太尉）陈蕃，当皇家师傅（太傅）。窦武、陈蕃，以及宰相（司徒）胡广，共同主管宫廷机要（参录尚书事）。

这时，正逢皇帝刘志死亡的大丧，继位皇帝刘宏还没有登极，宫廷秘书（尚书）们内心畏惧，很多人假装生病，不敢入朝办公。陈蕃写信责备他们，说："古人志节，君王虽然死亡，我们事奉他，犹如他仍生存。而今，新皇帝还没有即位，政事推行困难，可是各位却宁愿吞下苦药，躺在床上装病，在大义上岂能安心？"

宫廷秘书（尚书）们惊恐，纷纷入朝办公。

2 正月二十日，解渎亭侯刘宏抵达夏门亭（在夏门〔洛阳城北面西头第一门〕外）。皇太后窦妙命窦武"持节"，用皇太子、皇子专用的青盖车，迎接入宫。

正月二十一日，刘宏登上皇帝（十二任灵帝）宝座（年十三岁），改年号（之前是永康二年，之后是建宁元年）。

3 二月十三日，把十一任帝（桓帝）刘志埋葬宣陵（河南省洛阳市孟津区东南三十里铺村北），庙号称威宗。

4 二月二十三日，赦天下。

5 最初，西羌保安司令（护羌校尉）段颎，平定西部羌人（湟中一带及渭水上游）地区叛乱。而东部羌人（陕西省北部及宁夏）先零等部落，仍然武装对抗。北疆边防司令（度辽将军）皇甫规、匈奴协防司令（使匈奴中郎将）张奂，多少年来，不断招抚；羌人不断归降，也不断背叛。前任皇帝刘志曾用诏书询问段颎："东方先零等部落，作恶反叛，皇甫规、张奂都拥有强兵，不能及时剿平，我打算派你率军到东方讨伐，不知道是否恰当，请制定战略。"

段颎上书说：

“我看到先零，以及东方等其他诸羌部落，虽然数度背叛，但向皇甫规投降的，已有两万部落，善恶已经分明，残余的叛众所剩无几。张奂所以徘徊踌躇，久不进兵，只因为已归附政府的羌人，仍跟叛众相通，大军一动，他们必然惊慌。而且从冬天开始，直到现在，已是春季，叛羌部落连营不绝，战士和马匹，都十分疲惫，有自行瓦解的可能。张奂只是希望逼使他们投降，我们坐着不动，便可摧毁强敌。

“我认为，叛羌狼子野心，天生凶残，很难用恩德感化。当形势穷困时，他们虽然屈服，一旦政府军撤退，仍会恢复原状。政府唯一办法，只有用长矛直指他们的前胸，用大刀架上他们的颈项。计东方羌人现在只剩下三万余部落，全部定居在边塞之内；道路平坦，并不具备战国时代燕、齐、秦、赵等那种纵横条件。可是他们长久的扰乱并凉二州（山西省及黄河河套地区及甘肃省），不断攻击三辅（关中地区，陕西省中部），迫使西河郡（内蒙古准格尔旗西南）跟上郡（陕西省榆林市东南鱼河镇）的郡政府，都迁徙到内地（参考一四〇年），安定郡（甘肃省镇原县东南屯字镇）、北地郡（侨郡，陕西省铜川市耀州区），再陷危急。自云中（内蒙古托克托县）、五原（内蒙古包头市），西到汉阳（甘肃省甘谷县），二千余华里，土地全被匈奴人、羌人盘踞。这等于大疮暗疾，隐藏在两胁之下，如果不把他们消灭，势力将迅速膨胀。

“我建议：动员骑兵五千人、步兵一万人、战车三千辆，用三个冬季跟两个夏季的时间，即可奏功。约计费用五十四亿。如此，就可以使羌人尽破，匈奴永服。迁移到内地的郡县政府，也可以迁回原址。

“我计算：自本世纪（二）〇〇年代末期起，诸羌部落背叛，历时十四年，军费消耗二百四十亿。四〇年代初期，诸羌部落再度背叛，又历时七年，军费消耗八十余亿。如此庞大的费用，对叛徒仍无法屠杀罄尽，残余分子遂再崛起，贻害今天。如果我们今天不肯使人民忍受暂时的痛苦，则永远的平安，便遥遥无期。我愿竭尽拙笨的能力，听候差遣驱使。”

前任皇帝刘志批准这项高压行动，对预算毫无削减。

段颎于是率领武装部队一万余人，携带十五日粮秣，从彭阳（甘肃省镇原县东），奇袭高平（宁夏固原市），在逢义山（宁夏海原县东南）跟先零等部落决战。羌军强大，政府军人心恐惧，段颎下令军中，磨利箭头刀锋，把三支长矛，接成一支，跟弓箭手混合编组，派出轻装备骑兵，掩护左右两翼，宣告将士：“我们距故乡有千里之遥，进则成功，退则大家全死，努力争取功名！”遂大声呐喊，全军跟随呐喊，骑兵左右掩护，步兵发动攻击，先零等羌部落崩溃，政府军杀叛羌八千余人。

皇太后窦妙下诏褒扬说：“等到东羌平定，再合并论功。现在，暂时赏赐段颎钱二十万，任命段颎子弟一人当初级禁卫官（郎中）。”命皇家钱币库（中藏府）拨出金钱、绸缎等，补助军费。擢升段颎当破羌将军。

6 闰三月甲午日（闰三月戊申朔，没有甲午），新皇帝刘宏，追称祖父刘淑为孝元皇、祖母夏女士为孝元后；老爹刘苌为孝仁皇、娘亲董女士为慎园贵人。

7 夏季，四月戊辰日（四月戊寅朔，没有戊辰），全国武装部队总司令（太尉）周景逝世。最高监察长（司空）宣酆免职；任命长乐宫保安官（长乐卫尉）王畅，当最高监察长（司空）。

8 五月一日，日蚀。

9 擢升中级国务官（太中大夫）刘矩，当全国武装部队总司令（太尉）。

10 六月，京师（首都洛阳）大水成灾。

11 六月十七日，酬庸拥戴新皇帝取得帝位的功劳，封窦武当闻喜侯，窦武的儿子窦机当渭阳侯、侄儿窦绍当鄠侯、窦靖当西乡侯，寝殿侍奉宦官（中常侍）曹节当长安乡侯。共封侯爵十一人。

涿郡（河北省涿州市）人卢植，上书给窦武，说：

"你现在跟东汉王朝的关系，犹如古代姬旦、姬奭跟周王朝的关系：拥戴圣主，维系四海人心。舆论认为你的功劳，至为重大。问题是，血统关系，一脉相传，按照顺序，物色人选，你有什么贡献？岂可硬把上天的旨意，当作自己的力量。我建议你，应该辞掉赏赐封爵，保全你的声名！"

窦武不能采纳。

卢植，身长八尺二寸，声如洪钟，性情刚烈，操守正直。自幼追随马融学习儒家学派经书；马融富有，奢侈豪华，常教美女在学生宾客面前，载歌载舞。卢植在座下听讲多年，没有偷看一眼，马融因此对他十分敬重。

皇太后窦妙感激陈蕃昔日恩德（窦妙得以当皇后，陈蕃曾经尽力），特封陈蕃为高阳乡侯。陈蕃不肯接受，上书说："我听说，分割国家土地，作为封爵采邑，应该以功劳或恩德作为标准。我虽然没有高尚的品行，但我羡慕正人君子：'不是用正当的方法得到的东西，不要它。'(《论语》孔丘语)如果我接受爵位，而不辞让，(《诗经》:“接受爵位／而不辞让／终于走向灭亡。”)掩住面孔，坐上位置，将使皇天震怒，灾祸转向人民。如此的话，我这渺小的身子，向何处寄托！”窦妙不准，陈蕃态度坚决，奏章前后呈递十次，终于拒绝封侯。

12 破羌将军段颎，率轻装备部队，追击残余叛羌，出桥门谷(陕西省子长市西北)，日夜不停，兼程行军，在奢延泽(内蒙古鄂托克前旗东南)、落川(洛河上游)、令鲜水(今地不详)，发生一连串会战，取得一连串胜利。最后，在灵武谷(宁夏贺兰县西北贺兰山东麓)决战，诸羌部落完全崩溃。

秋季，七月，段颎追击到泾阳(甘肃省平凉市西北)，残余叛羌只剩下四千余帐落，全都溃散，逃入汉阳郡(甘肃省甘谷县)万山丛中。

匈奴协防司令(护匈奴中郎将)张奂上书说:“东部地区叛羌虽然破败，但对羌民族无法消灭。段颎性情轻率而果敢，应考虑到胜利形势，难以永远掌握。最好是用恩德结纳，就永远不会后悔。”中央政府转告段颎，段颎坚持继续使用高压手段，上书说:

“我原本知道东部诸羌部落(宁夏及陕西省北部一带羌人)虽然人数众多，但因武力衰弱，容易控制。所以陈述我的忧虑，打算奠立永久和平的基础。匈奴协防司令(中郎将)张奂，强调羌人强大，难以击破，最好使他们投降。我认为并不如此，主上英明，采纳我不成熟的意见，我的谋略才能实施，而张奂的建议才被搁置。只因为事实的发展跟张奂所预料的方向，恰恰相反，张奂遂心怀忌妒，听信叛徒的申诉，故意用温和的语气指摘我的部队:‘不断受到挫折。’又宣称:‘羌民族也是上天的生灵，不可以杀光。山高谷深，不可能无人居住。遍地伏尸污血，有伤和睦之气，招致天灾。’

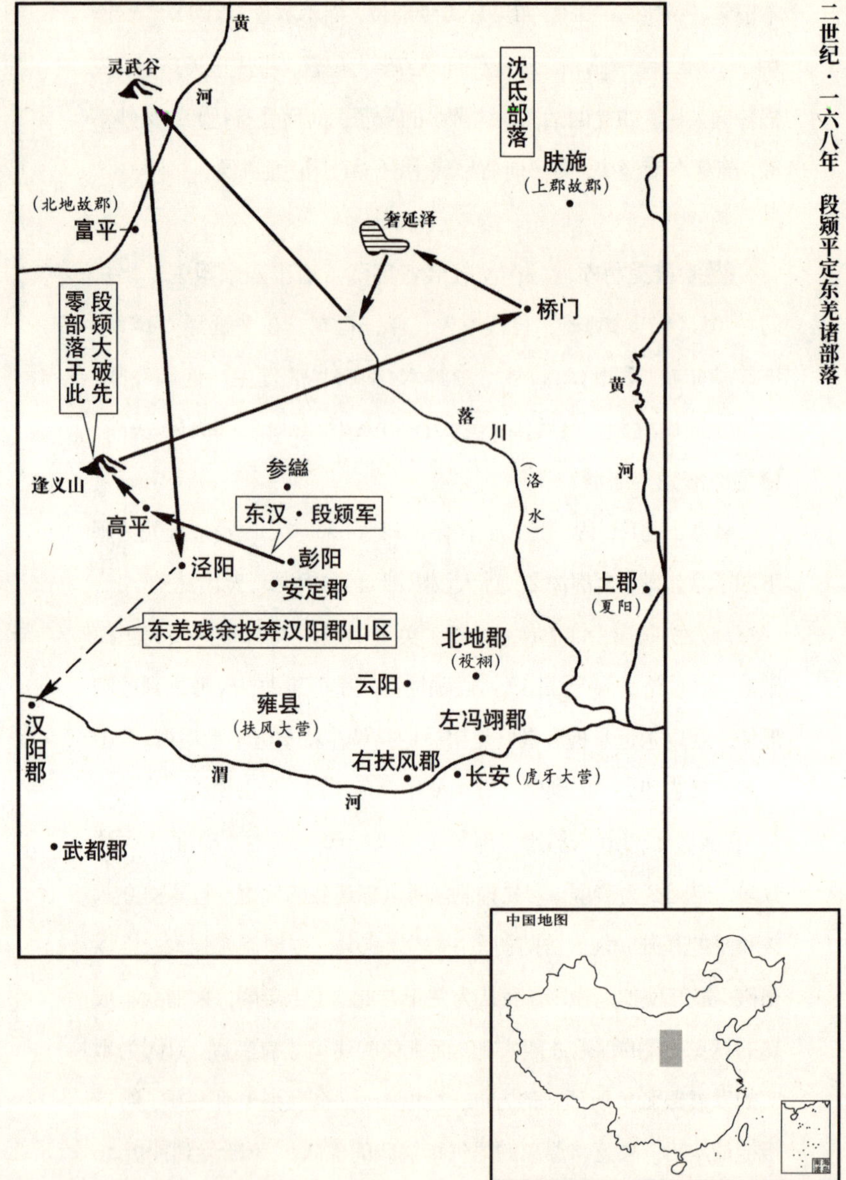
黄
河
灵武谷
沈氏部落
肤施
（上郡故郡）
（北地故郡）
富平
奢延泽
桥门
段颎大破先零部落于此
落
川
（洛水）
黄
河
逢义山
参䜌
东汉·段颎军
高平
彭阳
泾阳
安定郡
上郡
（夏阳）
东羌残余投奔汉阳郡山区
北地郡
（祋祤）
云阳
雍县
（扶风大营）
左冯翊郡
汉阳郡
右扶风郡
长安（虎牙大营）
渭
河
武都郡
中国地图

“我考查追溯，周王朝跟秦王朝时代，那时蛮夷中，以戎狄部落，为害最大。东汉王朝中兴以来，诸羌部落，为害最大。杀也杀不完，虽然归降，不久又叛。而今先零等部落，更不知背叛过多少次。攻陷城池，抢夺人民财物，挖掘坟墓棺木，灾祸加到活人以及死人身上。上天震怒，才借我所统御的大军之手，使他们伏诛。

“从前，春秋时代，邢国混乱暴虐，卫国讨伐它，大军出动之日，上天及时降雨（春秋时代卫国大旱。有人说：“从前，周王朝饥馑，消灭商王朝后，立即丰收。而今邢国正在败坏，岂不是上天教我们讨伐？”军事行动刚开始，就有大雨）。我率军征战，经过夏天，而雨水不断，庄稼丰收，人民也没有瘟疫疾病。上蒙天心喜爱，不赐伤害；下受人民拥戴，一团和睦。所以才战无不胜，攻无不克。

“从桥门以西，落川以东（指陕西省北部及宁夏），故有的宫殿跟乡镇城池，互相连接，并不是穷山恶水的绝域；车辆马匹，都可平安行驶，不会翻覆。张奂身为政府官员，担任武职，到差二年，仍不能扫平贼寇，却躲躲闪闪，提倡放弃武力；对凶猛的敌人，改用招降政策。我认为他过分夸大招降的功能，虚妄而没有验证。

“为什么有这样结论？从前，先零部落侵犯边塞，赵充国把他们迁居到边塞之内（赵充国事，参考前六〇年。当时把归附的羌部落，迁移到金城郡〔甘肃省兰州市〕耕牧，设立金城移民区〔金城属国〕）。煎当部落侵犯边塞，马援把他们迁移到三辅（关中地区，陕西省中部。参考三五年）。他们开始时全都降服，而后来仍然背叛，到今天都不能平靖。有远见的人士，深感忧虑。而今，沿边各郡，汉人稀少，常常受到羌人毒害。如果再把大批降羌内迁，使他们跟汉人混合居住，就好像把荆棘种到良田，把毒蛇放进卧室。

“我上奉中央的威信，建立长久的平安之策，打算彻底的把病根铲除，使它再不能发生。本来只预算三年的经费，支用五十四亿，迄今一载，消耗不到一半，残余的叛羌，已像灰烬一样，面临灭绝。诏书每次都昭示说：‘对军事行动，中央绝不遥控。’请求贯彻这项命令，交由我全权处理，临事应变，不失军机。”

13 八月，最高监察长（司空）王畅免职，擢升皇族事务部长（宗正）刘宠当最高监察长（司空）。

14 最初，窦妙被封皇后，陈蕃曾经尽力（参考一六五年）。窦妙临朝主持政府时，就把大小政事，全部交付陈蕃。陈蕃跟窦武同心合力，辅佐皇家。征召闻名天下的贤才李膺、杜密、尹勋、刘瑜等，进入政府，共同参与。于是天下知识分子，全都伸直颈项盼望，认为一个崭新的太平安乐盛世，即将来临。

深宫之内，新皇帝刘宏的奶娘赵娆，跟一群女秘书（女尚书），把皇太后窦妙包围得密不通风，日夜奉承。寝殿侍奉宦官（中常侍）曹节、王甫等，更结成死党，全力谄媚窦妙，窦妙对这一批男女，十分信任，不断颁发诏书，任官封爵。

陈蕃、窦武对这种现象深为痛恨。有一次，在金銮宝殿上朝会时，陈蕃悄悄告诉窦武，说：“曹节、王甫等，先帝（刘志）在时，便窃夺国家大权，扰乱天下，今天如果不杀掉他们，将来更难下手。”窦武认为正确。陈蕃大为高兴，用手推开几案，一跳而起。窦武于是开始结纳同志，像宫廷秘书长（尚书令）尹勋等，共同进行。

正好，发生日蚀（五月一日），陈蕃对窦武说：“从前，萧望之被一个石显折腾得焦头烂额（参考前四七年），而现在却有几十个石显。我今年八十岁，还有何求？只求帮助将军，铲除宦官灾害。正可抓住日蚀这个机会，对宦官采取行动，消除天变。”窦武于是对窦妙说：“传统上，禁宫侍从宦官（黄门）、寝殿侍奉宦官（中常侍），只负责管理宫廷门户、保管宫廷财产。而今，却教他们参与政治，掌握权柄，子弟家人，布满天下，专门贪赃暴虐，天下舆论沸腾，都是这个缘故，应该全部诛杀或罢黜，使政府获得澄清。”窦妙吃惊说：“自从汉王朝（两汉王朝）建立以来，世世代代，都有宦官。犯法有罪的，当然可以诛杀，但怎么能够全体消灭？”

窦武无法回答女儿的诘问。当时寝殿侍奉宦官（中常侍）管霸，很有才华谋略，在禁宫专断独行。窦武获得皇太后授权，于是逮捕管霸，跟另一位寝殿侍奉宦官（中常侍）苏康等，全送监狱处死。窦武又一再要求诛杀曹节等，窦妙犹豫不决，不忍批准，事情遂拖延下去。陈蕃不能等待，上书说：

“而今，京师（首都洛阳）人心不安，道路喧哗，传言侯览、曹节、公乘昕、王甫、郑飒等，跟赵娆、宫廷秘书（尚书）等，共同扰乱天下。服从他们的升官晋爵，拒抗他们的都中伤受害。政府中的文武官员，好像河上漂木，一会漂到东，一会漂到西，只知道贪图俸禄，畏惧权势。陛下（窦妙）如果不迅速诛杀此辈，一定发生变乱，危害国家，灾祸难以预计。请求把我这份奏章，宣示左右，并命天下奸佞，知道我对他们深恶痛绝。”

窦妙拒绝采纳。

就在本月（八），天象：太白金星侵犯房宿四星中的第一星（上将），深入太微星座（天文学家认为：“房宿”象征地上帝王宫廷，“太微”象征帝王）。宫廷随从（侍中）刘瑜，一向精于天文，感到厌恶，遂上书皇太后窦妙，说：“根据《占书》：天上有此现象，宫门就要关闭，元帅、宰相，将受到伤害。奸人在主人身旁，要紧密提防。”又写信警告窦武、陈蕃：“星辰错乱，形势不利，大臣应迅速确定大计。”于是，促使事变加速。窦武、陈蕃，任命朱寓当京畿总卫戍司令（司隶校尉）、刘祐当首都洛阳市长（河南尹）、虞祁当洛阳县长。窦武又奏准撤换宦官总管（黄门令）魏彪，任命所亲信的禁宫贴身侍从宦官（小黄门）山冰接替。然后由山冰出面，弹劾及逮捕长乐宫秘书（长乐尚书）郑飒（长乐宫秘书，皇太后临朝主政时特设的官职，负责传递奏章文书），囚禁北寺监狱。陈蕃对窦武说：“对付这类东西，抓住就应当场诛杀，还用审问？”窦武不听，命山冰、尹勋、执法监察官（侍御史）祝瑨，共同审问郑飒。郑飒在口供中，牵连到曹节、王甫。尹勋、山冰根据口供，奏请皇太后窦妙准予逮捕曹节等，奏章交宫廷随从（侍中）刘瑜呈递。

九月七日，窦武休假，出宫回家。负责主管奏章业务的宦官，得到消息，立刻通知长乐宫秘书助理（长乐五官史）朱瑀，朱瑀秘密拆开窦武奏章，悲愤交集，诟骂说：“宦官犯罪，当然应该处死。可是我们没有犯罪，又有何辜？竟然要全都灭族！”因而厉声高呼：“陈蕃、窦武，奏请皇太后罢黜皇上，图谋叛变，大逆不道！”深夜召集素来亲近的健壮宦官、长乐宫从官长（长乐从官史）共普（共，姓）、张亮等十七人，歃血结盟（歃，音shà〔煞〕。把牲畜的血涂在嘴唇上，表示诚心），商讨反击窦武等。曹节向皇帝刘宏报告：“外面情势紧张，请陛下快登上德阳前殿。”交给刘宏一把佩剑壮胆，踉跄前往，命奶娘赵娆等围绕在刘宏左右保卫，收取所有印信，关闭宫门，召唤宫廷秘书署官员，把钢刀架到脖子上，命他们撰写诏书：任命王甫当宦官总管（黄门令），“持节”到北寺监狱，逮捕尹勋、山冰。山冰怀疑诏书的真实性，拒不接受。王甫迅速出击，格杀山冰，再格杀尹勋，释放郑飒。

王甫率领武装部众回宫，劫持皇太后窦妙，夺取印信；命皇家礼宾宦官（中谒者）在南宫戒备，紧闭宫门，切断跟北宫间的双层大道（复道。南北两宫，相距三公里半，中央有巨屋；双层大道，共有三线，皇帝行中央，侍卫夹左右，十步一个岗哨）。一面派郑飒等"持节"，率领执法监察官（侍御史）、皇家礼宾官（谒者），逮捕窦武等。窦武不接受这项诏书，投奔步兵兵团（北军〔野战军〕五营之一），跟他的侄儿、步兵指挥官（步兵校尉）窦绍，共同射死使节，率领北军五营将士数千人，进驻洛阳驿马车总站（都亭），下令说："禁宫侍从宦官（黄门）跟寝殿侍奉宦官（中常侍）叛变，努力作战的，除了封侯，还有重赏。"陈蕃听到事变消息，率领他的部属官员，跟学生门徒八十余人，各人手拿刀斧，闯入承明门，直到宫廷秘书署门前，大声呼喊："最高统帅（窦武）忠心卫国，禁宫侍从宦官（黄门）谋叛，怎么反过来说窦家无道！"王甫经过那里，正好跟陈蕃碰个正着，听见他的呼喊，斥责陈蕃说："先帝（刘志）刚刚逝世，坟墓还没有完工，窦武有什么功劳，兄弟父子三人，同时都封侯爵？还有，窦武家摆设筵席，饮酒取乐，挑选宫中美女陪伴，十天半月之间，财产累积万万。国家大臣这种行为，难道合理？你是宰相之位，辅佐君王，苟且结党，还去什么地方捉拿盗贼？"

王甫命武士逮捕陈蕃，陈蕃拔剑抵抗，斥责王甫，言辞及颜色，十分严厉。但武士终于把陈蕃制伏，送到北寺监狱囚禁。禁宫侍从宦官署传达员（黄门从官驺），用脚猛踢陈蕃，又践踏他身体，得意说："死老怪，还能不能裁我们的员，减我们的钱？"当天，就在狱中把陈蕃格杀。

这时，匈奴协防司令（护匈奴中郎将）张奂，正好召回京师（首都洛阳）述职。曹节等知道张奂新到，不了解政变内幕。于是，假传圣旨：擢升宫廷供应部长（少府）周靖，代理车骑将军，“持节”，会同张奂，率北军五营留下来的部队，讨伐窦武。此时，天已微明（五月八日），王甫率虎贲警卫武士、羽林军等共计一千余人，出朱雀掖门（北宫南侧门）布防，跟张奂等会师。不久，全部抵达宫廷正门，跟窦武对峙。

时间对王甫有利，军容渐盛，王甫教士兵向窦武部队大声呼喊：“窦武谋反，你们都是皇家军队，应当保卫皇宫，为什么追随叛徒？先反正的有赏！”野战军官兵，对宦官素来畏惧敬服，于是窦武军开始有人投奔王甫，窦武无法控制，从清晨到早饭时，几乎全部归降。窦武、窦绍遂只身逃亡，各路大军追捕包围，二人绝望，双双自杀；人头被砍下，悬挂洛阳驿马车总站（都亭）。宦官军搜捕窦武的亲族、宾客、姻亲，全体诛杀。宫廷随从（侍中）刘瑜、骑兵指挥官（屯骑校尉）冯述，被屠灭全族。

范晔曰

窦武、陈蕃，拥有皇太后家族雄厚的优势，掌握政府军事和政治的权柄。内倚皇太后临朝的威信，外靠名士精英的归心，而竟然被阉割过的小人击败，身家屠灭，功勋瓦解，使世人同声悲叹。岂不是权力有余，而智谋不足？《左传》说：“上天久已废弃商王朝，你却想使它复兴。”子滋甫（春秋时代宋国二十任国君襄公）之在泓水（河南省柘城县北涡水支流）溃败，原因在此。

15 宦官又诬陷虎贲警卫指挥官（虎贲中郎将）河间（首府乐成〔河

北省献县〕）人刘淑、前宫廷秘书（尚书）会稽（浙江省绍兴市）人魏朗，说他们跟窦武通谋，二人自杀。然后把皇太后窦妙迁到南宫，把窦武残余家属放逐日南郡（越南东河市）。三公及部长级以下，凡是陈蕃、窦武所推荐的官员，以及学生门徒，跟过去的旧有部属，全都免职，剥夺政治权利（禁锢）。参议官（议郎）勃海（首府南皮〔河北省南皮县〕）人巴肃，开始时曾参与窦武的密谋，曹节等不知道，只剥夺他当官的权利，后来才被发现，于是逮捕巴肃。巴肃自己乘车到县政府（巴肃，勃海郡高城县〔河北省盐山县〕人），县长接见他，迎到后阁，解下县长印信，打算跟巴肃一起逃亡。巴肃说："做人家的部属，有谋略不敢隐藏，有罪过不敢逃避。既没有隐藏谋略，又怎敢逃避刑罚？"结果被杀。

曹节升任长乐宫保安官（长乐卫尉），封育阳侯。王甫升任寝殿侍奉宦官（中常侍），仍兼宦官总管（黄门令）。朱瑀、共普、张亮等六人，都封侯爵。另十一人封准侯爵（关内侯）。卑鄙的小人物，扬扬得意；正式官员和知识分子，无不沮丧。

陈蕃的朋友陈留（河南省开封市东南陈留镇）人朱震（《后汉书 · 陈蕃传》：朱震此时当铚县〔安徽省濉溪县西南〕县长，抛弃他的官位，前来京师），收埋陈蕃尸体，把陈蕃的儿子陈逸，秘密藏匿。事情泄漏，朱震全家被捕入狱，老幼都戴上刑具。朱震受到苦刑拷打，誓不吐露，陈逸由是得以逃命。最高统帅部（大将军府）秘书桂阳（湖南省郴州市）人胡腾，收葬窦武尸体，为他穿上丧服，受到剥夺政治权利（禁锢）处分。窦武的孙儿窦辅，年仅二岁，胡腾声称是自己的儿子，跟故最高统帅部职员南阳郡（河南省南阳市）人张敞，把他藏到零陵郡（湖南省永州市），也逃出一命。

张奂升任农林部长（大司农），因军事上的功劳，晋封侯爵。张奂在明了真相后，懊恼中了曹节的圈套，拒不接受。

16 任命胡广当皇家师傅（太傅）兼管宫廷机要（录尚书事）；擢升最高监察长（司空）刘宠当宰相（司徒），藩属事务部长（大鸿胪）许栩当最高监察长（司空）。

17 冬季，十月三十日，日蚀。

18 十一月，全国武装部队总司令（太尉）刘矩免职。擢升交通部长（太仆）沛国（首府相县〔安徽省淮北市〕）人闻人袭（闻人，复姓）当全国武装部队总司令（太尉）。

19 十二月，鲜卑部落（王庭设弹汗山〔河北省尚义县南大青山〕）及濊貊部落（朝鲜半岛东部），攻击幽州（河北省北部及辽宁省）、并州（山西省及黄河河套地区）。

20 本年（一六八），西域（新疆及中亚东部）疏勒国（新疆喀什市）国王的叔父和得，格杀国王，自己登位。

21 乌桓部落（河北省北部）上谷郡（北京市密云区）酋长难楼，有部众九千余帐；辽西郡（辽宁省义县西）另一酋长丘力居，有部众五千余帐，自称国王；辽东郡（辽宁省辽阳市）另一酋长苏仆延，有部众千余帐，自称峭王；右北平郡（河北省唐山市丰润区）另一酋长乌延，有部众八百余帐，自称汗鲁王。

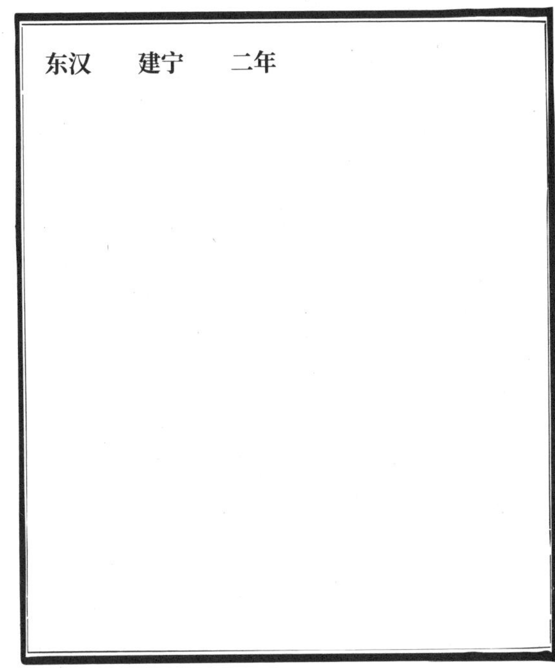

1 春季，正月四日（原文“丁丑”，据《册府元龟·卷八二》改），东汉王朝（首都洛阳〔河南省洛阳市东白马寺东〕）赦天下。

2 东汉帝（十二任灵帝）刘宏（本年十四岁）把娘亲董贵人，从河间国（首府乐成〔河北省献县〕）迎接到京师（首都洛阳）。

三月三日，尊董贵人当孝仁皇后，住永乐宫（皇太后宫）。任命董贵人的老哥董宠当首都洛阳警备区司令（执金吾），侄儿董重当高级皇家警卫指挥官（五官中郎将）。

3 夏季，四月二十一日，金銮宝殿御座上，发现一条青蛇。

四月二十二日，大风，天降冰雹、霹雳，拔起大树一百余棵。刘宏命三公、部长以下，各呈"亲启密奏"（封事）。

农林部长（大司农）张奂上书说：

"从前，姬旦（周公）埋葬时，葬礼违背礼教，上天震怒（《书经·大传》：姬旦逝世，姬诵〔周王朝二任王成王〕要把他安葬在成周〔洛阳〕，上天忽然雷电交加，继之刮风，庄稼倒毙，大树拔起，贵族们大为恐慌。姬诵才把姬旦改葬在毕邑〔陕西省咸阳市西北〕，表示不敢把这位叔父，当作臣属）。而今，窦武、陈蕃，对国家一片忠贞，还没有得到公开的宽恕，天变地震，都是为此而发。应该迅速使他们获得安葬，召回他们被贬窜蛮荒的家属。其他一切剥夺政治权利的措施，完全撤除。皇太后（窦妙）虽然居住南宫，但陛下对她十分冷淡，政府官员，无人敢言，远近失望。应该思念大义，回报亲恩。"

刘宏深以为有理，询问寝殿侍奉宦官（中常侍）们的意见，宦官大起反感，刘宏不能自做决定。张奂又跟宫廷秘书（尚书）刘猛等，联名推荐王畅、李膺等，有担任三公的能力，曹节等更讨厌张奂多嘴，遂由刘宏下诏严厉责备，张奂等都自动投入司法部监狱囚禁，数日之后才释放，但仍扣发薪俸三月赎罪。

初级禁卫官（郎中）东郡（河南省濮阳市西南）人谢弼，上"亲启密奏"（封事），说：

"我曾经听说：'梦见蟒、梦见蛇，生女吉兆。'（《诗经·斯干》）回想起来，皇太后（窦妙）当初在深宫之中，决定迎立陛下的大计。古书（《左传》）说：'父子兄弟，罪行不相涉及。'窦姓家族的诛杀，岂能把罪过加到皇太后身上？如今被隔离在空宫之中，忧虑之情，上感天心。万一发生措手不及的急病，陛下还有什么面目再见天下？孝和皇帝（东汉四任帝刘肇）不否定窦太后养育之恩（参考九七年），前世传为美谈。

“《礼经》有明文规定：‘继承谁的香火，就是谁的儿子。’陛下承认桓帝（刘志）是父，岂能不承认皇太后（窦妙）是母？盼望陛下仰慕姚重华（有虞）孝顺的教化，回顾《凯风》（《诗经》诗篇）歌颂思念娘亲的恩情（《凯风》诗：“南风从南方吹／吹动嫩苗／嫩苗是那么弱／娘亲辛劳。”“南风从南方吹／吹动小树／娘亲尽善尽美／我只怕把娘亲辜负。”“冷冷的泉水／藏在故乡故土／有七个儿子／反而使娘亲辛苦。”“弱小的黄莺／唱出好听声音／七个儿子／反不能安慰母心。”）我又听说：‘开国保家，不可任用小人。’（《易经·师卦》语。）而今，功臣久在外地，没有封爵加俸，而陛下的奶娘，却凭空高升。大风以及冰雹，都由于此。

“还有，故皇家师傅（太傅）陈蕃，为皇家献身，竟被一群邪恶小人陷害。一旦被杀，全族灭绝，刑罚之滥，天下为之震动。甚至连学生门徒，以及过去的部属，都要贬谪放逐，剥夺政治权利。陈蕃已经死去，即令一百条性命，也无法赎他生还。只有释放他的家属，解除禁令。宰相级官员，是政府重要职位，国家命脉所在。可是，现在的四公（全国武装部队总司令闻人袭、宰相刘宠、皇家师傅胡广、最高监察长许栩），只有最高监察长（司空）刘宠，还能坚持善政立场（刘宠已由最高监察长升任宰相，原文可能有误）；其他三位，全是只会吃饭，招贼引寇之辈，必然发生鼎足折断，食物倾覆的凶事。我建议，正好乘着天变及灾异，把他们全都免职。征召前最高监察长（司空）王畅、长乐宫供应官（长乐少府）李膺等，担任重要官职。盼望因这项措施，使灾变消失，国运昌隆。”

刘宏左右讨厌谢弼，贬他出去当广陵（江苏省扬州市）郡政府主任秘书（丞）。谢弼后来辞职回家。曹节堂侄曹绍当东郡（河南省濮阳市西南）郡长，用其他罪名逮捕谢弼，在狱中受苦刑拷打而死。

刘宏向宫廷禁卫官司令（光禄勋）杨赐，询问有关蛇妖的事，杨赐呈递“亲启密奏”（封事），说：

“祥瑞不会凌空而降，灾难也不会无故来临。君王心里想什么，虽然没有形诸颜色，但五星（金木水火土）已开始变动，阴阳也都随之改变。君王的权威不能建立，就会发生龙蛇怪事。《诗经》说：‘梦见蟒、梦见蛇，生女吉兆。’只有请陛下思虑阳刚道理，严格划分内外，压制皇后家族的权力，割断对美妻艳妾的宠爱，则蛇妖就可以消失，祥瑞会立刻出现。”杨赐，是杨秉的儿子（杨秉，参考一五一年四月）。

4 五月，全国武装部队总司令（太尉）闻人袭、最高监察长（司空）许栩免职。

六月，任命宰相（司徒）刘宠当全国武装部队总司令（太尉），擢升祭祀部长（太常）汝南郡（河南省平舆县西北射桥镇）人许训当宰相（司徒），交通部长（太仆）长沙（湖南省长沙市）人刘嚣当最高监察长（司空）。刘嚣一向谄媚寝殿侍奉宦官（中常侍），所以能够擢升到三公高位。

5 刘宏派皇家礼宾官（谒者）冯禅，前往汉阳郡（甘肃省甘谷县），说服残余的叛羌投降，破羌将军段颎认为：春天农耕季节，农夫满布田野，叛羌即令投降，也是暂时性质；而且地方政府没有能力供养，最后一定再叛。不如乘机进击，就可一劳永逸，完全肃清。

于是，段颎亲自出动，挺进到叛羌基地凡亭山（宁夏彭阳县西南）

四五十华里处；派骑兵军政官（骑司马）田晏、副军政官（假司马）夏育，率五千人做先锋，击破叛羌大营。叛羌溃散，向东逃走，据守射虎谷（甘肃省天水市西），用精兵封锁谷口的上下两个关隘；段颎计划在这次战役中，把叛羌全部歼灭，不允许再突围逃亡。

秋季，七月，段颎派一千余人，在西县（甘肃省礼县东北）构筑阻截工事，用木柱结成栅栏，纵深二十步，长达四十华里。然后，分别派遣田晏、夏育等，率步骑兵七千人，马衔木枝，乘夜攀登西山，在距谷口上下门一华里左右，安营扎寨，挖掘壕沟。又派遣军政官（司马）张恺等，率三千人攀登东山——这时候叛羌才蓦然发现。

段颎跟张恺分别由东西两山，发动攻击，大破叛羌，追击到谷口上下门，深入穷山，势如破竹，格杀叛羌酋长、将领以下一万九千人。冯禅等则招降四千人，分别安置在安定（甘肃省镇原县东南屯字镇）、汉阳（甘肃省甘谷县）、陇西（甘肃省临洮县）三郡。于是，东方羌人的叛乱，全部平定。段颎先后历经一百八十次战役，斩杀三万八千余人，俘获家畜四十二万七千头；费用四十四亿，战士死亡四百余人。东汉政府改封段颎新丰县侯，采邑一万户人家。

《书经》说：“天地，是万物的父母。而人，是万物的精英。其中特别聪明的人，担任君王。君王，是人民的父母。”（《书经·周书·泰誓》）蛮夷戎狄虽然跟我们不一样，但他们趋利避害，乐生恶死，却跟我们相同。治理得法，则归顺服从；治理不得法，则背叛侵扰，自在道理之中。所以，从前圣明君王的立场是，背叛就讨伐，归附就安抚，把他们安置在边疆地带，不使他们扰乱我们中国礼义之邦。如果把他们当作草木禽兽，不区分好坏，不辨明背叛顺服，竟然像割草似的，一律割杀，岂是做人民父母的本意！

何况，羌民族所以叛变，全是被郡县政府官员，用冤酷的手段逼反。对于叛徒，不能当时就加处决，是元帅将领都不是适当人选之故。假使优良的将领把他们驱逐到塞外，政府再选择优良的文官治理，则奔驰疆场的人，岂有机会用大肆杀戮，去称心快意！治理不得其法，即令是中国人，也会蜂拥而起，成为盗寇，难道说可以杀尽杀光？是以段颎这个将领，虽然克敌有功，正人君子，并不赞许。

羌人以游牧为主，跟匈奴人非常接近，而跟务农的中国人，在生活方式上格格不入。但羌人比匈奴人落后，分为千百以上大小部落，散布在黄河上游和渭水上游。始终不能集结成匈奴那样强大的力量，更谈不到建立国家组织。

纪元前二世纪八〇年代，中国获得原属于匈奴的河西走廊（甘肃省中西部），于是产生两种情况：一、中国势力像一把利刃一样，插在匈奴汗国跟羌人之间，把他们隔开，使羌人无法得到匈奴的援助，以致在以后的战争中，完全孤立。二、中国人在政治军事保护之下，积极向西移民，虽混杂在一起，但界线分明。前一世纪三〇年代，羌人最大的部落之一先零部落，曾发动过一次反击。之后，百余年间，表面相安无事，但羌人不断的被杀被辱，积恨已深。与日俱增的官员们的贪污暴虐，使羌人愤怒的发现，除非把地方政府官员杀尽，他们将永不能平安。武装抗暴行动，遂不可避免。

这种行动，在进入二世纪后，东汉政府除了采取高压手段外，想不到别的解决方法——最有效的方法是使政治清明，这当然办不到。羌战遂从小的冲突，扩张成为大规模战争，而且向中国本部心脏蔓延，直抵首都洛阳近郊。每次战役，死亡人数，都论千论万，可推测参加战斗的兵力，当数倍或十数倍于此。羌人已由消极的挣脱贪官、反抗暴政，进而发展到对中国人全体仇视，所以中国人也遭受到同等残忍的杀戮。不过，虽然如此，那个时代没有现代意识的民族观念，本质上仍是单纯的官逼民反。因为政府官员的贪残对象，一视同仁，不分羌华。

连绵一百二十年之久的巨大民变，使西部中国，举目千里，一片荒凉，白骨遍野，看不到煮饭时的炊烟，幸而残存的人民，无论是羌是华，饥饿使他们坠入人吃人惨境。羌民族因人数太少，而又一盘散沙，惨重的伤亡使他们无以为继，而终于惨败屈服。东汉政府的高压政策取得了决定性胜利。不过，这胜利的代价太大，因为羌战也使东部中国民穷财尽，敲开了东汉王朝覆亡的墓门。

6 九月，江夏（湖北省武汉市新洲区）蛮夷叛变，州（荆州〔湖北省及湖南省〕）郡政府出兵讨平。

7 丹杨（安徽省宣城市宣州区）山越蛮夷，包围郡长陈夤，陈夤击破山越攻击。（“山越”，第一次在《资治通鉴》出现。“越”泛指“南方”，中国势力南侵后，很多在深山居住的南方土著，依靠险阻，不缴赋税、不服差役，成为山头独立王国，政府称他们“山越”。到了三世纪三国时代，山越蛮夷转盛，对三国之一的东吴帝国，造成很大威胁。）

8 最初，李膺等虽然被剥夺政治权利（废锢），但天下知识分子尊敬他们，轻视政府，都盼望能跟他们结交，唯恐怕不被接纳。而他们也互相赞誉，还列出美号：窦武、陈蕃、刘淑是“三君”，指他们是一代宗师。李膺、荀翌、杜密、王畅、刘祐、魏朗、赵典、朱寓，是“八俊”，指他们是一代精英。郭泰、范滂、尹勋、巴肃，以及南阳（河南省南阳市）人宗慈、陈留（河南省开封市东南陈留镇）人夏馥、汝南（河南省平舆县西北射桥镇）人蔡衍、泰山（山东省泰安市东）人羊陟，是“八顾”，指他们是一代德行表率。张俭、翟超、岑晊、苑康，以及山阳（山东省巨野县东南大谢集镇）人刘表、汝南（河南省平舆县西北射桥镇）人陈翔、鲁国（即东海国，首府鲁县〔山东省曲阜市〕）人孔昱、山阳人檀敷，是“八及”，指他们是一代导师。度尚、东平（首府无盐〔山东省东平县东南〕）人张邈、王孝、东郡（河南省濮阳市西南）人刘儒、泰山人胡母班（胡母，复姓）、陈留人秦周、鲁国人蕃向、东莱（山东省龙口市东黄城集村）人王章，是“八厨”，指他们都轻财仗义。

后来，陈蕃、窦武当权，重新擢升李膺等。不久，陈蕃、窦武被杀，李膺等再被免职。

宦官们对李膺等，厌恶到极点。皇帝每颁下诏书，都重申剥夺乱党政治权利的命令。而寝殿侍奉宦官（中常侍）侯览，对张俭尤其咬牙切齿（参考一六六年）。侯览同郡人朱并（二人都是山阳郡人），素来邪恶，曾被张俭尖刻抨击，遂顺承侯览旨意，上书检举：“张俭跟同郡二十四人，互起绰号，组成奸党，企图危害国家，而张俭是他们的领袖。”刘宏把朱并姓名抹掉，公布朱并奏章，下诏逮捕张俭等。

冬季，十月，皇太后宫总管（大长秋）曹节，暗示有关官员奏报：“奸党者，前最高监察长（司空）虞放，以及李膺、杜密、朱寓、荀翌、翟超、刘儒、范滂等，请交付州郡政府调查审问。”本年（一六九），刘宏十四岁，问曹节说：“什么叫奸党？”曹节说：“奸党，就是乱党。”刘宏说：“乱党有什么罪恶，一定要杀掉？”曹节说：“他们互相勾结推荐，准备有不轨行动。”刘宏说：“不轨行动又怎么样？”曹节说：“打算推翻政府。”刘宏遂批准。

有人告诉李膺："你应该逃了。"李膺说："做事不推辞艰难，犯罪不躲避刑责，是臣属的节操。我年已六十，生死有命，逃向何方？"遂到诏狱报到，被酷刑拷死；学生跟旧有部属，都被剥夺政治权利。执法监察官（侍御史）蜀郡（四川省成都市）人景毅的儿子景顾，是李膺的学生，因登记簿上没有名字，以致没有处罚到他，景毅慨然说："本认为李膺一代贤才，才教儿子拜他为师，岂可以因为名录偶尔脱漏，苟且偷安。"自己上书检举自己，免职回家。

汝南（河南省平舆县西北射桥镇）郡政府督察官（督邮）吴导，奉到逮捕范滂的诏书。吴导前往征羌（范滂是汝南郡征羌国人。一任帝刘秀时，封来歙当征羌侯，所以征羌是个侯国，今河南省漯河市郾城区东南），紧闭驿马车站招待所的屋门，抱着诏书，伏在床上哭泣，全县不知道发生什么事情。范滂得到消息说："一定是为我而来。"即自行到监狱报到。县长郭揖大吃一惊，把他接出来，解下印信，要跟范滂一同逃亡，说："天下大得很，你怎么偏在这个地方！"范滂说："我死，则灾祸停止，怎么敢连累你，而又使我娘亲流离失所！"娘亲来跟范滂诀别，范滂告诉娘亲："弟弟仲博，天性孝顺，足可以奉养。我追随龙舒君于九泉之下，存亡各得其所，求娘亲割弃不能忍心的忍心，不要悲伤。"范仲博，是范滂的老弟。龙舒君，是范滂的老爹范显，曾当过龙舒侯国（安徽省霍山县东南）的宰相。娘亲说："你今天能够跟李膺、杜密齐名（杜密不久前在家因病逝世，范滂娘亲还不知道），死有何恨！既享有大名，而又盼望长寿，岂能双全？"范滂跪下，听娘亲教训，一再叩拜，告辞。回头对儿子说："我教你作恶，恶不可作。教你行善，而我不作恶！"路人听见，无不感动流涕。

因奸党案而死的，有一百余人，妻子儿女都贬逐到蛮荒边疆。天下英雄豪杰，以及儒家学派有良好声誉的人，宦官一律指控他们是奸党。有私人怨恨的，乘机陷害，甚至连瞪一眼的小忿，也都乘机报复。郡县政府奉到捉拿奸党的圣旨，有的人并没有列入名单，也被陷入网罗。处死、放逐、罢黜、剥夺政治权利，又有六七百人。

郭泰听到党人相继惨死消息，暗中悲恸说："《诗经》有话：'人才消失／国家危亡。'东汉王朝就要完了，只是不知道'乌鸦飞翔／停在谁家。'"郭泰虽然喜爱评论人物，但从不触及对方阴私，所以才能活在这个浑浊的时代，而怨恨和灾祸都没有临头。

张俭开始逃亡，情势紧张，慌乱窘迫，漫无目标奔驰，几乎看见人家门户，便投奔请求收容。而主人在得知他是张俭之后，都十分敬重，宁冒家破人亡的危险，也要接待。后来，张俭终于逃到东莱郡（山东省龙口市东黄城集村），住在李笃家。黄县（东莱郡郡政府所在县。原文误为"外黄"）县长毛钦，率领军警搜捕，到达门口，李笃设下筵席，请毛钦入座，说："张俭是国家重犯，我怎么会窝藏他！假如他在我这里，对这位著名的高级知识分子，政府难道非捉拿不可！"毛钦站起来，拍李笃的肩膀说："蘧伯玉不愿只有他才是君子，你怎么站在仁义这一边？"李笃说："今天就是要分给你，你已经取去了一半（意思是，毛钦如果不坚持搜索，便得仁义的一半）。"毛钦叹息告辞。李笃遂引道张俭，投奔北海郡（山东省昌乐县西）戏子然（戏，姓），再进入渔阳郡（北京市密云区），出塞而去。

张俭从故乡（山阳郡，山东省巨野县东南大谢集镇）开始逃亡，所投奔投靠的亲友，因曾包庇他，而被诛杀的有十数人，被逮捕苦刑拷打的，几乎遍及全国，这些人的亲属同时被陷于屠戮，甚至郡县残破，一片萧条。张俭跟鲁国（即东海国，首府鲁县〔山东省曲阜市〕）人孔褒是旧友，投奔孔褒时，孔褒正好不在家，孔褒老弟孔融，年才十六岁，做主把张俭藏匿。后来消息走漏，张俭继续逃亡。鲁国宰相逮捕孔褒、孔融，羁押监狱，不知道应指控谁。孔融说："是我保证平安无事，把张俭藏起来的，主犯当然是我。"孔褒说："张俭是来投靠我，跟我弟弟何干？"审问官询问他们娘亲的意见，娘亲说："家有家长，罪在我身。"一门竞争赴死，郡县政府不能裁决，报告中央，中央下令诛杀孔褒。

后来，党禁解除（一八四年），张俭返回故乡。再后来，张俭担任皇城保安司令（卫尉），逝世时八十四岁。最初，夏馥听到张俭逃亡消息，叹息说："自己作孽，应由自己承当，却凭空牵连善良。一人逃命，万家受祸，何必活下去！"自己把胡须剃光，改变外貌，逃入林虑山（河南省林州市西北），隐姓埋名，当人家的奴仆，亲自烧炭烧饭，形容憔悴，为时两三年，没有人知道他是谁。表弟夏静，带着绸缎追寻到他，夏馥拒绝说："你为什么把灾难带给我（奴仆而拥有绸缎，将引人猜疑）？"党禁解除之前，即行逝世。

最初，寝殿侍奉宦官（中常侍）张让，老爹逝世，棺柩运回颍川（河南省禹州市）安葬，虽然几乎是全郡都来参加丧礼，但知名的高级知识分子，却没有一个前来，张让认为是奇耻大辱。只有陈寔，单独致悼。等到大肆诛杀奸党，张让为了回报陈寔，曾出面保全了很多人。南阳郡人（河南省南阳市）何颙，跟陈蕃、李膺，素来友善，也在被逮捕之列。何颙逃亡，改名换姓，躲藏在汝南郡（河南省平舆县西北射桥镇）跟南阳郡之间，跟袁绍结为道义之交。何颙时常混入首都洛阳，跟袁绍共同为身陷奸党法网的知名之士，策划设计，使他们得以逃命，救活的人很多。

最初，全国武装部队总司令（太尉）袁汤，有三个儿子：袁成、袁逢、袁隗。袁成生袁绍，袁逢生袁术。袁逢、袁隗都有清高的声誉，自幼便担任重要官职。当时，寝殿侍奉宦官（中常侍）袁赦，认为袁逢、袁隗出身宰相之家，而又同姓，特别结纳，作为外援，所以袁姓家族，尊贵荣耀，举世无双，富有、豪华、奢侈，跟其他三公世家，绝不相同。袁绍体格健壮，仪容雄伟，结交天下贤才，喜爱高贵名誉，宾客们从四面八方前来依附，豪华型轿车、平民化柴车，填满街巷，首尾相接。袁术，也以侠义闻名当世。

袁逢堂侄袁闳，从小便有良好品行，半耕半读，袁逢、袁隗，常常馈赠他，袁闳全不接受。他看到国事日非，时局险恶，而袁姓家族既富有而又享盛名，认为不是好现象，常对兄弟们叹息，说："我们先祖（指袁安）的福分，后世子孙不能用高等的品德保守它，却比赛着看谁更骄傲、更奢侈，在乱世争夺权力，好像完全是晋国的'三郤'模式。"（郤，音xì〔细〕。春秋战国时代，晋国郤姓家族世代担任国务官〔大夫〕，郤锜、郤犨、郤至仗恃富贵，横行政坛，被晋国二十九任国君〔厉公〕姬寿曼诛杀。）等到奸党案爆发，袁闳打算逃到高山深林，但因娘亲已老，行动不便，于是在家再筑一个土屋，只有窗而没有门，饮食都从窗口递进，娘亲思念儿子时，到窗口去看看他，娘亲走后，就把窗口关闭，兄弟妻子都不见面。自我囚禁十八年，最后在土屋中逝世。

最初，范滂等抨击政府，三公、部长以下，对他都恭敬备至。国立大学生（太学生）纷纷学习他的风格，认为学术风气将再兴起，平民出身的知识分子，将被重用。只有申屠蟠叹息说："从前，战国时代，平民讨论国家大事，各国国王，甚至亲自扫地，作为前导（邹衍到燕王国，燕国王姬平亲自扫地，作为前导，自请列于学生之列，在碣石〔河北省昌黎县北〕兴建宫殿，把邹衍当作师傅侍奉），结果产生焚书坑儒的灾难（参考前二一三年、前二一二年），这正是今天的现象。"（扫地前导，跟焚书坑儒，没有因果关系。犹如上海修建铁路跟旧金山地震没有因果关系一样，而竟然拉上关系，传统知识分子在推理上往往不能严谨，只图满纸热闹。）遂绝对不踏入梁国（首府睢阳〔河南省商丘市〕）跟砀县（河南省永城市东北）之间，靠着一棵大树建筑一栋房子，把自己当作奴仆。约有二年，范滂等果然陷入党锢大祸，只有申屠蟠因立场超然，没有受到注意。

司马光曰

太平盛世，正人君子在金銮宝殿上，堂堂正正，纠正小人的罪过，没有人敢不服从。政治混乱，正人君子闭口不言，用以避免小人的陷害，甚至仍不能避免。党人生在政治混乱时代，并不担任主管官职，而天下沸腾，却打算用舆论去营救，评论人物，弃绝浑浊，奖励清高，那可是抓毒蛇的头，拉猛虎的尾。于是身受酷刑，祸连亲友，高级知识分子歼灭，王朝政府也跟着覆亡，岂不可悲！其中只有郭泰，十分明哲，竟能保身。申屠蟠一看情势不妙，立刻回头，不等到天黑。真知灼见，诚不可及！

明哲保身哲学又及时出现，当全国知识分子精英，在大逮捕下血染刀锋之时，司马光却冷冷讥刺，而对性情圆滑的郭泰，吓破了胆的申屠蟠，赞扬备至，因为他们能明哲保身。看起来诸如岳飞、袁崇焕、文天祥、史可法等等，一些被杀被辱，受万人崇拜的英雄烈士，都成了不自量力的“抓头拉尾”之辈，遗臭万年。如果这是传统文化的精髓——不幸，恰恰的它竟是精髓，岂止可悲，更是可哭。

9 十月三十日，日蚀。

10 十一月，全国武装部队总司令刘宠免职，交通部长扶沟

(河南省扶沟县东北古城村) 人郭禧，当全国武装部队总司令。

11 鲜卑部落(王庭设弹汗山〔河北省尚义县南大青山〕) 攻击并州(山西省及黄河河套地区)。

12 长乐宫交通官(长乐太仆) 曹节病危，皇帝刘宏下诏任命他当车骑将军。不久，痊愈，缴回印信(辞职)，仍当寝殿侍奉宦官(中常侍)，官位“特进”(朝会时位置仅在三公之下)，俸禄中二千石(部长级最高俸)。

13 高句骊王国(首都国内城〔吉林省集安市〕) 国王高伯固(八任新大王) 攻击辽东郡(辽宁省辽阳市)，玄菟(辽宁省沈阳市) 郡长耿临讨伐，高伯固归降。

东汉王朝

- 太学生千余人下狱。
- 立“熹平石经”。
- 进攻鲜卑，败还。
- 灵帝刘宏大肆卖官。
- 阳球、王甫、段颎、刘郃、陈球相继惨死。

- 印度王卡尼斯卡征服西北印度。

一七〇年 庚戌

东汉 建宁 三年

1 春季，三月三十日，日蚀。

2 东汉王朝（首都洛阳〔河南省洛阳市东白马寺东〕）政府征调段颎返回京师（首都洛阳），担任宫廷随从（侍中）。段颎在边疆十余年，没有一天安心睡觉，跟将士同甘共苦，部属甘愿奋身死战，所以大军所指，都能建立功勋。

3 夏季，四月，全国武装部队总司令（太尉）郭禧免职，擢升中级国务官（太中大夫）闻人袭（闻人，复姓）当全国武装部队总司令。

4 秋季，七月，最高监察长（司空）刘嚣免职。

八月，擢升藩属事务部长（大鸿胪）梁国（首府睢阳〔河南省商丘市〕）人桥玄当最高监察长（司空）。

5 九月，首都洛阳警备区司令（执金吾）董宠，假传妹妹董太后圣旨，处理私事。下狱，处死。

6 冬季，郁林（广西桂平市）郡长谷永，用恩德和威信，招降乌浒（广西横州市一带）地区蛮夷十余万人，归附东汉政府，接受汉朝服装衣冠，政府在该地区设立七个县。

7 凉州（甘肃省）州长（刺史）扶风（陕西省兴平市）人孟佗，派参谋官（从事）任涉，率敦煌（甘肃省敦煌市）郡政府军队五百人，会同戊己指挥官（戊己校尉）曹宽、西域参谋长（西域长史）张宴，动员焉耆国（新疆焉耆县）、龟兹国（新疆库车市）、车师前国（新疆吐鲁番市）、车师后国（新疆吉木萨尔县南）部队，共三万余人，讨伐疏勒国（新疆喀什市。一六八年，和得杀掉当时的他的侄儿国王，自己当国王），攻击桢中城（疏勒东），四十余天，不能攻克，只好撤退。然而，从此之后，疏勒国内乱不息，国王一连串被谋杀，东汉政府再没有力量干预。

最初，寝殿侍奉宦官（中常侍）张让官邸，有一个家奴，管理家务杂事，声势烜赫，不可一世。孟佗则是一个财产庞大，而野心勃勃的富豪；他用尽心机，跟那位家奴，结成好友，倾他的所有，馈赠取悦，无微不至。对其他次要家奴，也都一样巴结奉承，毫不吝啬，家奴们对他大为感激，坚持要向他报恩，问他希望什么，孟佗说："只要你们对我来一次恭恭敬敬的下跪就够了。"家奴们满口答应。当时，张让门庭若市，每天前往张让官邸求见的政府官员、马屁精之类，仅马车就常常有数百数千辆。有一天，孟佗也往晋见，故意稍后到达，街头巷尾，车马拥挤，当然不能一下子通过。恰恰在这时候，那位家奴率领他的属下奴仆，前来迎接，就在路旁，大礼参拜，引导孟佗车辆，驶进大门。求见的政府官员和马屁精，全都大吃一惊，认为孟佗跟张让之间的关系，不同平常，遂纷纷送给孟佗奇异珍宝，贿赂他在张让面前说几句美言。孟佗就用这些贿赂，分一部分呈献张让，张让大为欢喜。由于这个缘故，孟佗得以当上凉州（甘肃省）州长（刺史）。

东汉　建宁　四年

1 春季，正月三日，东汉王朝（首都洛阳〔河南省洛阳市东白马寺东〕）皇帝（十二任灵帝）刘宏（本年十六岁）行加冠礼。赦天下，但奸党党人不赦。

2 二月十三日，地震。

3 三月一日，日蚀。

4 全国武装部队总司令（太尉）闻人袭免职；擢升交通部长（太仆）汝南（河南省平舆县西北射桥镇）人李咸，继任全国武装部队总司令

(太尉)。

5 瘟疫传染病流行。

宰相(司徒)许训免职;擢升最高监察长(司空)桥玄当宰相(司徒)。

夏季,四月,擢升祭祀部长(太常)南阳(河南省南阳市)人来艳当最高监察长(司空)。

6 秋季,七月,最高监察长(司空)来艳免职。

7 七月癸丑日(七月己未朔,没有癸丑),刘宏封小老婆宋贵人当皇后。宋皇后,是首都洛阳警备区司令(执金吾)宋酆的女儿。

8 宰相(司徒)桥玄免职;擢升祭祀部长(太常)南阳(河南省南阳市)人宗俱当最高监察长(司空),前任最高监察长(司空)许栩当宰相(司徒)。

9 刘宏思念皇太后窦妙有提拔他登上宝座的恩德。

冬季,十月一日,率领文武百官,前往南宫晋见,亲自端菜敬酒祝福。而宦官总管(黄门令)董萌,乘着这项和解气氛,屡次陈述皇太后冤枉,刘宏深为相信,所以对于窦妙的奉养,比从前丰富。

这种现象使曹节、王甫紧张,恨透了董萌,遂诬控董萌诽谤皇帝娘亲董太后(住永乐宫),董萌被逮捕下狱处死。

10 鲜卑部落(王庭设弹汗山〔河北省尚义县南大青山〕)攻击并州(山西省及黄河河套地区)。

一七二年 壬子

东汉 建宁 五年
熹平 元年
（阳明皇帝许生元年）

1 春季，正月，东汉王朝（首都洛阳〔河南省洛阳市东白马寺东〕）皇帝（十二任灵帝）刘宏（本年十七岁），前往一任帝（光武帝）刘秀坟墓（原陵，河南省洛阳市孟津区东北铁谢村）祭祀。宰相府秘书（司徒掾）陈留（河南省开封市东南陈留镇）人蔡邕说："我曾经听说，古代君王从不到墓前祭祀。后来，才有所改变（古人只在家中向牌位祭祀，秦王朝一任帝嬴政，始在坟墓旁兴建"寝殿"〔跟生前寝殿一模一样〕)，一向被认为它违背古礼，应该废止。而今看到墓前祭祀的威严，体察它的本意，才了解孝明皇帝（二任帝刘阳）孝心依依，不容废除（墓祭在稍后废止，恢复家祭。刘阳时，思念老爹一任帝刘秀，亲到老爹坟前祭拜。墓祭之礼，遂又恢复。参考五八年）。礼仪有很多繁杂琐碎，但不能简略的原因，就是指此。"

2 三月八日，皇家师傅（太傅）胡广逝世，享年八十二岁。

胡广担任过四公中的每一个"公"的官职，在政府历时三十余年（胡广担任过最高监察长〔司空〕、宰相〔司徒〕、全国武装部队总司令〔太尉〕、皇家师傅〔太傅〕），曾侍奉六任皇帝（六任刘祜、七任刘懿、八任刘保、九任刘炳、十任刘缵、十一任刘志、十二任刘宏，共七任。七任帝刘懿在位只八个月，故未计算在内），受到极优厚的礼遇。每次免职，在家闲住的时间，从没有超过一年，就又再被召入政府。所聘用的大都是天下知名人士，跟旧部陈蕃、李咸，并肩担任三公。对法令和前例，非常熟悉，对政治功能，运用自如。所以首都洛阳有谚语说："万事不明问胡广，四平八稳有胡公。"然而，胡广过度的温柔敦厚，谨慎小心，态度谦恭，言语卑微，一味向当权派谄媚，没有忠直的气节，天下人也因此对他轻视。

柏杨曰

政府腐败到某一种程度时，在高位的官员，如果不是奸邪之辈，就准是精通官场技巧的混世精，前者如孟佗，后者如胡广。孟佗不足挂齿，胡广却成为世人尊崇的偶像——轻视他不过少数人而已，大多数人都会为他的荣华富贵，头昏目眩，所以才有那种"万事不明问胡广"的歌谣出现。胡三省先生感叹说："既然强调万事不明问胡广，说明当时大家对他盼望的殷切，岂可以把三十余年周游四公，作为荣耀？”

问题就在这里，世人恰恰的把周游四公，作为荣耀，形成一种反淘汰风气，国家政治腐败就更严重。

3 五月十六日，赦天下，改年号（之前是建宁五年，之后是熹平元年）。

4 长乐宫交通官（长乐太仆）侯览，被控专权横行，骄傲奢侈。刘宏下令收回印信（免官夺爵），侯览自杀。

5 六月，京师（首都洛阳）大水成灾。

6 皇太后窦妙娘亲，在比景（越南筝河口）病逝，窦妙忧愁思念，一病不起。

六月十日，窦妙在南宫云台（窦妙软禁于此）逝世。宦官群深恨窦家，把她的尸体放到专门载运行李的车辆上，拉到洛阳城南市场官舍，停尸数日。曹节、王甫，打算用一级小老婆“贵人”的仪式埋葬。刘宏说：“皇太后亲自把我提升到帝王宝座，继承王朝大业，怎么可以用贵人身份送终！”于是仍用皇太后身份发丧。曹节等又打算把窦妙埋葬在别处，而把前任皇帝（十一任桓帝）刘志一位小老婆冯贵人的牌位，送入刘志祭庙，配享香火。

刘宏下诏，召集文武官员，在金銮宝殿上集会讨论，命寝殿侍奉宦官（中常侍）赵忠，主持会议。全国武装部队总司令（太尉）李咸，当时正卧病在床，挣扎着爬上车子，带着毒药，对妻子说：“如果窦太后牌位不能跟先帝（刘志）并列，享受祭祀，我不生还。”

会议开始后，出席的有数百人，你看我，我看你，互相观望，没有人敢先发言。赵忠说："议案就这样确定了。"司法部长（廷尉）陈球说："窦太后盛德世家，以天下母仪身份，面对全民，配享先帝（刘志），应该毫无疑问。"赵忠露齿而笑，说："那么，陈大人，请你写下理由！"陈球立即下笔："窦太后在深宫之中，恩德厚重，做天下母亲的模范。先帝（刘志）过世，窦太后主持大计，援引陛下登极，继承皇家祭庙香火，贡献至伟。不幸大狱兴起（指老爹窦武等被杀），被迁住空宫（南宫云台），竟提早逝世。窦家虽然有罪，事情并不是皇太后主使发动。如果安葬别处，诚恐使天下失望。而且，冯贵人坟墓曾被人挖掘，骨骸暴露，跟盗贼尸体，混杂一起，灵魂受到污染（李贤考证：段颎当首都洛阳市长〔河南尹〕时，挖掘冯贵人坟墓，被贬作议论官〔谏议大夫〕）。而且对国家没有丝毫功劳，怎么有资格配享至尊？"

赵忠看到陈球真敢动笔，脸色大变，上下打量陈球，鼻孔嗤出声音，冷笑说："陈大人的理由，可真是充足！"陈球说："陈蕃、窦武本已冤枉，皇太后（窦妙）更无缘无故软禁，我一直痛心，天下人无不愤慨叹息。今天把话说出来，会议后如果受到报复，正是我一向的愿望。"李咸接着表示态度："我的原意也是如此，陈部长的建议跟我完全相同。"三公、部长级以下文武官员，都赞成陈球意见。

曹节、王甫，仍作最后挣扎，强调说："梁姓家族犯罪，梁皇后坟墓不能称'陵'（梁皇后，指梁冀的妹妹，前任帝刘志的正妻梁女莹。一五九年逝世，坟墓称懿陵。不久，梁冀伏诛，取消懿陵，改称"贵人冢"）。武帝（西汉王朝七任帝刘彻）罢黜正妻卫子夫，而用小老婆李夫人配享（江充巫蛊之乱，刘彻逼死卫子夫〔参考前九一年〕。刘彻死后，最高统帅〔大将军〕霍光，揣摩刘彻生前心理，改用他最宠爱的李夫人，配享祭庙）。而今窦家罪恶深重，怎么能跟先帝（刘志）合葬？”李咸坚持原议，并且在会议结束后，再上奏章，反驳曹节、王甫，说：

“我谨慎的查考：从前，窦皇后（三任帝刘炟正妻）陷害梁贵人（四任帝刘肇娘亲。参考八三年）；阎皇后（六任帝刘祜正妻）家族身犯大逆（指罢黜皇太子刘保。参考一二四年、一二五年），而和帝（刘肇）没有把嫡母窦皇后改葬异地的想法，顺帝（刘保）也没有贬降嫡母阎皇后的意思。至于卫子夫皇后，是武帝（西汉王朝七任帝刘彻）在世时亲自决定，不可以用来作比。而今，长乐太后（窦妙）一直拥有皇太后尊号，曾经临朝治理天下，而且援立圣明的皇上，发扬皇家光辉。皇太后把陛下当作儿子，陛下岂能不把皇太后当作母亲？儿子不能罢黜母亲，臣属不能贬谪君王。所以，应合葬宣陵（刘志墓园，河南省洛阳市孟津区东南三十里铺村北），一切遵照正常规定。”

刘宏看到奏章，完全听从。

秋季，七月二日，把窦妙安葬宣陵。

7 不知道是谁，在朱雀门（北宫宫门之外）上大书：“天下大乱，曹节、王甫谋杀皇太后（窦妙），大官只知道当大官，没有一句忠言。”宦官群大为震怒，于是由刘宏下令京畿总卫戍司令（司隶校尉）刘猛缉捕，每十天作一次简报。刘猛认为这是一种泄愤的舆论，不必重视，不肯加强行动。一月有余，没有结果，刘猛遂被贬为议论官（谏议大夫），由总监察官（御史中丞）段颎，接任京畿总卫戍司令（司隶校尉）；段颎雷厉风行，大肆逮捕，包括国立大学生、留学生在内，囚入监牢的有一千余人。

曹节等恨刘猛不肯合作，教段颎随便找一个借口，弹劾刘猛，刘猛遂被判做苦工，发交东区劳工营服役。

最初，前京畿总卫戍司令（司隶校尉）王寓，还没有进入仕途时，就投靠宦官；曾请求祭祀部长（太常）张奂推荐，张奂拒绝。王寓当权后，把张奂网罗到奸党之列，剥夺政治权利。而张奂跟段颎，曾经因西羌战争，有过争执，互相怨恨不平（参考一六八年）。段颎当了京畿总卫戍司令（司隶校尉）之后，掌握刑杀大权，打算撤销张奂的移居诏令，驱逐回乡，然后杀害（张奂移居弘农郡〔河南省灵宝市东北〕事，参考一六七年）。张奂委曲求全，递给段颎一份签呈（部属对长官才用签呈，张奂表示屈服），哀求原谅，段颎才没有向张奂下手。

最初，魏郡（河北省临漳县西南邺城镇）人李暠当京畿总卫戍司令（司隶校尉），诛杀素有宿怨的扶风（陕西省兴平市）人苏谦。苏谦的儿子苏不韦，把老爹的尸体浮厝在地面上，不肯入土下葬。然后改名换姓，结交豪杰，决心为父报仇。稍后，李暠调任农林部长（大司农），苏不韦躲藏在草料库中，挖掘地道，直抵李暠卧室，格杀李暠的小老婆跟幼儿（李暠正好去厕所，逃过一死）。李暠魂飞魄散，用木板遍铺地面，一夜之间，搬动九次，唯恐再从地下钻出杀手。苏不韦更挖掘李暠老爹坟墓，砍下老爹尸体人头，拿到街市上公开展览。李嵩下令缉捕，却抓不到苏不韦，愤怒恚恨，吐血而死。后来，赦免诏令颁布，苏不韦才回到家乡，安葬老爹，穿上丧服。

张奂跟苏家是朋友，而段颎跟李暠是朋友。段颎遂延聘苏不韦当京畿总卫戍司令部参谋官（司隶从事），苏不韦知道是一个陷阱，声称有病，不肯就职。段颎因奸计被识破而更愤怒，派另一位参谋官（从事）张贤，前往苏家，就在苏家处决苏不韦。行前，段颎交一瓶毒酒给张贤的老爹，威胁说："你儿子如果杀不了苏不韦，你就喝下去。"张贤遂逮捕苏不韦，连同一门之内六十余人，不分男女老幼，全部诛杀。

8 勃海王（首府南皮〔河北省南皮县〕）刘悝，当初贬降为瘿陶王时（参考一六五年），请托寝殿侍奉宦官（中常侍）王甫，游说前任皇帝刘志，如果能恢复原来封国（勃海国），愿送给王甫五千万钱作为谢礼。不久，刘志逝世，遗诏刘悝回任勃海王（参考一六七年）。刘悝知道这不是王甫的功劳，不肯拿出这笔巨款。王甫决心展示威力。这时，另一位寝殿侍奉宦官（中常侍）郑飒、禁宫高级侍从宦官（中黄门）董腾，经常跟刘悝来往，王甫派出密探，调查清楚，然后告诉段颎。

冬季，十月，逮捕郑飒，羁押北寺监狱。王甫又命宫廷秘书长（尚书令）廉忠诬告说："郑飒等阴谋迎立刘悝当皇帝，大逆不道。"刘宏下令冀州（河北省中部南部）州长（刺史）逮捕刘悝审问；证实确有此事。刘宏严厉斥责刘悝，命他自杀。刘悝的正妻（王妃）、小老婆十一人、儿女七十人、王宫歌女舞女三十四人，都在监狱中处死；亲王师傅（傅）、封国宰相（相）以下官员，全部伏诛。

王甫等十二人，因破获一件庞大的叛国巨案，建立大功，一律晋封侯爵。

又是一件"诬以谋反"血案。刘悝这个混账，作恶多端，固然死有余辜，但不应死于叛国罪名。而妻妾儿女，甚至毫无关系的歌女舞女，都惨死黑狱，封建专制的恶毒，司法的被人利用，再次使人兴悲！

9 十一月，会稽（浙江省绍兴市）变民许生，在句章县（浙江省余姚市东南）聚众起兵，称“阳明皇帝”，部众多达数万。政府派扬州（安徽省中部及江南地区）州长（刺史）臧旻、丹阳（安徽省宣城市宣州区）郡长陈夤，率军讨伐。

10 十二月，宰相（司徒）许栩免职，擢升藩属事务部长（大鸿胪）袁隗当宰相（司徒）。

11 鲜卑部落（王庭设弹汗山〔河北省尚义县南大青山〕）攻击并州（山西省及黄河河套地区）。

12 本年（一七二），南匈奴汗国（王庭设美稷〔内蒙古准格尔旗〕）伊陵若尸逐就单于（三十七任）挛鞮车儿逝世，儿子（名不详）继位（三十八任），是为屠特若尸逐就单于。

东汉　熹平　二年

（阳明皇帝许生二年）

1 春季，正月，瘟疫流行。

2 正月二十七日，东汉王朝（首都洛阳〔河南省洛阳市东白马寺东〕）最高监察长（司空）宗俱逝世。

3 二月三日，赦天下。

4 擢升宫廷禁卫官司令（光禄勋）杨赐当最高监察长（司空）。

5 三月，全国武装部队总司令（太尉）李咸免职。

6 夏季，五月，擢升京畿总卫戍司令（司隶校尉）段颎，当全国武装部队总司令（太尉）。

7 六月，北海郡（首府剧县〔山东省昌乐县西〕）地震。

8 秋季，七月，最高监察长（司空）杨赐免职，擢升祭祀部长（太常）颍川（河南省禹州市）人唐珍当最高监察长（司空）。唐珍，是唐衡的老弟。

9 冬季，十二月，全国武装部队总司令（太尉）段颎免职。

10 鲜卑部落（王庭设弹汗山〔河北省尚义县南大青山〕）攻击幽州（河北省北部及辽宁省）、并州（山西省及黄河河套地区）。

11 十二月二十九日，日蚀。

东汉　熹平　三年

（阳明皇帝许生三年）

1 春季，二月二十六日，东汉王朝（首都洛阳〔河南省洛阳市东白马寺东〕）赦天下。

2 擢升祭祀部长（太常）东海（山东省郯城县）人陈耽当全国武装部队总司令（太尉）。

3 三月，中山（穆）王（首府卢奴〔河北省定州市〕）刘畅（一任帝刘秀儿子刘焉的曾孙）逝世，没有儿子，封国撤除。

4 夏季，六月，封河间王（首府乐成〔河北省献县〕）刘利的儿子刘康当济南王（首府东平陵〔山东省济南市章丘区〕），接续东汉帝（十二任灵帝）刘宏（本年十九岁）老爹刘苌的香火（刘康，是刘宏堂侄）。

5 吴郡（江苏省苏州市）军政官（司马）富春（浙江省杭州市富阳区）人孙坚，招募勇悍壮士，集结数千人，协助州郡政府讨伐变民首领（阳明皇帝）许生。

冬季，十一月，臧旻、陈寅在会稽（浙江省绍兴市）大破变民集团，斩许生。

6 任城王（首府任城〔山东省济宁市东南〕）刘博（刘宏堂叔祖）逝世，没有儿子，封国撤除。

7 十二月，鲜卑部落（王庭设弹汗山〔河北省尚义县南大青山〕）攻入北地郡（陕西省铜川市耀州区），郡长夏育率领屠各部落（南匈奴一支，游牧于今山西省北部）追击，获胜。中央政府任命夏育当乌桓保安司令（护乌桓校尉）。

鲜卑部落，又攻击并州（山西省及黄河河套地区）。

8 最高监察长（司空）唐珍免职，擢升永乐宫供应官（永乐少府）许训当最高监察长（司空）。

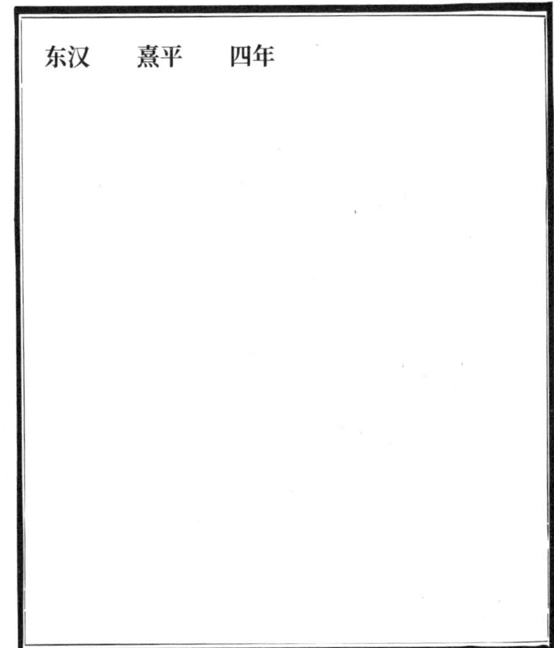

1 春季，三月，东汉王朝（首都洛阳〔河南省洛阳市东白马寺东〕）皇帝（十二任灵帝）刘宏（本年二十岁）下诏：命儒家学派高级知识分子，严格校正五经文字。命参议官（议郎）蔡邕，用“蝌蚪文”“大篆”“隶书”三种字体书写，刻在石碑上，竖立国立大学（太学）门外，使以后儒家学派学者及知识分子，作为标准。石碑刚竖立时，前来参观抄写的，每天有千余车辆，从四面八方云集，填满大街小巷（这就是名震学术界的“一字石经”；五经不是传统的《诗》《书》《礼》《易》《春秋》，而是《尚书》《周易》《春秋公羊传》《礼记》《论语》。十五年后的一九〇年，迁都长安，洛阳全毁，石经也受到严重破坏。三世纪九〇年代时，陆机写《洛阳记》，记载说："国立大学，在洛阳城南开阳门外，讲堂长十丈，广二丈。讲堂前有石经四部、石碑四十六枚。西边《尚书》《周易》《春秋公羊传》十六枚石碑还在，十二枚石碑毁坏。南边《礼记》十六枚石碑全毁。东边《论语》三枚石碑也全毁。《礼记》碑上，有议论官〔谏议大夫〕马日磾、参议官〔议郎〕蔡邕的名字。"可看出石经的命运。至于用三种字体书写，宋帝国赵明诚在他的《金石录》中说："石经于一七五年竖立，字由蔡邕用隶书〔八分〕书写，《后汉书·儒林传序》说：'分蝌蚪文、大篆、隶书。'记载错误，事实上只有蔡邕所写的隶书一种。"因之也称"一字石经"；又因竖立于"熹平"年号之年，又称"熹平石经"。关于石经，至今仍有文字留下来的，共有七种：其一，就是"熹平石经"；其二，"正始石经"〔二四一年〕；其三，"开成石经"〔参考八三七年〕；其四，"广政石经"〔九四四年〕；其五，"北宋石经"〔一〇六一年〕；其六，"南宋石经"〔一一四三年〕；其七，"清石经"〔一七九一年〕。迄今，只有唐王朝的"开成石经"仍存陕西省西安市，"清石经"仍存北京市，比较完整，其他都已残缺不堪，不能阅读）。 588

2 最初，中央政府为避免州郡跟州郡之间相互勾结，或交换包庇，特别制定法律：规定有婚姻关系的家庭，以及两州之间人士，不可以交互视察。

本年（一七五），更制定"三互法"，规定不可以交互当官（青州人张三家跟交州人李四家，有婚姻关系，则张三不能到交州当官，李四不能到青州当官。王五是南阳郡人，赵六是武威郡人，虽没有婚姻关系，但王五当武威郡郡长的同时，赵六不能当南阳郡郡长），禁忌更加严密，政府任命地方官员时，十分困难。幽州（河北省北部及辽宁省）、冀州（河北省中部南部）二州州长（刺史），空缺已久，一直找不到适当人选接任。

蔡邕上书说：

"据我了解，幽冀二州（河北省及辽宁省）故土，是全国铠甲、战马的主要产地。连年以来，兵灾加上饥馑，渐使两州民力财力，耗损殆尽。而今，州长（刺史）长期出缺，官吏人民渴望早日补实。可是三公推荐的人选，久不发表任命，我深感奇怪。打听原因何在，有关单位表示，只为了动辄触犯‘三互’。

“全国共十三州，十一州固然都受禁制，但只此二州严厉，而又限制年资，拖延不定，空耗岁月。结果是两州没有首长，行政停顿。万里疆域，一片萧条，没有人管理。我愚昧的认为，‘三互法’最不合理。只要用政府权威，申明宪章法令；即令交换担任州长，因都有所畏惧，不敢为非作歹，何况‘三互’关系，又有何妨？

“从前，韩安国从囚徒中被擢升，朱买臣从卑微中被任官，都以才干超群，命他们回到本郡，主持地方政府（韩安国，西汉王朝梁国〔首府睢阳，河南省商丘市〕人，犯法坐牢，六任帝刘启派使节到监狱任命他当梁国秘书长〔内史〕。朱买臣，西汉王朝会稽郡〔江苏省苏州市〕人，卖柴为生，后来被七任帝刘彻任命当会稽郡郡长）。难道受小动作小心眼的禁忌限制？我盼望陛下效法先帝（祖先），撤销‘三互法’。对各州州长（刺史）应该任用或应该调换的，不再受年资、‘三互’的拘束，使文官制度纳入正轨。”

政府拒绝。

叔向曾经说过：“国家将亡时，法令规章一定多如牛毛。”圣明君王治理国家，只要任用忠良贤能的人才就够了。无论中央地方，有功的奖赏，有罪的诛杀，没有任何私心。法令规章并不繁多，天下照样治理。为什么如此？为的是掌握住根本。等到国家衰败之时，文武百官，都不是适当人选，禁忌就越发繁多，防范尤其严密。有功的受条文拘束，得不到鼓励；有罪的灵巧的利用法律，而免除处罚。上下忧虑辛劳，天下反而大乱。为什么如此？为的是只在现象末节上着手。

东汉十二任帝(灵帝)刘宏之时，州长(刺史)、郡长级官员(二千石)，贪污暴虐，如虎似狼，虐待人民，无以复加。而政府严格遵守“三互”的禁令，以防官吏为非作歹。现在回顾起来，岂不是一场笑话，应该作为鉴戒。

3 封河间王(首府乐成〔河北省献县〕)刘建(十一任帝刘志堂弟)的孙儿刘佗当任城王(首府任城〔山东省济宁市东南〕)。

4 夏季，四月，七个郡和封国，大水成灾。

5 五月一日，赦天下。

6 西汉王朝十二任帝(成帝)刘骜墓园(延陵，陕西省咸阳市北四公里)失火。

7 鲜卑部落(王庭设弹汗山〔河北省尚义县南大青山〕)攻击幽州(河北省北部及辽宁省)。

8 六月，弘农(河南省灵宝市东北)、三辅(关中地区，陕西省中部)，螟虫成灾。

9 于阗国(新疆和田市)国王安国，攻击拘弥国(新疆于田县)，大破拘弥军，斩拘弥王。戊己指挥官(戊己校尉)跟西域参谋长(西域长史)，分别出军援救，封拘弥国送到东汉当人质的王子定兴当拘弥王。拘弥国全国人民才数千人。

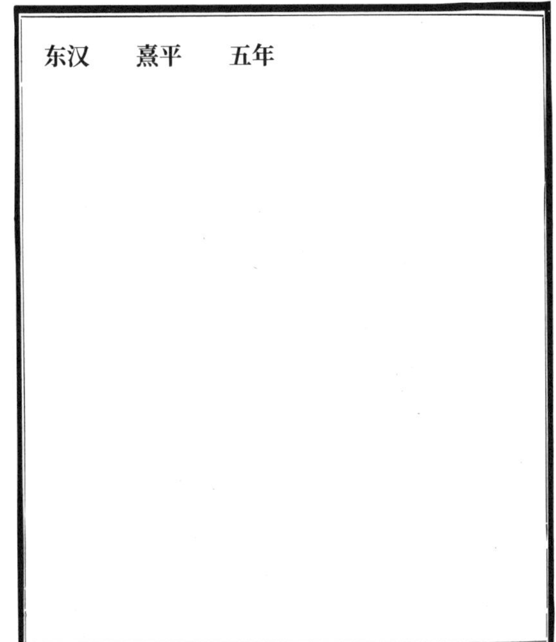

1 夏季，四月癸亥日（四月壬辰朔，没有癸亥），东汉王朝（首都洛阳〔河南省洛阳市东白马寺东〕）赦天下。

2 益州郡（云南省昆明市晋宁区东晋城街道）蛮夷叛变，郡长李颙讨伐平定。

3 中央政府隆重举行祈雨祭祀大典。

4 五月，全国武装部队总司令（太尉）陈耽免职；擢升最高监察长（司空）许训当全国武装部队总司令（太尉）。

5 闰五月，永昌（云南省保山市）郡长曹鸾，上书要求解除党禁，说：

"所谓奸党分子，有的是年高德劭，有的是知识分子精英，都应该作为皇家的栋梁，参与国家建设行列，而竟长期的被剥夺政治权利，驱逐到泥沼地带，备受羞辱。谋反大逆重罪，还蒙陛下赦免。所谓奸党分子，又有何辜，独独不能宽恕？天象变异，水旱不断，原因都由于此。应赐下恩典，上符天心。"

东汉帝（十二任灵帝）刘宏（本年二十一岁）看到奏章，大怒若狂，下诏京畿总卫戍司令（司隶）、益州（四川省及云南省。永昌郡属益州管辖）州政府，逮捕曹鸾，用囚车押回首都洛阳，囚入槐里（右扶风郡郡政府所在县，陕西省兴平市）监狱，苦刑拷死。

刘宏更扩大打击面，下令各州、各郡，调查奸党党人的学生、门徒，以及旧部父子兄弟当官的，全都免职，剥夺政治权利，处分伸展到五服之内的亲人（“五服”，中国传统丧服制度，以亲疏等差作为标准，有“斩衰”“齐衰”“大功”“小功”“缌麻”，极为精细繁琐。参考五七四年表解）。

6 六月三日，擢升祭祀部长太常南阳（河南省南阳市）人刘逸当最高监察长（司空）。

7 秋季，七月，全国武装部队总司令（太尉）许训免职，擢升宫廷禁卫官司令（光禄勋）刘宽当全国武装部队总司令（太尉）。

8 冬季，十月，宰相（司徒）袁隗免职。

9 十一月丙戌日（十一月戊子朔，没有丙戌），擢升特级国务官（光禄大夫）杨赐当宰相（司徒）。

10 本年（一七六），鲜卑部落（王庭设弹汗山〔河北省尚义县南大青山〕）攻击幽州（河北省北部及辽宁省）。

一七七年 丁巳

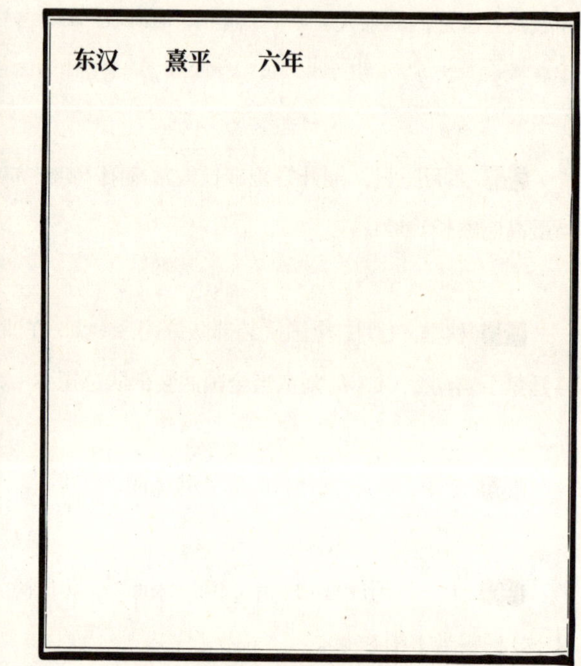
东汉　熹平　六年

1 春季，正月十五日，东汉王朝（首都洛阳〔河南省洛阳市东白马寺东〕）赦天下。

2 夏季，四月，大旱，七个州蝗虫成灾。东汉帝（十二任灵帝）刘宏（本年二十二岁）命三公分别检举贪污暴虐的地方官员，列出罪状，一律免职。平原国（首府平原〔山东省平原县〕）宰相、渔阳（北京市密云区）人阳球（阳，姓），被控执法残酷，命向司法部（廷尉）报到。刘宏认为阳球当九江（安徽省定远县西北）郡长时，讨伐变民集团，建立过功勋，特别赦免，任命他当参议官（议郎）。

3 鲜卑部落（王庭设弹汗山〔河北省尚义县南大青山〕）攻击三边（三边：北疆的东边、西边、北边，也就是北方整个边疆残破）。

4 洛阳街市一群小民集结了数十人，到前任皇帝（十一任桓帝）刘志墓园（宣陵，河南省洛阳市孟津区东南三十里铺村北），自称是“宣陵孝子”。皇帝刘宏任命他们一律当太子宫禁卫官（太子舍人。太子宫禁卫官是文官最低职位，年俸二百石，任务跟宫廷禁卫官相同，担任太子护卫）。

5 秋季，七月，最高监察长（司空）刘逸免职，擢升皇城保安司令（卫尉）陈球当最高监察长（司空）。

6 最初，刘宏喜爱文学创作，自己撰写《皇羲篇》五十章，遴选国立大学有文学创作能力的学生，集合鸿都门，听候差遣。后来，熟悉信函（尺牍）及熟练草书（鸟篆）的学生，也都网罗在内，共有数十人之多。宫廷随从总监（侍中祭酒）乐松、贾护，更援引一些品德低下、趋炎附势之徒，混杂一起。在召见时，说一些民间街头巷尾的琐碎趣事，刘宏大为欢乐，往往越级擢升。而刘宏又很久没有前往皇庙祭祖、郊外祭天。正好，刘宏下诏命文武百官分别陈述对政府的意见。

蔡邕呈递“亲启密奏”（封事），说：

“节气转换，人们在五郊迎接（《续汉书·祭祀志》：立春之日，在东郊迎春。立夏之日，在南郊迎夏。立秋前十八日，在祭坛迎黄灵。立秋之日，在西郊迎秋。立冬之日，在北郊迎冬。各有各的神祇、圣歌、圣舞）。皇庙祭祀，更是严肃（两汉王朝皇家祭庙，一年祭祀五次：春季正月，夏季四月，秋季七月，冬季十月及十二月）。养老之礼、大学教育（参考五九年），都是君王重要工作，受到祖宗们重视。可是，有关单位却总是借口血缘已经非常疏远的王爷侯爷们的丧事，或借口宫廷内妇女生产后低级官员患病或死亡（古代男性有绝对尊严，认为妇女生产后第一个月〔坐月子〕期间，是一件大的不吉祥，必须跟她隔绝），废弃停止。忘记礼仪致敬的重要，听信神怪禁忌的书册，为了一点小小事故，破坏帝国大典。我建议，从今以后，一切斋戒制度，都应恢复正常（两汉王朝礼仪：祭祀天地，斋戒七日；祭祀山川及皇家祭庙，斋戒五日；其他次要祭祀，斋戒三日。斋戒期间如果有不吉祥的事情发生〔诸如丧事或妇女生产〕，斋戒即行停止，派代表主持大典。如果斋戒开始的前一天有不吉祥的事情发生，斋戒照常进行），用来因应上天震怒，和妖异灾变。

“古时候，政府任用官员，总是命各封国每年推荐。孝武皇帝（西汉王朝七任帝刘彻）时代，郡政府推荐‘孝廉’以及‘贤良’、‘文学’等人才，著名的大臣不断出现，文武都建有功勋。汉王朝（两汉王朝）遴选国家干部，只有这几个管道（指“孝廉”“贤良”“文学”）。至于书法、绘画、诗词歌赋，不过小技，对于治国治民，无能为力。陛下即位初期，首先阅读儒家学派经典，在处理国家大事之余，观看文艺作品，不过聊以代替赌博、下棋而已，并不是用它作为遴选人才的标准。可是，大学生贪图利益，写作人情绪沸腾，高级的还能够引用儒家学派经典，教化风俗；低级的则满篇俚语俗话，好像戏台上演戏，不能登大雅之堂。甚至有些人抄袭别人作品，或冒充别人名字。

“我每次在盛化门（宫门之一）接受诏书，看到对他们虽分别等级，却一一录用；一些实在不够格的人，因为追随在后，也都有所安置。我认为，恩典既然赏赐，已不能收回，准许他们领取薪俸，已是从宽优待，不可以再任命他们当官，或派他们到州郡政府任职。从前，宣帝（西汉王朝十任帝刘病已）曾在石渠观（长安未央宫北）集合儒家学派高级知识分子（参考前五一年），章帝（东汉王朝三任帝刘炟）曾在白虎观（洛阳北宫）集合政府高级官员（参考七九年），统一经典解释，贡献至为重大，姬昌（文）、姬发（武）的治国方法，最好朝这个方向学习。至于小的才能、小的善行，虽然有它的价值，但孔丘却认为，从长程的观点观察，行不通（这是卜商的话："虽然是小道，也有它的价值，但从长程的观点观察，恐怕行不通。"蔡邕误以为出自孔丘）。所以，正人君子，当追求伟大的目标。

"不久之前，陛下任命'宣陵孝子'，都当太子宫禁卫官。我听说过，文帝（西汉王朝五任帝刘恒）规定，服丧只须三十六日（参考前一五七年），即令是继承宝座的君王，父子之亲，以及身受重恩的大臣，都要克制自己的感情，遵从诏令，不可破坏。而今，那些市井小人物，跟先帝（十一任帝刘志）并没有骨肉之亲，更没有受到过先帝（刘志）厚恩，甚至连俸禄都没有领过，他们的孝心，从哪里生出来？奸佞邪恶之辈，更乘机混到里面。窦太后（刘志正妻窦妙）棺木抬上丧车时，东郡（河南省濮阳市西南）有一位犯通奸罪的逃犯，混进孝子行列之中，幸而被原籍县政府逮捕，才被定罪。像这一类肮脏行径，一言难尽。皇太子的属官，应该物色品德高尚之士，岂可以录用坟墓中的恶棍？这不是祥瑞美好的兆头，情形严重。理应把他们遣送回乡，以示不被诈欺的行为蒙蔽。"

奏章呈上去后，刘宏亲自到首都洛阳北郊，迎接节气（立冬之日，北郊迎冬）。又下令："宣陵孝子"当太子宫禁卫官（太子舍人）的，一律贬降到县政府，担任司法官（丞）及警察官（尉）。

7 乌桓保安司令（护乌桓校尉）夏育呈递奏章，说："鲜卑部落（王庭设弹汗山〔河北省尚义县南大青山〕）攻击边界，自春季以来，已发动三十余次。拟请征调幽州（河北省北部及辽宁省）各郡武装部队，出塞反击，只要经过一个冬天和两个春天，定可以完全扑灭。"

原先，西羌保安司令（护羌校尉）田晏，因有罪判刑，受到宽恕，准备立功赎罪；请托寝殿侍奉宦官（中常侍）王甫，准许他率军出击。夏育奏章到时，王甫极力主张发兵，跟夏育联合进军。刘宏遂任命田晏当破鲜卑警卫指挥官（破鲜卑中郎将）。中央政府高级官员多半反对这项军事行动，于是，在金銮宝殿上，举行会议。

蔡邕说：

"征讨蛮夷，是中国传统。然而，时间有异有同，形势有可有不可。所以，谋略有得有失，事功有成有败，不能等量齐观。以武帝（西汉王朝七任帝刘彻）的神明英武，良将如云，军需充实，开拓的疆土，广袤遥远。然而，数十年下来，政府与人民，都陷贫困，深感后悔。何况今天，人财两缺，国力又处于劣势！

"自从北匈奴向远方逃走，鲜卑部落，转趋强盛，盘踞匈奴汗国故土（参考九三年、一五六年），现役武装部队，有十万之多，勇猛刚健，智谋层出不穷。再加上关卡要塞，并不严密，法网禁令，漏洞百出；精钢锐铁，都外流到敌人之手。中国逃犯，更投奔鲜卑，成为他们的智囊。兵力强大，战马强悍，超过匈奴。

"从前，段颎是一代良将，熟悉军旅，骁勇善战。然而，对付西羌叛变部落，仍要十余年之久（段颎自一五九年用兵，至一六九年成功，共十一年）。现在，夏育、田晏，才干谋略，未必超过段颎，而鲜卑部落，不弱于从前。竟然凭空提出两年灭敌计划，自认为可以达到目的。要知道，一旦兵连祸结，就不能中途停止，不得不继续征兵增援，继续的运送粮秣，结果为了对付蛮夷，而使中国枯竭。

“边疆祸患，不过是生在手脚上的顽癣，内部困顿，才是生在胸背上的恶疮。郡政府和县政府连本地的小偷强盗都无法禁止，怎能使强大的蛮夷屈服？从前，高帝（西汉王朝一任帝刘邦）忍受平城失败的羞耻（参考前二〇〇年），吕太后（吕雉）忍受匈奴信件的侮辱（参考前一九二年），他们当时的力量，比起今天，哪个时代强大？上天创造山河，秦王朝修建长城，两汉王朝设立关塞亭障，用意就在于隔离中国与蛮夷，使不同的风俗习惯，远远分开。

“我们所要求的是国内平安，怎么可以跟那种像蚂蚁昆虫一样的化外强盗，一来一往，计较长短？即令把他们击败，又岂能把他们杀光，才能使政府安心？从前，淮南王刘安劝阻讨伐闽越王国（首都东冶〔福建省福州市〕）说：‘如果闽越王国冒险迎战，攻击大军的前队，炊事兵也好，马夫车夫也好，只要有一个受到伤害，虽然砍下闽越国王的人头，也是中国的羞辱（参考前一三五年。然而引用这段话，并不恰当，因为刘安后来承认他缺乏远见，判断错误）。’而竟打算使中国人民跟蛮夷等量齐观，使皇家威严跟夷狄屈辱同列。即令像夏育、田晏所揭示的，完成任务，仍有危机，何况得失成败，又不可预料？”

刘宏不理。

八月，夏育大军出高柳（代郡郡政府所在县，山西省阳高县），田晏大军出云中（内蒙古托克托县），匈奴协防司令（匈奴中郎将）臧旻，率南匈奴汗国（王庭设美稷〔内蒙古准格尔旗〕）屠特若尸逐就单于（三十八任）出雁门（山西省朔州市东南），各率骑兵一万余人，三路并进，深入鲜卑国土二千余华里。鲜卑酋长檀石槐，动员东、中、西三大酋长（三部大人）迎战。夏育等溃败，辎重及军令符节等，全部丧失，各人只率领骑兵数十人逃命奔回，十分之七八（两万人以上）被鲜卑屠杀。夏育、田晏、臧旻，被装入囚车，押回首都洛阳，投入监狱。三人缴出巨款赎罪，得以贬作平民。

8 冬季，十月一日，日蚀。

9 全国武装部队总司令（太尉）刘宽免职。

10 十月辛丑日（十月癸丑朔，没有辛丑），京师（首都洛阳）地震。

11 十一月，最高监察长（司空）陈球免职。

12 十二月三日，任命祭祀部长（太常）河南（河南省洛阳市东白马寺东）人孟龨（音yù〔郁〕），当全国武装部队总司令（太尉）。

13 十二月二十九日，宰相（司徒）杨赐免职。

14 擢升祭祀部长（太常）陈耽当最高监察长（司空）。

15 辽西郡（辽宁省义县西）郡长、甘陵（首府甘陵〔山东省临清市〕）人赵苞，到任之后，派人到故乡迎接娘亲及妻子，将到郡政府时，经过柳城（辽宁省朝阳市南），正碰上鲜卑部落（王庭设弹汗山）一万余人，突入边塞劫掠，遂全被俘虏。鲜卑军发现她们是郡长的娘亲、妻子时，如获至宝，带着她们，挺进到辽西。赵苞率骑兵二万人迎战，双方对阵，鲜卑把赵苞的娘亲、妻子，展示给赵苞，作为要挟。赵苞悲苦哀号，对娘亲说："当儿子的在平常日子，缺少侍奉，本打算用微薄的俸禄，在您左右供养，所以派人接您，想不到反而为您招来大祸。从前，我是您的儿子；现在，我是国家的官员，大义不能再顾私恩，自毁忠节。只有死一万次，用以弥补我的罪恶。"娘亲告诉他："我儿！人，生死有命，不要为了我的缘故，不忠不义！你要有决心。"

赵苞即下令攻击，鲜卑大败，遂斩赵苞娘亲、妻子。赵苞上书报告，要求护送娘亲、妻子的棺柩回故乡安葬。皇帝刘宏派使节吊丧，封赵苞当鄃侯。

安葬已毕，赵苞告诉他的乡人说："拿国家的俸禄而逃避灾难，不是忠臣；杀了娘亲而全大义，不是孝子，我有什么脸面活在人世？"吐血而死。

一七八年 戊午

东汉 熹平 七年

光和 元年

1 春季，正月，东汉王朝（首都洛阳〔河南省洛阳市东白马寺东〕）合浦郡（广西合浦县东北）、交趾郡（越南河内市东北北宁省）乌浒蛮叛变，跟九真郡（越南清化市）、日南郡（越南东河市）变民集团结合，一连攻陷几个郡县。

2 全国武装部队总司令（太尉）孟戫免职。

3 二月一日，日蚀。

4 二月三日，任命宫廷禁卫官司令（光禄勋）陈国（首府陈县〔河南省周口市淮阳区〕）人袁滂当宰相（司徒）。

5 二月九日，地震。

6 设立“鸿都门大学”（鸿都门学），学生全由州、郡、三公推荐，往往被任命担任州长（刺史）、郡长（太守），或被任命当宫廷秘书（尚书）、宫廷随从（侍中）；有的还封侯爵、准侯爵（关内侯）。耿直的正人君子，都以跟这些人并肩是一种羞辱。

7 三月二十一日，赦天下，改年号（之前是熹平七年，之后是光和元年）。

8 擢升祭祀部长（太常）常山（首府元氏〔河北省元氏县〕）人张颢（音hào〔号〕）当全国武装部队总司令（太尉）。张颢，是寝殿侍奉宦官（中常侍）张奉的老弟。

9 夏季，四月七日，地震。

10 宫廷随从署（侍中寺）发生怪事，一只母鸡变成公鸡。

11 最高监察长（司空）陈耽免职，擢升祭祀部长（太常）来艳当最高监察长（司空）。

12 六月二十九日，一道黑气，从天际下降，直坠东汉帝（十二任灵帝）刘宏（本年二十三岁）常到的温德殿东院，长十余丈，好像一条黑龙。

13 秋季，七月壬子日（七月己卯朔，没有壬子），青色彩虹直垂南宫玉堂后殿。刘宏召集特级国务官（光禄大夫）杨赐等，到金商门（南宫宫门），询问天变原因，跟消除灾异的方法。

杨赐回答：

“《春秋谶》（神秘预言书）说：‘天上投下彩虹，天下怨，海内乱。’再加上‘四百’期限，将要来到（神秘预言书《春秋演孔图》原文：“刘四百岁之际，褒汉王辅，皇王以期，有名不就。”意思好像是说东西两汉王朝加在一起的寿命，只有四百年）。而今小老婆、婢女，以及被阉割过的宦官之徒，共同掌握大权，欺罔君王。鸿都门大学一群小人，靠着文学作品，受到宠爱，更互相推荐，十天半月，都被擢升：像乐松当了宫廷随从（常伯），任芝当了宫廷秘书（纳言），郤俭（郤，音xì〔细〕）、梁鹄二人，更受到封爵之类特别的荣耀。

“而今，正直的士绅都在乡村田野，口中传述伊祁放勋（尧）、姚重华（舜）的言论，亲身实践跟世俗绝不相同的行为，他们被遗弃在水沟山谷，不能把才能贡献国家。这是一种帽子跟鞋子颠倒、深谷跟山陵易位的现象。幸而上帝借着天象，显示他的谴责。《周书》说：‘君王遇到怪异则检讨品德，封国国君遇到怪异则改革政治，国务官（大夫）遇到怪异则反省他是否尽到职责，知识分子及平民遇到怪异则修正自己的行为。’所以，只有请求陛下疏远奸佞，迅速征召‘鹤鸣’之士（《易经》：“老黄鹤在阴凉的地方啼叫，小黄鹤们跟着啼叫。我有杯美酒，去把它留住。”《系辞》解释说：“正人君子在家，一句善言，千里外都有反应。”鹤鸣之士，指品德高洁，言行一致，被世人称道的人），断绝假传圣旨的管道，停止没有节制的娱乐游戏，才有资格盼望上天回心，变乱平息。”

参议官（议郎）蔡邕回答：

“我观察各种天象变异，认为都是东汉王朝覆亡的前兆。只因为上天对东汉王朝仍有旧情，所以屡次显示怪诞现象，作为警告谴责，希望人君感动觉悟，远离危险，转向平安。而今，青虹下坠，雌鸡变雄，都是妇女干涉政治的结果。从前，奶娘赵娆，谄媚骄傲，不断说别人坏话，富贵天下无双。接着是皇太后宫（皇太后指刘宏娘亲董太后，住永乐宫）传达员（永乐门史）霍玉，依仗强大后台，作奸犯科。

“而今，道路上谣传，有一位程大人（宫廷中年老宦官，称“中大人”），隐约崛起，看他的声势，恐怕又将伤害国家，应该防范未然，公开宣布：应以赵娆、霍玉，作为鉴戒。全国武装部队总司令（太尉）张颢，是霍玉推荐；宫廷禁卫官司令（光禄勋）伟璋（伟，姓），是有名的贪官；长水外籍兵团指挥官（长水校尉）赵玹、骑兵指挥官（屯骑校尉）盖升，都因一时侥幸，享到荣华富贵。请陛下注意，小人盘踞高位，就是一种灾难，而引用贤能，则是福分。

“我曾见到司法部长（廷尉）郭禧，忠厚老成；特级国务官（光禄大夫）桥玄，聪明正直；前任全国武装部队总司令（太尉）刘宠，立场坚定。陛下都应把他们当作智囊，常向他们征询意见。宰相等三公，是君王的四肢，交给他权力，要求他完成任务，应该在政绩上判定优劣，不应该听从低级官员的意见，为难大臣。同时，皇家工匠们的技术，鸿都门大学文学方面的章篇，似乎应该暂时停止，表示专心国家急难。

“出任地方政府首长的‘孝廉’，是知识分子最高级的遴选，近来因为遴选不当，曾下诏斥责三公。可是，有人却只写了一篇小文章，竟超越‘孝廉’，直接升迁。请托之门因之大开，实在违背圣明君王的制度，民心不服，但没有人敢说出来。我盼望陛下忍痛割舍，集中心思于国家万机大事，回报上天厚意。

“陛下既亲自节约克制，左右亲近的臣僚，自然会跟着变化，每一个人都检讨改正，消除灾难，则上天将把灾祸赐给骄傲的人，鬼神将把福分赐给谦虚之士。不过，君王跟臣属之间对话，一定要严守秘密，如果不能严守秘密，君王将受到漏言的批评，臣属将受到丧失生命的大祸（《易经》：君王不能保守秘密则失去臣僚，臣僚不能保守秘密则失去生命）。请陛下千万不要泄漏我的奏章，以免忠心的干部，受到奸邪的报复。”

奏章呈上去后，刘宏一面看，一面叹息。稍后，起身去洗手间，寝殿侍奉宦官（中常侍）曹节，在幕后面偷偷看到眼里，把内容向四方传播，密件遂全部曝光。被蔡邕所指摘的人，怨毒入骨，急图报复。

最初，蔡邕跟藩属事务部长（大鸿胪）刘郃，互相不服。蔡邕叔父皇城保安司令（卫尉）蔡质，跟工程总监（将作大匠）阳球，又有怨恨。而阳球，正是寝殿侍奉宦官（中常侍）程璜的女婿（宦官没有子女，此女应是养女，或是侄女）。程璜遂教人用匿名信，指控：“蔡邕、蔡质，不断把私事请托刘郃，被刘郃拒绝，蔡邕含恨在心，打算中伤。”刘宏命宫廷秘书署（尚书）召唤蔡邕，询问内情。蔡邕发现情势险恶，上书说：

“我实在愚昧而又戆直，不顾后果，向陛下直言。陛下并没有垂怜忠臣苦心，加以保护。诽谤一旦出现，便对我猜疑。我今年四十六岁，孤寒一身，能得到忠臣的令名，虽死也有余荣，但恐怕陛下从今再不能听到直言。”

结果，逮捕蔡邕、蔡质，羁押洛阳监狱。有关官员弹劾二人：“公报私仇，企图伤害大臣，犯大不敬之罪，应绑赴街市处斩。”奏报上去后，寝殿侍奉宦官（中常侍）、河南（河南省洛阳市东白马寺东）人吕强，怜悯蔡邕无辜冤枉，竭力求情，刘宏也想到蔡邕先前奏章上的话，下诏说："免死，罪减一等，连同家属，全处髡刑（剃光头发），脚镣手铐，贬逐朔方郡（内蒙古包头市），遇赦不赦。"阳球一连派出几个杀手，追赶行刺，杀手感佩蔡邕大义，都不肯听命。阳球又贿赂并州（山西省及黄河河套地区）州长（刺史），跟朔方郡郡长，命他们下手毒杀。州长、郡长反而警告蔡邕戒备，蔡邕这才逃生。

14 八月，天市星旁，出现孛星。

15 九月，全国武装部队总司令（太尉）张颢免职，擢升祭祀部长（太常）陈球，继任全国武装部队总司令（太尉）。

16 最高监察长（司空）来艳逝世。

冬季，十月，擢升骑兵指挥官（屯骑校尉）袁逢，当最高监察长（司空）。

17 刘宏正妻宋皇后，从来不受宠爱。后宫一些受到宠爱的小老婆群，遂共同对她下手，谗言诬陷。而勃海王刘悝的正妻宋女士，正是宋皇后的姑母，寝殿侍奉宦官（中常侍）王甫，恐怕宋皇后一旦得势，为姑母复仇（一七二年，刘悝全家诛杀），也乘机诬告宋皇后用左道旁门手段，诅咒皇帝。刘宏深信不疑，下令收缴皇后印信（罢黜）。宋皇后绝望，自行到宫廷事务部纺织室附设监狱（暴室）投案，在狱中忧死。老爹不其乡侯宋酆，跟所有兄弟，一同诛杀。

18 十月三十日，日蚀。

19 宫廷秘书（尚书）卢植上书说：

“凡受到剥夺政治权利的人，多半没有犯罪，似应赦免，使冤枉昭雪。宋皇后家属，也以无罪之身，尸首纵横，不能收殓，也请准予埋葬，使幽魂平安。郡长、州长（刺史），一个月内，往往调动数次，应建立任免制度，即令不能满九年，至少也应满三年。私人请托，应一律断绝，推荐人才，全由主管官员负责。再者，天子以国为家，不应有私人财产，应着眼全国，不要总盯着细微末节。”

刘宏不理。

20 十一月，全国武装部队总司令（太尉）陈球免职。

十二月十二日，擢升特级国务官（光禄大夫）桥玄当全国武装部队总司令（太尉）。

21 鲜卑部落（王庭设弹汗山〔河北省尚义县南大青山〕）攻击酒泉郡（甘肃省酒泉市），出动的武力和人数，越来越多，沿边都受到荼毒。

22 刘宏下诏：命皇家御库房（尚方），给鸿都门大学文学家乐松、江览等三十二人，画下肖像，写出颂辞，作为对后学晚辈的一种鼓励。宫廷秘书长（尚书令）阳球抗议说：

“案查乐松、江览等，出身微贱，不过是街头巷尾的市井小人；依靠亲戚，投奔豪门，拍马奉承，侥幸得以上进。有的呈献‘辞赋’一篇，有的写出像鸟飞一样的草书，竟都被擢升初级禁卫官（郎中），还要丹青留像。更有的从不会用笔，从不会写字，完全请别人代替出手，怪诞诈伪，花样多端，可是全都蒙受特别恩典，好像鸣蝉一样，蜕变而出。以致有见识的人，无不掩口而笑，天下一片嗟叹之声。我曾经听说，人之所以有画像，在于使君王看到政治得失，却从来没有听说，竖子小人之辈，作了几篇歌颂文章，就可以妄自窃取高官，留下画像。而今，国立大学（太学）、东观皇家书库（在南宫之内），已经足够传播圣明教化。请废止鸿都门大学的推荐，以解除天下的抨击。"

奏章呈上去后，刘宏不理。

23 本年（一七八），刘宏命在西园（御花园）设立机构，称"西园官邸"，正式公开出卖官爵：郡长（二千石）二千万钱，中下级官员（四百石）四百万钱。依正规文官任用条例升迁的官员，只录用一半，或三分之一，其他一半或三分之二，全部出卖。有人曾到皇宫宫门上书，指定要买某县县长——随县份大小贫富，而定县长的价格。有钱人买官，先把钱付清。贫穷人也可以用分期付款办法买官，先行赊欠，等到任后贪赃枉法弄到了钱，照原定价，两倍偿还。刘宏更公开拍卖三公跟部长级官员，三公定价千万钱，部长级官员定价五百万钱。最初，刘宏还是侯爵时，生活贫苦，等到当了皇帝，常讥笑十一任帝（桓帝）刘志不懂经营家产。所以大肆卖官，把卖官的钱当作私房。

刘宏曾经问宫廷随从（侍中）杨奇说："我比桓帝（刘志）如何？"杨奇说："陛下之比桓帝（刘志），犹如姚重华（虞舜）之比伊祁放勋（唐尧）。"刘宏大不高兴，说："你的脖子太硬（"强项令"董宣事，参考四三年），真是杨震的子孙，死后一定再引来大鸟（参考一二五年）。"杨奇，是杨震的曾孙。

24 南匈奴汗国（王庭设美稷〔内蒙古准格尔旗〕）屠特若尸逐就单于（三十八任）逝世，儿子挛鞮呼征继位（三十九任）。

一七九年　己未

1 春季，瘟疫流行。

2 三月，东汉王朝（首都洛阳〔河南省洛阳市东白马寺东〕）宰相（司徒）袁滂免职，擢升藩属事务部长（大鸿胪）刘郃当宰相（司徒）。

3 三月二十二日，全国武装部队总司令（太尉）桥玄免职，改任中级国务官（太中大夫）；任命中级国务官段颎当全国武装部队总司令(太尉)。

桥玄最小的儿子，在门口玩耍，被匪徒劫持，当作人质，当场要求赎金，桥玄拒绝。京畿总卫戍司令(司隶校尉)、首都洛阳市长(河南尹)，派出大批军警包围桥玄家宅，却不敢相逼。桥玄目露怒火，呐喊："匪徒异想天开，我岂能因一个儿子的生命，而让国贼逃脱法网？"催促攻击，匪徒被杀，桥玄的儿子也被杀。桥玄遂上书建议："天下凡是劫持人质勒索的，应同时诛杀，不准用钱财回赎，为奸邪开路。"从此，劫持人质的事件绝迹。

桥玄处理儿子被劫持事件，残忍而冷血，为了替自己辩护，他还认定回赎人质是一种"为奸邪开路"，要求政府用法律禁止。史书强调他牺牲儿子的代价是："从此，劫持人质的事件绝迹。"

"保护人质"和"为奸邪开路"，没有因果关系。因保护人质而回赎，是一种对人权的尊重。自从有人类以来，好像只有桥玄一人，心如蛇蝎。正常人类都舍不得眼睁睁看着他的父母、儿女、妻子、丈夫，甚至陌生人，惨死在匪徒之手。所以，只要有绑票，就会有回赎；五千年来，有千千万万回赎，邪恶并没有受到鼓励！而史书强调此后再没有发生过劫持人质事件，更是睁着大眼说谎！灭九族都挡不住谋反，仅仅牺牲人质一个人，岂能阻止犯罪？桥玄属于奇禽异兽，同类不多，多的是愿为儿女付出任何代价的爹娘！而且匪徒既已现身，在二世纪那种静态的农业社会中，他就很难躲藏。用谈判或金钱救出人质后，再捕捉不迟，那时航空既不发达，他总不会要一架飞机，逃到鲜卑部落？我们实在不了解为什么拒绝营救。绞尽心血勉强想出一个理由，那就是，因为我们所不了解的家庭内斗，桥玄正要除掉那个幼儿。虎毒尚且不食子，桥玄比虎毒得多了。

比虎更毒的是，桥玄在蛇蝎心肠上面，蒙上一层美丽外衣。使人想到，这世界上多少恬不知耻的嘴脸，和心狠手辣的行为，头上都插着“大义”的标竿。

4 京兆（陕西省西安市）地震。

5 最高监察长（司空）袁逢免职，擢升祭祀部长（太常）张济当最高监察长。

6 夏季，四月一日，日蚀。

7 寝殿侍奉宦官（中常侍）王甫、曹节等，奸邪贪暴，玩权弄威，声势震动天下，全国武装部队总司令（太尉）段颎，是摇尾系统中坚。曹节、王甫的老爹老兄老弟，以及侄儿辈，都当部长、指挥官、全权州长（牧）、郡长、县长，布满全国各个角落，没有一个人不贪污凶暴。而王甫的养子王吉，当沛国（首府相县〔安徽省淮北市〕）宰相，尤其残酷，每逢杀人，都把尸体大卸八块，放到囚车上，张贴他的罪状，拉到所属各县展示（沛国是亲王封国，封国宰相等于郡长）。遇到夏季，尸体腐烂，肌肉脱落，则用绳索把骨架绑住，周游一遍，才准家属收葬。看到这种惨景的人，无不震骇恐惧。到任五年，诛杀一万余人（平均每月要杀两百人以上）。宫廷秘书长（尚书令）阳球，常拍自己大腿，发愤说：“如果有一天，我阳球当京畿总卫戍司令（司隶校尉），这种宦官崽子，怎能容许他们横行？”

想不到，阳球不久就被调任京畿总卫戍司令（司隶）。这时，正好王甫派他的门生在京兆（陕西省西安市）侵占政府财产七千余万钱，西都长安市长（京兆尹）杨彪提出检举，告到京畿总卫戍司令（卫戍区辖七郡，京兆在内）。杨彪，是杨赐的儿子。

适逢其会，王甫正好休假在家（宫廷官员五天一休假），段颎也正好因日蚀缘故，自我弹劾，在自宅等候处分。阳球恰恰在这空当中，入宫谢恩（官员在接到任命时，都要向长官谢恩），顺便向皇帝（十二任灵帝）刘宏（本年二十四岁）报告王甫、段颎，以及寝殿侍奉宦官（中常侍）淳于登、袁赦、封昴等累累罪恶，要求法办。刘宏允许。

四月八日，京畿总卫戍司令部展开逮捕，王甫、段颎等，以及王甫的儿子（应是养子）永乐宫供应官（永乐少府）王萌、沛国（首府相县）宰相王吉，全部羁押洛阳县监狱。阳球亲自主持，苦刑拷打，五毒全部用上（五毒：鞭打、棍打、火烧、绳捆、悬吊）。王萌也曾当过京畿总卫戍司令，向阳球哀求说："我们父子犯法，当然应该一死。只求你念及我们前后同官，宽恕我老爹，教他少受点苦！"阳球咆哮说："你是什么东西，一身罪恶，万死不足以赎罪，还想跟我套先后任交情呀！"王萌知道无法摆脱，破口大骂说："从前，你巴结我们父子，像一个奴才，奴才竟然反叛主子！今天乘人之危，落井下石，你会自己受到报应。"阳球命人用泥土塞住王萌嘴巴，鞭棍齐下，王甫父子全被活活打死。段颎也自杀。

阳球本是寝殿侍奉宦官（中常侍）程璜先生的女婿，为了私仇，放逐蔡邕、蔡质，而又派人追杀，根本就不是一个好东西。王萌诟骂他："巴结我们父子像奴才！"有事实根据。稍后，曹节说："我们可以自相残杀，却不能教狗舔我们的血！"我们推测：这可能是一场王甫、程璜之间的内斗。阳球并不是为民除害，只是为岳父扫除绊脚石。

阳球把王甫的尸体，寸寸剁开，堆在夏城门（洛阳城北面西头第一门），贴出告示：“这就是贼臣王甫！”把王甫家产全部没收，家属放逐比景（越南筝河口）。阳球既顺利的诛杀王甫，打算依照次序，检举曹节等，告诉军法署长（中都官从事）说：“第一步是除掉权贵大奸，然后再找第二流货色，诸如三公、部长级官员，像袁家那些娃儿（袁家跟寝殿侍奉宦官〔中常侍〕袁赦〔已死于这次诛杀〕，相认同宗，袁逢、袁隗等在袁赦保护下，富贵一时），你这个军法署长出手就行了，用不着本总司令登场！”权贵之家听到消息，如雷轰顶，几乎不敢呼吸。曹节等连休假日都不敢出宫回家。

正好，八任帝（顺帝）刘保的小老婆虞贵人（九任帝刘炳的娘亲）逝世安葬，文武百官送葬回城，经过夏城门（洛阳城北面西头第一门），曹节看到已被剁碎了的王甫尸体，堆在路边，禁不住流泪说：“我们可以自相残杀，却不能教狗来舔我们的血！”对其他寝殿侍奉宦官（中常侍）说：“一起进宫，不要回家。”曹节一直来到后宫，报告皇帝刘宏说：“阳球本是一个暴官酷吏，前任三府（宰相府、最高监察署、全国武装部队总司令部）曾经提出弹劾，把他免职。只因他在九江（安徽省定远县西北）郡长任内，有剿匪那件微不足道的功劳，才再命他当官。犯过罪的人，往往轻举妄动，不应该教他担任京畿总卫戍司令（司隶）职位，纵容他横行。”刘宏遂调阳球当皇城保安司令（卫尉）。

这时，阳球正在巡视皇家坟墓；曹节命宫廷秘书署（尚书）宣布这项人事命令，诏书紧急，要求立即移交，不准有一分钟延迟。阳球惊惶失措，面见刘宏陈述，说：“我并没有清高的品行，但却蒙恩把我当作飞鹰和走狗。前些时虽然诛杀王甫、段颎，不过是几个狐狸小兽，不足以满足天下人的愿望。请求准许我再干一个月，一定会使豺狼虎豹，为它们的罪行，付出代价。”说罢，叩头流血。宦官群唯恐刘宏改变主意，在殿上吆喝他：“怎么，司令官，你想反抗圣旨呀！”一连吆喝了两三次，阳球只好退下，接受新职。

曹节、朱瑀等的权势再度抬头。曹节更兼任宫廷秘书长（尚书令）。初级禁卫官（郎中）梁国（首府睢阳〔河南省商丘市〕）人审忠，上书说：

“陛下即位的最初几年，不能亲自处理国事，皇太后（窦妙）思念养育之情，暂时主持政府，而寝殿侍奉宦官（中常侍）苏康、管霸，同时伏诛（参考一六八年）。皇家师傅（太傅）陈蕃、全国最高统帅（太尉）窦武，调查他们的余党，目的在作一番清洗。华容侯朱瑀，得到消息，知道将有大祸，遂兴起逆谋，领导作乱，在宫廷之地，发动政变，抢夺皇家印信，压迫陛下，威胁群臣，离间母子之情，而竟杀掉陈蕃、窦武、尹勋等人。

“接着，宦官群共同割裂国土（采邑），互相封爵赏赐（参考一六八年），父子兄弟，都受到尊崇荣耀。一向亲近的伙伴，分布到各州各郡；有的蹿升到部长，有的蹿升到三公。不仅仅俸禄高、地位高，更大开后门，接受贿赂，财产堆积如山，大肆扩建家宅，连街连巷，甚至盗取流经皇宫的御水，用来垂钓；而车马衣服，装饰布置，上比君王。三公部长，闭口无言，州长郡长，顺着风向；推荐人才时，摒弃贤能，专取愚恶之辈。于是，蝗虫成灾，蛮夷崛起。

“上天的愤怒，已积十有余载。所以连年以来，日蚀于上，地震于下，就是在谴责人主，盼望人主早早醒悟，拔除祸根。从前，子武丁（商王朝二十三任帝高宗）时代，发生野鸡啼叫的变异，而使王朝中兴（子武丁时，有只野鸡飞到鼎耳上啼叫，子武丁认为是上天对他警告，急行检讨过失，培养品德，商王朝竟得复兴）。最近，上天为了促使陛下醒悟，怒火发作，所以王甫父子，及时的砍下人头，路上行人以及闺房妇女，都发出欢呼，好像铲除了杀父之仇，只抱怨陛下为什么继续容忍残余的丑类，不一网打尽？

“昔日，秦王朝信任宦官赵高，终于断送政权（参考前二〇九年）；吴馀祭（吴王国三任国王）信任刑余之人，竟被刺死（吴王国攻击越王国，在俘虏中挑选了一位壮汉，命他看守御船。后来，吴馀祭上船，俘虏突然攻击）。陛下以不忍心的恩德，赦免他们灭族的大罪，只恐怕他们像赵高、看船人一样，恩将仇报，奸谋一旦发动，后悔就来不及。

“我当初级禁卫官（郎）已有十五年，亲眼看到，也亲耳听到，朱瑀的所作所为，连皇天都不会原谅。请求陛下赐给我片刻时间，垂听我的陈述，察看我的奏章。把奸邪肃清，回应上天的愤怒。我愿跟朱瑀当面对质，如果有一句虚伪，甘愿接受身被烹杀，妻子被放逐的处罚，用以作为信口雌黄的鉴戒。”

奏章呈上，没有下文。

寝殿侍奉宦官（中常侍）吕强，忠心耿耿，清廉自爱。皇帝刘宏依照成例，封他都乡侯（大概凡寝殿侍奉宦官〔中常侍〕都封侯爵）。吕强拒不接受，因而上书，说：

“我听说过，高祖（西汉王朝一任帝刘邦）有严格要求，不是功臣，不可封侯。为的是尊重国家的爵位，显明国家的荣耀。寝殿侍奉宦官（中常侍）曹节等，身为宦官，品格卑劣，出身微贱，用谗言和谄媚，取悦领袖，用奸佞邪恶，邀取恩宠，有当赵高的可能，却还没有受到五马分尸的刑罚。陛下一直不能觉醒，竟赐给他采邑，建立侯国。邪恶小人遂开始掌权，家人们一同晋升，一个个身怀紫色穗带的金印（侯爵），结合党羽，建立摇尾系统。于是，阴阳颠倒，农田荒芜，人事上得不到祥和，都由此而起。

“我当然知道，封爵已成事实，说也没有用处。但我仍然冒着死罪，陈述一片愚忠，盼望陛下改正过失，修正错误，到此为止，不再继续。我听说，后宫采女（小老婆群第四级），有数千人，衣食费用，每天都要数百两黄金。近来，粮食价格下降，农民面呈恐惧颜色（谷贱伤农）。按照情理，粮食价格应高，而竟如此之低，只因县政府不断征购，故意压低粮价。农民天冷时不敢买衣服，饥饿时不敢吃饱，疾病死亡，谁又怜恤？宫女们一无用处，却填满后宫，即令全国都尽力耕田种桑，都无法供养。

“去年（一七八），命参议官（议郎）蔡邕，到金商门回答陛下询问，蔡邕不敢隐瞒真情，直言对答，攻击到尊贵的大臣，指责到当权的宦官。陛下不能为他保守秘密，以致泄漏在外，鲨鱼群一霎时直着脖子，舐着嘴唇，伸出舌头，争相下口吞噬。用匿名信手段，诬陷指控，连陛下都受到诽谤。结果蔡邕被判重刑，家族放逐，老幼流离失所，岂不辜负忠良？

“而今，文武官员都以蔡邕为戒，对上，恐惧不可预测的灾祸；对下，恐惧刺客杀手（指阳球派人追杀蔡邕），我知道政府已再听不到实话！已去世的全国武装部队总司令（太尉）段颎，英勇盖世，尤其熟悉边疆事务。孩童时投身军旅，头发全白时完成大功（指平定西羌），历事两位君王（十一任帝刘志、十二任帝刘宏），功劳以他最大。陛下既把他擢升，位列三公，而竟被京畿总卫戍司令（司隶校尉）阳球陷害。身既死亡，家属远贬蛮荒。天下叹息，功臣失望。我建议：应该征召蔡邕回京（首都洛阳），更任官职。召回段颎家属，予以安顿。则忠贞路开，众怨消失。”

刘宏知道吕强忠心，但不能采纳他的建议。

8 四月二十四日，赦天下。

9 上禄（甘肃省西和县东南）县长和海（和，姓）上书刘宏，说："依照古礼，祖父兄弟的后代（丧服"缌麻"），早已经不住在一起，各有各的家财，亲情已经淡薄，在丧服上可看出不过是疏远的家族。可是，剥夺奸党党人的政治权利，都扩张到'五族'，包括祖父兄弟的后代在内，既不合古礼，也不合正常法规。"刘宏看到奏章后，觉得有理，下令恢复奸党党人祖父兄弟后代的政治权利。

10 五月，擢升皇城保安司令（卫尉）刘宽当全国武装部队总司令（太尉）。

11 匈奴协防司令（护匈奴中郎将）张修，跟南匈奴汗国（王庭设美稷〔内蒙古准格尔旗〕）单于（三十九任）挛鞮呼征，互相斗气，各不忍让。张修竟杀掉挛鞮呼征，改立右贤王挛鞮羌渠当单于（四十任）。中央政府反应强烈。

秋季，七月，张修被指控"不先请准，擅自诛杀"。用囚车把张修押解回京（首都洛阳），送司法部监狱（廷尉），处死。

12 最初，宰相（司徒）刘郃的老哥宫廷随从（侍中）刘儵，跟窦武共同策划诛杀宦官，事情失败，一同被杀。永乐宫供应官（永乐少府）陈球，向刘郃进言说："你出身皇族，位列三公，天下人都向你瞻望，是国家安全的柱石，怎么可以随波逐流，跟世俗人士一样，唯唯诺诺，唯恐得罪别人？曹节等一群宦官，为所欲为，长久的围绕在皇上左右；你的老哥，也被曹节等谋害，应该早日谋取对策。我们共同推荐皇城保安司令（卫尉）阳球，再当京畿总卫戍司令（司隶校尉），就可以顺序的逮捕曹节等诛杀。然后圣明的君王亲自主持政府，天下太平，立可实现。”刘郃说：“宦官的耳目眼线，密布各处，恐怕我们还没有商议妥当，就先受到灾祸。”宫廷秘书（尚书）刘纳说：“身为国家的栋梁，国家危险而不扶持，要这种栋梁干什么？”刘郃承诺，进一步跟阳球密谋。

阳球的小老婆，是寝殿侍奉宦官（中常侍）程璜的女儿。女儿告诉老爹程璜，消息渐渐泄漏，曹节等得到风声，用厚重的礼物贿赂程璜，同时也向他威胁。程璜恐惧，遂把阳球的计谋，全盘透露。

曹节等先下手为强，共同向皇帝刘宏报告，说：“刘郃，跟刘纳、陈球、阳球，来往频繁，互相结盟，将有不轨的行动。”刘宏勃然大怒。

冬季，十月十四日，逮捕刘郃、陈球、刘纳、阳球，就在监狱中处死。

13 巴郡（重庆市）板楯部落（居住于四川省阆中市一带）叛变。中央派总监察官（御史中丞）萧瑗，督促益州（四川省及云南省）州长（刺史）讨伐，不能取胜。

14 十二月，擢升宫廷禁卫官司令（光禄勋）杨赐当宰相（司徒）。

15 鲜卑部落（王庭设弹汗山〔河北省尚义县南大青山〕）攻击幽州（河北省北部及辽宁省）、并州（山西省及黄河河套地区）。

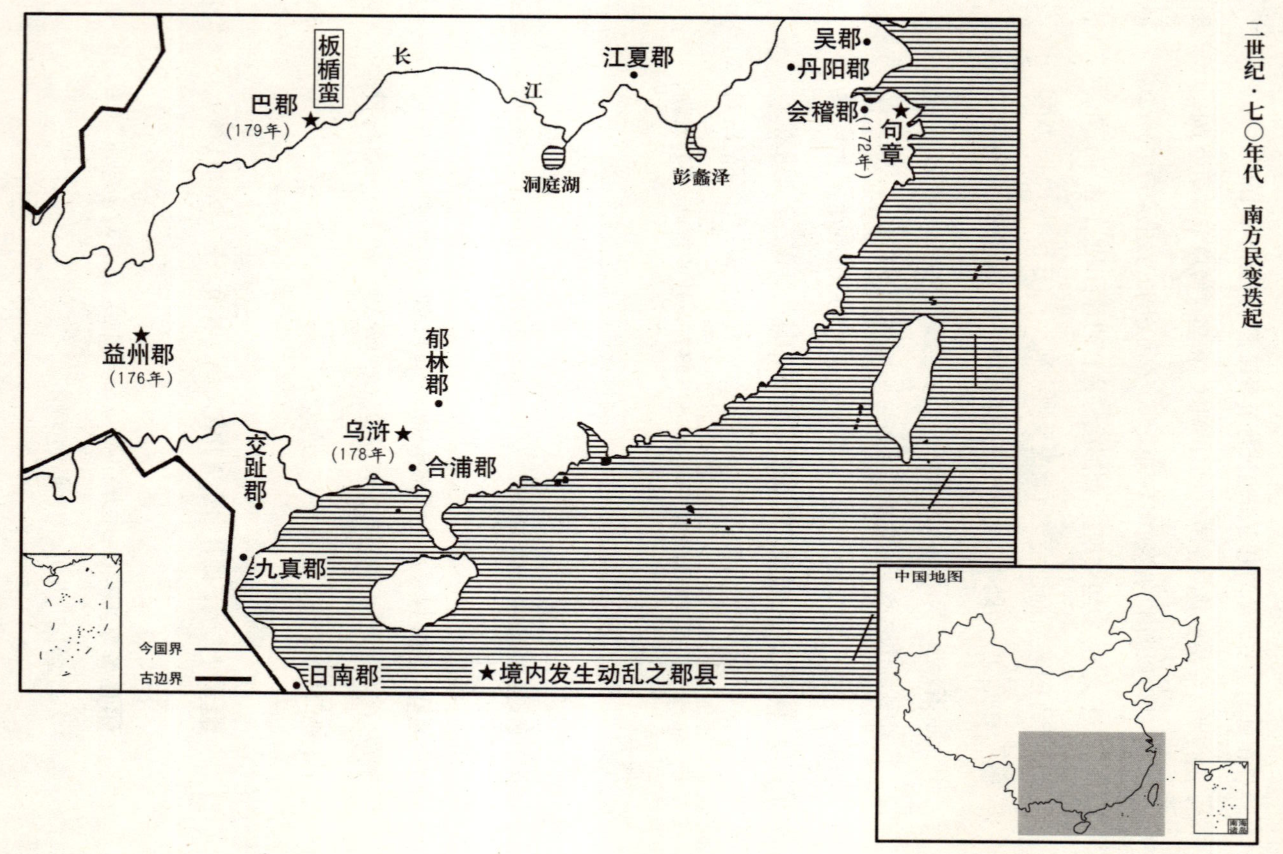
吴郡
丹阳郡
会稽郡
句章
(172年)
江夏郡
彭蠡泽
洞庭湖
长
江
板楯蛮
巴郡
(179年)
益州郡
(176年)
郁林郡
乌浒
(178年)
合浦郡
交趾郡
九真郡
日南郡
★境内发生动乱之郡县
今国界
古边界
中国地图

- 黄巾民变。
- 五斗米教起兵。
- 灵帝刘宏逝世。
- 袁绍屠杀宦官，第一个宦官时代结束。
- 董卓杀何太后，立刘协当皇帝。

- 罗马皇帝马卡斯奥理略逝世，子康摩达继位。
- 罗马发生瘟疫、粮荒，宰相科德囤积居奇，被杀。

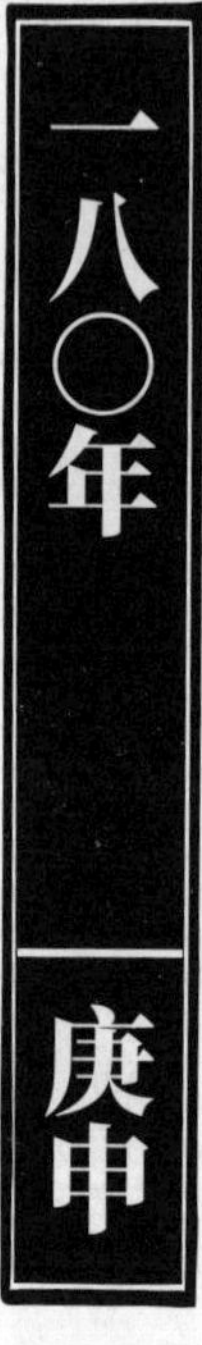

东汉　光和　三年

1 春季，正月癸酉日（正月庚子朔，没有癸酉），东汉王朝（首都洛阳〔河南省洛阳市东白马寺东〕）赦天下。

2 夏季，四月，江夏郡（湖北省武汉市新洲区）蛮夷叛变。

3 秋季，酒泉（甘肃省酒泉市）地震。

4 冬季，孛星出现狼星、弧星之间。

5 鲜卑部落（王庭设弹汗山〔河北省尚义县南大青山〕）攻击幽州（河北省北部及辽宁省）、并州（山西省及黄河河套地区）。

6 十二月五日，东汉帝（十二任灵帝）刘宏（本年二十五岁）封何贵人（小老婆群第一级）当皇后。擢升何皇后老哥颍川（河南省禹州市）郡长何进，当宫廷随从（侍中）。何皇后本是南阳郡屠户的女儿，以美貌绝伦，被选进皇宫（两汉王朝皇帝，每年八月，遴选美女，由高级国务官〔中大夫〕，跟宫廷事务署主任秘书〔掖庭丞〕，以及相面术士，在首都附近乡村，从良家处女十三岁以上、二十岁以下中，物色姿色美好，身材端庄，又经过相面术士审视合格的，送入皇宫。再复选更漂亮的，送上御床。《风俗通》说：何皇后是何家花了不少金银，贿赂主持人，才被选进宫。《后汉书·何进传》说，寝殿侍奉宦官〔中常侍〕郭胜，也是南阳郡人，何皇后之能入宫陪宿，郭胜尽了很大力量。所称送贿赂给主持人，可能就是郭胜）。后来，生下皇子刘辩，才得以坐上皇后宝座。

7 本年（一八〇），刘宏兴建毕圭苑、灵昆苑（李贤注：毕圭苑有二，东毕圭苑，周围一千五百步，中有鱼梁台；西毕圭苑，周围三千三百步，面积更大；都在洛阳宣平门外）。宰相（司徒）杨赐，上书劝阻说：

“先帝（历代祖宗）开创制度，东边挖凿鸿池（洛阳城东十公里），西边开辟上林苑（洛阳城西），既不算奢侈，也不是十分节俭，可以说十分恰当中庸。而今，把城外近郊之地，辟作皇家花园，牺牲肥沃土地，摧毁农田家宅，把农夫驱逐出去，反而蓄养野禽猛兽，这可绝不是爱民如子的大义。何况，城外皇家花园，已有五六个之多（李贤注：一三二年，兴建西苑。一五八年，兴建鸿德苑。一五九年，兴建显阳苑。据《洛阳宫殿名》：还有平乐苑、上林苑），足够陛下随意欢乐，适应春夏秋冬变换。请想到姒文命（夏禹）故意使宫殿简陋，太宗（西汉王朝五任帝刘恒）拒绝兴建高台的原意（参考前一五七年），解除小民的劳苦。”

奏章呈上后，刘宏打算停工，询问宫廷随从（侍中）任芝、乐松的意见，二人回答说：“从前姬昌（文王）的御花园有一百华里，人们认为太小。田辟彊（战国时代齐王国二任王宣王）的御花园只有五华里，人们认为太大（《孟子》：田辟彊问孟轲：“姬昌御花园方圆七十华里，人们认为太小；我的御花园只方圆四十华里，人们仍认为大，为什么？”孟轲说：“姬昌御花园虽然方圆七十华里，可是砍柴割草的人可以进去，捕野兔捉野鸡的人可以进去，跟人民共同享用，人民认为它太小，有什么稀奇？”任芝、乐松把面积大小，故意夸张，提出更强烈的对比）。而今，陛下跟人民共同享用，对任何人都不会造成伤害！”刘宏大为欢喜，下令动工。

任芝、乐松的言论，使我们再见文妖。截至二十世纪为止，宦官已绝，而文妖不绝，倍增痛心。

8 巴郡（重庆市）板楯蛮夷叛变（去年〔一七九〕已有记载）。

9 苍梧（广西梧州市）、桂阳（湖南省郴州市）变民，攻击郡城县城。

零陵郡（湖南省永州市）郡长杨琁（音xuán〔旋〕）出军讨伐，派出马车数十辆，上面放着满装石灰的布袋，把绑袋口的活扣绳索，拴在马尾上；又特别制造一种活动发射台——在特制的兵车上，满载弓箭，攻击开始时，命马车在前冲锋，马尾摆动，袋口大开，石灰飞扬，变民有眼难睁。遂用火点燃布袋，马惊狂奔，直扑变民阵地，而兵车继进，万箭俱发，战鼓震动天地。变民集团第一线惊骇，向后撤退，逼使第二线撤退，一霎时全军崩溃，四散逃命。杨琁追击，杀伤及杀死无数，斩变民集团首领，郡境完全澄清。

荆州（湖北省及湖南省）州长（刺史）赵凯，向中央报告说：杨琁实际上并没有亲身临阵，却硬说自己有功。杨琁上奏章答辩，赵凯坚持他的指控，而赵凯在中央有强硬后台，中央遂下令逮捕杨琁，装入囚车，押解回首都洛阳，投入监狱，对他戒备至为森严，杨琁无法申诉。最后，杨琁咬破手臂，撕裂衣襟，写下血书，陈述战事经过，以及被赵凯诬陷缘故，秘密交给探监的亲属，到宫门呈递。

刘宏下诏赦免杨琁，调任参议官（议郎）。赵凯诬告反坐，受到惩罚。杨琁，是杨乔（参考一六七年）的老弟。

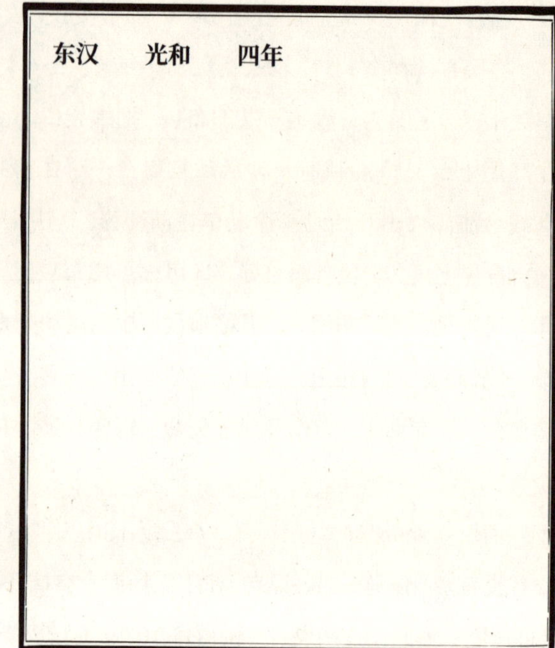

1 春季，正月，东汉王朝（首都洛阳〔河南省洛阳市东白马寺东〕）设立骏马管理主任（騄骥厩丞），负责征集及验收各郡、各封国进贡的马匹。马价猛涨，豪门权势人物从中垄断，马一匹值二百万钱。

2 夏季，四月庚子日（四月癸亥朔，没有庚子），赦天下。

3 交趾郡（越南河内市东北北宁省）乌浒人叛变，历时已久（一七八年迄今），州长、郡长束手无策。交趾人梁龙等再聚众起兵，攻破郡城县城。东汉帝（十二任灵帝）刘宏（本年二十六岁）任命兰陵（山东省兰陵县西南兰陵镇）县长、会稽（浙江省绍兴市）人朱儁（音jùn〔俊〕），当交州（广东、广西及越南北部）州长（刺史），击斩梁龙，变民投降的有数万人之多，不到一个月时间，全部平定。封朱儁当都亭侯，召回中央，担任议论官（谏议大夫）。

4 六月十九日，天降冰雹，大小如同鸡蛋。

5 秋季，九月一日，日蚀。

6 全国武装部队总司令（太尉）刘宽免职，擢升皇城保安司令（卫尉）许馘（音yù〔郁〕）当全国武装部队总司令（太尉）。

7 闰九月二日，首都洛阳北宫东厢宫廷事务署（东掖庭永巷署）火灾。

8 宰相（司徒）杨赐免职。

9 冬季，十月，擢升祭祀部长（太常）陈耽当宰相（司徒）。

10 鲜卑部落（王庭设弹汗山〔河北省尚义县南大青山〕）攻击幽州（河北省北部及辽宁省）、并州（山西省及黄河河套地区）。鲜卑部落酋长檀石槐逝世，儿子和连继位。和连的才干不如老爹，而又贪淫好色。后来，在一次攻击北地（陕西省西安市高陵区西南）的军事行动中，被东汉部队射死。他的儿子骞曼，年纪还小，由侄儿魁头继位。

骞曼长大后，跟魁头争取领导权，发生内斗，部属遂纷纷叛变（参考九三年）。

魁头逝世，老弟步度根继任酋长。

11 本年（一八一），刘宏在后宫兴筑一条商业街，命宫女在店中经营买卖，于是不断发生争夺、盗窃事件。刘宏则改穿街市上商人服装，混在宦官宫女群中，饮酒欢宴，大为快活。又在西园（皇家花园）养狗赛狗，刘宏头戴“进贤冠”，身束绣花带（进贤冠，古代传统的一种官帽，前端高七寸，后部高三寸，长度八寸，有点像第二次世界大战时军人的船形帽。王爵侯爵前端缝制三条竖梁，部长级以下直到研究官〔博士〕，前端缝制两条竖梁，研究官以下直到学校念书的大学生，前端只一条竖梁），驾着四条毛驴拉的车辆，亲自手拿缰绳，左回右转，操纵得十分熟练。

在上位的人喜欢什么，在下位的人会喜欢得疯狂。京师（首都洛阳）人民群起仿效，驴价竟跟马价相等。

刘宏喜爱积攒私房钱，广收天下珍宝。各郡、各封国每次进贡，都直接送进皇宫，称“导行费”。寝殿侍奉宦官（中常侍）吕强，上书规劝说：

“天下财物，都来自阴阳配合，全是陛下的家产，怎么会有公私之分？而今，宫廷御库房（中尚方）搜括各郡珍珠玛瑙，宫廷御用署（中御府）堆满来自天下各地的绸缎。西苑（御花园）金库的金银，本应由农林部（大司农）收藏；骏马管理处（騄骥厩）所豢养的，全是应拨付给交通部（太仆）的马匹。各郡各封国应缴中央政府的田赋捐税，却要先缴‘导行费’到深宫之中，增加人民的困苦。浪费多而收获少，贪官奸吏从中下手，人民受到伤害。

“一些摇尾分子，又好私自呈献私财，陛下接受他们的拍马，遂对他们姑息宽纵，邪恶由此成长。依照政府法令，推荐人才的业务，由三府负责，再由宫廷秘书署（尚书）转呈皇上，经过考试，任命他们当官，要求拿出成绩。成绩如果不足称道，则由宫廷秘书署（尚书）提出弹劾，交给司法部（廷尉）作第二次调查，然后处罚。所以，三公遇到推荐人才时，都要询问部属，详察他们平常的品行，评估才干。虽然如此，仍然有人不能胜任，贪赃枉法。何况，今天的情形是，全由宫廷秘书署（尚书）负责遴选，或者由陛下颁下诏书，直接任命。这样的话，三公不负推荐之责，宫廷秘书署（尚书）没有连带之罪。那么，得人时奖赏谁？失人时惩罚谁？谁肯空忙纠举？”

奏章呈上后，没有下文。

12 何皇后妒性如火，后宫王美人生皇子刘协，何皇后遂把王美人毒死（把毒药放到稀粥中）。皇帝刘宏暴跳如雷，就要罢黜何皇后；宦官们竭力求情，才算打消此意。

13 皇后宫总管（大长秋）华容侯曹节逝世；寝殿侍奉宦官（中常侍）赵忠，兼代皇后宫总管。

一八二年 壬戌

东汉　光和　五年

1 春季，正月十四日，东汉王朝（首都洛阳〔河南省洛阳市东白马寺东〕）赦天下。

2 东汉帝（十二任灵帝）刘宏（本年二十七岁）下诏：三公、部长应根据人民舆论，检举恶名昭彰的州长（刺史）、郡长（二千石）。

全国武装部队总司令（太尉）许馘、最高监察长（司空）张济，观看宦官颜色风向，接受贿赂。对宦官子弟宾客担任的州长（刺史）或郡长，虽然声名狼藉，也不敢闻问，却在偏远的小郡中，挑选几个素来廉洁公正的倒霉官员，共二十六人，提出弹劾。官员和人民，纷纷到首都洛阳皇宫门前申诉。宰相（司徒）陈耽上书说：“三公、部长们所揭发的，只在掩护自己的私党，这正是释放枭鸟，囚禁凤凰。”刘宏斥责许馘、张济。为了补救，凡是被免职而调回首都洛阳的官员，全任命当参议官（议郎）。

3 二月，瘟疫流行。

4 三月，宰相（司徒）陈耽免职。

5 夏季，四月，旱灾。

6 擢升祭祀部长（太常）袁隗当宰相（司徒）。

7 五月五日，永乐宫（皇太后宫）火灾。

8 秋季，七月，太微星旁，出现孛星。

9 板楯蛮夷部落（居住在四川省阆中市一带），在巴郡（重庆市）四出劫掠，一连数年，无法平定。刘宏打算出动大军，询问益州（四川省及云南省）奏报官（计吏）汉中（陕西省汉中市）人程包，程包回答说：

“板楯蛮，共有七个姓氏（罗、朴、督、鄂、度、夕、龚），各领一个部落，骁勇善战；秦王朝时，曾为政府建立功勋，特免他们的田赋捐税。一一〇年，羌部落叛军进入汉川（汉中郡），郡县全遭破坏，幸而得到板楯蛮的帮助，羌民族叛军始行溃败，死伤殆尽（参考一一四年）。羌人惊骇之余，认为他们有神明附体，告诫友部，不要勉强南下。

“到了一四八年，羌民族叛军再度大举入侵，政府全靠板楯，才阻止敌人攻势。前车骑将军冯绲，南征武陵蛮（参考一六二年），也因得到板楯的支援，方得成功。近来益州郡（云南省昆明市晋宁区东晋城街道）民变（参考一七六年），郡长李颙，也征调板楯，才把变民消灭。板楯对国家的忠心如此，证明并没有恶意。

“可是，地方政府的赋税沉重，地方官员对他们横加暴虐，动辄苦刑拷打，比对待奴隶和对待强盗，还要残忍。有的甚至卖妻卖子，有的甚至刎颈自杀。他们也曾使用合法程序，向州政府和郡政府控告呼冤，可是州长（刺史）、郡长，根本不理。中央远在天边，不能申诉，怨恨累累，仰呼苍天，没有管道上达。最后，村落联合，群众集结，激起叛变。并不是有谁想当帝王，也不是有谁想要独立。而今，只要任命清廉正直的人当州长（牧）、郡长，乱局自会结束，用不着军事行动。”

刘宏听从程包意见，任命曹谦当巴郡（重庆市）郡长，颁布赦免令，板楯变民，遂投降归附。

10 八月，在阿亭道（今地不详）兴建四百尺高的亭台（观）。

11 冬季，十月，全国武装部队总司令（太尉）许馘免职，擢升祭祀部长（太常）杨赐当全国武装部队总司令。

12 刘宏在上林苑（洛阳城西）打猎，向东越过函谷关（河南省新安县东），前进到广成苑（地望在河南省新安县境）。

十二月，返回京师（首都洛阳），前往国立大学（太学）。

13 桓典当执法监察官（侍御史），宦官对他心存畏惧。桓典常骑杂毛马，首都洛阳传言说："走走停停，躲开杂毛监察官。"桓典，是桓焉的孙儿（桓焉，参考一二四年八月）。

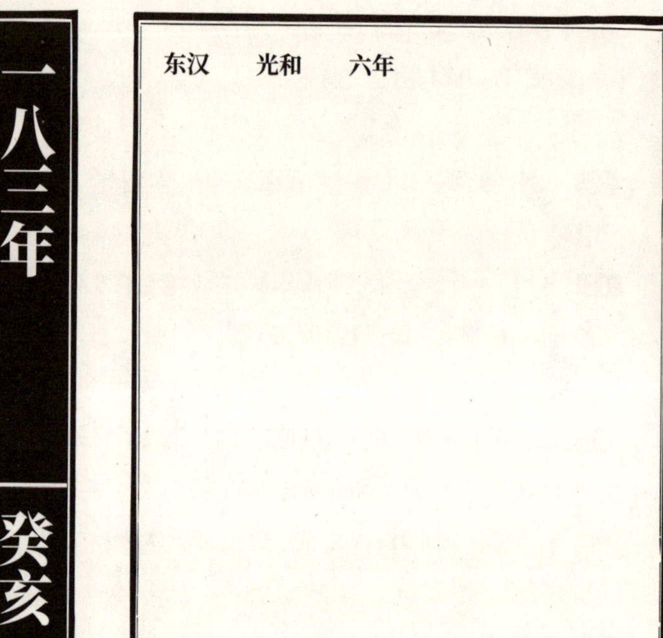

1 春季，三月二十一日，东汉王朝（首都洛阳〔河南省洛阳市东白马寺东〕）赦天下。

2 夏季，大旱。

3 东汉帝（十二任灵帝）刘宏（本年二十八岁）封何皇后的娘亲当舞阳君。

4 秋季，金城郡（甘肃省陇西县）黄河暴涨，泛滥两岸二十余华里。

5 五原郡（内蒙古包头市）山崩。

6 黄巾民变爆发。

最初，钜鹿（河北省宁晋县西南）人张角，信奉黄帝（姬轩辕）、老子（李耳），用法术咒语，教授门徒，称“太平教”。在给人治病的时候，使病人下跪，说出自己的过失，然后命病人喝下经过张角祝福过的水——“符水”，病人有时也会痊愈，于是大家遂把他当作神明崇拜。张角派出他的门徒，周游四方，传播教义，前后十余年间，信徒多达数十万人，遍布下列八州：青州（山东省北部）、徐州（江苏省北部）、幽州（河北省北部）、冀州（河北省中部南部）、荆州（湖北省及湖南省）、扬州（安徽省中部及江南地区）、兖州（山东省西部）、豫州（河南省），全都接受张角的领导。甚至有人卖掉财产，或抛弃财产，前往投奔，道路上拥挤得水泄不通，途中病死的，就有一万余人。郡县政府不了解内情，反而声称：张角鼓励人民向善，推广教化，受到人民敬爱。

全国武装部队总司令（太尉）杨赐，当时正是宰相（司徒），上书说：“张角欺骗人民，虽受到赦免，仍不知悔过，而且势力越发扩张。今天，如果命州郡政府镇压搜捕，恐怕更增骚动，加速变化。应该切实督促州长（刺史）、郡长（二千石），在群众中调查各人的原籍，护送他们各回乡里，用以削弱他们的力量；然后再诛杀他们的首领。用不着劳师动众，便可平息。”不料杨赐调职，奏章遂留在皇宫。

宰相府秘书（司徒掾）刘陶，再上书重提这项意见，说：“张角等的阴谋，一天比一天严重，曾有流言说：‘张角等偷偷前来京师（首都洛阳），观察政府行动。’飞鸟鸣声，野兽心怀，互相呼应。州郡政府假装不知道，更不准备奏报中央。只是用口头传递情况，不愿白纸写黑字，形诸正式文件。我建议陛下，应公开颁发诏书，悬赏捉拿张角等人，以封爵作为奖赏；如果官员畏惧躲避，即跟张角同等罪状。”刘宏对张角这件事，毫不在意，反而下令刘陶重新注解《春秋》。

张角势力遂如日中天，设立三十六个军区（三十六方），大军区一万余人，小军区六七千人（合计已有三十六万人，这是一个可观的武力），分别任命高级官员，宣称：“苍天已死／黄天当立／岁在甲子（一八四年）／天下大吉。”首都洛阳中央政府各单位大门，以及州郡政府各单位大门，都有白石灰写的“甲子”字样。

太平教总指挥官（大方）马元义等，先集结荆州（湖北省及湖南省）及扬州（安徽省中部及江南地区）变民数万人，预定在邺县（魏郡郡政府所在县，河北省临漳县西南邺城镇）会师后起事。马元义经常前往京师（首都洛阳），跟寝殿侍奉宦官（中常侍）封谞、徐奉，秘密结盟，由二人作为内应，约定明年（甲子〔一八四〕）三月五日，内外同时发动，摧毁东汉王朝政府，另建新的政权。

东汉 光和 七年
中平 元年

1 春季，张角门徒济南（首府东平陵〔山东省济南市章丘区〕）人唐周，上书告密。东汉王朝（首都洛阳〔河南省洛阳市东白马寺东〕）中央政府立即捕获马元义，在首都洛阳，用车裂酷刑处死。东汉帝（十二任灵帝）刘宏（本年二十九岁）下令三公、京畿总卫戍司令，调查宫廷及政府官员，以及人民，凡信奉张角“太平教”的，一律逮捕，诛杀一千余人。下诏冀州（河北省中部南部）州政府，捉拿张角等人。张角知道事情泄漏，不分昼夜，发出紧急号令，于是，三十六个军区，同时起兵，每人都头戴黄巾，作为标志，当时世人称之为“黄巾贼”。

二月，张角称天公将军，张角老弟张宝称地公将军，张宝老弟张梁称人公将军。兵锋所及，焚烧政府机关，劫掠城镇村落，州政府和郡政府无法抵抗；首长和其他官兵，大多数都弃职逃命。不到一个月时间，天下响应，京师（首都洛阳）震动。安平国（首府信都〔河北省衡水市冀州区〕）亲王刘续、甘陵国（首府甘陵〔山东省临清市〕）亲王刘忠，都被各该封国的变民生擒，投降黄巾。

三月三日，刘宏擢升首都洛阳市长（河南尹）何进，当全国最高统帅（大将军），封慎侯，率羽林左右军，及北军（野战军）五兵团将士（五兵团：骑兵、步兵、南越、外籍、射击），在首都驿马车总站（都亭）布防戒备，修理武器，护卫京师；并在函谷关（河南省新安县）、太谷关（河南省洛阳市偃师区西南）、广成关（河南省汝阳县东）、伊阙关（洛阳市南龙门街道）、轘辕关（河南省登封市西北）、旋门关（河南省荥阳市西）、孟津（河南省洛阳市孟津区东黄河渡口）、小平津（河南省洛阳市孟津区东），八个关隘，分别设立驻军司令（都尉）。

刘宏召集御前会议，北地（陕西省西安市高陵区西南）郡长皇甫嵩，认为应解除对“奸党”剥夺政治权利的处分；应拿出皇帝私人存款（中藏钱），跟骏马管理处（騄驥厩）皇帝私马，赏赐出征大军。皇甫嵩，是皇甫规老哥的儿子。

刘宏询问寝殿侍奉宦官（中常侍）吕强的意见，吕强说：“党禁太久，人民怨恨愤怒，如果不肯赦免，万一逼得他们跟张角结合，将使叛乱扩大，后悔便来不及。于今，唯有先诛杀几个陛下左右贪赃枉法最厉害的宦官，赦免所有受到剥夺政治权利的奸党党人，调查州长（刺史）、郡长（二千石）的能力，则民变自然平息。”刘宏心里害怕，完全接纳。

二世纪·一八四年三月　洛阳近郊八大关

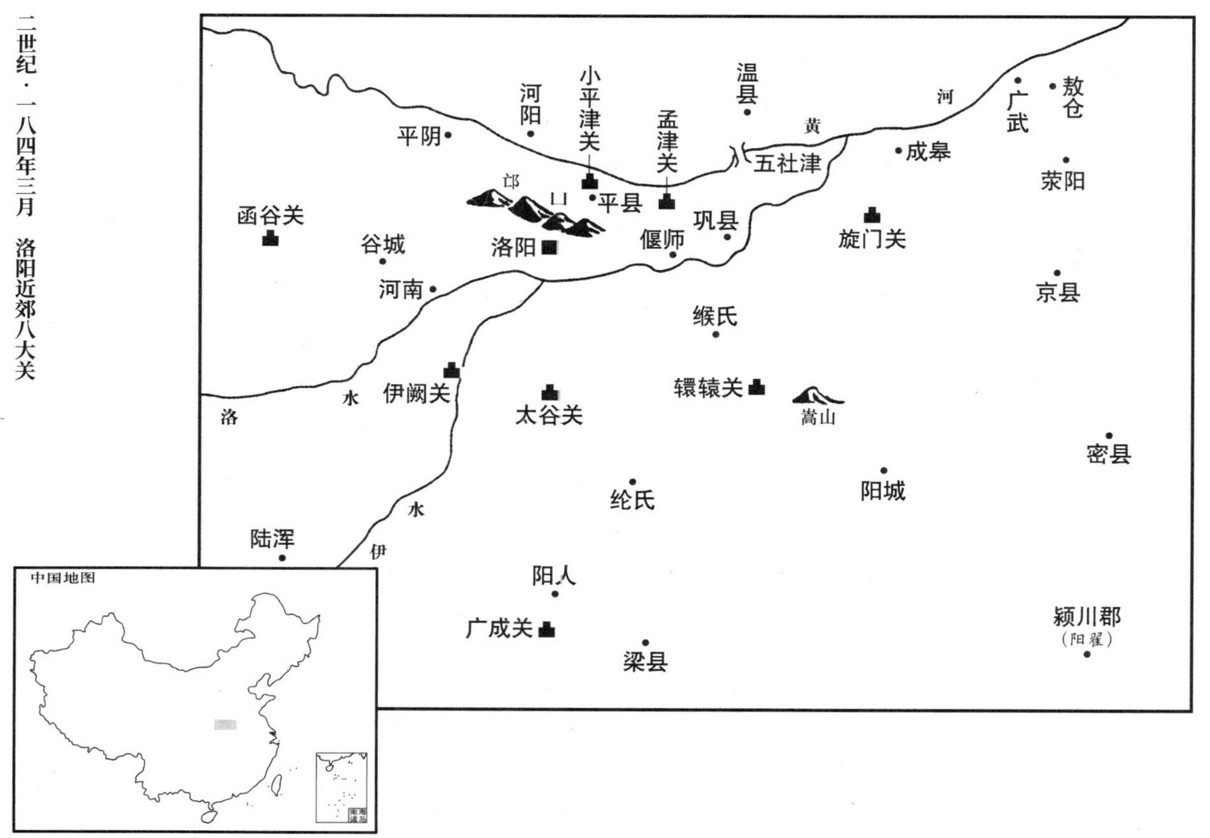

三月七日，下诏赦免天下所有奸党党人，召回放逐到边疆的党人的妻子儿女，只张角不包括在赦令之内。然后，征调全国精锐部队，指派皇家警卫北翼指挥官（北中郎将）卢植，讨伐张角，皇家警卫左翼指挥官（左中郎将）皇甫嵩、皇家警卫右翼指挥官（右中郎将）朱儁，讨伐颍川（河南省禹州市）的黄巾变民集团（"北中郎将"等是讨伐黄巾变民临时性官衔。颍川郡距首都洛阳航空距离一百公里，情势危急）。

此时，寝殿侍奉宦官（中常侍）赵忠、张让、夏恽、郭胜、段珪、宋典等，都封侯爵，受到皇帝刘宏宠爱，尊贵无比。刘宏曾经宣称："张让是俺爹，赵忠是俺娘！"在这种情势下，宦官权势，达到巅峰，毫无畏惧，纷纷兴建高楼大厦，豪华如同皇宫。有一次，刘宏想上永安宫的瞭望台（候台），宦官群自不允许刘宏上去，怕他上去后望见那些高楼大厦，遂命宦官元老（中大人）尚但警告说："天子不应该登高，登高则人民星散。"刘宏深信不疑，从此不再上较高的亭台楼阁（神秘预言书《春秋潜潭巴》原文："天子毋高台榭，高台榭则天下叛之。"应是阻吓君王不建高台，不是不准君王上高台。宦官引用时，意义全被扭曲）。

等到封谞、徐奉事件爆发，刘宏向寝殿侍奉宦官（中常侍）质问说："你们常一口咬定奸党党人打算谋反，剥夺他们政治权利，甚至有人被杀。而今党人尽忠国家，你们却跟张角秘密勾结，应不应该处死？"大家下跪叩头，说："这都是王甫、侯览奸恶之辈做的。"于是，各寝殿侍奉宦官（中常侍）纷纷收敛退避，每人都召回在州郡政府当官的子弟。

赵忠、夏恽对吕强报复，向刘宏打小报告，指控吕强："曾经跟奸党在一起抨击政府，常常阅读《霍光传》（暗示有罢黜皇帝的企图，霍光罢黜西汉九任帝刘贺事，参考前七四年）。吕强那些担任官职的兄弟，全都贪赃枉法。"刘宏大为震怒，命禁宫中级侍从宦官（中黄门）率领军队，征召吕强。吕强看到来势不善，忿忿说：“我死，大乱定起。大丈夫准备尽忠报国，岂能面对狱吏？”遂自杀。赵忠、夏恽还不放松，再打小报告说：“吕强并不知道皇上要问他什么，一听说召见，就自己了断。这就是积极证据，证明他有罪在身。”刘宏下令逮捕吕强的亲属，没收全部财产。

宫廷随从（侍中）河内（河南省武陟县）人向栩，上书皇帝，抨击宦官。张让遂打小报告说，向栩跟张角是同路人，准备在宫中作为内应。刘宏下令逮捕向栩，就在禁宫侍从署所属北寺监狱诛杀。

宫廷禁卫官（郎中）中山（首府卢奴〔河北省定州市〕）人张钧，上书说：“张角所以兴兵作乱，人民所以乐意归附，祸根都在十位寝殿侍奉宦官（中常侍）身上（当时寝殿侍奉宦官〔中常侍〕有张让、赵忠、夏恽、郭胜、孙璋、毕岚、栗嵩、段珪、高望、张恭、韩悝、宋典，共十二人。所以称“十常侍”，可能在行文上求其流畅。传统知识分子很容易犯这种毛病）。他们大量派出父兄子弟、亲戚朋友，去当州长（刺史）、郡长，搜括财富，欺压人民。人民负屈含冤，痛苦无处申诉，这才被逼上山陵草泽，聚集成为盗贼。现在，应该把十个寝殿侍奉宦官（中常侍）处死，把人头悬挂南郊，向全国人民道歉。派遣使节，通告天下，我保证，可以不必有任何军事行动，黄巾巨寇，自会消灭。”刘宏把奏章交给寝殿侍奉宦官（中常侍）传阅，张让等大为惊恐，全体脱下官帽，赤着双脚（罪犯装束），跪下叩头，哀求不要逮捕，恩准他们自动前往洛阳监狱投案，并献出家财，帮助军费。刘宏被他们的乞怜和悲惨感动，教他们戴上官帽，穿上鞋袜，继续任职。然后，忽然对张钧勃然大怒，说：“这家伙真是混蛋，难道十个寝殿侍奉宦官（中常侍）里，没有一个好人？”宦官把刘宏大发脾气的事告诉监察官（御史），监察官立即上奏章诬陷，指控张钧本人就是“太平教”门徒。于是，逮捕张钧，在狱中苦刑拷死。

2 三月庚子日（三月丙午朔，没有庚子），南阳（河南省南阳市）黄巾首领张曼成，击斩郡长褚贡。

3 皇帝刘宏向全国武装部队总司令（太尉）杨赐，询问黄巾民变事宜，杨赐直言直语，说出实话，刘宏大不高兴。

夏季，四月，指责杨赐不能平息民变，免职。擢升交通部长（太仆）弘农（河南省灵宝市东北）人邓盛，当全国武装部队总司令（太尉）。

稍后，刘宏翻阅从前档案，发现杨赐跟刘陶有关张角的奏章；于是，封杨赐当临晋侯、刘陶当中陵乡侯。

4 最高监察长（司空）张济免职，擢升农林部长（大司农）张温当最高监察长。

5 皇家左翼警卫指挥官（左中郎将）皇甫嵩、右翼警卫指挥官（右中郎将）朱儁，共率四万余人，进击颍川（河南省禹州市），二人分两路前进，朱儁跟黄巾将领波才会战，失败；皇甫嵩孤军进驻长社（河南省长葛市）。

6 汝南郡（河南省平舆县西北射桥镇）黄巾变民，在邵陵（河南省漯河市郾城区东）击败郡长赵谦。广阳郡（北京市）黄巾变民，击斩幽州（河北省北部及辽宁省）州长（刺史）郭勋，跟郡长刘卫。

7 黄巾将领波才把皇家警卫左翼指挥官（左中郎将）皇甫嵩，

包围在长社（河南省长葛市），密不通风。皇甫嵩兵力单薄，军心恐慌。黄巾军用草结成篷帐，正好刮起大风，皇甫嵩命部队各举火把，登上城墙，然后派出突击队，直扑黄巾军阵地，大声呼喊，纵火烧营；城上齐举火把，呼喊相应。皇甫嵩亲率大军，急擂战鼓，出城攻击，黄巾军大惊溃乱，败走。此时，骑兵总监（骑都尉）沛国（首府相县〔安徽省淮北市〕）人曹操的援军适时到达。

五月，皇甫嵩、曹操，跟朱儁会合，再发动攻击，大破黄巾军，杀数万人。中央封皇甫嵩当都乡侯。

曹操的老爹曹嵩，是寝殿侍奉宦官（中常侍）曹腾的养子，在血缘上，无法确定他的祖先家世，有人说："曹嵩是夏侯家的儿子（据说，曹嵩原是夏侯惇的叔父，曹操跟夏侯惇是堂兄弟）。"

曹操自幼反应迅速，有谋略，有权术，行侠仗义，行为放荡，不受世俗约束，不经营家产事业，但也看不出他跟普通人有什么不同之处。只有全国武装部队总司令（太尉）桥玄，跟南阳（河南省南阳市）人何颙，发现他有异于寻常人士。桥玄告诉曹操："天下就要大乱，除非是旋乾转坤的人才，不能拯救。能使大乱平息的，恐怕在你身上。"何颙看到曹操后，叹息说："东汉王朝势将覆亡，使天下恢复秩序的，定是此人！"桥玄建议曹操："你还默默无闻，应该结交许劭。"许劭，是许训的侄儿（许训曾任最高监察长〔司空〕及全国武装部队总司令〔太尉〕，参考一七六年）。许劭喜爱谈论人际关系，能辨别好坏善恶；跟堂兄许靖，知名度极高；共同评估当世人物，每月作一次总结，排列高下顺序，汝南（河南省平舆县西北射桥镇）人称之为"月旦评"。许劭当过郡政府行政官（功曹），官兵们敬重"月旦评"，无不奋发改过。曹操前往晋见，询问说："我是一个什么样的人？"许劭看不起他，闭口不答。曹操威胁他，许劭说："在太平时，你是能

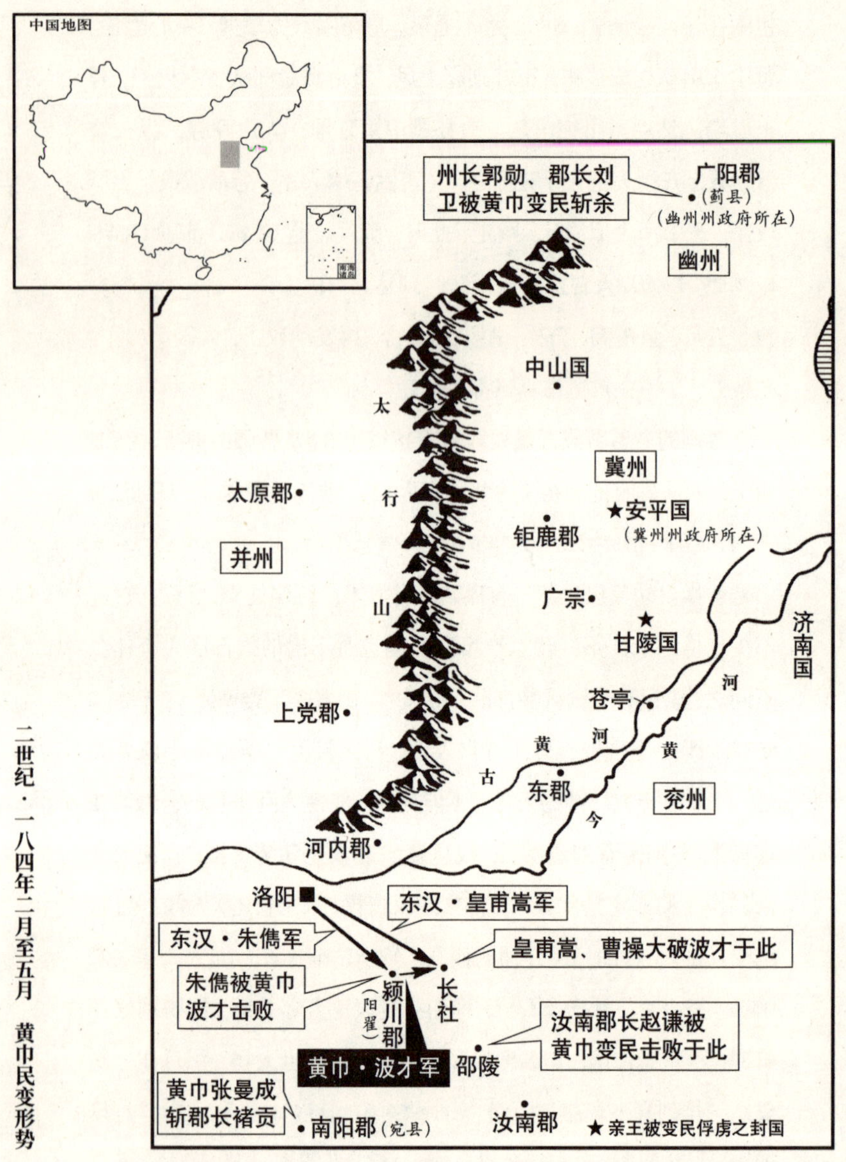

二世纪・一八四年二月至五月　黄巾民变形势

臣；在乱世，你是奸雄。”曹操大喜过望，告辞而归。

8 朱儁攻击黄巾变民时，监察军政官（护军司马）北地（陕西省西安市高陵区西南）人傅燮上书说：

“我曾经听说，天下的灾祸，不来自外，而来自内。所以姚重华（虞舜）先诛杀‘四凶’，然后任用十六位贤能人才辅佐（姚重华放逐共工、驩兜、三苗，诛杀姒鲧，称“四凶”。高阳部落有贤能人才八人：苍舒、隤敳、梼戭、大临、尨降、庭坚、仲容、叔达；称“八元”。高辛部落有贤能人才八人：伯奋、仲堪、叔献、季仲、伯虎、仲熊、叔豹、季狸；称“八恺”。姚重华于排除政敌“四凶”后，把这十六人引入政府）。说明恶人不去，善人无法掌握权力。而今，张角在故赵王国（河北省）、故魏王国（河南省东部）地区，聚众起兵，黄巾军团，使六州陷于混乱（前云八州〔参考去年〕，今云六州，并无实质不同，可能二州已经平定），这都是灾难发于心脏，而大祸蔓延四海。

“我受到军事上的委任，奉命讨伐盗贼。从颍川（河南省禹州市）开始，战无不胜，攻无不克，黄巾势力虽然强大，并不足以使陛下担心。我所恐惧的是，治理洪水如果不治理源头，结果是越治理泛滥得越严重。陛下慈爱宽大，对很多事情，不忍心斥责，所以阉割过的小人，窃弄国家大权，忠贞干部，不能进身。假定就在今天，张角被砍下人头，变民去掉黄巾，我的忧虑，反而更为沉重。为什么？为的是邪恶的人和正直的人，不可能同时在政府存在。犹如冷冰跟火炭，不可能同时装在一个容器之中。

“因为，邪恶之辈发现：正直人士将要成功之时，也就是自己地位岌岌可危之日，势必花言巧语，从中挑拨离间。曾参是至孝的儿子，但不断的小报告，娘亲都起疑心（参考前三〇八年）；大街上本来没有老虎，但三个人一口咬定有老虎，就会相信真有老虎（《韩非子》：

庞共跟魏王国太子，被派到赵王国当人质。庞共向魏王说："现在，一个人说大街上有老虎，大王信不信？"魏王说："不信。"庞共说："两个人说大街上有老虎，大王信不信？"魏王说："不信。"庞共说："三个人说大街上有老虎，大王信不信？"魏王说："我恐怕要信了。"庞共说："大街上明明没有老虎，三个人的话却使大街上有了老虎。赵王国首都邯郸〔河北省邯郸市〕跟大王的距离，远超过大街跟大王的距离，可是陷害我的超过三个人，请求大王明察。"）陛下如果不能分辨真假，忠臣义士，恐怕将受到杜邮的诬杀（白起死于杜邮事，参考前二五七年）。陛下应考虑姚重华对待'四凶'的往事，迅速诛杀奸佞，则善人自进，凶恶自息。"

赵忠看到奏章，大为厌恶。傅燮讨伐黄巾变民有功，本应晋封侯爵；赵忠从中破坏，向皇帝刘宏不断谗言。刘宏想到傅燮的话，不听赵忠的小报告，不杀傅燮，但也不封傅燮。

9 黄巾将领张曼成，屯兵宛县（南阳郡郡政府所在县，河南省南阳市）城下一百余日。

六月，新任南阳郡郡长秦颉反攻，斩张曼成。

10 交趾州（广东、广西及越南北部）盛产珍珠宝物，前后所有州长（刺史），多数贪赃枉法，等到搜括到某一个满意的程度后，即要求调职，请中央派新人接任。庞大民变终于爆发，本年（一八四），变民俘虏州长（刺史）及合浦（广西合浦县东北）郡长来达。变民首领自称"柱天将军"。

三府擢升京县（河南省荥阳市）县长、东郡（河南省濮阳市西南）人贾琮，当交趾州州长（刺史）。贾琮到职后，调查民变原因，众口一词说："田赋捐税，太过沉重。横征急敛的结果，人民只剩下孑然一身。京师（首都洛阳）遥远，哭诉无门，人民无法生存，只有起兵反抗暴政。”贾琮即派人到各郡各县，张贴布告，命人民安心生产，招抚逃亡在外的饥民，返回家乡，免除民夫差役，击斩罪恶太大的几个变民首领，精选清廉干练的官员当各县县长。约一年时间，全部底定，人民得以安居。大街小巷唱出颂歌：“贾老爹来得太晚／逼得我们提前造反／现在是清平世界／官儿不敢平白吃我们一口饭！”

11 皇家左翼警卫指挥官（左中郎将）皇甫嵩、右翼警卫指挥官（右中郎将）朱儁，乘胜进攻汝南郡（河南省平舆县西北射桥镇）及陈国（首府陈县〔河南省周口市淮阳区〕）黄巾变民。追击黄巾将领波才，迫近阳翟（颍川郡郡政府所在县，河南省禹州市）；并在西华（河南省西华县西南）攻击黄巾将领彭脱。黄巾变民一败再败，全部溃散，残余部众投降政府军，三郡一齐平定（三郡：颍川、汝南、陈国）。皇甫嵩上书报告作战始末，把功劳全推给朱儁。中央封朱儁当西乡侯，升任镇贼警卫指挥官（镇贼中郎将）。命皇甫嵩攻击东郡（河南省濮阳市西南）黄巾军，朱儁攻击南阳（河南省南阳市）黄巾军。

皇家北翼警卫指挥官（北中郎将）卢植，攻击张角，连战连胜，斩杀及俘虏一万余人。张角溃败，退保广宗（河北省威县东），誓死固守。卢植把广宗密密包围，兴筑长墙，挖掘壕沟，制作攻城云梯，夺取就在旦夕。此时，刘宏派禁宫贴身侍从宦官（小黄门）左丰，前来军中视察；有人劝卢植贿赂左丰，卢植拒绝。左丰大失所望，回首都洛阳后，向皇帝刘宏报告：“广宗那一小撮强盗，容易对付。卢指挥官只躲在营垒里使大军休息，大概要等上帝把张角天打雷劈！”刘宏光火，用囚车把卢植押解回首都洛阳，判处死刑，减一等处分。另派皇家东翼警卫指挥官（东中郎将）陇西（甘肃省临洮县）人董卓，

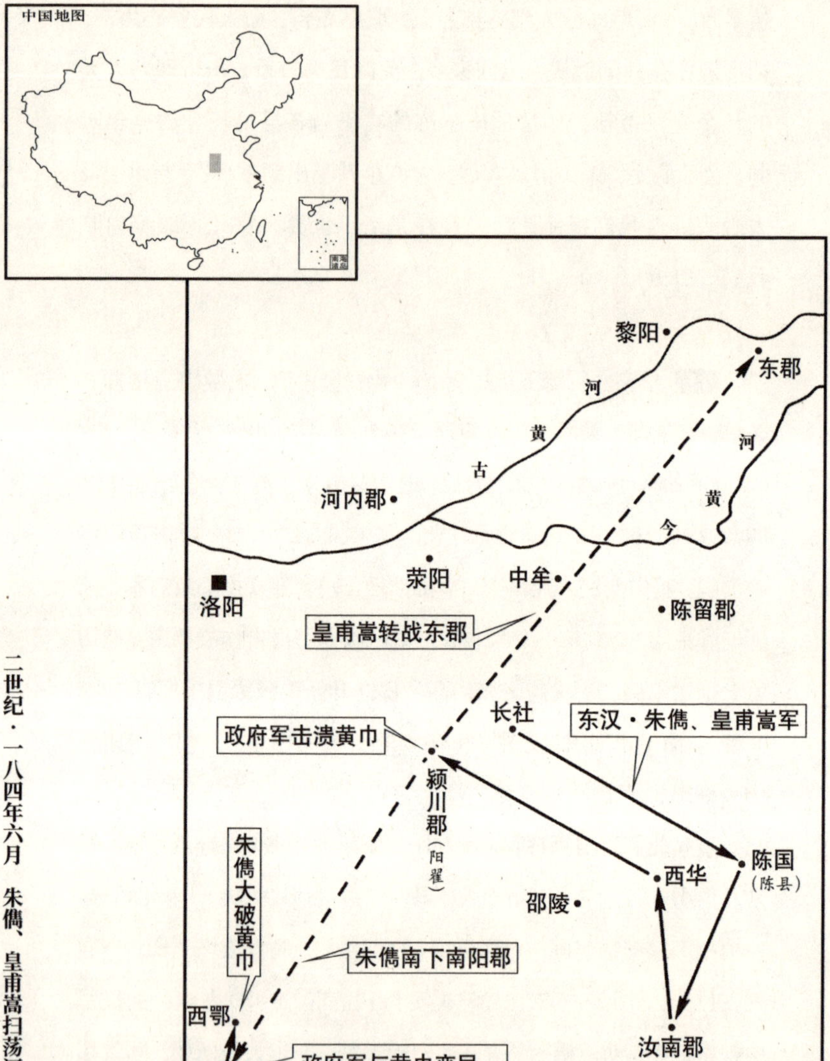

二世纪·一八四年六月　朱儁、皇甫嵩扫荡河南黄巾变民

中国地图

黎阳
东郡
河内郡
古黄河
今黄河
洛阳
荥阳
中牟
陈留郡
皇甫嵩转战东郡
长社
东汉·朱儁、皇甫嵩军
政府军击溃黄巾
颍川郡（阳翟）
陈国（陈县）
西华
郾陵
朱儁大破黄巾
朱儁南下南阳郡
西鄂
汝南郡
政府军与黄巾变民争夺宛县，发生激战
南阳郡（宛县）
阳安

代替卢植位置。

12 巴郡（重庆市）人张修，用法术给人治病，情形大略跟张角相同。但是只教病人家出五斗米，号称“五斗米教”。

秋季，七月，张修起兵叛变，攻击郡县，政府称之为“米贼”（五斗米教在何处叛变？攻击哪些郡县？都没有记载，传统史学家只是使历史人物起舞，却忽略历史舞台）。

13 八月，皇甫嵩在苍亭（山东省阳谷县东北）攻击黄巾军，生擒黄巾将领卜巳。董卓攻击张角，不能取胜，受军法处罚。

八月三日，刘宏下诏皇甫嵩负责讨伐张角。

14 九月，安平王（首府信都〔河北省衡水市冀州区〕）刘续，被控大逆不道，诛杀，封国撤除。最初，刘续被黄巾军俘虏（参考本年〔一八四〕二月），安平国用了很多钱把他赎回。中央讨论是不是应恢复他的亲王封爵，参议官（议郎）李燮反对，说：“刘续当一个藩臣，没有尽到职责，实在是政府一种羞辱，不应恢复。”刘宏不肯听从。李燮遂被指控诽谤皇族，判处苦刑，发交东区劳工营（左校）服役。不满一年，刘续处死，李燮才被释放，仍当参议官（议郎）。京师（首都洛阳）形容说：“老爹不肯立帝，儿子不肯立王。”（老爹李固曾反对立十任帝刘缵跟十一任帝刘志。参考一四五年、一四六年。）

15 冬季，十月，皇甫嵩跟黄巾变民首领张角的老弟张梁，在广宗（河北省威县东）大战，黄巾军精锐勇猛，政府军不能取胜。第二天，皇甫嵩严守营垒不出，观察反应，发现敌人疲惫又不知戒

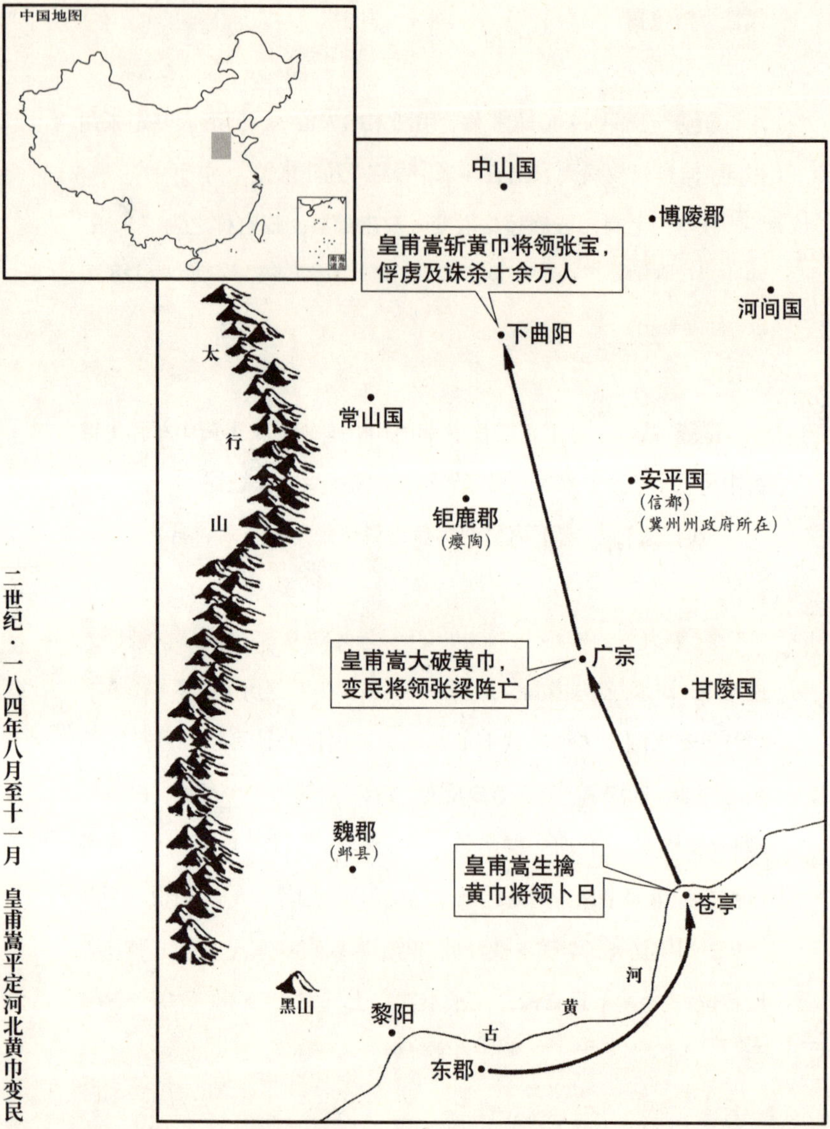

二世纪·一八四年八月至十一月　皇甫嵩平定河北黄巾变民

中国地图
南海诸岛

中山国
博陵郡
皇甫嵩斩黄巾将领张宝，
俘虏及诛杀十余万人
河间国
下曲阳
太
行
山
常山国
安平国
（信都）
（冀州州政府所在）
钜鹿郡
（瘿陶）
皇甫嵩大破黄巾，
变民将领张梁阵亡
广宗
甘陵国
魏郡
（邺县）
皇甫嵩生擒
黄巾将领卜巳
苍亭
河
黑山
黄
黎阳
古
东郡

备。于是，发动拂晓攻击，双方缠斗直到黄昏，黄巾军崩溃，张梁阵亡，三万余人被杀被俘，五万余人被逼投入河水淹死。张角稍早病故，被剖开棺木，砍下人头，送到首都洛阳示众。

十一月，皇甫嵩在下曲阳（河北省晋州市西）攻击张角的另一位老弟张宝，斩张宝，击杀及俘虏十余万人。

中央擢升皇甫嵩当左翼车骑将军，兼冀州（河北省中部南部）全权州长（牧），封槐里侯。皇甫嵩能够体恤士卒，大军出动，一定等到营垒筑成，才自己安顿，全军都已进餐，自己才坐下来吃饭；所以战必胜、攻必克。

16 北地郡（此指原郡，宁夏吴忠市西南金积镇）东羌先零部落叛变，枹罕（音fú hǎn〔浮喊〕。甘肃省临夏市）、河关（青海省同仁市）二县民变，拥立湟中（青海省东北部）志愿军首领、匈奴（胡）人北宫伯玉（北宫，复姓）跟李文侯当将军，击斩西羌保安司令（护羌校尉）泠徵（时保安司令部设令居〔甘肃省永登县西〕）。金城（甘肃省兰州市东）人边章、韩遂，在西州（甘肃省东部）负有盛名，变民用暴力威胁他们出任领袖，击斩金城郡郡长陈懿，攻击郡县，杀人放火。

17 最初，武威郡（甘肃省武威市）郡长（姓名不详），仗恃中央权贵的支持，贪污凶暴，无所不为。凉州（甘肃省）州政府参谋官（从事）武都（甘肃省成县）人苏正和，调查属实，举发他的罪行。州长（刺史）梁鹄恐怕得罪中央要员，惊慌失措，打算诛杀苏正和，以推卸自己的责任，征求汉阳（甘肃省甘谷县）郡政府秘书长（长史）敦煌（甘肃省敦煌市）人盖勋的意见。盖勋跟苏正和有仇，互不相容，因而有人建议盖勋抓住这个机会报复。盖勋说：“谋害人才，是不忠；乘人之危，是不仁。”规劝梁鹄说：“人们豢养猎鹰，目的就在于捕捉野兔。因它捕捉野兔而认为它犯了大错，把它杀掉，试问，教它干什么？”梁鹄遂停止行动。苏正和拜访盖勋，叩谢救命之恩，盖勋拒绝见面，说：“我是为梁鹄先生着想，不是为你着想。”仇恨如故。

不久，后任州长（刺史）左昌，盗卖军粮数万（不知是数万钱？还是数万石？数万斤），盖勋劝阻，左昌大不满意，命盖勋跟参谋官（从事）辛曾、孔常，率军驻扎阿阳（甘肃省静宁县），抵抗变民攻势；准备抓个机会，用军法把盖勋诛杀；偏偏盖勋不断建立战功。后来，北宫伯玉进攻金城（甘肃省兰州市东），盖勋建议左昌发出救兵，左昌拒绝。金城郡郡长陈懿既被变民击斩，变民首领边章等遂把左昌围在冀县（汉阳郡郡政府所在县，甘肃省甘谷县）。左昌征召盖勋救援，辛曾等迟疑，不肯出动。盖勋生气说：“从前，庄贾轻视监军，穰苴下令行刑（前六世纪春秋时代，燕国、晋国联合进攻齐国，齐国二十六任国君景公姜杵臼，任命穰苴当统帅，并任命最宠爱的亲信庄贾，担任监军。穰苴跟庄贾约定，明天一早，在军中会齐。庄贾素来尊贵骄傲，一直延误到黄昏才到，穰苴召唤军法官〔军正〕，问他：“约定时间，而超过限期，军法如何处罚？”军法官回答：“斩首。”遂斩庄贾）。今天的参谋官（从事——指辛曾等），难道比古代的监军还尊贵？”辛曾等不得已，听他调度。盖勋军抵达冀县，责备边章等叛乱，边章等说：“左昌如果早听你的意见，出动大军，我们可能归降。而今，大罪已经铸成，无法回头。”但仍解围而去。

东羌叛变部落，把新任西羌保安司令（护羌校尉）夏育，包围在畜牧场（地望在今甘肃省天水市境），盖勋随州郡政府部队救援，挺进到狐槃（甘肃省甘谷县南），被叛军击败。盖勋残余部众不到一百人，而身上三处受伤，但仍坚坐不动，指着道旁标杆说：“在这里收我的尸首。”句就部落首长滇吾，派卫士保护他，告诉羌军：“盖秘书长是一位贤人，你们如果杀他，是得罪上天！”盖勋诟骂说：“叛徒，你知道什么，快来杀我！”羌军吃了一惊。滇吾下马，把马让给盖勋，盖勋拒绝，最后被押解到羌军司令部。但羌人敬佩他的英勇，不愿诛杀，而把他送回汉阳（甘肃省甘谷县）。

后来，凉州（甘肃省）州长（刺史）杨雍，保举盖勋当汉阳郡（甘肃省甘谷县）郡长。

18 黄巾将领张曼成的余党，更拥立赵弘当元帅，声势再振，武装部队有十余万，攻陷宛县（南阳郡郡政府所在县，河南省南阳市），即作为根据地。镇贼警卫指挥官（镇贼中郎将）朱儁，跟荆州（湖北省及湖南省）州长（刺史）徐璆（音qiú〔球〕）等，联合包围，自六月到八月，不能攻克。有关单位要求调回朱儁，最高监察长（司空）张温，上书说：“从前，秦王国任用白起，燕王国任用乐毅，都是经年累月，才能建立功业。朱儁先前讨伐颍川（河南省禹州市）黄巾军，已有功绩，率军南下，谋略已定；阵前更换元帅，是兵家最大的禁忌。应多给朱儁一点时间，才能成功。”皇帝刘宏才停止征召。不久，朱儁发动攻势，斩赵弘。

黄巾将领韩忠，再攻陷宛县（河南省南阳市），拒抗朱儁。朱儁大军再度包围，集中攻击西南城角，韩忠也集中西南城角应战。朱儁率领精锐，亲自奇袭东北，攀登而上。韩忠退守小城，恐惧惊慌，要求投降。朱儁手下将领都愿接受，朱儁说：“军事行动，有时候形式相同，而实质不同。从前，秦王朝和西楚王朝期间，人民并不固定的属于某一位君王，所以需要奖励归附。而今，全国统一，只有黄巾变民，掀起叛乱。如果接受投降，就无法鼓励那些安分守己的善良人民。必须诛杀，才可以惩治罪恶。今天接受他们投降，就等于敞开叛徒出入的大门，对他们有利时，他们进攻，战败时就投降保命。帮助强盗成长，不是上等谋略。”

朱儁下令急攻，一连几次冲锋，不能取胜。朱儁登山眺望，对军政官（司马）张超说：“我知道了，他们被紧紧包围，在强大压力下，投降无门，又无法突围，所以死战。万人一条心，已不可当，何况十万人一条心？不如宣布撤退。韩忠看到解围，自会冲出求生，只要一出小城，士气低落，可以立刻击破。”围解之后，韩忠果然出战，朱儁乘势攻击，大败黄巾变民，击杀及俘虏一万余人。南阳郡（河南省南阳市）郡长秦颉，阵斩韩忠。黄巾残余部众再拥立孙夏当统帅，回军再入宛县（河南省南阳市）。朱儁发动猛烈攻击，军政官（司马）孙坚，率领部属，最先攀上城墙。

八月二日，攻陷宛县。孙夏率残余部众逃走，朱儁追击到西鄂（河南省南阳市东北石桥镇）精山（山在西鄂东南），再大破黄巾军，杀一万余人，黄巾军从此瓦解。其他州郡大肆搜捕，每郡都杀数千人。

19 十二月二十九日，赦天下，改年号（之前是光和七年，之后是中平元年。一年只剩两天，仍要改年号，已经无聊；更无聊的是，在传统史书上，本年不称“光和七年”，而称“中平元年”。本年有三百八十四日〔因有闰月〕，三百八十二天不如两天）。

20 豫州（河南省）州长（刺史）太原（山西省太原市）人王允，击破黄巾军，在黄巾军司令部中，搜出寝殿侍奉宦官（中常侍）张让门客跟黄巾军结交的书信，奏报皇帝刘宏。刘宏愤怒的责备张让，张让叩头请罪，刘宏竟然不再追究。张让遂严厉报复，随意挑剔一件事情，中伤诬害，遂逮捕王允下狱囚禁。正好遇到颁布赦令，得以出狱，恢复官职。可是，复职后只十数日，另外罪名爆发，再被逮捕。

前全国武装部队总司令（太尉）杨赐，不打算使王允再受苦刑拷打，派人劝告说：“你得罪张让，一个月之内，两次逮捕，凶多吉少，请仔细思量。”所属参谋官（从事）中有些好斗气的，痛哭流涕，献上毒药。王允厉声说：“我是一个臣僚，君王赐罪，自当在街头斩首，向天下公开，岂可自己求死。”把毒药泼到地上，遂被押入囚车。

王允既到首都洛阳，全国最高统帅（大将军）何进，跟杨赐、袁隗，共同上书营救，王允才得以死罪减一等判刑。

一八五年 乙丑

东汉 中平 二年

1 春季，正月，瘟疫传染病流行。

2 二月十日，东汉王朝（首都洛阳〔河南省洛阳市东白马寺东〕）首都洛阳南宫云台火灾。

二月十一日，乐成门（南宫中门）火灾。寝殿侍奉宦官（中常侍）张让、赵忠，说服东汉帝（十二任灵帝）刘宏（本年三十岁），将全国田赋，每亩增加十钱，用来修建宫殿，并铸铜佛像（最早，秦王朝一任帝嬴政，搜括全国武器，熔铸成十二个金人〔铜人〕，各重一千石。后来，西汉王朝大将霍去病，曾从匈奴汗国休屠王那里，得到“祭天金人”，事实上是铜铸的佛像。刘宏因为修建玉堂殿，命宫廷事务管理官〔掖庭令〕毕岚熔铸四大铜人〔佛像〕，分别竖在苍龙、玄武门外）。乐安（山东省高青县东南）郡长（此时应是国）陆康上书劝阻，说：

“从前，鲁国二十二任国君（宣公）姬倭，向农民的私田征税，蝗虫灾害遂告发生（纪元前六世纪时，鲁国仍行井田制度，农民对公田不肯尽力耕耘。前五九四年，姬倭调查农民私田，哪一家的庄稼长得最好，就征收赋税。当年〔前五九四〕，蝗虫的幼虫〔还没有长出翅膀〕遂大量孵出。《春秋公羊传》指称：这是姬倭随意变更传统制度的缘故）。鲁国二十八任国君（哀公）姬蒋，打算增加捐税，孔丘认为是一种过失。（鲁国国务官〔大夫〕季孙，曾就此事派冉有询问孔丘的意见，孔丘对冉有说：“季孙如果询问意见，姬旦〔鲁国的始祖〕的法规俱在；如果已经决定实行，岂不是多此一问。”）怎么可以勒索抢夺人民的财产，而去铸造毫无用处的佛像！又怎么可以抛弃圣人的经典，而效法亡国的措施（指嬴政铸金人而覆灭）！”

宦官群不允许有人破坏，于是指控陆康：“竟然援用亡国的例证，冒犯亵渎圣明的君王，犯大不敬之罪（唯一死刑）。”用囚车把陆康押回首都洛阳，囚禁司法部（廷尉）监狱。执法监察官（侍御史）刘岱，上书为他答辩解释，才得以不死，放逐回乡。陆康，是陆续的孙儿（陆续，参考七一年）。

各州各郡，代替皇家采购木材、山石，然而运到京师（首都洛阳）缴纳时，禁宫侍从宦官长（黄门常侍），却百般挑剔，对认为不合规格的，一律拒绝验收。强迫州郡官员减低采购价格，然后照减低的价格发给。减低后的价格，往往只有原价的十分之一。这样，木材当然不够指定的数量，宦官就把已验收入库的木材，拿出来再卖给州郡官员；州郡官员再度缴纳，宦官仍然百般挑剔。到了最后，运到的木材，遂全都腐烂。宫殿既然成了摇钱树，就一连数年，都造不成。而州长（刺史）、郡长，更乘机向人民勒索，增加采购数量，全国人民，一片呻吟哀号。

刘宏又命“西园官邸”骑兵卫士，分别前往各州各郡督促采购工作，更给州郡带来恐怖震撼，最后，多数接受贿赂。州长（刺史）、郡长，以及“茂才”“孝廉”的升迁或调动，全部规定缴纳“助军”和“修宫”费用。财富雄厚的郡，缴纳费用多达二三千万，其余的郡，随着等级，成正比例降低。凡是新官上任，一律先到“西园官邸”磋商价钱，价钱讲妥，才能到差。清廉之士，要求辞职，则一律强迫上任。当时，河南（河南省洛阳市东白马寺东）人司马直，刚就任钜鹿（河北省宁晋县西南）郡长，一向以清廉闻名于世，宦官特别优待，只向他索取三百万钱。司马直接到诏书后，怅然说：“当人民的父母官，反而谋害人民，去迎合时代，我不忍心。”宣称有病辞职，被上级驳回。司马直只好启程，走到孟津（河南省洛阳市孟津区东黄河渡口），上书指控政府的过失，服毒自杀。

奏章呈上后，刘宏暂时停止征收“修宫捐”。

3 擢升镇贼警卫指挥官（镇贼中郎将）朱儁当右翼车骑将军。

4 自从黄巾领袖张角叛变，各地变民纷纷起事。计有：博陵（河北省博野县东南）人张牛角、常山（首府元氏〔河北省元氏县〕）人褚飞燕，以及黄龙、左校、于氐根、张白骑、刘石、左髭文八、平汉大计、司隶缘城、雷公、浮云、白雀、杨凤、于毒、五鹿、李大目、白绕、眭固、苦蝤等，不可胜数（各种绰号，都是一种形容词。变民首领轻捷的称飞燕，骑白马的称白骑，胡子多的称左髭，大眼睛的称大目）。大集团有二三万人，小集团也有六七千人。

张牛角、褚飞燕，联合攻击瘿陶（钜鹿郡郡政府所在县，河北省宁晋县西南）。张牛角被流箭射中，临死时，命他的部众奉褚飞燕为主，改褚飞燕为张飞燕。褚飞燕本名燕，因来去如飞，遂称他飞燕，山区变民都归附他，部众滚雪球般，越来越多，最后甚至多到一百万，被政府称为“黑山贼”（黑山，在河南省鹤壁市）。黄河以北各郡县，都受他的抢劫掳掠，中央政府束手无策。

褚飞燕派使节到京师（首都洛阳）要求政府招安收编。刘宏允许，任命他当平难警卫指挥官（平难中郎将），命他维持黄河以北山区治安，每年还可以保荐“孝廉”，以及派奏事官（计吏），前往首都洛阳接洽公务。

5 宰相（司徒）袁隗免职。

6 三月，擢升司法部长（廷尉）崔烈当宰相（司徒）。崔烈，是崔寔的堂兄（崔寔，参考一五一年十一月）。

当时，官员往往倚靠寝殿侍奉宦官（中常侍）或倚靠刘宏婴儿时奶娘的提拔，才可以坐上三公高位。段颎、张温等，虽然是有战功的名将，享有美好的名誉，也必须先缴出巨额金银财宝，才能擢升三公（段颎当全国武装部队总司令〔太尉〕，张温当最高监察长〔司空〕。五〇年代以来，三公不断更换，在位的时间都不太久，因为必须不断有新的主顾，当皇帝的才能不断的有新的收入）。崔烈是透过刘宏的奶娘，缴钱五百万，才当上宰相（司徒）的。正式任命的那天，刘宏亲自主持典礼，文武百官全体出席。刘宏对左右亲信说：“真后悔没有坚持到底，不然，这个官可卖一千万！”程夫人（刘宏的奶娘之一）在一旁生气说：“崔烈先生是冀州（河北省中部南部）有名的高级知识分子，怎么肯干这种买官的肮脏勾当，是看我的面子，才拿出五百万，你还不满意呀！”

崔烈在民间的声望，从此衰落。

7 凉州（甘肃省）变民首领北宫伯玉等攻击三辅（关中地区，陕西省中部），刘宏命左翼车骑将军皇甫嵩，驻防西都长安（陕西省西安市），指挥讨伐军事。此时，凉州（甘肃省）已经大乱，而政府仍不断抽税征兵，毫无停止迹象。宰相（司徒）崔烈认为应放弃凉州（甘肃省），刘宏命御前会议决定。参议官（议郎）傅燮大声指控："诛杀宰相（崔烈），天下自然安定！"宫廷秘书（尚书）立即弹劾傅燮在金銮宝殿之上，公开侮辱大臣。刘宏教傅燮补充说明，傅燮说：

"当年，匈奴汗国单于（二任）挛鞮冒顿，冒犯中国，樊哙忠义激愤，要求出兵，并没有错误之处；季布仍然高叫：'樊哙可杀！'而今，凉州（甘肃省）是中国西方门户，国家的藩篱屏障。高祖（西汉王朝一任帝刘邦）当初，命郦商确定陇右（陇山以西）的疆界（刘邦命郦商当陇西〔甘肃省临洮县〕民兵司令〔都尉〕，兼管北地郡〔甘肃省庆阳市西峰区〕），世宗（西汉王朝七任帝刘彻）开疆拓土，设立四郡（敦煌郡、张掖郡、武威郡、酒泉郡。参考前一一五年、前一一一年），舆论认为砍断匈奴右臂。

"现在，地方官员治理不得其法，迫使全州叛乱。崔烈身为宰相，不为国家思考消除叛乱的方略，反而主张抛弃那块广达万里的国土，使人困惑。一旦蛮夷控制这个地区，战士勇猛，盔甲坚强，用来发动战争，将是我们最大的忧虑，和最大的恐惧。崔烈如果不知道，是他愚不可及，如果他知道，是对国家不忠。"

刘宏同意傅燮的意见，凉州（甘肃省）得以保留。

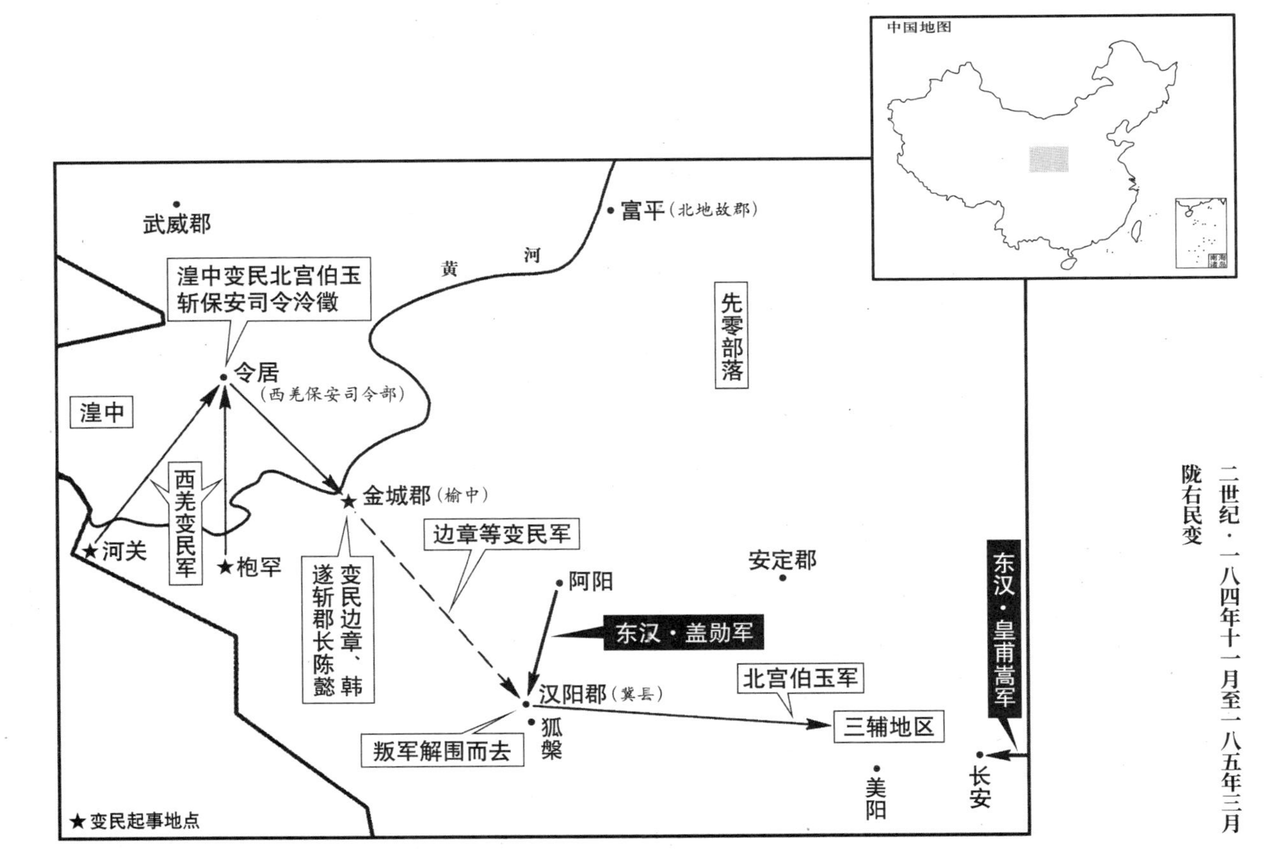

二世纪・一八四年十一月至一八五年三月

陇右民变

8 夏季，四月十二日，天降冰雹。

9 五月，全国武装部队总司令（太尉）邓盛免职，擢升交通部长（太仆）河南（河南省洛阳市东白马寺东）人张延当全国武装部队总司令。

10 六月，以讨伐黄巾首领张角有功的名义，封寝殿侍奉宦官（中常侍）张让等十二人侯爵。

千万在沙场上流血流汗的战士、身体残废的伤兵，以及已入幽冥的忠魂，听到宦官竟然讨伐张角有功，恐怕都会同声一哭。

11 秋季，七月，三辅（关中地区，陕西省中部）螟虫成灾。

12 左翼车骑将军皇甫嵩讨伐黄巾首领张角时，经过邺县（魏郡郡政府所在县，河北省临漳县西南邺城镇），看到寝殿侍奉宦官（中常侍）赵忠的家宅，超越法令规定，即提出弹劾，刘宏下诏没收。而另一位寝殿侍奉宦官（中常侍）张让，向皇甫嵩要求贿赂五千万，皇甫嵩拒绝。于是，二人打小报告，认为皇甫嵩连战连败，并没有立功，反而浪费公款，刘宏下令把皇甫嵩从前线召回首都洛阳，收缴左翼车骑将军印信（免职），削减采邑六千户人家（皇甫嵩封槐里侯）。

八月，命最高监察长（司空）张温当车骑将军，首都洛阳警备区司令（执金吾）袁滂，做张温助手，讨伐变民首领北宫伯玉；任命皇家警卫指挥官（中郎将）董卓当破虏将军，跟荡寇将军周慎，同时受张温节制。

13 九月，擢升“特进”（朝会时位置仅在三公之下）杨赐当最高监察长（司空）。

九月二十四日（原文误置于十月，据《后汉书·杨赐传》改），临晋侯（文烈侯）杨赐逝世。擢升特级国务官（光禄大夫）许相，当最高监察长（司空）。许相，是许训的儿子（许训，参考一六九年六月）。

14 议论官（谏议大夫）刘陶上书说：“天下先有张角之乱，后有边章之乱。而今，西羌叛军，已经攻入河东（山西省黄河以东），如果不能遏止，势将冒犯首都洛阳。人民有一百个撤退逃生之心，没有一个战斗拼命之志。当人敌再往前逼时，张温大军孤悬，定将陷于险境，一旦疆场失利，大局就不可收拾。我深刻知道，建议的次数太多，早被厌恶，但仍不能克制自己，只因为国家平安，臣属受到好处；国家危险，臣属会先行毁灭；现在再陈述当前救亡图存的紧急要事八项。”八项的主旨，指出天下所以大乱，都由宦官而起。

宦官群立即反击，向皇帝刘宏共进谗言说：“前些时，张角事件爆发，陛下恩威并用，叛乱分子，各自悔改。现在天下太平，四方安静。刘陶不愿看到政治圣明、万民归心，专门揭发黑暗的一面。假如有这些黑暗面的话，州政府和郡政府并没有呈报上来，试问，刘陶怎么会知道？我们怀疑刘陶跟盗匪秘密勾结，才会有这些小道消息。”刘宏下令逮捕刘陶，羁押禁宫侍从宦官署监狱（黄门北寺狱），日夜苦刑拷打，命他供出同党。刘陶受刑不过，对代表皇帝主持审问的使节说："我恨我不能跟伊尹（商王朝宰相）、姜子牙（周王朝宰相）站在一起，最后却跟'三仁'同一命运。（三仁：商王朝末任帝〔纣帝〕子受辛时三位忠良：子启〔微子〕、子胥余〔箕子〕、子干〔比干〕。《论语》孔丘说："商王朝有三仁，子启逃亡，子胥余当奴隶，子干因规劝而被杀。"）在上位的皇上诛杀忠良，在下位的人民憔悴不堪，也不可能支持多久，行将后悔莫及！"闭气而死（自动闭气，很难达到死亡目的，因人类有天赋的求生欲望。袁宏《后汉纪》说刘陶不食而死，较为合理）。

前宰相（司徒）陈耽，为人忠直公正，也在宦官的黑名单之中，同被诬陷，在狱中处决。

15 车骑将军张温，率各郡部队步骑兵十余万人，进驻美阳（陕西省武功县西北）。西羌变民首领边章、韩遂，向美阳发动攻击，两军会战，政府军不利。

十一月，董卓跟右扶风（陕西省兴平市）郡长鲍鸿等，联合迎战，大破西羌叛军。边章、韩遂向榆中（甘肃省兰州市东）败退。张温派荡寇将军周慎，率三万人追击。军事参议官（参军事）孙坚向周慎建议："叛军据守城垣，城内却缺少粮秣，势必由城外运入接济。请拨给我一万人，就可切断他们的粮道。然后将军再用大军攻击，叛军饥饿疲惫，绝不敢应战，一定会撤退到羌中（青海省东北部。西羌根据地），然后用大军讨伐，凉州（甘肃省）可以平定。"周慎不接受，遂包围榆中城。而边章、韩遂，分别率军据守葵园峡（榆中东北），反而切断政府军粮道。周慎大为惊慌，抛弃辎重，在反包围没有形成前，急急撤退。

张温又命破虏将军董卓，率三万人讨伐先零部落，行军到望垣（甘肃省天水市西北）之北，被先零部落的羌胡混合部队，团团围住；

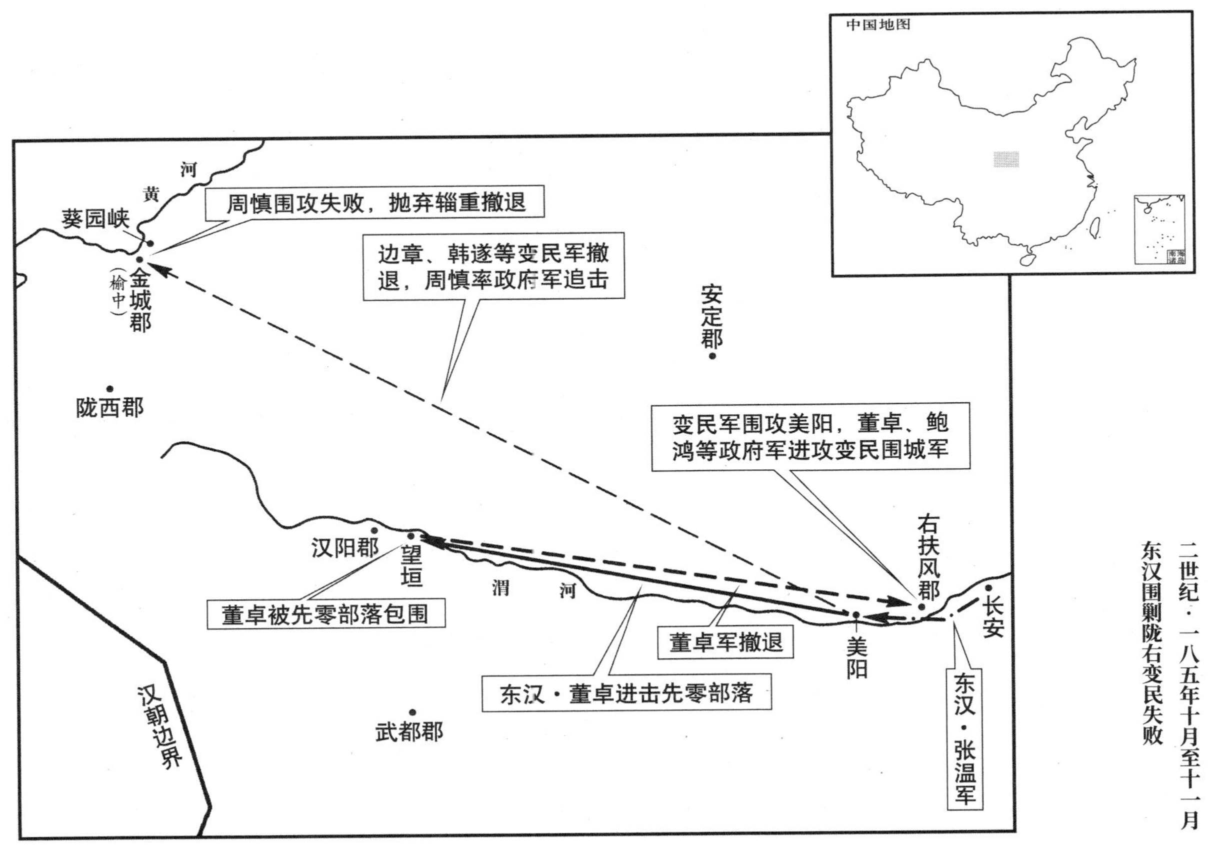

二世纪·一八五年十月至十一月

东汉围剿陇右变民失败

粮秣吃尽，情势危急。董卓命在河中（渭水）筑起堤坝，捕捉鱼虾。然后在堤坝掩护下，悄悄撤退。等到羌胡混合部队发觉追击，董卓全军已过，决开堤坝，河水太深，羌胡混合部队不能前进。董卓撤退到扶风（陕西省兴平市）。张温用皇帝名义，征召董卓。董卓并不立即前往，过了很久才去晋见张温。张温责备董卓，董卓的态度倨傲。

孙坚上前附在张温耳朵上，悄悄建议说："董卓对他的失败责任，毫不在意，却张牙舞爪，应依照'应召不即时报到'军法，立即处决。"张温说："董卓在河陇（黄河及陇山）之间，素有威名，今天把他杀掉，向西进军，难再得到大将！"孙坚说："将军统率皇家大军，威声震动天下，怎么单靠一个董卓？观察董卓的表现，对你毫不在乎，轻视长官，大罪之一；边章、韩遂叛乱数年，应该即时讨伐扑灭，而董卓竟坚决反对，动摇军心，大罪之二；董卓接到命令，无功而回，征召他反而拖延不理，目中无人，大罪之三。古代名将，身奉皇命，统御大军，从没有不靠决断的诛杀而能成功的。现在，将军怜惜董卓，不立即处分，伤害统帅威严，违反军律，罪状在你身上。"张温不忍，说："你且出去，停留太久，董卓可能起疑。"孙坚只好告辞。

16 本年（一八五），皇帝刘宏在西园（御花园）兴建万金堂，把国库里的金银、绸缎，都搬到万金堂中。觉得不够万全，又把私房钱寄存到禁宫贴身侍从宦官（小黄门），或寝殿侍奉宦官（中常侍）家里，各有数千万。仍觉得不够万全，又在河间（首府乐成〔河北省献县〕）购买田地，兴建家宅。

东汉　中平　三年

1 春季，二月，东汉王朝（首都洛阳〔河南省洛阳市东白马寺东〕）江夏（湖北省武汉市新洲区）郡政府民兵赵慈，聚众叛变，击斩南阳郡（河南省南阳市）郡长秦颉。

2 二月十六日，赦天下。

3 全国武装部队总司令（太尉）张延免职。东汉帝（十二任灵帝）

刘宏（本年三十一岁）派钦差大臣“持节”，前往西都长安（陕西省西安市）就地擢升车骑将军张温，当全国武装部队总司令（太尉）。

在首都以外任命三公，从张温开始。

4 擢升寝殿侍奉宦官（中常侍）赵忠，当车骑将军，负责调查审理讨伐黄巾变民的功劳。首都洛阳警备区司令（执金吾）甄举，告诉赵忠说：“傅燮从前在东方军事行动中，建立大功，却不能封爵（参考一八四年），天下失望。现在，将军身负这项重责大任，应该引进贤能，平反冤屈，满足人心。”赵忠采纳他的建议，派老弟京师城防指挥官（城门校尉）赵延，向傅燮表示和解，赵延说：“你如果肯稍微接受我老哥的友谊，万户侯爵，立即到手。”傅燮严肃回答说：“有功不封，这是命运不佳，我可不是马屁精！”

赵忠对傅燮越发怨恨，但顾忌傅燮的刚正声誉，不敢马上下手谋害，只把傅燮赶出首都洛阳，任命他当汉阳郡（甘肃省甘谷县）郡长。

5 刘宏命皇家花园器具管理官（钩盾令）宋典，修建洛阳南宫玉堂殿。又命宫廷事务署长（掖庭令）毕岚，除了铸四个铜佛像外，再铸四个大钟，都重二千斛（铜佛像竖立苍龙门、玄武门外。大钟悬挂云台，跟玉堂殿前）。又在平门外桥东，铸独角兽、虾蟆，从口中向外吐水，吐水成泉后，流入宫中御河。又在平门外桥西，制作人工唧筒洒水车，用来喷洒南北大道，认为可以节省人民洒路的费用。

6 五月三十日，日蚀。

7 六月，荆州（湖北省及湖南省）州长（刺史）王敏，讨伐变民首领赵慈，斩赵慈。

8 车骑将军赵忠免职。

9 冬季，十月，武陵郡（湖南省常德市）蛮夷叛变，郡政府部队出动平定。

10 前全国武装部队总司令（太尉）张延，受宦官群诬陷，被逮捕羁押，在监狱中处决。

11 十二月，鲜卑部落（内蒙古东部中部及以北地区）攻击幽州（河北省北部及辽宁省）、并州（山西省及黄河河套地区）。

12 刘宏下诏征召全国武装部队总司令（太尉）张温回京（首都洛阳）。

一八七年 丁卯

东汉　中平　四年

1 春季，正月二十一日，东汉王朝（首都洛阳〔河南省洛阳市东白马寺东〕）赦天下。

2 二月，荥阳（河南省荥阳市）变民击斩中牟（河南省中牟县）县长。

三月，首都洛阳市长（河南尹）何苗讨伐荥阳变民，大破变民，遂擢升何苗当车骑将军。

3 凉州（甘肃省）变民内讧，首领之一的韩遂，格杀边章、北宫伯玉、李文侯，集结三人部众，共十余万人，包围陇西（甘肃省临洮县）。陇西郡长李相如叛离中央，跟韩遂联盟。

凉州州长（刺史）耿鄙，集结所属六个郡的兵力，攻击韩遂。耿鄙只信任州政府总务官（治中）程球。程球仗恃首长的信任，贪污图利，地方士绅和小民，对他怨恨入骨。汉阳郡（甘肃省甘谷县）郡长傅燮对耿鄙说："你到职的时间不久，人民还不能对你完全了解。变民集团听说政府大军出动，一定万众一心；边疆人民，十分勇猛，恐怕势不可当。而政府军却来自四面八方，互相之间并不认识，上下又不能和睦，万一内部发生变化，后悔已来不及。不如使部队暂时休息，培养统帅的威望，显明赏罚的公正。变民集团所受的压力减轻，一定认为政府军胆怯。首领们为了争权，必然分崩离析。然后，率领训练有素的军队，讨伐已离心离德的盗贼，大功可以坐在那里等它完成。"耿鄙拒不接受。

夏季，四月，耿鄙进军狄道（陇西郡郡政府所在县，甘肃省临洮县），州政府行政官（别驾）叛变，响应韩遂；先斩程球，再斩耿鄙。变民集团遂包围汉阳（甘肃省甘谷县），城中军力单薄，粮秣不足，但傅燮仍然坚守。

当时，变民集团中北地（故郡，宁夏吴忠市西南金积镇）匈奴骑兵数千人，怀念傅燮昔日恩德，在城外向傅燮叩头，表示愿护送傅燮返回家乡（傅燮，北地郡人）。傅燮的儿子傅干，年十三岁，对老爹说："政府腐败混乱，老爹在中央不能容身。而今势不能坚守，应该接受他们的建议，先回故里，等到以后明君出世，再做贡献。"话没有说完，傅燮感慨万千，叹息说："你难道认为我一定要死？做一个国家干部，最高贵的行为是完成使命，其次是坚持立场。（《左传》："圣达节，次守节，下失节。"）商王朝子受辛（殷纣）残暴淫虐，仍有忠臣伯夷，不吃周王朝的粮食，活活饿死。我遭遇到乱世，不能有浩然之气，独立于仕途之外。既然接受政府的俸禄，岂可遇到危难，就想逃避。我往哪里走？只有在此，永不离开。你有才华智慧，好好努力。秘书官（主簿）杨会，是我的程婴。”（春秋时代，晋国国务官赵朔，娶晋国二十七任国君〔成公〕姬黑臀的姐姐为妻。姬黑臀逝世，儿子姬孺继位。前五九七年，另一国务官屠岸贾诬害赵朔，诛杀赵家全族。赵朔妻逃到王宫，生下遗腹子。屠岸贾得到消息，在王宫中大肆搜索，赵朔妻把婴儿放到裤子里，祷告上苍："赵家如果注定要灭种，你就哭！如果还可留下根苗，你就不出声。"在搜捕时，婴儿竟一直安睡。赵朔门客程婴对另一门客公孙杵臼说："这一次搜索没有得手，势必有第二次搜索。"于是二人定计，公孙杵臼遂怀抱别人的婴儿，躲藏在深山之中，然后由程婴报案检举，屠岸贾遂派军击斩公孙杵臼跟婴儿。而赵家孤儿却受程婴抚养，这孤儿，即历史上著名的赵武。十五年后，程婴等反击，屠灭屠岸贾，任命赵武当国务官〔卿〕。）

变民首领之一、狄道（陇西郡郡政府所在县，甘肃省临洮县）人王国，派前酒泉郡（甘肃省酒泉市）郡长黄衍，前往规劝傅燮说："中央政府已经失去控制，天下已不再是东汉王朝的天下，阁下是不是有意当我们的统帅？"傅燮手按剑柄，喝止他："你是政府的方面大员，怎么反而当强盗的说客？"率军进攻，阵亡。

耿鄙的军政官（司马）扶风（陕西省兴平市）人马腾，率领他的部队叛变，跟韩遂结合，共推王国当领袖，攻击抢劫三辅（关中地区，陕西省中部）。

4 全国武装部队总司令（太尉）张温，因不能扑灭变民，免职。任命宰相（司徒）崔烈，当全国武装部队总司令。

5 五月，擢升最高监察长（司空）许相当宰相（司徒）、宫廷禁卫官司令（光禄勋）沛国（首府相县〔安徽省淮北市〕）人丁宫当最高监察长（司空）。

6 最初，张温征调幽州（河北省北部及辽宁省）乌桓骑兵突击队三千人，讨伐凉州（甘肃省）变民集团，前中山国（首府卢奴〔河北省定州市〕）宰相、渔阳（北京市密云区）人张纯，请求当司令官，张温不肯，而命涿县（涿郡郡政府所在县，河北省涿州市）县长、辽西（辽宁省义县西）人公孙瓒率领。行军到蓟中（河北省北部），乌桓骑兵因县政府的粮秣薪饷，不能及时供养，纷纷叛离，逃回乌桓部落。

张纯对他不能当司令官这件事，大为愤怒，就跟同郡人、前泰山郡（山东省泰安市东）郡长张举，以及乌桓部落酋长丘力居，联合结盟，劫掠蓟中（河北省北部），击斩乌桓保安司令（护乌桓校尉）公綦稠（公綦，复姓）、右北平（河北省唐山市丰润区）郡长刘政、辽东（辽宁省辽阳市）郡长阳终等，部众集结到十余万人，根据地设于肥如（河北省迁安市东北）。

张举组织独立政府，称皇帝，张纯称弥天将军、安定王。通告各州各郡，宣称张举将代替东汉王朝兴起，命东汉刘宏辞职下台，三公及部长前来迎奉张举前往首都洛阳正位。

7 冬季，十月，长沙（湖南省长沙市）变民首领区星（区，姓），自称将军，拥有部众一万余人。刘宏擢升参议官（议郎）孙坚当长沙郡长，击溃区星。封孙坚当乌程侯。

8 十一月，全国武装部队总司令（太尉）崔烈免职，擢升农林部长（大司农）曹嵩当全国武装部队总司令。

9 十二月，南匈奴汗国（王庭设美稷〔内蒙古准格尔旗〕）屠各部落（山西省北部）叛变。

10 本年（一八七），刘宏再出卖准侯爵关内侯，价格五百万钱。

11 前太丘（河南省永城市东北）县长陈寔逝世，全国各地前往吊丧的有三万余人。

陈寔在乡里，公平正直，民间发生诉讼争端，都请他裁判，曲直是非，十分清楚，没有人抱怨；甚至还叹息说："宁愿接受刑罚，也不愿被陈先生责备！"杨赐、陈耽，每次擢升三公高位时，僚属们前来祝贺，二人都惋惜陈寔怀才不遇，惭愧自己先登高位。

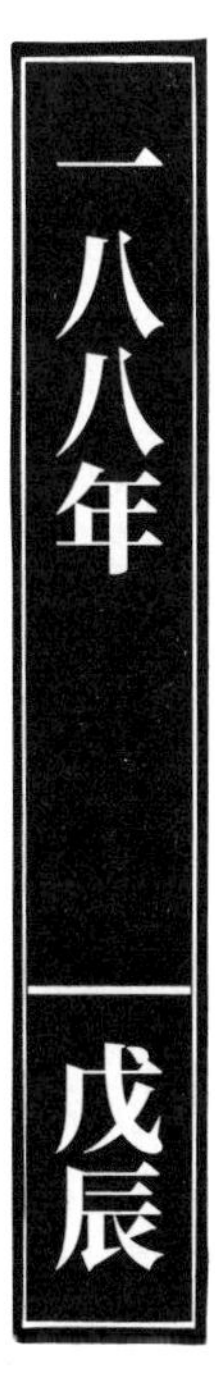

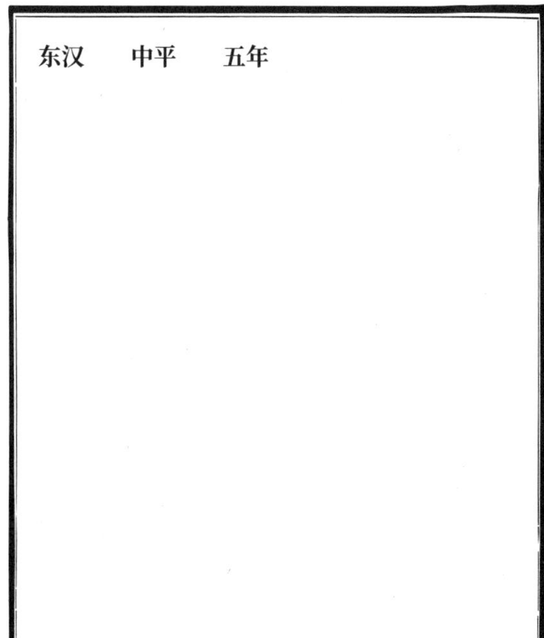

1 春季，正月十五日，东汉王朝（首都洛阳〔河南省洛阳市东白马寺东〕）赦天下。

2 二月，紫微星（象征君王）旁，出现孛星。

3 黄巾残余变民首领郭大等，在河西（此指汾河以西）白波谷（山西省襄汾县西）起事，攻击太原郡（山西省太原市）、河东郡（山西省夏县）。

4 三月，南匈奴（王庭设美稷〔内蒙古准格尔旗〕）屠各部落（山西省北部）叛军，击斩并州（山西省及黄河河套地区）州长（刺史）张懿。

5 祭祀部长（太常）江夏（湖北省武汉市新洲区）人刘焉，看到国家多事，建议说："四方所以民变纷起，是因为州长（刺史）权小威轻，既不能禁制于无形，而又任用非人，才招致人民叛离。应把州长（刺史）改成全权州长（牧伯），遴选有良好名誉的高级官员担任。"刘焉内心渴望当交趾州州长（交趾州州政府设广信〔广西梧州市〕，远在天涯，可以避祸）。宫廷随从（侍中）广汉（四川省广汉市）人董扶，秘密对刘焉说："京师（首都洛阳）势必发生动乱，从天文上观察，益州（四川省及云南省）一带将出现新的君王。"（原文："益州分野，有天子气。"天子气是什么气？以及如何看出这种气？蔡邕《月令章句》《晋书 · 天文志》，都有详尽说明；但我们一点也看不懂。）于是，刘焉改变主意，要求前往益州。

正好，益州州长（刺史）郤俭（郤，音xì〔隙〕），贪赃枉法，横征暴敛，恶名昭彰。而耿鄙、张懿，又都被变民击斩。中央政府遂接受刘焉建议，遴选部长级官员和宫廷秘书（尚书），担任全权州长（州牧），支领他本职的俸禄（部长级年俸二千石；宫廷秘书〔尚书〕在西汉王朝时，年俸六百石，东汉王朝时并没有调整，但权威压过宰相。州长〔刺史〕年俸只六百石）。任命刘焉当益州全权州长（益州牧），交通部长（太仆）黄琬当豫州（河南省）全权州长，皇族事务部长（宗正）东海（山东省郯城县）人刘虞当幽州（河北省北部及辽宁省）全权州长。州政府的地位，从此开始重要（过去只是一个虚级）。

刘焉，是西汉鲁（恭）王（首府鲁县〔山东省曲阜市〕）刘馀的后代（刘馀是西汉王朝六任帝刘启子，参考前一五四年七月）；刘虞，是东海（恭）王（首府鲁县〔山东省曲阜市〕）刘彊的五世孙（刘彊，一任帝刘秀子，参考五八年）。刘虞，曾经当过幽州（河北省北部及辽宁省）州长（刺史），人民怀念他的恩德及

二世纪·一八八年　东汉王朝十三州

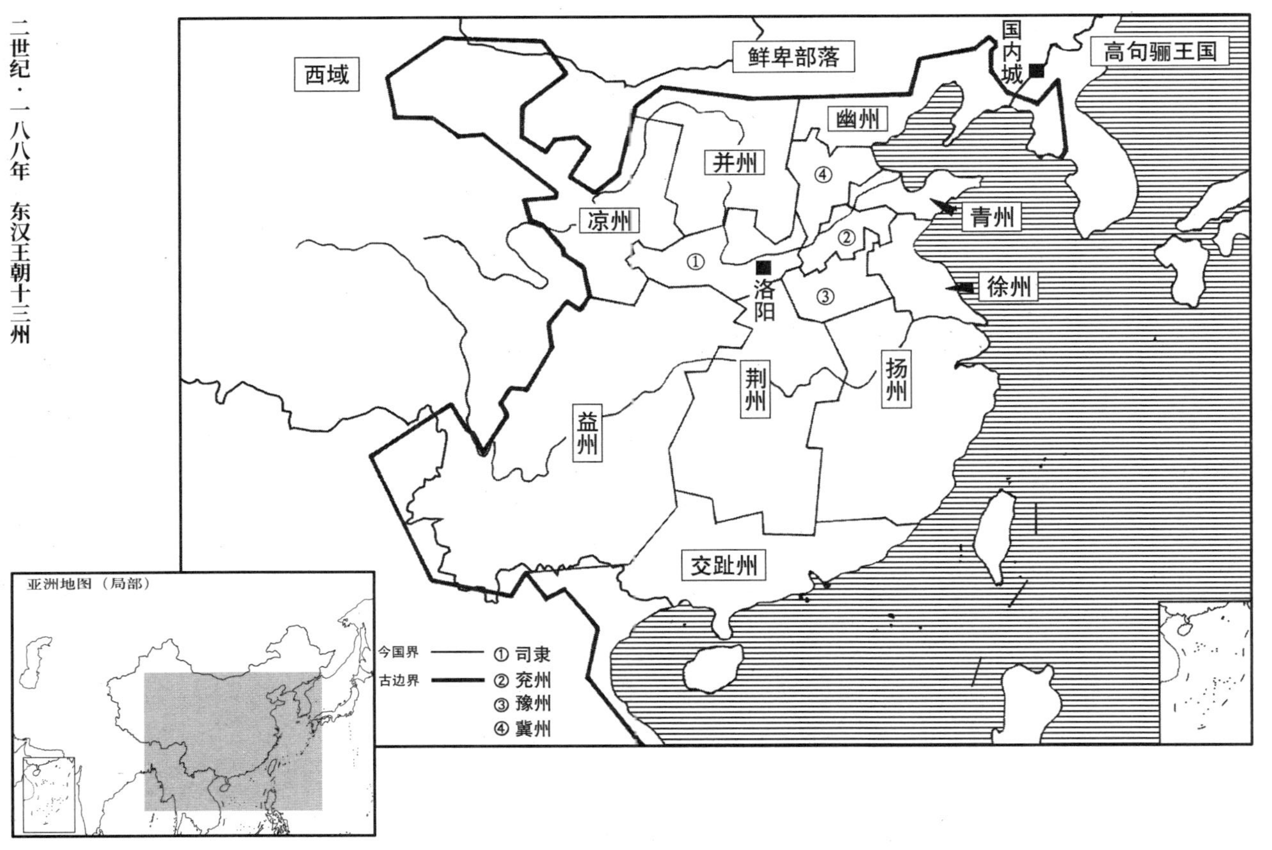

敬重他的信誉，中央才有此任命。董扶，跟皇家粮仓管理官（太仓令）赵韪，眼看大势已去，都辞去官职，随同刘焉，前往益州。

6 东汉帝（十二任灵帝）刘宏（本年三十三岁）下诏南匈奴汗国（王庭设美稷〔内蒙古准格尔旗〕）出兵，协助刘虞，讨伐自称安定王的张纯。四十任单于挛鞮羌渠，命左贤王率骑兵赴幽州（河北省北部）报到。匈奴人民恐惧以后可能不停的征调，灾难无穷。于是，右部醢落（醢，音xī〔西〕）部落，首先发难，跟已经叛变的屠各部落（山西省北部）结合，部众十余万人，击斩挛鞮羌渠。

南匈奴贵族拥立挛鞮羌渠的儿子右贤王挛鞮于扶罗继位，是为持至尸逐侯单于（四十一任）。

7 夏季，四月，全国武装部队总司令（太尉）曹嵩免职。

8 五月，擢升永乐宫供应官（永乐少府）南阳（河南省南阳市）人樊陵当全国武装部队总司令（太尉）。

六月，免职。

9 益州（四川省及云南省）变民马相、赵祇等，在绵竹（四川省德阳市北黄许镇）起兵，自称“黄巾”，击斩州长（刺史）郤俭，进攻巴郡（重庆市）、犍为（四川省眉山市彭山区），不到一个月，连破三郡，拥有部众数万人，遂自称皇帝。

益州州政府参谋官（从事）贾龙，率官民等反击，数日后，把马相逐走，州境之内恢复清静，遂派出人马，迎接新任州长刘焉。

刘焉把州政府迁移到绵竹（原州政府设雒县〔四川省广汉市〕），招降纳叛，待人宽厚，以收揽人心。

10 七个郡和封国水灾。

11 故皇家师傅（太傅）陈蕃的儿子陈逸，在冀州（河北省中部南部）州长（刺史）王芬客厅中，跟法术师襄楷见面。襄楷说：“天象变异，显示对宦官大大不利，禁宫侍从宦官（黄门）、寝殿侍奉宦官（中常侍），都要全部屠灭。”陈逸喜不自胜。王芬说：“如果这是真的，我愿打一个头阵。”遂跟各地英雄豪杰，辗转结纳。上书中央，声称黑山（河南省鹤壁市）变民（指褚飞燕等。参考一八五年二月）劫掠郡县——准备用这个作为借口，征发部队，掌握兵权。

这时候，刘宏正打算返回河间国（首府乐成〔河北省献县〕）故宅（刘宏原封解渎亭侯〔河北省安国市东〕，三世祖刘开封河间王），王芬等阴谋用武力把刘宏劫持，诛杀禁宫侍从宦官（黄门），跟寝殿侍奉宦官（中常侍）后，罢黜刘宏，拥立合肥侯刘某继位。王芬把这项阴谋告诉参议官（议郎）曹操，征求意见。曹操反对，说：“更换君王，是天下最大的灾难。古人权衡成败、估计轻重而去做的，有伊尹、霍光。伊尹、霍光，满腔忠诚，身为宰相，手握大权，又出于人民一致愿望，才能顺利达到目的。而今，各位只看到他们当初轻而易举的一面，却忘了我们当今重重困难的一面，竟想用非常的举动，希望一击而中，岂不危险！”

王芬又邀请平原（首府平原〔山东省平原县〕）人华歆、陶丘洪（陶丘，复姓）共同策划。陶丘洪接到邀请，马上就要动身，华歆说：“要换君王这种大事，伊尹、霍光都没有把握。王芬性情疏阔而又不够果断，一定失败。”

陶丘洪听从。这时候，北方夜半，有一条赤气从东到西，横贯天际。天文台长（太史）上书说：“北方隐藏阴谋，陛下不可以前往。”刘宏遂打消一游故居的念头，命王芬把征集的武装部队，全体复员。

不久，征召王芬前往首都洛阳。王芬恐惧，抛弃印信逃亡，逃到平原（首府平原〔山东省平原县〕），自杀。

12 秋季，七月，擢升射击兵团指挥官（射声校尉）马日磾当全国武装部队总司令（太尉）。马日磾，是马融的族孙（马融，参考一一五年十月）。

13 八月，设立“西园官邸”八指挥官（校尉），任命禁宫贴身侍从宦官（小黄门）蹇硕当上军指挥官，虎贲警卫指挥官（虎贲中郎将）袁绍当中军指挥官，骑兵指挥官（屯骑校尉）鲍鸿当下军指挥官，参议官（议郎）曹操当典军指挥官，赵融当助军左翼指挥官，冯芳当助军右翼指挥官，议论官（谏议大夫）夏牟当左军指挥官，淳于琼当右军指挥官；全受上军指挥官蹇硕统御。

刘宏自从黄巾变民起事，开始留意军事。蹇硕体格健壮，深通兵法武略，刘宏信任他，即令是全国最高统帅（大将军），也归上军指挥官管辖。

14 九月，宰相（司徒）许相免职。擢升最高监察长（司空）丁宫当宰相（司徒）、宫廷禁卫官司令（光禄勋）南阳（河南省南阳市）人刘弘当最高监察长（司空）。

15 擢升皇城保安司令（卫尉）条侯董重当骠骑将军。董重，是刘宏娘亲董太后的侄儿。

16 冬季，十月，青州（山东省北部）、徐州（江苏省北部），黄巾变民再度起兵，劫掠郡县。

17 法术师认为京师（首都洛阳）将受到大军攻击，南北两宫将发生流血事件。刘宏决定用法术化解，于是下诏征调四方各州郡军队，在平乐观（洛阳上西门外）举行盛大的阅兵大典。先行兴筑阅兵台，台上建十二层阁楼，高达十丈。大阅兵台东北，再筑小阅兵台，小阅兵台上建九层阁楼，高达九丈。集结步骑兵数万人，扎营布阵。

十月十六口，刘宏亲自主持阅兵，站在大阁楼下，全国最高统帅（大将军）何进，站在小阁楼下。刘宏全身披挂，戴盔穿甲，跨上有护裙的战马，自称“无上将军”，检阅阵营，周行三遍，然后把指挥刀交给何进。

刘宏问讨虏指挥官（讨虏校尉）盖勋，说：“我检阅大军，耀武扬威，你有什么感想？”盖勋说：“我听说，古代圣明的君王，只展示恩德，不炫耀武力。而今，盗匪远在边疆，却在京师（首都洛阳）阅兵，并不能显示决心，反而显示好战！”刘宏说：“你说得对，可惜我们相见太晚，别的人从来没有讲过这种话。”

盖勋对中军指挥官（中军校尉）袁绍说：“皇上很是聪明，只不过被左右蒙住了眼睛。”二人遂密谋诛杀宦官。上军指挥官蹇硕看出有点不对劲，内心恐惧，把盖勋外放，担任西都长安市长（京兆尹）。

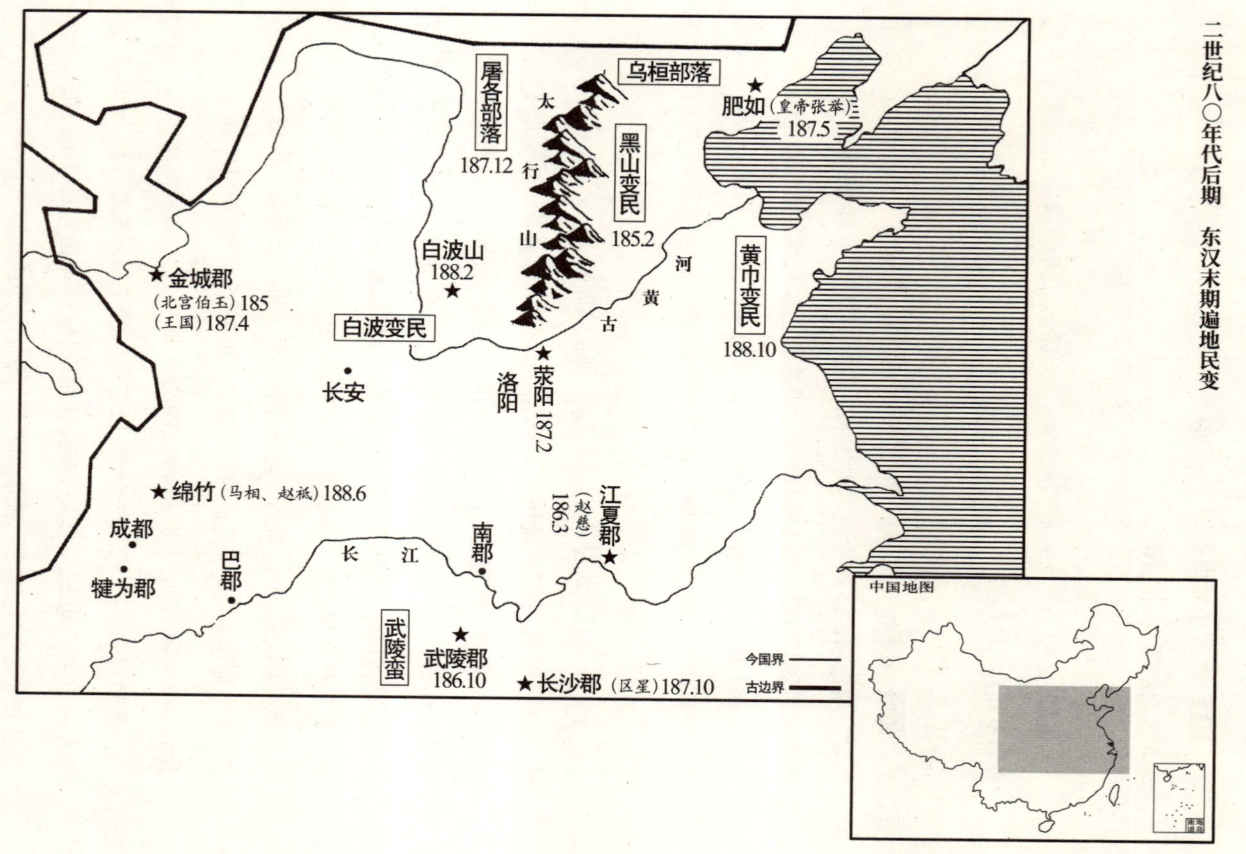

二世纪八〇年代后期　东汉末期遍地民变

18 十一月，变民首领王国（时活动于三辅〔关中地区，陕西省中部〕），包围陈仓（陕西省宝鸡市东陈仓镇）。中央征召皇甫嵩当左将军（一八五年被赵忠诬害免职），统率前将军董卓，共有军队四万人，对抗王国。

19 变民首领安定王张纯，跟乌桓部落（河北省北部）酋长丘力居，劫掠青州（山东省北部）、徐州（江苏省北部）、幽州（河北省北部及辽宁省）、冀州（河北省中部南部），刘宏命骑兵总监（骑都尉）公孙瓒讨伐。在辽东移民区（辽东属国，辽宁省义县）石门（辽宁省朝阳市西南）会战，张纯大败，抛弃妻子儿女，向塞外逃命，公孙瓒把张纯所裹挟俘虏的男女，全部夺回。公孙瓒乘胜深入追击，却没有后继部队，挺进到辽西郡（辽宁省义县西）管子城（今地不详），被丘力居包围，坚守二百余日，粮秣吃光，全军崩溃，死亡十之五六。

20 前将军董卓向皇甫嵩建议："陈仓（陕西省宝鸡市东陈仓镇）危在旦夕，应火速救援。"皇甫嵩说："不然，百战百胜，不如不战而胜。陈仓虽小，城垣坚固，不容易攻破；王国虽然强大，但既无法攻下陈仓，士卒身心，一定疲惫。在他们疲惫的时候，发动攻击，才可大获全胜，不必急于营救。"王国猛攻陈仓八十余日，不能攻破。

一八九年 己巳

东汉 中平 六年

光熹 元年

昭宁 元年

永汉 元年

1 春季，二月，凉州（甘肃省）变民首领王国部众筋疲力尽，解围撤退，东汉王朝（首都洛阳〔河南省洛阳市东白马寺东〕）左将军皇甫嵩下令追击。董卓说：“不行，兵法（《司马兵法》）上说：‘穷寇勿迫，归众勿追！’”皇甫嵩说：“不然。在此之前，我不攻击，是避开他们的锐气；现在攻击，是乘他们的衰败。我们所攻击的是‘疲众’，不是‘归众’。王国实际上已临瓦解边缘，将士没有斗志，不过一群乌合之众，并非‘穷寇’。”遂用他的直属部队攻击，而命董卓作为后卫，连战连胜，大破王国变民部众，杀一万余人。

董卓老羞成怒，从此跟皇甫嵩结下仇恨。

韩遂等共同把首领王国罢黜，胁迫前信都（安平国首府，河北省衡水市冀州区）县长、汉阳（甘肃省甘谷县）人阎忠当首领，统御各军。不久，阎忠逝世。韩遂等内部争权夺利，互相攻杀，再不能团结，势力遂开始衰退。

2 幽州（河北省北部及辽宁省）全权州长刘虞到职，派人出使鲜卑部落（内蒙古东部中部及以北地区），分析是非利害，悬出巨额赏格，要他们斩送自称皇帝的张举，跟自称安定王的张纯的人头。乌桓部落（河北省北部）酋长丘力居等听到刘虞回来，大为欢喜，每人都派翻译官前来晋见，自行归降。张举、张纯向塞外逃亡，余众也都归降。刘虞呈报中央核准，各郡作战部队全都复员，只留下降虏兵团指挥官（降虏校尉）公孙瓒，率步骑兵一万人，驻扎右北平郡（河北省唐山市丰润区）。

三月，张纯的门客王政，格杀张纯，把人头送给刘虞。

公孙瓒立志扫灭乌桓部落，刘虞则盼望用恩德和威信使他们顺从，二人之间，遂生怨恨。

3 夏季，四月一日，日蚀。

4 全国武装部队总司令（大尉）马日磾免职，皇帝刘宏派使节前往幽州（河北省北部及辽宁省），擢升幽州全权州长刘虞当全国武装部队总司令（太尉），封容丘侯。

5 上军指挥官蹇硕，讨厌最高统帅（大将军）何进，遂跟各寝殿侍奉宦官（中常侍）联合，用调虎离山手段，要求派遣何进西征讨伐韩遂（时在金城郡〔甘肃省兰州市东〕），东汉帝（十二任灵帝）刘宏（本年三十四岁）同意。何进知道他们的阴谋，请求派中军指挥官袁绍，前往徐州（江苏省北部）、兖州（山东省西部）征集军队，等回来后再行出发；目的是拖延时间，刘宏也同意。

6 最初，刘宏不断丧失皇子。后来，何皇后生皇子刘辩，不敢留在皇宫，而送到法术师史子眇家抚养，号称史侯。后来，王美人生皇子刘协，做祖母的董太后，亲自抚养，号称董侯。

文武官员请求早日确定太子属谁，刘宏认为刘辩行为轻佻，不够严肃，打算立刘协当太子，但一直犹豫，没有决定。不久，刘宏病重，就把刘协托付给蹇硕。

四月十一日，刘宏在南宫嘉德殿逝世（三十四岁）。当时，蹇硕正在后宫，打算先诛杀何进，再拥立刘协登极，遂派人去请何进入宫商讨机要。何进起身前往，蹇硕的军政官（司马）潘隐，跟何进是至好朋友，到宫外迎接，向何进用眼神示意。何进大吃一惊，拨马而回，直奔他所控制的营区，率军在“百郡官邸”布防（各郡和各封国，都在首都洛阳设立宾馆，供给本郡或本国出使京师的官员们住宿或办公。“百郡官邸”者，是各郡各封国宾馆集中的处所），声称有病，拒绝进宫。

四月十三日，皇子刘辩登极（十三任少帝），年十四岁，尊娘亲何皇后为皇太后。何太后遂临朝，主持政府，赦天下，改年号（第一次改）光熹（之前是中平六年，之后是光熹元年）。封皇弟刘协当勃海王（首府南皮〔河北省南皮县〕），刘协年才九岁。擢升后将军袁隗当皇家师傅（太傅），跟全国最高统帅（大将军）何进，共同主管宫廷机要（参录尚书事）。

何进既掌握政府大权，痛恨蹇硕的阴谋，秘密准备报复。袁绍透过何进亲信门客张津，劝何进不如乘此机会，把宦官一网打尽。何进因袁家累世都居高贵官位（袁安当过宰相，袁安的儿子袁敞当过最高监察长，袁安的孙儿袁汤当过全国武装部队总司令，袁汤的儿子袁逢当过最高监察长，袁汤的幼子袁隗当过宰相；袁姓家族声势烜赫，百年之久），而袁绍跟堂弟虎贲警卫指挥官（虎贲中郎将）袁术，受到天下英雄豪杰们的一致归心；何进遂接受袁绍的建议。于是，再征聘有智慧、有谋略的奇才异士：何颙、荀攸，及河南（河南省洛阳市东白马寺东）人郑泰等二十余人。任命何颙当野战军参谋长（北军中候），荀攸当禁宫侍从官（黄门侍郎），郑泰当宫廷秘书（尚书），推心置腹。荀攸，是荀爽的族孙。

蹇硕也想到何进不肯罢休，大为恐惧，写信给寝殿侍奉宦官（中常侍）赵忠、宋典等说："最高统帅（大将军何进）兄弟控制政府，独断独行，而今更跟'奸党'通谋，要诛杀先帝（十二任帝刘宏）左右亲信，消灭宦官。只因我身兼西园官邸禁卫军统帅，才不敢轻举妄动。我们应该关闭宫门（防何进率军突击），下诏逮捕何进，立即诛杀。"寝殿侍奉宦官（中常侍）郭胜，跟何进同是南阳郡（河南省南阳市）人，何太后当初被选入皇宫，以及后来兄妹二人节节高升，郭胜都尽了很大力量，自然站在何家这一边。郭胜跟赵忠商议的结果，决定拒绝蹇硕的提议，并且把蹇硕的信送给何进过目。

四月二十五日，何进命宦官总监（黄门令），逮捕蹇硕，处死。把蹇硕统率的武装部队，全部置于自己控制之下。

7 骠骑将军董重，跟何进发生权力冲突，宦官依靠董重，加强声势；董太皇太后（皇帝刘辩的祖母）每次插手政治，身为媳妇的何太后都从中阻止。董太皇太后气得发疯，口不择言，怒骂说："你

一世纪及二世纪　袁家班世系表

<table>
<tr><td rowspan="12">袁安★</td><td>袁赏</td><td></td><td></td><td></td><td></td></tr>
<tr><td rowspan="10">袁京
蜀郡太守</td><td rowspan="3">袁彭</td><td rowspan="3">袁贺
彭城相</td><td>袁闳</td><td></td></tr>
<tr><td>袁忠</td><td>袁秘</td></tr>
<tr><td>袁弘</td><td></td></tr>
<tr><td rowspan="7">袁汤★
安国康侯</td><td>袁平</td><td></td><td></td></tr>
<tr><td rowspan="3">袁成
中郎将</td><td rowspan="3">袁绍[①]
邺侯</td><td>袁谭[②]</td></tr>
<tr><td>袁熙</td></tr>
<tr><td>袁尚</td></tr>
<tr><td rowspan="2">袁逢★
安国宣文侯</td><td>袁基
安国侯、太仆</td><td></td></tr>
<tr><td>袁术</td><td>袁曜</td></tr>
<tr><td>袁隗★</td><td></td><td></td></tr>
<tr><td>袁敞★</td><td>袁盱</td><td></td><td></td><td></td></tr>
<tr><td colspan="6">★曾任宰相级高官
①袁逢之庶子，过继伯父袁成
②袁绍之长子，过继伯父（名不详）</td></tr>
</table>

今天气焰冲天，不过靠你哥哥（何进）；我教骠骑将军（董重）砍下何进人头，可是举手之劳！”何太后听到耳朵里，告诉何进。

五月，何进跟三公（宰相、最高监察长、全国武装部队总司令）联名弹劾：“董太皇太后派前寝殿侍奉宦官（中常侍）夏恽等，跟州郡政府勾结，图财谋利，全部堆积永乐宫。而且，依照传统，封国的王后，不可以逗留京师（首都洛阳。参考三年），请遣送回她的封国。”何太后批准。

五月六日，何进发兵包围骠骑将军府，逮捕董重，免职。董重自杀。

六月七日，董太皇太后忧虑恐怖，突然毙命（《九州春秋》说她自杀）。

从此，何家失掉民心。

8 六月十七日，把刘宏（十二任帝灵帝）安葬文陵（洛阳城西北）。何进担心发生蹇硕之类的狙击，不入宫陪丧，也不亲送棺柩到墓地。

9 水灾。

10 秋季，七月，皇帝刘辩改封皇弟勃海王（首府南皮）刘协当陈留王（首府陈留〔河南省开封市东南陈留镇〕）。

11 宰相（司徒）丁宫免职。

12 中军指挥官袁绍，再度向何进建议说：“从前，窦武要诛杀宦官，反被宦官谋害，主要原因是机密泄漏。而野战军（北军）五个兵团（五营），一向畏惧宦官，窦武却依靠他们，所以自取灭亡（参考一六八年）。而今，将军兄弟（何进及何苗）同时统御禁卫军劲旅，部属将帅，又都是英雄俊杰之士，乐意向将军效忠。事情全在掌握之中，正是天赐良机。将军正应该为天下铲除大害，垂名后世，不应错过。”

何进游说何太后，请求把寝殿侍奉宦官（中常侍）全部免职，而用宫廷禁卫官（三署郎）递补他们的空缺。何太后不答应，说：“从古到今，宦官一直担任皇宫的主要角色，汉王朝（两汉王朝）成例如此，不可废除。而且先帝（刘宏）刚刚抛弃天下，我怎么能公开的跟男性官员们面对？”何进拗不过妹妹，只好退而求其次，打算先诛杀几个特别跋扈放纵的宦官。袁绍认为，宦官跟皇太后和皇帝，至为亲近，传达奏章，转述诏令，是上下交流的唯一管道，如果不彻底废除，后患一定无穷。可是何太后的娘亲舞阳君，跟何太后的老弟何苗，接受宦官群的巴结奉承和贿赂，知道何进的阴谋，屡次向何太后进言阻止，强调说：“最高统帅（何进）专权，屠杀左右近臣，削弱国家权力。”何太后也不支持老哥。何进骤然擢升到国家最高尊位，心理上还不能适应，而且对宦官一向尊敬畏惧，一时无法祛除自卑。虽然羡慕美好声誉，却不能当机立断。所以事情久悬，不能决定。

何进既没有胆量单独发动，袁绍又贡献计策，建议何进征召四方著名的军事将领，及英雄豪杰，使他们率军向京师（首都洛阳）挺进，用来威胁何太后，何进同意。最高统帅部秘书官（主簿）广陵（江苏省扬州市）人陈琳反对，警告说：“民间有句俗话：‘掩住眼睛捉麻雀。’对微小的事物，尚且不可以用诈欺手段，何况国家大事，怎么可以用诈欺手段达成？将军身集皇家威望，手握重兵，龙行虎步，想做什么就做什么。对付宦官，犹如用烈火去烧毛发；只要立即发动，用雷霆万钧之势，当机立断，苍天在上，人民在下，无不归心。现在，反而抛弃手中的利器，去外面寻觅助手。一旦各路兵马集结，强大的就是首领，你怎么能够控制？这正像倒拿刀枪，却把刀柄枪杆交给别人，绝不会成功，只会大乱！”何进不相信。典军指挥官（典军校尉）曹操听到消息，失笑说：“宦官这种东西，古今都有，问题只在于君王不可太宠信他们，更不可赋给他们大权。既然惩治罪犯，也只能诛杀元凶，交给一个军法官就够了，何至劳师动众，纷纷征召地方部队，威胁中央，去作灭种性的屠杀？消息一定走漏，我会亲眼看到他的失败！”

最初，刘宏征召前将军董卓担任宫廷供应部长（少府），董卓上书说：“我属下部队中，有来自湟中（青海省东北部）的志愿军，和羌人、胡人（匈奴），纷纷向我表示：‘政府不发给粮食，也不发给薪俸赏赐，妻子儿女，饥寒交迫！’拖住我的车辆，使我无法成行。羌人胡人，心肠险恶，态度像一群狗，我无法使他们接受命令，只好暂时停留，加以安抚。以后情势如何，当随时奏报。”中央政府束手无策。

后来刘宏病重，下诏擢升董卓当冀州（河北省中部南部）全权州长（牧），命他把所属部队交给左将军皇甫嵩。董卓当然不肯放弃军权，再上书说：“我承受天恩，从事军旅，十年之久，将士官兵，尊卑上下，互相亲密，情同家人。他们眷恋我豢养他们的恩德，愿为我沙场捐躯。请准许我把他们带到冀州（河北省中部南部），在边疆效命。”

皇甫嵩的侄儿皇甫郦，向皇甫嵩建议说：“全国军权，握在你跟董卓之手。而今，怨仇已结，势不能并存。董卓接到交出军权的命令，却上书推托，这是一种反叛。他认为京师（首都洛阳）政治混乱，已不堪收拾，所以拖延时间，观察变化，这是一种奸诈。两种行为，都是不赦的大罪。董卓凶暴残忍，六亲不认，将士内心不服。你身为元帅，倚仗国家威信，发兵讨伐，对上展示忠义，对下铲除民间一害，无往不利！”皇甫嵩说：“抗命虽然有罪，擅杀也有责任（董卓不交出军权、不即时赴京，固是抗命，但擅杀高级将领也有危险）。不如公开奏报，请中央裁夺。”于是上书呈明。刘宏下诏责备董卓，董卓仍然不肯接受，反而把大军推进到河东（山西省夏县），密切注视首都洛阳政情变化。

而就在这个时候，最高统帅（大将军）何进，命董卓进逼京师（首都洛阳）。执法监察官（侍御史）郑泰劝阻何进，说：“董卓一向寡情，贪得无厌，如果依靠他支持政府，他一定为所欲为，威胁政府的安全。你居于皇亲国戚的重要地位，掌握主宰国家命运的大权。有足够的资格和能力，独断独行，诛杀有罪，实在不应该把董卓当作外援。而且，阴谋拖得越久，越容易发生变化。往事不远（指窦武事，参考一六八年），动作要快。”宫廷秘书（尚书）卢植，也警告何进，不可以征召董卓，何进全不接受。郑泰遂辞职而去，告诉荀攸说：“何进这种人，不容易扶得起来。”

最高统帅部秘书王匡、骑兵总监（骑都尉）鲍信，都是泰山郡（山东省泰安市东）人，何进命他们回乡募兵。又命东郡（河南省濮阳市西南）郡长桥瑁，进驻成皋（河南省荥阳市西北汜水镇）。又命武猛司令（武猛都尉）丁原，率军数千人，向河内（河南省武陟县）挺进，焚烧黄河孟津（河南省洛阳市孟津区东）渡口，火光冲天，直照洛阳城中。这些人的军事行动，都用“诛杀宦官”作为号召。

董卓接到何进的征召，大军立即出动，上书说：“寝殿侍奉宦官（中常侍）张让等，蒙受宠爱，扰乱天下。我曾经听说，扬汤止沸，不如去火抽薪。割疮虽然疼痛，胜过内侵肺腑。从前，赵鞅率领晋阳（山西省太原市）的武装部队，驱逐君王身旁的恶棍（春秋时代的晋国，自纪元前七世纪七〇年代起，一直由六大家族共同执政。到了纪元前五世纪〇〇年代，才互相残杀）。而今，我率领劲旅，钟鼓齐鸣，直指洛阳，请求逮捕张让等，扫除政府中的奸邪垃圾。”但何太后仍然拒绝。老弟何苗对老哥何进说：“我们出身贫贱，从南阳（河南省南阳市）到京师（首都洛阳）时，投靠宦官，由于他们推荐提携，才有今天富贵。国家大事，谈何容易。水一旦泼到地上，永不能收回，请三思而行，应该跟宦官和睦。”

董卓部队挺进到渑池（河南省渑池县西，东距洛阳航空距离九十公里），何进疑惧不安，更无法决断，于是派议论官（谏议大夫）种劭，拿着皇帝诏书，命董卓撤退。董卓不接受诏书，军锋遂抵达河南（河南省洛阳市），种劭就在郊外迎接慰劳，再命他撤退。董卓疑心首都已经发生变化，命他的部下发动胁持，把刀锋架到种劭咽喉上。种劭大怒，用皇帝的名义，斥责他们犯上作乱，军官不敢有进一步行动，一哄而散。种劭直接斥责董卓，董卓自知理屈，只好撤退到夕阳亭（宰相杨震死处，参考一二四年）。种劭，是种暠的孙儿。

袁绍恐怕何进改变主意，威胁他说：“斗争已经开始，迹象已经显露，将军还等待什么，不早做决断？事情酝酿太久而不发动，定会产生变化，恐怕窦武全家覆灭的惨剧，再次出现。”何进于是任命袁绍当京畿总卫戍司令（司隶校尉），“持节”，有权专断独行（西汉王朝京畿总卫戍司令，从来“持节”，前一世纪五〇年代，西汉十一任帝刘奭时，诸葛丰当京畿总卫戍司令，才收回符节，二百年来，未曾恢复，而今忽然恢复，表示将有重大逮捕和诛杀）。又任命参谋主任（从事中郎）王允当首都洛阳市长（河南尹）。

袁绍命洛阳县政府侦缉队（方略武吏）侦察宦官行踪，一面暗中联络董卓，请董卓再发奏章，在奏章上扬言即将进逼平乐观（洛阳城西之外），董卓乐意发出这种奏章。何太后发现大祸临头，只好把所有的寝殿侍奉宦官（中常侍）、禁宫贴身侍从宦官（小黄门），全体罢黜，使他们返回各人的乡里或家宅，只留下一批何进的亲信。这些被赶出皇宫的当权宦官，都去晋见何进，请求宽恕，一切听候何进差遣。何进说："人心沸腾，如同翻江倒海，各位正是祸首。而今，董卓大军即将到达，你们为什么不回你们的封国！"袁绍建议何进乘此机会，一网打尽，再三说明理由，何进不许。可是，袁绍仍不罢休，用公文通知各州郡政府，声称奉何进指示，要他们逮捕那些宦官们的家属。

何进的阴谋逐渐泄漏，宦官们恐惧。张让的媳妇，是何太后的妹妹，张让向媳妇下跪叩头，说："我这个老汉，得罪天下，理应合家全回乡里。可是，一想到我们受到皇家几代的恩典，忽然远离宫殿，感到无限依恋。只盼望允许我们再进宫一次，能够再侍候皇太后跟陛下一天，然后就是死到水沟山涧，也没有遗恨。"这位儿媳向娘亲舞阳君说情，娘亲入宫再向大女儿何太后说情。何太后不忍拒绝，下诏命他们再进宫服侍。

八月二十五日，何进前往长乐宫，晋见妹妹太后，请求诛杀全体寝殿侍奉宦官（中常侍）。张让、段珪商议说："最高统帅（大将军何进）说他有病，既不参加先帝（刘宏）的葬礼，又不送葬到墓地。而今忽然身手矫健，仓猝进宫，有什么意图？窦家班的往事，难道重演？"于是，派人偷听兄妹间的对话，获得全部真情，才知道生命危在旦夕，祸首原是何进，决定反击自救。于是率领党羽数十人，手执武器，从侧门进入，在殿门埋伏。等到何进出来，张让告诉何

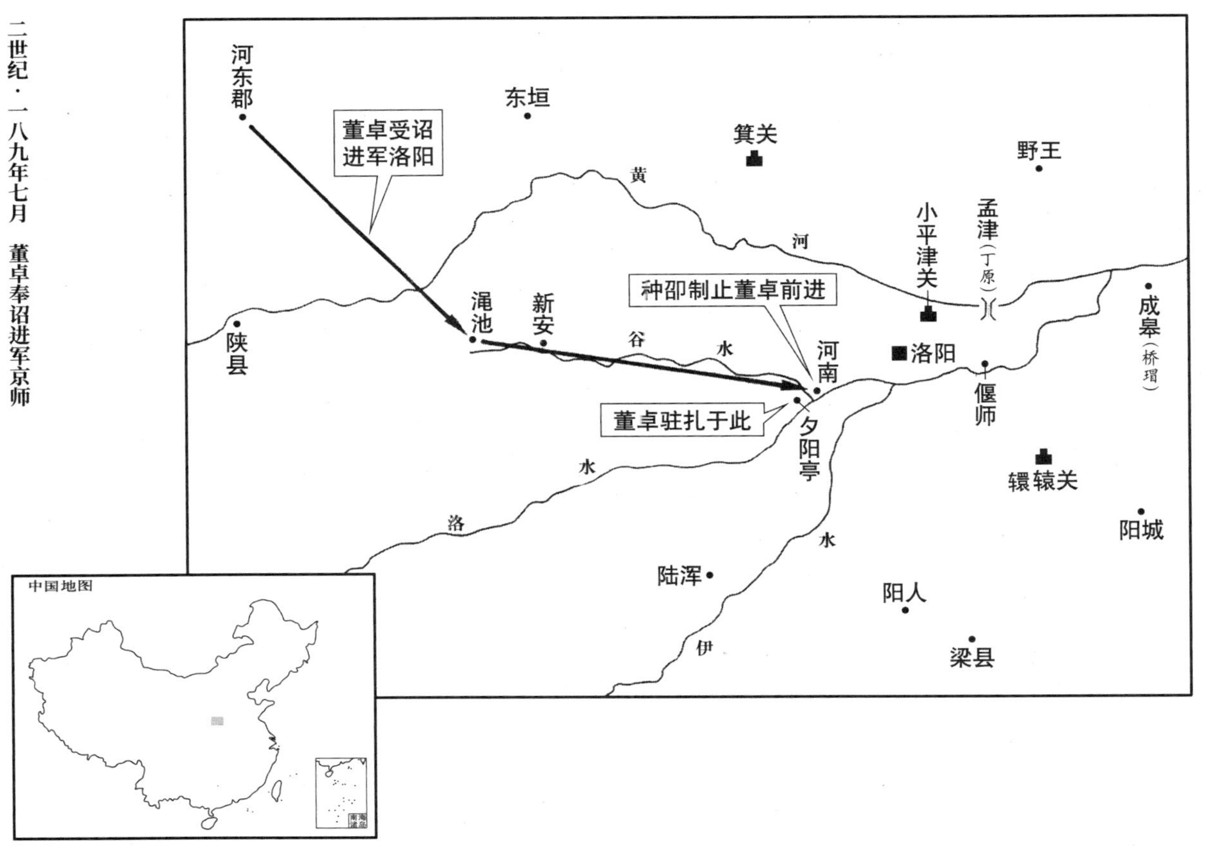

二世纪·一八九年七月　董卓奉诏进军京师

进，皇太后有事再度召见，何进毫不防备的再度入宫。张让等因而诘问何进："天下大乱，不能把责任全推给我们宦官。先帝（刘宏）曾经跟皇太后有过不愉快，皇太后几乎被罢黜囚禁（参考一八一年），是我们哭泣流泪，向先帝（刘宏）求情，各人献出家财千万，作为献礼，才使皇上的怒气和缓。为的什么？为的是托付身家性命。而今竟想屠灭我们，岂不太过毒辣！"

皇家御库房总监（尚方监）渠穆（渠，姓），拔剑而上，就在嘉德殿（在南宫内），击斩何进。张让、段珪等写下诏书，任命前全国武装部队总司令（太尉）樊陵，当京畿总卫戍司令（司隶校尉），宫廷供应部长（少府）许相，当首都洛阳市长（河南尹）。宫廷秘书（尚书）看到诏书草稿，感到怀疑，说："请最高统帅（大将军何进）出来，共同商议。"禁宫中级侍从宦官（中黄门）把何进的人头扔过去，叫说："何进谋反，已经诛杀！"

何进部下军官吴匡、张璋，在皇宫门外，听说何进丧生，就打算率军入宫，而宫门已经关闭。虎贲警卫指挥官（虎贲中郎将）袁术，跟吴匡等，联合向皇宫进攻，刀砍宫门，禁宫中级侍从宦官（中黄门）等各执武器，在内严密防守。不久，天色黄昏，袁术下令纵火，焚烧南宫青琐门，打算逼出张让等。张让等往后宫禀报何太后，说："最高统帅（大将军何进）谋反，火烧宫殿，进攻宫廷秘书署。"裹挟何太后、皇帝刘辩、皇弟陈留王刘协，以及宫廷其他官属，从双层大道，投奔北宫。宫廷秘书（尚书）卢植，手拿长矛，在双层大道亭阁窗下，仰头斥责段珪，段珪惊恐，释放何太后，何太后从上面向亭阁跳下，得免一难。

袁绍跟叔父袁隗，假传圣旨，召见樊陵、许相，立即处决。袁绍跟何苗率军包围朱雀门（南门），生擒赵忠，当场格杀。吴匡等一向怨恨何苗不跟老哥何进合作，又疑心何苗可能跟宦官同谋，于是煽动部属说："杀最高统帅（大将军何进）的，就是何苗，你们能不能报仇？"大家流泪说："愿出死力。"吴匡遂跟董卓的老弟、御车总监（奉车都尉）董旻，击斩何苗，把尸首抛到草地。袁绍既攻入北宫，下令紧闭宫门，对宦官作地毯式搜捕屠杀，不论老幼长少，共二千余人，无一人幸免。非宦官的官属（如宫廷秘书署职员），有的因没有胡子，也都死在刀下。袁绍更命将士爬上端门（北宫正南门），攻入寝殿。

八月二十七日，张让、段珪等困守寝殿，困窘无策。于是裹挟皇帝刘辩，跟皇弟陈留王刘协，约数十人，步行逃出谷门（洛阳北面东门），向北方亡命。深夜，逃到小平津（河南省洛阳市孟津区东黄河渡口），皇帝所用的六颗印信，全没有携带，三公、部长级高级官员，没有一个人跟随，只有宫廷秘书（尚书）卢植、首都洛阳市（河南省洛阳市东白马寺东）市政府中区秘书（中部掾）闵贡，连夜赶到黄河堤岸。闵贡厉声喝责张让等，说："你还不快点了断，我只有杀你！"手斩数人。张让等恐惧，拱手作揖（揖，音yī〔衣〕。是中国传统的礼节之一，双手交叉或相握，向对方作弧形上下移动，表示敬意），然后向刘辩下跪叩头说："我们死了，陛下保重。"遂投黄河溺毙。

柏杨曰

宦官，是中国封建专制体系中最可耻的产物之一，纪元前十二世纪时，农业而多妻的周部落——就是被后世儒家学派色授魂迷的姬昌（文王）、姬发（武王）、姬旦（周公）等"圣人帮"当权的政权，在灭掉商王朝后，把这一残酷制度，带入中国，延续三千年之久，直到二十世纪，才随着帝王的消灭而消灭。

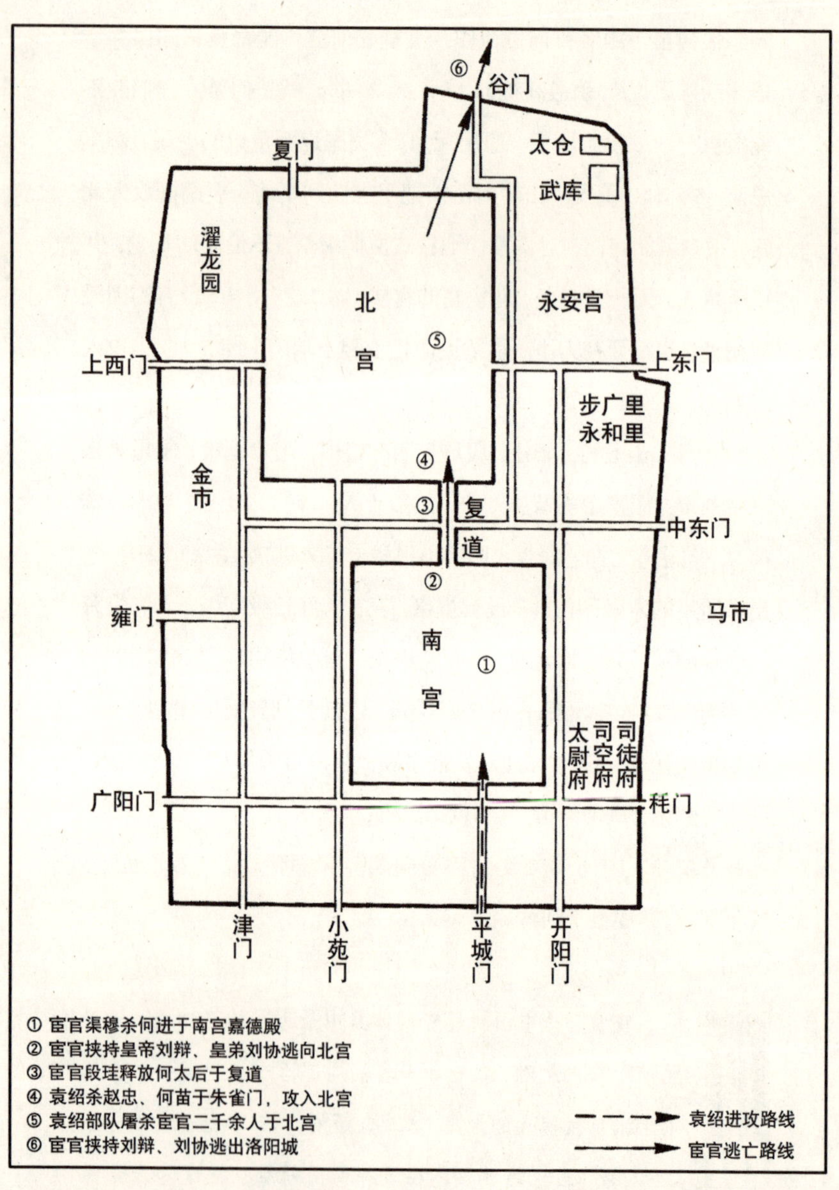

二世纪·一八九年八月　袁绍屠杀宦官

一个男主人拥有数目庞大的小老婆群之后，为了防止红杏出墙，最好的办法，莫过于把她们像囚犯一样，关闭在戒备森严的庭院（皇宫）之中，与男人世界，完全隔绝。问题是，皇宫工作，并不能全由女人担任。周部落遂想出一种残酷办法，那就是把男人的生殖器阉割，以供差遣。这种人，称为宦官，成为多妻制度下女人和男人之间最理想的媒介。几乎每一个有钱或有权的家庭中，都有这种可怜的畸形人，皇宫中的数量当然更多，直到十世纪，宋王朝政府下令禁止人民蓄养阉奴，宦官才为皇帝所专有。

世界上很少男人高兴阉割自己，宫廷原则上又不接受成年宦官，所以宦官的来源，只有一途，那就是哀哀无告的贫苦家庭。这是中国人历时最久的一种悲惨命运。诗人顾况曾有一首孩子的诗，描写宦官的诞生：

孩子啊，你生在穷乡
官员捉住你，把你残伤
为了进贡给皇帝，为了获得满屋金银
为了要下狠心，把孩子戴上刑具，当作猪羊
苍天啊，你慈悲何在，使孩子遭此毒手
神明啊，你公正何在，使官员享福受赏

爸爸送别孩子：
“我儿啊，我后悔生下了你
当你初生时
人们都劝我不要抚养
我不忍心

果然你遭受到如此悲苦下场——”

孩子告别爸爸：

“心已粉碎，流下血泪两行

爸爸啊，从此远隔天壤

直到死于黄泉

再见不到爹娘——”

孩子们被阉割后，即送入宫廷，永远和父母家乡隔离。跟宫女的遭遇一样，同是投进狼群的羔羊，无依无靠、无亲无友，随时会被杀死、虐死、折磨死。而宦官比宫女更为悲惨，宫女在二十年三十年之后，或许还有被释放出宫的可能，宦官则永远没有，而是终身奴隶。中国宫廷是世界上最黑暗的魔窟之一，其中有它特有的行为标准和运转法则，孩子们必须含垢忍辱，用谄媚和机警，以及不可缺少的好运，才能保护自己。最幸运的人，终于有一天接近皇帝。皇帝是权力魔杖，触及——最好是能掌握权力魔杖，才有出人头地的机会。然而，绝大多数孩子都在魔窟中含泪而死，犹如绝大多数的无期徒刑囚犯，都在监狱中含泪而死一样。

因之，宦官是自卑的，因为他们没有表现他们是男子汉的能力。宦官没有高深的知识，因为他们没有机会受到教育。宦官多少怀着对常人仇恨和报复心理，因为他们只因贫苦而被阉割，宦官缺少远见和伟大抱负，因为宫廷生活极度狭窄和现实。宦官缺少节操，因为宫廷践踏节操，有节操的人在宫廷中不能生存。

所以，当宦官一旦掌握大权之后，我们不能希望他们比皇亲国戚，或知识分子士大夫阶层更为高明，那超过他们的极限。

东汉王朝皇帝老爷跟皇后家族（外戚）的斗争，开始于四任帝刘肇。这种斗争，皇帝必须获得外力支持，才能取胜；没有外力支持的皇帝，脆弱的程度，跟平民没有分别。所谓外力：一是知识分子士大夫，一是宦官。但跟知识分子士大夫结合很少可能，因为平常太过疏远。唯一的一条路只有依靠宦官。刘肇先生就是仗着宦官郑众诛杀窦宪。十一任帝刘志先生，更跟五位宦官结盟，对付梁冀。在消除了皇亲国戚之后，宦官遂以正式的政府高官身份，出现于政治舞台；他们的家族亲友，也纷纷涌进政府，而这些贫贱出身的新贵，几乎除了贪污和弄权外，什么都不会，比皇亲国戚所做的，更要恶劣。于是知识分子士大夫遂跟皇后家族联合，利用所可以利用的力量，打击宦官，宦官自然予以同等强烈的回报，中国遂开始第一个宦官时代，从一五九年十三个宦官封侯，到一八九年全体被杀，三十一年间，搏斗惨烈。

不过，我们特别注意到，所有宦官的罪行，多来自知识分子士大夫的一面之词。而宦官滥杀无辜，也不过只有三件：一六〇年杀赵岐全家，一六六年射杀民女，一七九年杀人悬尸。

相形之下，知识分子士大夫事实上却更残忍：一六〇年，连宦官的宾客都杀。一六六年，连宦官的朋友也杀，更牵连到宦官的娘亲。而且很多次都在政府颁布赦令之后再杀，更以对宦官苦刑拷打为乐。可能有人说知识分子士大夫只对宦官才如此凶暴，其实对小民也是一样。一位守丧二十年，生了五个孩子的赵宣，他只不过违背了一星点儒家学派的礼教而已，并没有犯法，但宰相陈蕃却把他处死。北海国（首府剧县〔山东省昌乐县西〕）宰相孔融，竟把一个他认为在老爹墓前哭声不哀的人斩首。

第一个宦官时代在血腥中结束，宦官彻底失败。但知识分子士大夫的胜利，却很悲惨，董卓的刀子已架到他们的脖子之上。

13 闵贡扶着皇帝刘辩，跟皇弟刘协，在深夜中，徒步向南摸索，天色漆黑，伸手不见五指，而又不熟悉道路，只靠着萤火虫微弱的亮光，辨识脚下小径，希望回到洛阳皇宫。这样走了数华里，在路旁民家，得到一辆牛拉的板车（如何得到？是抢？是借？是偷？没有说明），一齐挤到板车上面，抵达洛舍（邙山北麓）。

八月二十八日，才找到两匹马，皇帝刘辩独骑一匹，闵贡跟皇弟刘协同乘一匹，从洛舍南下。这时，才有高级官员陆续前来护驾。

董卓大军挺进到显阳苑（洛阳西郊），遥遥望见洛阳大火冲天，知道变化发生，即强行军急进，黎明前，抵达洛阳城西。情报说，皇帝正在北郊，遂率精锐部队，跟闻讯而至的一些高级官员，往北郊迎接，就在北芒阪（邙山北）下，跟皇帝刘辩相遇。这位年方十四岁的小皇帝看到大军，吓得面无人色，流泪哭泣。为了减轻小皇帝的恐怖，三公级高级官员告诉董卓："天子诏令，军队向后撤退！"董卓不耐烦说："你们都是国家的栋梁，不能辅导皇家，以致使君王流亡在外，还有脸教军队撤退！"然后上前参见刘辩，刘辩在惊恐中，结结巴巴，语无伦次。董卓再跟皇弟刘协谈话，询问事变经过，九岁的刘协一一回答，有条有理，毫无遗漏。董卓大为欢喜，认为皇弟比皇兄要强得多，而又是董太后亲自养大，董卓自以为跟董太后同族，遂兴起罢黜刘辩，拥立刘协的念头。

当天（八月二十八日），皇帝刘辩返回皇宫，赦天下，改年号（第二次）——改光熹元年为昭宁元年。皇帝的六颗印信，五颗仍在，最重要的"传国御玺"却告遗失。任命丁原当首都洛阳警备区司令（执金吾）。

骑兵总监（骑都尉）鲍信，从泰山郡（山东省泰安市东）募兵，适时返

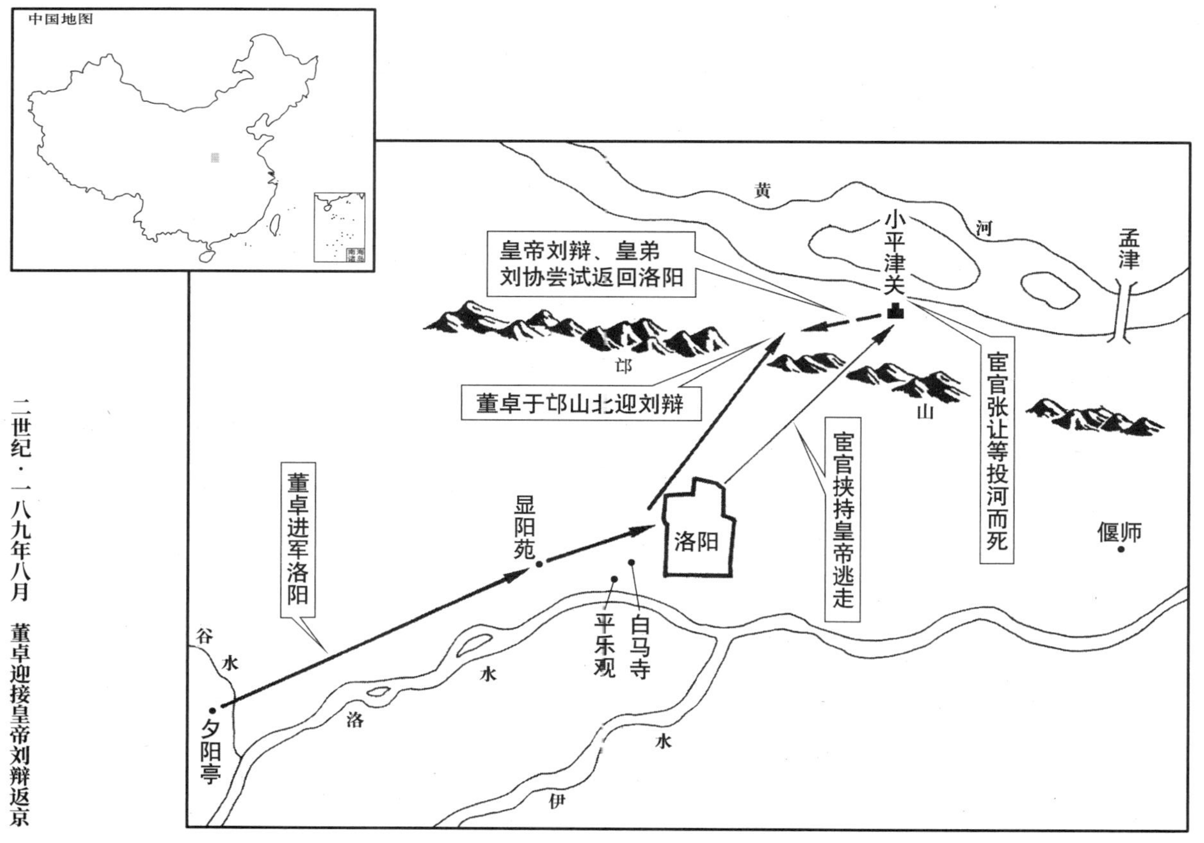

二世纪·一八九年八月　董卓迎接皇帝刘辩返京

抵洛阳，向袁绍建议说："董卓手握强大部队，恐怕另有打算。今天不除掉他，必然被他控制。现在正应乘他们新到一个陌生环境，而又十分疲惫，如果袭击，可以生擒活捉！"袁绍恐惧董卓强悍，不敢发动。鲍信看到大难将起，遂率领他新募的部队，返回泰山。

董卓初到洛阳时，步骑兵不过三千人，自知兵力单薄，恐怕不能造成压力，使远近慑服。于是，每隔四五天，就命他的部队悄悄溜出洛阳，而于第二天早上，战鼓震天、旌旗招展，以堂堂之师，进入首都。人们都认为凉州军团继续抵达，没有人知道底蕴。不久，何进、何苗的部属，都归附董卓，董卓又挑拨离间，使武猛司令官（武猛都尉）丁原部下的军政官（司马）五原（内蒙古包头市）人吕布，刺杀丁原，吞并丁原的部队，董卓的实力遂大为膨胀。于是，暗示政府要员，借口天气久旱，没有降雨，最高监察长（司空）刘弘免职，由董卓接任。

14 最初，参议官（议郎）蔡邕，被放逐朔方郡（内蒙古包头市。参考一七八年），后来逢到赦令，得以返回乡里。五原郡（包头市）郡长王智，是寝殿侍奉宦官（中常侍）王甫的老弟，弹劾蔡邕言论诽谤政府，蔡邕遂离家逃命，浪迹江湖，历时十二年。董卓听过他的盛名，特别征召，蔡邕声称有病，拒绝接受。董卓咆哮说："告诉他我有权屠灭人的家族！"蔡邕恐惧，只好到首都洛阳报到。董卓大喜，请他担任国立大学校长（祭酒），十分敬重；并用考绩第一的理由，作一连串爆炸性的升迁，三天之内，历遍"三台"（三台：中台，尚书台〔宫廷秘书署〕；宪台，御史台〔总监察署〕；外台，谒者台〔皇家礼宾署〕。蔡邕第一天升迁执法监察官〔侍御史〕，第二天升迁诉讼监察官〔治书御史〕，第三天升迁宫廷秘书〔尚书〕。然而只经历二台——没有外台）。最后，升迁到宫廷随从（侍中，年俸二千石，部长阶层官员）。

15 董卓告诉京畿总卫戍司令（司隶校尉）袁绍说："天下之主，应该由贤明的人担任。每每念及灵帝（刘宏），使人愤恨。皇弟（刘协）似乎不错，我打算改立他当皇帝，他比现任皇帝（刘辩）如何？人，常有一种现象，小事聪明，大事痴呆，不知道怎么做才恰当。如果连刘协也不行，刘姓皇族不应该使他们留种（明显表示要篡夺东汉王朝政权）！"袁绍说："东西两汉王朝加在一起，统治中国四百年左右，恩德广被、万民拥戴。今上皇帝年纪正幼，并没有恶行传布天下。将军如果罢黜嫡子（刘辩），改立庶子（刘协），恐怕没有人赞同你的意见。"

董卓手按剑柄，大声叱喝说："你是什么东西，竟敢用这种态度对我！天下大事，在我掌握之中，我想干什么就干什么，谁敢反抗？你难道认为董卓的刀不够锋利！"袁绍勃然大怒，说："天下英雄好汉，不仅你一个人！"拔出佩刀，向在座各位官员作了一个半圆的揖，昂然而出。董卓因为新到首都，而袁绍又是世家，不敢骤然诛杀。袁绍发现不能再留，把皇帝刘辩颁发的京畿总卫戍司令的符节，悬挂在上东门（洛阳东面北头第一门），投奔冀州（河北省中部南部）。

16 八月三十日（原文"九月癸酉"，"九月"二字应移后，否则不可解），董卓集合文武百官，粗暴的宣布："皇帝（刘辩）昏弱，没有能力祀奉皇家祭庙，当天下之主。现在，打算依照伊尹、霍光前例，改由皇弟陈留王（刘协）继位，大家以为如何？"三公、部长级以下官员，十分震恐，没有人敢表示意见。董卓再加强压力，说："从前，霍光决定大计方针，田延年握剑待发（参考前七四年），胆敢有人反对，军法从事。”在座的无不震骇。

只有宫廷秘书（尚书）卢植抗议说：“从前，子太甲（商王朝五任帝）既坐上宝座，昏庸不明。刘贺（西汉王朝九任帝）罪状，也有千余条之多，所以才被罢黜。今上皇帝（刘辩）年纪幼小，行为没有过失，不能援引前例。”董卓大为愤怒，站起来就走，准备诛杀卢植。蔡邕向董卓求情；而参议官（议郎）彭伯也劝董卓说：“卢植是儒家学派高级知识分子，人们对他怀最大尊敬。今天先害了他，一定引起全国性的恐怖。”董卓遂停止下手，而只把卢植撤职。卢植遂逃出首都洛阳，到上谷郡（河北省怀来县）隐居。

董卓把撤换皇帝的意见，送给皇家师傅（太傅）袁隗，征求意见，袁隗顺服的回报同意。

九月一日，董卓再在崇德前殿召集御前会议。何太后在威胁下，下诏罢黜刘辩，理由是：“皇帝（刘辩）在为老爹守丧期间，没有当儿子的孝心，而相貌仪表，又不像一个君王，应解除他的职位，降封弘农王（首府弘农〔河南省灵宝市东北〕）。改立陈留王刘协，继承宝座。”袁隗遂把刘辩身上的皇帝印信解下来送给刘协。然后搀扶新封弘农王的刘辩下殿，向新即位的小弟刘协称臣。何太后呜咽流泪，文武官员也感到悲怆，但都相对无语。

董卓又指摘何太后，说：“何太后曾经逼迫婆母董太皇太后，使董太皇太后忧死；一个当媳妇的竟敢如此，大逆不道。”把何太后迁到永安宫。赦天下，改年号（第三次）——把昭宁元年，改为永汉元年。

九月三日，用鸩酒毒死何太后，三公部长以下官员，不穿丧服，集合追悼时，仅穿素色衣裳。董卓又把何苗棺木挖出来，拖出尸体，段段砍碎，扔到道路旁边，再诛杀何进娘亲舞阳君，把尸体抛入御花园枳林。

17 下诏，任命三公部长以下官员的子弟当宫廷禁卫官（郎），递补宦官留下的空缺，在宫廷侍奉。

18 九月十二日，任命全国武装部队总司令（太尉）刘虞，当全国武装部队最高指挥官（大司马。此官于五二年已废，如今重置），封襄贲侯。董卓自己担任全国武装部队总司令（太尉），兼前将军，加发代表皇帝的符节，以及显示尊贵身份的斧钺仪仗、虎贲警卫武士，封郿侯。

19 九月十三日，擢升中级国务官（太中大夫）杨彪当最高监察长（司空）。

20 九月二十一日，擢升豫州（河南省）全权州长（牧）黄琬当宰相（司徒）。

21 董卓率领三公，上书昭雪陈蕃、窦武（二人事迹，参考一六八年八月）以及党人，一律恢复爵位，派使节分别前往祭悼；擢用他们的子孙当官。

22 自六月到九月，大雨连绵。

23 冬季，十月三日，安葬何太后。

24 并州（山西省及黄河河套地区）白波变民集团，攻击河东（山西省夏县），董卓派部将牛辅讨伐。

最初，南匈奴汗国（王庭设美稷〔内蒙古准格尔旗〕）四十一任单于挛鞮于扶罗继位（参考去年〔一八八〕），当初谋杀他老爹前任单于（四十任）挛鞮羌渠的贵族，集体叛变，拥立须卜队长（骨都侯）当单于；挛鞮于扶罗前往首都洛阳控告，要求东汉政府制裁，正碰上中国皇帝刘宏（十二任灵帝）逝世，一团混乱，挛鞮于扶罗遂率数千骑兵，跟白波变民集团结合，攻击郡县，劫掠财产。当时，人民为了自保，都建有坚固堡寨。挛鞮于扶罗根本抢不到东西，反而受到严重伤亡；打算北返王庭，王庭那些拥立新单于的贵族，拒绝他回国，挛鞮于扶罗只好停留在河东郡（山西省夏县）平阳县（山西省临汾市）。

须卜队长（骨都侯）当了一年单于，逝世。王庭单于宝座空位，由须卜队长（骨都侯）的老爹代行单于职权。

25 十一月，擢升董卓当相国（东西两汉王朝自萧何〔参考前一九八年〕、曹参〔参考前一九三年〕、吕产〔参考前一八〇年七月〕三人当相国之后，没有第四人当相国），奏事时不书写姓名，入朝时不必快步，上殿时不解佩剑，不脱木屐（这是专制时代，权臣篡夺政权的三部曲，一旦出现这三部曲，该权臣不是被杀，便是他或他的儿子终于坐上宝座）。

26 十二月戊戌日（十二月癸卯朔，没有戊戌），任命宰相（司徒）黄琬当全国武装部队总司令（太尉），最高监察长（司空）杨彪当宰相（司徒），宫廷禁卫官司令（光禄勋）荀爽当最高监察长（司空）。

最初，宫廷秘书（尚书）武威（甘肃省武威市）人周毖（音bì〔毙〕）、京师城防指挥官（城门校尉）汝南（河南省平舆县西北射桥镇）人伍琼，建议董卓：

对刘志（桓）、刘宏（灵）时代的腐败政治，作彻底改革，擢用天下知名人士，用以收揽人心，董卓采纳。命周毖、伍琼，跟宫廷秘书（尚书）郑泰、秘书长（长史）何颙等，淘汰不称职和贪赃枉法的官员，选拔一直被压制的贤能人才。于是，征召隐士荀爽、陈纪、韩融、申屠蟠。任命荀爽当平原国（首府平原〔山东省平原市〕）宰相。

荀爽赴任途中，走到宛陵（丹阳郡郡政府所在县，安徽省宣城市宣州区），被擢升宫廷禁卫官司令（光禄勋），到职才三天，再擢升最高监察长（司空）；从被征召，升迁到三公高位，共九十三日。又任命陈纪当皇家高级警卫指挥官（五官中郎将），韩融当藩属事务部长（大鸿胪）。陈纪，是陈寔的儿子。韩融，是韩韶的儿子。荀爽等初被征召时，畏惧董卓凶暴，不敢拒绝。只有申屠蟠，在接到文书后，人们都劝他启程，申屠蟠笑笑，不作任何回答，董卓终无法勉强。申屠蟠年七十有余，寿终家宅。董卓又任命宫廷秘书（尚书）韩馥当冀州（河北省中部南部）全权州长、宫廷随从（侍中）刘岱当兖州（山东省西部）州长（刺史）、陈留（河南省开封市东南陈留镇）人孔伷当豫州（河南省）州长（刺史）、东平（首府无盐〔山东省东平县东南〕）人张邈当陈留郡长、颍川（河南省禹州市）人张咨当南阳（河南省南阳市）郡长。

董卓的亲信或部属，都没有显职高官，只留在部队中担任指挥官、司令。

27 下诏废除光熹、昭宁、永汉三个年号，仍恢复称本年为中平六年（第四次改年号）。

28 董卓性格凶暴残忍，一旦控制中央，全国武装力量跟国库，全入掌握，威势震动天下，欲望也跟着升高，曾告诉他的宾客，说："我的相貌，最最尊贵，再没有上级！"执法监察官（侍御史）扰龙宗（扰龙，复姓），晋见董卓报告公务，没有解下佩剑；董卓立即把扰龙宗用铁锤击杀。此时，首都洛阳的皇亲国戚，家宅相望，充满金银财宝，非常富有，董卓放纵他的士兵抢劫，士兵们冲进内宅，先抢财物，后抢妇女，不管你是多么高贵的家庭。首都霎时间成为一座恐怖之城，人心惶惶，朝不保夕。

董卓下令缉捕逃走的前京畿总卫戍司令（司隶校尉）袁绍。周毖、伍琼向董卓建议说："罢黜皇帝这种大事，不是普通人所能做到的。袁绍不识大体，在语言上得罪了你，内心恐惧，才弃职出奔，并没有别的想法。如果搜捕太急，势必逼他反抗。袁姓家族建立的恩德，四世之久（袁安到袁绍，恰恰四代）。学生、门徒、旧部，遍布天下，如果集结英雄豪杰起兵，其他变乱将会发生。届时，山东（崤山以东）地区，恐怕不再归你管辖。不如下令赦免，任命他当一个郡长。袁绍高兴他的无罪，可以免除后患。"董卓认为有理，遂任命袁绍当勃海（河北省南皮县）郡长，封邟乡侯（邟，音kàng〔抗〕）。又任命袁绍堂弟袁术当后将军，曹操当骑兵指挥官（骁骑校尉）。

袁术恐惧董卓，弃职投奔南阳（河南省南阳市）。曹操也逃亡，改名换姓，从小径逃回家乡（曹操是沛国谯县〔安徽省亳州市〕人）。经过中牟（河南省中牟县），驿马车站长（亭长）疑心他来路不明，逮捕他送到县政府。县政府这时已接到中央的通缉令，只有行政官（功曹）心里知道他就是曹操，认为天下已乱，不应这样对待英雄豪杰，遂建议中牟县长，把曹操释放。曹操回到陈留郡（河南省开封市东南陈留镇），出卖家产，招募勇士，集结五千人。

29 这时，天下英雄豪杰，多半准备聚众起兵，讨伐董卓，袁绍在勃海郡（河北省南皮县），冀州（河北省中部南部）全权州长韩馥，派出几位参谋官（从事），对袁绍严密监视，不准有任何行动。东郡（河南省濮阳市西南）郡长桥瑁，伪造了一份首都洛阳三公分送给各州郡的文告，文告上指控董卓的罪恶，说："我们都受到迫害，无法自拔，盼望兴起义兵，解救国难！"

韩馥得到这项文告，询问几位参谋官（从事）的意见："我应该帮助袁绍？或是帮助董卓？"总参谋官（治中从事）刘子惠说："我们起兵，只是为了国家，讲什么袁绍、董卓？"韩馥面有愧色。刘子惠又说："军事行动，是一种凶险，我们不可以争抢第一，应该观察别的州如何反应，如果有人发动，我们起来追随。冀州比起别的州，并不微弱；别州建立的功业，从没有比冀州更大！"韩馥同意。

韩馥遂写信给袁绍，陈述董卓罪状，鼓励他起事。

东汉瓦解

导读

每一次改朝换代战争，都是遍地厮杀，一片血肉模糊。西汉王朝转变为新王朝时，因为用的是和平手段，政局大体平静（奇异的是，和平手段被传统知识分子视为大逆不道，必须经过遍地厮杀，一片血肉模糊，才被赞扬“得国最正”）。然而新王朝转变为东汉王朝时，中国人却没有那么幸运。而东汉王朝转变为晋王朝时，包括三国时代在内，厮杀更多，血肉模糊更重。

《东汉瓦解》，叙述东汉王朝末叶黄巾民变引起的变化，权力中心瓦解，平常尊严如神，高不可攀的权力魔杖——皇帝，被军阀像玩弄家畜一样的，玩来玩去。更糟的是充当棋子的人民，饿死、杀死，死者已矣，一了百了，活着的人却比死者还要悲惨。无论是英雄或是狗熊，没有一个人不杀人如麻。

《东汉瓦解》结束时，袁曹两大集团的决斗，已经结束，但中国人的苦难，却不过刚刚开始。

柏杨　一九八四·一二·一五

目录

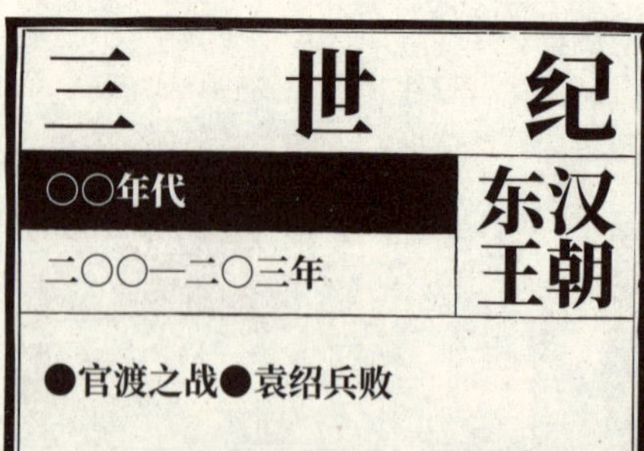

二世纪九〇年代

一九〇—一九九年

东汉王朝

- 东汉迁都长安。
- 吕布刺杀董卓。
- 洛阳、长安，全成一堆焦土。
- 天下大乱。
- 东汉迁都许县。
- 曹操当权。

- 罗马帝国皇帝康摩达暴虐，被元老院施毒绞死。
- 罗马、不列颠、叙利亚、多瑙河等军区，各立一帝，自奥古斯都屋大维以来，二百二十二年和平时期告终，天下大乱。
- 多瑙河军区拥立的皇帝塞弗拉斯，削平群雄，屠杀富民，夺取财产。从此继任皇帝，一直用此方法杀人谋财。

一九〇年 庚午

东汉　初平　元年

1 春季，正月，东汉王朝（首都洛阳〔河南省洛阳市东白马寺东〕）关东（函谷关以东）各州郡，纷纷起兵讨伐董卓，共同推举勃海郡（河北省南皮县）郡长袁绍当盟主。袁绍自称车骑将军，其他将领，都由车骑将军用中央政府名义，授予官职（术语称"板授"，是一种没有诏书的任官。当时董卓挟持皇帝，袁绍等无法取得正式诏书）。袁绍跟河内郡（河南省武陟县）郡长王匡，驻军河内郡（河南省武陟县）；冀州（河北省中部南部）全权州长（牧）韩馥，留守邺城（即邺县，魏郡郡政府所在县，河北省临漳县西南邺城镇），负责后勤粮秣供应；豫州（河南省）州长（刺史）孔伷，驻军颍川郡（河南省禹州市）；兖州（山东省西部）州长（刺史）刘岱、陈留郡（河南省开封市东南陈留镇）郡长张邈、张邈老弟广陵郡（江苏省扬州市）郡长张超、东郡（河南省濮阳市西南）郡长桥瑁、山阳郡（山东省巨野县东南大谢集镇）郡长袁遗、济北国（首府卢县〔山东省济南市长清区〕）宰相鲍信，跟骁骑指挥官曹操的部众，全都驻扎酸枣（河南省延津县）；后将军袁术则驻扎鲁阳（河南省鲁山县）；各地均有数万人之多，天下英雄豪杰，都归心袁绍。只有鲍信告诉曹操："智谋不是每一个人都有，能够铲除灾乱，恢复秩序的，是你！才干和地位如果不能相称，虽然强大，最后一定倒毙！难道是上天派他们下来为你开路？"

2 正月十日，赦天下。

3 正月癸酉日（正月壬寅朔，没有癸酉），相国董卓命王宫禁卫官司令（郎中令。此时中央政府没有"郎中令"，当是封国的属官）李儒，用鸩酒毒死前任帝（十三任少帝）、弘农王（首府弘农〔河南省灵宝市东北〕）刘辩（本年十五岁）。

4 董卓准备大肆征调全国各州郡部队，讨伐山东（崤山以东）。宫廷秘书（尚书）郑泰说："政治成败，决定于恩德多少，不决定于武力多少！"董卓沉下脸说："照你这么说，军队就没有用了。"郑泰说："我不是这个意思，而只是强调山东（崤山以东）还没有资格劳动大军。阁下生在西州（甘肃省东部），从小就当将帅，深明军事韬略。袁绍不过是一个宰相世家的公子哥儿，一生都在京师（首都洛阳）；张邈不过东平国（首府无盐〔山东省东平县东南〕）一个忠厚老汉，坐在那里，眼睛都不敢四下张望；孔伷只会高谈阔论，把死的说活，把活的说死；这些人都没有军事才能，沙场相见，跟你不能相比。况且，他们的官职，都没有经过皇上任命，尊卑既没有根据，结果是谁都不听谁的！袁绍如果用力量压服，各人就会保存实力，观察风向成败，绝不肯同心同德，同进同退（郑泰虽然是向董卓发言，但山东〔崤山以东〕联军统帅的无能，将领的弱点，也正是如此）。而且，山东（崤山以东）太平日子太久，人民不熟悉战争；关西（函谷关以西）最近受到羌人部落的攻击，连妇女都能使用弓箭，参与战斗。天下所恐惧的，没有更超过并州（山西省及黄河河套地区）、凉州（甘肃省）的民兵，以及羌人、胡人的志愿军战士；而阁下却恰恰拥有这些部队，作为爪牙。好像驱使虎豹直扑羔羊，刮起烈风去扫尽枯叶，谁敢抵挡？在这种绝对优势下，无缘无故全国动员，使天下震动，势将有些逃避兵役的人集结在一起，惹是生非。不用政治手段解决，却采取军事行动，将损害自己威严。"董卓大为高兴。

5 但董卓仍认为山东（崤山以东）联军声势浩大，计划把首都从洛阳迁到长安（陕西省西安市）躲避，三公以及部长级官员，都不敢表示异议。董卓推荐首都洛阳市长（河南尹）朱儁（音jùn〔俊〕）当交通部长（太仆），作为副相国。使节召唤朱儁接受任命，朱儁拒绝，陈述理由说："中央政府西迁，一定使天下失望，将更增强山东（崤山以东）联军的怒火，我不认为应该这么做。"使节说："召唤你只是为了要你接受交通部长（太仆）的官位，而你拒绝官位；没有向你询问迁都大事，你却回答这些，为什么？"朱儁说："副相国高职，不是我所能承担的重任。迁都，不是我所认为可行的决策，这却是急须检讨的。拒绝我无力承担的官位，陈述我看到最急迫的盼望，是做臣属的本分。”董卓遂不再遴选副相国。

董卓召集高阶层官员会议，宣布说：“高祖（西汉王朝一任帝刘邦）建都关中（陕西省中部），历时十有一世（第一世刘邦建立王朝，第十一世刘婴丧失王朝）；光武（一任帝刘秀）建都洛阳，到现在也十有一世（第一世刘秀建立王朝，传到现任皇帝刘协，仅有八世。董卓所指之“世”数，可能是任数，但西汉王朝有十五任，东汉王朝现任皇帝刘协，已是第十四任，也不相符。所以如此混乱，只因有些短命的或被罢黜的皇帝，都被政治菜市场一笔抹杀之故）。按照《石包谶》（神秘预言书）的说法，应迁都长安，以符合上天跟小民的愿望。”文武官员，全都不敢发言。宰相（司徒）杨彪说：“迁移首都，改变制度，是天下大事。所以子盘庚（商王朝二十任帝）把首都迁到亳邑（山东省曹县南），人民无不怨恨（子盘庚迁都事，根据《书经·盘庚序》，原文是：“盘庚五迁，将治亳殷，殷民咨胥怨。”前一七六六年，商王朝建立之后，共迁都六次；首都原在亳邑〔山东省曹县南〕，前一五五七年，迁都嚣邑〔河南省荥阳市〕〔一迁〕。前一五三四年，迁都相邑〔河南省内黄县〕〔二迁〕。前一五二五年，迁都耿邑〔河北省邢台市附近〕〔三迁〕。前一五一七年，迁都邢邑〔河北省邢台市〕〔四迁〕。前一四〇一年，迁都殷邑〔河南省安阳市〕〔五迁〕。前一一九八年，迁都朝歌〔河南省淇县〕〔六迁〕。子盘庚主持的是第五迁——从邢邑〔河北省邢台市〕迁到殷邑〔河南省安阳市〕）。当初，因为关中（陕西省中部）受到王莽破坏（这是一种政治菜市场上惯用的诬蔑，破坏关中的不是王莽，而是刘玄的玄汉王朝，和刘盆子的赤眉变民集团），所以光武皇帝（一任帝刘秀）才另行在洛阳建都；历时已久，人民安乐。至今，无缘无故，抛弃皇家祭庙，割舍皇家墓园，人民惊骇震动，势必发生变化，像滚水煮稀粥一样，全盘靡烂。《石包谶》是一本妖孽邪恶的书籍，岂可作为根据？”董卓说：“关中（陕西省中部）土地肥沃，秦王国用作基地，得以并吞六国。而且陇右（陇山以西）出产木材，杜陵（陕西省西安市东南）有武帝（西汉王朝七任帝刘彻）留下烧制陶器的窑灶。全力经营，立刻可以生产。

人民算什么东西？怎么考虑这个因素？如果反抗，我动用大军驱逐，能把他们统统赶到大海里淹死！”杨彪说：“天下大事，发动容易，收拾残局困难，请阁下再三考虑！”董卓板起面孔，说：“你打算破坏国策，是不是？”全国武装部队总司令（太尉）黄琬说：“这是一项重要措施，杨彪先生的话，只是提供参考！”董卓不作回答。最高监察长（司空）荀爽，看出董卓决心已定，恐怕突然暴怒，诛杀杨彪等，遂打圆场，说：“相国（董卓）岂会乐意这么做？只因为山东（崤山以东）起兵，不可能一天工夫就可削平，所以打算先行迁都，再作反击。这正是秦王国跟汉王朝（西汉王朝）的形势，借山川之利，控制天下。”董卓的愤怒才稍稍平息。

黄琬回府后，再上书反对迁都。

二月五日，董卓用天变灾异的罪名，奏准皇帝（十四任献帝）刘协（本年十岁），免除杨彪、黄琬官职。擢升宫廷禁卫官司令（光禄勋）赵谦当全国武装部队总司令（太尉），交通部长（太仆）王允当宰相（司徒）。

京师城防指挥官（城门校尉）伍琼、戒严指挥官（督军校尉）周毖，坚决反对迁都。董卓咆哮说：“我刚到京师（首都洛阳）时，你们两个劝我擢用正人君子，我一一听从。可是他们一旦到职，就起兵反抗。是你们出卖我董卓，不是我董卓出卖你们！”

二月十日，逮捕伍琼、周毖，处斩。杨彪、黄琬大为恐慌，前往拜访董卓道歉。董卓也有点后悔诛杀伍琼、周毖。于是再保荐杨彪、黄琬，当特级国务官（光禄大夫）。

6 董卓征召西都长安市长（京兆尹）盖勋当参议官（议郎），当时，左将军皇甫嵩率大军三万人，驻屯扶风郡（陕西省兴平市），盖勋秘密跟皇甫嵩联络，盼望起兵讨伐董卓。恰好，董卓征召皇甫嵩当京师城防指挥官（城门校尉。目的是剥夺皇甫嵩军权），皇甫嵩的参谋长（长史）梁衍，向皇甫嵩建议说："董卓霸占京师（首都洛阳），对皇上罢黜拥戴，全凭自己高兴。现在征召将军，可以准确的看出，大则有生命之危，小则也会受到困顿羞辱。乘着这个时候，董卓远在洛阳，皇上就要西迁，将军率领大兵，迎接君王，然后奉诏讨伐叛逆，号召全国将领；袁绍在东方攻击，将军在西方攻击，定可生擒董卓。"皇甫嵩不敢采纳，遂整装上道。（胡三省评论说："之前，皇甫嵩不能采纳侄儿皇甫郦的建议〔参考一八九年〕，而今又不能采纳梁衍的建议，是他自知他的能力不足以制服董卓。"）盖勋人单势孤，不能有所作为，也只好返回京师（首都洛阳）。董卓任命盖勋当南越兵团指挥官（越骑校尉）。

首都洛阳市长（河南尹）朱儁，向董卓陈述军事方面的意见，董卓轻蔑的说："我百战百胜，心中自有谋略。最好不要胡说八道，免得你的血污染我的宝刀！"盖勋说："从前，以子武丁（商王朝二十三任帝高宗）的圣明，还要求别人贡献意见（胡三省注，认为不是子武丁，而是卫和〔卫国十一任国君武公〕。根据《国语》，卫和九十五岁时，下令全国："不要认为我年纪太老而舍弃我，我毕恭毕敬，主持政府，如果能再听到一两句规劝，一定紧记在心，努力实行。"盖勋引用武公的话，史书辗转抄写，误成武丁）。何况阁下，却打算封人之口？"董卓表示歉意。

7 董卓派大军前往阳城（河南省登封市东南），正好乡民们在土地神庙前，举行盛大的祭神大会。霎时间变成血腥屠场，大军团团包围，杀光所有男人，然后用死者的车辆，载着死者的妻子女儿，把死者的人头挂在车辕上（车辕，放在车轴上的两根纵列的木棍，用以供骡马驾车），前呼后拥，高唱凯歌，返回洛阳，声称："击斩叛逆，大获全胜！"董卓下令把人头烧掉，把叛逆妇女赏赐给官兵当小老婆或婢女。

8 二月十七日，正式迁都，皇帝刘协西行。

董卓把洛阳所有富豪，集中一起，罩上一个罪名，全部诛杀，没收他们的财产，被处决的不计其数；然后把洛阳全市人民，共数百万之多，驱逐前往长安（洛阳至长安，航空距离三百五十公里，要穿过崤山〔河南省三门峡市东南〕、华山〔陕西省华阴市南〕，道路险恶）。董卓命步骑兵在后逼迫，人民互相拥挤践踏，饥饿时更互相掠夺，沿途堆满尸体。董卓自己留守洛阳毕圭苑（御花园之一，在洛阳宣平门外），纵火焚烧皇宫、庙宇、政府官舍、民宅。豪华盖世的首都洛阳，成为一片焦土；周围二百华里以内，房屋全毁，鸡犬不留。董卓又命部将吕布，挖掘东汉王朝历代皇帝，以及三公、部长，跟所有高级官员的坟墓（大都在邙山〔河南省洛阳市孟津区东南〕南北两麓），盗取珍宝（诸如"金缕玉衣"）。董卓俘虏山东（崤山以东）部队的士兵，用十余匹涂满猪油的布，裹到他们身上，先从脚底焚烧，活活烧死。

9 三月五日，皇帝刘协抵达长安（陕西省西安市），暂时下榻西都长安市政府（京兆府。即西汉王朝首都长安警备区司令部〔中尉府〕）。后来，稍稍整修未央宫，才迁入居住。这时董卓还没有到，政府大事小事，都由宰相（司徒）王允主持。王允协调内外，保护皇帝，有国家领导人的气度，从刘协到文武百官，都倚靠王允。王允屈意事奉董卓，董卓也十分信任王允。

10 董卓因袁绍在山东（崤山以东）叛变，三月十八日，斩皇家师傅（太傅）袁隗（袁绍的叔父）、交通部长（太仆）袁基（袁绍的堂兄弟），连怀抱中的婴儿都不放过，共诛杀袁家大小老幼五十余人。

11 最初，荆州（湖北省及湖南省）州长（刺史）王叡（州政府设汉寿〔湖南省常德市东北〕）跟长沙郡（湖南省长沙市）郡长孙坚，联合攻击零陵郡（湖南省永州市）、桂阳郡（湖南省郴州市）二郡变民。王叡认为孙坚不过一介武夫，言谈之间，流露轻视。等到各州郡起兵讨伐董卓，王叡、孙坚分别响应。王叡跟武陵郡（湖南省常德市）郡长曹寅，互相瞧不起，王叡扬言要先杀曹寅。曹寅恐惧，遂先行下手，伪造一份中央巡察官（按行使者）的公文，宣布王叡罪状，命孙坚逮捕王叡，当场诛杀，专案奏报。

孙坚接到命令，率军向王叡突袭。王叡听到消息，登上城楼眺望，派人前去询问原因，孙坚部队前锋官回答："士兵长久征战劳苦，打算面见州长（王叡），请求发给衣食！"王叡开城接见他们时，发现孙坚，吃惊说："士兵要求赏赐，孙郡长混在里面干什么？"孙坚说："接到钦差大臣命令，诛杀阁下。"王叡说："我犯了什么罪？"孙坚说："你犯了愚昧无知罪。"王叡束手无策，把金屑刮到酒中，饮下毙命。（陶弘景原注："生金有毒，不经过烧炼，吞下会致人于死。"）孙坚继续前进，抵达南阳郡（河南省南阳市），部众已膨胀到数万人。南阳郡郡长张咨，不肯供应粮秣，孙坚引诱他见面，当场格杀。全郡震恐，遂要什么有什么。再继续前进，抵达鲁阳（河南省鲁山县），跟后将军袁术会合，袁术遂从孙坚手中取得南阳郡。

袁术向中央推荐并任命（表）孙坚代理破虏将军、豫州（河南省）州长（刺史。"表"这个字开始在史书上出现，表示呈报中央，并获得批准；但事实上不过一个空洞形式。中央政府在董卓控制之下，自不会批准叛徒的任何推荐，而叛徒却必须用此表示他们的官职，已呈报中央批准。所以"表"也者，也就是推荐人直接任命）。

刘协下诏（董卓诏）：任命野战军参谋长（北军中候）刘表，当荆州（湖北省及湖南省）州长（刺史）。当时，遍地都是盗贼，道路阻断。刘表单人独马，进入宜城（湖北省宜城市），向南郡（湖北省江陵县）知名人士（宜城属南郡）蒯良、蒯越征求意见，说："长江以南，宗党变民集团，势力强大，各有首领，跟政府拒抗；如果袁术再来攻击，大祸难免。我打算征兵，但又怕征不到兵，二位有什么办法？"蒯良说："人民所以不归附，是官员的爱心不够；归附而不能安定，是官员的义行不够。如果爱心义行，同时实施，人民归附，将跟水向低处流一样，何必担心征不到兵？"蒯越说："袁术骄傲而头脑简单，宗党变民集团首领更多半贪残凶暴，部下都不心服。如果给他们一点小利，一定大批投降。然后，阁下再诛杀罪首，收编残众。一州之内，人人安居乐业，到那时候，由于你的威严和恩德，他们一定扶老携幼，前来投降。武装部队一旦建立，南方以江陵（南郡郡政府所在县，湖北省江陵县）作为根据地；北方则坚守襄阳（湖北省襄阳市），荆州共有八郡（南阳郡、南郡、江夏郡〔湖北省武汉市新洲区〕、零陵郡、桂阳郡、武陵郡、长沙郡、章陵郡〔湖北省枣阳市南〕。其中南阳郡已被袁术控制），一纸文告，就可以全部控制。即令袁术南下，也无能为力。"刘表说："对极。"遂派蒯越引诱宗党变民集团首领，归降的有五十五人，刘表一齐诛杀，吞并他们的部众。把州政府迁到襄阳（荆州州政府原设汉寿）；镇压叛乱，安抚变民，长江以南地区，全部平定（荆州在长江以南的四郡是：长沙郡、武陵郡、零陵郡、桂阳郡）。

12 董卓坐镇洛阳，山东（崤山以东）联军盟主、车骑将军袁绍等，以及各军将领，畏惧董卓的凉州军团强悍，谁都不敢先发动攻击。曹操说："我们发动义兵，诛杀暴徒，大军已经集合，各位还有

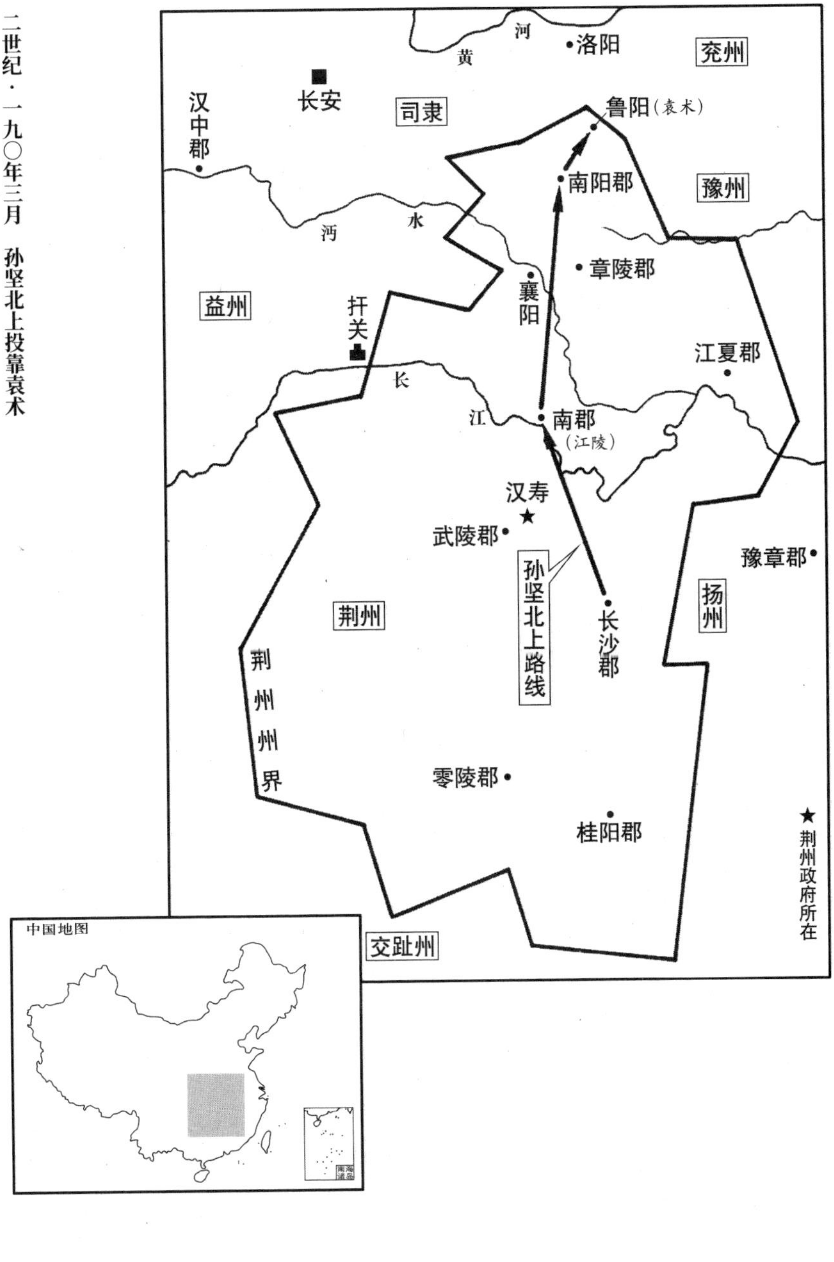

黄河
洛阳
兖州
长安
汉中郡
司隶
鲁阳（袁术）
南阳郡
豫州
沔水
章陵郡
益州
襄阳
扞关
江夏郡
长江
南郡（江陵）
汉寿
武陵郡
孙坚北上路线
豫章郡
荆州
长沙郡
扬州
荆州州界
零陵郡
桂阳郡
★荆州政府所在
交趾州
中国地图
南海诸岛

什么迟疑？假如董卓利用皇家权威，固守首都洛阳，向东征讨，虽然暴虐无道，对我们也足以造成大的伤害。而今，焚烧皇宫，劫持天子，四海之内，无不震动，不知道向谁归属！上天灭亡董卓的时候已到，一战就可以平定天下。”遂单独率军西上，准备夺取成皋（河南省荥阳市西北汜水镇）。陈留郡（河南省开封市东南陈留镇）郡长张邈，派他的将领卫兹，率领一部分军队，一同前进。

曹操抵达荥阳（河南省荥阳市）汴水，跟董卓凉州军团部将、玄菟郡（辽宁省沈阳市）人徐荣，发生遭遇战，曹操大败，被流箭射中，所骑的战马倒毙。堂弟曹洪把自己的坐骑让给曹操，曹操不接受。曹洪说：“天下可以没有曹洪，不可以没有曹操。”曹操遂上马，曹洪步行保护，乘夜逃走。徐荣发现曹操这么少的兵力，竟整整奋战一天，则山东（崤山以东）联军大本营所在地酸枣（河南省延津县），不容易一鼓作气攻下，也向后撤退。

曹操返抵酸枣（河南省延津县），各部大军已集结十余万人，却每天欢宴饮酒，聚会喧闹，没有人图谋进取。曹操责备大家，提出建议说：“各位如果能采纳我的计划，大事必成。请袁绍率河内郡（河南省武陟县）部队，进逼孟津（河南省洛阳市孟津区东黄河渡口）；酸枣（河南省延津县）的将领，据守成皋（河南省荥阳市西北汜水镇），控制敖仓（河南省荥阳市北敖山粮仓），封锁轘辕关（河南省登封市西北）、太谷关（河南省洛阳市偃师区西南），掌握外围险要；然后，请袁术率南阳郡（河南省南阳市）部队，攻击丹水（河南省淅川县）、析县（河南省西峡县），直入武关（陕西省商南县西南），威胁三辅（关中地区，陕西省中部）。全军兴筑高大坚固的城堡，严密防守，不跟凉州军团作正面冲突，而只派出游击部队，展示反抗力量的优越形势（胡三省注：曹操的谋略是，完全控制山东〔崤山以东〕，立于不败之地，等待董卓内部发生变化）。我们名正言顺的讨伐叛逆，可以立即决定胜负。而今，联军用正义号召天下，却迟迟疑疑，不肯前进，使天下失望，我为大家感到羞耻。”

张邈等不能接受这项部署。曹操遂跟军政官（司马）沛国（首府相县〔安徽省淮北市〕）人夏侯惇等，前往扬州（安徽省中部及江南地区）招募新兵，又集结一千余人，回来驻屯河内郡（河南省武陟县）。

不久，酸枣（河南省延津县）粮秣告尽，各军拔营星散。同时内斗又起，兖州（山东省西部）州长（刺史）刘岱，跟东郡（河南省濮阳市西南）郡长桥瑁，互相仇视（东郡属兖州），刘岱诛杀桥瑁，任命王肱兼东郡郡长。

青州（山东省北部）州长（刺史）焦和，也出兵讨伐董卓，一心西行，要到酸枣（河南省延津县）跟各部大军会合，后方遂告空虚。军队刚渡过黄河，黄巾变民集团已进入州境。青州一向殷实富庶，武装部队阵容壮观，可是焦和每次都望风而逃，从来不敢交战。焦和尤其喜爱卜卦，信奉鬼神，跟他面对面谈话时，高雅渊博，有条有理。可是实际观察他的政绩，却赏罚混淆，乱七八糟。全州遂一片萧条，城池都成废墟。

焦和不久因病逝世，袁绍命广陵郡（江苏省扬州市）人臧洪当青州（山东省北部）州长，抚慰人民。

13 夏季，四月，中央政府征召幽州（河北省北部及辽宁省）全权州长（牧）刘虞，当皇家师傅（太傅）。可是遍地兵荒马乱，路断人绝，诏书竟无法送达。

当初，幽州（河北省北部及辽宁省）界外，便是鲜卑、乌桓等部落，边防费用庞大，每年常由青州（山东省北部）、冀州（河北省中部南部）在田赋捐税中，拨出二亿余钱，补助幽州。现在，各地道路被战乱寸寸

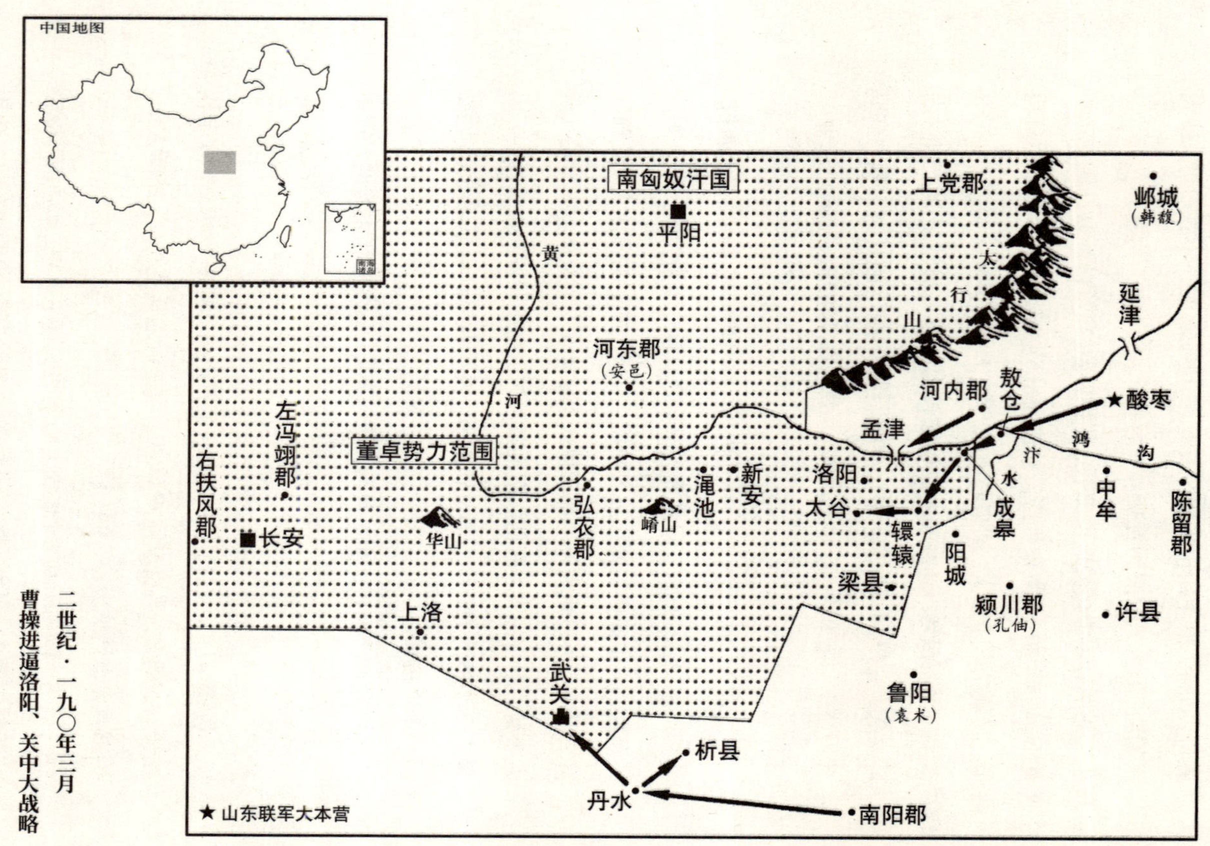

二世纪·一九〇年三月

曹操进逼洛阳、关中大战略

切断，运输完全停顿，州政府穷困，刘虞以州长高官，身披破衣，脚穿草鞋，饮食只不过一盘肉；行政宽厚，督促农家耕田种桑，在上谷郡（河北省怀来县），开辟对外通商市场，跟胡人贸易，又开发渔阳郡（北京市密云区）的盐产和铁矿。人民欢悦，全年丰收，谷米每石仅值三十钱。青州（山东省北部）、徐州（江苏省北部）知识分子跟平民，纷纷逃奔幽州（河北省北部及辽宁省），多达一百余万人，刘虞全部收容安抚，让他们得以安家立业。流亡客心有所属，都忘记他们是在流亡。

14 五月，最高监察长（司空）荀爽逝世。

15 六月辛丑日（六月己巳朔，没有辛丑），擢升特级国务官（光禄大夫）种拂当最高监察长（司空）。种拂，是种劭的老爹。

16 相国董卓，派藩属事务部长（大鸿胪）韩融、宫廷供应部长（少府）阴修、首都长安警备区司令（执金吾）胡母班（胡母，复姓）、工程总监（将作大匠）吴修、南越兵团指挥官（越骑校尉）王瓌，前往关东（函谷关以东），跟各地将领谈判，劝解袁绍等回归中央。胡母班、吴修、王瓌，到达河内郡（河南省武陟县），袁绍命河内郡郡长王匡，逮捕三人，一齐诛杀（胡母班是王匡的妹夫，在狱中曾写信给王匡，表明奉皇帝诏命而来。然而，天下已经大乱，诏书皇命，已无意义）。阴修到达鲁阳（河南省鲁山县），也被袁术处决。

只有韩融，因为德高望重，得免一死。

17 相国董卓宣布废除五铢钱，另铸小钱。把洛阳跟长安的铜佛像（铜人）、鹿头龙身铜像（钟虡）、雀头鹿身蛇尾铜像（飞廉）、铜马等，全部熔化，用来铸钱。从此，货币贬值，物价飞涨，谷米每石数万钱（跟幽州谷米每石只三十钱对照，应有多少人饿死）。

18 冬季，破虏将军孙坚，跟他的部下官员，在鲁阳（河南省鲁山县）城东，举行宴会。董卓的凉州军团步骑兵数万人，突然出现向孙坚突袭，人心震恐。孙坚正在谈笑敬酒，一面急调部队备战，一面下令宴会继续举行。一直等到部队集结完竣，孙坚才慢慢从座位上站起来，领导大家入城，说："我刚才所以不立即起身，只怕部队紧急布防时，奔驰践踏，各位会被永远留在城外。"

凉州军团看到孙坚部队严阵以待，不敢发动攻击，即行撤退。

19 河内郡（河南省武陟县）郡长王匡，驻扎河阳津（河南省孟州市西），凉州军团袭击，大破王匡军。

20 皇家左翼警卫指挥官（左中郎将）蔡邕建议：东汉王朝四任帝（孝和帝）刘肇以下，庙号称"宗"的，全部撤销（四任帝刘肇祭庙称"穆宗"，六任帝刘祜祭庙称"恭宗"，八任帝刘保祭庙称"敬宗"，十一任帝刘志祭庙称"威宗"），以符合古代儒家学派经典（有功勋的皇帝，祭庙称"祖"，如一任帝刘秀称“世祖”。有品德的皇帝，祭庙称“宗”，如二任帝刘阳祭庙称“显宗”。刘肇以下所有皇帝，毫无品德，所以废除“宗”的称谓)。皇帝刘协批准。

21 皇家警卫指挥官(中郎将)徐荣，推荐同郡人前冀州(河北省中部南部)州长(刺史)公孙度给董卓，董卓任命公孙度当辽东郡(辽宁省辽阳市)郡长。

公孙度到职后，执行法律，诛杀郡中名族豪门一百余家，全郡为之发抖。内部安定后，公孙度向东讨伐高句骊王国(首都国内城〔吉林省集安市〕)，向西攻击乌桓部落(河北省北部)。告诉亲信官员柳毅、阳仪等说：“东汉王朝已注定覆亡，我们当共同谋求建立独立王国。”于是把辽东郡(辽宁省)分割为辽西郡、中辽郡，各设郡长(郡政府所在地皆不详)。渡过渤海海峡，南下夺取原属青州(山东省北部)的东莱郡(山东省龙口市东黄城集村)所属各县，设立营州(州政府所在地不详)州长(刺史)。

公孙度自称辽东侯、平州(辽宁省)全权州长(牧)，修建西汉王朝一任帝(高祖)刘邦，及东汉王朝一任帝(光武帝)刘秀的祭庙；既代表皇帝发号施令(承制)，又代表皇帝祭祀天地(只有君王才有资格祭祀天地)，举行亲自示范耕田仪式(籍田。这是帝王为鼓励农业而举行的节目)，乘坐挂有铜铃的车辆(鸾路)，外出时，前有禁卫军开道(旄头)，后有羽林军保护。

一九一年 辛未

1 春季，正月六日，东汉王朝（首都长安〔陕西省西安市〕）赦天下。

2 关东（函谷关以东）各地将领（关东即山东，史书羼杂使用，只是顺笔出此，并没有特殊意义。跟这相同的，关中即三辅，陇右即西州，河东即山西），认为东汉帝（十四任献帝）刘协（本年十一岁），年龄幼弱，又在相国董卓控制之下，远隔在函谷关（河南省新安县）、桃林塞（东起河南省灵宝市，西至陕西省潼关县）之外，不知道生死存亡。而幽州（河北省北部）全权州长（牧）刘虞，是刘姓皇族中的英才，大家准备拥戴他当皇帝。曹操反对说："我们所以起兵而远近又所以无不响应，因为大义在我们这一边。皇上幼弱，受到奸臣控制，并不像西汉王朝九任帝刘贺那样，有什么罪行（刘贺，参考前七四年）。一旦改变，天下谁能接受？各位面向北边（刘虞在北），我自面向西方（刘协在西）。"冀州（河北省中部南部）全权州长（牧）韩馥、勃海郡（河北省南皮县）郡长袁绍，写信给后将军袁术，说："皇上（刘协），不是先帝（刘宏）的儿子，我们打算依照周勃、灌婴当年诛杀少主（西汉王朝四任帝刘弘），迎接代王（西汉王朝五任帝刘恒）的先例（参考前一八〇年），拥奉全国武装部队最高指挥官（大司马）刘虞，继任皇帝。"

袁术有自己当皇帝的野心，认为一个英明的君王，将挡住自己前途，于是声称为了公道与正义之故，拒不同意。袁绍再写信给袁术说："西方名义上的幼主（刘协），并非皇家血统（一口咬定刘协不是刘宏的儿子）。三公、部长级以下官员，都谄媚事奉董卓，怎么能再信任他们？我们派军扼守险要，自会把他们逼死。然后在东方拥戴圣明的君王，太平日子可以预期，不应再有迟疑。我们全家被杀（参考去年〔一九〇〕三月），应会想到伍子胥当初是如何为父兄报仇，怎么还可以向他称臣？"

袁术一脸忠贞的回答："圣主（刘协）聪明智慧，有姬诵（周王朝二任王成王）的天资。贼臣董卓，乘着国家危乱的当儿，用暴力镇压文武百官，这是东汉王朝的一个小小霉运，而你竟声称今上皇帝（刘协）非皇家血统，岂不是诬陷？又说：'全家被杀，怎么还可以向他称臣？'这是董卓所为，岂是皇上本意。一片赤心，志在消灭董卓，不知道他事！"

韩馥、袁绍自不会停止。最后，派前乐浪郡（朝鲜半岛平壤市）郡长张岐等，带着拥戴刘虞当皇帝的拥戴书，前往幽州（河北省北部），向刘虞奉上皇帝尊号。刘虞接见张岐，厉声斥责说："天下四分五裂，皇上（刘协）蒙难，我受到重恩，不能雪耻图强。各位据守州郡，应该同心合力，效忠皇家，怎么用叛逆的行为，来污染我！"坚决推辞。

韩馥等又请刘虞担任"主管宫廷机要"（领尚书事）职务，代表皇帝封爵任官。刘虞仍不接受，逼得紧了，刘虞扬言要投奔南匈奴汗国（王庭原设美稷〔内蒙古准格尔旗〕，如今单于流亡至平阳〔山西省临汾市〕），使大家永远绝望；袁绍等只好停止。

3 二月十二日，中央政府擢升相国董卓当太师，位置在侯爵、亲王之上（"三公"一向指宰相、全国武装部队总司令、最高监察长，也称"三司"，负国家实际政治责任。东汉王朝负国家实际政治责任的虽是宫廷秘书署〔尚书〕，但三公形式上的权力，并没有完全剥夺。前一八七年，西汉王朝设立"太傅"，后一年，设立"太师""太保"，年俸一万石，而地位则超过"三公"，遂被称"上公"或"上三公"。"上三公"中，太傅〔皇家师傅〕常设，太师、太保不常设。而以"太师"地位最高，再升一级，便是皇帝了，正是俗谚形容的："一人之下，万人之上。"属于"崇官"阶层，有尊荣而没有实权。但也成为权臣篡夺政权的台阶。历阶而上，到了"太师"地位，再往上跨一步，便是帝座。对"太傅"尚可译为"皇家师傅"，对"太师""太保"便难执笔，只好仍保留原称，犹如"相国"仍保留原称一样）。

4 破虏将军孙坚，移防梁县（河南省汝州市）之东，被董卓的凉州军团将领徐荣击败。孙坚收拾残兵，推进到阳人（汝州市西北）。董卓命东郡（河南省濮阳市西南）郡长胡轸，率步骑混合部队五千人，由吕布担任骑兵指挥（骑督），攻击孙坚。胡轸和吕布素不和睦，孙坚迎战，大获全胜，斩司令官（都督）华雄。

有人告诉袁术："孙坚英勇，如果攻陷洛阳（河南省洛阳市东白马寺东），恐怕对他便不能控制，这可是铲除了豺狼（董卓），生出来虎豹（孙坚）。"袁术也有点猜疑，遂不再供应孙坚粮秣。孙坚连夜奔驰，晋见袁术（阳人距袁术司令部所在地鲁阳〔河南省鲁山县〕，航空距离六十公里），在地面上画图分析，说："我所以奋不顾身，上为国家讨伐奸贼，下为将军满门血债报仇（董卓杀害袁家，参考去年〔一九〇〕三月）。我跟董卓之间并没有私人怨恨。将军竟接受外人挑拨，反过来对我猜忌，这是为什么？"袁术惭愧，下令恢复供应。

孙坚回到军营，董卓派将军李傕（音jué〔决〕），劝说孙坚改变立场；董卓表示愿跟孙坚结为儿女亲家，请孙坚把子弟们愿当州长（刺史）、郡长（太守）的，开列名单，董卓负责由中央政府正式任用。孙坚回答说："董卓逆天行事，我不能屠灭他的三族，昭示四海，死都不会合眼，怎么能跟他结成姻亲？"

孙坚挺进到太谷（河南省洛阳市偃师区西南），距洛阳只有九十华里。董卓亲统大军出击，在历代皇帝墓园间决战（东汉皇陵大部分分布在邙山南麓），董卓不能抵挡，大败，放弃洛阳，向西撤退到渑池（河南省渑池县西），集结重兵，驻屯陕县（河南省三门峡市），以防孙坚西进。孙坚遂入洛阳，攻击凉州军团殿后部队将领吕布，吕布再大败，突围逃走。孙坚遂扫除大火后残存的皇家祭庙，用太牢（猪牛羊各一）祭奠。而在城南宫廷供应部（少府）所属工艺署（甄官）水井中，得到前年（一八九）邙山（河南省洛阳市孟津区东南）混乱中遗失的传国玉玺。

孙坚派军出击新安（河南省渑池县）、渑池（河南省渑池县西），向董卓施加压力。

5 董卓对他的参谋长（长史）刘艾说："关东（函谷关以东）叛军，几次都要覆灭，因为他们内心对我惧怕，所以无能为力。只有孙坚那小子，好像很有统御才能。你要通知其他将领，对孙坚特别小心，不可轻视。我从前跟周慎，在金城郡（甘肃省兰州市东）讨伐边章、韩遂（时董卓是破虏将军，周慎是荡寇将军；同是大军统帅车骑将军张温的部将），我曾报告张温，愿做周慎的后援部队，张温不同意。张温又教我讨伐东羌先零部落（宁夏）叛徒，我知道无法攻克，可是又不能不攻。出动后，命别动部队军政官（别部司马）刘靖，率步骑兵四千人，驻屯安定郡（甘肃省镇原县东南屯字镇），作为呼应。先零部落打算切断我的退路，我只作轻微的攻击，就打开通道，因为先零部落恐惧安定郡驻军，认为有数万人之多，却不知道只刘靖一支孤军。孙坚当时是周慎的军事参议官（参军事），曾建议周慎，先派一万人确保金城郡（甘肃省兰州市东），要周慎率二万人作为后备部队，而由孙坚在第一线攻击；边章、韩遂畏惧周慎的后备部队，绝不敢轻率的向孙坚挑战，而孙坚的兵力却足够切断边章、韩遂的粮道。那些娃儿如果能采用孙坚的计谋，凉州（甘肃省）或许可以平定。张温既不能用我，周慎又不能用孙坚，最后终于溃败逃走（所述种种，参考一八五年）。孙坚当时的身份不过是一个佐理军政官，见解大致跟我相同，不能说没有才干。可是，却无缘无故，追随袁家花花公子，我看他终于要断送性命！"

董卓命皇家警卫东翼指挥官（东中郎将）董越，驻屯渑池（河南省渑池县西）；皇家警卫指挥官（中郎将）段煨（音wēi〔威〕），驻屯华阴（陕西省华阴市）；皇家警卫指挥官（中郎将）牛辅，驻屯安邑（河东郡郡政府所在县，山西省夏县）。其他将领，分别驻守各县，防御山东（崤山以东）。牛辅，是董卓的女婿。

二世纪·一九一年二月

孙坚进入洛阳，董卓撤退关中

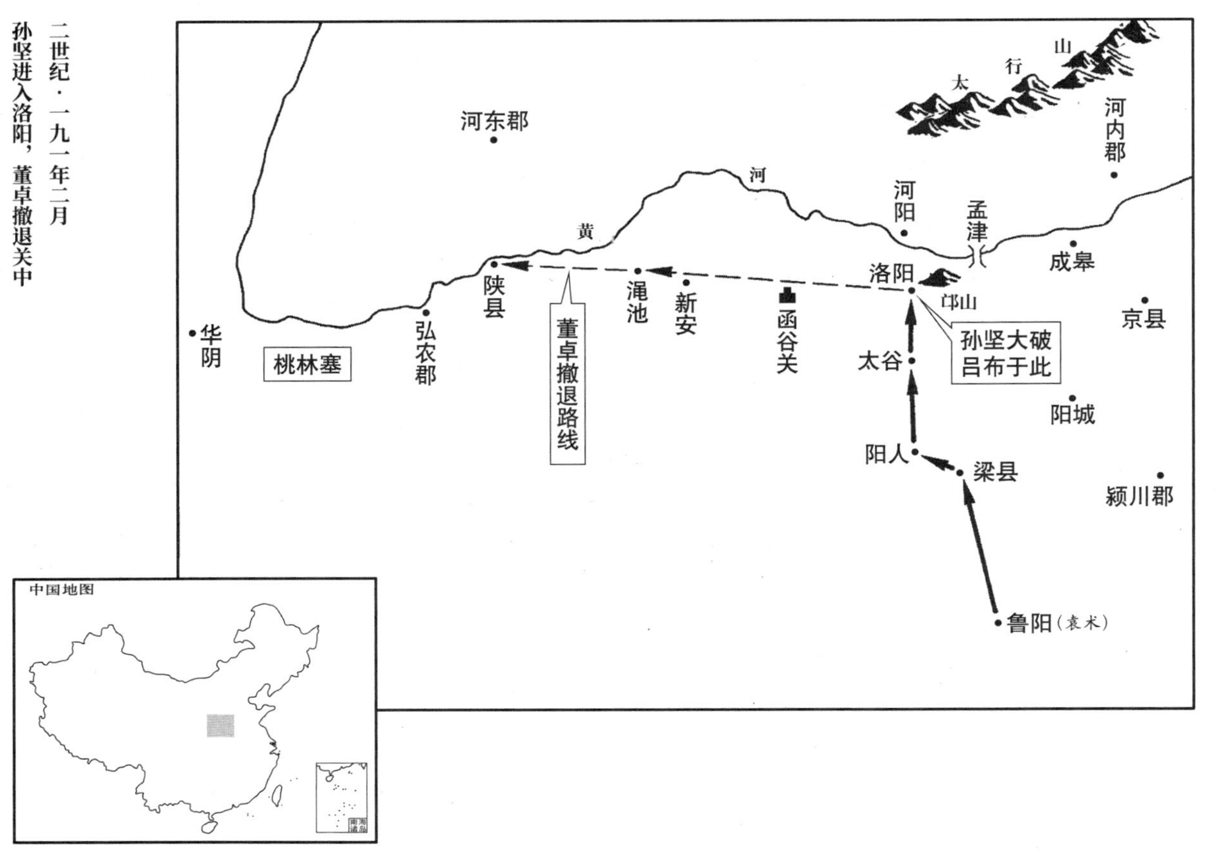

董卓回长安；孙坚整修历代皇帝坟墓后，率军返鲁阳（袁术基地。河南省鲁山县）。

6 夏季，四月，董卓抵达首都长安。三公、部长，都到郊外迎接，在车前参拜。董卓用手拍一下总监察官（御史中丞）皇甫嵩，说："老哥，你怕不怕？"（二人私怨，参考一八九年二月）皇甫嵩说："阁下用道德辅佐皇上，将有大的喜庆，人民都会祝贺，我怕什么？如果滥用刑罚，随便杀人，全国都怕，岂止是我！"

董卓的摇尾系统打算再提高董卓的身价，比照周王朝开国宰相姜子牙前例，尊称"尚父"。董卓询问蔡邕的意见，蔡邕说："你的威望道德，诚然很高，然而，比起姜子牙，我认为还不够。最好等到关东（函谷关以东）战乱平定，皇上返回旧京（洛阳），然后再做决定。"董卓遂命停止这项议论。

7 董卓命京畿总卫戍司令（司隶校尉）刘嚣，调查官员平民中：凡儿女不孝顺父母的、臣属不忠长官的、官吏贪赃枉法的、弟妹冒犯兄长的，一律诛杀，财产没收。于是引起广大骚动，很多人乘机陷害，互相诬告，辗转牵连，被冤枉处决的人数以千为单位计算。民间成了恐怖世界，路上相遇，只敢互望一眼，不敢交谈一语。

8 六月二十三日，地震。

9 秋季，七月，最高监察长（司空）种拂免职，擢升特级国务官（光禄大夫）济南国（首府东平陵〔山东省济南市章丘市〕）人淳于嘉当最高监察长（司空）。全国武装部队总司令（太尉）赵谦免职，擢升祭祀部长（太常）马日磾当全国武装部队总司令。

10 最初，最高统帅（大将军）何进，派云中郡（内蒙古托克托县）人张杨，返回并州（山西省及黄河河套地区）招募新兵。不久，何进失败（参考一八九年八月），张杨遂留在上党郡（山西省长子县），部众有数千人。车骑将军袁绍驻屯河内郡（河南省武陟县），张杨前往归附，跟南匈奴流亡单于（四十一任）挛鞮于扶罗，共同在漳水（流经邺城〔河北省临漳县西南邺城镇〕北郊）河畔扎营。

冀州（河北省中部南部）全权州长（牧）韩馥（时在邺城），眼看天下英雄豪杰，都归附袁绍，妒火中烧，暗中减少粮秣供应，打算使袁绍的部众因饥饿而离散。正好，韩馥部将麴义叛变，韩馥讨伐，反被麴义击败。袁绍遂跟麴义结合。

袁绍智囊逢纪（逢，姓），提醒袁绍说："将军身为盟主，倡导大事，可是粮秣却看别人眼色；如果不能谋取一个州作为根据地，连自己都不能保护。"袁绍说："冀州（河北省中部南部）兵强马壮，而我们的部队，既吃不饱，又疲惫不堪。如果一击失利，就无处立足。"逢纪说："韩馥是个庸才，我们可以秘密结合幽州（河北省北部）降虏指挥官（降虏校尉）公孙瓒（时驻右北平郡〔河北省唐山市丰润区〕），请他南下进攻冀州，韩馥一定惊恐失措，我们再派有口才的使节，前去分析祸福，说服他把州长官位，推让给你，韩馥迫于突然的危机，一定会交出大权。"

袁绍同意，遂写信给公孙瓒。公孙瓒大军于是向南挺进，声称讨伐董卓，实际上阴谋袭击韩馥。韩馥迎战，失败。正好董卓西返长安，袁绍也向东撤退到延津（河南省卫辉市东古黄河渡口），派外甥陈留郡（河南省开封市东南陈留镇）人高幹，跟韩馥的亲信颍川郡（河南省禹州市）人辛评、荀谌、郭图等，前往游说韩馥："公孙瓒率领燕（河北省北部）、代（山西省北部）战士，乘胜南下，各郡纷纷响应，军锋锐不可当；而车骑将军袁绍，大军又向东移动，企图如何，难以预料，我们替将军担心。"韩馥毛骨悚然，问："我应该怎么办？"荀谌说："阁下自以为，宽厚包容，天下英雄豪杰归心，比袁绍如何？"韩馥说："不如。"荀谌问："阁下自以为，危机时奇计决策，智勇过人，比袁绍如何？"韩馥说："不如。"荀谌问："阁下自以为，数世以来，恩信满天下，家家受惠，比袁绍如何？"韩馥说："不如。"荀谌说："袁绍是这一代的人中豪杰，而将军却以'三不如'的条件，居于比他高的地位，他绝不可能长久的屈居将军之下。冀州（河北省中部南部），是天下重要的枢纽地带，袁绍如果跟公孙瓒南北夹攻，将军的危亡，迫不及待。而袁绍是将军的老友，又有同盟誓约（共同讨伐董卓），当今最重要的事，不如把冀州（河北省中部南部）让给袁绍，袁绍必然感激将军的厚德，而公孙瓒也不敢冒犯。是将军有让贤的美名，却获得泰山般的平安。" 740

韩馥性情一向怯懦，遂完全接受。秘书长（长史）耿武、行政官（别驾）闵纯、总务官（治中）李历，得到消息，坚决反对，劝阻说："冀州（河北省中部南部）武装部队有百万之多，粮食草料，可支持十年，袁绍孤独的一支穷途末路的客军，仰仗我们鼻息，才可以苟延残喘。好像怀抱中的婴儿，只要不教他吃奶，立即饿死，怎么反而把一州交给他？"韩馥说："我本是袁家的老部下，而且才干不如袁绍，检讨自己的能力而让给贤能，古人认为最足珍贵，你们为什么不赞成？"

之前，韩馥的参谋官（从事）赵浮、程涣，率强弓兵团一万人，驻屯孟津（河南省洛阳市孟津区东黄河渡口），得到消息，急行还军。这时，袁绍驻屯朝歌（河南省淇县）淇水河畔。赵浮大军一万人，乘战舰数百艘，军容严整，鼓声不绝，于深夜紧傍袁绍军营而过。袁绍看到眼里，浑身紧张。赵浮抵达邺城后，对韩馥说："袁绍军队，没有一斗粮食，部众已开始离散，虽然有张杨、挛鞮于扶罗（南匈奴四十一任单于），也都是新近结合，不会为袁绍拼命，不是强敌。我这个小小的参谋官（从事），愿用现有的部队跟他对抗，十天八天，袁绍势必土崩瓦解。将军只管大开房门高卧，有什么可忧虑？又有什么可惧怕？"韩馥也拒绝。

于是，韩馥宣布辞职。全家迁出州政府，借住故寝殿侍奉宦官（中常侍）赵忠的故宅，派他的儿子把全权州长印信，送给袁绍。

袁绍将到邺城（冀州及魏郡郡政府所在城，河北省临漳县西南邺城镇），韩馥部下参谋官（从事）十人，争先恐后离开韩馥，耿武、闵纯挥刀阻拦，却阻拦不住，只好放弃。袁绍进城后，立即把耿武、闵纯诛杀。

袁绍遂正式以车骑将军身份，兼冀州（河北省中部南部）全权州长（牧）；以皇帝名义（承制），任命韩馥当奋威将军，但既没有兵，又没有将，更没有官属，只是一个空衔。袁绍再任命广平（河北省曲周县东北）人沮授当奋武将军，命他统御所有将领，宠爱信任，至为优厚。魏郡（河北省临漳县西南邺城镇）人审配、钜鹿郡（河北省宁晋县西南）人田丰，都因为行事正直，被韩馥摒弃，袁绍任命田丰当行政官（别驾），审配当总务官（治中）；而南阳郡（河南省南阳市）人许攸、逢纪，颍川郡（河南省禹州市）人荀谌，都作为智囊。

袁绍任命河内郡（河南省武陟县）人朱汉，当纠察官（都官从事）。朱汉从前曾受过韩馥羞辱，而且又为了迎合袁绍的意思，就擅自调动部队，包围韩馥住宅；朱汉手挥佩刀，登堂入室。韩馥急奔楼上，

★ 冀州州政府所在
幽州
蓟县
（刘虞）
右北平郡
（公孙瓒）
并州
涿郡
故安
易县
易水
太行山
中山国
博陵郡
河间国
冀州
勃海郡（南皮）
东光
漳水
常山国
钜鹿郡
安平国
高邑
平原国
磐河
清河
薄落津
甘陵国
界桥
广平
龙凑
青州
乐安郡
济南国
魏郡
（邺城）
斥丘
河
黄
济北国
（鲍信）
东武阳
（曹操）
古
淇水
朝歌
白沟
濮阳
鄄城
黎阳
河
河内郡
（张杨）
鹿肠山
延津
黄
昌邑
（刘岱）
兖州
今
司隶
陈留郡（张邈）
中国地图

朱汉捉住韩馥的长子，用铁锤敲断双足。袁绍得到消息，立即逮捕朱汉，诛杀。然而，韩馥已心胆俱裂，请求放他逃生。袁绍允许，韩馥遂投奔陈留郡（河南省开封市东南陈留镇）郡长张邈。

后来，袁绍派使节晋见张邈，磋商机密，附在张邈耳旁，低声细语。韩馥正好在座，认为将对自己下手，稍停，韩馥去洗手间，就用刻书的刀自杀（韩馥之死，是“明哲保身学”害了他。他坚决辞让全权州长高位，自以为他的明哲可以保他的身，却不知道“明哲”如果建立在只求“保身”的私心上，便不是“明哲”）。

11 济北国（首府卢县〔山东省济南市长清区〕）宰相鲍信，告诉曹操：“袁绍虽然是盟主，却利用职权，图谋私利，会使天下更乱，将成为第二个董卓。如果压制他，我们又没有这种能力，徒然制造敌人。看情形，黄河以北，不能久留，且到黄河之南，观察变化。”曹操佩服他的分析。正好，黑山变民集团（太行山一带）首领于毒、白绕、眭固等十余万人（参考一八五年），攻击东郡（河南省濮阳市西南）。东郡郡长王肱不能抵御，曹操率军赴援，在濮阳（东郡郡政府所在县）迎战，大破白绕部众。

袁绍遂向中央推荐并任命（表）曹操当东郡郡长，郡政府迁东武阳（山东省莘县南）。

12 南匈奴汗国（流亡王庭设平阳〔山西省临汾市〕）单于（四十一任）挛鞮于扶罗，劫持张杨，脱离袁绍势力范围，驻军黎阳（河南省浚县）。董卓任命张杨当建义将军、河内郡（河南省武陟县）郡长。

13 天文台长（太史）仰望天际气象，声称：国家大臣中，当有人被杀。董卓抓住机会报仇，命人诬陷皇城保安司令（卫尉）张温，跟袁术（时在鲁阳）秘密通信。

冬季，十月一日，把张温绑到闹市，用乱棒打死，以应天象（张温与董卓结怨事，参考一八五年）。

14 青州（山东省北部）黄巾变民，攻击勃海郡（河北省南皮县），部众三十万人，准备跟黑山变民（活动于太行山一带）会合。幽州降虏指挥官（降虏校尉）公孙瓒（时在右北平郡）率步骑兵二万人，在东光（河北省东光县）南郊迎头痛击，大破黄巾，杀三万余人。黄巾变民抛弃辎重，渡黄河逃命，公孙瓒等到黄巾部众渡过一半，发动突击，再获大胜，杀数万人，血流成河，河水全成血水。俘虏七万余人，车辆、武器及财宝，不可胜数。

公孙瓒威名，震动远近。

15 幽州（河北省北部）全权州长刘虞的儿子刘和，当宫廷随从（侍中），刘协盼望返回故都洛阳（河南省洛阳市东白马寺东），命刘和假装逃亡，从武关（陕西省商南县西南）出奔，面请老爹出兵迎接圣驾。

刘和先到南阳郡（河南省南阳市），后将军袁术企图利用刘虞作为外援（南阳郡属袁术），于是留住刘和（作为人质），满口允许发兵西进，命刘和写信给老爹。刘虞接到信后，派骑兵部队数千人，迎接刘和。降虏指挥官（降虏校尉）公孙瓒知道袁术已心怀二志，极力劝阻刘虞，刘虞不肯听从。公孙瓒恐怕袁术对他怨恨，立刻改变立场，派堂弟公孙越，率骑兵一千余人，前往协助袁术，并暗中教唆袁术囚禁刘和，吞并幽州（河北省北部）派去迎接刘和的部队。从此，刘虞跟公孙瓒，开始结怨。不久，刘和从袁术那里逃走，但经过冀州（河北省中部南部）时，又被袁绍当作奇货，留住不放。

这时，关东（函谷关以东）各州郡，分别被地方政府首长割据，早忘掉讨伐董卓这件事，反而互相吞并，一味扩充自己的地盘，壮大自己的力量。袁绍跟袁术，本是堂兄弟，也不能和睦。袁术派孙坚攻击董卓时，袁绍任命会稽郡（浙江省绍兴市）人周昂当豫州（河南省）州长（刺史），突袭孙坚的根据地阳城（河南省登封市东南。孙坚是袁术任命〔表〕的豫州州长〔刺史〕，驻屯阳城）。孙坚至为痛心，叹息说："大家同时为大义起兵，目的只在拯救国家。董卓即将破灭，自己人却如此相待，我还为谁效力？"回军作战，逐走周昂。

袁术派公孙越帮助孙坚攻击周昂，公孙越被流箭射死。公孙瓒咆哮说："我老弟丧命，袁绍是祸首。"率军进驻磐河（自山东省平原县向东北流入渤海），上书中央政府，控告袁绍罪行，遂即向袁绍发动攻击；冀州（河北省中部南部）若干县城，纷纷背叛袁绍，归附公孙瓒。袁绍惶惧，把身兼勃海郡（河北省南皮县）郡长的印信，交给公孙瓒的堂弟公孙范，命公孙范当勃海郡郡长，谋求和解。公孙范到职后，立刻背叛袁绍，率勃海郡民兵，帮助堂兄公孙瓒。

公孙瓒任命他的部将严纲，当冀州（河北省中部南部）州长（刺史）、田楷当青州（山东省北部）州长（刺史）、单经当兖州（山东省西部）州长（刺史），郡长县长，全部更换。

16 最初，涿郡（河北省涿州市）人刘备，是西汉王朝中山（靖）王刘胜（西汉王朝六任帝刘启的儿子，参考前一五四年七月）的后裔。幼年丧父，家境贫苦，跟娘亲靠着贩卖草鞋糊口。身高七尺五寸，双臂下垂，能超过膝盖，耳朵很大，连自己都可以看得见，从小就有伟大的志愿，不多说话，不流露喜怒表情。曾经跟公孙瓒（幽州降虏指挥官）同时当卢植的学生，有同窗之谊，遂投靠公孙瓒。公孙瓒命他追随田楷夺取青州（山东省北部），建有功劳，被任命当平原国（首府平原〔山东省平原县〕）宰相。

刘备自幼跟河东郡（山西省夏县）人关羽、涿郡（河北省涿州市）人张飞，感情至厚，遂任命关羽、张飞担任地方团队司令（别部司马），分别统领部队。刘备跟二人同榻而眠，情如兄弟；但在大庭广众之下，二人则在刘备身旁侍卫，整天站立；追随刘备跟外人应付周旋，不避艰难危险。常山国（首府元氏〔河北省元氏县〕）人赵云，早先率领本郡部队及官员，投奔公孙瓒，公孙瓒问道："听说贵州（冀州。常山国属冀州）人士，都归心袁绍，你怎么单独闯出迷途？"赵云说："天下沸腾，不知道谁是真正英雄？人民痛苦，犹如头下脚上，倒着悬挂。敝州（冀州）人士，只盼望投奔能行仁政的乐土，安定下来，并不是轻视袁绍，而趋附将军。"刘备对赵云十分惊奇敬佩，用心结交。赵云遂追随刘备到平原国（首府平原），主持骑兵。

17 最初，后将军袁术，得到南阳郡（河南省南阳市。参考去年〔一九〇〕三月），户口有数百万。而袁术骄奢淫逸，向民间征粮征税，作无限度搜括，人民痛苦，无法负荷，遂开始逃亡。后来，袁术跟堂兄袁绍决裂，各人分别树立党羽外援，互相图谋。袁术结交幽州（河北省北部）降虏指挥官（降虏校尉）公孙瓒，而袁绍结交荆州（湖北省及湖南省）州长（刺史）刘表（各人在对方背后插一把刀），但天下英雄豪杰，大多数都归附袁绍。袁术老羞成怒，号叫说："这些白痴，不靠拢我，却靠拢我们袁家家奴！"（袁绍是庶子，袁术是嫡子。封建社会，嫡子一向瞧不起庶子。）又写信告诉公孙瓒："袁绍不是袁家的儿子。"袁绍听到后，暴跳如雷。

袁术命破虏将军孙坚，攻击荆州（湖北省及湖南省）州长（刺史）刘表。刘表命部将黄祖，在樊城（湖北省襄阳市汉水北岸）、邓县（樊城西北）间迎战。孙坚攻势猛烈，击破黄祖，进围襄阳（荆州州政府所在县，湖北省襄阳市）。刘表命黄祖乘夜出城，征集各地部队；在回襄阳时，孙坚迎头痛击，黄祖再大败，逃入岘山（岘，音xiàn〔现〕。岘山，位襄阳东南，东临汉水），孙坚乘胜，于深夜追击，黄祖部队士兵在密林中发箭，射死孙坚。

孙坚所推荐的"孝廉"长沙郡（湖南省长沙市）人桓阶，晋见刘表，要求发回孙坚的尸体安葬，刘表被他的义行感动，允许。

孙坚的侄儿孙贲，接管孙坚部队，撤回南阳郡（河南省南阳市），再依靠袁术。袁术再推荐并任命（表）孙贲继任豫州（河南省）州长（刺史）。袁术从此再没有力量攻击刘表。

18 最初，董卓西入函谷关（河南省新安县），命东都洛阳市长（河南尹）朱儁，留守洛阳。朱儁暗中跟山东（崤山以东）将领们联络。稍后，恐怕被董卓发觉袭击，遂逃到荆州（湖北省及湖南省）。董卓任命弘农郡（河南省灵宝市东北）人杨懿当东都洛阳市长（河南尹），朱儁率军再回洛阳，驱逐杨懿。

朱儁认为洛阳已残破不堪，毫无凭依，遂移向东方，驻屯中牟（河南省中牟县），通知各州郡，号召讨伐董卓。

徐州（江苏省北部）州长（刺史）陶谦，尊奉朱儁代理车骑将军，派精锐部队三千人助战。其他州郡，也都有供应。陶谦，丹阳郡（安徽省宣城市宣州区）人；最初，中央政府因黄巾变民扰乱徐州，任命陶谦当州长（刺史。州政府仍设郯县〔山东省郯城县〕）；陶谦到职后，击破黄巾，把变民驱逐出境，州境之内，秩序恢复。

19 益州（四川省及云南省）全权州长（牧）刘焉，阴谋独立。沛国（首府相县〔安徽省淮北市〕）人张鲁，自从祖父张陵（即以后道教教主张天师）创立“五斗米教”（即“五斗米道”，也称“天师道”，信徒入门，缴五斗米），世世信奉，逃难到蜀郡（四川省成都市）定居。张鲁的娘亲有神秘法术，常到刘焉家；刘焉遂任命张鲁当督义军政官（督义司马。刘焉在益州，创置督义司马、助义校尉、褒义校尉。刘表在荆州，也创置绥民校尉。东汉王朝衰落，中央政府形同虚设，地方政府割据一方，成为事实上的独立王国，各自随意设立官属），任命张修当地方团队司令（别部司马），使二人联合突击汉中郡（陕西省汉中市），斩郡长苏固，切断斜谷（谷长一百八十公里，由陕西省眉县西南十五公里入谷，出谷即是汉中市褒河镇〔今河东店镇〕。所以又称褒斜谷），对中央政府派出的官员使节，全部拦截杀害。 748

刘焉遂上书中央政府，声称“米贼”断绝交通，再接不到皇帝诏令。在州境内又制造恐怖气氛，随便找个借口，诛杀豪门王咸、李权等十余人，建立刑威。

犍为郡（四川省眉山市彭山区）郡长任岐，跟指挥官（校尉）贾龙，起兵反抗刘焉。刘焉击斩任岐、贾龙；声势大增。遂趾高气扬，不可一世，制造只有皇帝才可使用的御车（乘舆），以及其他车辆一千余辆。荆州（湖北省及湖南省）州长（刺史）刘表，上书弹劾刘焉，奏章上说：“刘焉有一种卜商在西河，模拟圣人的态度。”（《礼记·檀弓》，曾参责备卜商说：“我跟你曾在洙水、泗水之间，事奉孔丘，现在退隐西河，而竟使西河人士疑心你就是孔丘，是一项大罪。”意指刘焉装模作样，使益州人士误认为他就是天子。）

当时，刘焉的三个儿子，都在中央；刘范当皇家左翼警卫指挥官（左中郎将）、刘诞当执行监察官（治书御史）、刘璋当御车总监（奉车都尉），跟随皇帝刘协，留在首都长安（陕西省西安市），只有幼子地方团队司令（别部司马）刘瑁，在刘焉身旁。刘协派刘璋到益州（四川省及云南省）向刘焉沟通意见，刘焉留下刘璋，不放他回京（首都长安）。

20 自称辽东侯、平州（辽宁省）全权州长（牧）的公孙度，声威传播海外，中原人士逃避兵荒马乱，纷纷前往投靠。北海国（首府剧县〔山东省昌乐县西〕）人管宁、邴原、王烈，都在其中。管宁幼时跟华歆是挚友，曾经一同锄地种菜，锄出一锭黄金；管宁只顾锄地，看也不看，认为跟瓦砾一样；华歆却捡起来再把它扔掉。人们从这件事情上，判断他们的优劣。

邴原游学四方，八九年才回家，回家之前，教师朋友们认为邴原从不饮酒，所以只用米谷肉类，给他饯行。邴原说："我本来就有酒量，只怕荒废学业，才把它戒掉。而今分别，敬陪一杯。"于是欢聚饮酒，一天不醉。

管宁、邴原，都以高贵廉洁的节操，闻名于世，公孙度特别打扫宾馆候驾；管宁晋见公孙度后，在山谷中建筑房舍。当时，逃难出来的，都住在郡城（辽东郡郡政府所在襄平，辽宁省辽阳市）南方，只管宁单独住在北方，表示永久定居，不再回乡。后到的人也渐渐在北方落户，月余之间，成为村庄。管宁每见公孙度，只谈论儒家学派经典，不涉及世事；回到山居，专讲《诗经》《书经》，学习种植，不是学者，拒不相见。因为这个缘故，公孙度称赞他贤明，民间深受他品德感化。

邴原性情刚直，喜爱谈论和抨击不合理的现象，公孙度下面的人，都愤愤不平。管宁对邴原说："隐藏的龙，因它隐藏严密之故，显出品德（《易经》："潜龙勿用"），不是时机而发表意见，只会招祸。"秘密教邴原逃走。公孙度得到报告，也不派人追寻。

王烈心胸开阔，年轻时，知名度远高过管宁、邴原，在邻里诱导感化，有很大成效。有人偷了一头牛，被牛主抓住，偷牛贼请求说：“随便你是杀是剐，就是千万不要教王烈知道。”王烈听到，派人勉励他，送给他六丈布匹。别人问他为什么送布。王烈说：“他害怕我听到他的过失，说明他仍有羞耻之心。只要有羞耻之心，便可能生出善心，我送给他布，是鼓励他去恶为善。”

后来，有个老汉把佩剑遗失在道路上，一个行人看到，就守在一旁不走。黄昏时，老汉回来寻觅，行人原封奉还，老汉大为奇怪，把这件事告诉王烈。王烈派人调查，竟然是从前那个偷牛的人。

民间发生争执，都请王烈仲裁，有的走到半路就回去了，有的已看到王烈的家屋，就不再前进；都谦让的认为对方是对的，不希望王烈知道他们有过纷争。

公孙度打算请王烈当秘书长（长史），王烈坚辞，而去做生意自污（古代重农轻商，商人被视为低贱），公孙度才不勉强。

一九二年
壬申

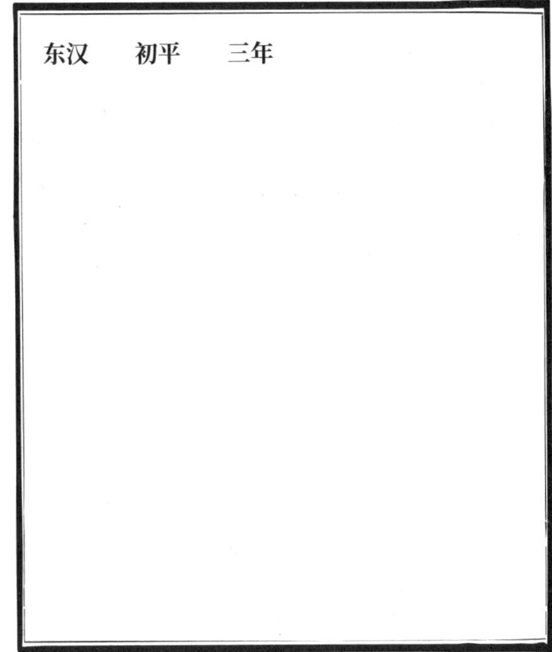
东汉　初平　三年

1 春季，正月丁丑日（正月庚寅朔，没有丁丑），东汉王朝（首都长安〔陕西省西安市〕）赦天下。

2 太师董卓，派皇家警卫指挥官（中郎将）牛辅，率军驻屯陕县（河南省三门峡市），牛辅分别派指挥官（校尉）北地郡（陕西省铜川市耀州区）人李傕（音jué〔决〕）、张掖郡（甘肃省张掖市）人郭汜（音sì〔四〕）、武威郡（甘肃省武威市）人张济，率步骑兵数万人，攻击中牟（河南省中牟县），大破车骑将军朱儁所统各郡联军（朱儁自洛阳〔河南省洛阳市东白马寺东〕移驻中牟，参考去年〔一九一〕十月），大掠陈留郡（河南省开封市东南陈留镇）、颍川郡（河南省禹州市）两郡所属各县，奸淫烧杀，抢劫裹挟，人民几乎死尽。

最初，荀淑有个孙儿，名叫荀彧（音yù〔郁〕），从小就有才华名望，何颙见到他，大为惊异，说："真是辅佐君王的人才！"后来，天下大乱，荀彧禀告前辈父老说："颍川郡（指河南省中部）一片平原，四面受敌，我们应该早日躲避。"乡人安土重迁，而危险还没有迹象，多数不肯离开。荀彧只好率领他的家族，前往冀州（河北省中部南部）投靠韩馥。正碰上袁绍取代韩馥的全权州长官位（参考去年〔一九一〕七月），把荀彧待作上宾。可是荀彧观察袁绍，认为他不可能完成大业。听说曹操（东郡郡长）雄才大略，遂离开袁绍，前往东郡（山东省莘县南），再投靠曹操。曹操接谈之下，大为高兴，说："你就是我的张良。"任命荀彧当奋武军政官（奋武司马。曹操最初聚众起兵讨伐董卓时，官衔是奋武将军，对荀彧如此任命，是一种亲切的眷恋之情）。而那些仍留在本郡的乡人，在这次大灾难中，多数被李傕、郭汜屠杀。

3 冀州（河北省中部南部）全权州长（牧）袁绍，亲自率军迎击幽州（河北省北部）降虏指挥官（降虏校尉）公孙瓒，在界桥（河北省威县东）南二十华里决战。公孙瓒军三万人，锐不可当。袁绍命部将麴义率精兵八百人迎击，另在左右侧翼埋伏千名神射手。

公孙瓒瞧不起这八百人，派出骑兵蹂躏。麴义部队匍伏盾牌下，动也不动。公孙瓒军万马奔腾，相距只十数步时，伏兵万箭俱发，麴义部队同时出击，杀声震动天地，公孙瓒军大败，所委派的冀州州长（刺史）严纲阵亡，武装部队被杀千余人，向北撤退。袁绍追击，追到界桥，公孙瓒反扑，麴义迎战，再大破公孙瓒军，乘胜挺进，直逼公孙瓒大营，拔掉大旗。公孙瓒不能再战，撤退。

最初，兖州（山东省西部）州长（刺史）刘岱，跟袁绍、公孙瓒，保持等距离亲善。袁绍把妻子儿女送到昌邑（兖州州政府所在县，山东省巨野县东南大谢集镇），公孙瓒也派参谋官（从事）范方，率骑兵到兖州协防。后来，公孙瓒击败袁绍（去年〔一九一〕公孙瓒进兵，冀州若干县城背叛袁绍），告诉刘岱，要求交出袁绍的眷属；同时下令给范方：“如果刘岱拒绝，立刻率军离开，等我消灭了袁绍，再收拾刘岱。”刘岱紧张，跟部属开会商讨研究，一连数日，不能决定。听说东郡（山东省莘县南）人程昱谋略出众，召请他询问意见。程昱说：“放弃袁绍这个近在咫尺的帮手，而依靠公孙瓒遥远的援助，可正是应验了‘请南越（南岭以南）水手来救快要淹死的人’（南越的人，善于游泳，但在有人遇溺时，远去南越〔南岭以南〕请人来救，根本来不及）。而且，公孙瓒绝不是袁绍的对手，虽然这次击败袁绍的军队，最后终于要被袁绍擒获。”刘岱采纳。

范方拔营撤军，还没有到达大营，公孙瓒已经溃败。

4 东郡（山东省莘县南）郡长曹操驻军顿丘（河南省内黄县东南），变民首领于毒，攻击东武阳（东郡郡政府所在县）。曹操率军直指西山（东武阳之西），攻击于毒司令部。出发前，将领们一致要求先救东武阳。曹操说：“于毒听说我攻击他的司令部，一定回军迎战，东武阳的包围自然解除。如果仍不回军，攻陷他们的基地，于毒就更不能动摇东武阳。”遂出发。

于毒得到情报，放弃东武阳，向后撤退。曹操进抵内黄（河南省内黄县西北），再大破变民首领眭固，及南匈奴汗国（流亡王庭设平阳〔山西省临汾市])流亡单于(四十一任)挛鞮于扶罗。

5 太师董卓，擢升他的老弟董旻当左将军、侄儿董璜当中军指挥官(中军校尉)，掌握兵权。董姓家族跟亲戚，大量涌进政府。董卓小老婆怀抱中的婴儿，都封侯爵，把侯爵的金印和紫色绶带，当作玩具。董卓的车辆、衣服，跟皇帝用的一样，控制“三台”(三台：中台宫廷秘书署〔尚书台〕、宪台最高监察署〔御史台〕、外台皇家礼宾署〔谒者台〕)。宫廷秘书(尚书)以下官员，都到董卓的“太师府”提出报告，接受指示。董卓又在郿县(陕西省眉县)兴筑巨大城寨(坞)，墙高七丈，厚也七丈，储存足可供应全城三十年消耗的谷米。自言自语说：“大事告成，在天下称雄；大事不成，守着它也可以安度晚年。”

董卓性情残忍，喜爱杀人。有时候，部将们言语稍微有点差错，就在面前立即诛杀，人人震恐。

宰相(司徒)王允，跟京畿总卫戍司令(司隶校尉)黄琬、宫廷秘书署执行官(仆射)士孙瑞、宫廷秘书(尚书)杨瓒，阴谋铲除董卓。皇家警卫指挥官(中郎将)吕布，精于骑射，武艺超群，勇力尤其过人。董卓知道自己刻薄寡恩，可能有人报复，为了防备变生肘腋的行刺，无论到什么地方，都由吕布当贴身侍卫，爱护亲信，誓言情同父子。然而，董卓凶暴刚愎偏激，有一次，为了一件小事，对吕布大发雷霆，顺手拔起手戟(小巧利刃)，直掷吕布，吕布身手矫捷，跳踉避开，然后和颜悦色，向董卓道歉请罪；董卓怒气，才告消失。然而，吕布却心怀怨恨。董卓命吕布守卫中门，吕布跟一位美丽的侍女私通，恐怕被董卓发觉，越发紧张(这位美丽的侍女，在《三国演义》中，名貂蝉——中国古代四大美女之一。身份是王允的养女，王允先生把养女许配吕布，然后呈献给董卓，而对吕布宣称被董卓霸占，激起吕布背叛)。

王允一向对吕布亲切善待，吕布见王允时，说出董卓几乎杀了他的情形，王允遂把诛杀董卓的阴谋告诉吕布，请吕布作为内应。吕布迟疑说："但我们有父子之情！"王允说："你自姓吕，跟董卓并不是骨肉，而今忧虑死亡都来不及，还谈什么父子？当初掷出手戟的时候，他心里岂有父子之情？"吕布允许。

夏季，四月二十三日（原文"丁巳"，据《后汉书》改），东汉帝（十四任献帝）刘协（本年十二岁）患病初愈，在未央殿接见全体文武官员。董卓穿正式官服，乘坐车辆入朝，从大营到皇宫，沿途警戒，卫士夹道布岗，左侧是步兵，右侧是骑兵，保护至为严密，而由吕布等全副武装，前后巡逻。王允命宫廷秘书署执行官（仆射）士孙瑞亲自写妥诏书，交给吕布。吕布教同郡（五原郡〔内蒙古包头市〕）人骑兵总监（骑都尉）李肃，跟勇士秦谊、陈卫等十余人，冒充卫士，穿上卫士服装，在北掖门埋伏，等待董卓现身。

董卓刚进宫门，李肃疾如闪电，举戟直刺董卓前胸，董卓内穿铁甲，戟不能刺入，戟锋下滑，伤及手臂。董卓从车上跌下，回头大喊："吕布在哪里？"吕布说："奉皇帝诏书，诛杀逆贼。"董卓大骂说："狗崽子，胆敢如此！"没有骂完，吕布举起铁矛，直刺董卓，立即毙命，命士兵砍下人头。主任秘书（主簿）田仪，跟董卓的仆人，扑上去保护董卓，吕布又把他们格杀，共杀了三人。然后，吕布从怀中取出诏书，向官员及士兵宣布说："诏书上指定只讨伐董卓，其他的人全不在内。"官兵站在原地上，一动不动，高喊万岁。人民得到消息，大喜若狂，就在街道上歌唱舞蹈；长安城中妇女，卖掉珠宝首饰、华贵衣服，买酒买肉，互相庆贺；街市上人山人海，一片欢乐。董卓的老弟董旻、侄儿董璜，以及董姓家族老幼，凡留在郿县（陕西省眉县）城寨的，都被他们的部属用刀砍死，或用箭射死；董卓的尸体被拖到市场上展示。这时，天气渐热，而董卓一向肥胖，油脂流满地面，守尸的官员，制作了一个巨大的灯芯，插到董卓肚脐眼里，用火燃烧，竟然大放光明，从晚上燃到天亮，这样燃烧了一整天。袁姓家族的门生，把散落在各地董家的尸体，聚在一起，用火烧成灰烬，扬弃道路。郿县城寨中积存黄金二三万斤、白银八九万斤，绸缎珍宝，堆积如山。

6 中央政府命宰相（司徒）王允主管宫廷机要（录尚书事）；擢升吕布当奋威将军，“持节”，开府仪同三司（官位、权力，以及办公机构和官属，跟三公相同），封温侯，跟王允同时主持国政。

董卓被杀时，皇家左翼警卫指挥官（左中郎将）高阳侯蔡邕，正在王允座上做客，听到消息，不禁发出一声惊叹。王允立刻翻脸，厉声斥责说：“董卓是国家的巨贼，几乎把东汉王朝皇家颠覆。你是国家的高级官员，应该跟国家同一立场，全心愤慨。想不到你却怀念他对你的一点私人恩惠，反而为他悲痛，岂不就是叛徒？”逮捕蔡邕，交付司法部（廷尉）监狱。

蔡邕承认自己有罪，道歉说：“我身虽居于一个不忠的地位，可是，君臣古今的大义，耳所常听，口所常言，岂肯背叛国家，袒护董卓？请免一死，我愿脸上刺字，双脚剁下，允许我完成我正撰写的《汉史》（当蔡邕贬逐朔方郡〔内蒙古包头市〕时，曾上书请求续写《汉书》各“志”；蔡邕一生精力，在此一书）。”高级知识分子及士大夫，很多人怜悯蔡邕，极力营救，王允一律拒绝。全国武装部队总司令（太尉）马日磾，对王允说：“蔡邕，盖世奇才，对东汉王朝史迹典故，了解最丰。如果能完成这部史书，将是一代巨典；而他的罪名，微不足道，杀了他，岂不使天下失望？”王允说：“从前，武帝（西汉王朝七任帝刘彻）不杀司马迁，使司马迁写出谤书（指《史记》），流传后世。而今，国势中衰，兵马就在郊外，不可以使奸佞的文化人，在幼主（刘协）左右执笔，对主上的圣德既没有帮助，却毫无疑问的，我们将受到他的讪笑讥刺。”马日磾告辞退出，对别人说：“王允的子孙莫非就要灭绝？善良的人，是国家的命脉（《左传》：“善良的人，天地的命脉，一旦断绝，不亡何待”）；史料的整理，是国家的经典。斩断命脉，废除经典，岂能长久？”

蔡邕遂在监狱中被处死。

王允坚持非杀蔡邕不可，他说的那些理由，至堪玩味。如果因为蔡邕事奉过董卓，王允也事奉过董卓。如果因为蔡邕受到董卓亲信倚重，王允也同样受到董卓亲信倚重。如果因为蔡邕是董卓所征召，王允也同样是董卓所擢升。仅只一声惊叹，罪何至死？

只有两种解释是合理的，一是，王允妒忌蔡邕史学上的成就。另一是，王允本属于董卓的摇尾系统，他如果不把董卓的马屁拍得舒舒服服，董卓焉能把中央大权，全部托付，其中一些丑态毕露的行为，蔡邕可是知道得一清二楚，王允不得不预防蔡邕泄漏他的底细。他抨击司马迁的《史记》是一部“谤书”，充分显示出他恐惧什么——恐惧蔡邕的“谤书”。

冠冕堂皇的理由虚晃一枪，真正的理由因为太卑鄙的缘故，往往说不出口。王允是另一类型的文妖。

7 最初，禁宫侍从官（黄门侍郎）荀攸，跟宫廷秘书（尚书）郑泰、宫廷随从（侍中）种辑等，秘密磋商：“董卓骄傲残忍，六亲不认，虽然手握大军，实际上完全孤立，不过一个莽汉，可以把他刺死！”事情接近成功边缘，而消息走漏。荀攸被捕，而郑泰逃亡，投奔袁术（时在鲁阳〔河南省鲁山县〕）。荀攸在狱中，言谈饮食，一如平日。不久，董卓被杀，荀攸得免一死。

8 青州（山东省北部）黄巾变民攻击兖州（山东省西部），兖州州长（刺史）刘岱准备迎战。济北国（首府卢县〔山东省济南市长清区〕）宰相鲍信劝阻说："黄巾有百万人之多，人民震恐，官兵已无斗志，不可以去硬碰硬。然而，他们的行军，一向不带粮秣，完全依靠抢夺劫掠，不如保持实力，固守城池，黄巾求战不能战，攻城又没有攻城武器，最后一定星散。然后我们出动精锐，在关卡险要地方攻击，可以大获全胜。"

刘岱不接受，率军出征，被黄巾斩杀。

9 东郡（山东省莘县南）郡长曹操的部属、东郡人陈宫，对曹操说："一州无主（东郡属兖州），天子的诏令断绝，我想去说服州政府高级官员，由阁下出任全权州长（牧），用来当作资本，再向外发展，夺取天下，这是霸王大业。"陈宫遂前往昌邑（兖州州政府所在县，山东省巨野县东南大谢集镇），向州政府行政官（别驾）、总务官（治中）建议："而今，天下四分五裂，而本州没有人领导。曹操是一代英才，如果迎接他来接替，定可造福人民。"济北国（首府卢县）宰相鲍信等，也有相同想法，于是跟州政府官员万潜等，前往东郡（山东省莘县南）迎接曹操担任兖州州长（刺史）。

曹操到职后，率军攻击黄巾变民，在寿张（山东省东平县西南）东方会战，失利。黄巾变民骁勇精悍，而曹操的兖州部队，人数既少，力量又小。曹操急起补救，加强训练，严格赏罚，不断施用奇兵诡计，昼夜进攻，每次都有斩获，终于把黄巾变民逼退。然而，鲍信却死在乱军之中，曹操用重赏征求他的尸体，而竟得不到，只好雕刻一个鲍信的木像安葬，曹操亲往祭奠，放声大哭。

皇帝刘协下诏，任命京兆（陕西省西安市）人金尚当兖州（山东省西部）州长（刺史）。金尚将要到职，曹操迎头痛击，金尚逃走，投奔后将军袁术（时在鲁阳）。

10 五月，中央擢升征西将军皇甫嵩当车骑将军。

11 最初，奋威将军吕布劝宰相王允，把董卓部属，全部屠杀。王允说："他们没有罪，不可这样做。"吕布又打算把董卓的财产，赏赐给三公、部长、将领，王允也不允许。王允一向把吕布当作一个剑客勇将，在政治上并不尊重他的意见。而吕布自认为他有诛杀董卓的功劳，不能掩饰自己的洋洋得意。既然屡次被驳，心里逐渐不高兴。

王允性情刚直方正，疾恶如仇，因为恐惧董卓，不得不委屈低头。董卓被杀，王允认为天下再没有对手，遂趾高气扬，态度倨傲，部属对他开始离心。王允当初跟士孙瑞商议，特别用皇帝刘协名义，下诏赦免董卓的凉州军团将领，可是又对这个决策怀疑，说："部属身不由主，听候上级差遣，本来就没有罪，却忽然把恶逆加到他们头上，再下令赦免，恐怕反而促使他们猜疑恐惧，不是使他们安心的办法。"遂停止颁布赦书。

王允又决定解散凉州军团，有人警告说："凉州军团素来害怕袁绍，畏惧关东（函谷关以东）大军。而今，一旦解散，大开函谷关（河南省新安县）关门，凉州军团每人都会担心生命不保。不如任命皇甫嵩当凉州军团的统帅，到陕县（河南省三门峡市）军团部到职，就留在那里，安抚军心。”王允反对说：“不然，关东（函谷关以东）义兵，跟我们是一条阵线。如果继续把大军驻屯陕县险要，虽然安抚了凉州军团，使关东（函谷关以东）将领起疑，绝对不行。”

当时，民间盛传要诛杀所有的凉州（甘肃省）人。董卓部下，那些凉州军团的将领，十分震恐，各自控制军队，严阵以待，互相传言：“蔡邕只受过董卓的厚遇而已，还饶不了他。现在，既没有赦令，而又要剥夺我们的军权。今天解职，明天便成了鱼肉，任凭他们宰杀！”

吕布派李肃到陕县（河南省三门峡市）宣布皇帝诏书，诛杀牛辅。牛辅等迎战，李肃大败，退到弘农郡（河南省灵宝市东北），吕布遂斩李肃。

牛辅虽然战胜，却魂不守舍，而大营恰恰发生“夜惊”（“夜惊”，军中特有的暴动，可能由于日间过度紧张或过度恐慌，深夜时分，突然一声喊叫，大家一跳而起，手执刀枪，互相砍杀，谁都无法制止。唯一的办法是使用巨响使他们清醒，或等他们自动清醒。清醒后，死者已死，伤者已伤，活着的人才发现他们做出了什么事，全营哀恸恐怖），牛辅更心胆俱裂，于是准备抛弃部队，只身逃走，被他的左右亲信击斩。等到李傕等从陈留郡（河南省开封市东南陈留镇）烧杀回营，牛辅已死。

李傕等六神无主，派人到长安请求赦免，王允回答说：“一年之内，不可以有两次赦令。”拒绝。李傕等更是恐慌，不知道如何是好，打算把部队遣散，绕道别处，逃回家乡。讨虏指挥官（校尉）武威郡（甘肃省武威市）人贾诩，警告说：“你们如果抛弃大军，单独行动，一个村长就能生擒活捉。不如率领大军，向西进攻长安，给董卓报仇。事情成功，拥护皇上，号令天下；事情失败，再逃不晚。”李傕等同意。于是互相盟誓，率领凉州军团数千人，日夜不停，向西挺进。王允知道胡文才、杨整修都是凉州（甘肃省）德高望重的民间领袖，请他们去见李傕等，解释误会。可是，王允对二人，不但没有和颜悦色，反而严厉的说：“关东（潼关〔陕西省潼关县〕以东）那些鼠辈想干什么？你去把他们叫来！”胡文才、杨整修见了李傕等时，反而催促他们迅速行动。

李傕等一面进军，一面集结失散了的官兵，等到抵达长安，已膨胀到十万余人，跟凉州军团其他将领樊稠、李蒙等，联合包围长安。长安是首都所在，城墙高大，无法强攻。可是包围到第八天，吕布部属中的蜀郡（四川省成都市）官兵叛变。

六月一日，叛军打开城门，引导凉州军团进城。凉州军团一进长安，便大肆抢劫。吕布迎战，不能取胜，率领数百人骑兵部队，把董卓的人头挂在马鞍上，突围逃走。经过青琐门外，招呼王允同行。王允说：“如果皇家祖先在天之灵保佑，能使国家平安，是我最大的愿望；如果这愿望不能实现，只有献出生命。皇上（刘协）年龄太轻，完全靠我；灾难来时，却自己逃走，不忍心如此。请你勉励关东（潼关以东）各位首领，要念及皇上。”祭祀部长（太常）种拂说：“身为政府高级官员，不能禁止暴力，抵御强权，使他们的刀枪直指皇宫，还想往哪里逃？”迎战，被杀。

李傕、郭汜，驻军南宫侧门，展开复仇，诛杀交通部长（太仆）鲁馗（音kuí〔逵〕）、藩属事务部长（大鸿胪）周奂、首都长安城防指挥官（城门校尉）崔烈、南越兵团指挥官（越骑校尉）王颀。官吏平民被屠杀的有一万余人，尸体散乱的堆满街道。

王允扶着皇帝刘协，逃到宣平门（长安东面北头第一门），躲避乱兵。李傕等在宣平门下，伏到地上叩头。刘协询问说："你们放纵士兵，打算做什么？"李傕等说："董卓效忠陛下，却无缘无故，被吕布刺死。我们只是为董卓报仇，不敢叛逆。等到大事已毕，自愿到司法部（廷尉）接受法律审判！"李傕等把宣平门城楼团团围住，联合上书，要求宰相（司徒）王允出面答复："太师（董卓）有什么罪？"王允陷入穷途，无处躲藏，只好下楼跟李傕等面对。

六月二日，皇帝刘协下令赦天下，擢升李傕当扬武将军，郭汜当扬烈将军（东汉王朝建立之初，马成曾当过"扬武将军"〔参考二八年八月〕，"扬烈将军"则是首创名号），樊稠等都被擢升当皇家警卫指挥官（中郎将）。

李傕等又逮捕京畿总卫戍司令（司隶校尉）黄琬，处决。

12 最初，王允任命同郡（太原郡〔山西省太原市〕）人宋翼当左冯翊郡（陕西省西安市高陵区）郡长、王宏当右扶风郡（陕西省兴平市）郡长。李傕等打算诛杀王允，恐怕二郡起兵反抗，命皇帝刘协下诏征召宋翼、王宏回京（首都长安）。王宏派人晋见宋翼，对宋翼说："郭汜、李傕因为我们身在外郡，手握军权，所以不敢谋害王允。今天接受征召命令，明天全族被屠，请问有什么办法？"宋翼说："祸福虽然不能预料，然而皇帝命令，不能违抗！"王宏的代表说："关东（潼关以东）起义的军队，像滚水一样沸腾，目的在铲除董卓。而今，董卓已经铲除，残余的党羽，容易制服。我们如果起兵讨伐李傕之辈，跟山东（崤山以东）互相呼应，前后夹击，正是转祸为福的上策。"宋翼不肯接受。王宏单独不能成事，只好双双接受征召。

六月七日，李傕逮捕王允、宋翼、王宏，一齐诛杀，王允的妻子儿女也都处死。临刑时，王宏诟骂说："宋翼，你这个败事的白痴书生，我怎么会跟你商量国家大事！"

李傕命把王允的尸首拖到闹市，任人参观，没有人敢去收葬。旧部属平陵（陕西省咸阳市秦都区西）县长、京兆（陕西省西安市）人赵戬，放弃官位，把王允尸体掩埋。

当初，王允把诛杀董卓的功劳，全部揽到自己头上，宫廷秘书署执行官（仆射）士孙瑞的功劳也归给王允，因而封不上侯爵，但也正因为如此，逃过李傕报复的灾难。

司马光曰

《易经》说："辛劳而又谦让的君子，吉祥。"（《易经·系辞》）士孙瑞有很大的功勋，却不自夸自负，用来保护身家性命，岂不是智慧过人？

柏杨曰

一个没有政治头脑的人，却坐在必须有政治头脑才能坐的板凳上，实在是一种灾难，他的最大的特征是，深信凭他主观的意志和手中的那点权柄，就可以随心所欲，使太阳从西边升起。

董卓是一条疯狗，他相信军事万能。王允虽是一位高级知识分子，但发疯的程度，不亚于董卓，他相信他的智谋超人。只因为文武殊途，表现的方式所以各异。董卓满身背着诟骂，王允却披着忠贞的外衣。他创造了东汉王朝复兴的契机，不仅不能把握，反而把东汉王朝拖向谷底，使人民受到更长期的痛苦。在影响上，王允跟董卓相等，都罪大恶极。

13 李傕等任命贾诩当左冯翊郡（陕西省西安市高陵区）郡长，还打算封他侯爵（酬庸他的计谋）。贾诩说："那只不过是为了救命，一时情急的冒险，怎么算是功劳？"坚决辞让。李傕等又要任命他当宫

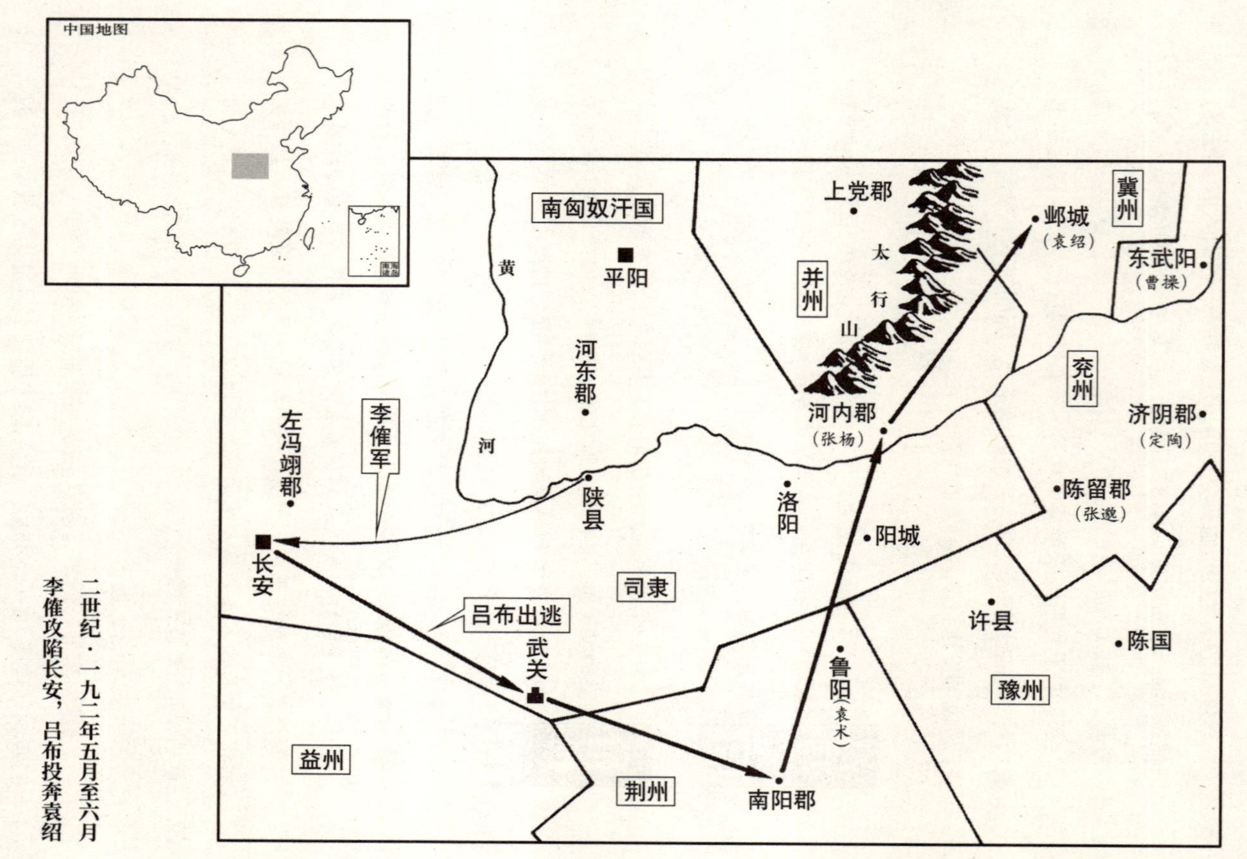

二世纪·一九二年五月至六月
李傕攻陷长安，吕布投奔袁绍

廷秘书署执行官（尚书仆射），贾诩说："宫廷秘书署执行官（尚书仆射）是文武百官的领袖，天下注意的焦点。我平常没有很高的名望，不能使人心服。"遂任命贾诩当宫廷秘书（尚书）。

14 奋威将军吕布，逃出武关（陕西省商南县西南），投奔南阳郡（河南省南阳市），后将军袁术（时在鲁阳〔河南省鲁山县〕）接待他，十分优厚。吕布自以为对袁家有恩（杀董卓为袁家报仇），行动蛮横，毫不收敛，更放纵他的士兵抢夺劫掠，袁术不能忍受。吕布察觉到袁术的态度，恐怕受到袭击，于是再率军到河内郡（河南省武陟县），投奔张杨（时任河内郡郡长）。李傕等用中央政府名义，悬赏捉拿吕布，情势至为紧急，吕布再行逃走，投奔冀州（河北省中部南部）全权州长（牧）袁绍（时在邺城，河北省临漳县西南邺城镇）。

15 六月十九日，擢升前将军赵谦当宰相（司徒）。

16 秋季，七月十三日，擢升全国武装部队总司令（太尉）马日磾当皇家师傅（太傅），主管宫廷机要（录尚书事）。

17 八月，任命车骑将军皇甫嵩当全国武装部队总司令（太尉）。

18 皇帝刘协下诏，命皇家师傅（太傅）马日磾、交通部长（太仆）赵岐，"持节"前往关东（函谷关以东）镇压安抚。

19 九月，擢升李傕当车骑将军，兼京畿总卫戍司令（司隶校尉），"持节"。郭汜当后将军、樊稠当右将军、张济当骠骑将军，全封侯爵（李傕封池阳侯、郭汜封美阳侯、樊稠封万年侯、张济封平阳侯）。李傕、郭汜、樊稠共同管理中央政府，只张济出京（首都长安）驻军弘农郡（河南省灵宝市东北）。

20 宰相（司徒）赵谦免职。

21 九月二十九日，擢升最高监察长（司空）淳于嘉当宰相（司徒），特级国务官（光禄大夫）杨彪当最高监察长（司空），主管宫廷机要（录尚书事）。

22 最初，董卓入关（函谷关），劝说凉州（甘肃省）变民首领韩遂、马腾（二人于一八七年领导凉州变民集团，迄今已六年），共同对抗山东（崤山以东）的反董卓联军。韩遂、马腾同意，率领部队到达长安。正逢流血政变，董卓被杀。李傕等遂任命韩遂当镇西将军，教他返回金城郡（甘肃省兰州市东）；马腾当征西将军，驻屯郿县（陕西省眉县，原董卓所设粮仓及城寨所在，参考本年〔一九二〕四月）。

23 冬季，十月，荆州（湖北省及湖南省）州长（刺史）刘表，派使节到首都长安进贡。中央政府擢升刘表当镇南将军、荆州全权州长（牧），封成武侯。

24 十二月，全国武装部队总司令（太尉）皇甫嵩免职，擢升特级国务官（光禄大夫）周忠当全国武装部队总司令（太尉），参与主管宫廷机要（参录尚书事）。

25 兖州（山东省西部）州长（刺史）曹操，追击黄巾变民，到达济北国（首都卢县〔山东省济南市长清区〕）。黄巾变民全体投降，武装战士约三十余万人，眷属男女老幼约一百余万人。曹操遴选精锐，称“青州兵团”（这批黄巾变民，来自青州〔山东省北部〕，都是青州子弟，所以有此称号）。

曹操延聘陈留郡（河南省开封市东南陈留镇）人毛玠当总参谋官（治中从事），毛玠建议说：“如今，天下分崩，皇帝流离，人民百业全废，饥寒交迫，弃家逃亡。政府没有一年的存粮，人民没有定居的意愿，情势不可能长久不变。奉行仁义的军队，才能取得胜利；拥有丰富的财源，才能巩固自己的地位。我们应该遵奉天子，才有资格号令其他割据的叛徒；努力推广耕田种桑，才有能力积存粮食草料。如此，霸王事业，可以成功。”曹操完全采纳。于是，派人晋见河内郡（河南省武陟县）郡长张杨，请准予借道前往长安进贡；张杨拒绝。定陶（济阴郡郡政府所在县，山东省菏泽市定陶区）人董昭，对张杨说：“袁绍、曹操，表面上看起来是一条阵线，合作无间；然而，不可能维持长久。曹操今天虽然力量微弱，但他实在是一代英雄，所以应该跟他结交。今天‘借路’，是天赐机缘，你应该奏报皇上，特别推荐，如果事情成功，当增加双方感情。”

张杨遂奏报皇帝，并推荐曹操。董昭更用曹操名义，写信给李傕、郭汜等当权派官员，依照每人的地位和分量，分别殷勤致意。李傕、郭汜接见曹操的使节，认为关东（函谷关以东）将领打算自己拥立新的皇帝，曹操虽然表示效忠中央，但并不是诚心诚意；商议把使节扣留，不放回去。禁宫侍从官（黄门侍郎）钟繇向李傕、郭汜建议说：“英雄纷纷崛起割据，每个人都声称拥护中央，接受中央命令，实际上每个人都独立称霸。只有曹操派人表示效忠，如果中央先行怀疑他的真诚，恐怕会阻止其他人效法。”

李傕、郭汜遂用厚重的情谊回报。钟繇，是钟皓的曾孙（钟皓事，参考一四九年）。

26 徐州（江苏省北部）州长（刺史）陶谦，跟各郡郡长，联名签呈驻屯中牟（河南省中牟县）的车骑将军朱儁，尊称朱儁“太师”，并通告各州全权州长（牧）或州长（刺史），号召共同出军讨伐李傕等，迎接皇帝东返旧京（洛阳）。李傕采用全国武装部队总司令（太尉）周忠、宫廷秘书（尚书）贾诩的计谋，用皇帝名义，征召朱儁入朝。朱儁遂不接受陶谦的推戴，而接受征召。

朱儁到京师（首都长安）后，再任交通部长（太仆）。

27 幽州（河北省北部）降虏指挥官（降虏校尉）公孙瓒（时驻右北平郡〔河北省唐山市丰润区〕），再派军队攻击冀州（河北省中部南部）全权州长（牧）袁绍，挺进到龙凑（山东省平原县东），冀州兵团迎战，击破公孙瓒攻势。公孙瓒即撤回幽州，不敢南下。

28 扬州（安徽省中部及江南地区）州长（刺史。州政府设历阳〔安徽省和县〕）汝南郡（河南省平舆县西北射桥镇）人陈温逝世。袁绍命袁遗兼任扬州州长（刺史）。后将军袁术（时驻鲁阳），攻击袁遗，袁遗大败，逃亡，走到沛国（首府相县〔安徽省淮北市〕）时，被乱兵斩杀。袁术另行任命下邳国（首府下邳〔江苏省睢宁县北古邳镇〕）人陈瑀当扬州州长（刺史）。

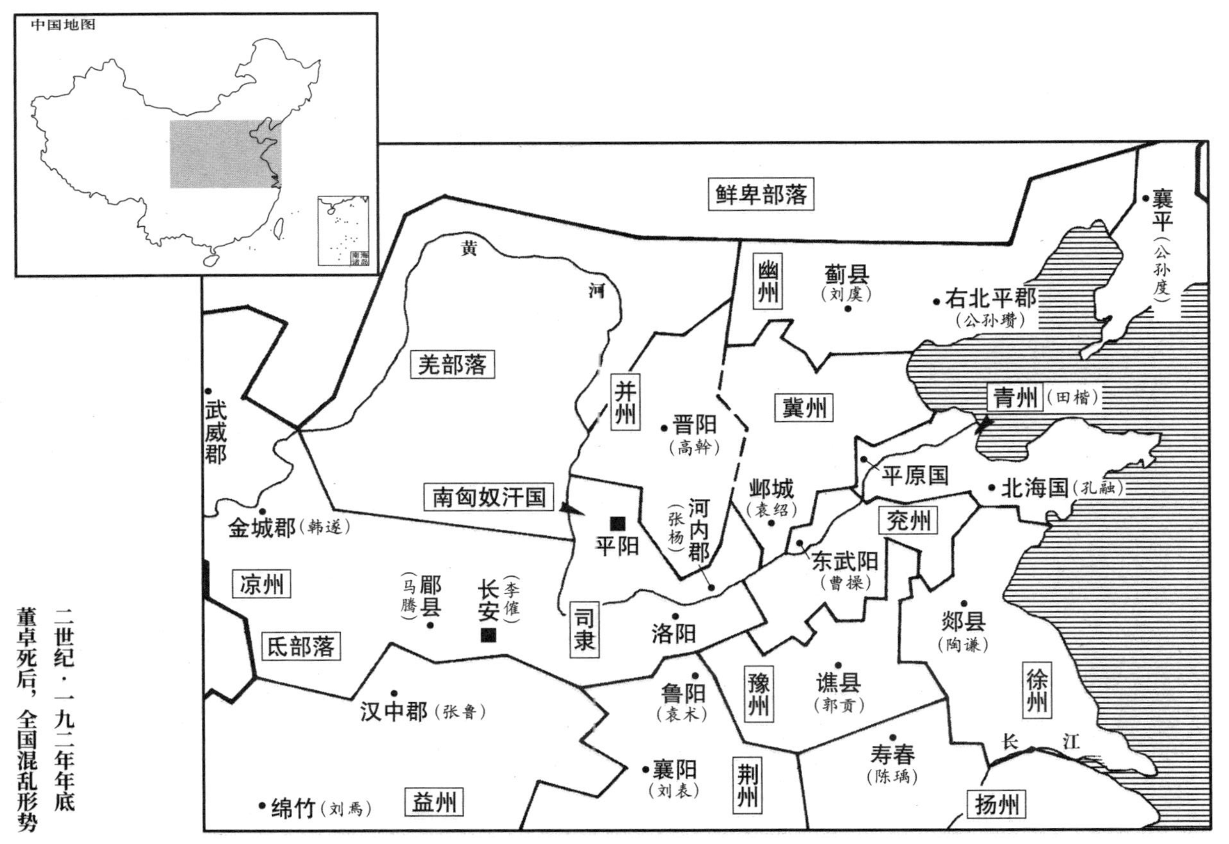

二世纪·一九二年年底
董卓死后，全国混乱形势

一九三年 癸酉

东汉　初平　四年

1 春季，正月一日，日蚀。

2 正月十四日，东汉王朝（首都长安〔陕西省西安市〕）赦天下。

3 兖州（山东省西部）州长（刺史）曹操，驻军鄄城（山东省鄄城县北）。后将军袁术（时驻鲁阳〔河南省鲁山县〕），受到荆州（湖北省及湖南省）全权州长（牧）刘表的压力，不能抵抗，遂率军北上，驻军封丘（河南省延津县北)。黑山变民的一支(太行山一带),跟南匈奴(王庭设平阳〔山西省临汾市〕)的流亡单于(四十一任)挛鞮于扶罗(时在黎阳〔河南省浚县〕一带),都归附袁术。

曹操击破袁术部队,包围封丘(封丘属兖州)。袁术率军突围,退屯襄邑(河南省睢县),再退屯宁陵(河南省宁陵县)。曹操追击,连战连胜,袁术不能停脚,遂侵入九江郡(安徽省寿县);扬州(安徽省中部及江南地区)州长(刺史)陈瑀拒绝袁术入境。袁术只好退到阴陵(安徽省定远县西北),在淮河北岸集结部队,向寿春(安徽省寿县。原扬州州政府设历阳〔安徽省和县〕,陈瑀上任后迁此)发动攻击。陈瑀大为恐慌,逃向下邳国(首府下邳〔江苏省睢宁县北古邳镇〕)。

袁术占领寿春,称扬州全权州长(牧),兼徐州(江苏省北部)总管(徐州伯)。

车骑将军李傕,打算结交袁术,作为外援,遂用东汉帝(十四任献帝)刘协(本年十三岁)名义,擢升袁术当左将军,封阳翟侯,“持节”。

4 冀州(河北省中部南部)全权州长(牧)袁绍的冀州兵团,跟幽州(河北省北部)降虏指挥官公孙瓒所任命的青州(山东省北部)州长(刺史)田楷,血战二年,官兵筋疲力尽,粮食草料全部吃光;双方无穷无尽的掠夺人民,以至原野千里,不见一棵青草。袁绍命他的儿子袁谭当青州州长(刺史)。田楷攻击袁谭,不能取胜。

正好前交通部长(太仆)赵岐,“持节”到关东(函谷关以东)调和地方政府间的纠纷(参考去年〔一九二〕八月)。公孙瓒乘势跟袁绍和解,并结为儿女亲家,各自退兵。

5 三月,袁绍驻军薄落津(河北省广宗县北),而魏郡(河北省临

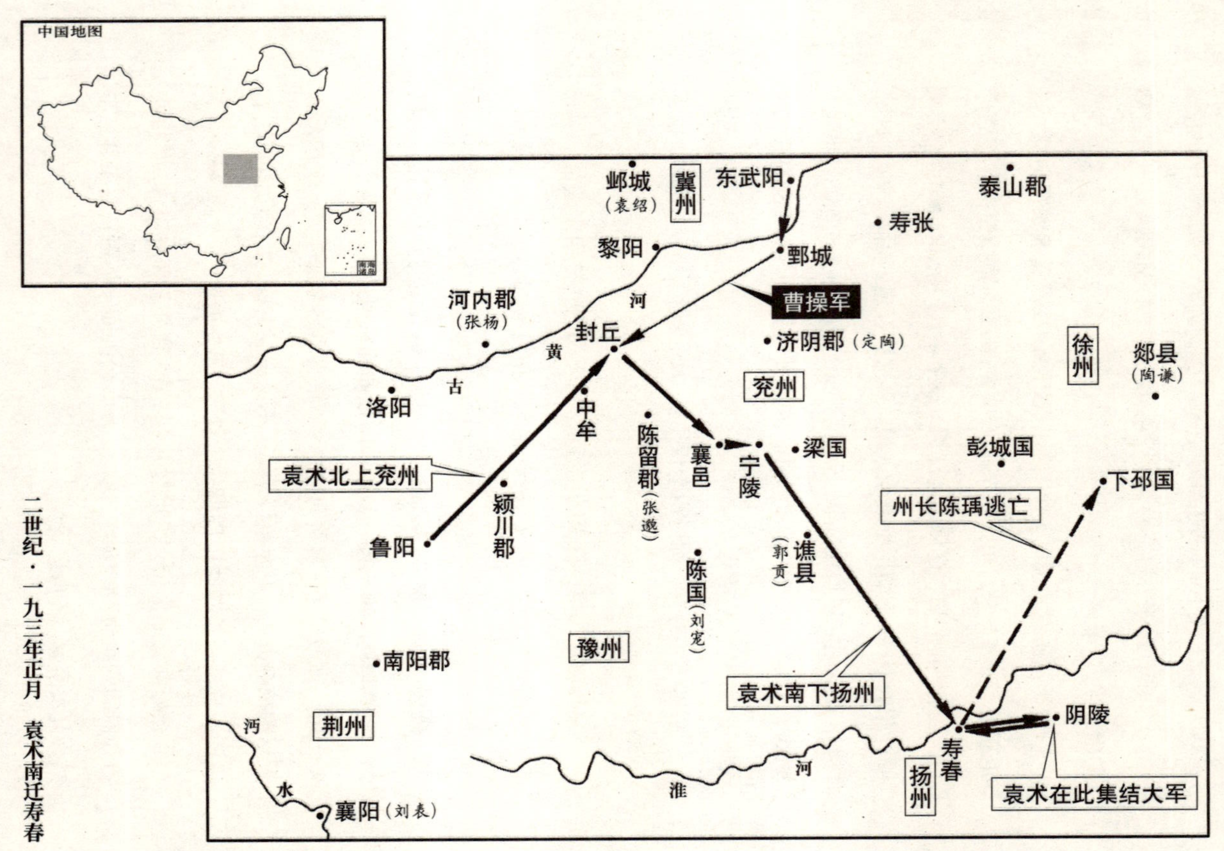

二世纪·一九三年正月　袁术南迁寿春

漳县西南邺城镇）郡政府部队叛变，跟黑山变民（太行山一带）首领于毒等结合，数万人之众，攻陷邺城（邺县，冀州及魏郡郡政府所在县），斩杀郡长。

袁绍得到报告，回军攻击，抵达斥丘（河北省成安县东南，距邺城航空距离四十五公里）。

6 夏季，曹操回军定陶（济阴郡郡政府所在县，山东省菏泽市定陶区）。

7 徐州（江苏省北部）州政府总务官（治中）东海郡（山东省郯城县）人王朗，跟行政官（别驾）琅邪郡（山东省临沂市）人赵昱，向州长（刺史）陶谦建议说："要得到封国国君（诸侯）的拥护，最有效的手段莫过于尊奉君王。而今，天子流亡西京（长安），我们应该派人进贡。"

陶谦遂派赵昱，携带陶谦的奏章，前往长安（陕西省西安市）。于是，皇帝刘协下诏，擢升陶谦当徐州全权州长（牧），加衔安东将军，封溧阳侯。任命赵昱当广陵郡（江苏省扬州市）郡长，王朗当会稽郡（浙江省绍兴市）郡长。

这时候，徐州（江苏省北部）一派升平，人民安居乐业，仓库充实，家给户足，各地流亡的难民，都来投奔。可是，陶谦却信任奸佞，疏远正直人士。司法、行政，一团混乱，情势逐渐不稳。素有知人之明的汝南郡（河南省平舆县西北射桥镇）人许劭（参考一八四年），逃难到广陵郡（江苏省扬州市）定居，陶谦对他礼遇，至为厚重。许劭告诉门徒说："陶谦外貌上是很忠厚，只不过追求知名度而已，内心并不正直。今天待我虽然隆重，劲头一过，就会变得难堪！"遂告辞他往。

后来，陶谦果然大肆逮捕流亡人士，世人才佩服许劭的先见。

8 六月，右扶风郡（陕西省兴平市）天降冰雹。

9 华山（陕西省华阴市南）崩裂。

10 全国武装部队总司令（太尉）周忠免职，擢升交通部长（太仆）朱儁当全国武装部队总司令（太尉），主管宫廷机要（录尚书事）。

11 下邳国（首府下邳〔江苏省睢宁县北古邳镇〕）变民首领阙宣，聚众数千人，自称皇帝；徐州（州政府设郯县〔山东省郯城县〕）全权州长（牧）陶谦击斩阙宣。

12 大雨，昼夜不停二十余日，淹没人民田地家宅（是全国大雨？或仅首都长安大雨？或某些地区大雨？语焉不详）。

13 冀州（河北省中部南部）全权州长（牧）袁绍，率大军深入朝歌（河南省淇县）境内鹿肠山（淇县西南），攻击变民首领于毒，围攻五日，击破于毒基地；斩于毒，杀一万余人。

袁绍大军顺着鹿肠山，向北扫荡，攻击变民首领左髭丈八等，全都斩首。又攻击刘石、青牛角、黄龙左校、郭大贤、李大目、于氐根等，又杀数万人，并对他们的基地城寨，作彻底屠戮和铲平。最后，跟黑山变民（活动于太行山一带）首领张燕（各变民首领起兵，以及张燕〔褚飞燕〕已受中央政府招安，被任命当“平难警卫指挥官”〔平难中郎将〕事，参考一八五年），以及四营的匈奴屠各部落、雁门（山西省朔州市东南）的乌桓部落，在常山国（首府元氏〔河北省元氏县〕）会战。张燕精锐部队数万人，战马数千匹。袁绍联合吕布，共同攻击，血战十余日，张燕部队伤亡惨重，袁绍部队也疲惫无力。双方都不能再战，各自撤退。

吕布部队凶暴蛮横，袁绍不能接受。吕布知道难再存身，请求前往洛阳（河南省洛阳市东白马寺东）。袁绍用皇帝名义（承制），任命吕布兼京畿总卫戍司令（领司隶校尉），特别派遣精锐武士护送吕布到职，但密令途中把吕布杀掉。吕布得到消息，命人在他寝帐中弹筝（东汉王朝的筝只十二弦，到唐王朝才增为十三弦），自己则悄悄逃走。武士乘夜突击，乱刀齐下，篷帐床被，全都砍坏。

天亮后，袁绍得到吕布仍然活着的消息，大为恐惧，下令关闭城门（防吕布突击）。

吕布率军再投奔河内郡（河南省武陟县）郡长张杨。

14 前全国武装部队总司令（太尉）曹嵩，在琅邪国（山东省临沂市）避难，他的儿子兖州（山东省西部）州长（刺史）曹操（时在定陶〔山东省菏泽市定陶区〕），命泰山郡（山东省泰安市东）郡长应劭，前往迎接。曹嵩奢侈豪华，仅运载金银绸缎珍宝的车子，就有一百余辆。陶谦一位驻屯阴平（山东省枣庄市西南阴平镇）的部将手下官兵，眼睛发红，决心抢劫；追踪到华县（山东省费县东北）、费县（费县西北）交界处，发动突袭，斩曹嵩，又斩曹嵩的幼子曹德。秋季，曹操向陶谦作复仇性攻击，一连攻陷十余县城，进击彭城（彭城国首府，江苏省徐州市），陶谦主力军迎战，大败，逃回郯县（山东省郯城县，徐州州政府所在县）固守。

最初，京县（河南省荥阳市）、洛阳，受到董卓的蹂躏，人民大量向东逃亡，多数投奔徐州（江苏省北部）。这次曹操为父复仇，把男女老幼数十万人驱逐到泗水，全部屠杀，尸体山积，泗水不流。

曹操围攻郯县（山东省郯城县），不能夺取，只好撤退；一连攻陷取虑（安徽省灵璧县西北）、睢陵（江苏省泗洪县东南）、夏丘（安徽省泗县），屠

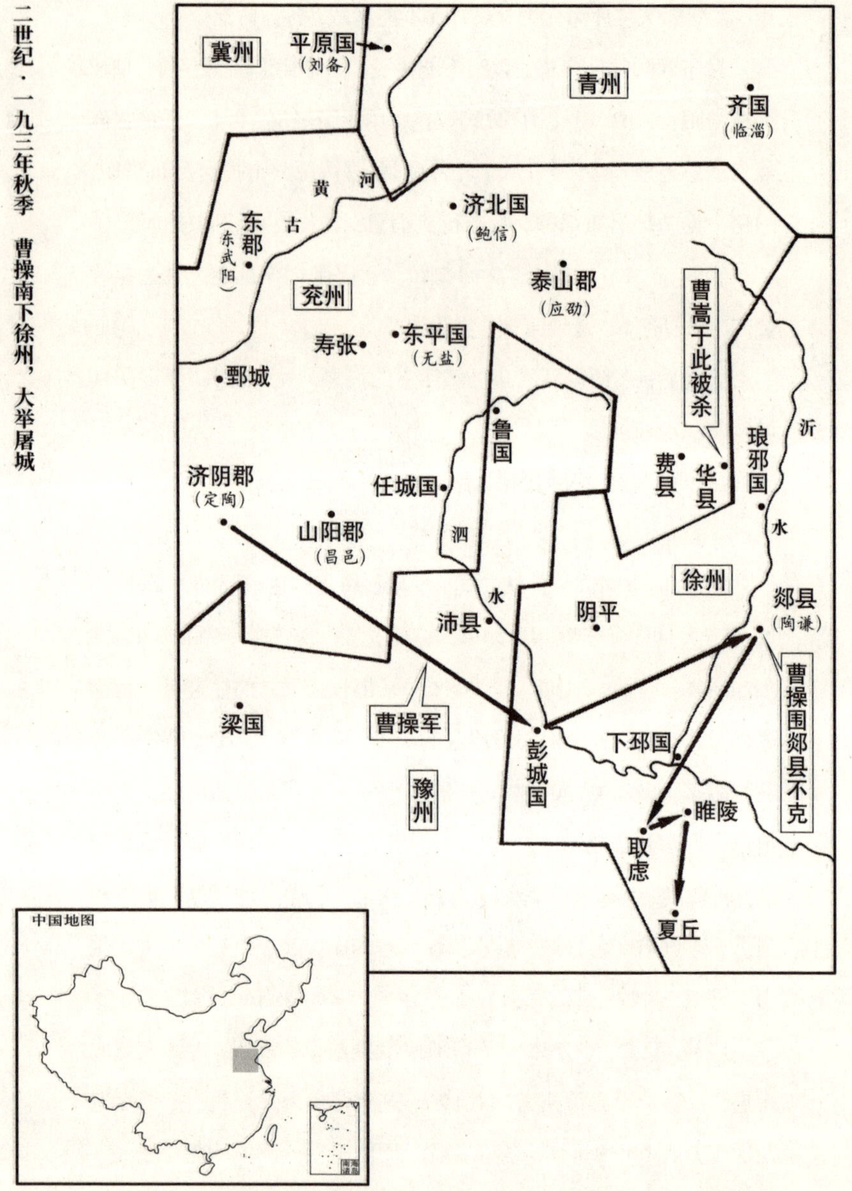

二世纪·一九三年秋季　曹操南下徐州，大举屠城

城，连鸡狗都杀得一只不留，城市村落，看不到一个活人。

15 冬季，十月二十二日，京师（首都长安）地震。

16 天市星旁出现孛星。

17 最高监察长（司空）杨彪免职。

十月二十七日，擢升祭祀部长（太常）赵温当最高监察长（司空），主管宫廷机要（录尚书事）。

18 幽州（河北省北部）全权州长（牧）刘虞，跟降虏指挥官（降虏校尉）公孙瓒之间，怨恨累积日深。公孙瓒跟袁绍互相攻击，刘虞无力禁制，只好稍稍减少粮秣供应。公孙瓒大怒，更屡次违犯刘虞军令，而又对人民横行凶暴；刘虞束手无策，派人到首都长安，向皇帝刘协，指控公孙瓒横暴劫掠的罪行；公孙瓒也上奏章指控刘虞克扣军饷。二人的报告不断呈递，互相抨击，中央政府不能裁决，只有用和稀泥手段，拖延敷衍。

公孙瓒在蓟县（幽州州政府所在县，北京市）东南，另行兴筑一座小城，设立大营。刘虞数次请公孙瓒到蓟县当面会商，公孙瓒都声称有病，不肯前往。刘虞认为公孙瓒终会叛变，于是，集结十万人的庞大部队，下令讨伐。当时，公孙瓒的部队，都在外地驻防，事出突然，公孙瓒惊恐，打算凿破东城逃走。可是，刘虞部队没有纪律，又没有训练，刘虞爱护人民家宅，不准纵火，告诫官兵说："不要多杀，只杀公孙瓒一人！"所以攻势疲软，不能攻克。

公孙瓒遴选精锐武士数百人，乘着风势纵火，强行突围。刘虞部队霎时崩溃，率领州政府官员，向北逃亡，逃到居庸县城（北京市延庆区）。公孙瓒追击包围，猛攻三天，居庸城破，生擒刘虞跟妻子儿女，返回蓟县（北京市），仍命刘虞在州政府公文书上署名。

不久，中央使节段训抵达，增加刘虞侯爵的采邑，兼六州军区司令长官（督六州事）。擢升公孙瓒当前将军，封易侯。公孙瓒乘机诬控刘虞从前曾跟袁绍通谋，要当皇帝（参考一九一年），胁迫段训在蓟县闹市，斩刘虞跟他的妻子儿女。前常山国（首府元氏〔河北省元氏县〕）宰相孙瑾、秘书（掾）张逸、张瓒等，维护刘虞，向公孙瓒破口大骂，遂一并被杀。公孙瓒把刘虞的人头送到京师（首都长安），刘虞旧属尾敦（尾，姓），在中途夺走，送回安葬。

刘虞仁爱宽厚，深得民心，幽州（河北省北部）人民，无论流亡客或土著，都感悲痛。

19 最初，刘虞准备派人送奏章前往首都长安，却难以物色适当人选。大家异口同声说："右北平郡（河北省唐山市丰润区）人田畴，年二十二岁，年纪虽小，然而是一位奇才。"刘虞遂送上礼物，请他担任州政府秘书（掾），并为他准备车马。临启程时，田畴说："幽州（河北省北部）到长安，道路断绝，强盗匪徒，遍地纵横，如果公开标明进贡使臣，将成为劫掠的目标。我建议由我以小民商旅身份，私自前往，只要能到达目的地就行了。"刘虞听从。

田畴在自己门客中，精选二十个骑士，北往西关（即居庸关，北京市昌平区西北），出边塞，进入鲜卑部落地区，紧傍阴山山脉（黄河河套北）西行，抵达朔方郡（内蒙古包头市），再从小路捷径，终于抵达首都长安，呈递奏章。皇帝刘协下诏任命田畴当骑兵总监（骑都尉）；田畴认为，皇帝流离失所，做臣属的，不应该享受荣耀，坚决辞让。拿到批示的诏书后，即行返回。可是，到了蓟县（北京市），刘虞已经被杀。田畴前往刘虞墓前祭拜，报告诏书批示内容，流泪哭泣告辞。

公孙瓒大发脾气，悬赏捉到田畴，问他：“你不把诏书的批示交给我，什么缘故？”田畴说：“东汉王朝衰弱，人人心怀二志，只有刘虞坚守忠贞。诏书的批示，对将军没有赞美之词，送给你，你也不见得高兴看到，所以才没这么做。而且，将军既然诛杀没有过错的长官，而又仇视守义不屈之士，我恐怕燕（河北省北部）赵（河北省中部南部）地区的英雄豪杰，都宁愿跳到东海自杀，也不会有人追随将军。”公孙瓒遂把他释放。

田畴回到故乡无终（天津市蓟州区），率领田姓家族，跟追随者数百人，扫地盟誓说：“君长（指刘虞）的血仇不报，我无颜再站在世界之上。”遂深入徐无山（河北省玉田县东北凤凰顶）中，寻觅到一块广大的盆地定居，亲自耕田，奉养父母。各地流亡的难民纷纷前来投奔，只数年时间，增加到五千余家。田畴对前辈父老们说：“而今，大家聚集在一起，已成了城市村落，但却是一盘散沙，谁都管不了谁，没有法律可以控制，恐怕不能维持长久太平。我有具体意见，报告各位尊长，共同实施，不知是否可以？”前辈父老们说：“当然可以。”

田畴遂制定法条：互相杀伤、偷窃、告状诉讼的人，考察罪行的轻重，分别处以适当的刑法，最重的是死刑，共十余条。又制定婚姻嫁娶的礼仪，兴建学校，讲授课业。法条制定后，公告实施，人民都乐于遵从，风俗优美，甚至遗失在道路上的东西，都没有人去捡。沿着边塞的人敬佩田畴的威望信誉，乌桓部落（河北省北部）、鲜卑部落（内蒙古东部中部及以北地区），都派使节致送礼物，田畴也接纳结交，盼望和平共存。

柏杨曰 田畴制定的法条中，诉讼告状的行为，竟成为一种罪行，可看出穷苦小民所处的地位。噢，君王从不告状，告状的都是臣僚；奴隶主从不告状，告状的都是奴隶；手握权柄的人从不告状，告状的都是手无寸铁的小民。财产被吞并，妻子女儿被掳去当婢女小老婆，儿子或老爹被乱棒打死……中国人只能无穷无尽的忍受，如果你胆敢向"圣明的君王"，或胆敢向"贤能的父母般的官员"，哀求发还被吞并的财产，哀求放回被抢夺的妻子女儿，哀求处罚那个打死儿子或老爹的凶手，你就成了刁顽之徒，犯了滔天大罪。

田畴反对诉讼告状的观念，不是突然冒出来的，而是腐败的官场产物。任何事情，不平则一定有反弹，国家设立法庭，就是要消除这种不公平。不消除这种不公平，却只禁止反弹；不消除痛苦，却只塞住嘴巴不准哭叫；不用法律解除人民所受的迫害，却只不准人民诉讼，结果必然产生下列后果：一是奴性被培养得更深，国民品质低落。二是血腥抗暴，用斗争代替诉讼。

世界上只有公平的审判才可以消除不公平，而我们古老的文化中却传播一种思想，认为不准诉讼就可以消除不公平。什么时候，中国人能够用诉讼解决争端，不必含垢忍辱，更不必使用刀枪，中国才能成为一个文明的国度。

20 十二月二十三日，地震。

21 最高监察长（司空）赵温免职。

十二月二十七日，擢升皇城保安司令（卫尉）张喜当最高监察长（司空）。

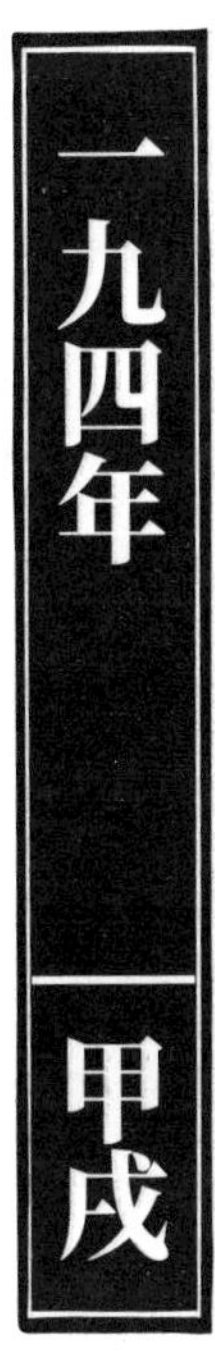

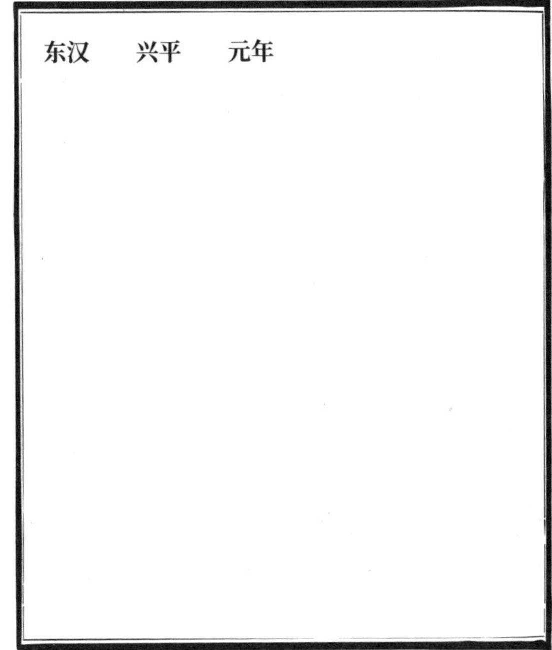

1 春季，正月十三日，东汉王朝（首都长安〔陕西省西安市〕）赦天下。

2 正月十六日，东汉帝（十四任献帝）刘协（本年十四岁）正式举行加冠礼。

3 二月一日，主管单位奏请皇帝应娶皇后。刘协下诏说：

"我死去的娘亲（王美人）到底要埋葬在哪里，都没有决定，我怎么有心去做选美的事？"（王美人生刘协后，即被何皇后毒死，参考一八一年。死后尸体，抬到洛阳〔河南省洛阳市东白马寺东〕郊外，草草安葬。刘协拒绝结婚，迫使政府采取行动。）

二月五日，三公奏请：上尊号给王美人，称灵怀皇后，改葬丈夫刘宏（十二任灵帝）墓园（文陵，洛阳城西北）。

4 徐州（江苏省北部）全权州长（牧）陶谦受到兖州（山东省西部）州长曹操重创，情势危急，向青州（山东省北部）州长（刺史）田楷（公孙瓒任命，其驻地一直不详，疑在乐安国〔首府临济，山东省高青县东南〕一带）求救，田楷跟平原国（首府平原〔山东省平原县〕）宰相刘备，前往支援。刘备这时已集结武装部众数千人，陶谦再拨付给他丹阳郡（安徽省宣城市宣州区）部队四千人，刘备遂离开田楷，归附陶谦。陶谦向中央推荐并任命（表）刘备当豫州（河南省）州长（刺史），驻屯小沛（江苏省沛县。对刘备而言，这是一个很大的转变契机。此时天下已乱，每个有地盘有武力的大军阀，都可以"表"〔向中央推荐并任命〕一个小军阀当县长、郡长、州长、全权州长，以及将军等。刘备对豫州〔河南省〕虽不能行使职权，但他从此跻身高阶层）。正好，兖州（山东省西部）州长曹操的军粮告尽，撤退。

5 驻军在郿县（陕西省眉县）的征西将军马腾，有私事要求车骑将军李傕，不能满意，大为愤怒，动员军队，准备进攻。皇帝刘协派使节调解，马腾拒绝接受。驻军金城郡（甘肃省兰州市东）的镇西将军韩遂，也来调解，结果竟站在马腾一边。

议论官（谏议大夫）种邵、宫廷随从（侍中）马宇、皇家左翼警卫指挥官（左中郎将）刘范，策动马腾袭击长安（陕西省西安市），由他们充当内应，共同诛杀李傕等。

二月壬申日（二月戊寅朔，没有壬申），马腾、韩遂进军长平观（陕西省泾阳县东南）。而种卲等阴谋泄漏，逃奔槐里（右扶风郡郡政府所在县，陕西省兴平市）。李傕命樊稠、郭汜，及侄儿李利，出兵迎战，马腾、韩遂失利，退回凉州（甘肃省）。樊稠、郭汜进攻槐里，种卲等全被诛杀。

三月十三日，下诏赦免马腾等（李傕等自知无力制敌，而又恐惧马腾卷土重来）。

夏季，四月，任命马腾当安狄将军，韩遂当安降将军（在改朝换代大混战中，官制破坏，"将军"号称，多如牛毛，都是随便杜撰一个，图一时之欢）。

6 兖州（山东省西部）州长（刺史）曹操，命军政官（司马）荀彧、寿张（山东省东平县西南）县长程昱，留守鄄城（兖州州政府所在县，山东省鄄城县北）。自己亲率大军，再对陶谦发动复仇攻击，夺取地盘。大军进逼琅邪郡（山东省临沂市）、东海郡（山东省郯城县），所过之处，作彻底破坏；并在郯县（徐州州政府及东海郡郡政府所在县）东郊，击破刘备部队。陶谦震恐，打算逃回丹阳郡（安徽省宣城市宣州区。陶谦是丹阳郡人）。就在这个时候，曹操的挚友、陈留郡（河南省开封市东南陈留镇）郡长张邈，背叛曹操，迎接吕布，曹操只好撤退。

最初，张邈年轻时，行侠仗义，袁绍、曹操，都跟他友善。等到袁绍被推举为关东（函谷关以东）盟主（参考一九〇年），立刻露出骄傲嘴脸，张邈义正词严的责备袁绍，袁绍老羞成怒，命曹操诛杀张邈，曹操不肯，回答说："张邈，是至情至性的好友，即令有不对的地方，也应该包容。而今，天下还没有安定，为什么自相残杀？"曹操第一次对陶谦发动攻击时（去年〔一九三〕秋季），决心战死，告诉家人说："我如果不能生还，你们前往投靠张邈。"后来回军，跟张邈见面，互相流泪。

陈留郡（河南省开封市东南陈留镇）人高柔对他的同乡人士说：“曹操现在虽然只有一个兖州（山东省西部），可是雄心勃勃，行将图谋天下，绝不会以一个州为满足。而张邈拥有一个郡的资本，恐怕另有打算。一旦爆发事端，兵连祸结，我想跟大家一齐躲开，各位意下如何？”大家都认为曹操跟张邈互相亲爱，情义至笃；而高柔年纪又轻，对他的预测，没有人信服。正好，高柔的堂兄高幹（袁绍外甥，时任并州〔山西省中部〕州长）在河北（黄河之北）召唤高柔，高柔遂全族前往。

去年（一九三），奋威将军吕布，离开冀州（河北省中部南部）全权州长（牧）袁绍，投奔河内郡（河南省武陟县）郡长张杨，经过陈留郡（河南省开封市东南陈留镇），拜访张邈，临告辞时，握手盟誓。袁绍得到消息，对张邈大为痛恨。张邈认为，曹操终有一天会听从袁绍指使，谋害自己，内心恐惧不安。

前任九江郡（安徽省寿县）郡长陈留郡（河南省开封市东南陈留镇）人边让，曾经讥刺抨击曹操，曹操听到后，诛杀边让跟他的妻儿。边让的知名度很高，曹操竟下毒手，引起兖州（山东省西部）士大夫的震恐。曹操部属陈宫，性情刚直壮烈，也疑心可能步边让后尘，遂跟参谋主任（从事中郎）许汜、王楷，以及张邈的老弟张超，阴谋背叛。陈宫向张邈进言说：“天下分崩，英雄崛起，阁下拥有千里之大的疆土（指陈留郡），位于四方必争的要冲地带，手抚佩剑，左右顾盼，至少也是人中豪杰，反而受别人控制，岂不是没有出息。而今，州政府大军东征（徐州），城内（鄄城）空虚。吕布是一代壮士，能征善战，所向无敌，如果暂时迎接他，共同管理兖州（意思是分出若干郡县给吕布），观察天下形势，等候变化，这正是纵横捭阖，翻云覆雨的斗智时机。”张邈采纳。

这时，曹操命陈宫率军驻屯东郡（山东省莘县南），陈宫遂率他的部队，秘密迎接吕布接任兖州全权州长（牧。比曹操现职〔州长〕高一级）。吕布到达时，张邈派他的亲信刘翊，报告军政官（司马）荀彧说："吕布前来协助曹州长（曹操）攻击陶谦，请积极准备粮秣。"州政府官员对这件事感到怀疑，荀彧判断张邈即将背叛，于是下令动员，严密戒备，并紧急通知驻屯濮阳（河南省濮阳市西南）的东郡郡长夏侯惇。夏侯惇率军赴援，濮阳空虚，吕布遂占领濮阳。

这时，曹操出动所能出动的军队，攻击陶谦，留下的兵力至为单薄，而将领和高级官员，大多数都参与张邈、陈宫的阴谋。夏侯惇率军进入鄄城（山东省鄄城县北）后，当天深夜，诛杀叛徒数十人，情势才告稳定。

豫州（河南省）州长（刺史）郭贡（跟刘备同时并存的另一位州长〔刺史〕，中央任命，州政府设谯县〔安徽省亳州市〕），率数万人劲旅，抵达鄄城（山东省鄄城县北）城下，谣言说，郭贡跟吕布结合，城中人心惊慌。郭贡要求面见荀彧，荀彧将出城赴会，夏侯惇说："一州安全，全依靠你，前去赴会，一定危险，绝不可以。"荀彧说："郭贡跟张邈，平常并没有情谊，进兵却如此迅速，说明他的决心还没有下定。正应该在他下定决心前说服他，即令他不能帮助我们，也可促使他保持中立。如果先就疑心他是敌人，反而会激起他的愤怒，真的变成敌人。"在会面时，郭贡发现荀彧毫不恐惧，认为鄄城有充分准备，不容易攻取，遂率军撤退。

当时，兖州（山东省西部）所属郡县，全都响应吕布。唯剩下鄄城（山东省鄄城县北）、范县（山东省梁山县西北）、东阿（山东省阳谷县东北阿城镇），仍为曹操坚守。吕布军有投降荀彧的，说："陈宫准备亲攻东阿，命部将氾嶷攻范县。"官民恐怖被抓住，惊惶失措。程昱本是东阿人，荀彧对程昱说：“现在，全州齐叛，只剩下这三个据点，陈宫等用大军攻击，我们如果不能用深厚的情义团结人心，三个据点必然陷落。你是贵县人民崇拜的对象，最好亲自前去安抚。”

程昱遂返东阿（山东省阳谷县东北阿城镇），经过范县（山东省梁山县西北），向范县县长靳允分析说：

“听说吕布已把你的娘亲、老弟、妻子、儿女，扣留当作人质，对一个孝子来说，不可能不心情沉重。而今天下大乱，英雄纷纷起事，最后一定会有一位盖世天才，削平群雄，安定天下。智慧的人，应有所选择。追随一个适当的领袖，才能兴旺；追随一个不适当的领袖，一定败亡。陈宫叛变，迎接吕布，竟有一百余个县城响应他的号召，看情形势不可当，似乎有所作为。然而，你不妨用心观察，吕布是个什么样的人？吕布粗暴，缺少爱心，刚愎无礼，一个勇猛的莽汉而已。陈宫等跟他结合，不过互相利用，不能永远把吕布奉作头目。兵马虽多，终必瓦解！

“曹操的智慧和谋略，世上少见，是上天特别赋给他的一种能力。你一定要坚守范县，我则坚守东阿，相信可以使田单的功劳，再见今世（田单孤城复国事，参考前二七九年）。两相比较，岂不胜过你违背忠义，附和恶徒，母子同死？请你考虑决定！”

靳允流泪说：“不敢有二心！”这时，氾嶷已进入县境，靳允出城接见氾嶷，伏兵突起，诛杀氾嶷。遂回县城，发兵拒敌。

靳允跟曹操之间，并不是君王跟臣属的关系，而娘亲是骨肉之情。依照大义，靳允应该辞职才对。春秋时代，卫国王子卫开方，在齐国当官，多少年都不回国看望父母，管仲认为：“不怀念父母的人，怎么能忠于君王？”所以，必

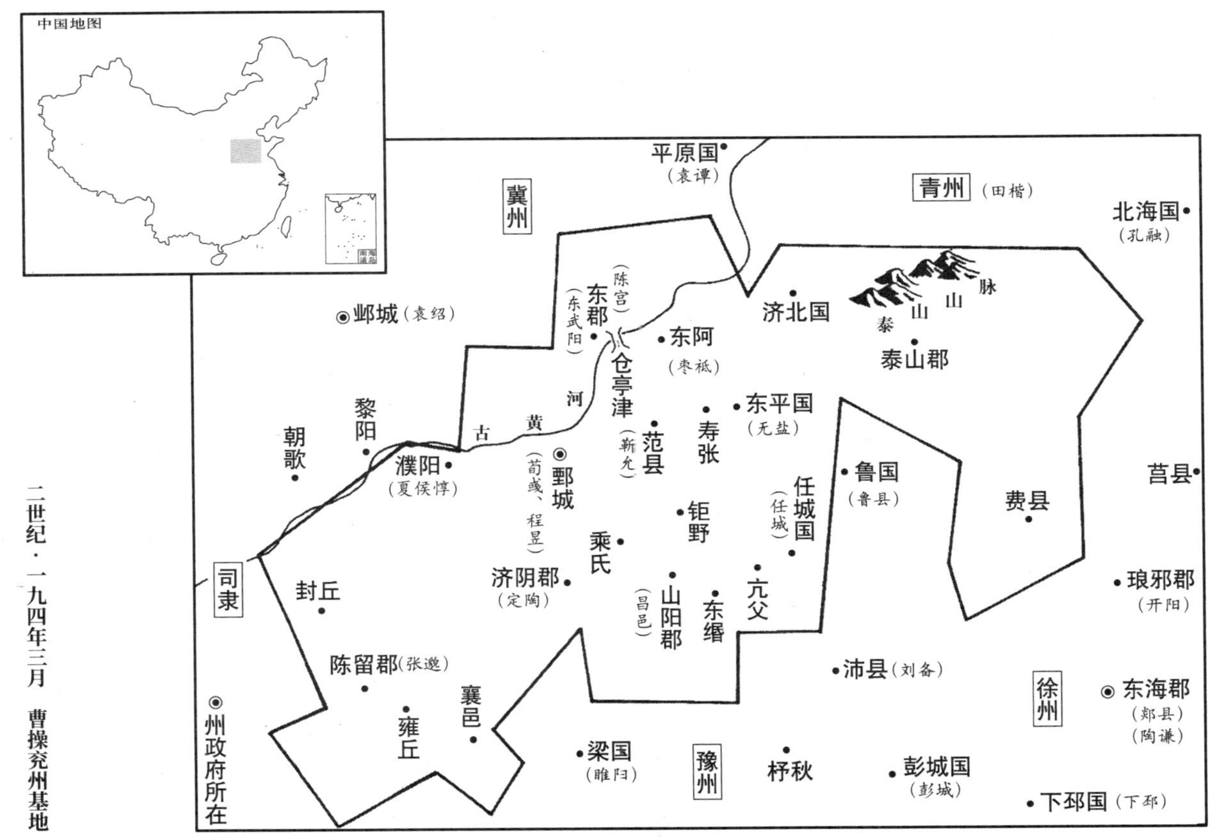

二世纪·一九四年三月　曹操兖州基地

须在孝子门中，寻找忠臣，靳允第一要务，应该先营救骨肉。徐庶的娘亲被曹操俘虏，刘备就送徐庶投奔曹操（参考二〇八年九月）。因为即令志在天下，也体会父母子女之心，所以，曹操也应该送回靳允（徐众，晋帝国人，著《三国评》）。

7 程昱又派出机动部队，断绝仓亭津（山东省阳谷县北古黄河渡口），陈宫大军抵达，不能渡河。程昱既到东阿（山东省阳谷县东北阿城镇），东阿县长、颍川郡（河南省禹州市）人枣祗（枣，姓），已督促官兵人民登城戒备，于是加强防御工程，最后终于保存三个县城，等待曹操。

曹操回军，握住程昱的手，说："不是你尽力，我就无家可归。"向中央推荐并任命（表）程昱当东平国（首府无盐〔山东省东平县东南〕）宰相，驻屯范县（山东省梁山县西北）。

吕布攻击鄄城（兖州州政府所在县，山东省鄄城县北），不能攻克，于是向西撤退，驻屯濮阳（河北省濮阳市西南）。曹操说："吕布突然之间，得到一州，不据守东平（首府无盐），切断亢父（山东省济宁市南）、泰山郡（山东省泰安市东）要道，背靠险要，对我施展压力，却竟然回到濮阳（河北省濮阳市西南），说明他不可能有大的作为。"立即反攻。

8 五月，中央政府擢升扬武将军郭汜当后将军，安集将军樊稠当右将军，一齐开府仪同三司（官位、权力，以及办公机构和属官，跟三公相同），与三公共称"六府"（宰相府〔司徒府〕、最高监察署〔司空府〕、全国武装部队总司令部〔太尉府〕、李傕的车骑将军府，加上郭汜的后将军府、樊稠的右将军府），同时参与全国官员的推荐与选拔，李傕等每人都坚持要任用他所提名的人选，稍不如意，便暴跳如雷。有关单位无法因应，只好依照他们提名的先后，顺序任命。先从李傕开始，其次是郭汜，其次是樊稠。三公所提名的人选，却放在一旁。

9 河西走廊（甘肃省中西部）四郡（武威郡、张掖郡、酒泉郡、敦煌郡），因为距凉州（甘肃省）州政府所在地冀县（甘肃省甘谷县。同时又是汉阳郡郡政府所在县）太远，而交通又被黄河一带变民阻断，上书请求另行设立一州。

六月一日，下诏设立雍州（甘肃省中西部），任命陈留郡（河南省开封市东南陈留镇）人邯郸商（邯郸，复姓），当雍州州长（刺史），组织州政府，治理人民（州政府设姑臧〔武威郡郡政府所在县，甘肃省武威市〕）。

10 六月二日，京师（首都长安）地震。六月三日，再度地震。

11 六月三十日，日蚀。

12 秋季，七月七日，全国武装部队总司令（太尉）朱儁免职。

13 七月十三日，擢升祭祀部长（太常）杨彪，当全国武装部队总司令（太尉），主管宫廷机要（录尚书事）。

14 七月十九日，擢升镇南将军杨定，当安西将军，开府仪同三司（官位、权力，以及办公机构和属官，跟三公相同。现在中央增加到“七府”）。

15 自从四月，天就没有降雨，直到七月，大旱已成。谷米一斛值钱五十万，首都长安（陕西省西安市）城中，人民互相格杀吞食

(人间惨事)。皇帝刘协，命执法监察官(侍御史)侯汶，用皇家仓库(太仓)米豆，熬煮稀饭施舍给贫民。可是，仍大批饿死。刘协怀疑有人作弊，命取米五升、豆五升，在面前熬煮，只不过煮出两碗。于是，打侯汶五十棍，贫民才受到实惠，维持性命。

16 八月，左冯翊郡(陕西省西安市高陵区)羌民族变民劫掠所属各县。郭汜、樊稠等率军讨伐，击破变民。

17 奋威将军吕布，有一支军队，驻屯濮阳(河南省濮阳市西南)西郊，兖州(山东省西部)州长(刺史)曹操，发动夜袭，大获全胜。还没有来得及撤退，吕布援军已到，亲自冲锋陷阵，从早晨血战到黄昏，决斗数十回合，越战越勇。曹操招募壮士反击，军政官(司马)陈留郡(河南省开封市东南陈留镇)人典韦(典，姓)，率敢死队出发阻止吕布攻势。

吕布军万弓俱发，箭落如雨。典韦看都不看，告诉左右敢死队壮士："敌人距十步时告诉我。"敢死队壮士说："已经十步。"典韦说："五步时告诉我。"敢死队壮士惶恐，大声叫敌人已到面前。典韦手拿铁戟，大喊而起，杀入敌阵，凡所面对的敌人，无不应声而倒，吕布攻击受到遏阻，向后撤退。而夜色又垂，曹操才使部队脱离战场。擢升典韦当警卫司令(都尉)，从此统御亲信卫士数百人，保护曹操寝帐。

濮阳(河南省濮阳市西南)豪门田姓家族作曹操内应，大开城门，迎接曹操入城，曹操下令放火焚烧东门，表示决不退出。吕布军反攻，曹操大败。吕布军一位骑兵军官，已抓住曹操，却不认识，问他："曹操在哪里？"曹操说："骑黄马逃走的那个人，就是曹操。"

骑兵军官放掉曹操，追赶黄马。

曹操在熊熊烈火中，突围而出，回到大营，亲自劳军，下令迅速准备攻击武器，立即反攻，跟吕布僵持一百余天，蝗灾大起，人民饥馑，吕布的粮秣用尽，双方遂各撤退。

九月，曹操回到鄄城（山东省鄄城县北）。吕布到乘氏（山东省巨野县西南）时，乘氏人李进率地方民兵，击败吕布，吕布遂改驻较东的山阳郡（山东省巨野县东南大谢集镇）。

冬季，十月，曹操前往东阿（山东省阳谷县东北阿城镇）。冀州（河北省中部南部）全权州长（牧）袁绍，派人劝说曹操，建议把眷属送到邺城（冀州州政府所在城，河北省临漳县西南邺城镇）安居。曹操刚刚失掉兖州（山东省西部），粮秣将要吃尽，有意接受。程昱说：

"我一向认为，将军面对重大变化时，无畏无惧，想不到竟不是如此，为什么考虑这么不周密？袁绍素有吞并群雄，统一全国的野心，可惜他的智慧不够。将军自问，能不能长久当他的属下？将军的威力，如同龙虎，岂可以去步韩信、彭越的后尘（二人事，皆参考前一九六年）？而今，兖州（山东省西部）虽然残破，我们仍有三个县城（鄄城、范县、东阿）作为基地，武装劲旅，不下一万人。以将军的武功和谋略，加上荀彧，再加上我程昱，共同合力，可以成就霸王大业，请再三思量。"曹操遂取消原议。

18 十二月，宰相（司徒）淳于嘉免职，擢升皇城保安司令（卫尉）赵温当宰相（司徒），主管宫廷机要（录尚书事）。

19 安狄将军马腾攻击车骑将军李傕时（参考本年〔一九四〕二月），益州（四川省及云南省）全权州长（牧）刘焉的两个儿子刘范、刘诞，一齐被杀（刘范等做马腾内应）。参议官（议郎）河南（河南省洛阳市东白马寺东）人庞羲，素来跟刘焉友善，把刘焉的孙儿们，找到一起，带领他们投奔刘焉。

绵竹（益州州政府所在县，四川省广汉市）受到雷电袭击，引起大火，全城成为废墟，刘焉把州政府迁到成都（蜀郡郡政府所在县，四川省成都市），背上生疮，逝世。州政府高级官员赵韪等，认为刘焉的儿子刘璋，性格温顺软弱，容易应付，遂共同拥戴他当益州州长（刺史）。

中央政府任命颍川郡（河南省禹州市）人扈瑁当益州州长（刺史）。刘璋部将沈弥、娄发、甘宁，起兵叛变，攻击刘璋，不能取胜，遂投奔荆州（湖北省及湖南省）全权州长刘表。中央政府只好改命刘璋当益州全权州长（牧）。刘璋任命赵韪当征东警卫指挥官（征东中郎将），攻击刘表，驻军朐䏰（重庆市云阳县西双江街道。朐䏰，音chǔn rùn〔蠢闰〕）。

20 徐州（江苏省北部）全权州长（牧）陶谦（时州政府在郯县〔山东省郯城县〕），病势沉重，告诉行政官（别驾）东海郡（郡政府也设郯县）人麋竺说："除非刘备，没人可保本州平安。"陶谦逝世。麋竺率领州政府官员及士绅，迎接刘备（时在沛县），刘备表示没有能力担当此项重任，说："袁术近在寿春（安徽省寿县），各位应该迎接他！"农耕区驻军司令（典农校尉）下邳国（首府下邳〔江苏省睢宁县北古邳镇〕）人陈登说："袁术骄傲奢侈，不是治理乱世的领袖。而今我们献上步骑兵十万人之多，上可以辅佐君王，拯救苦难中的人民；下可以割据一方，保守境界。如果阁下不允许我们的请求，我们也不允许阁下的请求。"北海国（首府剧县〔山东省昌乐县西〕）宰相孔融对刘备说："袁术岂是忧国忘家之人？不过坟墓里的一副枯骨，怎值得介意？今天的事情，是人民选择贤能。上天的赐予，如果拒绝，以后再后悔，已来不及。”刘备遂接受这项职位。

21 最初（一九二年八月），皇家师傅（太傅）马日磾，跟交通部长（太仆）赵岐，“持节”安抚山东（崤山以东），一同前往寿春（九江郡郡政府所在县，安徽省寿县）。赵岐立场严正，不肯迁就，左将军袁术（时在寿春）对他甚为敬惧。可是马日磾有时候却向袁术提出要求，袁术对他颇瞧不起。有一天，袁术向马日磾借看一下皇帝的符节（正是“持节”的“节”），借看之后，拒绝归还，而且提出军中十数人的名单，要马日磾征召任命。马日磾告辞，袁术又不准许，却逼马日磾当他的总参谋长（军师）。马日磾悔恨失去符节，吐血而死。

22 最初，破虏将军孙坚，娶钱塘（浙江省杭州市）吴女士为妻，生四个儿子：孙策、孙权、孙翊、孙匡，跟一个女儿。孙坚率军在外作战，眷属留在寿春（安徽省寿县）。

孙策年十余岁，已经知道结交知名之士。舒县（庐江郡郡政府所在县，安徽省庐江县）人周瑜，跟孙策同岁，天生英雄气质，听到孙策的声誉，特地从舒县到寿春，拜访孙策，一见如故，推心置腹。周瑜劝孙策移住舒县，孙策同意。周瑜遂把邻近大路的一座庄宅，借给孙策，并到内室拜见孙策的娘亲（在古代，“登堂拜母”，表示情义至深），两家共通有无。后来（一九一年），孙坚战死，孙策才十七岁，把老爹棺柩送回故乡曲阿（江苏省丹阳市）安葬。安葬后渡长江北上，定居江都（江苏省扬州市邗江区西南），广交天下英豪，立志为父报仇。

丹阳郡（安徽省宣城市宣州区）郡长、会稽郡（浙江省绍兴市）人周昕，跟左将军袁术，互相仇视。袁术向中央推荐并任命（表）孙策的舅父吴景当丹阳郡郡长，发兵逐走周昕，并任命孙策堂兄孙贲，当丹阳郡民兵司令（丹阳都尉）。孙策把娘亲及幼弟，托付给广陵（江苏省扬州市）人张纮（音hóng〔洪〕），只身前往寿春（安徽省寿县）晋见袁术，悲伤流泪说：“我家老爹当年从长沙郡（湖南省长沙市）千里跋涉，讨伐董卓，跟阁下在南阳郡（河南省南阳市）相会，共结盟好（参考一九〇年三月），不幸战死沙场，大功不能完成。我感激阁下往日对老爹的恩情，打算继续听候差遣，请阁下明察一片诚心。”

袁术对这个英气焕发的少年，大感惊奇，但并不愿把孙坚所统的旧部，交给孙策。只对孙策说：“我教你舅父（吴景）当丹阳郡郡长，又教你堂兄（孙贲）当民兵司令，丹阳郡是出产精兵的地方，你可就地招兵买马。”孙策得到这项允诺，遂跟汝南郡（河南省平舆县西北射桥镇）人吕范，以及族人孙河，迎接娘亲回到曲阿（江苏省丹阳市），依靠舅父吴景，开始募兵，集结数百人。可是，脚跟还没站稳，突然受到泾县（安徽省泾县）军事首领祖郎猛烈袭击，孙策几乎被杀。于是再往寿春（安徽省寿县）晋见袁术，袁术这才把孙坚旧部一千余人，交还孙策，更向中央推荐任命（表）孙策当怀义指挥官（怀义校尉）。

孙策部下的一个骑兵犯法有罪，逃到袁术大营，躲藏在马房之内。孙策派人闯入大营，就在马房，把该骑兵诛杀。然后，孙策晋见袁术道歉，袁术说：“有些军人，动不动就叛变，我跟你一样痛恨，有什么罪？”于是，军中对孙策越发畏惧。

23 袁术最初承诺孙策当九江郡（安徽省寿县）郡长，可是后来却任命丹阳郡（安徽省宣城市宣州区）人陈纪。袁术准备攻击徐州（江苏省北部），向庐江郡（安徽省庐江县）郡长陆康，索取稻米三万斛，陆康拒绝，袁术大怒，派孙策攻击陆康，再承诺说："从前阴差阳错，用了陈纪，一直遗憾。这次如果逐走陆康，庐江郡就真是你的了。"孙策攻陷舒县（庐江郡郡政府所在县），可是袁术却又任命昔日部属刘勋当郡长；孙策再次失望。

中央政府执法监察官（侍御史）刘繇（音yáo〔摇〕），是前兖州（山东省西部）州长（刺史）刘岱的老弟，拥有盛大名望（刘岱死于攻击黄巾变民之役，参考一九二年四月）。皇帝刘协任命他当扬州（安徽省中部及江南地区）州长（刺史），州政府原设寿春（安徽省寿县。实际上是一九二年年底陈瑀上任后才把州政府搬到寿春。之前州政府一直设于历阳〔安徽省和县〕），而寿春已被袁术盘踞，刘繇准备将州政府设在长江以南。丹阳郡（安徽省宣城市宣州区）郡长吴景、民兵司令（都尉）孙贲，把刘繇迎接到曲阿（江苏省丹阳市）。稍后，孙策进攻庐江郡（安徽省庐江县），刘繇得到消息，认为吴景、孙贲是袁家党羽，恐怕被袁、孙吞并。猜疑既起，势不能和平共存，于是逼迫吴景、孙贲，吴景、孙贲遂撤退到历阳（安徽省和县）。刘繇派他的部将樊能、于麋，驻屯横江（安徽省和县东南长江渡口，对岸就是采石矶），另一部将张英驻屯当利口（和县东金河口），戒备吴景、孙贲。

袁术任用旧部惠衢当扬州（安徽省中部及江南地区）州长（刺史），吴景当督军警卫指挥官（督军中郎将），会同孙贲，攻击张英等。

一九五年

乙亥

东汉　兴平　二年

1 春季，正月十一日，东汉王朝（首都长安〔陕西省西安市〕）赦天下。兖州（山东省西部）州长（刺史）曹操在定陶（济阴郡郡政府所在县，山东省菏泽市定陶区）击败吕布（奋威将军）部队。

2 东汉帝（十四任献帝）刘协（本年十五岁）下诏，擢升袁绍（时在邺城〔河北省临漳县西南邺城镇〕）当右将军（与此同时，樊稠亦是右将军）。

3 董卓被杀时（参考一九二年四月），三辅（关中地区，陕西省中部）居民还有数十万户。李傕等放纵他的部队掳掠烧杀，再加上灾荒饥馑，人民互相格杀烹食（人间惨事），两年之间，几乎死亡罄尽。而凉州（甘肃省）军团三巨头：车骑将军李傕、后将军郭汜、右将军樊稠，互相夸功争权，几次都要爆发冲突。宫廷秘书（尚书）贾诩，责备他们不顾大体。所以，对内虽然互相斗争，对外尚能团结一致。

樊稠攻击马腾、韩遂时（参考去年〔一九四〕二月），李傕的侄儿李利，并没有全力以赴。樊稠诟骂说："人们都要砍下你叔父（李傕）的人头，你还仗什么势？难道我不能杀你？"稍后，马腾、韩遂战败，樊稠追击，直到陈仓（陕西省宝鸡市东陈仓镇），韩遂告诉樊稠说："我们之间的敌对，并不由于私人怨仇，而是为了国家。我跟你情属同乡（韩遂、樊稠同是凉州〔甘肃省〕人），来自同一地方，请准许见一次面，从此告辞。"命卫士撤退，单人匹马上前，跟樊稠肩臂相接，交谈很久，始行辞别。

大军班师后，李利把看到的情形，报告李傕，并警告说："樊韩二人，马头相交，秘密商谈，不知道内容，但情意却十分密切。"李傕也因为樊稠勇猛而又受部属爱戴，早就起疑。樊稠准备率军东出函谷关（河南省新安县）讨伐关东（潼关以东）各地独立政权，向李傕请求增加部队。

二月，李傕请樊稠出席军事会议，就在军事会议上，伏兵击斩樊稠。从此，将领们互相猜忌。

李傕经常摆下酒席，宴请郭汜，有时还留郭汜在家住宿。郭汜妻恐怕郭汜爱上李傕家的漂亮侍女，想阻止郭汜前往，于是心生一计。正好李傕赠送礼物，郭汜妻用豆豉冒充毒药（豉，音chǐ〔尺〕。豆豉，用煮熟的黄豆发酵而成，是民间一种小菜），挑出来拿给郭汜看，说："一个木架上还容不下两只公鸡，我真不明白，你怎么那样信任李傕？”一天，李傕又请郭汜饮宴，郭汜大醉而归，疑心可能中毒，喝下大量从粪便中绞出来的汁液（粪汁喝下去后，引起呕吐，毒药就会同时吐出）。于是，集结部队，攻击李傕，李傕反击。凉州军团开始内战，兵连祸结。

皇帝刘协命宫廷秘书（尚书）、宫廷随从（侍中）从中调解，李傕、郭汜全不接受。

郭汜阴谋劫持皇帝到他的军营，当天夜晚，有人逃亡，报告李傕，李傕决定先行动手。

三月二十五日，李傕命侄儿李暹，率数千人部队，包围皇宫，派车三辆，迎接刘协。全国武装部队总司令（太尉）杨彪说：“自古以来，帝王从没有住在臣属家里的，你们做事，怎么如此？”李暹说：“将军（李傕）这样决定，不能更改。”官员们只好徒步跟着皇帝的座车出宫。刚刚出宫，军队即行进入，抢夺宫女跟御用物品。刘协到李傕军营，李傕又把宫廷金银财宝，全部搬来，然后纵火焚烧皇宫。政府机关以及民宅，全都成为灰烬。

刘协再命三公、部长级高级官员，调解李傕、郭汜争端。郭汜乘机把全国武装部队总司令（太尉）杨彪、最高监察长（司空）张喜、宫廷秘书（尚书）王隆、宫廷禁卫官司令（光禄勋）刘渊、皇城保安司令（卫尉）士孙瑞、交通部长（太仆）韩融、司法部长（廷尉）宣播、藩属事务部长（大鸿胪）荣郃、农林部长（大司农）朱儁、工程总监（将作大匠）梁邵、骑兵指挥官（屯骑校尉）姜宣等，扣留军营，当作人质。

朱儁气愤难忍，发病，逝世。

4 夏季，四月二十三日（原文“甲子”，据《后汉书·献帝纪》改），皇帝刘协擢升小老婆第一级贵人、琅邪郡（山东省临沂市）人伏寿当皇后，任命伏寿的老爹、宫廷随从（侍中）伏完，当首都长安警备区司令（执金吾）。

5 后将军郭汜设宴款待中央政府高级官员，商议进攻车骑将军李傕。杨彪说："臣属互斗，一个人劫持天子，一个人劫持高官，这算干什么？"郭汜勃然大怒，拔出佩刀，就要格杀。杨彪说："你既不尊奉皇家，我岂贪生怕死！"皇家警卫指挥官（中郎将）杨密，竭力劝阻，郭汜才停止。

李傕召集羌人、胡人，约数千人，先赏赐给他们一些皇帝御用的物品，以及绫罗绸缎，承诺再赏赐给他们宫女和民间妇女，要他们攻击郭汜。而郭汜也跟李傕的部将、皇家警卫指挥官（中郎将）张苞等，秘密结盟，准备攻击李傕。

四月二十五日，郭汜率军乘夜猛扑李傕大营正门，箭落如雨，射中皇帝刘协所在御帐中的帷帘，还贯穿李傕的左边耳朵。张苞等在内纵火烧屋，偏偏不燃。李傕部将杨奉在营外迎战郭汜，郭汜被击退；张苞等率领部队，投奔郭汜。

当天（四月二十五日），李傕把皇帝刘协迁移到北坞（长安城内李傕所筑的营垒），命指挥官（校尉）把守坞门。皇帝跟外界的联系，完全隔绝，侍奉皇帝左右的官员，得不到饮食，饥饿难忍，一个个脸色焦黄。刘协要求供应米五斗、牛骨五具，打算赏赐左右。李傕说："早晚两顿送饭，要米干什么？"命送去发臭了的牛骨头。刘协大怒，要质问李傕。宫廷随从（侍中）杨琦劝阻说："李傕了解他已犯下叛逆大罪，可能一不做、二不休。听说他还打算把陛下送到池阳（陕西省泾阳县）的黄白城（陕西省三原县东北），我盼望陛下强行忍耐。"刘协才停止。

宰相（司徒）赵温写信给李傕说："阁下从前攻陷首都（长安），屠杀大臣（参考一九二年六月），而今又为了一些小小的误会，铸成深仇大恨。皇上下令和解，诏书无人遵奉，还打算把皇上转送到黄白城（陕西省三原县东北），使我百思不得其解。《易经》说：'一次已经过分，二次更是沉入谷底，三次不改，就被淹死，大凶。'（《易经·大过·上六》原文："过，涉，灭顶，凶。"赵温延伸为一二三顺序。）不如早日跟对方和解。"李傕怒火上冲，要杀赵温，老弟李应竭力劝阻，几天之后，李傕怒火才告平息。

李傕相信男巫女巫们解灾救难的法术，在北坞门外，给董卓盖一座庙宇，经常用三牲（牛猪羊各一）祭祀。面见皇帝刘协时，有时说"明陛下"，有时说"明帝"（大概是英明的陛下之意），滔滔不绝指控郭汜的罪状，刘协只好顺着他的意思回答，李傕大喜，自以为得到皇帝的欢心。

闰五月九日，刘协再命皇家礼宾执行官（谒者仆射）皇甫郦，前往调停李傕、郭汜争端。皇甫郦先见郭汜，郭汜接受。皇甫郦再见李傕，李傕不肯，诟骂说："郭汜不过一个盗马贼，怎么敢跟我平起平坐？一定要杀掉他。阁下请看我的谋略和部队，能不能制伏郭汜？郭汜劫持政府高官，行为如此卑鄙，你打算帮助他呀？"皇甫郦说："近在眼前的事，以董卓的强大，结局如何，将军应该知道。吕布受董卓的厚恩，却翻脸无情，眨眼之间，董卓身首异处，因为他有勇无谋。而今，将军身为上将，承受宠爱荣耀，郭汜不过劫持高官，将军却劫持皇上，谁的罪重？张济跟郭汜结合；杨奉，不过是白波变民的一个首领（白波变民集团，自一八八年二月起事以来，一直出没于河东〔山西省西南部〕一带，之后又渐及关中〔陕西省中部〕），犹知道将军的作为不对。将军虽然宠爱杨奉，恐怕他不可能受你利用。”李傕厉声吆喝，把皇甫郦赶出。

皇甫郦被赶出后，晋见刘协，报告：“李傕拒绝诏书，口出恶言！”刘协恐怕李傕听到，急命皇甫郦快走。李傕果然派虎贲警卫武士王昌，从后追赶呼叫，打算格杀。但王昌知道皇甫郦忠贞正直，不忍下手，放他逃走。回报李傕说：追赶不及。

6 闰五月十一日，任命车骑将军李傕当全国武装部队最高指挥官（大司马），位在三公之上（此时权力魔杖握在李傕之手，李傕想当什么官就当什么官）。

7 奋威将军吕布的部将薛兰、李封，驻屯钜野（山东省巨野县）。曹操发动攻击，吕布亲自援救，被曹操击败，退走。曹操遂斩薛兰、李封。

曹操驻军乘氏（山东省巨野县西南），知道徐州（江苏省北部）全权州长陶谦已经去世，打算夺取徐州，等夺取徐州之后，再回军攻击吕布。军政官（司马）荀彧说：

“从前，高祖（西汉一任帝刘邦）保有关中（陕西省中部），光武（东汉一任帝刘秀）据守河内（河南省北部），用它们作为基地，才能控制天下。因为进可以胜敌，退可以休养；所以虽然困顿失败，而终于完成统一中国大业。将军的基地，本是兖州（山东省西部），起兵拯救山东（崤山以东）的灾难（指收服黄巾，参考一九二年十二月），人民无不心悦诚服。而且黄河与济水（今已湮没）之间（即兖州辖区），是天下要冲，现在虽然残破，但仍然可以自保，正是将军的‘关中’‘河内’，不可不先求它的安定。

“而今，已击破李封、薛兰，如果派出一支特遣部队，向东攻击陈宫（当时应仍据守山阳郡〔山东省巨野县东南大谢集镇〕），陈宫必然不敢再起西进的念头。然后，我们利用这个时间，动员所有军民，收割熟麦，节衣缩食，储存粮秣，再发动一次大规模的攻击，就可消灭吕布。消灭吕布之后，跟南方的扬州（指刘繇，时在曲阿〔江苏省丹阳市〕）缔结同盟，共同讨伐袁术（时在寿春〔安徽省寿县〕），就可以控制淮河、泗水。如果不考虑吕布的威胁，即行向东攻击徐州（江苏省北部。州长刘备），后方留兵太多，前方便会感到不足；后方留兵太少，势必征召人民入伍，保护城寨，则百业停顿，连上山砍柴都要停止。吕布乘虚而入，人心必然动摇。到时候，恐怕我们辛苦收复的城池，只剩下鄄城（山东省鄄城县北）、范县（山东省梁山县西北）、濮阳（河南省濮阳市西南）还能保持，其他的可能全部陷落，这样的话，等于没有兖州（山东省西部）。如果一时不能得到徐州（江苏省北部），将军就无家可归。

“何况，陶谦虽然逝世，徐州（江苏省北部）仍不易夺取。各地官员从昔年战败中得到教训，惊魂未定，将更团结，内呼外应。现在，他们的麦田都已收割完毕，势必坚壁清野，严阵以待。攻既不能拔城，抢掠又得不到物资，不出十天，我们的十万大军，还没有作战，已经先陷困境。上次讨伐徐州，屠杀至为残酷（参考前年〔一九三〕秋季），子弟们想到父兄的仇恨，必然人人固守，不肯归降，即令攻破，也得不到他们的效忠。

“天下事情，常有面临放弃一件而谋取另一件的抉择，标准应该是：抉择重大的，放弃微小的；抉择安全的，放弃危险的。观察当前形势，权衡利害，必须考虑到根本稳固，才可以实施。这三点都对我们不利，请将军仔细考虑。”

曹操遂打消念头。

吕布从东缗（山东省金乡县）出发，跟陈宫会合，率一万余人，向曹操挑战。曹操官兵全都出去收割熟麦；留守部队，不过一千人，而营寨并不牢固。营寨西方，有一条长堤，南方则是一片树林，深广幽静。曹操用一半兵力埋伏在长堤之后，一半兵力列阵在长堤之外。

吕布发现敌人兵力单薄，率军急进，命轻装备部队，向曹操攻击。厮杀既起，伏兵在堤上出现，步骑兵联合并进，吕布大败，曹操追击，直逼吕布营寨。吕布不能抵挡，连夜撤退。曹操乘胜攻取定陶（济阴郡郡政府所在县，山东省菏泽市定陶区），派出特遣部队，分别收复各县。

吕布收拾残军，向东投奔徐州（江苏省北部）州长（刺史）刘备。张邈追随吕布同往，命他的老弟张超，带着家眷，退保雍丘（河南省杞县）。吕布晋见刘备，毕恭毕敬，对刘备说："我跟你，都是边疆出身（吕布是五原郡〔内蒙古包头市〕人，刘备是涿郡〔河北省涿州市〕人，都沿边塞），我看到关东（函谷关以东）起兵，目的在诛杀董卓。而我把董卓诛杀之后，来到关东，关东的一些将领，却没有一个接纳，反而要杀吕布。"请刘备到后帐，坐在妻子的卧榻上，吕布妻子上前叩拜，设宴招待，称呼刘备"老弟"。刘备发现吕布语无伦次，只好跟他说些应酬话，但内心很不愉快。

8 全国武装部队最高指挥官（大司马）李傕，跟后将军郭汜，在首都长安（陕西省西安市）互相攻击，一连数月，杀人一万以上。

六月，李傕的部将杨奉，打算谋杀李傕，事情泄漏，率军叛变。李傕的声势开始衰退。

六月庚午日（六月庚子朔，没有庚午），镇东将军张济，从弘农郡（河

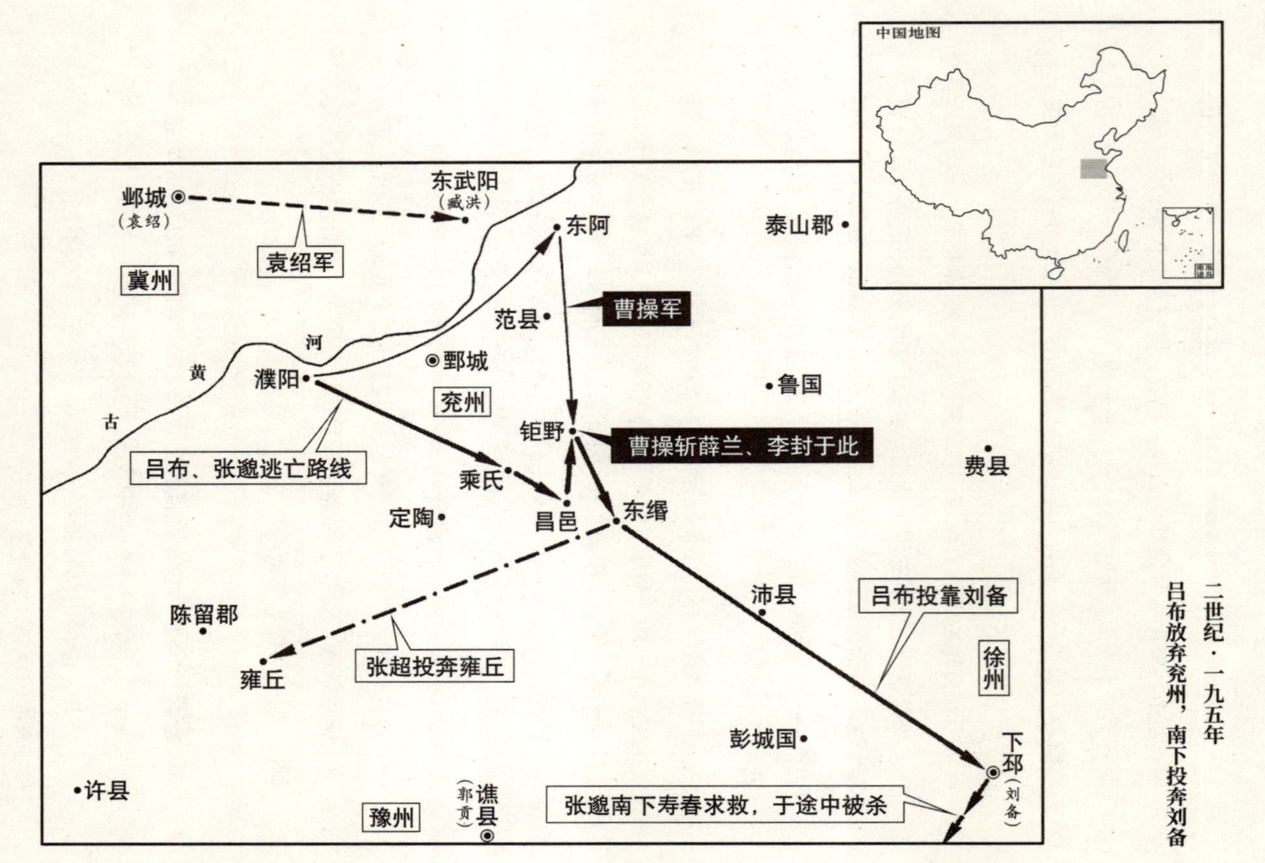

二世纪·一九五年
吕布放弃兖州，南下投奔刘备

南省灵宝市东北）陕县（河南省三门峡市）抵达长安，打算调解李傕、郭汜纠纷，迎接皇帝刘协前往弘农郡。而刘协也思念旧日京师（洛阳），派人前往游说，总共十次之多，郭汜、李傕终于接受调解，答应互相交换爱子，当作人质。

然而，李傕妻子爱她的儿子，不肯送出，调解始终不能生效。可是羌人、胡人组织的志愿军，却不断到刘协住的北坞大门，喊叫说："皇上是不是在里面？李将军（李傕）应许给我们的宫女，如今在什么地方？"刘协恐惧不安，命宫廷随从（侍中）刘艾，对宣义将军贾诩说："你以前忠心耿耿，为国家办事，所以受到擢升和荣耀。现在羌人胡人，塞满道路，闹上宫门，请想一个因应之道。"贾诩遂摆下筵席，宴请羌胡志愿军高级将领，承诺封他们侯爵跟颁发赏赐，羌胡志愿军才撤走，而李傕的军力更加衰弱。这时，有人再提出和解的建议，李傕终于接受，跟郭汜之间，改为互相交换女儿当人质，允许刘协东还。

秋季，七月甲子日（七月庚午朔，没有甲子），刘协出宣平门（长安东面北头第一门），正要过护城河桥，郭汜部队数百人，在桥上阻拦，说："车上是不是天子？"刘协车驾无法前进。李傕部队数百人，全副武装，手执铁戟，在前开路，就要厮杀。宫廷随从（侍中）刘艾大叫："车上真是天子！"命另一宫廷随从（侍中）杨琦，高高举起车帘，刘协说："各位怎么敢逼迫至尊？"郭汜部队始行撤退。

刘协御驾既渡过护城河桥，官兵一齐欢呼"万岁"。当夜，走到霸陵（陕西省西安市东北），随从的官员跟卫士，饥饿难忍，张济按照官阶大小，分别致送饮食。

李傕也出长安，驻军池阳（陕西省泾阳县）。

七月丙寅日（七月庚午朔，没有丙寅），擢升张济当骠骑将军，开府仪同三司（官位、权力，以及办公机构和属官，跟三公相同）。擢升后将军郭汜当车骑将军、安西将军杨定当后将军、杨奉当兴义将军，全封侯爵。又任命故凉州军团牛辅的部将董承当安集将军（董承是十二任帝刘宏娘亲董太后的侄儿，刘协的表叔）。

郭汜改变主意，企图乘机裹挟刘协前往高陵（左冯翊郡郡政府所在县，陕西省西安市高陵区），而三公、部长，以及张济，都坚持前往弘农（弘农郡郡政府所在县，河南省灵宝市东北），连日会商，不能决定。刘协派人告诉郭汜说："我只为了弘农距离洛阳皇家祭庙较近，并没有别的意思，请不要多疑。"郭汜坚决不许，刘协绝食抗议，一天不进一餐。郭汜得到报告，妥协说："不妨先到最近一个县城，再作研究。"

八月六日，刘协抵达新丰（陕西省西安市临潼区东北零口街道）。

八月丙子日（八月己亥朔，没有丙子），郭汜打算强迫刘协西还，定都郿县（陕西省眉县，曾是凉州变民首领之一马腾的根据地）。宫廷随从（侍中）种辑得到消息，秘密通知杨定、董承、杨奉，命各军集结新丰。

郭汜知道阴谋泄漏，恐怕被害，抛弃他的部队，逃入终南山（秦岭山脉）。

9 兖州（山东省西部）州长（刺史）曹操包围雍丘（河南省杞县），张邈到寿春（安徽省寿县），请求左将军袁术出兵援救（之前张邈与吕布一起南下逃亡，此时当是自下邳〔徐州州政府所在县，江苏省睢宁县北古邳镇〕投奔寿春）。还没有走到，在中途就被部下谋杀。

10 冬季，十月，刘协任命曹操当兖州（山东省西部）全权州长（牧）。

11 十月一日，车骑将军郭汜的部将夏育、高硕等先行纵火，准备乘乱劫持刘协西行。宫廷随从（侍中）刘艾，看见大火越烧越烈，急请刘协投奔其他军营，躲避火势。这时，杨定、董承率军抵达，打算把刘协护送到杨奉军营。夏育等出军阻止，杨定、杨奉竭力战斗，击破夏育等，刘协才算逃出。

十月五日，刘协抵达华阴（陕西省华阴市）。宁辑将军段煨，早已准备好皇帝及三公、部长以下官员们所需要的各种衣物器具，以及饮食粮秣，盼望刘协住进他的军营（皇帝虽然已没有权威，但仍有剩余的利用价值，所以每一个军阀头目，都希望掌握皇帝）。

可是，杨定跟段煨之间，原先有仇。杨定的党羽种辑、左灵，一口咬定段煨打算谋反，要求采取行动。全国武装部队总司令（太尉）杨彪、宰相（司徒）赵温、宫廷随从（侍中）刘艾、宫廷秘书（尚书）梁绍，向刘协报告："段煨绝不会谋反，我们全体用性命作为保证。"但董承、杨定，胁迫弘农郡（河南省灵宝市东北）郡政府视察官（督邮），命他向刘协警告："郭汜已进入段煨军营，可能有变。"刘协惊疑不定，只好在路旁露天而宿。

十月十日，杨奉、董承、杨定，打算攻击段煨。命种辑、左灵，请刘协下令讨伐。刘协说："段煨没有谋反迹象，杨奉这批人攻击他，怎么会想到要我下诏？"种辑坚持这项请求，一直纠缠到夜半，刘协仍然拒绝。而杨奉等已不能等待，径向段煨发动攻击。可是因双方力量相等之故，战争持续十余日，不能取胜。而段煨继续供应皇家以及文武百官饮食，毫无二心。刘协派宫廷随从（侍中）、宫廷秘书（尚书），通知杨定等，命他们跟段煨和解。杨定等接受，停战回营。

李傕、郭汜忽然发现自己愚不可及，竟然让皇帝脱离自己掌握。听说杨定攻击段煨，二人分别率军东进，援救段煨，打算乘机劫持刘协西返。杨定得到消息，知道无力抵抗，准备撤回到他的基地蓝田（陕西省蓝田县），可是退路已被郭汜阻塞，杨定惊恐，抛下他的部队，单身匹马逃亡，投奔荆州（湖北省及湖南省）全权州长（牧）刘表。

张济跟杨奉、董承，又起冲突；张济遂再跟李傕、郭汜结盟。

十一月（原文误置于十二月，据《后汉书》所载十一月三日改），刘协抵达弘农（弘农郡郡政府所在县，河南省灵宝市东北）。张济、李傕、郭汜，在后面追赶，追到弘农东方山涧，终于追及，立即发动攻击。董承、杨奉迎战，大败奔逃，文武百官跟士兵死的不计其数，皇家御用物品、御玺、符节、档案，全部遗失。射击兵团指挥官（射声校尉）沮俊，身负重伤，从马背跌下，李傕问左右随从说："还能不能救活？"沮俊诟骂说："你们这些叛逆，竟敢逼迫天子，杀害高官，迫使宫女流离失所，乱臣贼子，从没有人敢如此。"李傕把他格杀。

十一月五日，刘协逃到曹阳（河南省灵宝市东北黄河南岸），露宿田野。董承、杨奉兵力微弱，自知无法阻止再次的攻击，遂假装跟李傕、郭汜和解，而在暗中派出密使到河东郡（山西省夏县），招请前白波变民集团（活动于山西省西南部）首领李乐、韩暹、胡才，以及南匈奴汗国（王庭设平阳〔山西省临汾市〕）右贤王挛鞮去卑。李乐等率领骑兵数千人，渡黄河南下，跟董承、杨奉联合，向李傕、郭汜攻击，大破李傕、郭汜，杀数千人。

董承等认为这正是脱身良机。

十一月十三日（原文"庚申"〔十二月二十四日〕，时间不合，据《后汉书》"庚辰"改），在董承、李乐保护下，刘协御驾动身东行；胡才、杨奉、韩暹、挛鞮去卑，作为后卫。李傕等继续追赶，从背后攻击，杨奉等大败，死亡人数，比弘农东涧之役还多。宫廷禁卫官司令（光禄勋）

邓渊、司法部长（廷尉）宣播、宫廷供应部长（少府）田芬、农林部长（大司农）张义，全部丧生。宰相（司徒）赵温、祭祀部长（太常）王绛、皇城保安司令（卫尉）周忠、京畿总卫戍司令（司隶校尉）管郃，一齐被俘，李傕要全部诛杀。贾诩说："他们都是大臣，怎么能谋害？"李傕才停止。李乐对刘协说："情势危急，请陛下上马。"刘协说："我不能抛弃追随我的文武百官，他们有什么罪！"军队断断续续，拖长四十里，最后终于抵达陕县（河南省三门峡市），各结营寨固守。

这时，狼狈残破，不堪入目，虎贲警卫武士、羽林军，总共不满一百人，李傕、郭汜的部队，围绕军营，鼓噪呼叫，官兵胆战心惊，面无人色，都想早日逃散。李乐深为恐惧，打算教刘协乘船，顺黄河而东，经过砥柱（砥柱，即砥柱山，是三门峡市北黄河急流中的一个险恶石岛，由坚硬的闪长玢岩构成，屹立水中，直矗为柱，故有"中流砥柱"俗谚。二十世纪中叶，因修水坝，已被炸毁），从孟津（河南省洛阳市孟津区东黄河渡口）登岸。杨彪认为，黄河凶恶，砥柱水道，更为险阻，皇帝不适宜冒此危险。于是决定渡黄河先到北岸，再作计议。遂命李乐乘夜先行，秘密准备船只，用火把作为信号。

刘协率同三公、部长等官员，徒步走出军营，皇后伏寿的老哥伏德，一手搀扶妹妹，一手挟着十匹绸缎。董承命符节保管官（符节令）孙徽，在人群中挥刀砍杀，斩杀皇后的卫士，鲜血溅到皇后伏寿御衣之上。勉强抵达黄河，而黄河堤岸距水面却有十余丈之高，无法下去，遂用绸缎结成座椅，使人背起刘协，垂抵地面；其他的人只好匍匐爬行，有的情急下跳，官帽都摔崩裂。下去之后，奔到河边，争先恐后跳上渡船，秩序大乱，董承、李乐下令用暴力阻止，一霎时渡船之中，堆满了人的手指（前五九七年，楚王国攻击郑国，晋国国务官〔大夫〕荀林父率军救郑，跟楚军在邲邑〔河南省郑州市东古城村〕会战，晋军大败，争夺黄河船只逃命，落水的官兵攀住船舷不放，荀林父下令刀砍，手指纷纷坠落船中，多到可以用双手捧起来〔可掬〕。后世史学家遂用这个典故，表示惨败）。刘协好不容易上船，其他上船的，仅皇后伏寿，跟全国武装部队总司令（太尉）杨彪等以下，才数十人。宫女跟追随的官兵人民，无法北渡，留在岸边的，都被乱兵掠夺，豪华的衣服扒下来，赤身露体，头发也被扯掉，天气寒冷，冻死的不计其数。皇城保安司令（卫尉）士孙瑞，被李傕的士兵格杀。

李傕遥遥望见黄河北岸火光，派骑兵斥候前往侦察，碰上刘协正在渡河，大声质问："你们把皇帝弄到哪里去？"董承恐怕李傕放箭，急用被褥当作屏障。登上北岸后，抵达大阳（山西省平陆县），进驻李乐军营。河内郡（河南省武陟县）郡长张杨，派数千人，身背粮秣进贡。

十二月三日（原文"乙亥"误），刘协乘坐牛车，前往安邑（河东郡郡政府所在县，山西省夏县），河东郡郡长王邑呈献绸缎布匹，刘协全部赏赐给三公、部长以下官员，封王邑侯爵；任命胡才当征东将军，张杨当安国将军，全都"持节"，开府仪同三司（官位、权力，以及办公机构和属官，跟三公相同）。

其他各路军马将领，纷纷请求皇帝任命官职，刘协一一应允，刻印都来不及，索性用铁锥来画。刘协住在用篱笆围绕的破屋之中，门户洞开，皇帝主持朝会时，士兵们像看马戏一样的伏在篱笆上参观，你挤我，我挤你，哄堂大笑。

刘协又派交通部长（太仆）韩融，前往弘农（弘农郡郡政府所在县，河南省灵宝市东北），跟李傕、郭汜，谋求和解。李傕这才把所俘虏的文武官员释放，也交回一部分所掳掠的宫女，跟御用物品、衣服。但是不久，刘协粮食用尽，宫女只能分到蔬菜和野果。

十二月十九日，河内郡（河南省武陟县）郡长张杨，从野王（河南省沁阳市）到安邑（山西省夏县）朝见，请求奉迎刘协返洛阳。可是，将领们不肯接；张杨遂回野王。

这时，长安陷于无政府状态，凡四十余日，年轻力壮的四处逃亡谋生，老幼身弱的互相格杀煮食（人间惨事），足有两三年之久，关中（陕西省中部）不见人烟。

12 冀州（河北省中部南部）全权州长（牧）袁绍的智囊奋武将军沮授，向袁绍建议："将军之家，一连数世，都是国家重臣，忠义双全。而今，皇上流离失所，皇家祭庙也被摧毁。试看所有州郡，虽然都用大义号召，实际上互相吞并，各有打算，没有人真正的忧国忧民。冀州（河北省中部南部）已获得初步安定，兵强马壮，如果向西迎接皇帝大驾，迁都邺城（冀州州政府所在城，河北省临漳县西南邺城镇），挟天子以令诸侯，加强武装部队，讨伐不听命中央政府的叛徒，谁能抵挡？"颍川郡（河南省禹州市）人郭图、淳于琼反对，说："东汉王朝没落，为时已久，勉强要复兴它，岂不太难？而且，英雄纷纷起兵，各霸一方，拥有私人武力，动辄一万余人，这正是：'秦王国失掉了它的鹿，先捉到它的，当王。'（蒯彻对韩信说的话。鹿，指政权，参考前二〇二年。）如果把皇帝迎接到自己地盘，一举一动，都要奏请批准。服从则将军手中的权力就被剥夺，不服从则违抗圣旨诏书。缚手缚脚，不是上等谋略。"沮授说："现在奉迎皇帝，在大义上是一项收获，在时间上正是契机，如果不早早决定，定有人抢先下手。"袁绍不肯接受。

13 最初，丹阳郡（安徽省宣城市宣州区）人朱治，曾在孙坚部队中当过指挥官（校尉），看到左将军袁术（时在寿春〔安徽省寿县〕）行为荒唐，知道他不能成事，遂建议孙策返回故乡，夺取江东（江苏省南部太湖流域。江东是一个重要的地理名词，包括太湖流域，也就是上海、芜湖、杭州三角地带）。这时，孙策舅父吴景攻击樊能、张英，连战一年有余，不能取胜。孙策向袁术请求说："孙家在江东（江苏省南部太湖流域），对人民的旧恩仍在，我愿回去，帮助舅父攻击横江（安徽省和县东南）；攻陷横江后，即返故乡（孙策是吴郡富春县〔浙江省杭州市富阳区〕人，此云"故乡"，应泛指江东一带），招募壮士，可是集结到三万人，用以辅佐将军，平定天下。"袁术知道孙策早就对他心怀不满（袁术先许孙策当九江郡郡长，又许孙策当庐江郡郡长，都不兑现，参考去年〔一九四〕十二月），但是，认为扬州（安徽省中部及江南地区）州长（刺史）刘繇，正在曲阿（江苏省丹阳市），而王朗正在会稽郡（浙江省绍兴市），认为孙策未必能把他们铲除，于是慷慨应许，向中央推荐并任命（表）孙策当折冲指挥官（折冲校尉）。

孙策率步兵一千余人、骑兵数十人，由寿春（安徽省寿县）南下，一面走一面招兵买马，抵达历阳（安徽省和县）时，部队已增加到五六千人。这时，周瑜的伯父周尚，当丹阳郡（安徽省宣城市宣州区）郡长，周瑜率军迎接孙策，且运送粮秣，供应军费。孙策大喜说："有了你，一定成功。"遂进攻横江（安徽省和县东南）、当利（安徽省和县东金河口），全部夺取，樊能、张英大败逃走。孙策渡长江南下，辗转苦斗，军锋所指，无不胜利，没有人能阻挡他的攻势。人民一听说"孙郎"兵到（孙策年轻英俊〔本年二十一岁〕，虽然有官称，但江东〔江苏省南部太湖流域〕都叫他"孙郎"），无不失魂落魄，地方政府首长及高级官员，纷纷离开县城，逃到深山。

孙策军纪严明，大军所到之处，奉有命令，绝不掳掠人民财物，连一条狗、一只鸡，甚至一棵青菜，都不冒犯，民心欢悦，互相竞争用牛肉和美酒劳军（这是《资治通鉴》第一次有关军纪严明的记载，说明军纪严明的军队，是多么难求。所有武装力量，包括政府军队、变民军队，以及强盗土匪，都是奸淫烧杀的一丘之貉。偶尔有军纪严明的军队出现，无不立即获得民心，史书上也特别放出光彩）。孙策英姿焕发，言谈幽默，性情豁达，很能接受意见，而又知人善用。所以无论知识分子或普通平民，只要见到他，都颇为他尽心尽力，誓死效忠。

孙策攻击驻屯牛渚山（安徽省马鞍山市西南采石矶）的刘繇军营，占领粮仓，获得全部粮秣跟军事装备。这时，彭城国（首府彭城〔江苏省徐州市〕）宰相薛礼、下邳国（首府下邳〔江苏省睢宁县北古邳镇〕）宰相丹阳郡（安徽省宣城市宣州区）人笮融（笮，音zé〔责〕），共同拥戴刘繇当盟主（彭城、下邳二封国皆属徐州〔江苏省北部〕管辖，薛礼、笮融是流亡官员）；薛礼驻军秣陵城（江苏省南京市江宁区南秣陵街道），笮融驻军秣陵城南；孙策一连击破二人部队，又击破刘繇另一驻军在梅陵（今地不详）的部将，再进攻湖孰（江苏省南京市江宁区东南湖熟街道）、江乘（江苏省南京市东北），先后攻克，遂进攻扬州（安徽省中部及江南地区）州长刘繇根据地曲阿（江苏省丹阳市）。

刘繇同郡（东莱郡）人太史慈（太史，复姓），从东莱郡（山东省龙口市东黄城集村）探望刘繇，正逢孙策大军抵达，有人建议刘繇可以任命太史慈当大将，刘繇说："我如果用太史慈，许劭会笑我有眼无珠！"但仍派太史慈充当斥候，担任侦察。太史慈只带一位骑兵出城，在神亭（江苏省常州市金坛区西北）跟孙策骤然遭遇。孙策随从骑兵只有十三人，有辽西郡（辽宁省义县西）人韩当、零陵郡（湖南省永州市）人黄盖，都是老爹孙坚的旧部。太史慈毫无惧色，拍马冲锋，正跟孙策相对。孙策一枪就刺入太史慈的坐骑，顺手夺得太史慈脖子上挂的短矛（手戟），而孙策的头盔，也被太史慈攫取。正在紧急关头，双方后援部队赶到，各自撤退。

刘繇出兵迎战，大败，逃往丹徒（江苏省镇江市东丹徒区），孙策遂入曲阿（江苏省丹阳市），慰劳将士，发布宽大命令，通告各县：凡是刘繇、笮融等乡亲故友，以及旧有部众，只要归附，一概不咎既往；乐意当兵的，全家只取一人，但全家免除差役赋税；不乐意当兵的，绝不勉强。只十天左右，归附的从四面八方，前来投奔，集结到二万余人，战马一千余匹，声威震动江东（江苏省南部太行流域）。

十二月二十日，左将军袁术向中央推荐并任命（表）孙策代理殄寇将军（殄，音tiǎn〔舔〕）。孙策部将吕范，向孙策建议说："将军的事业，每天开展，部众也越来越多，但并不是全都能遵守纪律，我愿意暂时兼任纠察官（都督），帮助将军治理。"孙策说："你已是士大夫阶级，手下又有实力庞大的战斗部队，战功辉煌（吕范曾参加庐江战役、湖孰战役、丹阳战役），怎么去当那种小官，考察军中细末小事？"吕范说："不然，我舍弃本乡本土（吕范是汝南郡〔河南省平舆县西北射桥镇〕人），投靠将军，目的不是为了妻子儿女，而是为了要救国救民。好像共同乘坐一条渡过汪洋大海的船只，一个钉子不牢，全体都会淹死。这也是为我自己打算，不仅仅是为将军打算！"孙策微笑，无法回答。吕范告辞后，脱下高级官员衣裳，改穿骑兵军服——连衣裤（犹如二十世纪的工人装束，上衣跟下裤相连，可免除紧束裤带一道手续），手执皮鞭（刑具），到将军府报到，自称代理纠察官（都督）。孙策遂加以授权，命他整顿军中风纪。从此，军队阵容严肃和睦，禁令彻底执行，威信建立。

孙策任命张纮当正议指挥官（正议校尉），彭城国（首府彭城〔江苏省徐州市〕）人张昭当秘书长（长史）。每次都派一人留守，一人跟随自己出征。广陵郡（江苏省扬州市）人秦松、陈端，也参与决策。孙策把张

二世纪·一九五年十二月　孙策略地江东

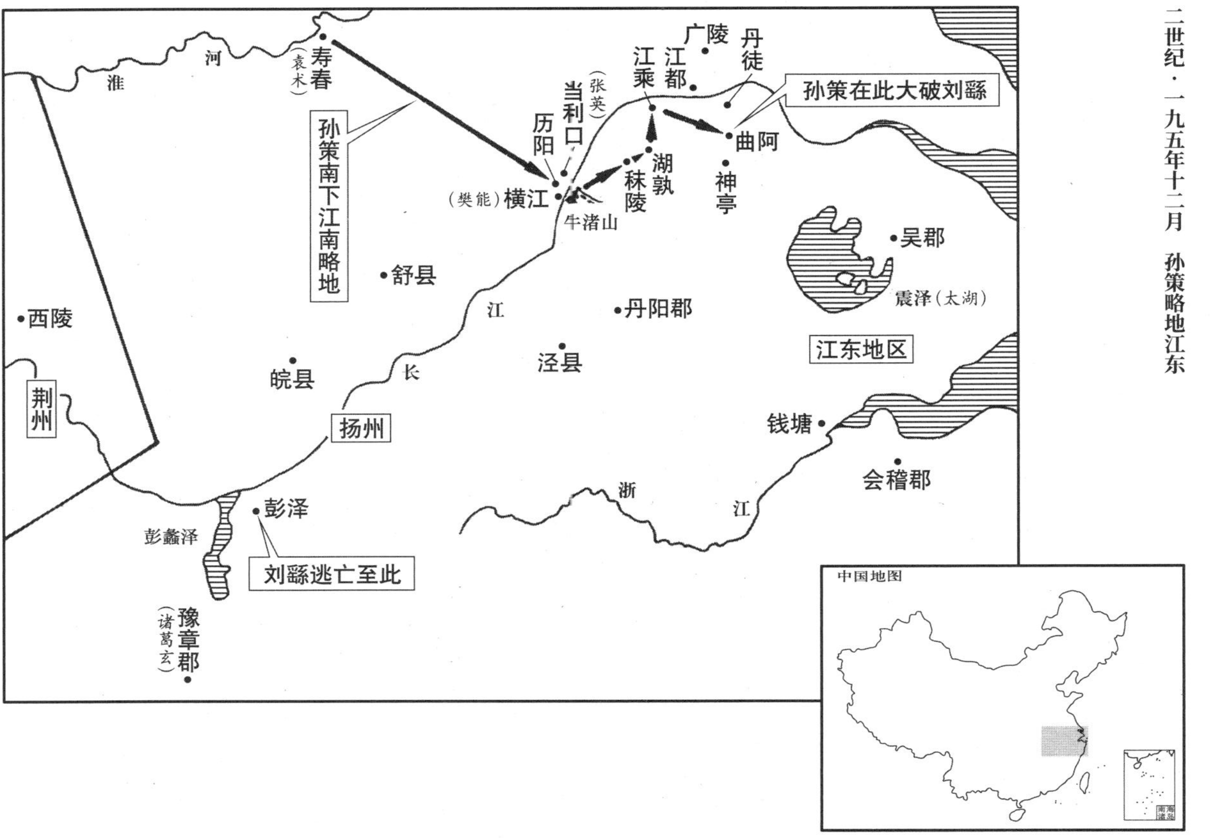

昭当作教师和朋友，十分尊敬，全部行政和军事业务，都由张昭处理。北方士大夫，每写信给张昭，对张昭都赞扬备至。孙策听到后，大为高兴，笑说："从前，管仲当齐国宰相，一会'仲父'（管仲别名），过一会又'仲父'，姜小白（齐国十六任国君桓公）终于成为五霸之首（《新序》："主管单位请选派官员，姜小白说：'去问仲父。'不久，主管单位又请选派官员，姜小白说：'去问仲父。'左右说：'一句仲父，二句仲父，当国君可真容易。'姜小白说：'没有得到管仲前，当国君很难；既得到管仲，怎么会不容易？'所以，英明的君王最辛苦的事业是寻求贤能人才，最安逸的时候是已经得到贤能人才。"孙策自比姜小白）。而今，张昭贤能，美誉遍天下，但我能用他为我效力，大功大名，以及伟大事业，岂不归我？"

14 左将军袁术任命堂弟袁胤当丹阳郡（安徽省宣城市宣州区）郡长，原丹阳郡郡长周尚，及侄儿周瑜，都调回寿春（袁术总部。安徽省寿县）。

15 刘繇在丹徒（江苏省镇江市东丹徒区）不能立足，打算投靠会稽郡（浙江省绍兴市）。被认为有知人之明的许劭建议说："会稽殷实富庶，孙策一定不会放过。而且远在海边，不可前往。不如投奔豫章郡（江西省南昌市），豫章郡北跟豫州（河南省）接壤，西跟荆州（湖北省及湖南省）接壤。如果能使官民都获得安顿，然后派使节到中央进贡，再跟兖州（山东省西部）全权州长（牧）曹操取得联系，现在，通道虽然被袁术切断（袁术坐镇寿春〔安徽省寿县〕，拥有淮河以南大部分疆土，不会允许使节通过），但他性格贪残，豺狼之辈，绝不可能长久。阁下是皇上诏书派遣的正式官员，曹操、刘表（荆州全权州长），一定帮助。"刘繇听从。

16 最初，徐州（江苏省北部）全权州长（牧）陶谦，任命笮融当下邳国（首府下邳〔江苏省睢宁县北古邳镇〕）宰相，教他负责督导运输广陵郡（江苏省扬州市）、下邳国（首府下邳）、彭城国（首府彭城〔江苏省徐州市〕）的粮食到州政府所在地郯县（山东省郯城县）。笮融取得这项权力后，竟把三个郡和封国缴纳的物资，全部扣留，大肆兴建佛教庙院，命人民诵读佛教经典，吸引邻郡的佛教徒移往下邳，多达五千余户。每逢释迦牟尼生日（四月八日），举办"浴佛会"，在路旁摆设筵席，往往连绵数十华里，费用多到亿亿钱。后来，曹操击破陶谦（参考一九三年秋季），徐州（江苏省北部）惊恐，朝不保夕，笮融率领部众男女一万余人，南下广陵郡（江苏省扬州市），广陵郡郡长赵昱，盛大接待，把笮融当作上宾；笮融看到广陵郡物产丰盛，人民富有，怦然心动，就在一次筵席上，乘敬酒的机会，击斩赵昱，下令军队烧杀抢掠。然后，再渡长江南下。之前，彭城国（首府彭城）宰相薛礼，受陶谦的压迫，率领部众躲到秣陵（江苏省南京市江宁区南秣陵街道）。笮融就渡过长江，前往秣陵投靠薛礼，不久，又击斩薛礼。

扬州（安徽省中部及江南地区）州长（刺史）刘繇，命豫章郡（江西省南昌市）郡长朱皓，攻击左将军袁术所任命的豫章郡郡长诸葛玄，诸葛玄战败，退保西城（南昌市西）。刘繇乘船西上，驻军彭泽（江西省湖口县东），命笮融协助朱皓。许劭对刘繇说："笮融出动军队，一向不管别人对他的评价。朱皓忠厚，容易推心置腹、相信别人，要教朱皓严密提防。"然而，笮融到达后，仍用诈术击斩朱皓，接管朱皓的郡长职位。刘繇大怒，进攻笮融，笮融溃散，逃入丛山，被当地人民诛杀。皇帝刘协下诏，任命前皇家师傅府秘书（太傅掾）华歆，当豫章郡（江西省南昌市）郡长。

柏杨曰 在历史上，笮融不过一粒老鼠屎，但他却为全人类提供一个典型，他的特质是：利用别人高贵的情操，做出卑鄙的坏事。赵昱诚心接纳他，他杀赵昱；薛礼诚心接纳他，他杀薛礼；朱皓诚心接纳他，他杀朱皓。他有他的信念，认为任何严重的忘恩负义行为，只要先下口咬定别人忘恩负义，报应就永远不会落到自己头上。天下人是骗不完、坑不完的。只要有权有钱，再丑陋都会被人接受。事实证明，这种判断并不是完全不正确，笮融斩击赵昱后，薛礼照样向他张开双臂；笮融击斩薛礼后，朱皓照样向他张开双臂。

鉴赏能力的缺乏，正是鼓励邪恶的能源，笮融之所以能通行无阻，在于太多人对善恶不能分辨，即令分辨也不敢认真。

17 丹阳郡（安徽省宣城市宣州区）民兵司令（都尉）朱治，驱逐吴郡（江苏省苏州市）郡长许贡，占领郡城。许贡往南逃走，投靠据守山寨的变民首领严白虎。

18 张超固守雍丘（河南省杞县），曹操围攻，日益猛烈。张超告诉他的部众："臧洪会来救我们！"部众说："袁绍跟曹操，关系亲密。臧洪是袁绍推荐任命的，他不能做出破坏袁曹联盟的事，招来大祸。"张超说："臧洪，天下义士，不能背弃旧恩（张超当广陵郡〔江苏省扬州市〕郡长时，延聘臧洪担任人事官〔功曹〕）。唯一担心的是，受到强大力量控制，不能及时赶到。"

臧洪是东郡（山东省莘县南）郡长（东郡郡长原是夏侯惇〔参考一九四年四月〕，属兖州。在吕布阴谋夺取兖州时，被袁绍乘机攻占其黄河以北领土，委派臧洪当郡长，郡政府仍设东武阳），赤露双脚，痛哭哀号，请求冀州（河北省中部南部）

全权州长（牧）袁绍（时在邺城）交给他一支部队，由他前往雍丘（河南省杞县）援救，袁绍拒绝。臧洪再请求准许率领本郡人马前往，袁绍也不允许。雍丘终告陷落，张超自杀，曹操屠灭张超三族。

臧洪从此痛恨袁绍，遂断绝来往。袁绍派军包围东郡（山东省莘县南），一年有余，不能攻克。袁绍命臧洪同县（广陵郡射阳县〔江苏省宝应县东北射阳湖镇〕）人陈琳，写信给臧洪，分析利害。臧洪回信说：

"我只是一个渺小人物，没有大志，仕途之中，受到主人（袁绍）尊重，恩德深厚，遂在冀州（河北省中部南部）立足，岂乐意出现今天这种情景，面对刀锋？当初接受任命之时，自以为责任重大，誓死共同效忠中央。万料不到本州（豫州——雍丘与东郡均属豫州）受到攻击，郡政府将领（张超）危急，请求派军被拒绝，单独出军也不准许。以致我的旧长官（张超），竟被屠杀灭族。内心痛苦，无处申诉，岂能够为了你我友情，而做出对忠孝有亏的事？所以强忍悲愤，挥刀而起，拭去眼泪，毅然决裂。再见，老友！你在境外谋求利益，我则效命君亲；你把身体交托给盟主（袁绍），我把名声传播到首都长安（此时东汉政府在安邑〔山西省夏县〕，或臧洪讲此话时仍未得知政府已经东迁）。你警告我身死名灭，我讥笑你一生默默无声。"

袁绍看到臧洪的信，知道他不可能投降，遂增援军队，攻击更为猛烈。东郡（山东省莘县南）粮秣都已吃尽，外面没有强大救兵，臧洪了解他不能免除悲惨结局，遂集合将士官兵，宣告说："袁绍大逆不道，所作所为，不遵守国家法令，而且拒绝营救我的长官（张超），大义之下，我不得不死。但各位跟这件事并不相干，凭空惹上大祸。最好在城还没有攻破之前，先率妻子儿女逃生。"大家一齐垂泪说："阁下跟袁绍本没有误会，只是为旧主人张超的缘故，自己去找灾难，我们怎能抛弃你，远走高飞？"

最初，还挖掘老鼠煮食，又煮食所有可以煮食的皮革。后来，老鼠、皮革都被吃光，秘书官（主簿）报告，厨房只剩米三升，请煮几碗浓粥。臧洪叹息说："我怎么能单独下咽？"命煮成稀粥，遍送全体官兵。臧洪更杀掉他的爱妾，烹煮尸体，供应将士，将士流泪哭泣，不能抬头。七八千男女部众，全都战死饿死，尸体重叠堆积，但没有人背叛。

东郡（山东省莘县南）终于陷落，臧洪被擒。袁绍得意洋洋，召集将领，接受献俘，责问说："臧洪，你为什么负我？今天，服与不服？"臧洪坐在地上，愤怒睁眼，诟骂说："你们袁家，四代之中，出现五个'公'级高官（袁安当宰相〔司徒〕，袁安的儿子袁敞当最高监察长〔司空〕，袁安的孙儿袁汤当全国武装部队总司令〔太尉〕，曾孙袁逢当最高监察长〔司空〕，另一曾孙袁隗当皇家师傅〔太傅〕），国家恩情和宠爱，至为厚重。而今皇家衰微，没有辅佐之意，反而有非分之想，杀害忠良，树立权威。我亲眼看到你亲昵的称呼张邈'老哥'，则我的旧长官张超，自是你的老弟，应该同心合力，为国除害。而你竟然按兵不动，看着被别人（曹操）屠灭，我自恨力量薄弱，不能拔刀替天下报此仇恨，什么叫服与不服？"

袁绍本来喜爱臧洪，原意只要臧洪表示屈服，即行原谅，看见臧洪的态度如此，知道他不可能效忠自己，遂下令斩首。臧洪同县（射阳县）人陈容，自幼敬慕臧洪，这时恰好在座，起身抗议说："将军（袁绍）身负天下大任，要为天下除害，却先诛杀忠义，岂合上天之意？臧洪起兵，只为了向旧主报恩，为什么杀他？"袁绍感到惭愧，教人把陈容拉出去，说："你不是臧洪那一等级的人，讲这些话有什么用？"陈容回头说："仁义岂有一定模式？实践它就是君子，背弃它就是小人。宁愿跟臧洪同日而死，不愿跟将军（袁绍）同日而生。”也被处决。在座的人，无不叹息，互相私语说：“想不到，一天杀两位烈士。”

19 前将军公孙瓒，既杀幽州（河北省北部）全权州长（牧）刘虞，完全控制幽州，遂趾高气扬（公孙瓒杀刘虞，参考一九三年十月）。仗恃自己的才能和军队，对人民毫不体恤。永远记得别人的过失，却随时忘掉别人的善行，连瞪他一眼的小事，都一定报复。士大夫如果有人名望高过他，一定用法律陷害。对有才能的人，一定想办法压制，把对方置于穷困之地。有人问他为什么如此，公孙瓒说：“他们这些人，自以为天经的义的应该富贵，给他们富贵，也不感激。”所以公孙瓒所宠爱的，都是些贩夫走卒之类的伧俗之辈（《英雄记》：受到公孙瓒宠爱而骄傲奢侈不可一世的，有摆卦摊算命先生刘纬台、绸缎小贩李移子、商店老板何乐当，全都对天盟誓，结拜生死弟兄，公孙瓒是老大，其他则是老二、老三、老四），或结盟成为兄弟，或两家通婚。这些人仗势欺人，民间一片怨恨。

刘虞旧部参谋官（从事）渔阳郡（北京市密云区）人鲜于辅（鲜于，复姓）等，集结幽州（河北省北部）部队，准备为故主（刘虞）报仇。燕国（即广阳郡，北京市）人阎柔，对人素有恩德信誉，遂被推当乌桓保安司令部军政官（乌桓司马）。阎柔招募胡人、汉人，有数万之多，跟公孙瓒所任命的渔阳郡（北京市密云区）郡长邹丹，在潞县（河北省三河市西）北方会战，阎柔大胜，杀邹丹等四千余人。乌桓部落（河北省北部）峭王，也率乌桓军，及鲜卑（内蒙古东部中部及以北地区）部队，共七千余骑兵，追随鲜于辅，南下迎接刘虞的儿子刘和（刘和逗留冀州，参考一九一年），跟袁绍的部将麹义联合，有十万人，攻击公孙瓒。在鲍丘河（潮白河，发源于河北省丰宁县西北，向东南流至天津市宁河区，注入渤海）会战，鲜于辅联合兵团大胜，杀二万余人。于是，代郡（山西省阳高县）、广阳郡（北京市）、上谷郡（河北省怀来县）、右北平郡（河北省唐山市丰润区）各郡，纷纷起兵，击斩公孙瓒所任命的郡政府高级官员，响应鲜于辅、刘和。公孙瓒部队不断被击败。

在此之前，有童瑶说："燕国南疆／赵国北界／中央合不住／大小像块磨刀石／只有那里，可以躲避。"公孙瓒认为是指易县（河北省雄县西北，在幽州南界边境，跟冀州〔河北省中部南部〕接壤）。于是，把大本营迁到易县，环城挖掘十道壕沟，兴筑高大土丘，每个土丘都高达五六丈，再在土丘上建立高楼（这座新的城楼坐落在易县县城西，称易京）。位于中央的土丘最高，足有十丈，作为公孙瓒的居处。用铁做门，左右侍从警卫，全被隔在门外，七岁以上的男子，不准进入，专跟小老婆姬妾美女厮混在一起。正式公文书，或其他文件，都用绳子吊上城堡。训练妇女们放大嗓门，使数百步外可以听到，就用她们传达公孙瓒的命令。

从此，公孙瓒跟宾客们完全隔绝，智囊和猛将，渐渐背叛离散，而公孙瓒也很少再出作战。有人问他缘故，公孙瓒说："想当年，我在塞外驱逐叛变的胡人部落（参考一八八年十一月），在孟津（河南省洛阳市孟津区东黄河渡口）扫荡黄巾变民（参考一九一年十月），自以为天下战乱，可以霎时平定。但是到了今天，战乱才不过刚刚开始，看起来我已无能为力，不如使官兵休息，努力耕田，拯救灾荒凶年。兵法说：‘百尺高楼，不可进攻。’我的军营分别驻屯各楼，外有数十重墙堑，粮食聚集有三百万斛，等到把它吃完，大概天下大势，已有分晓。”

柏杨曰

公孙瓒跟董卓，是从一个破窑子浇出来的货色。用凶暴的手段把大海搅得波浪滔天之后，却认为仍可躲在一片树叶上，照样保持他的荣华富贵。天下竟有这么多头脑简单的恶棍，而这种头脑简单的恶棍，竟也能平地崛起，原因何在，留给我们一个课题。

20 南匈奴汗国（王庭设平阳〔山西省临汾市〕）持至尸逐侯单于（四十一任）挛鞮于扶罗逝世，老弟挛鞮呼厨泉继任（四十二任），定居平阳（原南匈奴王庭设美稷〔内蒙古准格尔旗〕，一八九年十月发生内乱，挛鞮于扶罗出走平阳。关东〔函谷关以东〕各将领集结对抗董卓时，挛鞮于扶罗曾活动于今河南省北部一带〔参考一九一年〕。如今老弟继任，返回平阳）。

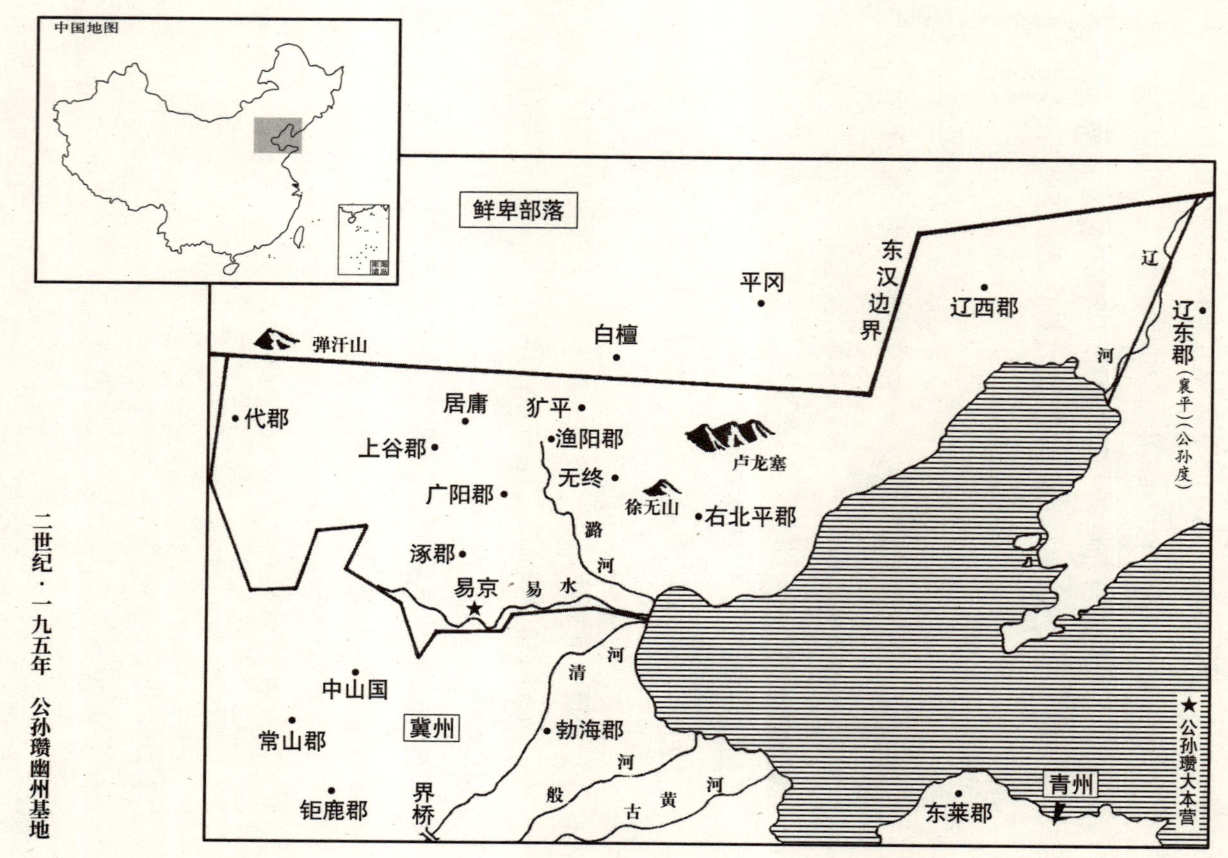

二世纪·一九五年 公孙瓒幽州基地

东汉 兴平 三年
建安 元年

1 春季，正月七日，东汉王朝（首都安邑〔山西省夏县〕）大赦，改年号（之前是兴平三年，之后是建安元年）。

2 安集将军董承、安国将军河内郡（河南省武陟县）郡长张杨，打算迎奉东汉帝（十四任献帝）刘协（本年十六岁）返回洛阳（河南省洛阳市东白马寺东）；兴义将军杨奉、原白波变民（活动于山西省西南部）首领李乐拒绝，各将领互相猜疑。

二月，原白波变民另一首领韩暹，攻击董承。董承战败，逃向野王（河南省沁阳市），投奔张杨。韩暹驻军闻喜（山西省闻喜县）。征东将军胡才、兴义将军杨奉，南下坞乡（河南省洛阳市偃师区南）；胡才准备攻击韩暹，刘协派人劝阻。

3 汝南郡（河南省平舆县西北射桥镇）及颍川郡（河南省禹州市）黄巾变民首领何仪等，率领部众归附左将军袁术（时在寿春〔安徽省寿县〕）。兖州（山东省西部）全权州长（牧）曹操出军攻击，大破黄巾。

4 张杨命董承先到洛阳，整修被董卓焚毁的皇宫。交通部长（太仆）赵岐，帮助董承，说服荆州（湖北省及湖南省）全权州长（牧）刘表，派工兵到洛阳，协助皇宫复建工程。粮秣给养，络绎北运，前后不绝于途。

夏季，五月二日，皇帝刘协派使节前往杨奉、李乐、韩暹等军营，要求护送返都，杨奉等终于同意。

六月一日，刘协抵达闻喜（山西省闻喜县）。

5 左将军袁术（时在寿春），攻击徐州（江苏省北部）州长（刺史）刘备，企图夺取徐州。刘备命军政官（司马）张飞屯军下邳（徐州州政府所在县，江苏省睢宁县北古邳镇），自己率军前往盱眙（江苏省盱眙县）、淮阴（江苏省淮安市淮阴区），迎战袁术，双方僵持一月有余，互相有胜有负。

下邳国（首府下邳）宰相曹豹，是陶谦的旧部，跟张飞发生冲突，张飞遂斩曹豹，城内大乱。袁术通知吕布，要他袭击下邳，允许援助军粮。吕布大喜，整军出发，水陆并进（吕布去年〔一九五〕闰四月投奔刘备，驻屯下邳之西）。刘备部将、警卫指挥官（中郎将）丹阳郡（安徽省宣城市宣州区）人许耽，大开城门迎接，张飞落荒逃走，吕布把刘备的妻子儿女，以及将领、官员们的眷属，全部俘虏。

刘备得到吕布举兵叛变消息，急回军营救，抵达下邳（徐州州政府所在县）时，部队星散（眷属均在敌人之手，已无斗志）。刘备收拾残兵败将，攻进广陵郡（江苏省扬州市），跟袁术接战，又被击败（徐州淮河以南土地渐归袁术），遂撤退到海西（江苏省灌南县），缺少粮秣，全军饥饿，官兵互相格杀，煮吃尸体（人间惨事），参谋官（从事）东海郡（山东省郯城县）人麋竺，变卖家产，帮助军费。

刘备困顿已极，走投无路，只好向吕布投降。这时候，袁术承诺供应吕布的粮食，忽然中断，吕布正在愤怒，遂接受刘备的投降，并请刘备再当豫州（河南省）州长（刺史。这是刘备第二次当豫州州长。上次当州长是在一九四年二月；都是空衔），准备联合攻击袁术，命刘备驻屯小沛（江苏省沛县）。吕布自称徐州（江苏省北部）全权州长（牧）。

吕布部将河内郡（河南省武陟县）人郝萌叛变，乘夜攻击吕布，吕布蓬头散发，赤身露体，逃到司令官（都督）高顺军营。高顺率军进入州政府攻击，郝萌败走。天明，郝萌的部将曹性，击斩郝萌。

6 六月六日，杨奉、韩暹，护送皇帝刘协向东方进发，河内郡郡长（河南省武陟县）张杨，运输粮秣，在道上迎接。

秋季，七月一日，刘协抵达洛阳（一九〇年二月十七日，在董卓裹挟下离开，今日始返，共五年四月十五天。洛阳已非昔日），暂住故寝殿侍奉宦官（中常侍）赵忠住宅。

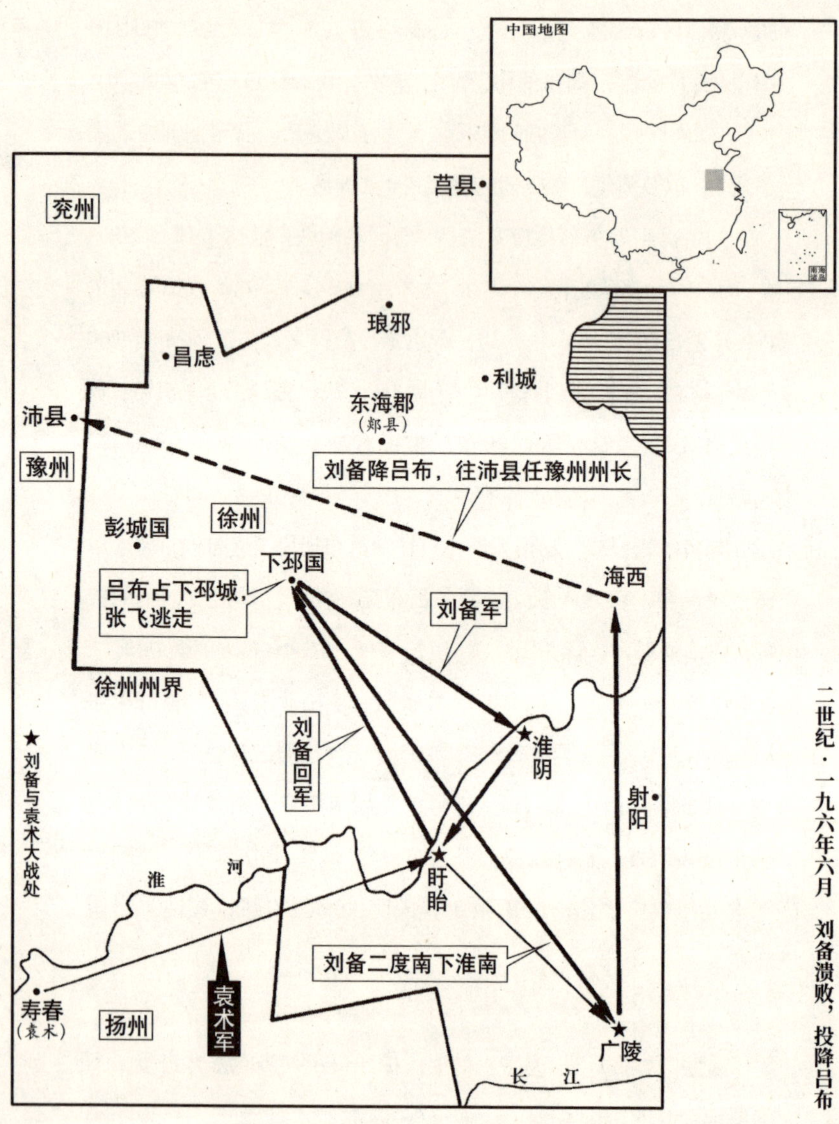

二世纪·一九六年六月　刘备溃败，投降吕布

七月十四日，大赦。

八月八日，刘协移居南宫杨安殿——张杨认为天子还都是他的功劳，所以命名杨安殿。张杨告诉其他将领们说：“天子，是全国人民的天子。中央政府自有三公及部长高官，我应该留在京师（首都洛阳）之外，作为屏障。”遂返回他的基地野王（河南省沁阳市）。杨奉也率军出京，驻屯梁县（河南省汝州市）。韩暹、董承，则留在首都洛阳，担任警卫。

八月十日，擢升安国将军张杨当全国武装部队最高指挥官（大司马）、杨奉当车骑将军、韩暹当全国最高统帅（大将军）兼京畿总卫戍司令（司隶校尉），全部“持节”，设立象征权威的斧钺。

这时，皇宫、民宅，几乎焚烧一空，文武官员只好拔除荆棘乱草，靠着断墙破壁居住。各州郡政府首长，虽都手握重兵，却没有人肯来进贡。官员们饥饿难忍，宫廷秘书署助理（尚书郎）以下，都亲自到郊外采摘野菜。有的就在断墙破壁间饿死，有的被士兵格杀。

7 左将军袁术（时在寿春）相信神秘预言书上一句话：“代汉者当涂高。”认为正是指的自己（李贤注：袁术认为他名“袁术”，别名“袁公路”，“术”“路”都是“涂”〔途〕）。又因为袁姓的祖先姓陈，而陈姓是舜帝姚重华的后裔。而黄色代替赤色（汉王朝），是“五行”运转的必然结果（因为“火”生“土”，火是赤色，土是黄色。至于“火”为什么生“土”？我们不知道，神秘预言书上有玄妙的解释），遂兴起当皇帝的念头。听说孙坚得到传国玉玺，便逮捕孙坚妻子，强迫夺取（孙坚寻得传国玉玺事，参考一九一年二月）。

等到刘协在曹阳（河南省灵宝市东北黄河南岸）溃散的消息传来（参

考去年〔一九五〕十二月），袁术认为时机已经成熟，遂召集部属，商议当皇帝事宜，大家都不敢回答。主任秘书（主簿）阎象说："周王朝从始祖姬弃（后稷），直到姬昌（周王朝一任王姬发的老爹），累积恩德功勋，已控制全国版图的三分之二，但仍臣服于商王朝。阁下虽然累世显赫，仍然没有周王朝当初那种声势。东汉王朝固然衰落，却没有子受辛（商王朝末任帝纣帝）那种暴君。"袁术无法回答。

袁术延聘隐士张范，张范不接受延聘，教老弟张承，代表他向袁术道歉。袁术对张承说："我拥有广大的土地，跟众多的人民和武装部队，打算跟姜小白（齐国十六任国君桓公）媲美，追踪高祖（西汉王朝一任帝刘邦）的足迹，你以为如何？"张承说："夺取天下，在于恩德，不在于强大。恩德可以满足天下人民的盼望，即令是一介匹夫，也不困难。如果只为了攫得政权，利用机会，干那么一下，全国都会离弃他，谁能使他兴起！"袁术大不高兴。

孙策得到消息，写信给袁术说：

"子天乙（商王朝一任帝）讨伐姒履癸（夏王朝末任帝），指出：'夏王朝罪恶太多。'（《书经·汤誓》原文："有夏多罪，天命殛之。"）姬发（周王朝一任王武王）讨伐子受辛（商王朝末任帝），指出：'商王朝罪恶太重。'（《史记·周本纪》原文："殷〔商〕有重罪，不可以不毕伐。"）这两位（子天乙和姬发）虽然有至高至圣的品德恩惠，假如当时的君王（姒履癸和子受辛）没有过失，也无法把君王推倒。而今，主上（皇帝刘协）面对天下，并没有罪恶，也没有过失，只不过因为年纪太幼，被强臣控制，跟子天乙、姬发时代，迥然不同。而且，以董卓那样的贪淫凶暴，欺上凌下，欲望无穷，甚至罢黜皇帝，另立新君（参考一八九年九月一日），但他仍不敢自己坐上宝座；而天下已经对他痛恨，何况做出比董卓更严重的事？曾经听说，幼主（刘协）聪明智慧，好像天赋。天下虽然没有受到他的恩德，但无不愿向他效忠。阁下一连五世，子孙相接，当东汉王朝的宰相或重要辅佐大臣（袁家一门五个宰相级高官，参考去年〔一九五〕十二月注），荣耀宠爱，任何家族都不能相比。更应该忠心耿耿，严守节操，回报皇家。姬旦（周公）、姬奭（召公）的美誉，全国都盼望阁下享有。现世很多人，迷信神秘预言书，有些知识分子随心所欲的东拼西凑，把毫不相干的字句，硬连在一起。拍马屁只求把主人拍得舒服，却不考虑成败。从上古到今天，对称帝的事，无不慎重，阁下岂不应三思？我何尝不知道，忠言听起来都不顺心，相反的意见准激起憎恨。但只要能对阁下有益，不敢闭口。"

袁术开始时，自以为拥有淮河之南的土地和军队，孙策一定拥护。等接到孙策的信，大出意外，忧愁沮丧，遂生疾病。然而他无法接受孙策的建议，孙策遂跟他决裂。

8 兖州（山东省西部）全权州长（牧）曹操，这时驻军许县（河南省许昌市东。曹操刚于去年〔一九五〕十二月攻陷雍丘〔河南省杞县〕，当是自雍丘进驻许县），准备迎接皇帝刘协。部属们都认为：山东（崤山以东）还没有平定，最高统帅（大将军）韩暹、车骑将军杨奉，自认为有迎驾大功，横行凶暴，不可能马上制服。荀彧说："从前，姬重耳（春秋时代晋国二十四任国君文公）把国王姬郑（周王朝二十任王襄王），迎还京师（当时首都洛阳），所有的封国国君，从此尊奉姬重耳当霸主。高祖（西汉王朝一任帝刘邦）为义帝芈心发丧，改穿白色孝服，而天下人心归附（参考前二〇五年）。自从天子（刘协）蒙尘（"蒙尘"是专用于"君王落难"的特定术语，形容君王流落荒野，承受尘埃），将军第一个兴起义兵，只因为山东（崤山以东）不断发生变故，不能远行。而今，圣驾回都，而东京（洛阳）一片荒凉，义士希望根本稳固，亿兆人民，都深怀感念故旧的悲哀。假如抓住这个机会，迎奉主上（刘协），安定人心，那才是正确的掌握方向潮流。然后，用大公无私的态度，使天下悦服，应是最高的方略。辅佐政府，招徕英俊人才，应是推广恩德的时机。四面八方，虽然有很多叛徒，能有什么作为？韩暹、杨奉之辈，根本不足挂齿。如果不及时决定，一旦其他英雄豪杰兴起迎奉的念头，以后即令用尽心机，已来不及。”

曹操派扬武警卫指挥官（扬武中郎将）曹洪，率军西上，迎接刘协。首都卫戍司令（卫将军）董承等，不允许皇帝落入曹操之手，在险要关卡布防，曹洪不能前进。

参议官（议郎）董昭，知道车骑将军杨奉的兵力最强，而外援最少，人际关系简单（时杨奉驻守梁县〔河南省汝州市〕，而其他有功于东迁洛阳的将领，大部分留守洛阳），遂用曹操的名义，写信给杨奉，说：“我跟将军互相倾慕，只听到对方名声，便推心置腹。而今，将军在艰难之中，救出圣驾（刘协），返回旧京（洛阳），辅佐的功勋，盖世无匹，是何等的建树！现在各地军阀，扰乱国土，四海不能平静，君王安全，最为重要，一切全靠辅佐大臣。必须所有贤明的英雄，结合成一条阵线，才能扫除皇家前途上的障碍，这项伟大的勋业，一个人能力有限，无法完成。心脏跟四肢，互相依赖，缺少一件，便不齐全。将军在中央做主，我则在外作为后援。我有粮秣，将军有兵马，有无互通，正可相辅相成。我们生死与共，祸福同享。”杨奉接到信后，大为高兴，告诉其他将领说：“兖州兵团，就近驻屯许县（河南省许昌市东），有兵有粮，中央政府应该倚靠他们。”遂联名推荐（表）曹操当镇东将军，继承老爹曹嵩费亭侯的爵位。

全国最高统帅（大将军）韩暹，仗恃迎驾之功，横行霸道，不可一世。董承不能忍受，秘密召请曹操。曹操亲率大军，抵达首都洛阳（董承既跟曹操合作，险阻洞开），控制了首都洛阳之后，立即弹劾韩暹、张杨罪行。韩暹恐怕被杀，单枪匹马，投奔杨奉。刘协认为韩暹、张杨有迎奉保驾的功劳，下诏不必追究。

八月十八日，刘协任命曹操当京畿总卫戍司令（司隶校尉），主管宫廷机要（录尚书事）。曹操遂诛杀宫廷秘书（尚书）冯硕等三人（除冯硕外，另二人是：参议官〔议郎〕侯祈、宫廷随从〔侍中〕台崇），处罚他们的罪行（曹操刚掌握政权，便诛杀高级官员，可能是这三位高级官员，早使天下人切齿）。封首都卫戍司令（卫将军）董承等十三人侯爵（十三人：董承，辅国将军伏完，宫廷随从〔侍中〕丁冲、种辑，宫廷秘书署执行官〔尚书仆射〕钟繇，宫廷秘书〔尚书〕郭溥，总监察官〔御史中丞〕董芬，彭城国〔首府彭城，江苏省徐州市〕宰相刘艾，左冯翊郡〔陕西省西安市高陵区〕郡长韩斌，东郡〔河南省濮阳市西南，非袁绍所委派〕郡长杨众，参议官〔议郎〕罗邵、伏德、赵蕤。至于各人封爵采邑名称，只知钟繇封东武亭侯、杨众封蓩亭侯、伏完封不其侯，其余皆不详。但伏完的不其侯，本是老爹伏质的封爵，伏完应早已继承爵位），酬庸他们的功劳。追赠射击兵团指挥官（射声校尉）沮俊为弘农郡（河南省灵宝市东北）郡长，褒扬他为国死难。

曹操请董昭并肩而坐，请教说："我既到京师（首都洛阳），下一步应怎么办？"董昭说："将军兴起义兵，削平暴乱，入朝拜见天子，辅佐皇家，这是五霸的功业（春秋时代五霸：齐国姜小白、晋国姬重耳、秦国嬴任好、楚王国芈侣、吴王国吴光），但居留在京师（首都洛阳）的各路人马，来路复杂，意见不一，未必服从你的领导。你如果也留在中央，情势上有难以克服的困难。唯一的办法是迁都，请皇上移驾许县（河南省许昌市东）。然而，皇帝流离在外，刚刚才回故京（洛阳），远近引颈相望，只祈求迅速安定。如果再迁，违反天下人心。可是，要想成就非常的事业，必须有突破性的建树，请将军考虑，抉择最大利益。"

曹操说："我原来的计划就是这样，只是杨奉驻军梁县（河南省汝州市），听说麾下全是精兵，会不会从中阻挠？"董昭说："杨奉因为没有外援党羽，感到孤单，所以诚心诚意，跟将军结纳。镇东将军的官号，费亭侯的封爵，全都出于杨奉主张。应该迅速派出使节，厚厚答谢他的盛意，告诉他京师（首都洛阳）缺乏食粮，打算请皇帝暂时前往鲁阳（河南省鲁山县），鲁阳跟许县接近（二地航空距离一百公里），运输方便，可以免除匮乏。杨奉这个人勇而无谋，一定不会起疑。在使节来往期间，大计已定，他怎么能阻挠？"曹操说："对极！"立即派人晋见杨奉。

八月二十七日，刘协车驾出轘辕（河南省登封市西北）东行，乘势迁都许县（河南省许昌市东）。

八月己巳日（八月甲午朔，没有己巳），刘协亲到曹操军营，擢升曹操当全国最高统帅（大将军），封武平侯（曹操原封费亭侯，仅是最低级侯爵〔亭侯〕。如今晋升为县侯，即最高级侯爵）。开始在许县建立皇家祭庙及天地神祇祭坛。

9 殄寇将军孙策，将夺取会稽郡（浙江省绍兴市），变民首领吴郡（江苏省苏州市）人严白虎等，各有部众一万余人，驻屯各地（严白虎，参考去年〔一九五〕十二月）。将领们打算先攻击严白虎，孙策说："不必，严白虎等不过一班强盗，并没有大志，容易制伏。"率军渡过浙江（富春江）。

会稽郡（浙江省绍兴市）郡政府人事官（功曹）虞翻，劝说郡长王朗："孙策能征善战，我们不如躲开！"王朗不接受，据守固陵（浙江省杭州市萧山区西北），阻止孙策前进。孙策发动数次渡河（浙江）攻击，不能攻取。叔父孙静建议说："王朗据守坚城，一时不易攻

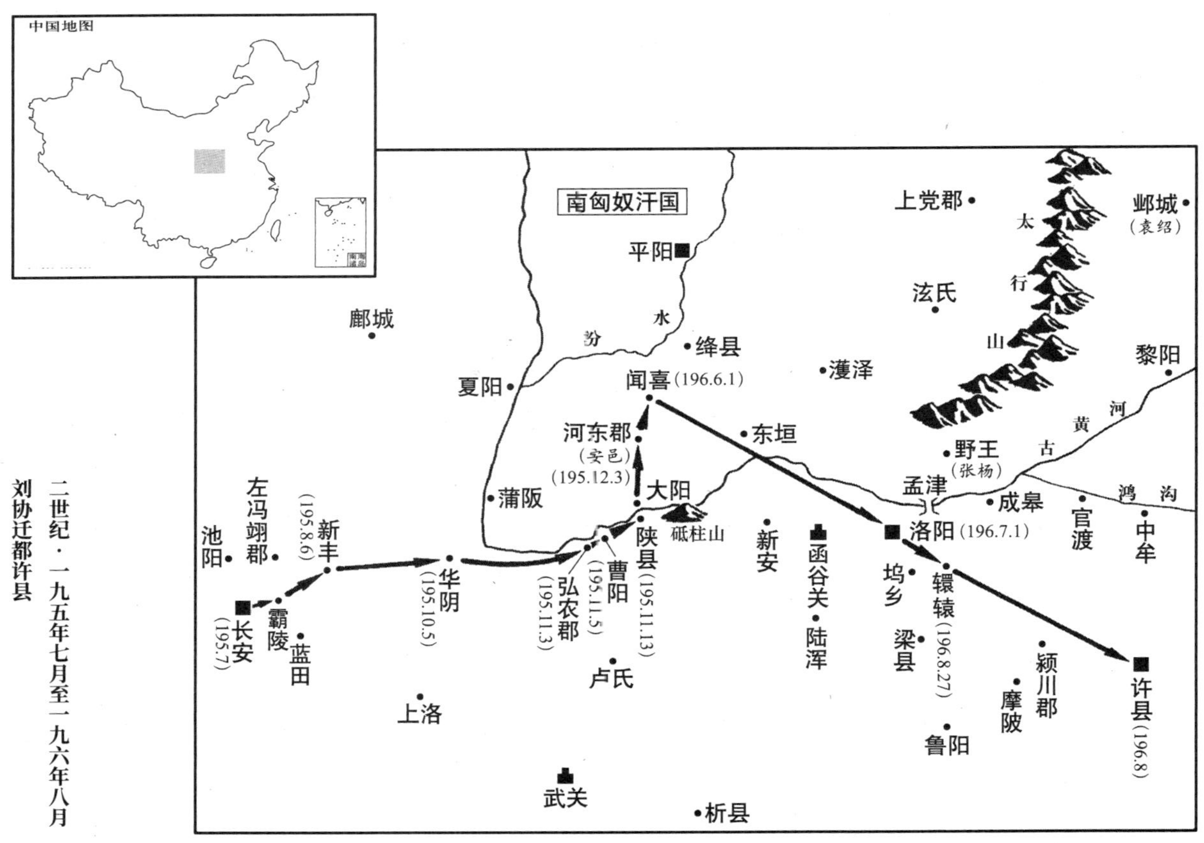

二世纪·一九五年七月至一九六年八月

刘协迁都许县

破。南边数十华里，有座查渎城（浙江省杭州市萧山区境），如果能够占领，就深入敌人后防，这正是攻击敌人没有准备而又预料不到的地方。”孙策采纳老叔建议。入夜之后，到处燃起火把，建立疑阵，然后派出一支奇袭部队，直扑查渎城，攻陷高迁屯（杭州市萧山区东）。王朗大吃一惊，急派曾任丹阳郡（安徽省宣城市宣州区）郡长的周昕等，率军迎战，孙策大破会稽军，斩周昕等。王朗逃亡，虞翻追随左右保护。

王朗从东海乘船南下，逃到东冶（福建省福州市）。孙策追击，再大破会稽军；王朗无路可走，只好投降。孙策遂自兼会稽郡（浙江省绍兴市）郡长，仍任用虞翻当人事官（功曹），把他当作老友。孙策爱好打猎，虞翻劝阻说：“阁下每次出营，都是临时决定，轻装就道。随从官员，没有时间采取戒备行动，临时紧急集合，仓猝奔走，士兵深感辛苦。一个大人物，性格如果不够稳重，就不容易维持威严；白龙一旦变成普通大鱼，微贱的豫且都可以射它（《说苑》：吴王国国王打算去民间饮酒，伍子胥劝阻说：“从前，白龙在深渊之中，变化成一条普通大鱼，渔夫豫且，一箭射中它的眼睛；白龙向上帝控诉，上帝问：‘当射你时，你是什么形状？’白龙说：‘一条大鱼。’上帝说：‘渔夫就是要射鱼的，豫且有什么不对？’白龙是上帝的宝物，豫且是宋国的贱民。白龙不变成大鱼，豫且不会发箭。而今，大王放弃至尊的宝座，而去跟小民挤在一起饮酒，我恐怕有第二个豫且！”吴王遂打消原意）；白蛇自己不约束自己，到处游荡，终于遭受到刘邦毒手（参考前二〇九年）；请稍加留意。”孙策说：“先生说得很对。”然而，他不能改正。

10 九月，宰相（司徒）淳于嘉、全国武装部队总司令（太尉）杨彪、最高监察长（司空）张喜，全都免职。

二世纪·一九六年八月 孙策夺取会稽郡

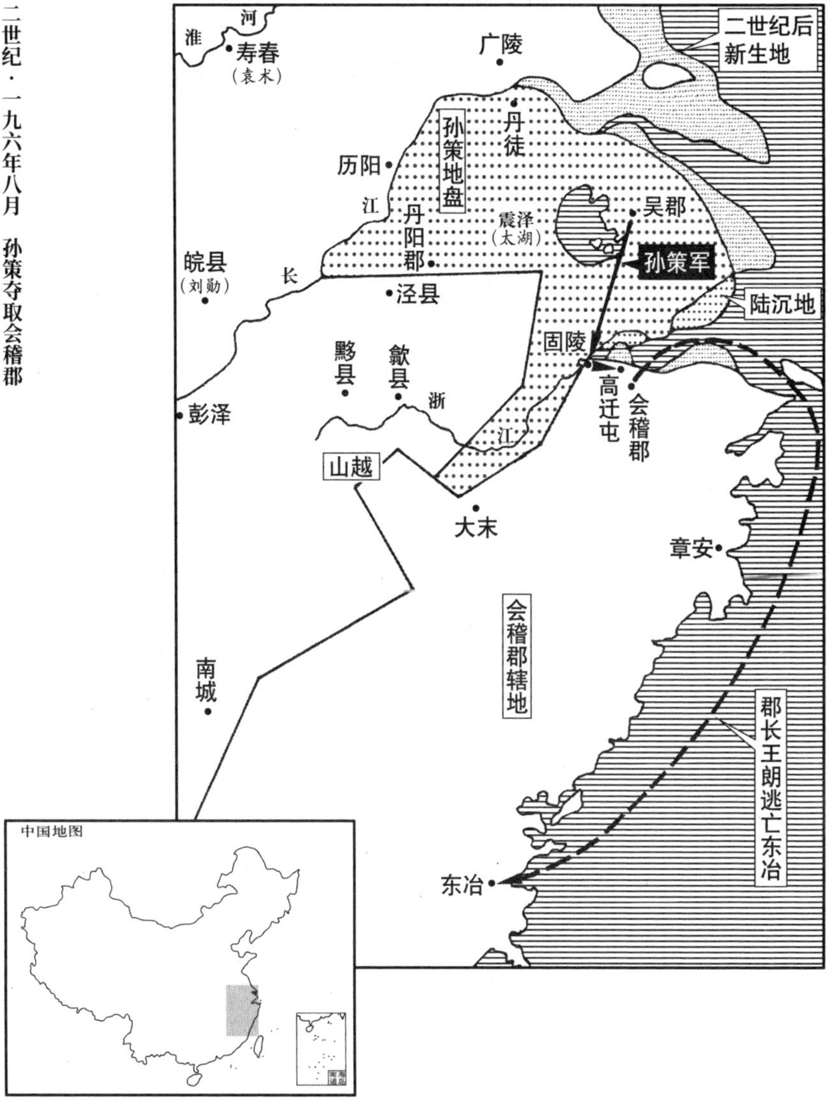

淮
河
寿春
（袁术）
广陵
二世纪后
新生地
丹徒
孙策地盘
历阳
江
丹阳郡
震泽
（太湖）
吴郡
孙策军
皖县
（刘勋）
长
泾县
陆沉地
固陵
黟县
歙县
浙
江
高迁屯
会稽郡
彭泽
山越
大末
章安
会稽郡辖地
南城
郡长王朗逃亡东冶
东冶
中国地图
南海诸岛

11 皇帝刘协迁都许县（河南省许昌市东）途中，车骑将军杨奉从梁县（河南省汝州市）出动军队拦腰截击，已来不及。

冬季，十月，曹操攻击杨奉，杨奉向东南逃亡，投奔左将军袁术（时在寿春〔安徽省寿县〕）。曹操遂进攻杨奉在梁县的大本营，完全摧毁。

12 刘协下诏给冀州（河北省中部南部）全权州长（牧）袁绍（时在邺城〔河北省临漳县西南邺城镇〕），责备他兵多地广，却结党营私，从没有打算发动勤王之师，而只知道擅自动武（袁绍任用他的儿子袁谭当青州〔山东省北部〕州长〔刺史〕、袁熙当幽州〔河北省北部〕州长〔刺史。唯此时幽州为公孙瓒割据〕、外甥高幹当并州〔山西省中部〕州长）。

袁绍上书，深自谴责，婉转提出答辩。

十月戊辰日（十月癸巳朔，没有戊辰），刘协下诏任命袁绍当全国武装部队总司令（太尉），封邺侯。

袁绍发现他的官位竟屈居在曹操之下，感到难堪，大发雷霆说："曹操是什么东西？几次都死定了，是我救了他（胡三省注："曹操于荥阳〔河南省荥阳市〕战败，收拾残众，投奔驻军河内郡〔河南省武陟县〕的袁绍〔参考一九〇年三月〕，袁绍上书推荐并任命〔表〕他当东郡〔山东省莘县南〕郡长〔参考一九一年七月〕。吕布袭取兖州〔山东省西部〕，袁绍邀请曹操把眷属送到邺城〔河北省临漳县西南邺城镇〕。"参考一九四年十月）。今天怎么敢挟持天子，反倒过来向我发号施令？"上书拒绝接受。曹操恐惧，请求把全国最高统帅（大将军）职位让给袁绍。

13 十一月二十五日，任命曹操当最高监察长（司空），代理车骑将军。曹操任命荀彧当宫廷随从（侍中）、代理宫廷秘书长（守尚书令)。曹操请荀彧推荐智囊，荀彧推荐他的侄儿蜀郡(四川省成都市)郡长荀攸跟颍川郡(河南省禹州市)人郭嘉。曹操征召荀攸担任宫廷秘书(尚书)，一席谈话，曹操大为兴奋，说:“荀攸不是常人，我能够跟他共事，天下还有什么可以忧虑的？”请荀攸担任参谋长(军师)。

最初，郭嘉晋见袁绍，袁绍对他十分礼敬。数十日后，郭嘉对袁绍的智囊辛评、郭图说:“睿智的人，必须慎重的选择领袖，才能保全自己，建立功业。袁绍只知道仿效姬旦(周公)那种礼贤下士的形式，却不知道如何运用那些已被自己笼络了的贤士！面对繁杂的事务，又无力掌握重点。喜爱各种谋略，却没有能力断然处置。跟这种人共同拯救天下，建立霸王功业，那太难了。我将另投明主，你们是不是也要离去？”二人说:“袁绍家族，恩德留在民间，人们多来归附，而且今天又居于强势地位，还去投奔谁？”郭嘉知道二人无法醒悟，不再多言，径自告辞。曹操接见郭嘉，谈论天下大事，大喜过望，说:“帮我完成大业的，就是此人！”郭嘉辞出后，也大喜过望，说:“真是我的领袖！”曹操上书推荐郭嘉当最高监察署主任监察官(司空祭酒)。

曹操任命山阳郡(山东省巨野县东南大谢集镇)人满宠当许县(首都所在)县长。曹操堂弟曹洪的宾客，在首都境内，屡次犯法。满宠逮捕宾客惩治，曹洪写信给满宠求情，满宠拒绝。曹洪报告曹操，曹操召唤满宠，满宠知道要教他释放该宾客，于是立即诛杀。曹操高兴说:“一个负责任的官员，难道不该如此？”

14 北海国(首府剧县〔山东省昌乐县西〕)宰相孔融(原文称孔融是北海郡郡长，但此时北海是封国，《后汉书·孔融传》亦载孔融当时任北海国宰相。《资治通鉴》

有误)，自负才大名高，立志平定祸乱。但他事实上不过一个庸才，能力不够，而又粗心颟顸，所以丝毫没有成效。只会高谈阔论，训诫官属；谈吐优雅，温柔可亲，每句话都含至理，使人玩味传诵。可是考察他的行为，连他自己的话都做不到，只会大言不惭，而又漏洞百出。有时候，也能吸引人心，但日子一久，却被看穿。孔融任用的干部，好标新立异，欣赏轻浮的小聪明。

对于儒家学派高级知识分子郑玄，孔融以儿子孙子辈分自居，礼敬至为周到，甚至下令把郑玄居住的村落，改名郑公乡。对于其他知名之士左承祖、刘义逊等，也都延揽左右，当作贵宾，奉陪在座，但从不跟他们谈论国计民生，说："这些都是人民尊敬的人物，不能抛弃！"

黄巾变民集团进攻北海国(首府剧县)，孔融出军迎敌，战败，撤退到都昌(山东省昌邑市)。这时，袁绍(冀州〔河北省中部南部〕全权州长)、曹操(兖州〔山东省西部〕全权州长)、公孙瓒(前将军，割据幽州〔河北省北部〕)等的势力范围，互相接壤。只孔融的兵力微弱，粮秣不足，孤立在一个角落，不跟别人来往。左承祖建议孔融要选择一个强大的势力，作为依靠，孔融拒绝，并且立即翻脸，把左承祖处死。刘义逊一看情形不对，逃亡而去。

青州(山东省北部)州长(刺史)袁谭，攻击孔融，从春季一直战斗到夏季，北海部队只剩下数百人；情势紧张，流箭四飞，孔融仍靠着桌案读书，有说有笑，态度从容。最后，都昌(山东省昌邑市)城破，孔融逃入东方诸山(都昌东郊山区)，妻子儿女被袁谭俘虏。曹操跟孔融是老友，征召他到中央，担任工程总监(将作大匠)。

袁谭最初到青州(山东省北部)时，势力只到达黄河以西，不能超过平原国(首府平原〔山东省平原县〕。《三国志·袁绍传》裴松之注：以黄河为界)。

袁谭北方驱逐公孙瓒所任命的青州州长（刺史）田楷（田楷任青州州长，参考一九一年十月），东方击破中央所任命的北海国（首府剧县）宰相孔融，威望和对人民的德惠，被人称道。可是，以后信任一些邪恶之辈，纵情纵欲，奢侈淫乱，声望渐告低落。

15 二世纪八〇年代之后，天下陷于混乱，人民放弃耕种。各路兵马，纷纷集结崛起，但几乎全都缺乏粮秣，从没有超过一年以上的准备。饥饿的时候，向民间抢夺劫掠，吃饱了肚子后，则把多余的抛弃。四分五裂，到处流窜；并没有受到敌人攻击，就自行星散的，比比皆是。

冀州（河北省中部南部）全权州长袁绍，在黄河以北，士兵没有粮食，全靠桑葚（桑树上结的拇指大小的果实）。左将军袁术（时在寿春〔安徽省寿县〕），在长江、淮河之间，士兵没有粮食，只有捡吃田螺，人民互相残杀煮食（人间惨事）；城市村落，一片萧条。

羽林军警卫总监（羽林监）枣祗，向曹操建议屯田政策——由军队开荒垦殖。曹操批准，任命枣祗当农耕兵团司令（屯田都尉），骑兵总监（骑都尉）任峻当农耕区总管（典农中郎将），招募人民，在首都许县（河南省许昌市东）附近，开始耕种。第一年便收获谷米一百万斛。于是，所属州郡政府，都设立农耕官（田官），州郡都告丰收，仓库全满。因此，曹操四出征战，用不着辗转运送粮秣，就吞并各地割据称雄的军阀。军队和民间，所以能如此富庶，由于枣祗创议，任峻完成。

16 左将军袁术（时在寿春），对徐州（江苏省北部）全权州长、奋威将军吕布（时在下邳〔江苏省睢宁县北古邳镇〕），深怀戒心，唯恐受

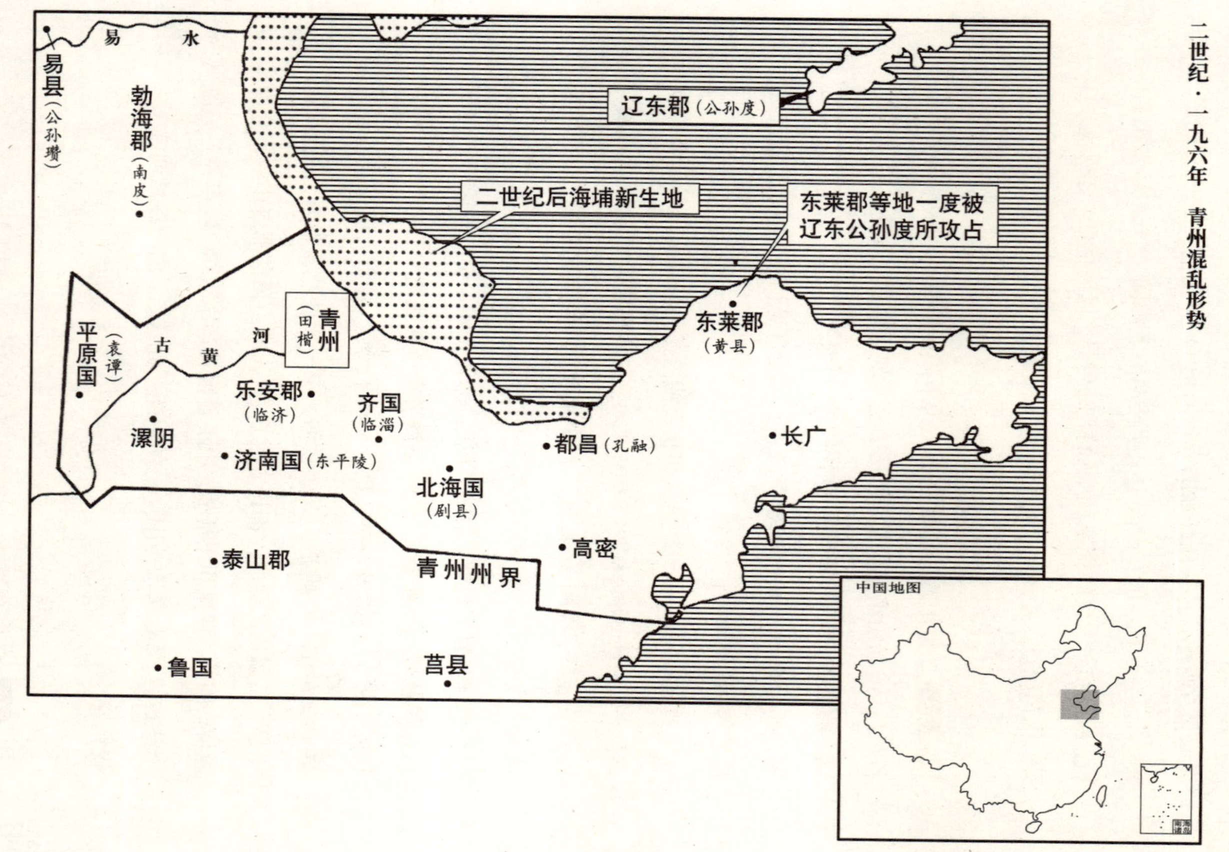

二世纪·一九六年　青州混乱形势

到攻击，于是表示愿做儿女亲家，代儿子向吕布女儿求婚，吕布允许。

婚约缔结后，袁术派大将纪灵等，率步骑混合兵团三万人，攻击驻屯沛县（江苏省沛县）的豫州（河南省）州长（刺史）刘备，刘备向吕布求救。将领们对吕布说："将军一直打算诛杀刘备，现在正好借袁术的手。"吕布说："不然。袁术如果击破刘备，就可以跟北方的一些将领（指臧霸、孙观、吴敦、尹礼等，皆在泰山郡〔山东省泰安市东〕境），勾搭结合，我们就正好陷在他的大包围圈中，所以，不能不救刘备。"率步骑兵混合部队一千余人，驰往沛县。纪灵等听说吕布军队开到，停止战斗。

吕布驻军沛县县城西南，派侍卫官（铃下）邀请纪灵等；而纪灵等正好也派人来邀请吕布，吕布遂前往纪灵军营，摆下筵席，邀请刘备共同磋商。宴会进行中，吕布对纪灵等说："刘备，是我的老弟（吕布投奔刘备时，便称呼刘备为"老弟"，参考去年〔一九五〕闰四月），受到各位的围困，我不得不伸出援手。我天性不喜欢战斗，只喜欢解斗！"命军官把铁戟竖在营门，吕布拉满了弓，说："各位请看我一箭射中戟头旁支（枪只有一个枪尖，戟有两个枪尖——主枪尖之侧，还有一个旁支枪尖），如果射中，就请两方和解，各自撤军；如果射不中，则任凭各位厮杀。"然后一箭射出，正中戟头旁支。纪灵等吃了一惊，说："将军真是天赋！"第二天，再举行盛大宴会，各自班师。

刘备这时已拥有一万余人，吕布大不高兴。于是，亲自率军突袭，刘备崩溃，不能再集结残众，只好逃往首都许县（河南省许昌市东），投奔曹操。曹操待刘备十分优厚，任命他当豫州（河南省）全权州长（牧。此是刘备第三次管辖豫州。但跟以前不同的是，此次是中央任命，而非被

"表"上任)。有人告诉曹操:"刘备有英雄大志,今天如果不乘机除掉他,必有后患。"曹操问他的智囊郭嘉,郭嘉说:"一点不错。然而,你领导义兵,为人民铲除残暴,推心置腹,全靠威信。用威信招徕豪杰,仍恐怕他们不肯归附。刘备有英雄的美名,穷途末路,前来依靠,如果乘他危难,遂加诛杀,天下人都会指控你谋害贤才。如此,才智之士,势将人人自疑,另投明主。到那时候,还有谁辅佐你平定天下?铲除一个人的祸患,而打击四海之内的仰慕,正是安危的分水岭,不可以不再三考虑。"曹操笑说:"你完全掌握成败的契机。"遂拨付一部分军队给刘备,并供应粮秣,增加他的战斗能力,命刘备前往东方沛县(江苏省沛县)一带,收集被击溃了的残兵,对抗吕布。

最初,刘备当豫州(河南省)州长(刺史)时,保荐陈郡(应是陈国,首府陈县〔河南省周口市淮阳区〕)人袁涣当"茂才",而被吕布留用。吕布命袁涣代写一封信诟骂刘备,袁涣拒绝,吕布再三强迫,袁涣终不屈服。吕布暴怒,把佩剑架到袁涣脖子上,说:"写,你就活;不写,你就死。"袁涣面色不变,笑说:"我曾经听说,只有最高的品德,才可以使人感到羞辱,从没有听说暴力可以使人感到羞辱。刘备如果是一个正人君子,他会轻视你的诟骂,刘备如果是个卑鄙小人,他会回信诟骂。则被羞辱的是你,而不是他。而且,我当初事奉刘备,犹如我今天事奉将军。如果我一旦离开这里,难道也替别人写信,诟骂将军?"吕布惭愧而止。

17 镇东将军张济,从关中(陕西省中部)率军南下,抵达荆州(湖北省及湖南省)州境,攻击穰城(河南省邓州市),被流箭射中,身死。荆州州政府官员一齐向全权州长刘表道贺,刘表说:"张济潦倒穷困，前来荆州，穰城守将，拒不接受，竟战场交兵，这不是我的本意。我接受哀悼，不接受祝贺。”派人安抚张济的部队。刚丧失主帅的部众得到消息，化忧为喜，都从内心归附。张济的堂侄建忠将军张绣，接管部众，驻屯宛县（南阳郡郡政府所在县，河南省南阳市）。

最初，刘协逃出长安（参考去年〔一九五〕七月），宣威将军贾诩，缴回印信，前往华阴（陕西省华阴市），投奔宁辑将军段煨。贾诩有盛大名望，段煨的部队对他十分仰慕，段煨对他也十分尊敬；但贾诩却暗中打算投奔张绣。有人说：“段煨待你如此优厚，你还往哪里去？”贾诩说：“段煨多疑猜忌，对我已经有戒备之意，虽然礼数周到，却不可能持久，最后一定发生变化，可能有杀身之祸（胡三省注：贾诩既受到段煨部队仰慕，如果停留太长，段煨将恐惧贾诩夺取他的军权），我如果告辞，段煨一定心中暗喜，而又盼望我能替他建立强大外援，将会善待我的妻子儿女。张绣身旁没有智囊，高兴得到我的帮助，则我自己和我的家属，可以两相保全。”

贾诩遂前往晋见张绣，张绣以晚辈自居。段煨果然特别照顾贾诩家属。贾诩建议张绣归附刘表，张绣接受。派贾诩晋见刘表，刘表用贵宾礼节招待贾诩。贾诩失望说：“刘表，是承平盛世的三公材料，眼光看不到未来演变，而又多疑多忌，没有决断能力，毫无前途。”

刘表爱护人民，优待知识分子，只求本州（荆州）安静自保，境内一派升平，关西（函谷关以西）、兖州（山东省西部）、豫州（河南省）的学者，投靠的有一千人左右。刘表遂建立学校，教授儒家学派经典，命曾经当过皇家音乐助理官（雅乐郎）的河南人杜夔，制定古典圣乐。制定之后，刘表打算集合文武官员，当众演奏。杜夔说：“将军在名义上并不是皇帝，却公开演奏古典圣乐，是不是合适？”刘表遂停止。

平原国（首府平原〔山东省平原县〕）人祢衡（祢，音mí〔迷〕，姓），自幼便才华出众，辩论敏捷；但刚愎骄傲，盛气凌人。工程总监（将作大匠）孔融推荐给曹操，然而第一次见面，祢衡便破口辱骂。曹操大怒，对孔融说：“祢衡不过一个不知道天高地厚的小娃，我杀他，犹如杀一只老鼠、一只麻雀。但这个人一向有点虚名，外人可能认为我没有容人之量。”于是把祢衡送给刘表，刘表把他当作上宾，祢衡倒对刘表满口赞美，但他却不断讽刺刘表左右亲信，这些亲信遂有计划地进行诬陷，向刘表打小报告，说：“祢衡承认将军的仁爱胸襟，纵是姬昌（周王朝一任王姬发的老爹）也不过如此。但是，他认为你没有决断能力，所以最后不可避免的会归于失败。”这段话恰恰指出刘表的缺点，但祢衡却从没有讲过。刘表大怒，知道江夏郡（湖北省武汉市新洲区）郡长黄祖性情急躁，再把祢衡送给黄祖，黄祖对祢衡也十分礼遇。后来，祢衡在大庭广众之下，侮辱黄祖，黄祖把他诛杀。

柏杨曰

祢衡不过是一个没有原则的舞台小丑，从史书上寥寥数语的介绍，可看出他的形象：知识丰富，情绪起伏，对自己的评价，过度高估。有些人认为祢衡不畏惧权势，但在曹操那里吃了亏之后，见了昏庸无能的刘表，却拍尽马屁。祢衡不是不畏惧权势，而是他认为他的虚名可以保护他不死。利用群雄争霸，有权势的人都在珍惜自己羽毛的时代，他以大无畏的外貌出现，随时随地侮辱别人，而肯定别人不敢动他一根毫毛。他的判断正确，曹操、刘表就是如此反应，不幸的是，最后遇到一个不爱

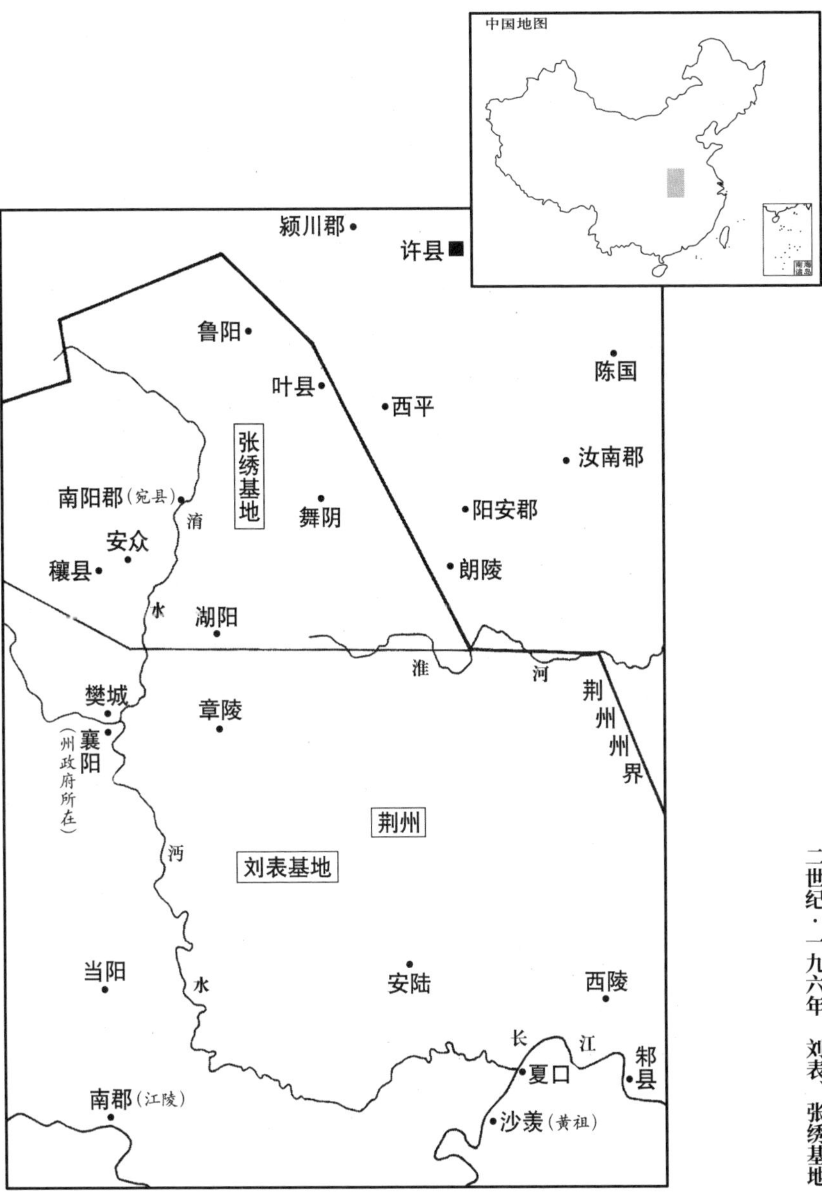

二世纪·一九六年　刘表、张绣基地

惜羽毛的老粗黄祖，不吃这一套，于是斩首。所以，祢衡之死，不是死于他不畏惧权势，而是死于他表态失误。

然而，我们讨论的不是祢衡，而是刘表亲信诬陷祢衡的布局。那段话明明不是祢衡说的，但从语气上以及深刻的观察分析上判断，说它出自祢衡之口，任何人都会深信不疑。这是最厉害的一击，击中刘表的要害。在专制社会中，说真话、说实话的危机，就在于此。闻过则怒，是普通人所有的品质，要害一被击中，神经系统立刻大乱，唯一的反应就是项羽型的报复。他不会去求证是否出于祢衡之口，也不屑去求证，鲨鱼群就用这种方法，把首领驱逐到单行道上。

对刘表的评价，来自于刘表亲信杜撰的诬辞，可看出刘表在他左右亲信心目中，是什么形象。这些人无时无刻，不在毫无破绽的一脸忠贞，但他们对主人的愚劣，却看得清清楚楚，从心底深处，发出暗笑。然后，再把这种暗笑，原封不动的扣到斗争对象的头上，说是斗争对象的暗笑。这是最常见的鲨鱼阵，权柄在握的大家伙在阵中被摆布得暴跳如雷，倒霉分子在阵中被摆布得粉身碎骨。

即令在民主法治国度，也有鲨鱼群，但倒霉分子不至于血肉一团，可以使丑陋程度减低到最低层面，所以我们渴望民主法治。

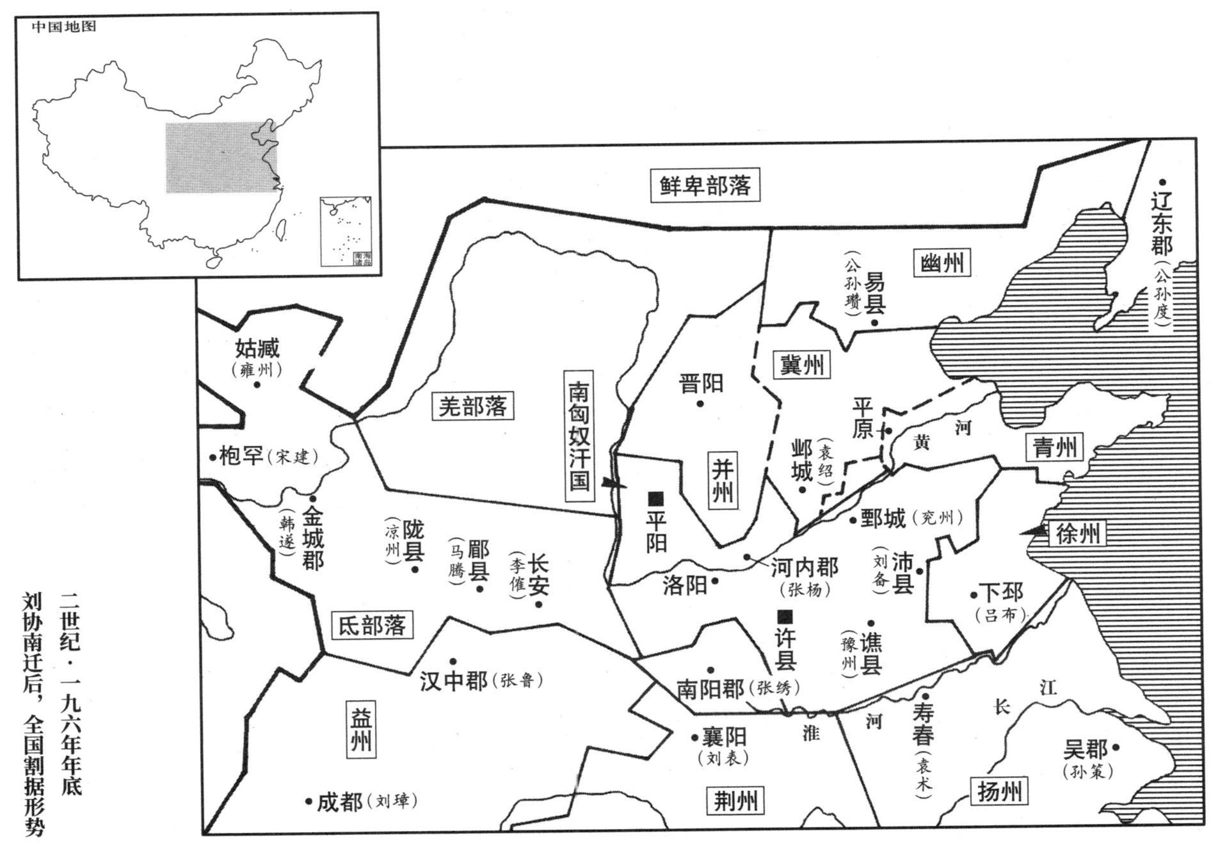

二世纪·一九六年年底
刘协南迁后，全国割据形势

一九七年

丁丑

东汉　建安　二年

（仲家皇帝袁术元年）

1 春季，正月，东汉王朝（首都许县〔河南省许昌市东〕）最高监察长（司空）、代理车骑将军曹操，讨伐建忠将军张绣（时驻宛县〔南阳郡郡政府所在县，河南省南阳市〕），推进到淯水（白河，发源于河南省嵩县西南白河镇，向南流经河南省南阳市南，至湖北省襄阳市东北，注入汉水），张绣全军投降。曹操被张济漂亮的遗孀迷住，双宿双飞，张绣不能忍受这种羞辱（张济遗孀是张绣婶母）。而曹操对张绣的勇将胡车儿，特别喜爱，致送给胡车儿很多金银财物，张绣得到消息，惊疑恐惧。

张绣秘密行动，向曹操军营发动猛烈突袭，斩曹操长子曹昂；曹操被流箭射中，大败逃走。指挥官（校尉）典韦断后，跟张绣死战，左右卫士死伤将尽，典韦身上受到数十处创伤。张绣部队冲上去，准备生擒，典韦双手抓住两人，奋力搏击，瞪目怒骂，最后被杀。

曹操收集残兵败将，退回舞阴（河南省泌阳县西北古城街道）。张绣率军追击，曹操迎战，击破张绣军攻势。张绣回保穰城（河南省邓州市），再归附荆州（湖北省及湖南省）全权州长（牧）刘表。

当时，中央政府军崩溃，一片混乱，只有平虏指挥官（平虏校尉）泰山郡（山东省泰安市东）人于禁，仍保持全部实力，有条不紊的撤退。中途遇到青州兵团的士兵到处劫掠（青州兵团，由投降的青州〔山东省北部〕黄巾变民组成，参考一九二年十二月），于禁宣告他们的罪状，命部队攻击，青州士兵逃走，向曹操报告（可以预料的，如不是指控于禁叛变，便是指控于禁残杀友军）。于禁既抵达大本营，立即构筑营垒，并不马上晋见曹操。有人警告于禁："青州兵已先告了状，还不快去解释。"于禁说："敌人大军就在背后，随时都会攻击，不先备战，如何迎战？而且曹公英明，怎么会受人播弄？"仍用正常速度挖掘壕沟，安营扎寨。这才晋见曹操，报告处理经过。曹操大为高兴，对于禁说："淯水之败，我自己都狼狈不堪，将军在混乱中仍然镇定，铲除暴乱，巩固阵地，有不可动摇的修养。即令是古代名将，也不能比你更好！"累计于禁前后功劳，封益寿亭侯。

曹操率军返回首都许县（河南省许昌市东）。

2 冀州（河北省中部南部）全权州长（牧）袁绍，写信给曹操，措辞傲慢。曹操对智囊荀彧、郭嘉说："我打算攻击袁绍，可是力量不如他，应该如何？"

二人回答说："高祖（西汉王朝一任帝刘邦）跟项羽之间，力量悬殊，阁下深知；高祖（刘邦）全靠谋略，战胜项羽。项羽虽然强大，最后仍被击破。而今，袁绍具备十项失败条件，阁下则具备十项胜利因素。袁绍虽然强大，并没有作用。

"袁绍喜爱摆架子，礼仪繁杂；阁下坦率开朗，出于自然，这是做人道理上胜。袁绍身为臣僚，如果兴师动众，便成叛逆；阁下上奉天子，下治全国，这是政治号召上胜。桓帝（十一任帝刘志）、灵帝（十二任帝刘宏）以来，政令松弛，袁绍的政令，更加松弛，用松弛补救松弛，遂成一盘散沙；阁下用严厉手段，使上下都知道自己的责任，这是管理方法上胜。袁绍外貌宽厚，内心猜忌，用人而又疑人，只信任亲戚子弟；阁下平易近人，简单朴实，内心充满睿智，用人就信人，只看才干，不问关系亲疏，这是胸襟气度上胜。袁绍一个方案接一个方案，一个计划接一个计划，却很少能下决断，无法把握时机；阁下能随时下定决心，能随时付诸实施，可以应付无穷的变化，这是谋略果断上胜。

"袁绍为了维护自己的形象，高谈阔论，谦恭揖让，一些只会大言不惭而没有真实学识的知识分子，都归附他；阁下待人推心置腹，从不虚情假意，忠心正直，有眼光、有远见的知识分子，都愿投效，这是品德见识上胜。袁绍看见别人饥寒，痛苦的表情，流露于外，但对于看不见的大事，却考虑不到；阁下对眼前的小事，粗心大意，往往忽略，但对于大事，以及全国各个角落，都能关注，人们所受的恩惠，都超过他们的盼望，对于看不见的东西，你都考虑得十分周详，这是统御能力上胜。袁绍左右的高级官员，争权夺利，派系林立，互相陷害，一团混乱；阁下有一定的法则轨道，谗言媚语根本不通，这是英明智慧上胜。袁绍做事，没有标准，是非不明；阁下对‘是’的，尊敬他、擢升他，对‘非’的，用法律制裁，这是公正法治上胜。袁绍喜爱庞大的声势，不知道军事行动的真实意义；阁下善于以寡克众，指挥作战，如同神灵，部下信任，敌人畏惧，这是军事才干上胜。”

曹操笑说：“照你们的分析，我怎么担当得起？”郭嘉说：“袁绍正在北方攻击公孙瓒（时割据幽州〔河北省北部〕），我们必须抓住这个机会，向东攻击吕布（徐州〔江苏省北部〕全权州长）。否则，一旦袁绍对我们行动，吕布在旁声援他，灾难不堪设想。”荀彧说：“如果不先击破吕布，我们就根本无法动摇黄河以北（袁绍）。”曹操说：“然而，我最担心的是袁绍攻击关中（陕西省中部），向西结合羌人、胡人，向南结合蜀郡（刘璋）、汉中郡（张鲁）。到那时候，我只有兖州（山东省西部）、豫州（河南省）二州，二州不过全国六分之一，是我用六分之一，对抗六分之五，那将有什么结局？”

荀彧说：“关中（陕西省中部）军阀林立，有十数个以上，各自为政，谁也管不了谁，其中只有韩遂、马腾（时二人皆在凉州〔甘肃省东部南部〕），力量最为强大。他们看到山东（崤山以东）混战，一定拥兵自保。我们应用恩德安抚，派人前去跟他们建立友谊，虽然不能保证长久安定，但只要维持到你平定山东（崤山以东），于愿已足。宫廷随从（侍中）兼宫廷秘书署执行官（尚书仆射）钟繇，富于谋略，如果命他全权处理西方事务，你就可以无忧无虑。”

曹操遂推荐并任命（表）钟繇，以宫廷随从（侍中）身份，代理京畿总卫戍司令（守司隶校尉），“持节”，兼任关中（陕西省中部）军区司令长官（督关中诸军）；不受法令制度约束，全权负责。钟繇抵达长安（陕西省西安市），写信给马腾、韩遂，分析祸福利害，马腾、韩遂归附，都派儿子到京师（首都许县）充当人质。

荀彧、郭嘉二位对袁绍跟曹操的评估，虽然对曹操有溢美之词，但溢美跟马屁不同，溢美是稍微夸张，马屁则不仅夸张得凶猛难当，有些更无中生有，能使人全身发麻。

然而，我们感受最深的，是荀彧和郭嘉在评估袁、曹优劣时，提供了十项检验政治领袖优劣的标准：做人原则、政治号召、管理方法、胸襟气度、谋略判断、品德见识、统御能力、英明智慧、执法态度、军事才干。对一个政治领袖而言，在这十项内涵上，给他写出分数，不但可肯定他的优势，且可肯定他的成败。

评估袁绍、曹操如此。评估历史上，甚至现实世界，我们所面对的政治人物，也都如此。如果能紧记这十项标准，在对政治人物作认真的检验之后，就可得到正确的结论。

3 左将军袁术终于在寿春（安徽省寿县）登极，当上皇帝，称仲家帝国。擢升九江郡（郡政府寿春）郡长当首都淮南市长（淮南尹），大批任命三公、部长、文武官员，到郊外祭祀天神地神。

沛国（首府相县〔安徽省淮北市〕）宰相陈珪，是陈球的侄儿（陈球惨死，参考一七九年），自幼跟袁术友好，袁术征召陈珪，又劫持陈珪的儿子当人质，一定要得到陈珪的辅佐。陈珪回信说："曹操正重振中央政府权威，势将扫除各地割据的凶徒。我一直认为阁下会同心协力，效忠皇家，想不到竟另有阴谋，用你的身子去试探灾祸，教我因私废公，向你阿附，宁可死，也不能这样做。"

袁术又要任命前兖州（山东省西部）州长（刺史）金尚，当全国武装部队总司令（太尉），金尚拒不接受，逃亡而去，袁术搜捕擒获，把他斩首（金尚投奔袁术，参考一九二年四月）。

4 三月，东汉帝（十四任献帝）刘协（本年十七岁），派工程总监（将作大匠）孔融，“持节”，前往冀州（州政府设邺城〔河北省临漳县西南邺城镇〕），擢升袁绍当全国最高统帅（大将军），兼冀州（河北省中部南部）、青州（山东省北部）、幽州（河北省北部）、并州（山西省中部）军区司令长官（兼督冀青幽并四州）。

5 夏季，五月，蝗虫成灾。

6 仲家帝袁术，派使节韩胤，把登极大事通知徐州（江苏省北部）全权州长（牧）吕布，并顺便为儿子迎娶吕布的女儿，吕布遂送女儿随韩胤同返寿春（安徽省寿县）。陈珪深恐一旦吕布跟袁术建立姻亲关系，将更兵连祸结。因而晋见吕布，警告说：“曹操奉迎天子（皇帝刘协），辅佐中央政府，将军应该跟他同心合力，共商大计。将军不这么做，反而跟袁术缔结婚约，一定招来不仁不义的恶名，你可就危如累卵！”吕布也忽然想起当初袁术排挤自己的旧恨（参考一九二年六月），于是态度作一百八十度转变。这时，女儿已走到中途，吕布派出轻骑兵追赶，夺回女儿，跟袁术决裂。把韩胤加上刑具，送到京师（首都许县），在街市上斩首。

陈珪打算派儿子陈登，前往晋见曹操，吕布坚决不同意。正好，刘协下诏，擢升吕布当左将军（原中央政府授予吕布的职衔是奋威将军）；最高监察长（司空）曹操又有私函给吕布，情意深厚。吕布大喜，遂派陈登带着谢恩的奏章，以及答复曹操的信件，前往首都许县（河南省许昌市东）。陈登晋见曹操时，指出吕布有勇无谋，不过一条粗汉，既没有原则，又没有立场，应早日对他下手。曹操说：“吕布狼子野心，无法长久豢养。除了你，没有第二人可以洞察他的虚伪。”遂增加陈珪俸禄中二千石（中二千石，是部长级最高俸，封国宰相本是俸二千石，与次部长〔列卿〕相同，增秩之后，地位比照部长），任命陈登当广陵郡（江苏省扬州市）郡长。告别辞行时，曹操拉住陈登的手，嘱咐说：“东方的事，交托给你！”命陈珪秘密集结部众，作为内应。

最初，吕布命陈登要求中央正式任命自己当徐州（江苏省北部）全权州长（吕布的徐州全权州长头衔只是自封〔参考去年六月〕，未经中央认可），曹操拒绝。陈登回来，吕布怒不可遏，拔出铁戟，猛击书案，号叫说：“你们父子劝我协助曹操，跟袁术断绝关系。而今，我毫无收获，你们父子却加俸的加俸、升官的升官，只不过出卖了我！”陈登不动声色，慢腾腾回答说：“我看到曹操，告诉他：‘养将军好像养老虎，应该大量喂肉，如果吃不饱肉，就要吃人。’曹操却不是这种想法，他说：‘你观察错误，养吕布好像养苍鹰，必须使它饥饿，才能接受命令；如果教它吃饱，就会飞得无影无踪。’这是他的决定。”吕布的怒气才告消失。

仲家帝袁术派大将张勋、桥蕤（音ruí〔瑞〕）等，跟迁都长安（陕西省西安市）时代的残余军阀：韩暹、杨奉等联盟（杨奉等投奔袁术事，参考去年〔一九六〕十月），步骑混合兵团数万人，向下邳（徐州州政府所在县，江苏省睢宁县北古邳镇）推进，分兵七路，攻击吕布。吕布这时身边只有步兵三千人、战马四百匹，深怕不能抵挡，对陈珪说：“今天把袁术大军招惹来，都是你的主意，应该怎么办？”陈珪说：“韩暹、杨奉跟袁术之间，过去毫无渊源。现在仓猝结合，并没有永久的利害，因之也不能维持长期团结。我儿子陈登再从中策动，他们就好像并肩公鸡，不能同时蹲到一个木架上，势将离散。”吕布接受陈珪设计，写信给韩暹、杨奉，说：“二位将军亲自救护圣驾（刘协）脱离苦难（参考一九五年、一九六年），而我则手杀董卓，同时建立功名，而今为什么要跟袁术在一起当贼？不如我们同心合力，攻击袁术，为国家铲除叛逆。”并承诺把袁术所有的粮秣辎重，全归韩暹、杨奉。韩暹、杨奉大喜过望，接受吕布的号召。

吕布军队向前逼近，距张勋大营不过一百余步。韩暹、杨奉部队同时呐喊狂呼，向张勋大营攻击。突然的变化使面目全非，张勋大败，军队崩溃。吕布军追击，斩将领十人，杀伤以及落水淹死者无数，张勋几乎全军覆没。吕布遂跟韩暹、杨奉，联军南下，直指仲家帝国首都寿春（安徽省寿县），水陆并进，抵达钟离（安徽省凤阳县东北临淮关镇，跟寿春相距八十公里）。沿途烧杀掳掠，渡过淮河，留下一封羞辱的信给袁术。袁术亲自率步骑兵五千人，在淮河南岸展示威力，吕布军在淮河北岸，大声嗤笑，才行撤退。

泰山郡（山东省泰安市东）变民首领臧霸，袭击据守莒县（山东省莒县）的琅邪国（首府开阳〔山东省临沂市〕）宰相萧建，攻陷莒县，掳获萧建全部粮秣辎重。臧霸曾应许付给吕布一部分贿赂，而一直没有送达。吕布不能忍耐，亲自前往索取。司令官（督将）高顺劝阻说：“将军威名，传播海内，远近无不敬畏，有什么东西要不到手？何至亲自出面索取？万一对方不理，岂不自贬身价！”吕布不肯听从。到了莒县，臧霸等不知道吕布打的是什么主意，动员备战，固守城池，吕布空手而返。

高顺为人清白廉洁，性情严肃，不多说话，部下七百余人，训练有素，号令严明，每战必胜，称“陷阵营”。吕布后来对高顺颇为疏远，认为魏续是至近的亲戚，所以把高顺的部队拨给魏续。可是，每当冲锋陷阵，则复任命高顺当大将。高顺忠心耿耿，毫无一丝抱怨（后来，在紧要关头，逮捕高顺，背叛吕布，断送吕布性命的，正是魏续。参考一九八年十二月）。吕布性情冲动，反复无常，高顺每次都进言说："将军行动，从来不肯三思。每次失败，总说这次有了错误！人生有限，时机难得，错误岂可以不断发生！"吕布知道他的忠心，但不能采纳他的规劝。

7 最高监察长（司空）曹操，派参议官（议郎）王诵（音bū〔不〕），携带刘协诏书，任命孙策当骑兵总监（骑都尉），继承老爹孙坚的乌程侯爵位，并代理会稽郡（浙江省绍兴市）郡长；命他会同左将军吕布、吴郡（江苏省苏州市）郡长陈瑀，联合讨伐叛逆袁术。孙策希望有一个"将军"称号，提高自己的身价，王诵遂以皇帝代表身份，任命（承制）孙策当明汉将军。

孙策大军立即开拔北上，经过钱塘（浙江省杭州市），吴郡郡长陈瑀，阴谋突袭孙策，暗中跟变民集团首领祖郎、严白虎等结合，作为内应。孙策得到情报后，派将领吕范、徐逸，在海西（江苏省灌南县）攻击陈瑀。陈瑀战败，单人独马逃走，投奔袁绍（时在邺城）。

8 最初，陈王（首府陈县〔河南省周口市淮阳区〕）刘宠（东汉王朝二任帝刘阳儿子刘羡的曾孙），勇敢善战，精于射箭。黄巾变民起事时（一八四年），刘宠征集民兵，固守疆域，人民畏惧，不敢叛变。封国宰相会稽郡（浙江省绍兴市）人骆俊，一向拥有威望。当时，所有封国国君——亲王和侯爷，都收不到田赋捐税，储存的粮食也不断被抢夺劫掠，有些贵族两天才能吃一顿饭，辗转流离，饿死在水沟山谷之中。只有陈王的封国，富有强大，邻郡人民纷纷前来投靠，有十余万人。后来各州郡起兵讨伐董卓，都成了割据一方的军阀，刘宠率军驻屯阳夏（河南省太康县），称“辅汉大将军”。

仲家帝袁术，向陈国要求供应粮食，骆俊拒绝。袁术愤怒，派人诈降，刺死骆俊跟刘宠，陈国遂告残破。

9 秋季，九月，最高监察长（司空）曹操，东征仲家帝国（首都寿春）皇帝袁术。袁术得到曹操亲自出马消息，惊恐交集，立即逃走，留下大将桥蕤等，在蕲县（安徽省宿州市南。原文“蕲阳”，胡三省认为有误）布防抵抗。曹操进击，大破仲家军，斩桥蕤等。袁术在淮河以北不能立足，遂渡淮河到南岸。这时候，天旱地裂，灾荒正重，官民挨饿受冻，无法维生，袁术从此没落。

曹操延聘陈国（首府陈县）人何夔当秘书（掾），问他对袁术的看法。何夔说：“受天帮助的人事事谦卑，受人帮助的人享有信誉。袁术既不能事事谦卑，做人又没有信誉，却盼望上天和人民帮助他，怎么会得到？”曹操说：“任何一个政权，失去贤能的人才，一定灭亡。像你，竟没有受到袁术重用，岂不是注定了灭亡的命运！”曹操性情严厉，秘书（掾）、助理（属）们，往往受到棍棒捶击。何夔常常暗藏毒药，准备在事急时吞服，宁死也不接受侮辱。所以，这项酷刑始终没有加到他身上。

沛国（首府相县〔安徽省淮北市〕）人许褚，勇力超过常人，聚集血气方刚的少年众跟许姓家族，约数千家，坚壁清野，抵抗境外武力的侵入，淮河、汝水（淮河支流），以及陈国（首府陈县）、梁国（首府睢阳〔河南省商丘市〕）一带，都对他畏惧。曹操率军到淮河、汝水，许褚跟他的部众归附。曹操兴奋说：“你就是我的樊哙（樊哙，西汉王朝一任帝刘邦的护卫武士）！”当天就任命他当民兵司令（都尉），做自己的侍卫，追随许褚的侠客，都当虎贲警卫武士。

10 前任全国武装部队总司令（太尉）杨彪，跟袁术有姻亲关系（杨彪妻是袁术的姐妹），曹操深恶痛绝，诬陷杨彪："打算罢黜皇帝，另立新君。"奏报皇帝刘协，逮捕杨彪，投入监狱，罪名是"大逆"（屠灭三族）。工程总监（将作大匠）孔融得到消息，来不及穿官服，仓猝晋见曹操，说："杨彪家属，一连四世，都拥有清高品德（杨彪的老爹杨赐、杨赐的老爹杨秉、杨秉的老爹杨震，都当高官，以清白闻名当代，尤以杨震为最〔参考一二四年〕），海内人望所归。《周书》上说：'父子兄弟，有罪只限一人，不相牵连。'骨肉尚且如此，又岂能把袁术的罪，延伸到杨彪头上？"曹操说："这是皇上的意思。"孔融说："假定姬诵（周王朝二任王成王）杀死姬奭（召公），姬旦（周公）怎能说他不知道？"

曹操命许县（首都所在县）县长满宠审理杨彪，孔融跟宫廷秘书长（尚书令）荀彧，都要求满宠："只问口供，不可苦刑拷打。"满宠不作回答，对杨彪跟对普通被告一样，照样苦刑拷打。数日之后，满宠晋见曹操，报告说："杨彪在苦刑之下，口供不改。这个人名望太高，如果没有口供就定罪，将使人民失望，深替你惋惜。"曹操当天即下令释放。

最初，荀彧、孔融听到满宠对杨彪苦刑拷打的消息，怒不可遏。而杨彪却竟因为受过苦刑拷打而得出狱，才知道满宠的苦心，对满宠更为善待。杨彪看到东汉王朝已经没落，政权握在曹家班之手，遂宣称脚部痉挛——抽筋，十余年间，不步行走路，因而终于得免一死。

11 皇家师傅（太傅）马日磾的棺柩运回京师（首都许县。马日磾被袁术逼死事，参考一九四年十二月）。政府官员商议，打算特别增加荣典。孔融反对，说：“马日磾以‘上公’的尊贵地位，拿着代表皇帝的符节，却曲意谄媚奸臣（袁术），受奸臣控制。中央政府最高官员，岂能用‘胁迫’作为借口。圣上（刘协）哀怜旧臣，不忍心追加惩罚，已经够了，不应再特别推崇。”政府接受。

故兖州（山东省西部）州长（刺史）金尚的棺柩，运回京师（首都许县）。刘协下诏文武官员祭悼，任命金尚的儿子金玮当初级禁卫官（郎中）。

12 冬季，十一月，曹操再次攻击据守穰城的张绣，占领湖阳（河南省唐河县西南湖阳镇），生擒荆州（湖北省及湖南省）全权州长（牧）刘表的部将邓济，又攻击舞阴，攻克。

13 韩暹、杨奉，驻军下邳（徐州州政府所在县，江苏省睢宁县北古邳镇），纵兵在徐州、扬州交界一带，烧杀掳掠，而仍不能吃饱。韩暹、杨奉向吕布告辞，打算投奔到荆州，吕布不准他们离开。

杨奉知道豫州（河南省）全权州长（牧）刘备对吕布怨恨入骨，于是，秘密跟刘备结盟，企图一同攻击吕布。刘备假装允许，杨奉遂率军前往沛县（豫州州政府所在县，江苏省沛县），刘备请杨奉进城，设下盛大筵席招待，欢宴进行到一半，就在筵席上把杨奉捉住，斩首。

韩暹失去杨奉，孤单无靠，抛弃军队，只带十余个骑兵卫士，投奔并州（山西省中部）。中途，被杼秋（安徽省萧县西北）县长张宣击斩。

其他迁都长安时代的军阀胡才、李乐，留在河东郡（山西省夏县）。胡才被仇人刺死，李乐病死。而郭汜，被他的部将伍习诛杀。

14 颍川郡（河南省禹州市）人杜袭、赵俨、繁钦（繁，姓），逃难到荆州（湖北省及湖南省），全权州长（牧）刘表（时在襄阳）用宾客之礼接待安置。繁钦屡次向刘表贡献奇计，杜袭规劝说："我所以跟你一同前来此地，只不过是为了暂时保全性命，等待机会。岂是把刘表当成拨乱反正的英雄，而永久托付终身？你如果不断展示自己的才能，我们便不再是朋友，从此绝交。"繁钦慨然说："我听你的。"

等到曹操迎接皇帝，定都许县（河南省许昌市东），赵俨对繁钦说："曹操一定能够安定中国，我知道我应该投靠谁了。"遂前往首都许县，曹操命他当朗陵（河南省确山县南任店镇）县长。阳安郡（河南省驻马店市）民兵司令（都尉）江夏郡（湖北省武汉市新洲区）人李通妻子的伯父犯法，赵俨把他逮捕，判处死刑。当时，人民生死，操在州长、郡长之手，李通妻子哭号悲泣，哀求李通干预，李通说："我正跟曹操同心合力，在大义上，不能因私废公。"赞扬赵俨大无畏的无私精神，二人遂成为好友。

二世纪·一九七年　曹操南下讨伐张绣、袁术

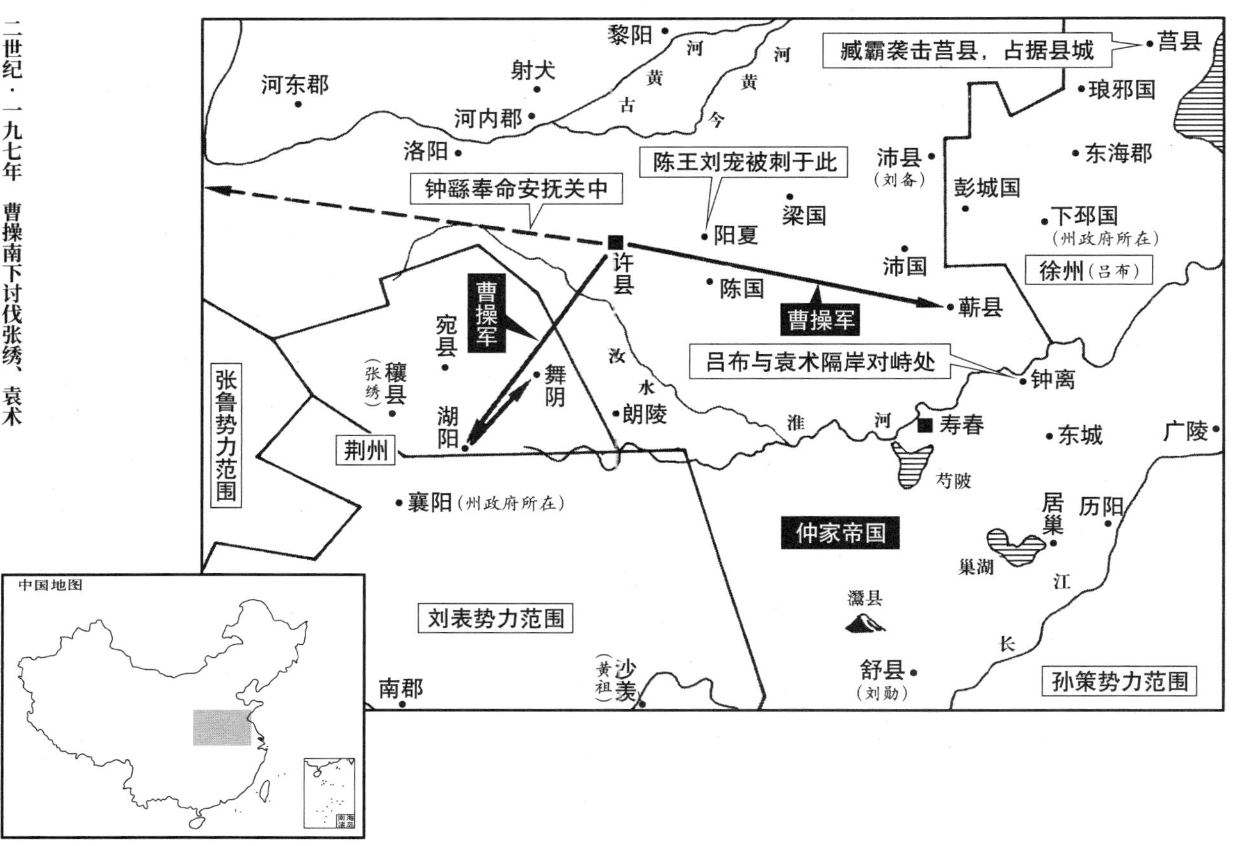

一九八年

戊寅

东汉　建安　三年

（仲家皇帝袁术二年）

1 春季，正月，东汉王朝（首都许县〔河南省许昌市东〕）最高监察长（司空）曹操，班师返回首都许县。

三月，曹操将再度攻击建忠将军张绣（时驻穰城〔河南省邓州市〕）。智囊荀攸劝阻说："张绣跟刘表（荆州全权州长，州政府设襄阳〔湖北省襄阳市〕），互相依靠，力量强大。然而，张绣是一支外来部队，全由刘表供应粮秣，刘表无力长久支持，最后一定闹翻，不如暂缓行动，等待变化，可以用政治手段解决。如果我们逼得太紧，他们势必互相救援。”曹操不接受，把张绣所在的穰城，团团围住。

2 夏季，四月，中央政府派皇家礼宾执行官（谒者仆射）裴茂，前往关中（陕西省中部）传达皇帝诏令，命所有将领，包括宁辑将军段煨等，讨伐李傕。于是，屠灭李傕三族。擢升段煨当安南将军，封阌乡侯。

3 最初，全国最高统帅（大将军）兼冀州（河北省中部南部）全权州长（牧）袁绍（时驻邺城〔河北省临漳县西南邺城镇〕），每接到皇帝诏书，对有些不利于自己的措施，深感苦恼，打算使皇帝更向北移，跟自己接近。因派人游说曹操，认为许县（河南省许昌市东）地势下洼，而又潮湿，洛阳（河南省洛阳市东白马寺东）过度残破，都不适宜，最好迁都鄄城（山东省鄄城县北，距许昌航空距离二百五十公里，距邺城航空距离一百二十公里），以便就近供应。曹操拒绝。

袁绍的智囊田丰，向袁绍建议说：“迁都的计划，不能实现，应该再作打算，用其他手段迎接天子，然后一举一动，都用皇帝正式诏书，号令天下，这是最上等的谋略。不然的话，皇帝在人家手上，最后准会被人克制，再去后悔，已来不及。”袁绍不听。

正好袁绍部下逃兵投奔曹操，透露田丰曾经力劝袁绍袭击首都许县（河南省许昌市东）。曹操在前方得到消息，立即放弃穰城（河南省邓州市），急行班师，张绣率军尾追。

五月，荆州（湖北省及湖南省）全权州长（牧）刘表援军抵达，驻屯安众（河南省邓州市东北杨庄村），据守险要，切断曹操退路。曹操写信给宫廷秘书长（尚书令）荀彧说：“我到安众，一定破敌。”等抵达安众，曹操军腹背受敌，情势紧张，遂乘夜另行开凿险道，假装逃走。刘表及张绣率所有的部队追击，曹操军反扑，伏兵又起，步兵跟骑兵，前后夹攻，大破刘表及张绣联军。

后来，荀彧请教曹操，怎么能在腹背受敌中破敌？曹操说："敌人阻止我们的班师军队，是把我们置于死地（《兵法》："归师勿遏。"又说："陷之死地而后生，投之亡地而后存。"），因此知道可以获胜。"

张绣追击曹操时，智囊贾诩阻止他，说："不可追击，追击必败。"张绣不听，果然大败而回。贾诩登上墙楼，对张绣说："现在可以追击了，一定战胜。"张绣道歉说："不听你的话，落得如此下场。今已大败，怎么再去追击？"贾诩说："情势已经改变，应立即行动。"张绣素来信服贾诩，遂集结残兵败将，再行追击，交兵会战，果然取胜，遂问贾诩说："我用精兵追击退军，你说必败；而用败兵攻击已取得胜利的敌人，你说必胜。完全在你意料之中，原因何在？"贾诩说："简单得很，将军虽然善于用兵，但不是曹操的对手。大军撤退，曹操必用重兵亲自断后，所以知道必败。而曹操围攻我们，并没有战败，也没有把力量用尽，却霎时之间，即行撤退，一定是首都许县，发生变故。既然已大破我军，必然减轻装备，迅速前进，而留其他将领断后，其他将领虽然勇猛，但不是你的对手，虽用败兵，也可战胜。"张绣敬佩不已。

4 左将军吕布（时割据徐州〔江苏省北部〕，自称全权州长。州政府设下邳〔江苏省睢宁县北古邳镇〕），再跟仲家帝国（首都寿春〔安徽省寿县〕）皇帝袁术结合，派他的警卫指挥官（中郎将）高顺，跟北地郡（陕西省铜川市耀州区）郡长、雁门郡（山西省朔州市东南）人张辽，向据守沛县（江苏省沛县）的豫州（河南省）全权州长（牧）刘备，发动攻击。曹操派将军夏侯惇援救，被高顺等击败。

秋季，九月，高顺等攻陷沛县，刘备的妻子儿女，全被俘虏，刘备单身逃走。

曹操决定亲自攻击吕布，所有将领都表示反对，说："刘表（时在襄阳）、张绣（时在穰城），就在我们背后，如果大军远征吕布，立即出现危机。"智囊荀攸说："不然。刘表、张绣，新近受到创伤，暂时不敢有所举动。吕布骁勇，又仗恃袁术，如果让他纵横淮河、泗水之间，必有英雄豪杰起兵跟他呼应。正应该乘他刚刚叛离中央政府，人心不定之时，大军压境，必然可以击破。"曹操说："你的分析对极。"

等到大军出动，驻屯泰山郡（山东省泰安市东）的将领臧霸、孙观、吴敦、尹礼、昌豨等，都归附吕布。曹操跟逃亡中的刘备，在梁国（首府睢阳〔河南省商丘市〕）相遇，遂同到彭城（彭城国首府，江苏省徐州市）。吕布的智囊陈宫告诉吕布："应该给曹操迎头痛击，以逸待劳，无往不胜。"吕布说："不如等曹操自动送上大门，把他们驱逐到泗水之中，全部淹死。"

冬季，十月，曹操在彭城（江苏省徐州市），下令屠城。广陵郡（江苏省扬州市）郡长陈登（当时淮南土地都已被袁术攻占，陈登郡长之职，应指遥领淮河以北），率郡政府军充当曹操先锋，挺进到下邳（徐州州政府所在县）。吕布屡次亲自出马迎战曹操，都被击败，只好退守城堡，不敢再出。

曹操写信给吕布，分析祸福利害，吕布恐惧，打算投降。陈宫说："曹操远来，补给线过长，不能停留太久。将军如果率领步骑兵大军，驻屯城外，由我率领其他将领，在内防守，曹操如果攻击将军，我就攻击曹操的后背；曹操如果专心攻城，将军就在城外救援。顶多十天半月，曹操军粮秣不继，到时候再行反击，可以破敌。"吕布同意，准备命陈宫跟高顺守城，自己带领骑兵阻截曹操军的粮道。吕布妻对吕布说:“陈宫、高顺,并不和睦,将军一旦出城,二人不可能同心合力。如果有什么差错,将军要往哪里立足?何况,曹操待陈宫,犹如爹娘待怀抱中的幼娃,陈宫还叛离曹操。你待陈宫,超不过曹操,而竟然把全城交给他,托妻寄子,孤军远出,万一发生变化,我岂能再当你的妻子?”吕布遂打消原来计划。

吕布秘密派他的部属许汜、王楷,向仲家帝(首都寿春)袁术求救。袁术说:“吕布不送女儿,理应失败,为什么又来找我(吕布夺回女儿事,参考去年〔一九七〕五月)?”许汜、王楷说:“陛下今天不救吕布,是自取败亡。吕布破灭之后,下一个就是陛下。”袁术遂下令动员戒备,作为声援。吕布深恐在女儿送到之前,袁术不会发兵,遂用锦缎把女儿全身包裹,缚到马上,乘夜亲自护送出城,但在突破封锁线时,被曹操军发觉阻截,强弓利箭,不停发射,吕布无法前进,只好再回下邳(江苏省睢宁县北古邳镇)。

河内郡(河南省武陟县)郡长张杨,跟吕布交谊至厚,打算援救,而力量不足,只能率军驻东市(时张杨驻军野王〔河南省沁阳市〕;东市,野王东郊),遥作声势。

十一月,张杨部将杨丑,格杀张杨,响应曹操。另一部将眭固,又格杀杨丑,率领部众,投奔北方的袁绍(时在邺城)。张杨性情仁爱和平,没有威严,不滥用刑罚,部下有叛变的,发觉之后,只对叛徒流泪,都加原谅,不加追问,遂终于被害。

曹操军挖掘深沟,把下邳(江苏省睢宁县北古邳镇)围得水泄不通,历时既久,部众疲惫,曹操打算撤退。荀攸、郭嘉说:“吕布虽然勇猛,但头脑简单,而今连战连败,锐气全失。大军的战斗意志,全看主帅。主帅已经丧失锐气,陈宫虽有谋略,但反应迟钝。现在正该乘吕布的勇气没有恢复，陈宫的谋略没有决定，加强攻击，可以夺取。”曹操遂引导沂水、泗水（二水于下邳城西合流），波涛汹涌，淹灌城堡。这样支持月余，吕布越发窘困，无可奈何，遂亲自登城，对曹操军士喊话说：“你们不要这样困我，我会向曹公自首。”陈宫说：“曹操只是逆贼，什么他妈的曹公！今天投降，就好像用鸡蛋去敲石头，怎能保全？”

吕布部将侯成，有一匹名马失踪，不久找回，大为高兴，将领们共同送了一份礼金，向侯成祝贺。侯成设筵欢宴，并先向吕布呈献一份酒肉。吕布大怒说：“我刚下令禁酒，你们却大喝特喝，打算借着饮酒害我，是不是？”侯成愤怒恐惧。

十二月二十四日，侯成跟其他将领宋宪、魏续等，发动兵变，逮捕陈宫、高顺，率领部众投降曹操。吕布跟他的部属，登上白门楼（下邳〔江苏省睢宁县北古邳镇〕南门城楼），曹操军进攻更加猛烈，吕布命左右砍下他的人头，献给曹操，左右不忍下手，吕布遂下楼出城投降。

吕布见到曹操，说：“从今日开始，天下已经平定！”曹操说：“你根据什么？”吕布说：“阁下所苦恼的，只不过我吕布一人，而今我已心服。如果命我率领骑兵，你率领步兵，天下谁能为敌？”又对刘备说：“玄德（刘备别名），你是座上客，我是阶下囚。绳索捆绑得太紧，你为什么不出一言解救？”曹操笑说：“捆绑老虎，不得不紧。”命人替吕布松绑，刘备阻止说：“不可，你没有看见吕布事奉丁原（参考一八九年八月）、董卓（参考一九二年四月）的结局？”曹操点头，吕布瞪着刘备说：“大耳朵东西（刘备自己可以看到自己的耳朵，参考一九一年），最不能信赖。”

曹操对陈宫说：“你这一生，自以为智谋取之不尽，用之不竭，

二世纪·一九八年九月至十一月

曹操东下擒吕布，吞并徐州

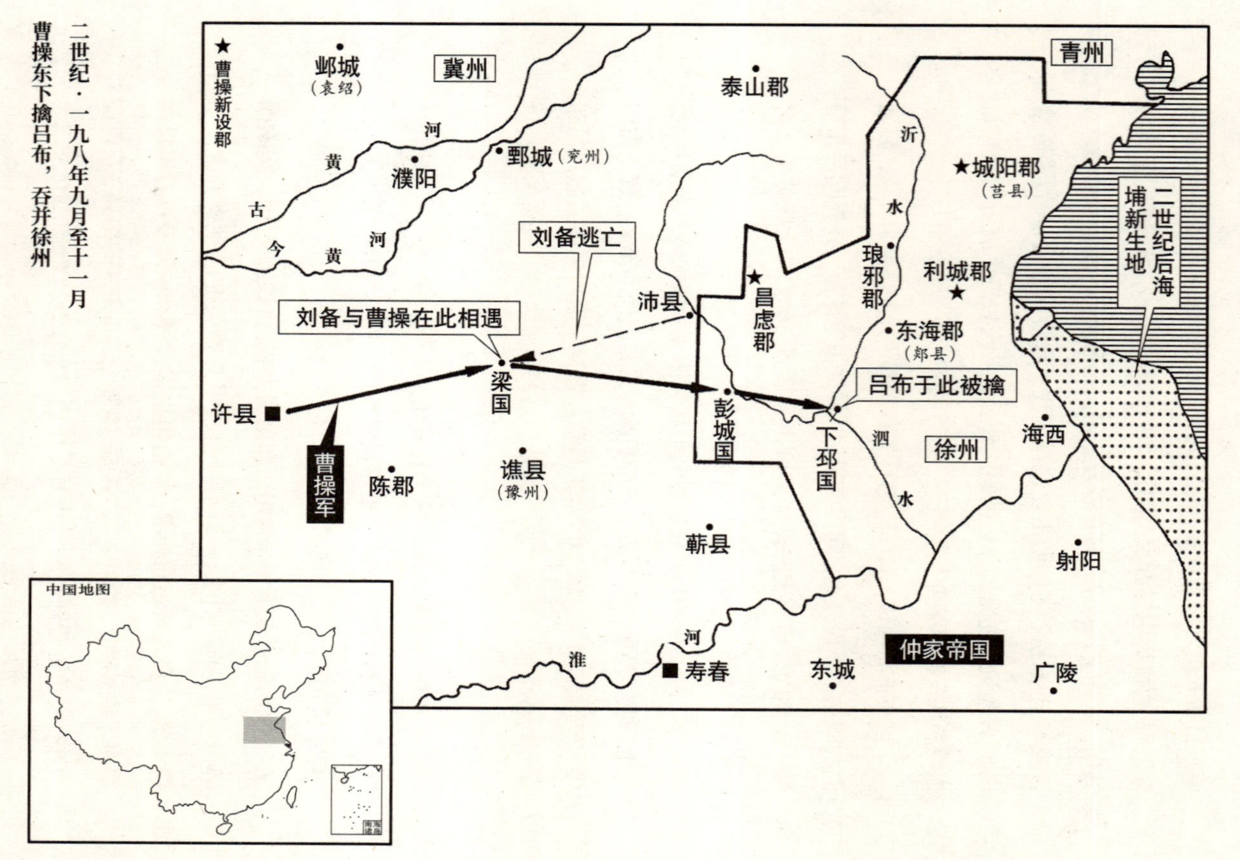

今天怎么样？”陈宫指着吕布说：“是这个人不采纳我的建议，才弄到如此地步，如果他听我的话，未必被俘。”曹操说：“你对老母如何安排？”陈宫说：“我曾经听说，用孝道治理天下的，不谋害别人的双亲，娘亲死活存亡，在你不在我。”曹操说：“你对妻子儿女如何安排？”陈宫说：“我曾经听说，用仁政治理天下的，不灭绝别人的后嗣，妻子儿女死活存亡，在你不在我。”曹操不再说话。

陈宫要求行刑，直出辕门，毫不回顾，曹操忍不住落泪。于是，连同吕布、高顺，同时绞死，然后砍下人头，送回首都许县（河南省许昌市东），悬挂示众。

高顺是一员良将，只因追随错了人，选择错了集团，遂跟吕布、陈宫之类反复无常的小人物，同一命运，使人扼腕。

曹操寻找到陈宫的娘亲，奉养终身。送陈宫的女儿出嫁，抚养他的家属，都比从前更为丰厚。前宫廷秘书长（尚书令）陈纪、陈纪的儿子陈群，都在吕布军中，曹操用厚礼接待，任命他们当官。张辽率军归降，曹操任命他当皇家警卫指挥官（中郎将）。臧霸逃亡民间，曹操悬赏捉拿，终于捉到，命他招降吴敦、尹礼、孙观等，都到曹操军营归附。曹操遂分割琅邪郡（山东省临沂市）、东海郡（山东省郯城县），另设城阳郡（山东省莒县）、利城郡（江苏省连云港市赣榆区西）、昌虑郡（山东省滕州市东南），把臧霸等全都任命当郡长或封国宰相。

最初，曹操当兖州（山东省西部）州长时（一九二年四月），徐翕、毛晖是他的将领。后来兖州变乱（指张邈、陈宫之叛，参考一九四年四月），徐翕、毛晖一齐背叛。现在，兖州完全底定，徐翕、毛晖再投奔臧霸，曹操命刘备传话给臧霸，要臧霸交出二人人头。臧霸对刘备说："我所以能站在天地之间，毫无愧色，主要的在于不出卖患难中的朋友。我受主公（曹操）不杀之恩，自不敢违抗命令，然而，英明的领袖，可以用大义说服，请将军代为美言。"刘备把臧霸的话转告曹操，曹操叹息，对臧霸说："这是古人的行为，你能实践，正是我的愿望。"任命徐翕、毛晖等都当郡长。

陈登建立大功，擢升伏波将军。

5 荆州全权州长刘表，跟冀州全权州长袁绍，深相接纳，交谊至厚。总务官（治中）邓羲，劝阻刘表。刘表说："我对中央（皇帝刘协）不缺进贡，对地方不背盟主（袁绍），这是通行天下无阻的大义，你怎么会认为不妥当？"邓羲遂宣称有病，辞职。

长沙郡（湖南省长沙市）郡长张羡，性格倔强，刘表对他态度倨傲。郡人桓阶建议张羡，应联合零陵郡（湖南省永州市）、桂阳郡（湖南省郴州市）等郡，背叛刘表，归附曹操。张羡听从这项建议。

6 明汉将军、会稽郡（浙江省绍兴市）郡长孙策，派部将正议指挥官（正议校尉）张纮，向中央进贡地方土产。曹操打算结交孙策，推荐并任命（表）孙策当讨逆将军，封吴侯。把侄女许配给孙策的老弟孙匡。又为儿子曹彰，娶孙贲的女儿（孙策堂侄女），延聘孙策另两个老弟孙权、孙翊到京师（首都许县）任职（实际上是要把他们当作人质），任命张纮当执法监察官（侍御史）。

仲家帝袁术任命周瑜当居巢（安徽省巢湖市）县长、临淮人鲁肃（东汉王朝末期没有临淮郡。《三国志·鲁肃传》说鲁肃是临淮郡东城县人，则鲁肃家乡便在东城〔安徽省定远县东南〕）当东城（安徽省定远县东南）县长。周瑜、鲁肃知道袁术终要溃败，都抛弃官职，渡长江南下，投奔孙策。孙策任命周瑜当建威警卫指挥官（建威中郎将）。鲁肃遂全家在曲阿（江苏省丹阳市）定居。

曹操奏请征召被孙策俘虏的会稽郡（浙江省绍兴市）郡长王朗（参考一九六年），孙策送王朗返京师（首都许县）。曹操任命王朗当议论官（谏议大夫），兼最高监察署军事参议官（参司空军事）。

仲家帝袁术，派使节秘密南下，送印信给丹阳郡（安徽省宣城市宣州区）地方首领祖郎等，使祖郎煽动山越（居住山区的江南土著），图谋打击孙策。

当初，扬州（安徽省中部及江南地区）州长（刺史）刘繇，逃到豫章郡（江西省南昌市，参考一九五年十二月），太史慈逃到芜湖（安徽省芜湖市）山区，自称丹阳郡（安徽省宣城市宣州区）郡长。孙策既把宣城（安徽省宣城市宣州区西）以东地区平定，只剩下泾县（安徽省泾县）以西，仍有六个县还没有征服。太史慈遂进据泾县，受到山越（居住山区的江南土著）各部落的最大尊敬。于是，孙策亲自率军攻击祖郎据守的陵阳（安徽省黄山市西北），生擒祖郎。孙策对祖郎说："你从前对我袭击（参考一九四年），砍中我的马鞍。但我要创立大业，捐仇弃恨，化敌为友，只要是能用之才，当跟他共守天下，不仅待你如此，不要恐惧。"祖郎叩头请罪，孙策立即解除祖郎的脚镣手铐，任命他当警察治安官（门下贼曹）。接着攻击太史慈，在勇里（泾县西北）会战，把太史慈生擒。孙策命解开绳索，握住他的手，说："我们在神亭（江苏省金坛市西北）已经认识了（参考一九五年十二月），那时候你如果把我捉住，将怎么相待？"太史慈说："不能想象！"孙策大笑，说："今天开创大事，当跟你共同挑起重担，深知道你忠义激烈，是天下智囊（太史慈是东莱郡〔山东省龙口市东黄城集村〕人，年轻时在郡政府当奏事官初级助理〔奏曹史〕。当时，州政府跟郡政府之间，水火不容，互相向中央控告，而州政府的奏章，总是先一步到首都洛阳。太史慈遂在中途埋伏劫取，撕个粉碎，使州政府处于挨打地位，从此知名。后来北海国〔首府剧县，山东省昌乐县西〕宰相孔融被围，太史慈晋见刘备求救，义行传播），只是你没有遇到可托付终身的英雄（指刘繇）。我是你的知己，不要担心不能如意。”任命他当大本营警卫官（门下督），班师时，祖郎、太史慈，在前开道，全军认为莫大荣耀。

就在这时，刘繇在豫章郡（江西省南昌市）病逝，部属一万余人，打算推举豫章郡郡长华歆当他们的首领。华歆认为：“利用机会，夺取权力，不是人臣所应做的事。”部众围绕他数月有余，华歆仍然坚持，把他们送走。这个庞大的武装力量，一直没有找到主人。孙策命太史慈前往致意，对太史慈说：“刘州长（刘繇）从前责备我替袁术攻打庐江郡（安徽省庐江县，参考一九四年十二月），要知道，我父亲（孙坚）数千人的部队，都在袁术之手，袁术有权做任何决定。我志在建立大业，怎能不向袁术低头，求他支援？后来，袁术叛逆，我劝他他不接受（参考一九六年八月）。大丈夫相交，道义为主，但是遇到重要关键，也不得不分开。我当初依靠袁术，以及又跟他绝交的经过，情形就是如此。遗憾的是，刘州长（刘繇）在世时，没有机会向他陈述。现在刘州长（刘繇）的儿子，留在豫章郡（江西省南昌市），请你代我探望，并把我的意思，转告他的部众，部众中如果有人乐意来我这里的，请你带他们过来；不乐意来的，请你对他们安抚。同时，观察华歆的能力如何？你需要带多少军队，由你自己决定。”太史慈说：“我身负不能赦免的重罪（指神亭突击），而将军的度量，如同姜小白（春秋时代齐国十六任国君桓公）、姬重耳（春秋时代晋国二十四任国君文公），当以死报恩。而今双方并没有交战，所以不必多带人马，数十人足够。”

孙策左右亲信警告孙策，说：“太史慈将乘机向北逃走（太史慈故乡东莱郡在北方），必不再返。”孙策说：“他如果舍弃我，还能追随谁？”在吴郡（江苏省苏州市）昌门（外城西门）设宴饯行，握住太史慈的手腕作别说：“你计算什么时候可以回来？”太史慈说：“顶多六十天。”

太史慈走后，大家仍议论纷纷，肯定放走太史慈是一项重大失策。孙策说：“你们不要多嘴，我的判断自有根据。太史慈虽然义干霄汉，有胆有识，但不是一个纵横捭阖的野心家。他以道义为重，一诺千金，全心报答知己，生死都不相负，各位不必担心。”太史慈果然在限期内返回，向孙策报告说：“华歆，是一个正人君子，然而才干平庸，仅能自保而已。丹阳郡（安徽省宣城市宣州区）人僮芝（僮，姓），占领庐陵（江西省泰和县，属豫章郡），自称县长。番阳（江西省鄱阳县，属豫章郡）地方首领，在县政府外，另设立宗部军营（宗贼），宣告说：‘我们在海昏国（侯国，江西省永修县西北艾城镇）上缭镇（江西省永修县）另行建立新的郡政府，不属豫章郡政府的管辖。’华歆只有瞪眼干看，毫无办法。”孙策鼓掌大笑，兴起并吞之念。

7 全国最高统帅（大将军）兼冀州（河北省中部南部）全权州长（牧）袁绍，一连数年攻击割据幽州（河北省北部）的前将军公孙瓒，不能取胜。写信给公孙瓒，建议化解过去怨恨，和平共存。公孙瓒拒不回答，反而更加强防御工事，对秘书长（长史）太原郡（山西省太原市）人关靖说：“现在，四方龙争虎斗，没有人能坐在我们城下，一坐几年，这道理至为明显，袁绍对我有什么办法？”袁绍骑虎难下，只好大举增援，攻势更为猛烈。

之前，公孙瓒据守各地的将领，被敌人包围时，公孙瓒一律不出兵援救，说：“为了救一个人，以后其他将领，都要坐等援军，不肯奋战。”后来，袁绍发动攻势，公孙瓒南境一些城池守将，自知无法坚守，又知无人来救。于是，有的投降，有的溃散，袁绍大军遂直抵易京（公孙瓒总部所在，河北省雄县西北。公孙瓒把幽州州政府自蓟县〔北京市〕搬至易京，参考一九五年十二月）城门。

公孙瓒派他的儿子公孙续，向黑山变民集团（活动于太行山一带）各首领（指张燕〔褚飞燕〕等）求援，并且打算率领突骑，西奔太行山，接收黑山变民集团的部众，反攻冀州（河北省中部南部），切断袁绍退路。关靖劝阻说：“将军部下，人心已离，随时都会瓦解。所以仍固守不变，为的是一家老幼都在一起，而依靠将军主持。坚守不屈，拖延时间，或有可能逼使袁绍撤退。如果舍弃他们，出城远征，后方顿然失去重心。易京（河北省雄县西北）陷落，指日可待。”公孙瓒遂中止计划。而袁绍攻击日烈，公孙瓒部众日益窘困。

东汉 建安 四年

（仲家皇帝袁术三年）

1 春季，黑山变民集团（活动于太行山一带）首领张燕（褚飞燕），跟公孙续，率大军十万，分兵三路，援救易京（河北省雄县西北）。大军未到之前，东汉王朝（首都许县〔河南省许昌市东〕）前将军公孙瓒（时在易京）派出密使，送信给公孙续，命公孙续率五千精锐骑兵，埋伏北方低洼地区，用火光作为信号，公孙瓒将率军出城夹击。不料，信件落到冀州（河北省中部南部）全权州长（牧）袁绍巡逻队之手。袁绍遂在北方低洼地区，在指定时间内举火，公孙瓒认为公孙续骑兵已到，遂开城出战。袁绍的伏兵突然出现，猛烈攻击，公孙瓒大败，再退回易京（河北省雄县西北）固守。

袁绍军挖掘地道，穿到城楼底下，用木柱支持，使不下陷，计算已挖掘到城内中心，遂纵火焚烧柱子，地道崩解，城楼霎时倒塌，而地层继续向城中心下陷。公孙瓒知道无法逃避，就把妻子儿女姐妹，统统绞死，然后纵火自焚。袁绍命士兵冒火势抢上高台，斩公孙瓒。

前青州（山东省北部）州长（刺史）田楷战死，关靖叹息说："之前，如果不阻止将军（公孙瓒）太行山之行，未必没有希望（参考去年〔一九八〕十二月）。我曾经听说，君子把朋友推入险境，一定要跟他同担患难，我岂可独生？"骑马直冲袁绍军而死。公孙续被匈奴屠各部落（河北省北部）击斩。

渔阳郡（北京市密云区）人田豫，建议郡长鲜于辅说："曹操尊奉天子（皇帝刘协），号令全国，最后终必安定天下，应早日追随。"鲜于辅遂正式向中央政府效忠。东汉帝（十四任献帝）刘协（本年十九岁）下诏任命鲜于辅当建忠将军、幽州（河北省北部）六郡军区司令长官（都督幽州六郡，此六郡应不包括辽东公孙度所辖的三郡）。

最初，乌桓王（河北省北部）丘力居去世，儿子楼班年纪还小，侄儿蹋顿，勇猛而有谋略，遂继承王位，统御上谷郡（河北省怀来县）酋长难楼、辽东郡（辽宁省辽阳市）酋长苏仆延、右北平郡（河北省唐山市丰润区）酋长乌延等。袁绍攻击公孙瓒时，蹋顿率乌桓部众，帮助袁绍。公孙瓒覆亡，袁绍以皇帝名义（承制），对蹋顿、难楼、苏仆延、乌延，全部赐给"单于"印信。又知道阎柔深受乌桓人尊敬，对阎柔特别安慰宠爱，使他保持北方边界安定。

稍后，难楼、苏仆延，共尊楼班当单于，但仍尊蹋顿当王，负责实际工作。

2 眭固（参考去年〔一九八〕十一月）驻军射犬（河南省武陟县西北）。

夏季，四月，最高监察长（司空）曹操进军到黄河南岸，命将军史涣、曹仁，渡黄河而北，攻击眭固。曹仁，是曹操的堂弟。眭固亲率部众，北上晋见袁绍求救，在犬城（今地不详）跟史涣、曹仁猝然相遇，史涣、曹仁击斩眭固。曹操大军遂渡黄河，围攻射犬；射犬投降，曹操回军敖仓（河南省荥阳市北敖山粮仓）。

最初，曹操当兖州（山东省西部）州长（刺史）时，推荐魏种当“孝廉”。稍后，兖州背叛（参考一九四年），曹操说：“只有魏种不会辜负我。”而魏种竟然逃亡，曹操恨恨说：“魏种除非是跑到南越、北胡，我饶不了他。”既攻陷射犬（河南省武陟县西北），生擒魏种，曹操说：“看在才干的份上。”解开捆绑他的绳索，任用他当河内郡（河南省武陟县）郡长，命他负责黄河以北事宜。

3 擢升首都卫戍司令（卫将军）董承，当车骑将军。

4 仲家帝（首都寿春〔安徽省寿县〕）袁术，既坐上宝座，淫荡荒唐，更超过以前，小老婆群有数百人，全都身穿绫罗绸缎，饮食山珍海味。而部下饥饿困苦，却毫不怜恤。不久储存耗尽，不能维持，于是纵火焚烧首都寿春（安徽省寿县）皇宫，投奔驻屯灊山（安徽省霍山县。灊，音qián〔潜〕）的部将陈简、雷薄，陈简、雷薄拒绝接纳。袁术这才发现众叛亲离，已入绝境，所带部队更纷纷逃走；忧愁烦闷，不知道如何是好。于是，派人把皇帝尊号，让给老哥袁绍，说：“东汉王朝命运已尽，袁家应运而起，该当君王，神秘预言书以及种种祥瑞，显示至为明确。你现在拥有四州（冀州、幽州、青州、并州。除辽东一隅外，包括整个河北大平原），人数户口，多达百万，谨把天命归献，请你复兴大业。”

青州（山东省北部）州长（刺史）袁谭（袁绍长子，时在平原〔山东省平原县〕），自青州南下，迎接袁术，打算从下邳（徐州州政府所在县，江苏省睢宁县北古邳镇）北郊通过，曹操命刘备（豫州〔河南省〕全权州长，州政府设沛县〔江苏省沛县〕）及将军清河（即甘陵国，山东省临清市）人朱灵，在中途截击。袁术不能突破封锁，再回寿春（安徽省寿县）。

六月，袁术抵达江亭（今地不详。《三国志·袁术传》原注记载，江亭距寿春八十华里），坐在连一张草席都没有的光秃床上，叹息说："我袁术，怎么到今天这种地步！"气愤感慨，一病不起，吐血而死。袁术堂弟袁胤，畏惧曹操，不敢再回寿春（安徽省寿县），遂率领部众，带着袁术的棺柩跟妻子，投奔据守皖县（安徽省潜山市）的庐江郡郡长张勋。前任广陵郡（江苏省扬州市）郡长徐璆（音qiú〔球〕），搜寻到传国御玺（袁术向孙坚妻子夺取，参考一九六年八月），呈献中央政府。

5 全国最高统帅（大将军）兼冀州全权州长（牧）袁绍，既击溃公孙瓒，越发骄傲，对皇帝进贡的次数和数量，越发减少。主任秘书（主簿）耿包，向袁绍秘密建议：应顺天应人，早日即位称帝。袁绍把耿包的意见，公开告知大本营官员，官员们一致认为耿包大逆不道，应该诛杀。袁绍不得已，斩耿包，用以澄清自己的立场。

袁绍决心乘击溃公孙瓒的余威，一举消灭曹操。动员精锐部队步兵十万、骑兵一万，准备进攻首都许县（河南省许昌市东）。总监军官（监护诸将）沮授劝阻说："近来，讨伐公孙瓒，出兵一连数年，人民疲惫，仓库毫无积存，不可轻动。应该使人民得到休息，使农田增产。先行把消灭公孙瓒的捷报，呈献天子（刘协）。如果曹操不允许我们的使节进入京师（首都许县），就可以弹劾曹操阻挡臣民效忠，然后大军进驻黎阳（河南省浚县），逐渐蚕食河南（黄河以南）。大量兴建船舶，更新武器，分别派出精锐游击部队，攻击他的边境，使他们不能安定，而我们却以逸待劳，坐在那里，就可统一全国。”

另两位智囊郭图、审配，竭力反对，说：“在明公（袁绍）的英明领导之下，统率河朔（河北大平原）强大的武装力量，讨伐曹操，易如反掌，何必那么麻烦？”沮授说：“救乱除暴，称为‘义兵’；仗恃人多势强，称为‘骄兵’；义兵无敌，骄兵必亡。曹操对上事奉天子，对下统御全国。我们大军南下攻击，在政治号召上，已构成犯上作乱的罪行。而且胜败在于谋略，不在强弱。曹操执法彻底，部队都有严格训练，不是公孙瓒那种坐以待毙的人物。而今，放弃万无一失的战略，而出动没有政治号召的军队，我深感恐惧。”郭图、审配说：“姬发（周王朝一任王武王）讨伐子受辛（商王朝末任帝纣帝），不是‘不义’。何况，军事行动的目的，是要诛杀曹操，怎么说师出无名？以明公（袁绍）今天的强盛，将士官兵无不想在疆场上一显身手，如果不乘此机会，奠定大业，正是：‘上天赐给你的恩惠，如果不接受，将反过来变成灾难。’（《史记》范蠡对吴王国七任王吴夫差语。）这正是越王国所以成为霸主，吴王国所以覆灭的原因。总监军官（沮授）的方略，长处是持重，但他不知道随机应变。”袁绍采纳郭图、审配的建议。

于是，郭图等乘机陷害沮授，说：“沮授总管内外（沮授官职是“奋武将军监护诸将”），权力太大，威震三军。如果声势不断增强，将来有什么方法克制？‘人臣跟人主的权威，如果相等，一定灭亡。’这正是《黄石》所指出的最大禁忌（张良行刺秦王朝一任帝嬴政失败〔参考前二一八年〕，逃亡到下邳〔江苏省睢宁县北古邳镇〕，在桥上遇到一位老人，授给他《太公兵法》，说：“十三年后，济北〔山东省泰安市〕谷城山下一堆黄石，那就是我。”到时候，张良果然看到一堆黄石。后代遂流传《黄石公三略》一书）。而且统兵在外的人，不应该同时主持内部政务。”袁绍遂分割沮授所率领的部队为三个军，使沮授、郭图、淳于琼，各率一军。骑兵总监（骑都尉）清河（即甘陵国，首府甘陵〔山东省临清市〕）人崔琰也劝阻说：“皇帝在许县（河南省许昌市东），民心倾向那边，不可进攻！”袁绍不理。

首都许县（河南省许昌市东）将领们，得到袁绍即将大举进攻的消息，全体震恐。曹操说：“我了解袁绍：心比天高，智慧却很低；外表英勇无畏，实际上却胆小如鼠；怀疑猜忌，不能建立威信。军队虽多，不能作有效的指挥。将领骄傲蛮横，政令军令，不能贯彻执行。土地虽广，粮秣虽丰，不过为我们储备，等待我们接收。”工程总监（将作大匠）孔融对宫廷随从（侍中）兼宫廷秘书长（尚书令）荀彧说：“袁绍地大兵强，田丰、许攸都是智囊，充当他的谋士。审配、逢纪忠心耿耿，主持军政。颜良、文丑，更是一代名将，统御大军，是不是难以抵挡？”荀彧说：“袁绍的军队虽多，但没有纪律；田丰刚直，但冒犯长官；许攸贪婪，不能克制自己。审配专权而没有谋略，逢纪果决而自以为是。这几个人，不懂得团结的重要，互相排斥，势必内斗，一定发生变化。至于颜良、文丑，不过两个有蛮力的粗汉而已，一次战役，便可擒获。”

秋季，八月，曹操率军抵达黎阳（河南省浚县），命臧霸等率领精锐，进入青州（山东省北部。此时青州被袁绍长子袁谭割据，这里疑指徐州北境与青州接壤之地区），保卫东方边境；命平虏指挥官（平虏校尉）于禁，沿黄河布防。

九月，曹操返回首都许县（河南省许昌市东），派出一部分部队，驻守官渡（河南省中牟县东北）。

袁绍派人结纳建忠将军张绣（时驻穰城〔河南省邓州市〕），并写信给张绣的智囊贾诩，建立友谊。张绣打算接受，设宴款待袁绍的使节，就在筵席上，贾诩大声斥责袁绍使节，说："请你回去告诉袁绍，对亲兄弟都不能包容（指跟袁术互相仇视），怎么能包容天下英雄豪杰？"张绣惊惧交加，说："怎么谈到这些事？"悄悄问贾诩说："这么一弄僵，我们将依靠谁？"贾诩说："我建议依靠曹操。"张绣说："袁绍强，曹操弱。而我们又跟曹操结过怨仇（指淯水之战，参考一九七年正月），怎么依靠？"贾诩说："正因为如此，才应该依靠。曹操尊奉天子（皇帝刘协），号令天下，名正言顺，这是理由之一。袁绍强盛，对我们这一点部队，必然看不到眼里；曹操微弱，得到我们帮助，必然高兴，这是理由之二。有称霸天下大志的，一定抛弃私人怨恨，向世人展示他的胸襟，这是理由之三。请将军不要犹豫。"

冬季，十一月，张绣率军向曹操归降。曹操握住张绣的手，留下欢宴。给自己的儿子曹均，娶张绣的女儿，任命张绣当扬武将军；推荐并任命（表）贾诩当首都许县警备区司令（执金吾），封都亭侯。

关中（陕西省中部）将领们因为袁绍、曹操正在酝酿大战，都保持中立态度，观望成败。凉州（甘肃省东部南部）全权州长（牧）韦端，派参谋官（从事）天水郡（甘肃省甘谷县）人杨阜，前往首都许县（河南省许昌市东）。杨阜返回后，将领们向他询问："袁曹之争，谁胜谁败？"杨阜说："袁绍宽松而没有决断，计谋层出不穷而不知道选择。没有决断便没有威信，不知道选择便处处处于被动，目前虽然强大，最后却会失败。曹操有英雄的才干和心胸，抓住机会，毫不动摇，法令统一，执行彻底，能任用仇恨的人，而被任用的人，又都能尽忠职守，一定可以完成大事。"

曹操派执行监察官（治书侍御史）河东郡（山西省夏县）人卫觊，代表中央，镇守宣抚关中（陕西省中部）。当时，最初逃离在外的难民，纷纷返乡。关中很多将领收容他们，作为部属。卫觊写信给宫廷秘书

长(尚书令)荀彧说:

“关中(陕西省中部)土地肥沃,因为连年兵荒马乱,人民逃往荆州(湖北省及湖南省)的,有十万余家。最近听说故乡安宁,都盼望返回本土。可是,回乡之后,却无法维持生活,盘踞各地的军阀,竞争着招募他们,充当部属。郡县政府既贫又弱,没有能力拒抗;各将领的割据力量,遂日渐增加,一旦发生变化,以后灾难重重。

“食盐,是国家最大的财源。天下大乱之后,无人管理。我建议恢复过去制度,设立专卖官员,用它的盈余,买犁买牛;遇到返乡的难民,就供应他们,勤加耕种,广积粮秣,使关中(陕西省中部)经济复苏。远方迟疑不决的难民,势必不分昼夜,纷纷还乡。又应该命京畿总卫戍司令(司隶校尉),镇守关中,维持社会秩序。则将领们的力量将日渐削弱,政府官员跟人民,将日渐居于强势地位。这是使根本坚强,敌人衰弱的办法。”

荀彧报告曹操,曹操听从。派皇家礼宾执行官(谒者仆射),当食盐专卖官(监盐官。河东郡安邑县〔山西省夏县——郡政府所在〕,有著名的盐池,霍光夫人霍显谋杀皇后许平君的凶手,就因这个盐池介入。参考前七一年),京畿总卫戍司令(司隶校尉)进驻弘农郡(河南省灵宝市东北),关中(陕西省中部)从此重归中央政府(京畿总卫戍司令钟繇于一九七年正月已至长安安抚关中军阀,此次再驻弘农,是中央对关中的收复作长远的打算)。

袁绍派人前往襄阳(荆州州政府所在县,湖北省襄阳市),要求荆州(湖北省及湖南省)全权州长(牧)刘表相助;刘表承诺,但不肯出军攻击曹操,也不肯出军援助曹操。参谋指挥官(从事中郎)南阳郡(河南省南阳市)人韩嵩、行政官(别驾)零陵郡(湖南省永州市)人刘先,向刘表进言说:“现在,两位英雄人物,正在僵持,天下重心,在你身上。如果有大的抱负,正好可以利用战胜者筋疲力尽的良机;如果不能,则应该选择帮助的对象。怎么能手握十万大军，坐观成败？人家求援不肯赴援，自己看到贤能的领导人物又不肯归属，结果，双方面的怨恨同时集中在你一人之身，恐怕无法保持中立。曹操是一位军事天才，有才干的人士，都投效他门下，势必击败袁绍。击败袁绍之后，大军一定南下长江、汉水，恐怕你抵抗不住。而今最高的计谋，莫过于把荆州（湖北省及湖南省）呈献给曹操，曹操对你将十分感激，则福禄永享，还可传给子孙，这是万全的前程。”

智囊蒯越，也劝刘表如此，刘表狐疑，不能决断。遂命韩嵩前往许县，说：“而今天下沸腾，不知道谁能取得最后胜利，曹操尊奉天子，建都许县，请你前去观察一下形势！”韩嵩说：“圣人通权达变，次一等的人坚守节操。我，韩嵩，是次一等的人。部属跟长官之间，名分一旦确定，誓死不变，我今天做你的部属，当然只听你的命令，赴汤蹈火，在所不辞。以我的观察，曹操一定可以统一天下。你如果能对上尊奉天子，对下归附曹操，就派我出使；如果并没有这项决心，那么，我到了京师之后，天子万一给我一个官职，而又不准我辞让，到那时候，我就成了君王的臣属，你昔日的旧部。成了君王的臣属，当然效忠君王，在大义上不能再效忠你了。请你多加考虑，不要逼我辜负你。”刘表认为韩嵩只是不愿意担任这个使节，才故意提出威胁性的要求，强迫他前往。

韩嵩既到许县，皇帝刘协任命韩嵩当宫廷随从（侍中），兼零陵郡（湖南省永州市）郡长。韩嵩返抵襄阳（湖北省襄阳市），对中央政府倍加赞扬，对曹操非常推许，建议刘表把儿子送到皇宫担任侍从（即人质）。刘表大发雷霆，认为韩嵩已怀二心，集合全体文武官员，布置刑场，“持节”，要诛杀韩嵩。当众宣布韩嵩罪状：“你竟敢背叛！”大家无不震恐，劝告韩嵩承认有罪，请求宽恕。韩嵩态度坚定，安详的对刘表说：“是你辜负韩嵩，不是韩嵩辜负你！”遂把出发前的话，再重复一遍。刘表妻子蔡女士也阻止刘表，说：“韩嵩，楚国地区（指长江中游流域）的知名之士，胸襟坦率，言语耿直，有什么理由杀他？”刘表怒火仍然不熄，下令苦刑拷打韩嵩的随从官员，有的被苦刑拷死，但得不到韩嵩背叛的口供，于是赦免韩嵩死刑，只加囚禁。

6 扬州（安徽省中部及江南地区）变民首领郑宝，打算裹挟人民，向长江以南发展；认为淮南（安徽省寿县）人刘晔，是当地望族（东汉王朝一任帝刘秀的儿子刘延，封阜陵王〔首府阜陵，安徽省全椒县东南〕；刘晔是刘延的后裔），准备劫持刘晔，使刘晔领导，刘晔至为忧虑。正巧，曹操派使节来州政府（设寿春〔安徽省寿县〕），调查处理某一件事情。刘晔把使节邀请到家，郑宝前来晋见使节时，刘晔挽留他参加盛宴，而就在筵席上，击斩郑宝，砍下人头，向变民集团宣告：“中央有令，胆敢反抗的，跟郑宝同罪。”变民数千人，全被慑服，共推刘晔做他们的首领。刘晔拒不接受，把军权交给庐江郡（安徽省潜山市）郡长刘勋。刘勋大为奇怪（大乱之世，人人都盼掌握武力，刘晔却宁愿让人，事不平常）。刘晔说：“郑宝无法控制他的部队，完全靠向民间抢劫，我并没有雄厚的供应能力，却打算把他们整编，一定产生怨恨，局面难以持久，所以相赠。”

刘勋因为收容故仲家帝袁术的部众太多，粮秣不继，派堂弟刘偕，向上缭（江西省永修县）宗部变民各集团首领（参考去年〔一九八〕）征集食米，各首领缴纳的数量，不能使刘偕满意。刘偕秘密通知刘勋，要刘勋发动突击。讨逆将军兼会稽郡（浙江省绍兴市）郡长孙策，对刘勋强大的武力，深怀忌惮，于是态度谦卑，表面上对刘勋极为恭敬顺服，告诉刘勋说："上缭（江西省永修县）宗部变民，不断侵犯本部，我一直准备攻击，只因路途遥远，而又险阻，不能行动。上缭拥有丰富的资产，如果阁下讨伐，我愿出兵作为外援。"并且呈献金银珠宝、凌云纱布（一种比绸缎还要细薄的纺织品），刘勋大喜过望，内外一致道贺；只刘晔认为背后必有阴谋，刘勋问他缘故。刘晔说："上缭（江西省永修县）虽然是个小镇，可是城堡坚固，壕沟深广，攻击困难，防守容易，不是十天半月就可以攻破的。大军既被困在坚城之下，基地空虚，孙策如果抓住机会，乘虚而入，我们的后防必不能支持，则将军前进无法克敌，后退无家可归。如果一定要出动大军，灾难一定临头。"

刘勋不接受警告，遂向上缭（江西省永修县）大举进攻，前锋抵达海昏（江西省永修县西北艾城镇），宗部变民首领们得到消息，全部逃避，只留下一个空城，刘勋什么都没有抢到，大失所望。这时孙策率军正西上攻击江夏郡郡长黄祖（时在沙羡〔湖北省武汉市西南〕），军队已到石城（安徽省马鞍山市东南），得到刘勋身在海昏（江西省永修县西北艾城镇）的消息，遂命堂兄孙贲、孙辅，率八千人驻屯彭泽（江西省湖口县西），而亲自跟江夏郡郡长周瑜（周瑜的江夏郡郡长，是孙策所任命，远在境外遥领），率二万人，奇袭刘勋的根据地皖县（庐江郡郡政府所在县，安徽省潜山市），皖县陷落。袁术、刘勋的妻子家属，以及留守的三万人部众，全部落入孙策之手。孙策立即向中央推荐并任命（表）汝南郡（河南省平舆县西北射桥镇）人李术，当庐江郡郡长，交付他三千人，镇守皖县（安徽省潜山市），把所有俘虏，护送到孙策控制下的吴郡（江苏省苏州市）。

刘勋回军途中，经过彭泽（江西省湖口县西），孙贲、孙辅拦腰截击，大破刘勋军，刘勋撤退到流沂（湖北省黄石市），向黄祖求救。黄祖派他的儿子黄射，率江防舰队陆战营五千人赴援。孙策发动猛烈攻击，大破刘黄水陆联军。刘勋向北逃奔曹操，黄射也急急撤走。孙策俘虏刘勋部众二千余人，跟江防战舰一千艘，遂进攻黄祖。

十二月八日，孙策大军挺进到沙羡，荆州全权州长（牧）刘表派侄儿刘虎，跟大将南阳郡（河南省南阳市）人韩晞，率长枪营五千人，增援黄祖。

十二月十一日，双方会战，孙策大破荆州兵团，斩韩晞。黄祖脱身逃走，孙策擒获黄祖妻子儿女，俘虏战舰六千艘，士兵被杀或落水溺死的有数万人。

既破黄祖，孙策挥军南下，准备攻击豫章郡（江西省南昌市），进驻椒丘（江西省南昌市新建区东北），对人事官（功曹）虞翻说："华歆虽然名满天下，但不是我的敌手。如果不能开门让城，战鼓一旦擂动，不可能避免死伤。请你先去看他，表达我的愿望。"虞翻遂往，对华歆说："我早就知道，先生跟敝郡（会稽郡——虞翻是会稽郡人）前任郡长王朗（参考一九六年八月），在中原齐享盛名，海内一致尊崇。我虽偏远在东方一角，内心一直景仰。"华歆说："我不如王朗。"虞翻遂问说："不知道豫章郡的粮秣储存、武器装备，以及人民斗志，比敝郡（会稽郡）当时如何？"华歆说："大大不如。"虞翻说："先生说不如王朗，是谦虚的话。但豫章郡的武装力量不如会稽郡，却正如你的判断。孙将军（孙策）智谋方略，超过当世，用兵如神。之前驱逐扬州州长刘繇（参考一九五年十二月），先生亲眼看到；后来平定敝郡（会稽郡。参考一九六年八月），先生也曾耳闻。现在，先生困守孤城，全靠自己的一点存粮，可预料无法抵抗。如果不早日决定方向，后悔已来不及。孙将军已抵达椒丘（江西省南昌市新建区东北），我也要告辞，请再加考虑。如果明天中午仍不能表明态度，我就踏上归程。"华歆说："我在江南（长江以南）的时间太久，时常想回到北方（最初，马日磾前往关东〔函谷关以东〕安抚叛乱〔参考一九二年八月〕，华歆跟随。不久，到达徐州〔江苏省北部〕，辗转南下江南），孙将军驾到，我就离开。”就在当天夜间，写妥欢迎孙策军的文告。第二天凌晨，派人送到孙策军前。孙策立即前进，华歆便衣便帽，亲自迎接。孙策说：“先生年高德劭，名满天下，远近人心所归。我年幼识浅，请收我当你的弟子学生。”向华歆施礼参拜，尊作贵宾。

孙盛曰

华歆既没有伯夷，跟商山四皓（参考前一九六年七月）那种不慕名利的高风亮节，又失去天子臣属的立场，而且相信邪恶书生（虞翻）的邪恶论调，结交横行江湖的暴徒（孙策）。官位被夺，志节堕毁，没有比这个更大的罪行（孙盛，参考三六九年十二月）。

孙盛斥责虞翻是邪恶的，难道虞翻建议华歆抵抗就是神圣的了？不检查他的分析是否正确，就先飞帽子，是一种打马虎眼的惯技。逻辑上说：孙策是皇帝任命的政府正式官员——讨逆将军，孙盛竟诬称他是横行江湖的暴徒，这才是真正的邪恶行径，怎么还敢开口？

华歆无法克服他所面对的危机，如果抵抗，受屠杀的是千万小民。必须千万小民辗转哀号，家破人亡，孙盛才称心快意，这是一种不道德的心肠。在对抗外国外族的侵略时，我们赞扬誓不屈服，但在纯内部的混战情况下，不过是官员跟官员间的火并，军阀跟军阀间的抢夺地盘，这里面没有大义，只有私利。在我们看来，谁能保护人民的生命财产，谁能使死伤减少到最低限度，谁就值得我们致最高的尊敬。

二世纪·一九九年十一月到十二月

孙策吞并庐江、豫章两郡

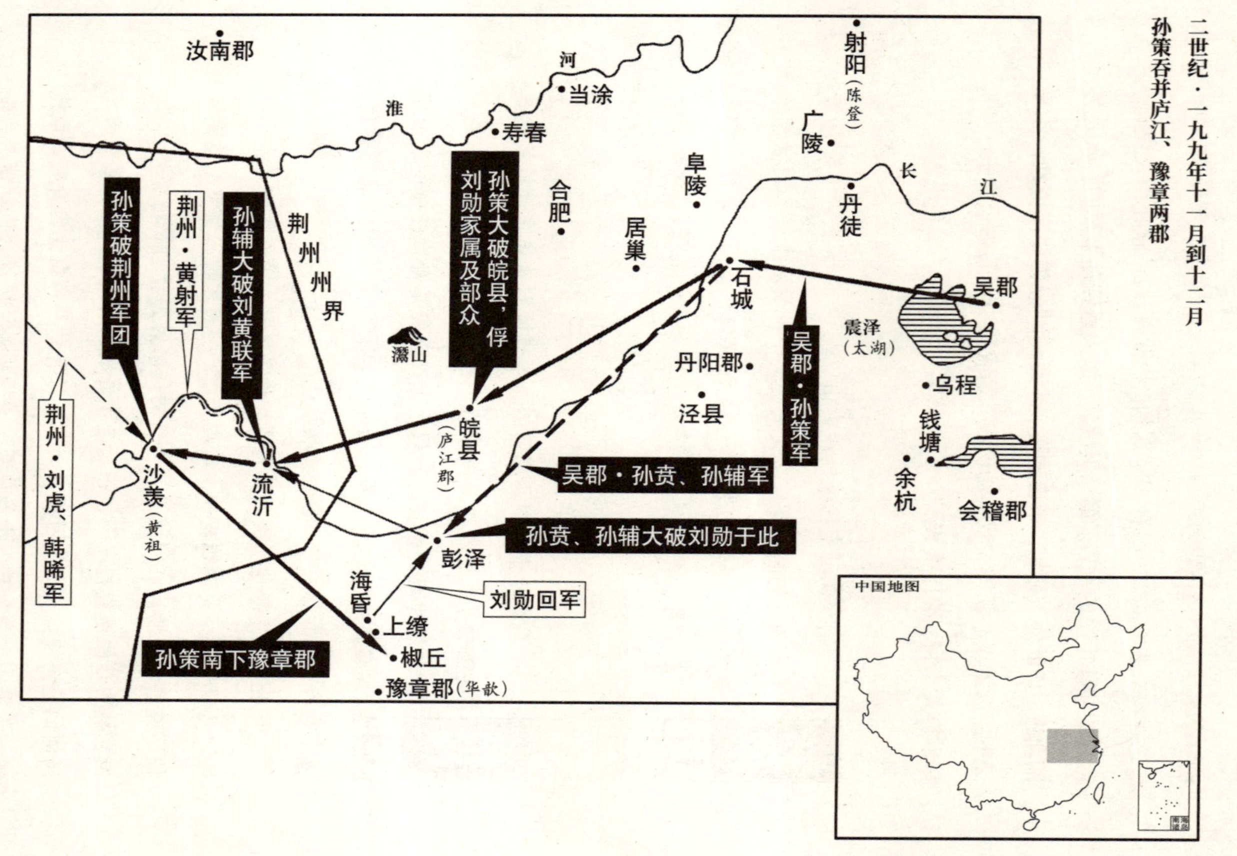

7 孙策把豫章郡（江西省南昌市）分割出若干县，另行成立庐陵郡（江西省泰和县），任命堂兄孙贲当豫章郡郡长，孙辅当庐陵郡郡长。正好盘踞庐陵（江西省泰和县）的变民首领僮芝（参考去年〔一九八〕）患病，孙辅遂进军夺取，而留周瑜驻防巴丘（江西省峡江县）。

孙策攻陷皖县（安徽省潜山市）时，善待故仲家帝袁术的妻子家属；后来进入豫章（江西省南昌市），又善待故扬州（安徽省中部及江南地区）州长（刺史）刘繇的妻子家属，运送刘繇灵柩北返，全国知识分子以及在职官员或退职士绅，一致称道。会稽郡（浙江省绍兴市）人事官（功曹）魏腾，有一次冒犯孙策，孙策下令诛杀，所有官员都忧虑恐惧，却无法阻止。孙策娘亲吴夫人，走到深井之旁，身倚栏杆，对孙策说："你刚刚平定江南（长江以南），事情还没有头绪，正是礼贤下士，不念过失，只念功劳的时候。魏腾对你爱护、尽忠职守，你今天杀了他，明天大家背叛你。我不忍心看到大祸来临，当先行投井自尽。"孙策大吃一惊，立即释放魏腾。

最初，吴郡（江苏省苏州市）郡长会稽郡（浙江省绍兴市）人盛宪，保荐高岱当"孝廉"。后来，许贡来任郡长，高岱掩护盛宪，躲在郡政府将领许昭家避难。本年（一九九），乌程（浙江省湖州市）变民首领邹佗、钱铜，以及嘉兴（浙江省嘉兴市）变民首领王晟等，每人都拥有一万余人或数千人的武装部众，不肯归附孙策。孙策率军攻击，一一击破。接着进攻另一股变民首领严白虎，严白虎兵败，投奔余杭（浙江省杭州市余杭区西南余杭街道），依靠许昭。大将程普要求进击许昭，孙策说："许昭，对旧长官有义气（指庇护盛宪），对老朋友有情（指庇护严白虎），这是大丈夫的豪志。"遂不进军。

8 最高监察长（司空）曹操再进驻官渡（河南省中牟县东北）。贴身侍卫徐他等，阴谋刺杀曹操，突入卧帐，看见指挥官（校尉）许褚，不禁脸色大变；许褚发觉，击杀徐他等。

最初，车骑将军董承，自称接到皇帝刘协藏在衣带中的密诏，遂跟豫州（河南省）全权州长（牧）刘备密谋刺杀曹操。有一天，曹操从容的对刘备说："而今，天下英雄，只有阁下跟我曹操。袁绍之辈，根本上不得台面。"当时正在进餐，刘备以为阴谋已经泄漏，大为惊恐，双手一震，筷子落到地上，这时恰恰天际传出一声霹雳，刘备掩饰说："圣人有句话：'急雷暴风，使人改容。'（《论语》形容孔丘语。）一点也不错。"事后，跟董承以及长水外籍兵团指挥官（长水校尉）种辑、将军吴子兰、王服等，更积极进行。

正好曹操派刘备跟朱灵邀击向北逃亡的仲家帝袁术（参考本年〔一九九〕四月），智囊程昱、郭嘉、董昭，都劝阻说："绝不可以放走刘备。"曹操后悔，派人追赶，已来不及。袁术既转向南撤退，朱灵等班师。刘备击斩徐州（江苏省北部）州长（刺史）车胄，留关羽驻防下邳（徐州州政府所在县，江苏省睢宁县北古邳镇），代理郡长（此时下邳仍是封国，疑是封国宰相之误），刘备自己据守小沛（即沛县〔豫州州政府所在县，江苏省沛县〕）。东海郡（山东省郯城县）变民首领昌豨（去年〔一九八〕，吕布被曹操击败后，徐州北部变民首领纷纷归降，唯昌豨转移阵地，继续反抗），跟其他郡县，很多背叛中央政府，归降刘备。

刘备部众有数万人，派人到袁绍处（时在邺城）缔结同盟。曹操派最高监察署秘书长（司空长史）沛国（首府相县〔安徽省淮北市〕）人刘岱、皇家警卫指挥官（中郎将）右扶风郡（陕西省兴平市）人王忠讨伐刘备，不能取胜。刘备告诉刘岱等说："像你这样的将领，再来一百个，我也不在乎。即令曹操亲征，胜负也难预料。"

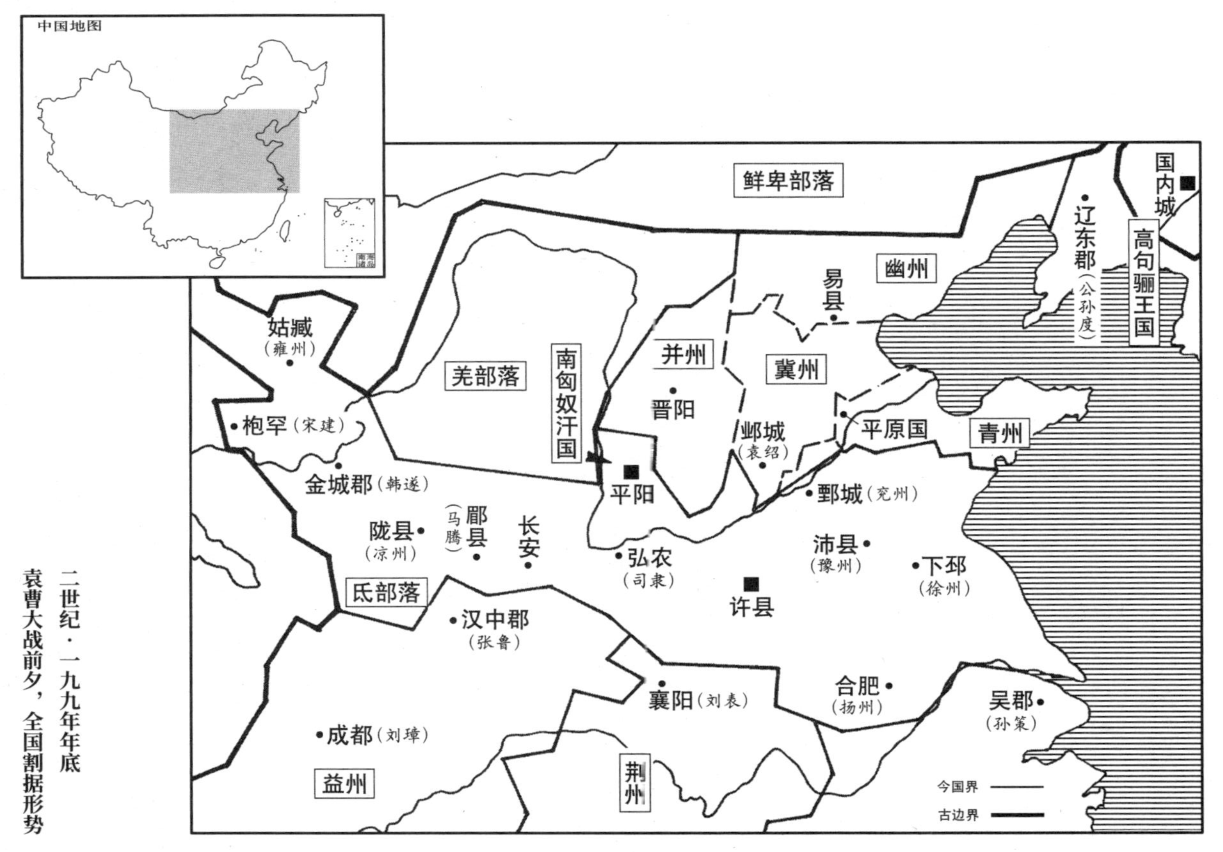

二世纪·一九九年年底
袁曹大战前夕，全国割据形势

三世纪

东汉王朝政府在宰相曹操身经百战，强大的支持下，终于稳定。可是，曹操死后，他的儿子曹丕，篡夺了政权，在中原建立曹魏帝国；东汉皇族苗裔刘备，在四川省建立蜀汉帝国；另一军阀孙权，在长江以南，建立东吴帝国。多彩多姿的“三国时代”，在本世纪出现。

然而“三国时代”仅维持六十一年，八〇年代后，晋王朝统一中国，而就在本世纪九〇年代，发生“八王之乱”，皇族骨肉相残；中国人再度陷于痛苦——而且比过去更要痛苦。

三世纪〇〇年代

二〇〇—二〇三年

东汉王朝

◉ 官渡之战。

◉ 袁绍兵败。

◉ 罗马在不列颠建立“塞弗拉长城”，横亘苏格兰岛南部。

东汉　建安　五年

1 春季，正月，东汉王朝（首都许县〔河南省许昌市东〕）车骑将军董承，刺杀最高监察长（司空）曹操的阴谋被发觉。

正月九日（原文“壬子”，据《后汉书》改），曹操诛杀董承，以及王服、种辑，屠灭三族。

曹操打算亲自讨伐豫州（河南省）全权州长（牧）刘备（时在沛县〔江苏省沛县〕），将领们反对说：“跟你争夺天下的是袁绍。而今袁绍正从北方来（时袁绍总部在邺城〔河北省临漳县西南邺城镇〕），我们却去东方作战，如果袁绍攻击我们背后，如何是好？”曹操说：“刘备是人中豪杰，今天不采取行动，将来后患无穷。”郭嘉说：“袁绍反应迟钝，而性情多疑，即令发动攻击，也不会太快。刘备刚刚兴起，人心还没有全服，我们如果火速行动，他一定失败。”曹操遂东征。

冀州（河北省中部南部）行政官（别驾）田丰，向全权州长（牧）袁绍提出紧急建议：“曹操跟刘备之间，兵连祸结，不可能立即决定胜负。你如果挥军直袭曹操的后路，可以一举成功。”袁绍因为幼子患病正重，不愿此时发兵。田丰用手杖猛敲地面，说：“苍天！好不容易出现千年难逢的机会，却被一个婴儿的病，全盘摧毁。可惜，大势已去！”

曹操攻击刘备，大破刘备兵团（《魏书》：刘备认为曹操正跟袁绍对抗，必不会对付自己。而侦探报告：曹操军已到，刘备大吃一惊，但仍不肯相信，亲率数十骑兵出城观察，看到曹操军旗，便抛弃军队逃亡），曹操俘虏刘备的妻子儿女，攻陷下邳（徐州州政府所在县，江苏省睢宁县北古邳镇），俘虏关羽，再进击昌豨（时在东海郡〔山东省郯城县〕一带），大破昌豨军。刘备投奔青州（山东省北部），透过青州州长（刺史）袁谭（时在平原〔平原国首府，山东省平原县〕），再投奔袁绍。袁绍听说刘备将到，出邺城（河北省临漳县西南邺城镇）二百华里，亲自迎接。刘备抵邺城一月有余，残兵败将才稍稍集结。

曹操班师，驻军官渡（河南省中牟县东北），袁绍这时才正式计划进攻许县（河南省许昌市东）。田丰说：“曹操既击破刘备，许县便不再空虚。而且，曹操精于用兵，变化无穷，没有轨迹可循，军队虽少，不可轻视，不如按兵不动，等待时机。将军据守山川险要，固若金汤，拥有四个州（冀州、青州、幽州〔河北省北部〕、并州〔山西省中部〕）的人力，对外结交英雄，对内推广农耕，加强备战。然后选拔精锐，组成突击部队：寻觅敌人弱点，不断出击，扰乱黄河以南。敌人救右，我们攻左；敌人救左，我们攻右，使敌人疲于奔命，人民不能安居。我们没有劳苦，敌人已经窘困，用不到三年，可坐等胜利。而今，放弃斗智的必胜谋略，却把成败付诸一场会战。万一不能产生预期的效果，后悔已来不及。”袁绍不理。田丰冒犯袁绍的盛怒，竭力劝阻，袁绍认为他为敌人宣传，扰乱军心，下令逮捕田丰，加上脚镣手铐，囚入监狱。传令各州郡，宣布曹操罪状。

二月，袁绍进军黎阳（河南省浚县）。大军出发时，沮授召集他的家族，把所有的财产分散，说：“事情成功，威望无所不加；事情失败，一身不保，可哀！”他的老弟沮宗说：“曹操兵力脆弱，不堪一击，你怕什么？”沮授说：“以曹操的智慧和谋略，又有天子作为政治资本。我们虽然攻克公孙瓒（参考去年〔一九九〕），部队实已疲惫。何况，主上（袁绍）骄傲，将领顽劣，大军瓦解，就在这次战役。扬雄有言：‘六国愚蠢，为了秦王，不断削弱周王。’正是今天的情景。”

振威将军程昱，率七百人守卫鄄城（山东省鄄城县北）。曹操打算增加到两千人，程昱不肯，说：“袁绍大军十万，自以为所向无敌，看到我的兵力微弱，绝不会轻易进攻。如果增援，袁绍经过此地，就非进攻不可，一旦进攻，鄄城必然陷落，你我双方，都受到伤害，你不必担心。”果然，袁绍知道鄄城兵少，不加理会。曹操对贾诩说：“程昱的胆量，超过孟贲、夏育（古代勇士）。”

袁绍派大将颜良，攻击东郡（河南省濮阳市西南）郡长刘延所据守的白马（河南省滑县东北古黄河渡口），沮授说：“颜良性格孤僻，虽然骁勇，但不是统帅材料，不可以独当一面。”袁绍不理。

夏季，四月，曹操北上援救刘延。智囊荀攸说：“我们的兵力太少，恐怕难以取胜，必须把敌人的攻势分散才行。你到了延津渡口（河南省卫辉市东古黄河渡口），应做出就要渡黄河北上、抄敌人后路的模样。袁绍得到消息，一定分兵向西阻截。然后你再用轻装备骑兵，急袭白马，乘他们不备，颜良在掌握之中。”曹操接受建议。袁绍得到曹操北上情报，果然派军向西邀击，而曹操已率军昼夜不停，直扑白马，距白马十余里，颜良大吃一惊，立即迎战。曹操命张辽、关羽冲锋，关羽望见颜良的元帅大旗，跃马而前，长驱直入，在万军中刺中颜良，砍下人头，拍马回阵。袁绍军惊愕之间，无人阻挡，白马遂告解围，曹操命把全城居民，沿着黄河，向西迁徙。

袁绍下令渡黄河追击，沮授劝阻说：“胜负之间，变化无常，不可不静心思量。现在应驻军延津（河南省卫辉市东古黄河渡口），分出一部分军队，前往官渡（河南省中牟县东北），如果官渡传出捷报，回来迎接大军，再行南下，不能算晚。假使大军径行南下，万一遇到灾难，大家全无退路。”袁绍不理。临渡河时，沮授叹息说：“上面的人狂妄自大，下面的人只求贪功，黄河悠悠，我能不能北返？”遂宣称有病辞职，袁绍不准，但对他已经怀恨，剥夺他的兵权，把部队全数拨给郭图。

袁绍兵团推进到延津（河南省卫辉市东古黄河渡口）之南，曹操大军戒备，在南阪（今地不详）南麓构筑阵地，使人攀登高垒眺望，报告说：“前锋大约有五六百骑兵。”一会，又报告说：“骑兵增加，步兵不可胜数。”曹操说：“好了，不必再报！”命骑兵下马，解下马鞍。这时，从白马（河南省滑县东北古黄河渡口）西迁的辎重车辆，已经上路，将领们认为太多，不如撤退回营。荀攸说：“我们正在引诱敌人攻击，怎么能走？”曹操向荀攸微笑（二人计谋相合，此笑可谓会心之笑）。袁绍骑兵统帅文丑，跟刘备共率骑兵五六千人，陆续抵达。将领们一再请求上马，曹操说：“不到时候。”稍后，袁绍骑兵越来越

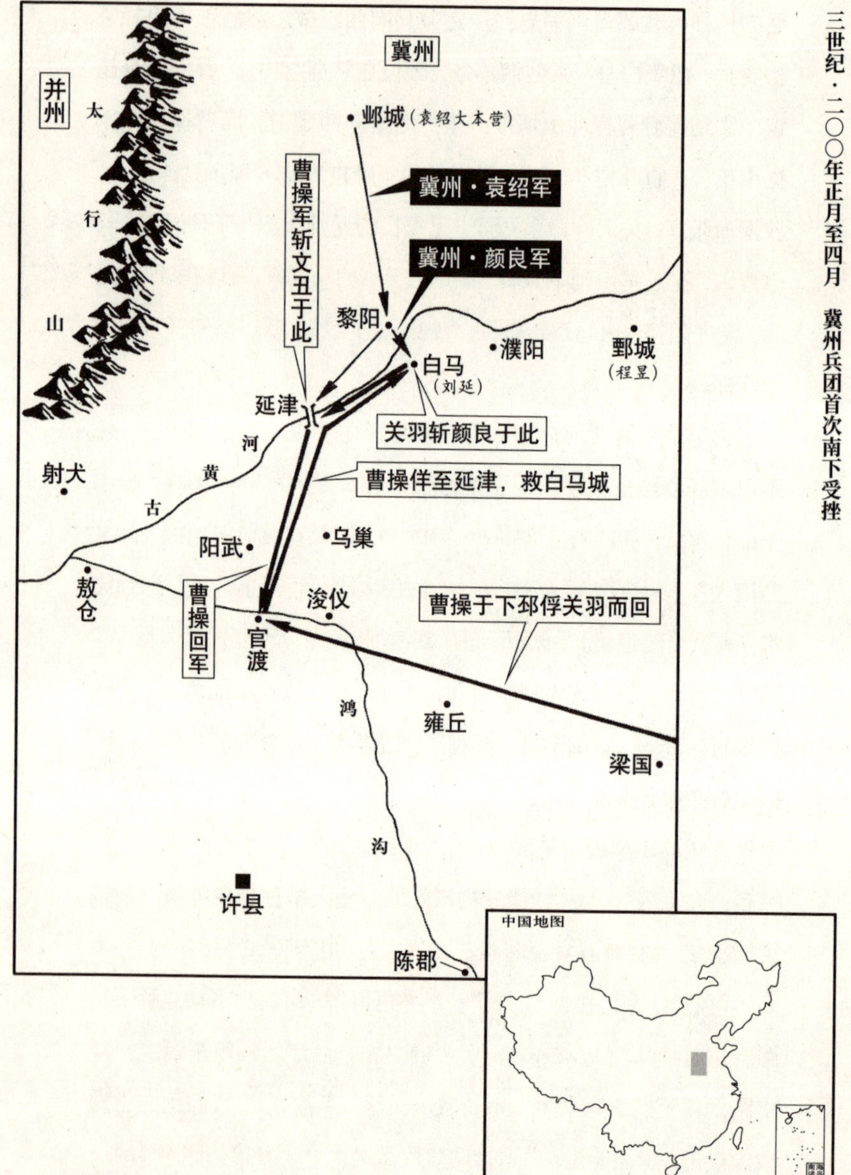

三世纪·二〇〇年正月至四月　冀州兵团首次南下受挫

多，分出一支军队，直扑大道上从白马西迁的辎重车队。曹操说："时候已到！"全体上马。这时，骑兵不超过六百人，曹操挥军攻击，大破袁绍兵团，击斩文丑。文丑与颜良，都是袁绍兵团名将，只两次会战，便全被诛杀，袁绍兵团士气低落。

最初，曹操喜爱关羽为人，但观察他的志向，似无久留意愿，因教张辽探询原因何在，关羽叹息说："我知道曹公待我优厚，但我受刘将军（刘备）的知遇之恩，誓跟他同死，不能背弃。我终于有一天要离开，但在离开之前，对曹公一定有所回报。"张辽转告曹操，曹操敬重他的义气。后来，关羽击斩颜良，曹操知道他辞去的日子不远，遂重重赏赐。关羽把曹操所有的赏赐，全部封存，留下拜别书信，投奔身在袁绍军营的刘备。曹操左右打算追杀，曹操说："人，各有他的主人，放他前往。"

曹操屯军官渡（河南省中牟县东北），远在幽州（河北省北部）的乌桓军政官（乌桓司马）阎柔，派人晋见（阎柔、鲜于辅事，参考一九五年），曹操任命阎柔当乌桓保安司令（乌桓校尉）。建忠将军、渔阳郡（北京市密云区）郡长鲜于辅亲自到官渡面谒，曹操任命鲜于辅当北疆右翼边防司令（右度辽将军），仍回幽州（河北省北部）镇守。

2 广陵郡（江苏省扬州市）郡长陈登，把郡政府设在射阳（江苏省宝应县东北射阳湖镇）。讨逆将军孙策，西上攻击江夏郡（湖北省武汉市新洲区）郡长黄祖（时在沙羡〔湖北省武汉市西南〕）。陈登引诱吴郡（江苏省苏州市）变民首领严白虎的残余部众，企图在孙策后方造成混乱。孙策回军攻击陈登，抵达丹徒（江苏省镇江市东丹徒区），等候运送粮秣。

最初，孙策斩吴郡（江苏省苏州市）郡长许贡（《资治通鉴》没有记载孙策杀许贡。许贡因被孙坚旧部、丹阳郡〔安徽省宣城市宣州区〕民兵司令〔都尉〕朱治逼迫，放弃郡长官位，投奔严白虎〔参考一九五年〕。去年〔一九九〕孙策大破严白虎，严白虎投奔许昭。大概在该次战役中，许贡被杀)，许贡的家奴和门客等，藏匿民间，准备替许贡复仇。孙策喜爱游猎，不断出营奔驰，坐骑是一匹良马，速度极快，卫士们的马无法追赶。而就在一次游猎中，突然跟复仇的三个杀手相遇，杀手一箭射中孙策面颊，卫士随后赶到，把杀手全部围杀。孙策伤重，召唤秘书长（长史）张昭等，吩咐说："中国正陷混乱，以吴（江苏省南部）越（浙江省）的人力，三江的险要（三江：吴淞江、钱塘江、浦阳江），足可以坐视中国争霸的结局，各位善待我的弟弟。"召唤年仅十九岁的老弟孙权到床前，把印信绶带佩到他身上，说："集结江东（江苏省南部太湖流域）的兵力，在沙场之上，取得胜利，跟天下英雄，争夺优势，你不如我。然而，遴选贤能，竭尽忠心，保卫江东，我不如你。" 902

四月四日，孙策逝世，年二十六岁。

孙权悲哀痛哭，不能主持军政大事。张昭说："孝廉（孙权曾被保荐"孝廉"）！这岂是你哭的时候！"给孙权换上官服，扶到马上，巡视军营。张昭率领文武官员，一面向中央（首都许县）奏报，一面通告所属各城，以及内外将领，令各人坚守岗位，奉公守职。江夏郡郡长（遥领）周瑜，从巴丘（江西省峡江县）率军前来参加丧礼，遂留在吴郡（江苏省苏州市），以中央军事总监（中护军）官位，跟张昭共同主持军政。

这时，孙策虽然拥有会稽郡（浙江省绍兴市）、吴郡（江苏省苏州市）、丹阳郡（安徽省宣城市宣州区）、豫章郡（江西省南昌市）、庐江郡（安徽省潜山市）、庐陵郡（江西省泰和县），然而，仅不过控制城市，偏远地区，仍在势力之外。寄居这块土地上的外籍流亡人士，跟统治者孙姓家族，并没有建立起长官、部属那种君臣间的情义；人心惶惶，为了安全，都有意早日离开。但张昭、周瑜等，肯定的认为孙权气宇不凡，可以共同完成大业，尽心尽意，委身服侍。

3 秋季，七月，东汉帝（十四任献帝）刘协（本年二十岁）封皇子刘冯当南阳王（首府宛县〔河南省南阳市〕。但此时皇室衰微，刘冯必不会到封国就任）。

七月十二日，刘冯逝世。

4 汝南郡（河南省平舆县西北射桥镇）黄巾变民首领刘辟等，背叛中央政府（首都许县），归附袁绍。袁绍派刘备率军援助刘辟，各郡县纷纷起兵响应。

袁绍派人任命阳安郡（河南省确山县北）民兵司令（都尉）李通，当征南将军；荆州（湖北省及湖南省）全权州长（牧）刘表，也派人秘密结交；李通一律拒绝。有人劝李通归附袁绍，李通手按佩剑，厉声叱责说："曹操睿智，定可安定天下。袁绍虽然强盛，终于会被擒获，我宁愿一死，也不变心。"诛杀袁绍的使节，把袁绍颁发的印信，呈缴曹操。

李通加强征收绸缎户税，朗陵（河南省确山县南任店镇）县长赵俨，晋见李通，说："而今，各郡同时叛变，只剩下阳安（河南省确山县北）一郡，还归附中央。人心正在不安，反而加强征收绸缎捐税，小人物乐于看到混乱，岂不应该考虑？"李通说："曹操跟袁绍处于决战前夕，邻近郡县竟背叛成这个样子，如果不能如期呈献，别人一定抨击我们心存观望，等待大局澄清。"赵俨说："你的考虑是对的，但应该权衡利害轻重，稍稍放松，我当为你解除这项苦恼。"遂写信给宫廷秘书长（尚书令）荀彧说："阳安郡（河南省确山县北）人民穷困，而相邻的县城，又全都叛变，容易受到冲击，正面临平安和倾覆的十字街口。然而，一郡人民，仍效忠中央，坚守节操，身处险境，没有二心。我认为政府应特别慰勉，想不到户税绸缎，反而催迫更急，将用什么方法，鼓励善行？”荀彧报告曹操（时曹操远在官渡〔河南省中牟县东北〕），曹操下令把户税绸缎，退还给人民。上下欢腾，一郡平安。李通遂即攻击变民首领瞿恭等，全部击破，淮河、汝水（淮河支流）之间地带，完全平定。

这时，曹操刚制定新的法令，颁布郡县政府执行，比过去旧的法令要严厉得多，尤其户税绸缎，征收迫切。长广郡（山东省莱阳市东）郡长何夔（此时长广郡属袁谭的青州〔山东省北部〕，而何夔则是中央〔首都许县〕任命。在军阀割据的局面中，中央政府虽然对已被“表”为全权州长〔如袁谭〕的军阀不敢动摇，但对其辖下之郡及封国都能任命。而割据的州长们，亦避免与中央发生正面冲突，故亦接受这些来自中央的下属），向曹操进言说：“从前的君王，赋税分为九等，以距京师的远近，作为标准（以首都为中心，千里之内称“王畿”“京畿”，其外五百里称“侯服”，其外再五百里称“甸服”，其外再五百里称“男服”，其外再五百里称“采服”，其外再五百里称“卫服”，其外再五百里称“蛮服”，其外再五百里称“夷服”，其外再五百里称“镇服”，其外再五百里称“藩服”），并且提供‘三典’原则，用以适应社会实际情况（三典，《周官 · 大司寇》：对新建立秩序的社会，用轻刑。对已建立秩序的社会，用中刑。对秩序混乱的社会，用重刑）。我认为：本郡应属于新建立秩序的社会，而又处于偏远地带。民间的小小纠纷，郡长县长应有权因时因地制宜，自行处理。只要上不违背政府法令，下不违背人民心愿。等到三年之后，人民安居乐业，然后再推行中央法令。”曹操批准。

刘备率军在汝水、颍水一带，出没游击，首都许县（河南省许昌市东）以南，官民人心不安，曹操深为苦恼。曹仁说：“南方郡县，知道大军正处于紧急状态，势不能援救。刘备突然重兵压境，以大吃

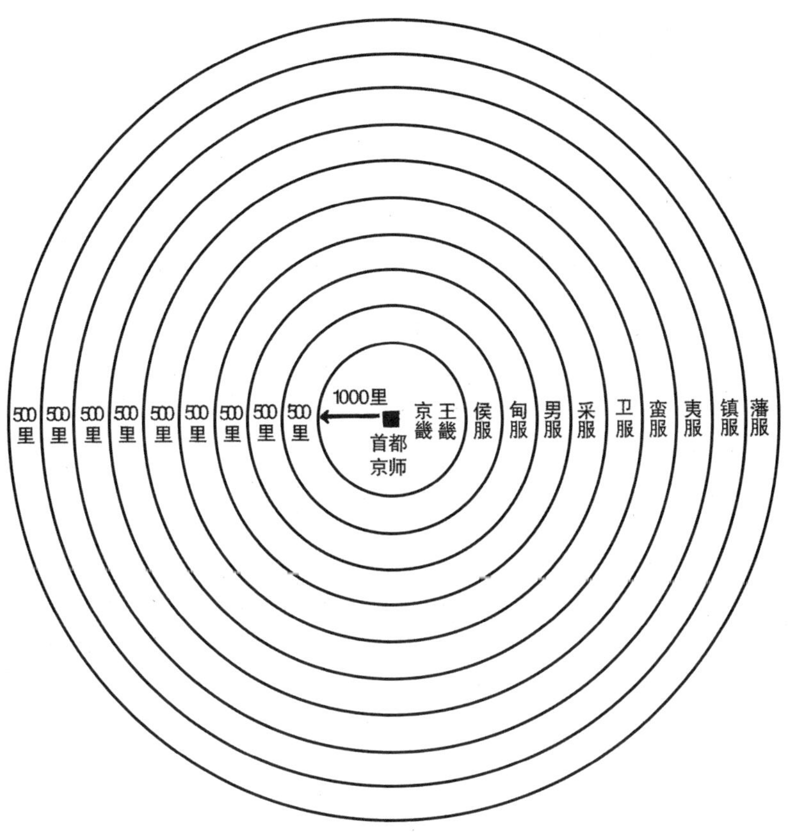

古代君王把天下划为“九服”，以距离京师远近，作为征收赋税的标准，除“王畿”（京畿）是一千里（直径二千里）外，各“服”地带，都是五百里。

小，他们不得不背叛求生，完全可以理解。不过，刘备亲自统率的全是袁绍的部队，不能得心应手。我们如果发动攻击，可以击破。”曹操命曹仁率骑兵追击刘备，大破刘备军，收复所有背叛的县城，班师。

刘备率军返回袁绍大营（时袁绍在延津〔河南省卫辉市东〕黄河南岸），暗中计划如何脱离，于是建议袁绍加强跟刘表的联盟。袁绍派刘备率领他自己的旧部，再到汝南郡（河南省平舆县西北射桥镇），跟变民首领龚都会合，约有部众数千人。曹操派将领蔡杨阻截，刘备击斩蔡杨。

袁绍的强大兵团推进到阳武（河南省原阳县西南），沮授建议说：“我们的部队虽多，可是战斗力不如曹操。曹操的粮秣少，而我们的粮秣多。曹操急于作战，我们最大的优势是拖延时间。所以，应长期打算，消耗对方。”袁绍不听。

八月，袁绍再向南推进，紧傍沙堆筑营，东西连绵数十华里。曹操大军也向两翼展开，构筑阵地，双方遥遥相对。

5 九月一日，日蚀。

6 曹操发动试探性攻击，不能取胜，收军退回营垒。袁绍在营中堆土成山，建立高楼，向曹操军营射箭，曹操军营完全暴露在敌人射程之内，官兵都用盾牌蒙头，才敢通行。曹操制造“霹雳车”（一种抛掷巨石的攻城车辆），用巨石攻击高楼，一一摧毁。袁绍再挖掘地道，曹操则在营内挖掘横沟阻挡。但曹操兵力过少，粮秣又将告尽，士兵辛苦疲惫；人民在重税压榨下，又纷纷背叛曹操，投奔袁绍。曹操忧愁苦恼，写信给宫廷秘书长（尚书令）荀彧，打算撤军返回京师（首都许县），引诱袁绍深入。荀彧回答说：“袁绍把他所有的部队，全部集中官渡（河南省中牟县东北），打算跟你一决胜负。你以最弱面对最强，如果不能克制敌人，一定被敌人克制，目前正站在历史最大的转折点上。袁绍，不过一个小市民型的英雄人物，能集结很多人，却没有本领分辨谁是真正的人才，妥加任用。你聪明睿智，又名正言顺，有谁可以阻挡你达到目的？粮秣虽然缺少，还没有到西汉跟西楚在荥阳（河南省荥阳市）、成皋（河南省荥阳市西北汜水镇）对峙那种程度。当时的刘邦、项羽，谁都不肯先向后退的缘故，深知一旦先向后退，形势就会立刻逆转。你的军队，不过袁绍军队的十分之一，然而，画地坚守，扼住袁绍的咽喉，使他寸步不能前进，历时半年，情势已到谷底，必有大的变化。这正是出奇制胜的时机，不可丧失。”曹操采纳，下令加强营垒工事，严密防守，遇到运送粮秣的后勤部队士兵，安抚他们说：“再过十五天，我为你们击破袁绍，就不再麻烦你们奔波了！”正逢袁绍运送粮秣的辎重车队数千辆，抵达官渡（河南省中牟县东北）。智囊荀攸告诉曹操：“袁绍辎重车队，随时会到。押运官韩猛，勇敢但轻敌，一击可破。”曹操说：“谁能担负这项任务？”荀攸说：“徐晃！”曹操遂命偏将军、河东郡（山西省夏县）人徐晃跟史涣，共同出军邀击，大破韩猛军，纵火焚烧所运辎重。

冬季，十月，袁绍第二批更庞大的运粮辎重车队又到，由大将淳于琼率军一万余人护送，在袁绍大营北四十华里扎营。沮授建议袁绍：“派将领蒋奇，率军在淳于琼外围巡逻，严防曹操夺粮。”袁绍不理。另一智囊许攸说：“曹操兵力单薄，集结所可能集结的部队正面相对，首都许县（河南省许昌市东）防务一定空虚，如果派出轻装备部队，星夜南下袭击，可以攻取。许县陷落，则迎奉天子（皇帝刘协)，讨伐曹操，曹操就成了瓮中之鳖。即令他不溃散，也教他救首救尾，疲于奔命，最后还是破败。”袁绍拒绝，说：“我要先生擒曹操。”正好许攸家人犯法，审配逮捕许攸家人。许攸大怒，遂投奔曹操。

曹操听说许攸驾到，来不及穿鞋，光脚奔出去迎接，鼓掌大笑说：“许攸远来，我的大事成功！”既迎接入座，许攸问曹操说：“袁绍军力强大，你有什么办法？而今，你还有多少存粮？”曹操说：“还可支持一年。”许攸说：“胡说八道，再说一次。”曹操说：“还可支持半年。”许攸说：“你不想击败袁绍了，怎么总是撒谎？”曹操说：“刚才是开玩笑，老实说，存粮勉强可支持一月，怎么办？”许攸说：“你一支孤军，困守阵地，外无救兵，内无粮草，正是千万危急。袁绍辎重车队，一万余辆，屯在故市、乌巢(均在河南省封丘县西)，戒备并不严密，如果用轻装备精兵，发动突袭，定出他们意料之外，然后放火烧粮，则不出三日，袁绍部队就会自行溃败。”

曹操大喜若狂，命曹洪、荀攸留守大营，亲自率领一支步骑兵五千人的混合部队，改用袁绍兵团的旗帜号令，马口衔住木枝，再加绳缚，在夜色掩护下，从小径出发，每人都抱一束木柴；沿途遇有查问，就回答说：“袁公(袁绍)恐怕曹操袭击后勤粮道，派我们加强戒备。”问话的人深信不疑，一切如常。曹操军既到故市、乌巢(均在河南省封丘县西)，立即展开包围，乘风纵火，袁绍护粮部队大乱。这时，天色破晓，淳于琼等发现曹操兵力有限，率军出营，曹操即行进攻，淳于琼不敢反击，退回营寨自保，曹操攻击更为猛烈。

袁绍得到消息，对儿子袁谭说：“纵然曹操击破淳于琼，我也击破他的大营，教他无家可归。”命大将高览、张郃，执行这项任务。张郃说：“曹操率领的全是精锐，一定会攻破淳于琼。淳于琼

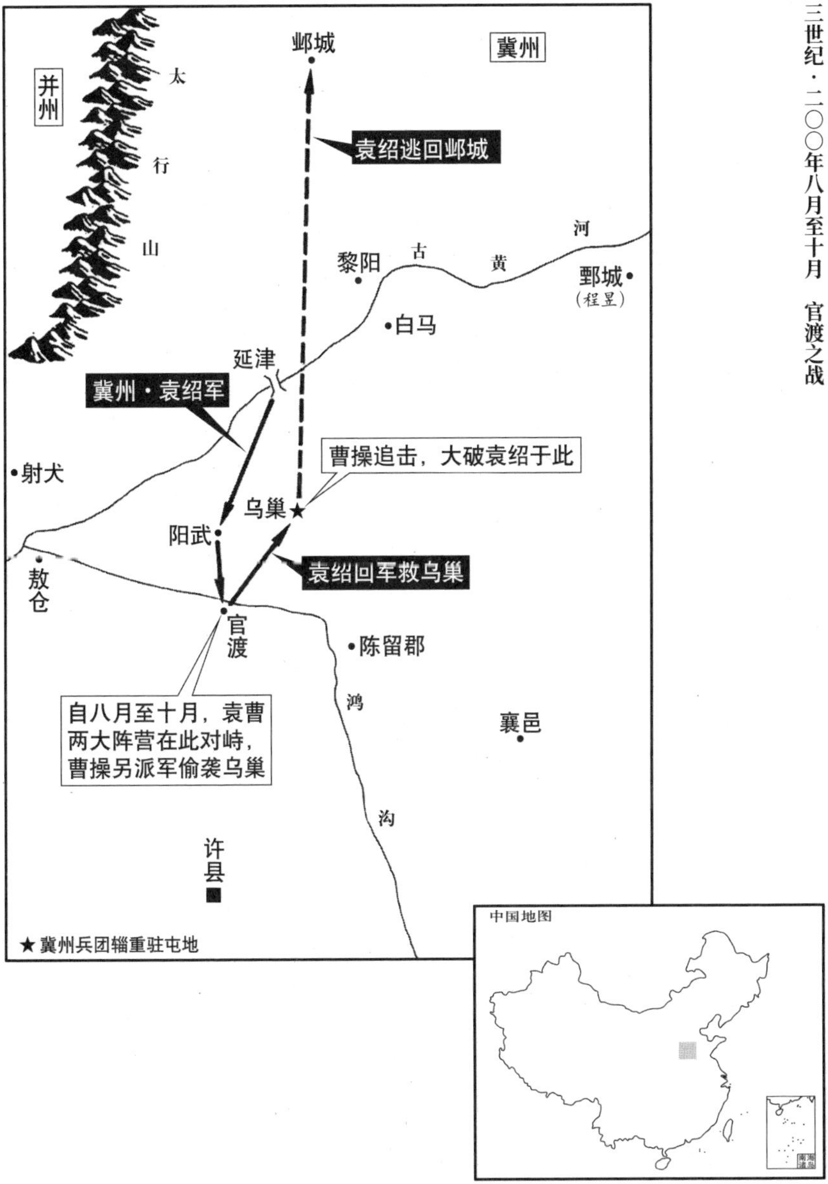

三世纪·二〇〇年八月至十月　官渡之战

邺城

冀州

并州

太行山

袁绍逃回邺城

河

古

黄

黎阳

鄄城
（程昱）

白马

延津

冀州·袁绍军

曹操追击，大破袁绍于此

射犬

乌巢

阳武

袁绍回军救乌巢

敖仓

官渡

陈留郡

鸿

沟

自八月至十月，袁曹两大阵营在此对峙，曹操另派军偷袭乌巢

襄邑

许县

★冀州兵团辎重驻屯地

中国地图

南海诸岛

一旦失败，大势已去，应该先救淳于琼。”但智囊郭图仍坚持攻击曹操大营，张郃说：“曹操大营，十分坚固，攻击一定失败。万一淳于琼被擒，我们全体都会成为俘虏。”袁绍只派出轻装备骑兵前往援救淳于琼，而用主力攻击曹操大营，果然不能攻克。

袁绍援军抵达乌巢（河南省封丘县西），曹操左右向曹操报告：“敌骑已经接近，请分军阻击！”曹操大怒说：“等他们到了背后，再告诉我。”于是爆发惨烈决战，曹操士卒死中求生，血肉搏斗，杀声震动天地，大破袁绍兵团，斩淳于琼等，把所有军粮，纵火焚烧。俘虏袁绍军一千余人，割下每个人的鼻子；俘虏的牛马，则割下每头牛马的嘴唇或舌头，然后驱逐他们奔回袁绍大营；袁绍部队官兵，目睹惨象，大为震恐。

郭图对他谋略的失败，十分惭愧，于是向袁绍陷害张郃，说：“张郃听说失利，十分高兴。”张郃既愤又惧，遂跟高览焚毁攻营武器，奔往曹操大营投降。留守大营的曹洪对敌人两位高级将领的投降，惊疑不止，不敢接受。荀攸说：“张郃愤怒他的计策不被采用，前来归附，你担心什么？”曹洪才迎接二人入营。

一连串无情的噩耗，使袁绍兵团惊恐震撼，不知所措，霎时间，大营崩溃，官兵四散逃命。袁绍跟袁谭，用丝巾包住头发，率领剩下的八百骑兵，北渡黄河。曹操追击，已来不及，遂把袁绍大营里的辎重、图书、金银财宝，全部接收。袁绍残余部队向曹操投降，曹操全部坑杀，总计前后，共杀七万余人。

沮授来不及追随袁绍渡河（黄河），被曹操军俘虏，大叫说：“我不是投降，而是被擒。”曹操跟沮授原是老友，亲自迎接他，说：“我们所处的地区不同，遂告隔绝，想不到今天把你捉住。”沮授说：“袁绍不能用良策美计，自取失败的羞辱。我才智不能施展，应该如此下场。”曹操说：“袁绍没有头脑，不用你的谋略。而今天下战乱，仍然没有减少，希望跟你共同磋商。”沮授说：“我的叔父跟弟弟，命脉握在袁绍之手。如果蒙你看重，就请早日杀我，才是我的福气。”曹操叹息说：“我如果早得到你，天下事不必担心！”命把沮授释放，特别厚待。稍后，沮授图谋逃回北方，曹操把他处决。

曹操检查袁绍大营档案，发现首都许县（河南省许昌市东）中央政府若干官员，甚至军中若干将领写给袁绍表态的信件，下令全部焚毁（东汉王朝一任帝刘秀在击溃王郎后，曾焚毁类似信件〔参考二四年五月〕，用以安抚反侧。因为穷查猛究，可能引起暴乱，甚至全盘瓦解。英雄智谋及胸襟，往往相同），说：“面对袁绍的强盛，连我自己都不敢相信可以保全，何况别人？”冀州（河北省中部南部）所属城池，多归降曹操。袁绍逃到黎阳（河南省浚县）北岸，投奔将领蒋义渠军营，握住蒋义渠的手说：“我把人头交给你了！”蒋义渠立刻离开虎帐，请袁绍上座，发号施令。残兵败将听到袁绍行踪，逐渐集结。

有人告诉囚禁在监狱里的行政官（别驾）田丰说：“你以后一定受到重视！”田丰说：“袁绍外貌似乎很宽厚，但内心恰恰相反，却很猜忌。不会谅解我的一片忠心，只会认为我不断在冒犯他。如果大军胜利，心里高兴，还有赦免我的可能；而今战败，心头恚恨，老羞成怒，我性命已陷危境。”部队士卒们，都捶胸流泪说：“如果田丰留在军中，必不会失败。”袁绍对逄纪说：“冀州（河北省中部南部）人士，听到我前线失利，都会同情我。只有田丰，从前曾经劝阻，跟其他人不同，使我感到惭愧。”逄纪乘机陷害，说：“田丰得到将军败退的消息，鼓掌大笑，庆幸他的预言实现。”袁绍对他的僚属说：“我不用田丰的计谋，果然被他耻笑。”下令诛杀田丰。

最初，曹操听说田丰没有跟随袁绍大军出征，大喜说："袁绍一定失败！"等到袁绍军溃散逃走，又说："开始时袁绍如果用田丰的计谋，结局如何，难以预料。"

刘邦北击匈奴，娄敬劝阻，被投入监狱，等到刘邦白登突围，狼狈逃走，第一个想起的就是娄敬，不但立刻释放，加官晋爵，而且深自检讨，向娄敬致歉（参考前二〇〇年）。袁绍跟田丰之间的关系位置，几乎是刘、娄二人之间关系位置的历史重演，但反应不同，袁绍的反应是老羞成怒。

刘邦不愧是英雄人物，袁绍不过庸碌之辈，封闭的心灵，使他丧失了检讨反省的能力，娄敬跟田丰，都是一代英才，而遭遇不同，田丰把袁绍像玻璃人一样，看得透彻，但不能逃出毒手。大时代中，全国沸腾，再睿智的人，除非有特别机缘，往往身不由己。悲剧之层出不穷，原因在此。可哀。

审配的两个儿子，被曹操俘虏。袁绍部将孟岱，对袁绍说："审配位居高官，专权独断，家族旺盛，所统御的军队，战斗力强大；而且两个儿子又在曹操那里，一定心生叛逆。"郭图、辛评也认为如此。袁绍遂任命孟岱当监军官（监军），代替审配，镇守邺城（冀州州政府所在城，河北省临漳县西南邺城镇）。大军保护总监（护军）逢纪跟审配素有怨恨，袁绍问逢纪的意见，逢纪说："审配刚烈正直，每每思慕古人忠孝大节，绝不会因为两个儿子落入敌人之手，就有二心，请不要猜疑。"袁绍说："你不是一向讨厌他吗？"逢纪说："之前，我跟他的争执，是私人感情，今天的陈述，是国家大事。"袁绍说："对极！"决定不罢黜审配。审配遂跟逢纪成为好友。

冀州（河北省中部南部）一些背叛的城池，袁绍派军出击，稍稍收复。

袁绍为人，宽厚文雅，很有气度，喜怒从不外露；但刚愎自用，对自己的智慧能力，有过高的评估，对正直的、有深度的建议，不能了解采纳，所以归于失败。

7 冬季，十月十二日，天际大梁星旁，出现孛星。

8 故讨逆将军孙策所委任的庐江郡（安徽省潜山市）郡长李术，击斩中央所委任的扬州州长（刺史）严象。庐江郡（安徽省潜山市）变民首领梅乾、雷绪、陈兰等，每人都拥有数万人的庞大部众，散布长江、淮河之间。曹操推荐并任命（表）沛国（首府相县〔安徽省淮北市〕）人刘馥当扬州（安徽省中部及江南地区）州长（刺史）。这时，扬州州政府所控制的地区，只剩下九江郡（安徽省寿县），刘馥单人独马，前往已成空城的合肥（安徽省合肥市），设立州政府，招降梅乾、雷绪等，对中央政府进贡不绝。数年之中，恩德教化，广为推行，流亡到外郡外县的难民，回归的以万为单位计算。于是，推行垦荒，修建堤岸水坝，官民都有积蓄。遂招集学生，兴建学校；又加强城防工程，储存木材石块，积极准备抵挡外敌攻击。

9 曹操听说孙策逝世，打算乘大丧之际，军心动摇，大举讨伐。执法监察官（侍御史）张纮劝阻说："利用别人的丧事，不是古代的道义。万一不能攻克，反而化友为敌，不如更厚待他。"曹操就推荐并任命（表）孙权当讨虏将军，兼会稽郡（浙江省绍兴市）郡长。曹操打算教张纮辅佐孙权，相机劝导孙权归附中央政府，于是，任命张纮当会稽郡东部民兵司令（东部都尉）。张纮抵达吴县（吴郡郡政府所在县，江苏省苏州市。孙权大本营亦设此），孙权的娘亲吴太夫人认为孙权年纪太小，全心委任张纮跟张昭，同时担任辅导。张纮尽心尽力，知无不言，言无不尽。

孙权娘亲吴太夫人问扬武司令官（扬武都尉）会稽郡（浙江省绍兴市）人董袭说："江东（江苏省南部太湖流域）能不能自保？"董袭说："江东山川险要，而讨逆将军（孙策）的恩德，留在民间。主公（孙权）继承已经稳固了的基础，大小老少，全都倾心拥戴。张昭主持政治；我，董袭等武官，充当爪牙；地利人和，万无一失，不必忧虑。"

孙权命张纮前往会稽郡（浙江省绍兴市）到职，有人认为张纮是中央政府任命的官员，恐怕他的愿望不仅仅如此；孙权却不在意（张纮本是孙策部将〔正议校尉〕，于一九八年，派赴中央进贡，就留在首都许县任职，这次才被遣返）。

鲁肃将举家回乡（鲁肃是东城县〔安徽省定远县东南〕人，逃避袁术，侨居曲阿〔江苏省丹阳市〕，参考一九八年），周瑜阻止他，遂向孙权推荐，说："鲁肃的才干，压倒当世，你应该多延聘这样的人物，完成功业。"孙权接见鲁肃，交谈之下，大为兴奋。等到宾客全部告辞时，还特地留下鲁肃，把坐榻靠在一起，一面饮酒，一面交换意见，孙权说："当今，汉王朝（东汉王朝）形势垂危，我羡慕姜小白（春秋时代齐国十六任国君桓公）、姬重耳（春秋时代晋国二十四任国君文公）的功业，你怎么帮助我？"鲁肃说："从前，高祖（西汉王朝一任帝刘邦）打算尊奉义帝芈心，不能如愿，因为项羽从中作梗。今天的曹操，正是当年的项羽，将军有什么办法效法姜小白、姬重耳？我私下推断，汉王朝（东汉王朝）不可能复兴，曹操不可能排除。为将军设想，只有一条路，那就是保住江东（江苏省南部太湖流域），坐看天下变化。最好是利用中央政府在北方用兵，无暇南顾的机会，消灭江夏郡（湖北省武汉市新洲区）郡长黄祖，攻击荆州（湖北省及湖南省）州长刘表，把长江流域，置于控制之下，这是君王的局面。”孙权说：“我盼望的是，贡献我们一个地区的力量，拥护中央政府，你的话超越得太远！”张昭抨击鲁肃年纪太小，粗枝大叶。而孙权更尊重鲁肃，赏赐给他用不完的财物，另给他建屋储存，使鲁肃的财富，恢复旧观（鲁肃家本是富豪，在周瑜穷困时，曾赠大批粮食）。

孙权调查有些兵力既小、战斗力又弱的低级将领，把他们的部队整编合并。地方团队军政官（别部司马）汝南郡（河南省平舆县西北射桥镇）人吕蒙，军容整齐，训练有素，孙权大为欣赏，使他扩充编制，至为宠爱信任。

人事官（功曹）骆统，建议孙权尊敬贤能，接纳有知名度的人士，检讨过失；宴会的时候，个别召见，询问生活起居，表达深切关心；鼓励发言，观察他们的能力和愿望；孙权全部接受。骆统，是骆俊的儿子（骆俊，陈国宰相，参考一九七年）。

庐陵郡（江西省泰和县）郡长孙辅（孙权堂兄），恐怕孙权没有能力保守江东（江苏省南部太湖流域），派密使送信给曹操，要求大军南下接收。密使报告孙权，孙权逮捕孙辅左右亲信，全部诛杀；把孙辅的部队分拨给其他将领，押送孙辅到东部（应指吴郡〔江苏省苏州市〕之东）软禁。

曹操推荐并任命（表）前豫章郡（江西省南昌市）郡长华歆，当参议官（议郎），兼最高监察署军事参议官（参司空军事）。

孙策任命的庐江郡（安徽省潜山市）郡长李术，不肯服从孙权，更收容孙权部下的叛徒。孙权用正式公文，报告曹操：“扬州（安徽省中部及江南地区）州长（刺史）严象，是中央任命，而被李术击斩，毫无忌惮，理应迅速扑灭。我现在采取军事行动，预料李术必然花言巧语，请求中央援救。明公（曹操）身居‘阿衡’（天子保姆）重任，天下观瞻所系，务请你告诫部下，不要接纳李术。”遂出动军队，攻击皖县（安徽省潜山市）。李术果向曹操求救，曹操不理。孙权军遂攻陷皖县，屠城，砍下李术人头。李术部属二万余人，全部南迁。

10 荆州（湖北省及湖南省）全权州长（牧）刘表，攻击长沙郡（湖南省长沙市）郡长张羡（张羡联合零陵、桂阳二郡，归附曹操事，参考一九八年），经年不能攻克。曹操正跟袁绍对抗，不能分兵相救。张羡因病逝世，部众拥立他的儿子张怿。刘表加强攻势，张怿跟零陵郡（湖南省永州市）、桂阳郡（湖南省郴州市）两郡，全被击破。于是刘表拥有土地数千华里，武装部队十余万，渐渐自命不凡，对中央政府改变态度，不再继续进贡。而且自己在郊外祭祀天地，所居住的地方、所穿的衣服，都跟皇帝一样。

11 益州（四川省及云南省）全权州长（牧）刘璋，愚昧无能，督义军政官（督义司马）张鲁，逐渐不受控制，袭击地方团队军政官（别部司马）张修；杀掉张修后，吞并他的部众（张鲁跟张修合作击斩汉中郡郡长苏固事，参考一九一年）。刘璋大怒，诛杀张鲁的娘亲跟老弟。张鲁遂占领汉中郡（陕西省汉中市），跟刘璋对抗。刘璋派警卫指挥官（中郎将）庞羲讨伐，不能取胜。于是任命庞羲当巴郡（此时巴郡郡政府设安汉〔四川省南充市〕）郡长，驻军阆中（四川省阆中市），防御张鲁。庞羲招募汉昌（四川省巴中市）賨人部落民众当兵（賨，音cóng〔从〕。四川省东北部地区蛮夷名称）。有人向刘璋诬陷庞羲图谋不轨，刘璋对庞羲顿然起疑。征东警卫指挥官（征东中郎将）赵韪，平时常向刘璋提出建议，刘璋不理，赵韪也怀恨在心（赵韪原任皇家仓库管理官〔太仓令〕，弃官随刘焉到益州，参考一八八年。后又坚持拥立刘璋，参考一九四年）。

最初，南阳郡（河南省南阳市）、三辅（关中地区，陕西省中部）难民，逃亡到益州（四川省及云南省）的，有数万家，刘璋的老爹刘焉，全部收容当兵，称“东州兵团”。刘璋性情宽大柔和，没有威信，东州兵团士卒欺负虐待益州原来居民，刘璋无法禁止。而赵韪身为高官，深得人心，利用人民对刘璋的怨恨，聚众起兵，率军数万人，攻击刘璋。用厚礼结交荆州（湖北省及湖南省）全权州长（牧）刘表，缔结同盟。蜀郡（四川省成都市）、广汉郡（四川省广汉市）、犍为郡（四川省眉山市彭山区）纷纷响应。

二〇一年 辛巳

东汉 建安 六年

1 春季，三月一日，日蚀。

2 东汉王朝（首府许县〔河南省许昌市东〕）最高监察长（司空）曹操，把大军移往农产品丰收的安民（山东省梁山县东北），解决军食。认为冀州（河北省中部南部）全权州长（牧）袁绍（时在邺城〔河北省临漳县西南邺城镇〕）刚被击败，打算利用这个间隙，攻击荆州（湖北省及湖南省）全权州长（牧。州政府设襄阳〔湖北省襄阳市〕）刘表。宫廷秘书长（尚书令）荀彧说："袁绍刚刚吃了败仗，军心不稳，人心涣散，应该乘他们困苦之际，一扫而平。如果南征遥远的长江、汉水，万一袁绍收拾残余的灰烬，乘我们后防空虚，一举而入，大势将一去不返。"曹操遂停止。

夏季，四月，曹操沿着黄河，展示军威，击破驻防仓亭（山东省阳谷县北古黄河渡口）的袁绍部队。

秋季，九月，曹操返回首都许县（河北省许昌市东）。

3 曹操亲自攻击活动于汝南郡（河南省平舆县西北射桥镇）的左将军刘备，刘备不能抵抗，投奔荆州全权州长刘表。变民首领龚都（参考去年〔二〇〇〕七月）等部众溃散。

刘表听说刘备将到，亲自到襄阳（荆州州政府所在县）城外迎接，尊为贵宾，增加他的武力，命他驻屯新野（河南省新野县）。

之后，刘备在荆州（湖北省及湖南省）数年之久。有一次，刘表宾客云集时，刘备起身去洗手间，忍不住流泪满面。刘表感到奇怪，问他什么事。刘备说："过去，我从不离开马鞍，髀肉（大腿赘肉）全消。而今不再骑马，髀肉复生。日月如同流水，将到老年，而功业毫无建树，不觉悲怆！"

4 曹操派大将夏侯渊、张辽，包围活动于东海郡（山东省郯城县）的昌豨（昌豨背叛曹操，归附吕布事，参考一九八年九月；之后拒不投降中央政府，继续战斗，参考前年〔一九九〕），历时数月，粮秣将尽，商议撤退。张辽对夏侯渊说："这几天，我每次巡察阵地，昌豨总是向我注视，而对我发射的箭越来越少。这是一种征兆，显示他对继续抵抗和屈服投降的抉择，正犹豫不定，所以反应疲弱。我打算跟他接近交谈，或许可以说服。”于是派人告诉昌豨说：“曹公（曹操）有命令，教我向你转告。”昌豨果然出营跟张辽见面。张辽宣扬曹操英明神武，正用恩德怀柔四方，最先归附的，将受巨大赏赐；昌豨允许投降。张辽遂单身匹马，深入三公山（郯城县东北），到昌豨家，拜见昌豨妻子。昌豨大喜，随同张辽晋见曹操，曹操命昌豨返回原地。

5 赵韪包围益州（四川省及云南省）全权州长（牧）刘璋所在的成都（益州州政府所在县，四川省成都市），东州兵团恐怕受到诛杀（参考去年〔二〇〇〕），作殊死战，赵韪军败，撤退。东州兵团追到江州（重庆市），斩赵韪。

胡三省曰

赵韪追随刘焉，同到蜀境（四川省），不过贪图富贵，而竟因贪图富贵，丧失生命，证明行险侥幸，不如安坐家中，等候时机。

柏杨曰

赵韪背叛刘璋，就史书上显示的资料，看不出他是贪图富贵，而只看出他是为了反抗东州兵团的暴行。赵韪之所以能深得人心，当然是他向人民认同。当他目睹人民的房屋被烧、妇女被奸、生命被杀，屡屡要求刘璋制止，刘璋却一推二拖三和稀泥时，试问，赵韪应怎么办？难道把所有跪在他面前诉苦的小民，逐出大门，从此不闻不问，以求“明哲保身”，这样做当然受到传统知识分子的赞扬，或是兴起正义之怒，抛弃既得利益，率领被迫害的人民抗暴，这样做的结果是：成则王侯败则贼。成功了，大家掌声雷动，高叫：“这是天命。”失败了，大家讥讽他贪图富贵。

赵韪选择了正义之怒，而又不幸失败。受到诬蔑，在意料之中。中华人什么时候不再用邪恶的成见去解释别人，中华人才有资格成为一个高贵的民族。

庞羲在得到赵韪被杀的消息后，大为恐惧，派属官程祁，通知他老爹、汉昌（四川省巴中市）县长程畿，征调賨人部队（活动于四川省东北部。賨，音cóng〔从〕）。程畿说："郡政府训练民兵，目的不是要背叛作乱。纵然有人打小报告，挑拨陷害，也只能诚心诚意，尽我们的忠贞；如果因此就索性决裂，我不敢接受。"程祁回来报告后，庞羲再派程祁前往，希望说服程畿。程畿说："我受州长（刘璋）的大恩，当向州长尽忠。你（程祁）是郡长的部属，当向郡长尽忠。不合大义的行为，宁可死，也不去做。"

庞羲暴跳如雷，派人告诉程畿说："你如果不听郡长的命令，将给你全家带来灾祸。"程畿说："乐羊吃下他儿子的肉（参考前四〇三年），并不是没有父子之情，只是为了大义。今天，即令把我儿子程祁煮成肉汤，拿给我喝，我也会下咽。"庞羲无法加强兵力，遂深自引咎，向刘璋道歉。刘璋擢升程畿当江阳郡（四川省泸州市）郡长。

中央政府听到益州（四川省及云南省）内乱消息，立即任命高级皇家警卫指挥官（五官中郎将）牛亶，当益州州长（刺史），征召刘璋返回京师（首都许县）当部长（卿），刘璋拒绝。

盘踞汉中郡（陕西省汉中市）的督义军政官（督义司马）张鲁，用鬼神教化人民，害病的人都要坦白承认自己的过失，然后由张鲁向上天代他们祈祷。事实上，这对病人无益，但愚妇愚夫，却深信不疑，把张鲁当神灵一样供奉。对犯法的人，原谅三次，仍不能改时，才用刑罚惩处。不设立官员，头目一律称“祭酒”（初级官员称“鬼卒”，升一级称“祭酒”，“祭酒”是部队长，再升一级称“活头大祭酒”，即司令官、指挥官、县长官位）。当地百姓和蛮夷对这项简单的制度，大为欢迎。外地流亡到他辖区的难民，不敢不信奉遵行。后来，张鲁遂夺取巴郡（四川省南充市）。中央政府不能控制，只好安抚，遂任命张鲁当镇民警卫指挥官（镇民中郎将），兼汉宁郡（陕西省汉中市）郡长。张鲁对中央政府，也不过仅只进贡一点土产，表示臣服。

民间有人在地下掘出一块玉印，呈献给张鲁，部属们打算借这个机会，尊称张鲁“汉宁王”。郡政府人事官（功曹）巴西郡（四川省阆中市）人阎圃劝阻说：“汉水区域居民，有十万余户，财产丰富，土地肥沃，四周险要，可以固守。对上辅佐皇帝，可以完成姜小白（桓）、姬重耳（文）的尊王功业。次一等的，也可以效法窦融，永远保持富贵（东汉王朝统一全国之前，窦融控制河西〔甘肃省中西部〕，但一直对东汉政府作形式上的臣服）。而今事事都代表天子发言（承制），形势上已是独立局面，用不着非公开当‘王’不可。盼望你不要贪图这个称号，以免灾祸逼面。”张鲁接受。

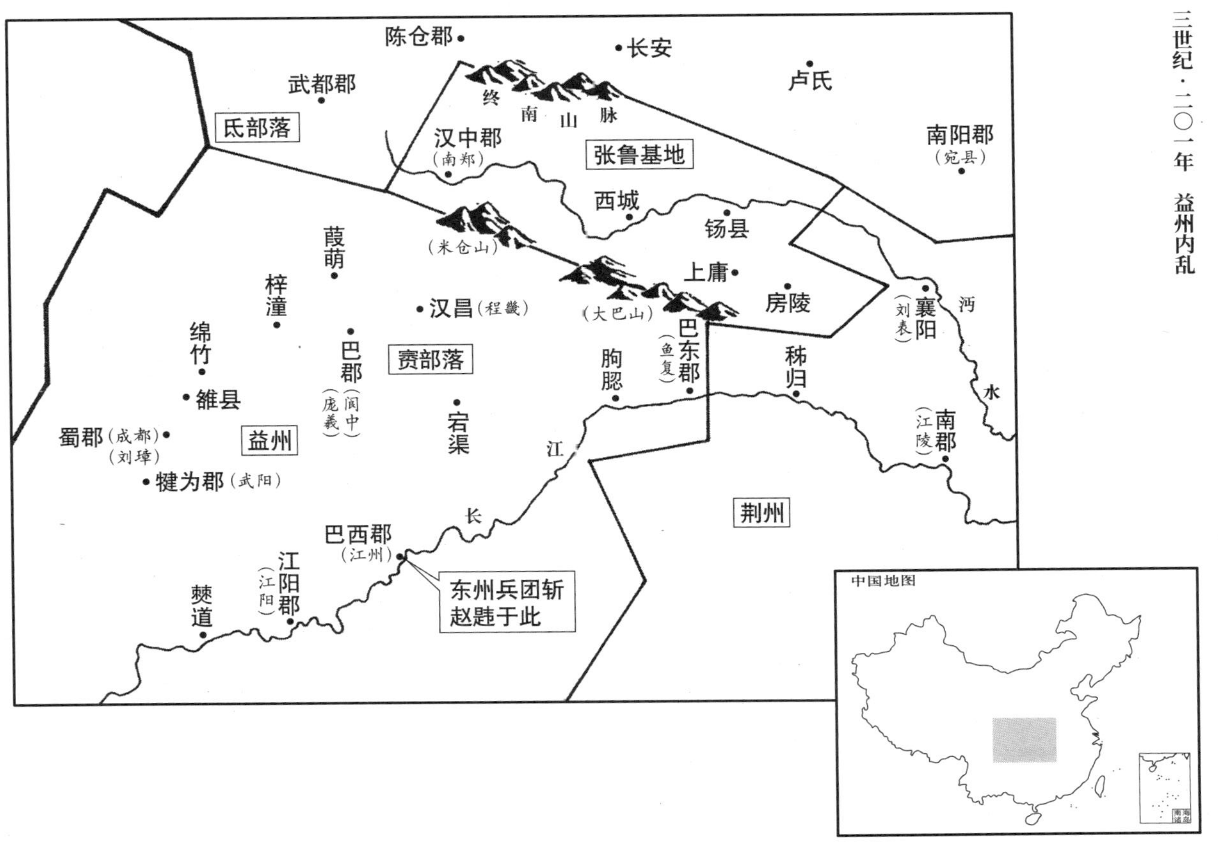

三世纪・二〇一年　益州内乱

二〇二年

壬申

东汉　建安　七年

1 春季，正月，东汉王朝（首都许县〔河南省许昌市东〕）最高监察长（司空）曹操，率军驻扎故乡谯县（豫州州政府所在县，安徽省亳州市），因而前进到浚仪（河南省开封市），挖凿睢阳渠（灌溉水道，流经河南省商丘市南），派使节用太牢（猪牛羊各一）祭祀桥玄（桥玄对曹操有知遇之恩，曹操年轻时，不务正业，身为全国武装部队总司令〔太尉〕的桥玄，独对曹操期许甚高，而今曹操回报。参考一八四年五月）；遂再前进到官渡（河南省中牟县东北）。

2 全国最高统帅（大将军）、冀州（河北省中部南部）全权州长（牧）袁绍自大军溃败，羞惭悲愤，卧病在床，吐血不止。

夏季，五月，袁绍逝世。

袁绍是一个颟顸的“公子哥儿”型人物，靠着封建世家和血缘关系，他可能成为一个成功的小政客，也可能当一个成功的太平宰相，但在大混乱时代，他就成了脓包。试看最初他向何进贡献的阴谋诡计——坚持秘密召集驻屯河东郡（山西省夏县）将领董卓，以叛军姿态，向京师进军，用以胁迫何太后诛杀宦官（参考一八九年七月），那真是天下第一等愚蠢的阴谋诡计，证明他的智商太低。更糟的是，他放弃迎奉皇帝的机会，等到发现皇帝的妙用，竟想靠三寸不烂之舌，劝说曹操放手（参考一九五年十二月、一九八年四月），岂不异想天开？到了最后，简直跟自己有仇，把凡是可以拯救他危亡，促使他获胜的建议，全部拒绝，完全没有能力分辨是非智愚。于是，只好被一群智商跟他相等的天下第一等愚蠢的智囊谋士，牵着鼻子，走向死亡。

拒绝采纳别人意见的人，他会失败，而采纳错误意见的人，也会失败，比较之下，曹操的英雄形象，跃然纸上。

3 袁绍有三个儿子：袁谭、袁熙、袁尚。最初，袁绍继妻刘女士，喜爱幼子袁尚，在袁绍面前不断赞扬。袁绍想命袁尚当他的继承人，但并没有公开宣布，而只先行布置，命袁谭继承袁绍老哥的香火（袁绍本是袁逢的庶子，袁逢的老哥袁成也生了一个儿子，不幸早亡，袁绍遂继承袁成的香火。现在袁绍把长子袁谭过继给那位亡兄，袁谭便丧失袁绍长子身份。依照宗法制度，袁绍成了袁谭的叔父，袁谭成了袁绍的侄儿，不能继承袁绍的爵位，为幼子袁尚排除一项最大障碍），任命袁谭当青州（山东省北部）州长（刺史）。沮授反对，说："一万人追逐野兔，等到有一个人捉住，其他人都停止行动，为什么？为的是所有权已经确定。袁谭明明是长子，应当作你的继承人，却把他逐出中枢，恐怕灾难从此开始。"袁绍说："我打算教儿子们各自主持一州，考察他们的能力。"命次子袁熙当幽州（河北省北部）州长（刺史），外甥高幹当并州（山西省中部）州长（刺史。以上皆是上世纪〔二〕九〇年代初发生的事情）。

在袁家班的智囊中，袁谭最恨逢纪、审配；而辛评、郭图，则拥护袁谭；跟逢纪、审配，互相仇视。等到袁绍逝世，大家认为袁谭是长子，打算拥戴他继承老爹的位置，审配等恐怕袁谭一旦掌权，会受到辛评的谋害，遂假传袁绍的遗命，由袁尚继承。

袁谭奔丧而至（袁谭的基地，一直在平原〔山东省平原县〕），已来迟了一步，于是，自称车骑将军（老爹袁绍当年初起兵时，也自称车骑将军，参考一九〇年正月），驻军黎阳（河南省浚县），宣称南下攻击曹操，要求增加军队。袁尚（时在邺城〔河北省临漳县西南邺城镇〕）自不愿老哥兵力强大，只拨付一小部分部队，却派逢纪随这小部分部队，一同前往。袁谭要求更多的兵力，审配等商议拒绝。袁谭大怒，斩逢纪（袁绍门下的智囊群，除田丰、沮授外，其他的不过一些只有小聪明的普通知识分子，内斗有余，外斗不足。而逢纪随军而往，更高估了自己的应变能力）。

秋季，九月，曹操大军渡黄河北上，攻击袁谭，袁谭向袁尚告急，袁尚命审配留守邺城，亲自率军援助袁谭，跟曹操对抗。一连串会战后，袁谭、袁尚兵败，退守自己阵地。

4 袁尚任命的河东郡（山西省夏县）郡长郭援，跟并州（山西省中部）州长高干（时在晋阳〔山西省太原市〕）、南匈奴汗国（王庭设平阳〔山西省临汾市〕）单于（四十二任）挛鞮呼厨泉，联合进攻河东郡，派出使节，跟关中（陕西省中部）若干将领，包括安狄将军马腾（参考一九四年）等在内，联合结盟，马腾等都秘密承诺。郭援一路势如破竹，中央政府任命的河东郡郡政府官员贾逵，坚守绛县（山西省侯马市东），郭援猛烈围攻，绛县陷落在即，城内士绅父老向郭援请求，只要不杀贾逵，他们愿意投降；郭援允许。但在入城后，郭援命贾逵当他的将领，用武力威胁，要贾逵答应，贾逵拒不接受，左右拉贾逵的衣服，使他向郭援叩头，贾逵呵责说："哪有国家官员，向盗贼叩头之理？"郭援大怒，喝令斩首，有人伏到贾逵身上，救他不死。绛县官民人等听到消息，都登上墙堡，呐喊说："怎么能自食其言，杀我们贤明的首长，要死，大家一齐死。"郭援遂把贾逵押送到壶关（山西省长治市北），囚禁地窖，用一个车轮盖住洞口。贾逵对看守的士兵悲愤说："难道没有英雄豪杰？竟使义士死在这里？"有一位名祝公道的壮士，正好听见这句话，在夜色掩护下，秘密救出贾逵，打开刑具，放他逃走；但始终不肯告诉贾逵他的姓名（既不肯告诉他的姓名，而史书又载出姓名，大概是当时不言，稍后贾逵报恩，始查出是谁）。

曹操命京畿总卫戍司令（司隶校尉）钟繇（时应在弘农郡〔河南省灵宝市东北〕），包围南匈奴单于（四十二任）挛鞮呼厨泉王庭所在的平阳（山西省临汾市），还没有攻克，而安狄将军马腾的援军抵达。钟繇陷于腹背受敌的险境，遂命新丰（陕西省西安市临潼区东北零口街道）县长、左冯翊郡（陕西省大荔县）人张既，前往游说马腾，分析利害。马腾犹豫，不能立即决定。将领傅干警告说："古人有言：'走坦荡大道的兴旺，走背德小路的灭亡。’曹操尊奉天子，铲除暴乱，法令有条不紊，行政有高度效率，上下团结一心，应该是坦荡大道。袁姓家族仗恃他们的强大，背叛皇家，联络蛮夷（指南匈奴），侵略中国，应该是背德小路。而今，将军既然尊奉中央政府，却做出脚踏两条船的怪事，又跟袁家班合流。本来打算坐在一边，旁观成败，我恐怕成败一旦确定，责备你的诏书颁下，将军势将第一个被杀。”马腾恐慌。

傅幹建议，说：“智慧的人能转祸为福，现在，曹操正跟袁姓家族相持不下。而高幹、郭援，联合夺取河东郡（山西省夏县），曹操纵然有天大本领，和万全之策，也无法挽救河东郡的危机。将军假设乘这个时候，起兵讨伐郭援，内外夹击，一定取胜；将军一战就砍断袁姓家族的右臂，解救一方的急难，曹操一定由衷感激，将军也可以享到无比的功名。”马腾遂派他的儿子马超，率军一万余人，跟钟繇会合。

最初，钟繇部下的将领们，认为郭援的军力旺盛，打算放弃平阳（山西省临汾市），解围而去。钟繇不同意，说：“袁家的力量仍然强大，郭援大军南下，关中（陕西省中部）地方武力，暗中都有勾结。所以还没有全面叛变的原因，只是顾忌我的威名。如果放弃平阳（山西省临汾市），正显示我们力量不济，则凡是有人的地方，都会把我们当成盗贼。即令我们打算回去，又怎么能回得去？这正是还没有作战，自己就先行打败自己。郭援性情刚愎，好强斗狠，一定不把我们这支军队看到眼里，势将渡过汾水（黄河支流）扎营，我们等他渡到一半，发动攻击，可以大获全胜。”郭援大军抵达后，果然直接渡河（汾水）；部下劝阻，郭援不理。渡河还不到一半，钟繇发动攻击，大破郭援兵团。会战结束后，不见郭援踪迹，都说他已被杀，但找不到尸体。郭援，是钟繇姐妹的儿子。稍后，马超部将南安郡（甘肃省陇西县东南）人庞德，在弓箭袋中拿出一个人头，正是郭援，钟繇见了，放声大哭。庞德深表遗憾，钟繇说："郭援虽是我的外甥，但他是国家叛徒，你有什么不对？"南匈奴单于（四十二任）挛鞮呼厨泉投降。

5 荆州（湖北省及湖南省）全权州长（牧）刘表，命左将军刘备向北进军，抵达叶县（河南省叶县西南叶邑镇）。曹操命夏侯惇、于禁阻截。刘备放火焚烧军营，向后撤退。夏侯惇追击，裨将军（比偏将军低一级）、钜鹿郡（河北省宁晋县西南）人李典说："敌人无缘无故，烧营逃走，我疑心前面必有埋伏。再向南走，道路窄狭，草高林深，不应追赶。"夏侯惇不理，命李典留守，而亲自出马，果然陷入埋伏，大败。李典率军救援，刘备才退走。

6 最高监察长（司空）曹操，依照"任子"条款，通知讨虏将军孙权（时驻吴县〔江苏省苏州市〕）送儿子到京师（首都许县）当官（两汉王朝规定，部长、郡长级以上官员〔二千石以上〕任职满三年，可以推荐同一娘亲所生的兄弟或自己的儿子，到中央当官，称为"任子"〔参考前七年六月〕。在平时是一种恩典；而现在，曹操显然要孙权送出人质）。孙权召集高阶层官员会议，张昭、秦松等犹豫不决；孙权邀请周瑜晋见娘亲吴太夫人（孙坚妻）磋商。周瑜说："从前，楚王国受周王朝封爵之时，土地不过百里。只因后裔贤能，开疆拓土，遂据有荆州（湖北省及湖南省）、扬州（安徽省中部及江南地区），立国九百余年（前十二世纪八〇年代，周王朝二任王〔成王〕姬诵封芈熊绎子爵，封国在丹阳〔湖北省枝江市西〕。前八世纪五〇年代，芈熊通称楚王。前三世纪八〇年代，楚王国亡）。而今，将军（孙权）继承老爹（孙坚）、老哥（孙策）的基业，拥

三世纪·二〇二年九月 曹操三面受敌

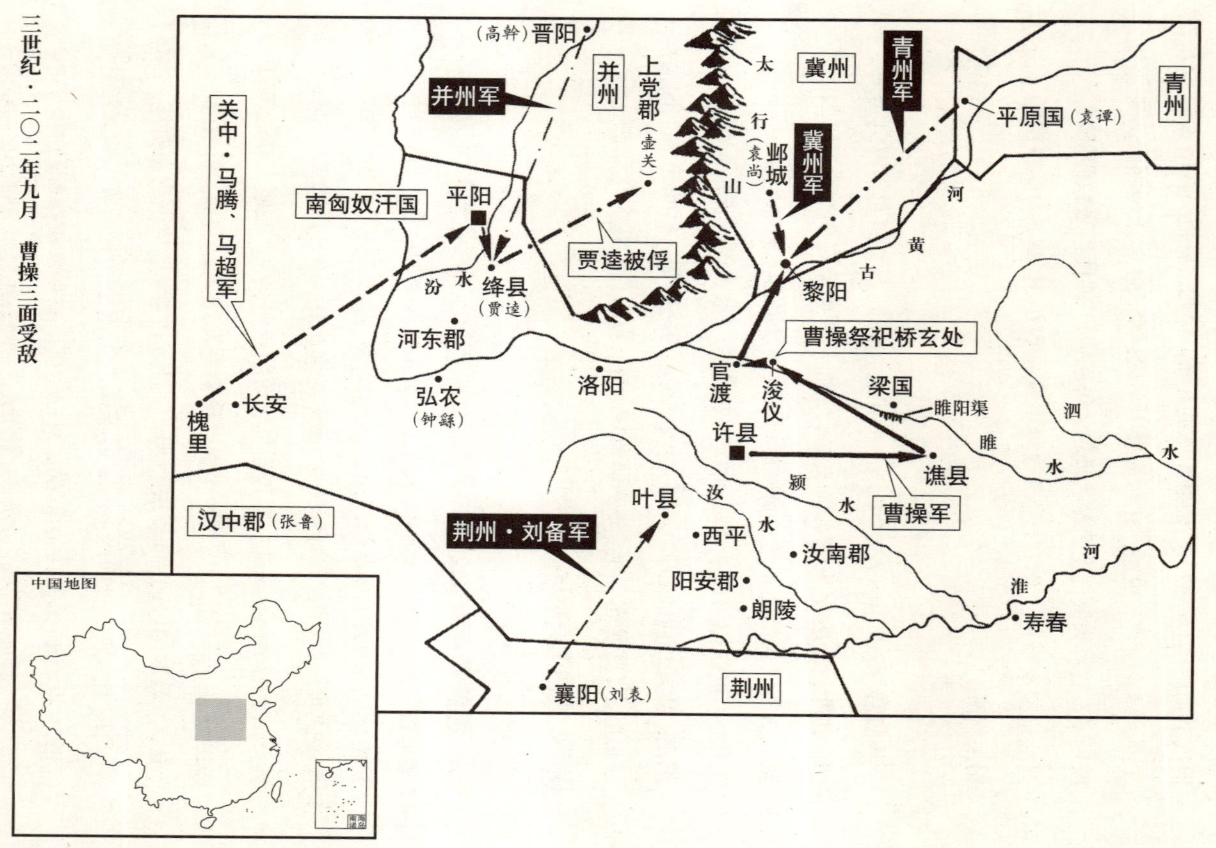

有六郡兵力（六郡，参考二〇〇年四月），军队精良，粮秣山积，将士听命，熔铸山上铜矿，可以制造钱币，煮蒸海水，提炼食盐，可以贩卖。境内富庶，人心追求安定，不愿再有战乱，有什么不能拒抗的压力，非送人质不可？人质一送，就不得不跟曹操密切结合，既然密切结合，一旦下令征召，你就不能不前往京师（首都许县）。如此，便完全被别人控制。最了不起，不过封一个侯爵，有仆役十几人，有车数辆，有马数匹而已，怎么能跟面向南方（中国君王的座位，都面向南），称孤道寡相比（皇帝自称“朕”，古代国王自称“寡”，稍后自称“孤”）？不如不送‘任子’，静观变化。如果曹操能大公无私，做天下表率，将军再事奉他不晚。如果曹操图谋不轨，他自己都搞不过来，怎么能够害人？”吴太夫人对孙权说：“周瑜说得对，周瑜跟你哥哥（孙策）同年，仅小一个月，我把他当作儿子，你要把他当哥哥看待。”遂决定不送“任子”。

二〇三年 癸未

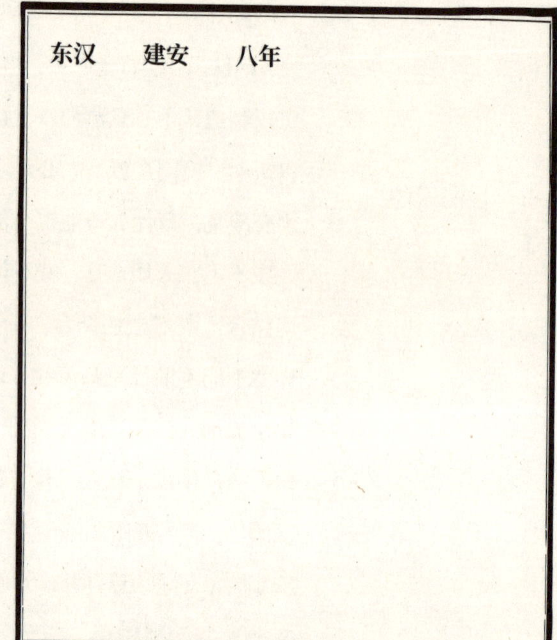
东汉　建安　八年

1 春季，二月，东汉王朝（首都许县〔河南省许昌市东〕）最高监察长（司空）曹操，攻击黎阳（河南省浚县。黎阳属冀州）。冀州（河北省中部南部）全权州长（牧）袁尚、青州（山东省北部）州长（刺史）袁谭，联军在城下迎战，大败，奔回邺城（冀州州政府所在城，河北省临漳县西南邺城镇）。

夏季，四月，曹操追到邺城，收割田间小麦。将领们打算乘胜围城，智囊郭嘉说："袁绍爱他这两个儿子，不知道教谁继承才好。而今，兄弟权力地位，完全相等，各有摇尾系统，我们攻击太急，兄弟就会合作自保，如果给他一段时间，内斗一定爆发。不如向南图谋荆州（湖北省及湖南省），等待变化，到时再发动攻击，可以一举而定。”曹操说：“对极！”

五月，曹操返许县（河南省许昌市东），命部将贾信留守黎阳（河南省浚县）。

袁谭对老弟袁尚说：“我的部队因为铠甲不够精良，才受到挫败。而今曹操撤退，军心思归，正应在他们南渡黄河之前，出军追击，可使曹军崩溃，机不可失。”袁尚疑心老哥对自己不利，所以既不肯拨付军队，又不肯更新装备。袁谭愤怒，智囊郭图、辛评因而告诉袁谭：“是审配出的主意，使老爹（袁绍）把你过继出去。”袁谭决心用武力夺回爵位，遂攻击袁尚，在邺城（河北省临漳县西南邺城镇）门外会战。袁谭失败，率军退回南皮（勃海郡郡政府所在县，河北省南皮县）。

青州（山东省北部）州政府行政官（别驾）北海国（首府剧县〔山东省昌乐县西〕）人王修，率部众增援袁谭。袁谭得到生力军，打算再攻袁尚。王修劝阻说：“兄弟，好像左右手。如果有人将要决斗，却先砍断右手，说：‘我一定可以取胜。’难道是对的？连兄弟都不能亲爱，普天之下，你还跟谁亲爱？那些摇尾系统，挑拨离间，连至亲骨肉都能挑拨成深仇大恨，只不过为了眼前一点小小私利，愿你塞住耳朵，不要听从。如果诛杀几个这种马屁精，兄弟恢复感情，用以号召四方，就可以横行天下。”袁谭不理。

袁谭部将刘询，在漯阴（山东省齐河县东北）起兵，背叛袁谭，各地县城，全都响应。袁谭叹息说：“全州都起来背叛，莫非是我缺少恩德！”王修说：“东莱郡（山东省龙口市东黄城集村）郡长管统，虽然远在海滨，却绝不会反，定来追随。”

十余日后，管统果然抛妻弃子，前来投奔袁谭，妻子被叛军误杀。袁谭再任命管统当乐安郡（山东省高青县东南）郡长。

2 秋季，八月，曹操准备进攻荆州（湖北省及湖南省）全权州长（牧）刘表（时在襄阳〔湖北省襄阳市〕），大军云集西平（河南省舞阳县东南）。

3 袁尚亲自率领大军，攻击袁谭，大败袁谭军。袁谭逃到平原（山东省平原县），据城固守。袁尚把平原层层包围，攻击猛烈。袁谭恐惧，派智囊辛评的老弟辛毗（音pí〔皮〕），请求曹操救援。荆州全权州长（牧）刘表写信给袁谭说："正人君子即令是逃难，也不投奔仇敌之国；即令是断绝友情，也不口出恶言。何况忘掉老爹（袁绍）的羞辱（指官渡之战，袁绍悲愁而死）。抛弃亲情，做出万世都引以为戒的傻事，连我这个盟友，都感到羞耻。如果袁尚有不以弟弟自居的傲慢，做老哥的也应委曲求全，顾全大局，等到事定之后，使天下人来评估曲直，岂不是高风亮节？"又写信给袁尚说："金木水火，因为刚柔配合运转，然后才能融洽，可以使用。你老哥袁谭，天性峻急，不能明辨是非。幸而做老弟的你，度量宽宏，包容他绰然有余。这正是大容小，强容弱的美德。目前的要务是先要排除曹操，削平老爹（袁绍）的遗恨，等到局势稳定，再来评论谁对谁错，岂不尽善尽美。如果迷途不返，连蛮夷都会对你们轻视。何况我是盟友，怎么还能希望为你们效力？这正是韩卢狗和东郭兔，互相追逐，先行自困，耕田老汉不劳而获故事的重演。"（《战国策·齐策》：淳于髡游说齐王国一任王〔威王〕田因齐，说："韩卢狗，是天下最优良的猎狗，东郭兔，是天下最狡狯的野兔。韩卢狗追逐东郭兔，翻过五座高山，绕过三座峻岭，兔在前面跑死，狗在后面追死。耕田老汉把它们捡起来，一点都不费力气。而今，齐王国跟魏王国持久对抗，恐怕秦王国会成为耕田老汉。”）袁谭、袁尚都不接受。

辛毗抵达西平（河南省舞阳县东南），晋见曹操，转达袁谭求救之意。部下官员们一致认为：刘表强大，应先消灭；袁谭、袁尚不过是残烬余火，不足忧虑。宫廷秘书（尚书）荀攸说：“天下正在互决胜负之时，刘表却坐在长江、汉水之间，只求平安，他之没有伟大的志向，可以确定。袁家班盘踞四个州（冀州、青州、并州〔山西省中部〕、幽州〔河北省北部〕）的广大地区，武装部队数十万，而袁绍又以宽厚著名，深得民心。如果两个儿子和睦团结，保守已有的基业，则天下的灾难，仍不能平息（指仍将伤害曹操）。而今，兄弟交恶，势不两全。如果一人把另一人吞并，力量便告集中；力量一旦集中，就不容易对付。现在正应该乘他们拼命内斗时，下手夺取，天下可以安定，机会不容丧失。”曹操听从。

可是，过了数日，曹操变卦，又要先行攻击荆州（湖北省及湖南省），让袁谭、袁尚自相残杀，同时筋疲力尽。辛毗望见曹操面色有异，知道改变主意，急忙告诉郭嘉，郭嘉报告曹操。曹操问辛毗说：“袁谭是不是有诈？袁尚是不是可以克制？”辛毗回答说：“你不应问是不是有诈，而应问形势是不是有利！袁家本是兄弟内斗，并不认为别人会乘机利用，只不过为了统一指挥，夺取天下。从今天向你求救这件事上，说明袁谭的窘迫。袁尚知道袁谭穷困，而没有继续攻击，是他自己的力量枯竭之故。现在的形势是：庞大的武装部队在外战败，智囊谋臣在内被杀，兄弟翻脸，土地分裂为二，连年征伐，盔甲从不解除，甚至生出虱子，加上连年大旱，造成饥馑。灾变发自上天，人事困于民间。人民不论老幼智愚，都知道土崩瓦解，迫在眉睫，这正是上帝灭亡袁尚之时。你们攻击邺城（河北省临漳县西南邺城镇），袁尚不回军相救，邺城便不能保住；回车相救，袁谭定在背后尾追。以你的声威，对付这么狼狈的敌人，攻击这么疲惫的贼寇，犹如暴风之吹秋天树上的枯叶。上天把袁尚赏赐给你，你不去取袁尚而去攻击刘表，荆州（湖北省及湖南省）富强安乐，并没有可以利用的机会，仲虺（音huǐ〔毁〕）说：'敌人有内乱则夺取，敌人有覆亡迹象则侵略。'（《书经》："取乱侮亡。"）两位姓袁的不一致对外，却互相征伐，正是内乱；居民饥馑，行人无粮，正是覆亡迹象；人民朝不谋夕，生命没有保障，你不去拯救安抚，却要等到以后！以后如果丰收，袁家兄弟又发现覆亡危险，忽然痛改前非，到那时候，你便丧失了制胜的因素，现在乘袁谭的邀请而去赴援，可以得到最大利益。而且，四方敌人，没有一个比黄河之北袁姓家族更为强大，黄河之北平定，收容袁家部队，你的兵力可以大为增强，将使天下震动。"曹操说："好极！"允许援救袁谭。

冬季，十月，曹操大军北进，抵达黎阳（河南省浚县），袁尚听到曹操渡过黄河消息，立刻解除平原（袁谭大本营，山东省平原县）包围，返回邺城（河北省临漳县西南邺城镇）。袁尚部将吕旷、高翔，背叛袁尚，投降曹操。但袁谭却雕刻将军印信，秘密送给吕旷、高翔。曹操知道袁谭并不是真心归降，可是，仍替自己的儿子曹整，娶袁谭的女儿，用以安抚，遂即班师。

4 讨虏将军孙权，西上攻击江夏郡（湖北省武汉市新洲区）郡长黄祖（基地在沙羡〔湖北省武汉市西南〕），大破黄祖的江防舰队。遂即攻城，城还没有攻克，而山越（居住山区的江南土著）再度叛变，孙权只好回军，经过豫章郡（江西省南昌市），命征虏警卫指挥官（征虏中郎将）吕范负责鄱阳郡（江西省鄱阳县）、会稽郡（浙江省绍兴市），荡寇警卫指挥官（荡寇中郎将）程普负责乐安（江西省德兴市东北），建昌民兵司令（都尉。司令部设海昏〔江西省永修县西北艾城镇〕）太史慈负责海昏，再任命地方团队军政官（别部司马）黄盖、韩当、周泰、吕蒙等，分别担任重要县城县长，讨伐山越（居住山区的江南土著），完全平定。

建安（福建省建瓯市）、汉兴（福建省浦城县）、南平（福建省南平市），发生民变，每县集结一万余人，孙权命会稽郡（浙江省绍兴市）南部民兵司令（南部都尉。司令部设建安）会稽人贺齐讨伐，完全平定，于是重建县城，挑选精兵一万人，任命贺齐当平东指挥官（平东校尉）。

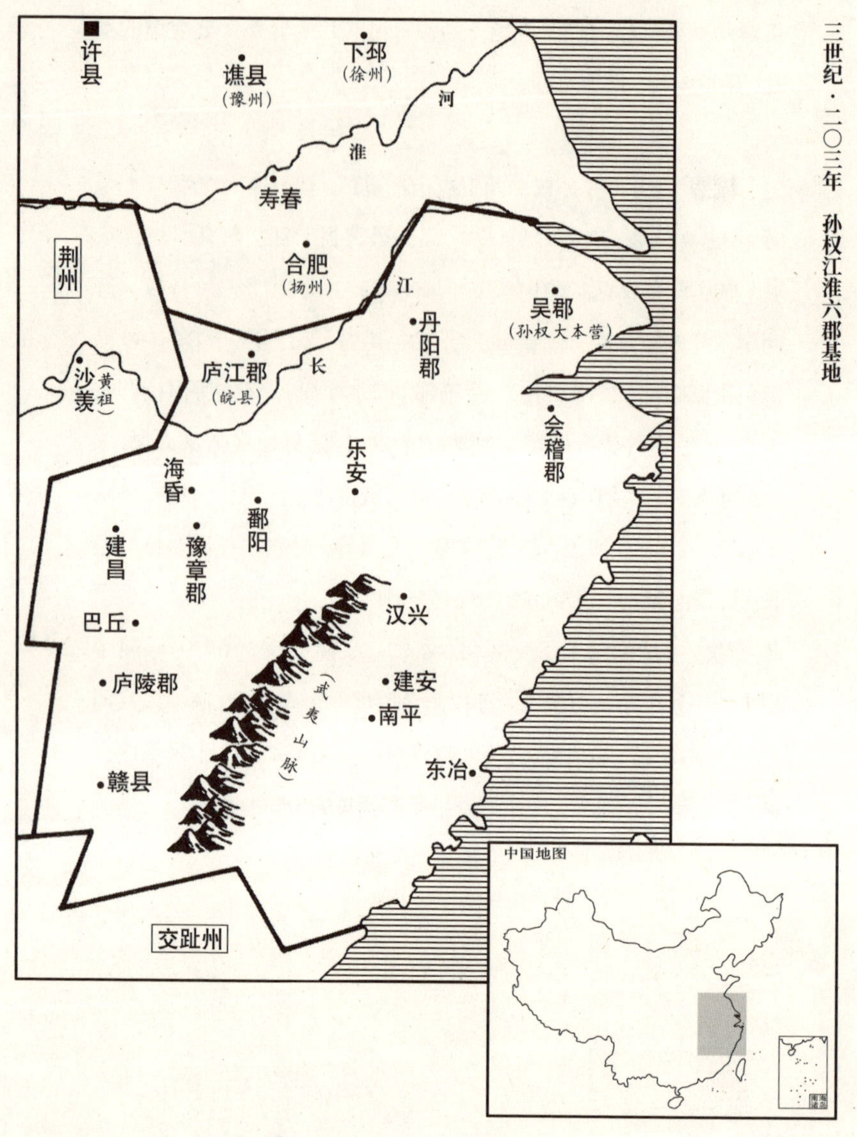

三世纪·二〇三年　孙权江淮六郡基地